史記新本校勘

SHIJI XINBEN JIAOKAN

辛德勇 著

广西师范大学出版社
GUANGXI NORMAL UNIVERSITY PRESS
·桂林·

本書爲教育部人文社會科學重點研究基地重大項目“《史記》校勘研究”（項目批準號：15JJD770001）的成果

責任編輯：趙　豔
助理編輯：劉洪勝
裝幀設計：李浩麗
責任技編：李春林

圖書在版編目（CIP）數據

史記新本校勘 / 辛德勇著．—桂林：廣西師範大學出版社，2017.12（2019.5 重印）
（争鳴文庫）
ISBN 978-7- 5598-0519-5

Ⅰ．①史… Ⅱ．①辛… Ⅲ．①中國歷史－古代史－紀傳體②《史記》－譯文③《史記》－注釋 Ⅳ．①K204.2

中國版本圖書館 CIP 數據核字（2017）第 301899 號

廣西師範大學出版社出版發行
（廣西桂林市五里店路 9 號　郵政編碼：541004
網址：http://www.bbtpress.com）
出版人：張藝兵
全國新華書店經銷
廣西廣大印務有限責任公司印刷
（桂林市臨桂區秧塘工業園西城大道北側廣西師範大學出版社集團有限公司創意産業園内　郵政編碼：541199）
開本：945 mm × 1 150 mm　1/24
印張：$21\frac{2}{3}$　　字數：450 千字
2017 年 12 月第 1 版　　2019 年 5 月第 3 次印刷
印數：7 001～10 000 册　　定價：88.00 元

賈二强序

辛德勇教授在陝西師範大學求學及工作期間，我有幸與他先爲同學後爲同事，因他入學早我兩届，依例我須尊之爲學兄。德勇學兄研究生入學投于史念海先生門下，專攻歷史地理之學，而其時業師黄永年先生于中國古代史唐史專業亦招收研究生，以黄先生稔熟于古代文獻典籍，史先生遂要求德勇學兄等弟子須同時修習黄先生所開授的各門課程。以此之故，德勇學兄又拜黄先生爲師而居其入室弟子，與我成爲同門。初識30多年以來，交往不絶，相知甚深，對德勇學兄的學問人品，我始終敬佩有加。這部大作告竣，蒙德勇學兄青眼看顧，以作序之事囑之於我，雖自忖以我之分之學不盡合宜，惶恐之餘，恭敬不如從命，勉力爲之，不敢以佛頭著糞爲托詞耳。

《史記》係乙部之首，爲古代典籍最要者之一，歷代學人於是書用力甚勤。尤其有清一代，學風向實，乾嘉之時，漢學大興，經典文本校勘得到普遍重視，而治書之學亦由經入史，《史記》自得到極大關注，文字考訂校勘創獲頗豐，錢大昕《廿二史考異》、王念孫《讀書雜誌》及梁玉繩《史記志疑》等，皆其中佼佼者。尤其清末同治時金陵書局刊行《史記》，董其事者張文虎撰《校刊史記集解索隱正義劄記》，博採諸家之説，其文字之精轉出清代通行武英殿本乃至歷代諸本之上，從而受到時人推重。新中國成立以後50年代，中華書局組織學者系統點校“二十四史”，顧頡剛、賀次君、宋雲彬、聶崇岐等前輩名家擔綱《史記》之役，以金陵書局本爲底本，精加標點分段，從而爲學界和讀者提供了一部可以信據並方便閱讀使用之本，此後幾十年間廣受好評，遂成爲國際學界通行且印行最多的標準定本。

清季金陵書局本通行以降，百多年來《史記》校訂復取得多項進展，其要者如張元濟《百衲本二十四史校勘記》、日人瀧川資言《史記會注考證》、王叔岷《史記斠注》、施之勉《史記會注考證訂補》、日人水澤利忠《史記會注考證校補》等，加之諸多相關考論專文，採擇這些成果對《史記》重新予以整理，成爲學界的迫切需要，2005 年中華書局啓動《史記》等"二十四史"及《清史稿》的修訂，正是對學界要求的積極回應。經專家團隊和中華書局數年的不懈努力，《史記》修訂本 2013 年終於刊佈。總體而言，此次修訂工作相當全面且認真縝密，除對於一個多世紀以來的成果儘量吸納，在校勘方面亦廣求異本，使用了宋元明清各代重要版本乃至日本所藏多種《史記》古鈔殘本，覆蓋之全之廣更超邁前人。中華書局對此項工作高度重視，在初稿告竣之後，邀請部分專家徵求意見進行完善，特別是在正式刊行後又根據學界意見短時間内即予修訂重印，是爲出版界少有之舉，充分體現出對學術對讀者認真負責的精神。

《史記》傳世已兩千多年，其成書年代遼遠，歷代傳抄刊印，其版本難以臚舉，文字訛奪在所難免，加之内容博大，記事綿長，古今思想觀念、語辭文句、名物制度、地理風習等等諸多演進轉遷，學人雖投入巨大精力續加勘校，然其中若干歧見在理解和認識上莫衷一是，歷朝歷代對其校訂皆難稱盡善，由此注定修訂工作的複雜性和階段性，必然成爲需要一代一代學人不斷進行的一項事業。此次新修訂本做出了前所未有的努力，但仍然不可能畢其功於一役，尚留有不無可商可榷之處。

德勇學兄在《史記》修訂本付梓之前有幸受邀參與初稿及徵求意見稿之審查，表達過一些看法，在印行之後復對初次印本和二次印本若干部分細加審視勘校，續有所得，又爲回應新修訂本主要承擔人在印行之後所發表的體會説明，撰成數篇文字，這應是學人對《史記》新修訂本的整理校點率先公開提出的系統意見，值得學界和讀者重視。

廣西師範大學出版社慧眼識珠，決意彙集德勇學兄諸作以《史記新本校勘》之名刊佈行世，我亦有幸於第一時間得以捧讀書稿。全稿共30餘萬字，以針對对象、撰寫時間不同，爲互不聯屬的5篇獨立文字。所涉《史記》本紀、表、書、世家和列傳各部分，計有《五帝本紀》、《殷本紀》、《秦本紀》、《秦始皇本紀》、《高祖本紀》、《吕太后本紀》、《孝文本紀》，《三代世表》、《六國年表》、《秦楚之際月表》、《漢興以來諸侯王年表》，《樂書》、《曆書》、《天官書》、《封禪書》、《河渠書》，《吴太伯世家》、《燕召公世家》、《楚世家》、《魏世家》，《廉頗藺相如列傳》、《淮陰侯列傳》、《田儋列傳》、《樊酈滕灌列傳》、《田叔列傳》、《匈奴列傳》、《南越列傳》、《淮南衡山列傳》、《龜策列傳》等29篇，共56條。此作在形式上雖與前人同類著述相類，係讀書劄記體，但文字普遍較長，除少數爲千字左右的短文外，大多達數千字，甚或爲上萬乃至數萬字的宏篇鉅製，單獨視之完全可以獨立成文，就一處（一段）文字如此深究細論，這或可成爲典籍校勘的一種新的樣式。

德勇學兄天賦稟異，聰穎敏達，興趣寬泛，思慮慎周，精力旺盛，勤奮非凡，入道以來，所獲頗豐。其治學所涉，除當行之歷史地理學外，于中國古代史及古文獻學等領域亦用力頗深，多有不同凡響的創見，書稿充分體現了其治學的這一顯著特點。兹略舉二例以見其概。

第一篇之《河渠書》第二條是書稿中文字最長的一條，達23000餘字。其中關於辨析“東方則通鴻溝江淮之間”之“鴻溝”，頗可窺見其於歷史地理學之造詣。德勇學兄大學所習爲地理專業，其于此道用功頗深，憶及當年閑聊，他言及學習相關課程時，曾每每於夜深人静月高星朗之際，在運動場上默記星圖，這令我深爲吃驚並十分感佩，如此專注於學焉得不精！其所問學之史念海先生，爲學界巨擘，是公認的當代歷史地理學的奠基人之一。歷史上的黄河河道及其流域水系地勢變遷，爲近世歷史地理學界的研究重點之一，史念海、譚其驤等當代學者于此問題高度關注，在歷代文獻記載的基礎上，引入現代地理學的研究方法，結合實地考察踏勘，取得多項突破性的認識。德勇學兄深得乃師真傳，此條所涉之“鴻溝”的考訂，尤可一窺其於此學的深厚學術功力。此處所言“鴻溝”，明清學者不無疑竇，多以爲應是邗溝，因語涉上文之鴻溝而訛。德勇學兄則指明其誤顯而易見，“稍加斟酌，就會發現，在其基本出發點亦即視江淮之間這一所謂‘鴻溝’爲邗溝這一點上，實際上違背了一個更大的道理，這就是連通江水和淮水兩大水系的這一所謂‘鴻溝’，與我們熟知的邗溝不在同一地理方位之上”。繼而就列國在戰國時期的疆域範圍、鴻溝之原始詞義、溝渠之别及渠之本義等關鍵性問題上廣引博徵、反復究詰，一一辨明前人所以致誤之由，從而論定此處《史記》原文了無疑義，所謂鴻溝實爲位於戰國時期楚國東境内溝通長江支流施水與淮河支流肥水的一條人工水道，即今人所論之“巢肥運河”，而“鴻溝”在當時亦並非專指而是像“大溝”一樣的泛稱。其説依據堅實，考辨精細，所見合於情理而毫無窒礙，當爲不刊之論。此爲文字校勘之一例。

德勇學兄近些年來于秦漢史事用功頗深，已刊佈《秦漢政區與邊界地理研究》、《建元與改元》、《海昏侯劉賀》等著作及專文多篇，所論多迥異時輩。而其考校《史記》文字，往往與治史緊密契合，誠如其於此稿第三篇篇首所言，“在利用《史記》從事研究的過程中，又陸續發現一些值得斟酌的問題，每有所識，又隨手寫下”，因而較之專事文字校勘者，自别是一重境界。如第二篇之《高祖本紀》第二條重點考訂人所共知的“約法三章”之語義。此條亦爲萬字長文，爲準確理解，德勇學兄于此不憚繁細，備録漢王至霸上後召見秦父老豪傑之舉上下相關史事的全文500餘字。“與父老約法三章耳”，中華書局原點校本和徵求意見本皆標點爲“與父老約，法三章耳”，“約”字解作“約定”。然而宋代以前“約法三章”多連讀，而此處“約”字解作“省約”。德勇學兄以爲，兩種不同斷句關係到劉邦入關之後所採取的這一法律措施的性質，是秦漢法制體系變遷過程中一個十分特殊的過渡環節的重大問題，在點校本中不能不儘可能真切地反映其固有的涵義，因而不能不詳加辨析。於“約”字後點斷，始于宋人，以其得到大學問家王應麟的主張，尤其是經過清代考據家的大力宣揚，遂於後來影響頗廣。德勇學兄于此追本溯源，以《漢書·文帝紀》有關文字及顔注、《漢書·刑法志》、《鹽鐵論》、《後漢書》等早期文獻及《晉書》、《舊唐書》中類似記事一一備舉詳加考求，論定此"約法三章"之"約"意確爲"省約"之義，後人之别解實緣于承上文之"與諸侯約"句以强作對句解而罔顧文義所致。其論之周全已無剩義，至此歷代聚訟不已的一樁公案，終得以完滿解決。此爲標點（句讀）之一例。

所舉有限，其他雖不暇枚舉，然書稿似此之論可謂精義迭出，在在可見。

黄永年師爲當世學問大家，其治學範圍博大，兼跨文史，尤以精於文獻考據而上追乾嘉諸老享譽士林。德勇學兄欽仰其學，在校時即朝夕問道于先生，情同父子，入京後仍假先生入京公事之餘，或前來西安參加各類活動，甚或通過電話請安等各種機緣，時時求教切磋，因之得以一探先生治學之精髓。加之本人沉迷學術，其學問日益精進，于古文獻之學浸潤甚深，出版有論文集《縱心所欲》、《石室賸言》，涉及諸多版本學、目録學内容。尤其是其考證功夫已臻化境，堪稱一流，其所撰考據文字，以有如水銀瀉地、密不透風況之諒不爲過，當世年輩相侔者少有其倫。德勇學兄又性喜訪書藏書，有京師藏家之名號，其謹遵黄先生"書非讀不必藏也"之師訓，酷嗜研讀，綜覽群籍，故其學之廣博亦鮮見其匹。書稿所涉甚爲龐雜，除上舉所擅之輿地、史事等，尚及於律曆（第一篇之《封禪書》第二條、第二篇之《曆書》第一條第二條、第三篇之《三代世表》第一條、《秦楚之際月表》第一條、第四篇之《孝文本紀》第二條、第五篇之《天官書》第一條），禮樂（第一篇之《封禪書》第四條、第二篇之《樂書》第一條、第四篇之《孝文本紀》第一條）等專科之學，因我所知無多，愧而無從置喙。

一般而言，舊式典籍校勘文字較少使用傳世文獻之外的材料，而德勇學兄則突破這一藩籬，大量採擇多種其他材料，爲取信於世，幾皆附相關插圖，除相關要籍書影之外，尚隨處可見簡册圖版、石刻拓本、圖表地圖、古器物圖及壁畫等，不僅提供了多重證據，亦可一見德勇學兄治學的現代意識，這也是書稿的一大特色。

如上所陳，書稿之論校勘標點所得自具獨立價值，應爲後來續加修訂及閱讀使用《史記》者所重。然其意義不惟如此，自陳垣先生于20世紀20年代撰成《元典章校補釋例》，提出著名的“校法四例”，此後遂成爲從事校勘之學的不二準則。黄永年師《古籍整理概論》結合現實工作，對陳氏之説略有添補變通，其中又增益標點等相關内容。德勇學兄于書稿各篇多有專門文字講論校勘標點之體會，文中亦時見相關插議，所言雖是針對具體實例而發，然多可進一步完善前輩成説，在今或應視爲校理同類典籍的一種基本範式。

書稿第二篇卷末德勇學兄引張文虎當年的感慨“古書本難校，而莫難於《史記》”，並進而議曰：“《史記》一書校刻之難，古今似無大别，而留給後來者的問題，往往更爲艱深複雜，從而愈加需要集思廣益，博採衆説而平心折衷之。”誠哉斯言！這類典籍，前輩學人已反復校訂，以傳統校勘的對校、本校、他校手法，若無新出材料則可做工作實已極爲有限，需要今人所做當屬理校。而此校法陳垣先生云：“遇無古本可據，或數本互異，而無所適從之時，則須用此法。此法須通識爲之，否則鹵莽滅裂，以不誤爲誤，而糾紛愈甚矣。故最高妙者此法，最危險者亦此法。”書稿所及，則皆爲前人争議存疑而未能解決的難點，目前僅能運用此法。德勇學兄之嫻于理校，且言之鑿鑿，幾無剩義。其續校所得，對於《史記》及類似經典的整理，提供的最重要借鑒或即在於其自序所言：“校勘《史記》，其難度之大和影響之巨，在中國古代典籍中都是比較少見的，因而尤須慎重其事，同時也需要衆多學者，從各自熟悉的學術領域和具體問題出發，貢獻意見。”而這衆多學者，我以爲不僅僅限於長於文字校勘的文獻整理專家和其他相關的文史專家，還應擴而廣之，包括其他所涉各類學科甚或科學史的研究者。

自　序

這本書剖析訂定的對象，是 2013 年和 2014 年中華書局修訂出版的新點校本《史記》，是針對這個新點校本《史記》撰寫的校勘意見，故名之曰《史記新本校勘》。

撰寫這些意見，緣於接受中華書局的委託。在這個新點校本付印之前，參與審閱一部分清定待印的稿件。我是個做事很認真的人，而且覺得《史記》是頭等重要的基本典籍，對文史研究影響重大，人家如此信任自己，也理當盡心盡力，提供所知所見。結果，寫成了一篇五萬多字的審讀報告，提交給中華書局。這就是本書的第一篇《付印前初稿審讀》。

其後，在正式出版發行之前，中華書局還印行了一種僅供內部使用的"徵求意見本"，仍囑我幫助審校。實際上，我第一篇報告的意見，並未被這個"徵求意見本"採納。不過，既然中華書局一如既往委以信任，就又奮力爲之，在有限的時間内，向中華書局提交了一篇九萬多字的審校報告。這就是本書的第二篇《徵求意見本校閱》。

2013 年 9 月首度正式發行的精裝本《史記》，總的來説，採納了我這兩篇報告中的絶大部分意見。然而，由於所涉及的問題往往比較複雜，而且大多數文字正誤的審度，都涉及實質性内容的是非，是此是彼，影響到人們對很多歷史問題的認識，相應地，我傾其所能，儘量做出充分、詳盡的考辨分析，同時也表述了我對相關學術問題的看法，而對於《史記》的讀者來説，需要全面瞭解我的論證過程，纔能做出從違取捨的判斷，同時還能瞭解我對相關學術問題的認識。因此，我覺得仍有必要保留並刊發、出版這些文稿。

這兩次奉命審讀書稿，使我注意到新點校本存在一些值得進一步斟酌的問題。於是，在獲讀正式印行的2013年精裝本和2014年對極個别語辭稍有修訂的平裝紙皮本後，我又利用教學和研究工作的餘暇，對這兩個印本隨意稍加翻檢，發現一些新的問題，先後撰寫了兩篇文稿，這就是本書的第三篇《初印精裝本勘正》和第四篇《再印紙皮本補斠》。後來，在《文史》上讀到新點校本主持人發表的説明性文章，瞭解到新點校本中一些重要勘改的處理緣由，便又針對其中部分問題，提出了自己的不同看法，這就是本書的第五篇《點校意見異議》。

由於上述五部分内容，除了第四、五兩篇同是針對2014年的平裝紙皮本之外，其餘各篇，針對和利用的《史記》版本，都各不相同，這是無法統一也不能統一的。這一點，希望讀者能夠瞭解。

校勘《史記》，其難度之大和影響之巨，在中國古代典籍中都是比較少見的，因而尤須慎重其事，同時也需要衆多學者，從各自熟悉的學術領域和具體問題出發，貢獻意見。德勇學識淺陋，在這本書中談到的想法，不一定妥當，僅供高明者參考而已。不過，基於我的興趣和學術責任，今後在閲讀太史公書研治學問的過程中，遇到需要校讎的文字，我還會爲完善《史記》的版本盡一點力量。

2017年6月25日

目　次

第一篇：付印前初稿審讀

一、河渠書 …… 003
二、封禪書 …… 043
三、南越列傳 …… 068
四、關於新點校本《史記》以及其他諸史的幾點原則性想法 …… 070

第二篇：徵求意見本校閱

一、五帝本紀 …… 075
二、周本紀 …… 091
三、秦始皇本紀 …… 096
四、高祖本紀 …… 109
五、樂書 …… 129
六、曆書 …… 161
七、封禪書 …… 187
八、河渠書 …… 189
九、魏世家 …… 191
十、田儋列傳 …… 194

十一、田叔列傳 …… 197
十二、淮南衡山列傳 …… 204
十三、簡短的附言 …… 209

第三篇：初印精裝本勘正

一、秦始皇本紀 …… 213
二、三代世表 …… 216
三、六國年表 …… 223
四、秦楚之際月表 …… 235
五、吴太伯世家 …… 268
六、楚世家 …… 270
七、南越列傳 …… 274
八、廉頗藺相如列傳 …… 300

第四篇：再印紙皮本補斠

一、秦本紀 …… 307
二、秦始皇本紀 …… 322
三、吕太后本紀 …… 330
四、孝文本紀 …… 347
五、漢興以來諸侯王年表 …… 385
六、河渠書 …… 392
七、燕召公世家 …… 400

八、匈奴列傳 …… 404
九、淮南衡山列傳 …… 406
十、龜策列傳 …… 412

第五篇:點校意見異議

一、殷本紀 …… 421
二、秦始皇本紀 …… 428
三、六國年表 …… 439
四、天官書 …… 449
五、封禪書 …… 456
六、淮陰侯列傳 …… 466
七、樊酈滕灌列傳 …… 473
八、匈奴列傳 …… 484

第一篇：付印前初稿審讀

中華書局新點校本《史記》,在即將付印之時,將點校者勘定的初稿,分别延請相關學者幫助審看。承蒙主事者不棄,德勇亦參與審讀部分卷次(爲行文方便,下文以《點校稿》稱之)。因從命拜讀,呈報審讀意見如下[1]。

一、河渠書

【一】《史記·河渠書》原文:

> 道河自積石,歷龍門,……至于大伾。於是禹以爲河所從來者高,水湍悍,難以行平地,數爲敗,乃厮二渠以引其河,北載之高地。過降水,至于大陸,播爲九河,同爲逆河,入于渤海。

其中"乃厮二渠以引其河"句《集解》曰:

> 《漢書音義》曰:"厮,分也。二渠,其一出貝丘西南二折者也,其一則漯川。"[2]

《點校稿》就此"其一出貝丘西南二折者也"句擬有《校勘記》云:

> "二",疑爲重文符號,誤作"二"字。按:《漢書》卷二九《溝洫志》顔師古注引孟康作"南",是其證。

---

〔1〕 案這部分審讀意見,原稿題作《中華書局新點校本〈史記〉部分書稿閲讀記》,曾刊發於虞萬里主編《經學文獻研究集刊》第十二輯(上海書店出版社,2014年9月)。

〔2〕 《史記》(北京,中華書局,1982)卷二九《河渠書》並劉宋裴駰《集解》,頁1405—1406。

〖今案〗

《河渠書》下文記漢武帝堵塞南決之瓠子河口"而道河北行二渠,復禹舊迹",指的同樣是這一段河道[1],故所謂"厮二渠以引其河",惟有"北折"而斷無"南折"之理,顏師古所引孟康之説,似是而非。或顏氏引文本身存在舛誤,或顏師古對《漢書音義》有錯誤理解,對此還需要審慎辨析。

首先,裴駰《史記集解》引述的《漢書音義》,應當是指西晉人傅瓚亦即顏注所稱"臣瓚"者撰著的《漢書集解音義》[2],因知顏師古引述的孟康釋文,係同出于此書;或者反過來説,《史記集解》引述的所謂《漢書音義》,實際上是引用《漢書音義》中所採録的孟康對《漢書》的注語。因此,《點校稿》所擬校記以此孟康注語來比勘《史記集解》引述的《漢書音義》,自然是很合理的做法。只是顏注畢竟較《史記集解》晚出很多,對其文字的準確性亦不易輕信。

《漢書·溝洫志》有相關記載云:

> 自塞宣房後,河復北決於館陶,分爲屯氏河,東北經魏郡、清河、信都、渤海入海,廣深與大河等,故因其自然,不隄塞也。此開通後,館陶東北四五郡雖時小被水害,而兖州以南六郡無水憂。宣帝地節中,光禄大夫郭昌使行河。北曲三所水流之勢,皆邪直貝丘縣。恐水盛,隄防不能禁,乃各(德勇案:"各"疑爲"令"字形譌)更穿渠,直東,經東郡界中,不令北曲。渠通利,百姓安之。[3]

清朝康熙年間,胡渭在論述歷代黄河河道時曾經引述此事來解説:

---

[1] 案宋人葉適在所撰《習學記言序目》(北京,中華書局,1977)卷一九《史記·書》中(頁273)分析指出:"二渠之功,非禹之所自以爲績者,……遷豈以是著後世有渠之始乎?河者,水之道也;渠者,水之利也。治其道者,禹之事也;治其利者,後世之事也。"葉適所説自較爲合乎情理。

[2] 唐顏師古《漢書叙例》,見《漢書》(北京,中華書局,1962)卷首,頁1—2。清錢大昕《十駕齋養新録》(上海,上海書店出版社,1983)卷六"臣瓚晉灼集解"條,頁124。

[3] 《漢書》卷二九《溝洫志》,頁1686—1687。

大河故瀆又東北逕發干縣故城西,又屈逕其北,……又東逕貝丘縣故城南。城在今清平縣西南。《溝洫志》:宣帝地節中,光禄大夫郭昌使行河,北曲三所,水流之埶,皆邪直貝丘縣。恐水盛,隄防不能禁,迺各更穿渠,直東經東郡界中,不令北曲。渠通利,百姓安之。成帝初,清河都尉馮逡奏言:郭昌穿直渠,後三歲,河水更從故第二曲間北,可六里,復南合。今其曲埶復邪直貝丘,百姓寒心,宜復穿渠東行。《寰宇記》:王莽河在清平縣南十八里,蓋即孟康所謂"出貝丘西南二折者也"。"二折"疑當作"三折"。[1]

後來葉圭綬論黄河河道,又進一步申説了這一看法:

大河故道。……又東北,逕貝邱(丘)縣故城南。又東,逕甘陵縣故城南。又東,逕艾亭城南。又東,逕平晉城〔即隋清平縣城〕南十八里〔漢博平縣北十八里。——並見《寰宇記》〕。又東,逕今清平縣南〔《漢書·溝洫志》:"宣帝地節中,光禄大夫郭昌使行河,北曲三所,水流之勢皆邪直貝邱(丘)縣,恐水盛,隄防不能禁,迺各更穿渠,直東經東郡界中,不令北曲。渠通利,百姓安之。"據此,知逕貝邱(丘)以後"又東"云云,即改而直東之道。孟康注:"禹釃二渠,一渠即出貝邱(丘)西南南折者。"《禹貢錐指》引作"西南二折",以爲當作"三折"。按"三折"正指"三曲",若作"南"字,其地之河並未南折也。或古本本是"三"字,譌作"二",傳寫者又誤作"南"之重字耳〕。[2]

這樣的解釋,避免了顔師古置黄河流路南折而下的荒謬,而且從比孟康時代更早的《漢書》當中,爲黄河所謂"二折"問題,找到了對應的史事,總的

〔1〕 清胡渭《禹貢錐指》(上海,上海古籍出版社,1996)卷一三下《附論歷代徙流》,頁488—489。

〔2〕 清葉圭綬《續山東考古録》(清咸豐元年刻本)卷二九《水考》上"大河故道"條,頁1b。

來説，應較顏説更爲合理。

不過，胡渭和葉圭綬在這裏同樣是用改字的方法來疏釋舊史。這在一定程度上，也就同樣存在着誤解誤判的可能。而且從黄河水道的實際流向來看，其改作"三折"，亦未必合理。

胡渭和葉圭綬在論述中，都把郭昌從事治理的"北曲三所"河道與孟康所説"出貝丘西南二折者"之"二折"處視爲同一地點，所以，纔會推測"二折"爲"三折"的譌誤。他們分析這一問題的基本思路雖然相當合理，可是具體比定的地點，却並不一定妥當。

檢視譚其驤主編《中國歷史地圖集》上標繪的西漢時期黄河河道，我們可以看到，黄河自北向南流出山陝峽谷並轉而東流之後，在河南郡的成皋、廣武之間，流向又發生重大變化，轉趨東北；向下游流至東郡白馬津以北，復陡然東折，經過一小段流程，至東郡治所濮陽附近，則重又轉呈東北流向，其東折北轉的轉折河段，則宛如樓梯的階級；至魏郡館陶東北，再一次陡然東折，同樣流過一小段距離之後，在清河郡靈縣和平原郡瑗縣附近，再度轉爲北流或稍偏東北流，直至匯入渤海，在其東折北轉河段，亦呈現階梯形態。按照上述河道流向的總體變化趨勢，可以把這一部分黄河河道，劃分爲三個大的段落，且不妨姑且先將其假定爲"三折"。這樣的話，我們就可以把成皋、廣武間第一次朝向東北的折流及其下游河段，稱之爲"一折"，再把由白馬、濮陽向東北方向的轉折及其下游河段稱之爲"二折"，把由館陶、靈縣向北暨東北方向的轉折及其下游河段稱之爲"三折"。

以此假設來驗證《漢書・溝洫志》中關於"北曲三所"的記載，可見上述每一次轉折，都是由朝向東流改而轉向東北或直北再偏東北，故亦可謂之"北曲"。若與表示三次轉折的"一折"、"二折"、"三折"相對應，似亦可以分别稱之爲"北一曲"、"北曲一"或"第一曲"，"北二曲"、"北曲二"或"第二曲"，以及"北三曲"、"北曲三"或"第三曲"，這應該都是合乎邏輯的命名方式。以此假設爲前提，我們可以看到，清河郡的貝丘，正值上面假定的"三折"之轉折處西北一側相鄰近的地方，故自可稱謂此地爲"北曲三所"。

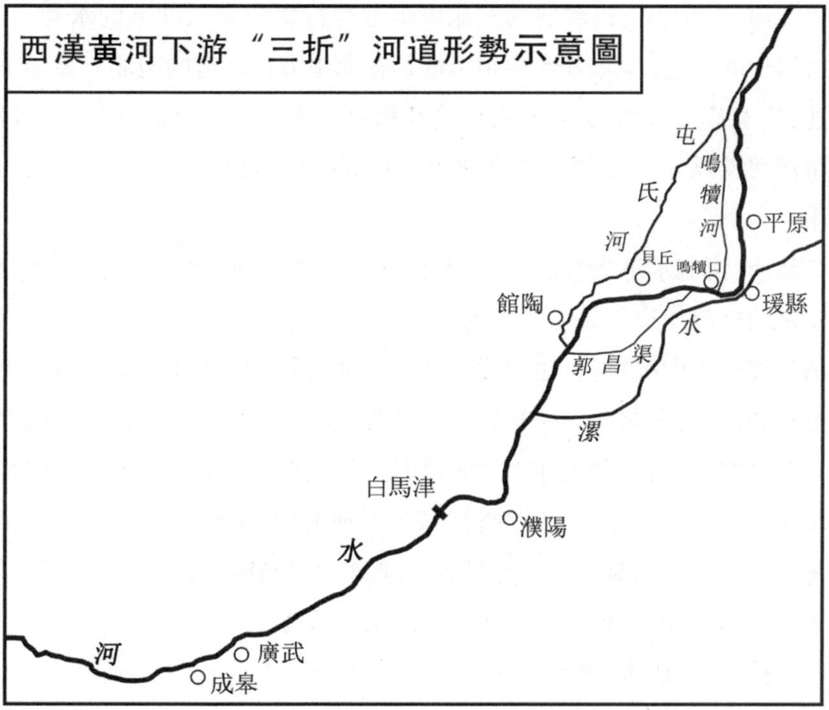

在館陶附近東流的河水,至靈縣附近北折之後,這兩段河道構成了一個拐尺形結構,貝丘正處在連接拐尺横竪兩邊的斜綫上。河流水文上的“裁彎取直”原理,致使水流很容易沿這條斜綫的方向,潰決東北而出,直接連通上下兩段河道。《漢書·溝洫志》所説“北曲三所水流之勢,皆邪直貝丘縣”,講的就是這一情況。蓋顔師古注《漢書》,釋此“邪直”之“直”云:“直,當也。”[1]“邪直”也就是向東北方向“邪衝”。另一方面,在郭昌奉命“行水”之前,《溝洫志》中提到的黄河在館陶附近潰決北出并形成“屯氏河”這一分支河汊,實質上也是這一自然演變趨勢使然。爲此,郭昌赴任後因“恐水盛,隄防不能禁,乃各(令?)更穿渠,直東,經東郡界中,不令北曲”,即在原有東行河道的基礎上,另外再開挖一條與之大致平行的水渠,

〔1〕《漢書》卷二九《溝洫志》唐顔師古注,頁1687。

用以疏通宣洩水流，以減弱其在館陶附近徑行斜向東北沖激的水勢，暫時維持河道的穩定（案這條水渠很可能是在原來東行河道的南側。蓋如下文所述，時人乃云清河"與兖州東郡分水爲界"，即謂兩郡之間在這一地段是以黄河河道爲分界綫，故新開鑿的"經東郡界中"的渠道，只能在黄河河道以南）。

然而，河流水道發育的自然趨勢，終究難以違逆。至"元帝元光五年，河決清河靈鳴犢口〔師古曰：清河之靈縣鳴犢河口也〕，而屯氏河絶"[1]，即在清河郡靈縣的鳴犢口，也就是所謂"北曲三所"的北向轉折點稍靠上游一點兒的地方，向北沖出一條與北行黄河幹道相平行的汊流，形成所謂"鳴犢河"。實質上這仍然是前述"裁彎取直"趨勢的一種表現形式。鳴犢河的出現，自然會增加這一段北折河道的宣洩能力，從而減輕對貝丘一帶的威脅，但如《漢書·溝洫志》所記，隨着鳴犢河分流水量的加大，很快又造成了屯氏河的湮塞，難免又要回歸到原來的狀態。

果然，到漢成帝初年，清河都尉馮逡復又奏言：

> 郡承河下流，與兖州東郡分水爲界，城郭所居尤卑下，土壤輕脆易傷。頃所以闊無大害者，以屯氏河通，兩川分流也。今屯氏河塞，靈鳴犢口又益不利，獨一川兼受數河之任，雖高增隄防，終不能泄。如有霖雨，旬日不霽，必盈溢。靈鳴犢口在清河東界，所在處下，雖令通利，猶不能爲魏郡、清河減損水害。禹非不愛民力，以地形有勢，故穿九河，今既滅難明，屯氏河水流行七十餘年，新絶未久，其處易浚。又其口所居高，於以分殺水力，道里便宜，可復浚以助大河泄暴水，備非常。又地節時郭昌穿直渠，後三歲，河水更從故第二曲間北，可六里，復南合。今其曲勢復邪直貝丘，百姓寒心，宜復穿渠東行。不豫修治，北決病四

〔1〕《漢書》卷二九《溝洫志》並唐顔師古注，頁1686。

五郡,南決病十餘郡,然後憂之,晚矣。[1]

馮逡所説郭昌開渠三年之後河道出現的變化,核其地勢流路,可以看出,這次黄河向北分流的地點,應與當年的屯氏河相似,是在館陶附近北流黄河的左岸(東岸)。這一汊流分出後向北流淌僅僅六里之後,就又轉向東南,在黄河幹道向東轉彎處稍偏下游的地方,回歸到黄河主幹道上。實際上黄河流勢依舊,未能對貝丘及其迤北地區發揮分殺水勢的作用,故馮逡云"今其勢復邪直貝丘"。

值得注意的是,馮逡稱這一汊流是"從故第二曲間"向北分出,這也就意味着在館陶附近東轉之前的那一段北流河道,是被稱作"第二曲",待其轉而東向之後,就是所謂"北曲三所",也就是進入了"第三曲"河段。由此可見,前面對黄河"三折"以及"北曲三所"的假設,完全符合漢代的實際情况。

在這一事實基礎之上,再回過頭來,重新分析孟康所説"出貝丘西南二折者"這句話的涵義,我們也就很容易看出,孟康此語亦即猶如"出貝丘西南第二曲間者"。如前文所見,《漢書音義》載録的孟康注語,闡釋夏禹斯分之"二渠",所述與此"出貝丘西南二折者"相并列的另一条分支是"漯川",而在西漢時期,這一"漯川",就是在這"二折"河段上從黄河幹道上分出。因此,所謂夏禹"斯二渠"之歧分點,就應當是在這段"二折"河道之上,故孟康謂其西面一條河道爲"出貝丘西南二折者"。清人沈欽韓亦因不明此"二折"之意,以爲孟康《漢書》注所説"出貝丘西南"的"貝丘"當爲"頓丘"之誤[2]。實則頓丘正處於這"二折"河段上的南端,這段河道向東北方向自然延伸,即所謂"貝丘西南二折"處,兩者本是一事,初不必强改

---

〔1〕《漢書》卷二九《溝洫志》,頁1687。案綫裝書局影印南宋慶元本《漢書》(北京,2003,頁9b)附列宋人劉奉世校語曰:"'河不流行','不'字宜爲'水'字,或衍'不'字。"劉氏所説當是,今據改。

〔2〕清沈欽韓《漢書疏證》(上海,上海古籍出版社,2006,影印清光緒浙江書局刻本)卷二二,頁603。

孟康的注語。

總之,今本《史記集解》引述《漢書音義》採録的孟康《漢書》注文,謂夏禹厮分二渠之一乃"出貝丘西南二折者也",文字準確無誤;憑藉此文,再結合《漢書·溝洫志》的記載,可以看出西漢時期對黄河北行河道各個河段的劃分和不同稱謂,有助於我們更爲準確地把握西漢時期黄河下游河道的總體形態,彌足珍貴。而《漢書·溝洫志》顔師古注引述孟氏同一注語,書作"其一出貝丘西南南折者也"[1],是把"二"字錯識爲重文符號"="所造成的譌誤,對正確理解相關史事造成了很壞的影響。今重新點校《史記》,爲防止誤導讀者,造成混亂,似不宜綴附此等謬説。

進一步推究,可以看到,像把"西南二折"這樣的文句誤讀爲"西南南折",也就是把"二"字誤識爲重文符號"=",這是在解讀和校勘古代典籍時經常會遇到的一個普遍性問題。在這一方面最有代表性的例證,是《後漢書·鄧騭傳》記述鄧騭在安帝永初元年夏率兵征討叛羌事云:

> 時遭元二之災,人士荒飢,死者相望,盜賊群起,四夷侵畔。

唐朝章懷太子李賢釋此"元二"曰:

> 案"元二"即"元元"也。古書字當再讀者,即於上字之下爲小"二"字,言此字當兩度言之,後人不曉,遂讀爲"元二",或同之陽九,或附之百六,良由不悟,致斯乖舛。今岐州《石鼓銘》,凡重言者皆爲"二"字,明驗也。[2]

但兩宋之際的金石學家趙明誠即已結合相關石刻銘文指出:"若讀爲元元,

[1] 《漢書》卷二九《溝洫志》唐顔師古注,頁1676。

[2] 《後漢書》(北京,中華書局,1965)卷一六《鄧騭傳》並唐李賢注,頁614—615。

○ 《石門頌》摩崖石刻拓本(影印)

則爲不成文理。疑當時自有此語,《漢書》注未必然也。"[1]今目驗東漢桓帝建和二年上石的《石門頌》摩崖銘文拓本,文中"元二"之"二"字鎸刻堂堂正正,與上下其他文字略無差異,其自非重文符號,可得確證。清人黄生更進一步指出:"東漢讖緯之説盛行,'元二之災'正當時常語,李賢何故力闢之?"[2]儘管"元二"兩字的具體術數涵義,還有待進一步論證(我將另寫專文,討論這一問題),但李賢把"二"字認作重文符號"=",與此將"西南二折"誤讀爲"西南南折"自屬同樣錯誤。明此古書文字譌誤常例,可知今本《後漢書·皇后紀》所載鄧太后遺詔,謂"延平之際,海内無主,元元厄運,危於累卵"[3],其"元元厄運"也應當訂正爲"元二厄運",蓋鄧太后談

---

〔1〕 宋趙明誠《金石録》(北京,中華書局,1983,《古逸叢書》三編影印北京圖書館藏南宋刻本)卷一四《漢司隸楊厥開石門頌》,頁9a—9b。

〔2〕 清黄生《義府》(臺北,世界書局,1963,楊家駱編《讀書劄記叢刊》第二集本)卷下"隸釋"條,頁91。

〔3〕 《後漢書》卷一〇上《皇后紀》上,頁429。

到的“厄運”,與《鄧騭傳》所記“元二之災”本爲同一時期的事情,今本《後漢書》之“元元”自屬淺人妄改“元二”所致。

昔清人俞樾著《古書疑義舉例》,綜列有“以一字作兩讀”、“重文作二畫而致誤”與“重文不省而致誤”三類因兩字或兩語相連而令讀者疑惑或造成譌誤的事例[1],但却未嘗述及這類因將“二”字誤認作重文符號“=”而更改他文使之與上字相重而致誤的事例。後來劉師培、楊樹達、馬叙倫、姚維鋭諸人相繼承之爲作續補,終亦無人論及這一通例,因附識於此,以供校讀古書者參考。

〖**附案**〗正式印本已採納拙見,將此條校勘記改書爲:“二”,《漢書》卷二九《溝洫志》顏師古注引孟康作“南”。

【二】《史記·河渠書》原文:

自是之後,滎陽下引河東南爲鴻溝,以通宋、鄭、陳、蔡、曹、衛,與濟、汝、淮、泗會。于楚,西方則通渠漢水、雲夢之野,東方則通鴻溝江淮之間。於吴則通渠三江、五湖。於齊,則通菑濟之間。於蜀,蜀守冰鑿離碓,辟沫水之害,穿二江成都之中。此渠皆可行舟,有餘則用溉浸,百姓饗其利。至于所過,往往引其水益用溉田疇之渠,以萬億計,然莫足數也。[2]

《點校稿》删上文“東方則通鴻溝江淮之間”句中的“鴻”字,改此句爲“東方則通溝江淮之間”,並擬有《校勘記》云:

---

〔1〕 清俞樾《古書疑義舉例》(北京,中華書局,1956,《古書疑義舉例五種》本)卷一“以一字作兩讀例”,頁19—20;又卷五“重文作二畫而致誤例”、“重文不省而致誤例”,頁105—106。

〔2〕《史記》卷二九《河渠書》,頁1407。

"溝"上原有"鴻"字。梁玉繩《史記志疑》卷一六:"'鴻'字因上文有鴻溝而誤增之。《漢志》無'鴻'字也。蓋此溝即邗溝,吴所以掘以通江、淮者,不得指爲滎陽之鴻溝。"今據删。

〖**今案**〗

雖然《漢書》當中有很多襲用《史記》的内容,但這畢竟是兩個不同的人各自撰寫的著述,而且班固與司馬遷的時代已經相去很遠,《漢書》之遣詞用句,自有不同於《史記》的特色,故今點校《史記》,除非原文絶不可通,或用字有嚴重悖謬,應當注意,儘量不要因爲在我們今天看來《漢書》的辭氣文義稍顯優長,就來改訂《史記》相應的記載,使之與《漢書》同一。

例如,在上面這段《河渠書》的文字當中,其"有餘則用溉**浸**"這句話,《漢書·溝洫志》便是書作"有餘則用溉",較《史記》少一"**浸**"字。從表面上看,文義似乎並没有特别明顯的變化;至少《史記·河渠書》並没有因爲用上這個"**浸**"字而使語句變得窒礙不通。若是更仔細推敲,恐怕還是《史記》的文義要更勝出一籌,因爲"溉**浸**"當即"溉浸"異寫,而"浸"字有浸潤、浸泡之義,《詩·白華》之"滮池北流,浸彼稻田",鄭玄箋云:"池水之澤,浸潤稻田,使之生殖。"[1],可見其云"浸"而不用"溉"或"灌"字,即重在表述稻禾生長需長期受水浸湮而非一時過水於田的情況。"溉**浸**"連用,意即溉水浸田(灌水泡田),這比單獨一個"溉"字表述的語義要豐富、明晰得多。因此,現在我們整理《史記》和《漢書》,最好令其各存其舊,而不必一定要删除《史記》的"**浸**"字。同理,《河渠書》中"通鴻溝江淮之間"這句話,其"鴻溝"二字假若不是絶然背戾于春秋戰國時期的歷史事實,或是根本不符合秦漢時期行文用語的通則,也就没有理由要參照《漢書·溝洫志》的文字來去掉"鴻"字,從而單獨以"溝"相稱。

---

〔1〕 漢鄭玄《毛詩詁訓傳》(北京,北京圖書館出版社,2003,《中華再造善本》叢書影印國家圖書館藏宋刻本)卷一五《小雅·白華》,頁10a。

《點校稿》在分析這一文句時，引據了清乾隆間人梁玉繩的看法[1]。其實，早在萬曆前期，程一枝在所撰《史詮》一書中，就談過相關的看法，以爲"鴻溝"之"鴻"應當正作"邗"字[2]。至明末，陳仁錫在所著《史記考》中，重又提出了同樣的主張：

"鴻溝"當作"邗溝"，即吴夫差掘以通江淮者是也。[3]

梁玉繩就是在明代後期這樣一些認識的基礎之上，又進一步分析《史記·河渠書》上下文中相關的文字，並對比《漢書·溝洫志》相應的紀事，指出了《點校稿》校勘記中引述的那段話。梁玉繩在繼承程一枝等人成説，謂其"此溝即邗溝，吴所以掘以通江、淮者"的同時，按照古籍校勘的一般原理，指出《史記·河渠書》"通鴻溝江淮之間"的"鴻"字，係因上文另有"鴻溝"而衍增，復以《漢書·溝洫志》中相應的文字乃無此"鴻"字來證成此説。——這就是《點校稿》據以删除"鴻溝"之"鴻"的關鍵理由。

這種在具體字詞上看似合乎道理的删改，稍加斟酌，就會發現，在其基本出發點亦即視江淮之間這一所謂"鴻溝"爲邗溝這一點上，實際上違背了一個更大的道理，這就是連通江水和淮水兩大水系的這一所謂"鴻溝"，與我們熟知的邗溝不在同一地理方位之上。

通觀《史記·河渠書》前後相關記載可以看到，司馬遷在這裏是先記述"滎陽下引河東南爲鴻溝"這條貫穿幾大地理區域的渠道，稱述其交通

---

[1] 説見清梁玉繩《史記志疑》(北京，中華書局，1981)卷一六，頁821。

[2] 清梁玉繩《史記志疑》卷一六引明程一枝《史詮》，頁821。案清黄虞稷《千頃堂書目》(上海，上海古籍出版社，2001)卷五《史學類》(頁145)著録："程一枝《史詮》五卷，萬曆己卯杜大綬序。"杜澤遜編著《四庫存目標注》(上海，上海古籍出版社，2007)卷一二《史部·正史類》"史詮"條(頁494)云此書"未見傳本"，惟清末李慈銘之《越縵堂讀書記》乃至民國時人李笠撰《史記訂補》尚俱頻頻引述此書，疑其傳世之本未必如此稀見，或尚可訪求。

[3] 明陳仁錫《史記考》(日本寬文十二年八尾友春刊享保二年京都堀川通本國寺前金屋半右衛門印本，題"陳明卿史記考")之《河渠書考》，頁1a。

運輸作用是"以通宋、鄭、陳、蔡、曹、衛,與濟、汝、淮、泗會",接下來就是分爲楚、吴、齊、蜀四個區域,來分别叙述各區域内開河挖渠的典型事例,這顯然是按照上述列國在戰國時期的疆域範圍來做區分[1]。在楚、吴、齊、蜀四個區域之内,楚國境域内的情況又稍顯特别,即司馬遷是把楚境分爲東、西兩個部分來叙述:"西方則通渠漢水、雲夢之野,東方則通鴻溝江淮之間。"所以,"通鴻溝江淮之間"之舉顯然應該是發生在楚國東方區域的事情。可是,《史記·河渠書》既然同時提到了與楚國並立的吴國,而且主持開鑿這條"邗溝"的人就是吴王夫差[2],那麽,"邗溝"所經過的地方,無論如何也是屬於吴國的境域,如何能夠成爲楚之東境的"鴻溝"?特别需要指出的是,陳仁錫謂"鴻溝當作邗溝,即吴王夫差掘以通江淮者是也",恰恰是在事先辨明《史記·河渠書》之"西方、東方,謂楚之東西也"這一前提下做出的[3],何以還會做出這樣糊塗的判斷,實在有些匪夷所思。

不過,梁玉繩倒不是没有看出這一問題。只是基於其對《漢書·溝洫志》"東方則通溝江淮之間"這條文字準確性的高度崇信,竟轉而將《史記·河渠書》之吴、楚分别乃至直接承用《河渠書》上述地理區域歸屬的《漢書·溝洫志》,一概斥之爲謬説誤記:

> 案《困學紀聞》二云:"吴之通水有二。《左傳》哀九年'吴城邗,溝通江淮',此自江入淮之道。《吴語》'夫差起師北征,闕爲(深)溝於商魯之間,北屬之沂,西屬之濟',在哀十三年,此自淮入汴之道。是江、淮之通固屬吴,馬、班於此似有誤。"王氏之言甚審。……蓋此溝即邗

---

〔1〕案《史記》卷一二九《貨殖列傳》(頁3267)雖然另有一種説法,謂"彭城以東,東海、吴、廣陵,此東楚也",但這應該是秦漢時人按照秦滅六國時期關東各諸侯國的疆域範圍所做的表述,觀戰國吴地已經被納入此一"東楚",知與《史記·河渠書》之楚、吴並稱,乃絶然不同,自然不能用此"東楚"概念來解釋《史記·河渠書》所説"于楚,……東方則通鴻溝江淮之間"這一史事。

〔2〕晉杜預《春秋經傳集解》(北京,北京圖書館出版社,2003,《中華再造善本》叢書影印元相臺岳氏荆谿家塾刻本)卷二九哀公九年並杜預注,頁33a。

〔3〕明陳仁錫《史記考》之《河渠書考》,頁1a

溝，吴所以掘以通江、淮者，不得指爲滎陽之鴻溝，而況可以吴事移之於楚乎？[1]

需要注意的是，上面引述《困學紀聞》的起訖，是按照今中華書局點校本的標點，實際上王應麟在《困學紀聞》中並没有講過這樣的話[2]，這是因爲梁玉繩本來是從清人全祖望的《經史問答》中轉引這段内容，只是後來又檢核《困學紀聞》，標注上了王應麟原書的卷次。由於未能仔細核對《困學紀聞》原文，以致梁氏把清人全祖望引述《困學紀聞》時附加的案語，錯認成爲王應麟《困學紀聞》的本文（詳見下文）。這一疏誤，本身並不重要，但它却强烈體現出梁玉繩本人的判斷傾向，完全可以直接將其視作梁氏的觀點。

約略同時人沈欽韓，在審辨《漢書·溝洫志》"於楚，……東方則通溝江淮之間"這句話時，也是因循程一枝、陳仁錫諸人一貫的思路，將這處江淮之間的溝渠，首先與邗溝緊密聯繫在一起來考慮：

哀九年《傳》："吴城邗，溝通江淮。"《外傳》："吴王起師北征，闕爲深溝於商魯之閒〔商，宋也〕。北屬之沂，西屬之濟，會晉公午於黄池。"《水經·淮水注》："昔吴將伐齊，北伯中國，自廣陵城東南築邗城，城下掘深溝，謂之韓江，亦曰邗溟溝，自江東北通射陽湖。《地理志》所謂渠水也，西北至末口入淮。"楚事無明文。《楚世家》"惠王四十四年，越已滅吴，而不能正江淮北，楚東侵，廣地至泗上"；又《越世家》"句踐已去渡淮南，以淮上地與楚"，並是其時，當考。[3]

---

〔1〕清梁玉繩《史記志疑》卷一六，頁821。

〔2〕宋王應麟《困學紀聞》（上海，商務印書館，1935，《萬有文庫》鉛字排印清翁元圻注本）卷二，頁129—130。

〔3〕清沈欽韓《漢書疏證》卷二二，頁606。

不過，與程一枝、陳仁錫、梁玉繩等人不同的是，沈欽韓非但没有簡單地把"邗溝"與此江淮之間的溝渠等同爲一事，更明確指出，雖然楚國在東方開鑿這樣一條溝通江淮的水道，一時還没有查找到明確的證據，但也有一些相關的跡象，值得注意，指出此事還有待進一步考證。這種充分尊重《史記》、《漢書》記載的做法，顯然要比梁玉繩更爲妥當。

像梁玉繩那樣强指《史記・河渠書》以及《漢書・溝洫志》中相同的記載爲誤説，終究是有些過於生猛。所以，就連他本人也不是信心十足。於是，梁玉繩在論述上述問題時，末尾又附綴了這樣一小段話：

> 《經史答問》八據《水經注》，謂楚亦有通江之事，引《左傳》"楚人伐隨師於漢、淮"爲證。此又一説。[1]

即謂對《史記・溝洫志》這一記載，還存在另外一種不同的解釋，或可聊備一説。這也就意味着梁玉繩事實上已經承認，他的看法還不足以成爲定論。

梁玉繩提到的《經史答問》，準確的書名爲《經史問答》，初刊於乾隆三十年[2]。書中談到這一問題，是因爲受業弟子中有人向他請教閲讀《史記・河渠書》的疑問："其曰東方則通鴻溝江淮之間，何也？是乃吴事，不知何以屬之楚？"於是，全氏論之曰：

> 厚齋先生曰："吴之通水有二。《左傳》哀九年'吴城邗，溝通江淮'，此自江入淮之道。《吴語》'夫差起師北征，闕爲(深)溝於商魯之間，北屬之沂，西屬之濟'，在哀十三年，此自淮入泲之道。"是江、淮之

---

〔1〕 清梁玉繩《史記志疑》卷一六，頁821。

〔2〕 別詳拙稿《全祖望〈經史問答〉萬氏刻本綴語——兼談上海古籍出版社〈全祖望集彙校集注〉》，原刊《書品》2004年第5期、第6期，此據鄙人文集《讀書與藏書之間》(北京，中華書局，2005)，頁104—107。

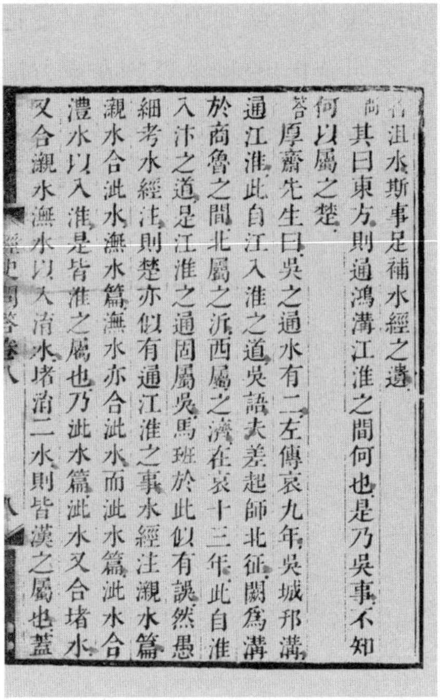
沮水斯事足補水經之遺
問 其曰東方則通鴻溝江淮之間何也是乃吳事不知
何以屬之楚
答 厚齋先生曰吳之通水有二左傳哀九年吳城邗溝
通江淮此自江入淮之道吳語夫差起師北征闕爲溝
於商魯之間北屬之沂西屬之濟在哀十三年此自淮
入汴之道是江淮之通固屬吳馬班於此似有誤然愚
細考水經注則楚亦似有通江淮之事水經注溵水篇
溵水合泚水潕水篇潕水亦合泚水而泚水篇泚水合
澧水以入淮是皆淮之屬也乃泚水篇泚水又合堵水
又合溵水潕水以入淯水堵淯二水則皆漢之屬也蓋
經史問答卷八

○ 清乾隆年間鄞縣萬氏杭州原刻本《經史問答》

> 通固屬吴,馬、班於此似有誤,然愚細考《水經注》,則楚亦似有通江、淮之事。《水經注・溵水篇》溵水合泚水,《潕水篇》潕水亦合泚水,而《泚水篇》泚水合澧水以入淮,是皆淮之屬也。乃《泚水篇》泚水又合堵水,又合溵水、潕水以入淯水,堵、淯二水則皆漢之屬也。蓋南陽之地,淮、漢並行,其水已有互相出入者,皆在新野、義陽一帶,江淮未會,而淮、漢已通,吴之力所不及也。是非楚人通之而誰通之?夫淮通漢,則已通於江矣。是吴之通淮於江者在下流,而楚之通淮於漢以通江者,在上流也。《史記》之言,亦别有據也。《左傳》楚人伐隨,師於漢淮之間,蓋其證也。[1]

讀全氏此文可知,梁玉繩《史記志疑》引述《困學紀聞》的内容,實際上是轉

[1] 清全祖望《經史問答》(清乾隆年間鄞县萬氏杭州原刻本)卷八,頁 8a—8b。

録于此(如上文所述,梁玉繩在這段論述中另外清楚引述有全祖望《經史問答》的内容),所以纔會把全祖望所説"是江、淮之通固屬吴,馬、班於此似有誤"這兩句話,誤認作王應麟的話,鈔入文中。全祖望的思路,雖然在總體上要比梁玉繩合理,但他以楚人連通淮、漢兩水來詮釋《史記·河渠書》所説開鴻溝以溝通江淮之間的這一條水上通道,即謂"通淮於漢以通江者",這種説法却存在很大問題。

全祖望所説的這條"通淮於漢以通江"的水道,關鍵是"泚水"。按照全祖望的説法,它既匯入淮水,同時又注入漢水。假若果然如此的話,通過此一"泚水",自然能夠直接連通淮水與漢水;復因漢水入江,故淮、漢既通,也就等同於淮水與江水相通。然而,核查《水經注》原文,可以看到,事實上並不存在全祖望講述的這樣一條"泚水"水道。

從一些具體文字來看,全祖望引述的《水經注》,很可能是明萬曆年間朱謀㙔撰著的《水經注箋》,這個版本雖然大大優於此前諸本,但仍然存在很嚴重的文字譌誤。待後來經過全祖望本人和戴震、趙一清等學者深入校勘之後,《水經注》其書始得較爲通暢地閲讀並没有太多窒礙地爲治史者所利用。在此之前,《水經注》中有些文字錯譌,往往會導致研究誤入歧途。

檢朱謀㙔刊本《水經注》,我們可以看到,在《溳水篇》下的相關記載,是記溳水"東與此水合。水出潕陰縣草山〔宋本作旱山〕,東北流注溳"〔1〕,全氏當即視"此水"爲"泚水",蓋古時有很多水名,往往或加"氵"旁、或不加"氵"旁,通用幾無區别,故宜然也。在所謂全氏《五校水經注稿本》中,全祖望不僅直接將這一"此水"書作"泚水",而且還做有與上述《經史問答》内容直接相關的具體説明:

按泚水下有缺文,蓋泚水即出大胡山之一支也。汝之支津,如澧、

〔1〕 明朱謀㙔《水經注箋》(明萬曆刊本)卷三一《溳水》,頁16a—16b。

如潕、如濄皆合焉。今以爲出旱山，則另是一水矣。竊意濄所合之沘，即大胡之水，下本别有一水出旱山，而注濄水者今脱一簡耳。《通典》漢舞陰縣有泌水，疑是此水也。[1]

惟趙一清《水經注箋刊誤》就此朱謀㙔《水經注箋》中"而東出與此水合"句述云："全氏云'此'當作'泌'，以先司空本校改。《寰宇記》唐州泌陽縣，漢舞陰縣，泌水在邑界是也。"[2]説明全祖望本人後來在校勘《水經注》時已經看到這一記載存在譌誤，並且改"此水"爲"泌水"。這條"泌水"係濄水支流，而濄水則匯入淮水左岸（北岸）支流汝水[3]。

又全祖望謂"《潕水篇》潕水亦合沘水"，復謂"《沘水篇》沘水合澧水以入淮"，核諸《水經·潕水注》，則包括朱謀㙔《水經注箋》本以及全祖望本人之《五校水經注稿本》在内的所有諸本，都没有這樣的記載[4]。檢《水經注箋》之潕水篇下記潕陰縣城東有馬仁陂，"陂水三周其隍，故瀆自隍西南而匯於沘"[5]，惟此陂與潕水絶然不相連屬，全祖望當即緣此文繫於潕水之下，一時疏忽，未能細審上下文義，誤將其視作潕水的一部分，從而得出了"潕水亦合沘水"的錯誤印象。至於沘水合注於澧水，雖然確有其事，

---

[1] 清全祖望《五校水經注稿本》（北京，全國公共圖書館古籍文獻編委會，1996，《全祖望校水經注稿本合編》影印全氏稿本）卷三一，頁 1276；又卷二九《沘水篇》（頁 1887）也附有類似的説法。

[2] 清趙一清《水經注箋刊誤》（臺北，華文書局，1970，影印清乾隆五十九年趙氏小山堂刊本）卷一一，頁 3029。

[3] 北魏酈道元《水經·濄水注》，據清王先謙《合校水經注》（北京，中華書局，2009，影印清光緒十八年長沙思賢講舍原刻本）卷三一，頁 464。

[4] 案《永樂大典》本據文學古籍刊行社 1955 年影印本（卷一二，頁 541—543，頁 572—573），明嘉靖黄省曾刻本據中國書店 2012 年影印本（卷二九，頁 10b—13a；又卷三一，頁 12a—14a），明萬曆朱謀㙔《水經注箋》據萬曆原刻本（卷二九，頁 13a—16b；又卷三一，頁 16b—19a），清全祖望《五校水經注稿本》據 1996 年全國公共圖書館古籍文獻編委會影印全氏稿本（卷二九，頁 1880—1887；又卷三一，頁 1277—1281）。其他明刻、明抄本轉據上海人民出版社 1984 年排印出版的王國維《水經注校》（卷二九，頁 947—951；卷三一，頁 1003—1006）。

[5] 明朱謀㙔《水經注箋》卷三一《潕水篇》，頁 17a—17b。

可是,此一澧水,却並非匯進淮水,而是注入漢水支流淯水。疑全氏因汝水支流瀙水上源處另有一同名之澧水(後人或稱"澧水枝津"[1]),從而誤將淯水支流之澧水與之混同爲一事,所以,纔會造成"泚水合澧水以入淮"的錯誤觀念。又全祖望在文中説"《泚水篇》泚水又合堵水,又合瀙水、潕水以入淯水",其"又合瀙水、潕水以入淯水"云云,只是在重復前面所説"《水經注·瀙水篇》瀙水合泚水,《潕水篇》潕水亦合泚水"這兩句話,並不是説《水經注·泚水篇》中另有這樣的記載。

至於全祖望試圖引據《左傳》中"楚人伐隨,師於漢淮之間"的記載來證明淮水和漢水相通,這更没有什麽意義。蓋"隨"(隋)地處於今大洪山與桐柏山之間,東北越桐柏山至淮河上源,西南過大洪山至漢水下游,出師於隨,必入"漢淮之間"這一地帶,其與淮水、漢水之間是否有水道相連,本來毫無干係。

總之,淮河水系的瀙水、潕水都没有連通漢水支流的水道,與泚水(案戴震主持校刊的清武英殿本將此水名訂定爲"比水"[2])合流的澧水也只是匯入淯水,絶没有另行東入淮水的流路,故全祖望謂淮、漢兩水相通,乃絶不可信;梁玉繩備列全氏此説,同樣無助於證釋《史記·河渠書》所記楚國在東方"通鴻溝江淮之間"這一問題。

需要指出的是,全祖望舉述的淮、漢相通證據雖然不能成立,但這兩大流域之間,也確有水道相連。《水經·潕水注》記云:

〔經文〕潕水出潕陰縣西北扶予山,東過其縣南。

〔注文〕《山海經》曰:"朝歌之山,潕水出焉,東南流注於滎。"經書"扶予"者,其山之異名乎?滎水上承堵水,東流左與西遼水合。又東,東遼水注之。俱導北山,而南流注於滎。滎水又東北,於潕陰縣

---

〔1〕清楊守敬《水經注圖》(北京,中華書局,2009,影印清光緒乙巳楊氏觀海堂刻本)之南六西二,頁325—326。

〔2〕見民國《四部叢刊初編》影印清武英殿聚珍版本《水經注》卷二九,頁16b。

北,左會潕水。[1]

潕水是淮水左岸(北岸)支流汝水的支流,而這一“堵水”是匯入漢水支流淯水,《水經注》在記此“堵水”時也稱其“下注爲灣,灣分爲二,西爲堵水,東爲滎源”[2]。這種貫通兩大流域分水嶺的水道,往往是人爲開挖使然。不過,這處兩水相連的地方,位於伏牛山脊峰地帶,山高水淺,實際上很難通航,後代也没有見到任何相關記載,所以,它也不大可能是《史記·河渠書》所講的溝通江、淮兩大水系的渠道。

推斷《史記·河渠書》所記江漢之間的“鴻溝”不大可能是這條從堵水歧分而出的滎水,還有一項重要原因,這就是《史記·河渠書》對楚國境域的東、西劃分。楚國興盛於江漢平原,戰國以後其疆域始不斷大幅度擴展,向東方的開拓尤爲顯著。相對於以江漢平原爲核心的楚國故地,這些新拓展的東方土地,或被稱之爲“東國”,亦云“東地”[3],而伏牛山——桐柏山——大别山這道連綿的山脈,就是“東國”與楚國故地之間的天然界限,所謂“方城之外”,與之大略相當[4]。換句話説,從政治和軍事地理角度來看,對於戰國時期的楚國來説,“方城之内”與“方城之外”的關係,大致相當於秦暨西漢時期的“關中”(關西)與“關東”的地位對比。《漢書·地理志》記西漢江陵縣爲“故楚郢都,楚文王自丹陽徙此。後九世平王城之。後十世秦拔我郢,徙東”[5],今中華書局點校本《漢書》,信從清人齊召南説,將“徙東”徑行更改爲“徙陳”[6],實乃未審“東”字的涵義而誤改。今

---

[1] 北魏酈道元《水經·潕水注》,據清王先謙《合校水經注》卷三一,頁464—465。

[2] 北魏酈道元《水經·淯水注》,據清王先謙《合校水經注》卷三一,頁458—463。

[3] 《史記》卷四〇《楚世家》,頁1735。

[4] 陳偉《楚東國地理研究》(武漢,武漢大學出版社,1992)卷首《緒言》,頁1—14。

[5] 《漢書》卷二八《地理志》上,頁1566,頁1606。

[6] 案齊召南説見清乾隆武英殿本《漢書》之《地理志》上卷末所附《考證》(頁4a),文曰:“案‘徙東’當作徙陳,此頃襄王二十一年事也。《志》於九江壽春邑自注曰:‘楚考烈王自陳徙此。’即與此文相應。各本俱誤。”即齊氏乃視“東”字爲“陳”之泐損或形譌。

審其“秦拔我郢”云云，應是照原様迻録楚人載籍，而這一説法顯示出在楚人心目當中，此番移徙，乃是面對强敵入侵，不得不暫時離棄故國腹心重地而避難於“東國”，因而也没有把楚王暫居的陳邑，視爲新遷的都城，不過類同於“行在”而已，故以“徙東”稱之[1]。這一事例，有助於我們更爲清楚地理解，對於戰國時期楚國的屬地來説，所謂東、西，往往是與特定的地域聯繫在一起的，秦及西漢時人區分對舉論述楚國之東、西境域，自然是延續這一觀念。

秉此觀念，重新審視《史記·河渠書》的記載，我們可以看到，司馬遷説“于楚，西方則通渠漢水、雲夢之野”，這自然是指楚國核心區域江漢平原上發生的事情，而與此相對應的“東方則通鴻溝江淮之間”，就應該是講楚之“東國”的情況。剛纔講到的這條出自堵水的滎水，正處於楚國這東、西兩大區域的分界綫上，可東、可西，又非東、非西，因而似乎不大適宜與“漢水、雲夢之野”地區東、西對舉。進一步分析，還可以看到，從相對方位來看，這條滎水相對於“漢水、雲夢之野”，更接近於南北相望，而不是東西相值。考慮到這一點，也不適宜把溝通江、淮的“鴻溝”擬定爲這條滎水。

同理，明瞭戰國時期對楚國東、西兩大區域的習慣性稱謂以及對吴國疆域的一般觀念，我們也就很容易理解，《史記·河渠書》絶不應該違逆當時對地理區域的這種普遍認識，别出心裁，把楚國疆域另行一分爲二，辟出一塊楚之東境，來安置吴王夫差開鑿的那一條“邗溝”。

那麼，在江淮之間，到底是不是存在這樣一條“鴻溝”呢？1958年，楊鈞撰《巢肥運河》一文，對此提出了新的看法。楊鈞指出，長江左岸（北岸）支流施水與淮水右岸（南岸）支流肥水，分别源出於今安徽合肥西北雞鳴山（或稱鄰近的將軍嶺）的南北兩側，上源非常接近。《水經》記“施水亦從廣陽鄉肥水别”，北魏酈道元《水經注》釋云：“施水受肥於廣陽鄉，東南流逕合肥縣。應劭曰：‘夏水出城父，東南至此與肥合，故曰合肥。’闞駰亦言

[1] 别詳拙稿《〈楚居〉與楚都》，見敝人文集《舊史輿地文編》（上海，中西書局，2015），頁76—91。

‘出沛國城父,東至此合爲肥。’余按川殊派别,無沿注之理,方知應、闞二説非實證也。蓋夏水暴漲,施合于肥,故曰合肥,非謂夏水。”《水經注》又記:“肥水出良餘山,……北流分爲二水,施水出焉。”此皆施、肥二水相通之證。除了兩條上源之外,在其上游河段,還有其他一些枝津可以互通。如《肥水注》記云:“肥水又北逕荻城東,又北逕荻丘東,右會施水枝津。水首受施水于合肥縣城東,西流逕成德縣注于肥水也。”又《施水注》記“施水又東,分爲二水,枝水北出焉,下注陽淵”,而《肥水注》記“肥水又北,右合閻㵎水,上承施水于合肥縣,北流逕浚遒縣西,水積爲陽湖。陽湖水自塘西北逕死虎亭南,夾横塘西注,……水分爲二,洛㵎出焉,閻漿水注之”〔1〕,陽淵與陽湖當屬一事,故施、肥兩水在此亦嘗匯通。楊鈞即把施水與肥水這兩條相互通連的水道稱爲“巢肥運河”〔2〕,後來亦有人稱之爲“江淮運河”〔3〕。

一般來説,在這樣兩大流域的分水嶺地區,施水和肥水之間能有水道連通,應該是人工疏通開鑿的結果。楊鈞在文中已經指出,《史記·貨殖列傳》記載“合肥受南北潮〔《正義》:合肥,縣,廬州治也。言江、淮之潮,南北俱至廬州也〕,皮革、鮑、木輸會也”〔4〕,其“皮革鮑木之輸,南北水上交通,當取道巢肥運河”〔5〕。儘管當今尚有一些學者,通過考察施水和肥水上源主幹河道的地形,以爲施、肥二水實際上不可能互通航運〔6〕,但酈道元明確指出,至少在夏水暴漲之際,兩水一定能夠連通,而施水和肥水除了主幹道之外,還有上述枝津可以連貫,特别是在枝津上還有像“陽湖”(或稱“陽

〔1〕 北魏酈道元《水經·肥水注》,又《水經·施水注》,據清王先謙《合校水經注》卷三二,頁470—471,頁473。

〔2〕 楊鈞《巢肥運河》,刊《地理學報》1958年第1期,頁67—77。

〔3〕 劉彩玉《論肥水源與“江淮運河”》,刊《歷史研究》1960年第3期,頁69—78。

〔4〕 《史記》卷一二九《貨殖列傳》,頁3268。

〔5〕 楊鈞《巢肥運河》,刊《地理學報》1958年第1期,頁71。

〔6〕 史念海《中國的運河》(西安,陝西人民出版社,1988)第二章《先秦時期運河的開鑿及其影響》,頁20。

淵”）這樣的水泊，可以爲航道起到調蓄水量的作用，當時的運河航道，也可能主要通過這一枝脈相連結[1]。從另一角度看，人工運河在通過分水嶺或其他比較艱澀的航段時，往往也會暫時改以陸運通過，然後再繼以水運，我們也並没有因此而否認其運河的性質。本着同樣的道理，這條所謂“巢肥運河”，完全有可能是《史記·河渠書》所説溝通江水與淮水的水上通道“鴻溝”。這裏北通楚國晚期都城壽春，正處於楚“東國”的範圍之内。

若是將此“巢肥運河”定作江、淮之間的水上通道“鴻溝”，很多人可能會爲著名的“邗溝”在《史記·河渠書》中失於記載而感到困惑。實際上《史記·河渠書》所説“於吴則通渠三江、五湖”，這句話就應當包括“邗溝”在内。關於所謂“三江、五湖”有種種不同説法，大多未必符合秦漢時期的實際情況。《史記·三王世家》載録漢武帝册封皇子劉胥爲廣陵王的策書，謂“建爾國家，封于南土。……古人有言曰：‘大江之南，五湖之間，其人輕心。楊州保疆，三代要服，不及以政。’……於戲，保國艾民，可不敬與！”而爲司馬遷《史記》補撰此《三王世家》的褚少孫，云此廣陵國統轄的境域，爲“江湖之間”或“三江五湖”之地[2]。審視西漢廣陵國境域，多在大江北岸、淮水之南，而以廣陵縣亦即今江蘇揚州爲治所，按照《漢書·地理志》的記載，其在長江以南所統轄的區域，似僅僅曾經轄有故鄣一郡[3]，周振鶴還以爲未必可信[4]。又漢武帝策封劉胥時所説“楊州”亦即“揚州”異寫，而《禹貢》“淮、海爲揚州”的説法，適足以進一步證明劉胥廣陵國的疆域主要是在淮水以南、長江以北區域，而這正是邗溝通過的地方。可見“江

[1] 參見清楊守敬《水經注圖》南七中，頁 349—350；又南八中至南八東一，頁 376—377。

[2] 《史記》卷六〇《三王世家》，頁 2113，頁 2116。

[3] 《漢書》卷二八下《地理志》下，頁 1638。案今本《漢書·地理志》載録此郡名稱爲“鄣郡”，實乃“故鄣郡”之譌，别詳拙文《秦始皇三十六郡考辨》（上），原刊《文史》2006 年第一輯，此據鄙人文集《秦漢政區與邊界地理研究》（北京，中華書局，2009）第一章第三節《論裴駰説之不宜棄》，頁 37—42；又請參見拙文《所謂“天鳳三年鄣郡都尉”磚銘文與秦“故鄣郡”的名稱以及莽漢之際的年號問題（上）》，刊《文史》2011 年第 1 輯，頁 32—45。

[4] 周振鶴《西漢政區地理》（北京，人民出版社，1987）上篇第二章第三節《廣陵國》，頁 38—39。

湖”或“三江五湖”只是對戰國吴國故地的一種泛稱,理應包括邗溝通過的江、淮之間區域在内。反過來説,邗溝所在的江、淮之間地區,也完全應該包括在“三江五湖”地域之内。這樣看來,《史記·河渠書》所記吴國在三江五湖通渠的事情,應當已經把吴王夫差開鑿的邗溝包括在内。

溝通江水與淮水的“鴻溝”既然與夫差開鑿的邗溝無關,那麽,明人程一枝以來因視其爲邗溝而删削“鴻”字的做法,也就值得重新斟酌。其實,即使是河、淮之間人所熟知的所謂“鴻溝”,也只是像“大溝”一樣的泛稱。楊鈞在論述“巢肥運河”時就已經談到“鴻於義惟大,可專稱,亦可泛稱”,惜其囿於常説,未能做出進一步的論證,且楊氏復謂《史記·河渠書》此一“鴻溝”之“鴻”字“或爲衍文”[1],對此顯然還缺乏明確的認識。今檢古本《竹書紀年》記此鴻溝早期水道,即以“大溝”稱之[2],可以充分證明這一點。《史記·秦始皇本紀》記秦王政二十二年“王賁攻魏,引河溝灌大梁”[3],所説“河溝”同樣是指這條浚引黄河水南流的“鴻溝”,其稱該渠爲“河溝”,乃是緣於渠道源頭出自河水。這樣的叫法,亦可彰顯“鴻溝”或“大溝”之稱的隨意性質。與此相關的是,唐張守節《史記索隱》釋《河渠書》之“滎陽下引河,東南爲鴻溝”句,謂其“蓋爲二渠,一南經陽武,爲官渡水;一東經大梁城,即河溝,今之汴河是也”。清人張文虎校刊《史記》三家注本,未能思及《史記》之《秦始皇本紀》本有“引河溝灌大梁”的説法,而且《史記·魏世家》篇末附太史公論説,尚有語云:“吾適故大梁之墟,墟中人曰:‘秦之破梁,引河溝而灌大梁,三月城壞,王請降,遂滅魏。’”[4]乃强謂“河溝”係“鴻溝”之誤,徑改本字[5]。中華書局點校本《史記》則直接沿用

[1] 楊鈞《巢肥運河》,刊《地理學報》1958年第1期,頁75。

[2] 北魏酈道元《水經·渠水注》引古本《竹書紀年》,據清王先謙《合校水經注》卷二二,頁339,頁343。

[3] 《史記》卷六《秦始皇本紀》,頁234。

[4] 《史記》卷四四《魏世家》,頁1864。

[5] 清張文虎《校刊史記集解索隱正義札記》(北京,中華書局,1977)卷三,頁359。

張氏改本,書作“鴻溝”[1],今此《點校稿》亦遵用未改。今檢核南宋慶元間建安黄善夫家塾刻三家注本《史記》[2],宋乾道七年蔡夢弼東塾刻附《集解》、《索隱》本[3],宋淳熙三年張杅桐川郡齋刻附《集解》、《索隱》本[4],以及單行原本《史記索隱》[5],乃至《册府元龜》採録的《史記・秦始皇本紀》[6],此處無一不是書作“河溝”,愈知張文虎所做改動實不宜信從。又如前引王應麟《困學紀聞》語所見,《國語》載吴王夫差在開鑿江淮之間的邗溝之後數年,復“起師北征,闕爲深溝,通於商、魯之間,北屬之沂,西屬之濟,以會晉公午於黄池”[7],所説“深溝”也可以看作“鴻溝”或“大溝”的另一種説法。

附帶説明一下,中國古代早期開鑿的一些人工運河,之所以會被稱作“溝”,或綴稱爲“大溝”、“鴻溝”、“河溝”、“深溝”、“邗溝”之類的名目,而並未使用後世習慣行的“渠”字,這是因爲在早期文獻中,“渠”字並不用作“溝渠”之義來表示通水之川瀆。昔清人程瑶田曾著有一篇《溝渠異議記》,對此略有論列,但對“渠”字本義的論述,似乎還遠遠未能達其肯綮[8]。

清人彭兆蓀在論述《周禮》相關問題時,曾考述早期經典中“渠”字語義云:

---

[1] 《史記》卷二九《河渠書》,頁1407。

[2] 見臺北藝文印書館1966年重印百衲本,頁2a。

[3] 見北京圖書館出版社2003年《中華再造善本》叢書影印國家圖書館藏本,頁1b。

[4] 見北京圖書館出版社2003年《中華再造善本》叢書影印國家圖書館藏本,頁1b。

[5] 見中華書局1991年重印《叢書集成初編》本,卷九,頁101。

[6] 宋王欽若等《册府元龜》(北京,中華書局,1989,影印宋版殘本)卷一八三《閏位部・勳業》,頁455。

[7] 《國語》(上海,商務印書館,民國《四部叢刊初編》影印明金李刊公序本)卷一九《吴語》,頁6b。

[8] 清程瑶田《通藝録》(合肥,黄山書社,2008,《程瑶田全集》本)之《溝洫疆理小記・溝渠異義記》,頁348—349。

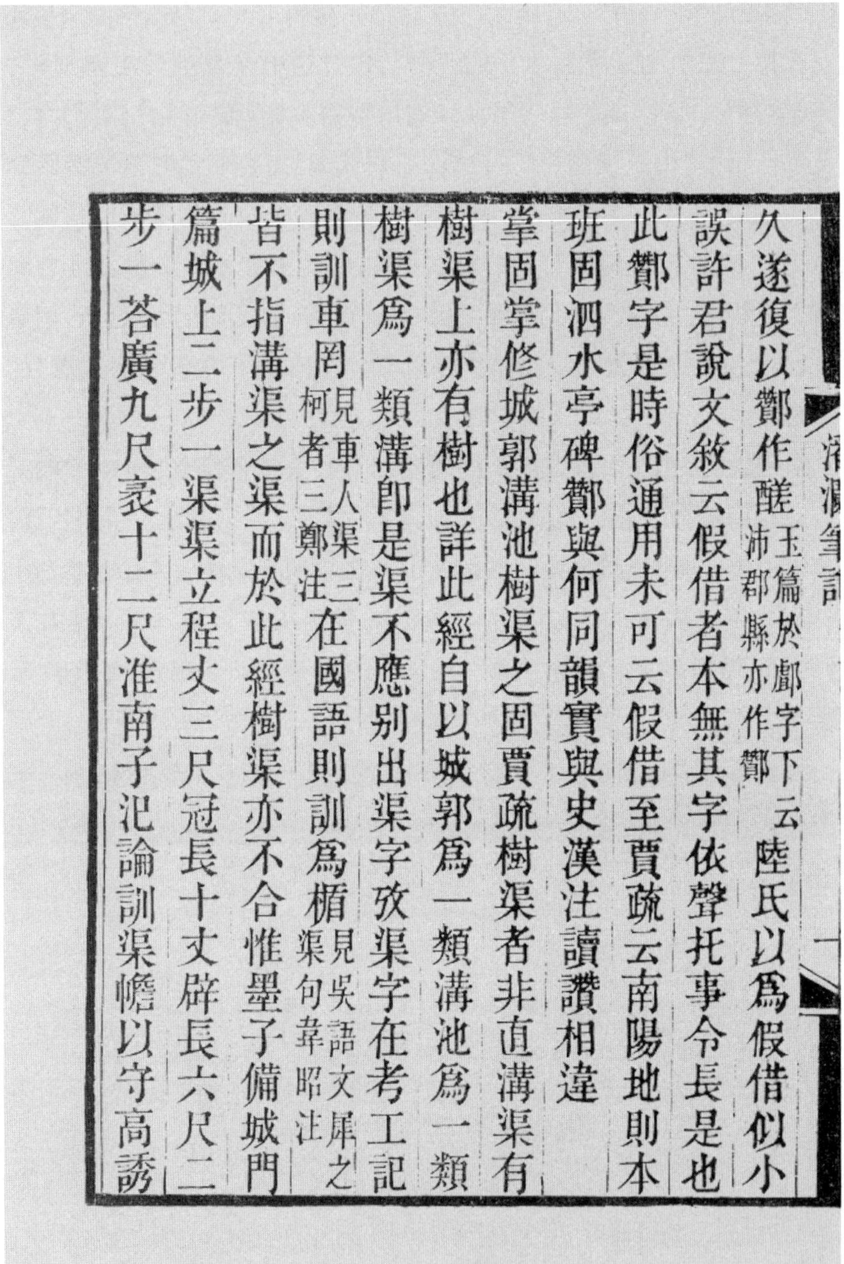
久遂復以鄭作醝玉篇於鄽字下云沛郡縣亦作鄭陸氏以爲假借似小誤許君說文敘云假借者本無其字依聲托事令長是也此鄭字是時俗通用未可云假借至賈疏云南陽地則本班固泗水亭碑鄭與何同韻實與史漢注讀讚相違

掌固掌修城郭溝池樹渠之固賈疏樹渠者非直溝渠有樹渠上亦有樹也詳此經自以城郭爲一類溝池爲一類樹渠爲一類溝卽是渠不應別出渠字攷渠字在考工記則訓車罔見車人渠三柯者三鄭注在國語則訓爲楯見吳語文犀之渠句韋昭注皆不指溝渠之渠而於此經樹渠亦不合惟墨子備城門篇城上二步一渠渠立程丈三尺冠長十丈辟長六尺二步一荅廣九尺袤十二尺淮南子汜論訓渠幨以守高誘

○　清道光原刻初印《小石山房叢書》本《潘瀾筆記》

(《周官》)掌固"掌修城郭、溝池、樹渠之固",賈《疏》:"樹渠者,非直溝渠(德勇案:'溝渠'當作'溝池',刊本字譌)有樹,渠上亦有樹也。"詳此經自以城郭爲一類,溝池爲一類,樹渠爲一類,溝即是渠,不應别出"渠"字。

考"渠"字在《考工記》則訓"車罔"〔見車人"渠三柯者三"鄭注〕,在《國語》則訓爲"楯"〔見吴語"文犀之渠"句韋昭注〕,皆不指溝渠之渠,而於此經"樹渠"亦不合。惟《墨子·備城門篇》:"城上二步一渠,渠立程,丈三尺,冠長十丈,辟長六尺。二步一荅,廣九尺,袤十二尺。"《淮南子·氾論訓》"渠幨以守",高誘注云:"渠,壍也。"〔高又注甲名,引《國語》,此不取。〕此"壍"字疑即《史記·司馬相如傳》"隤牆填壍"之"壍"。《兵略訓》"莫不設渠塹,傅堞而守",此"渠"同"塹"之證。又《漢書·晁錯傳》:"爲之高城深塹,具藺石,布渠荅。"注:"蘇林曰:渠荅,鐵蒺藜也。"如淳引《墨子》,師古以蘇説爲是。則《墨子》之"渠荅",又非此之"渠荅"。要皆非水居之渠。因思此經"樹"字乃是樹之林以爲阻固,而下"渠"字即《淮南》之渠塹,是坑塹之類,與溝池有水者異。若《漢書》之"渠荅",乃掘塹而布鐵蒺藜耳。《經義述聞》有此條,以"渠"爲籬落,謂"渠"或作"據",又作"柜",引《廣雅》"㯫,杝也〔元注:杝與籬同〕"、《釋名》"青徐謂籬笆曰椐"爲證,與鄙意異。[1]

彭兆蓀所説王引之《經義述聞》的不同看法,原文如下:

《夏官·掌固》"掌脩城郭、溝池、樹渠之固",《疏》曰:"樹渠者,非直溝池有樹,渠上亦有樹也。"引之謹案:城郭爲一類,溝池爲一類,

〔1〕 清彭兆蓀《潘瀾筆記》(清道光原刻初印《小石山房叢書》本)卷下,頁1b—2a。

樹渠爲一類。“渠”謂籬落也,因樹木以爲籬落,故曰樹渠。司險職曰:“設國之五溝五涂,而樹之林以爲阻固。”鄭注曰:“樹之林作藩落也。”是其證矣。“渠”字或作“欅”,又作“椐”。《廣雅》曰:“欅,杝也〔杝與籬同〕。”《釋名》曰:“青徐謂籬曰椐。”渠、欅、椐,古今字耳。知“樹渠”之“渠”非謂溝渠者。溝渠與樹不同類,且“渠”即是“溝”〔《吕氏春秋·上農篇》注曰:“渠,溝也。”〕。[1]

兩相比較,單純就“樹渠”的解釋而言,顯然還是王引之的説法,要更爲合理,但彭、王兩人對“渠”字的釋義也有很重要的共同認識,即“樹渠”之“渠”是一種城鎮聚落的防禦設施,而不是用於通行水流或是浮船航運的水道(案賈思勰《齊民要術》記述有北朝時期栽種酸棗或柳樹以編造“園籬”的做法[2],應即由此“樹渠”演替而來)。不過,若就其一般意義而言,王引之和彭兆蓀二人又都以爲渠即是溝,溝即是渠,所説却稍嫌含混不清。

王引之謂渠、欅、椐三字爲表示同一語義的古今字,論述還不盡完備。蓋宋人徐鍇早已指出,“渠”字右側的“榘”旁,即爲“柜”字,讀“巨居反”,而“渠”字本是“從水榘聲”[3],清人洪頤煊曾論證過漢代“渠”字常被通用爲“遽”字的情況[4],這當然也是基於“渠”、“遽”兩字的讀音完全相同。瞭解到這一點,似乎就不難推斷,古人用“渠”字來表示因樹木以爲之籬落,初始的寫法,應該是書作“榘”字。

《周禮》記掌舍“掌王之會同之舍,設梐枑再重”,鄭玄注云:“故書

〔1〕 清王引之《經義述聞》(南京,江蘇古籍出版社,2000,《高郵王氏四種》影印清道光七年重刻本)卷九“樹渠”條,頁215。

〔2〕 北魏賈思勰《齊民要術》(北京,農業出版社,1982,繆啓愉《齊民要術校釋》本)卷四《園籬》,頁178。

〔3〕 宋徐鍇《説文解字繫傳》(清道光十九年祁寯藻据影宋抄本重刻本)卷二一,頁18b。案唐楊倞注《荀子》亦謂“‘渠’讀爲‘遽’,古字‘渠’、‘遽’通”。説見楊倞注《荀子》(北京,北京圖書館出版社,2002,《中華再造善本》叢書影印宋刻本)卷一《修身》,頁23a。

〔4〕 清洪頤煊《讀書叢録》(清道光二年廣東富文齋刻本)卷一八“渠”條,頁16a。

'柜'爲'拒'。鄭司農云:'梐,榱梐也。拒,受溜水涑橐者也。杜子春讀爲'梐枑'。'梐枑'謂行馬。玄謂行馬再重者,以周衛有外内列。"[1]清人孫詒讓復進一步考述云,自周迄漢皆有"行馬"之名,其制乃"以木相連比,交互爲之,故謂之梐枑"[2],後世所謂"拒馬",乃至當代最新潮的"水馬",蓋即應淵源於此[3]。惟鄭玄當時所見"故書",實際上應當是指古文本《周禮》,鄭衆(即所謂"鄭司農")所據之本亦然。既然早期的古文《周禮》都是書作"拒"字,若非文義絶不可通,就不一定非要像鄭玄所核定之今本《周禮》那様,僅僅依從杜子春的理解,便把"梐拒"强行更改爲"梐枑"。北宋人李誡在《營造法式》中記述所謂"拒馬義(叉)子"亦即"拒馬"的製作規制,謂"其名有四,一曰梐枑,二曰梐拒,三曰行馬,四曰拒馬義(叉)子"[4],所説"梐拒",便是保持着古文《周禮》原來的寫法。

又唐李善注《文選》,引述《周禮》此句,乃書作"設梐柜再重",而記云"杜子春讀爲'梐枑'"[5],"梐柜"當然是"梐拒"的另一種寫法。其實在傳世《周禮》舊本中,還有不止一種南宋建陽書坊刻本,亦將這一"拒"字鐫之爲"柜"[6]。其後,如明嘉靖李元陽刻《十三經注疏》本、清嘉慶阮元刻《十

[1] 《周禮》(北京,中華書局,1992,《古逸叢書》三編影印北京圖書館藏南宋刻本)卷二《天官冢宰·掌舍》並漢鄭玄注,頁5a。

[2] 清孫詒讓《周禮正義》(北京,中華書局,1987)卷一一《天官冢宰·掌舍》,頁423—425。

[3] 宋歐陽守道《巽齋文集》(臺北,臺灣商務印書館,1986,影印文淵閣《四庫全書》本)卷二五《拒馬説》,頁11b—13a。

[4] 宋李誡《營造法式》(民國十四年陶湘仿宋刻本)卷八《小木作制度》三,頁4a—5a。

[5] 梁蕭統《文選》(北京,中華書局,1977,影印清嘉慶胡克家仿宋刻本)卷七晉潘岳《藉田賦》,頁116,又卷末附清胡克家《文選考異》卷二,頁867。參見清梁章鉅《文選旁證》(清道光十八年刻本)卷一〇,頁1b。

[6] 見2005年北京圖書館出版社《中華再造善本》叢書影印北京大學圖書館藏宋刻本《周禮》卷二,頁8a;又2003年北京圖書館出版社《中華再造善本》叢書影印國家圖書館藏宋刻本《纂圖互注周禮》卷二,頁8a。

三經注疏》本，也都是刻作“柜”字[1]。嘉慶時黄丕烈搜羅宋本校改明嘉靖刊鄭注《周禮》，即明確説明乃依據建陽坊刻互注本而改“拒”爲“柜”[2]，這當然是以“柜”爲正字。在古代文獻當中，像“拒”、“柜”這樣結構近似的文字，其相互通用，是非常普遍的事情，而按照後世較爲通行的正規寫法，像在《周禮》當中這樣作爲名詞使用，恐怕還是寫作“柜”字要更爲合理一些。西漢末年人揚雄撰著《百官箴》，其中有一篇《城門校尉箴》述云：“幽幽山川，徑塞九路。磐石唐芒，襲險重固。國有城溝，家有柝柜。各有攸塈，民以不虞。德懷其内，險難其外。”[3]“柜”字在此係與“城溝”並舉，顯然是一種防禦設施，與《周禮》記述的“柜”或者“拒”應爲一事。由此可見此字在西漢時期便有“柜”這一寫法。

將此“掌舍”所司“梐柜”（或作“梐拒”）與掌固所理“樹渠”相對比，則不難看出，此等“以木相連比”而建造的“行馬”，與樹木而形成之“籬落”，原本類同事通，性質極爲接近[4]。前面講到的彭兆蓀在論述《周禮》“樹渠之固”時提到的“渠荅”，宋金間人施子美謂“即拒馬也”[5]，可見“渠”、“柜”、“拒”諸字在表述這種軍事防禦設施時，義本如一。因此，人們有理

[1] 見2011年東方出版社《明版閩刻十三經注疏》影印明嘉靖李元陽刻《十三經注疏》之《周禮注疏》卷六，頁89；又2007年臺北藝文印書館影印清嘉慶二十一年南昌府學刊《十三經注疏》本之《周禮注疏》卷六，頁92。

[2] 見黄氏《士禮居叢書》本《周禮鄭氏注》（揚州，廣陵書社，2010，影印清嘉慶原刻本）卷二，頁26—27，又卷末附《重雕嘉靖本校宋周禮札記》，頁216。

[3] 語見唐宋間佚名纂《古文苑》（上海，商務印書館，民國《四部叢刊初編》縮本影印常熟瞿氏藏宋刊本）卷一五揚雄《百官箴·城門校尉箴》，頁111。案“各有攸塈”之“塈”原作“堅”，清勞格《讀書雜識》（清光緒四年刊《月河精舍叢鈔》本）卷六“古文苑”下（頁4a）謂“疑‘攸塈’。《詩·假樂》‘攸塈’是也”，今據改。

[4] 案孫詒讓《周禮正義》卷一一《天官冢宰·掌舍》（頁424），疑“交木爲行馬謂之梐，樹木爲藩落謂之柜，二者皆以備守衛，故經並舉之。以此釋故書，或可備一義與”？我想“梐”義應與“陛”字相同或近似，同屬門前階級之意，而《營造法式》記“行馬”亦即“拒馬”、“梐柜”，則表明與“行馬”直接相對應者應是“柜”或“拒”字，“梐”字則應當是表示“柜”或者“拒”使用位置的限定詞。

[5] 金施子美《施氏七經講義》（北京，解放軍出版社，1992，《中國兵書集成》影印日本文久三年刻本）卷二六《尉繚子·武議》，頁613。

由用同一個"柜"字來表述"樹渠"之"渠"與"梐柜"之"柜",而"柜"與"杲",乃至"欅"、"椐"兩字,不過都是古今異形而已。當初鄭玄之所以要把《周禮》的"拒(柜)"更改爲"柾"字,其中很重要的一個原因,就是受鄭衆誤導,以爲"拒(柜)"乃"受溜水涑櫜者",從而未能理解其作爲防禦設施這一基本語義,不知這樣的防禦設施正是所謂"周衛"之具[1]。在這一點上,清人段玉裁等也持有相同的錯誤看法[2]。

《山海經》之《大荒西經》,記載"西海之外,大荒之中,有方山者,上有青樹,名曰柜格之松,日月所出入也",又記"大荒之中,有山名曰日月山,天樞也。吴姖天門,日月所入",又謂"大荒之中,有山名曰鏖鏊鉅,日月所入者"[3],文中所説"柜格之松"的"柜"字、"吴姖天門"的"姖"字、"鏖鏊鉅"的"鉅"字,恐怕應該是同一個字,亦即"姖"、"鉅"兩字都是"柜"的異體,作爲日月所入的門限,在這裏都含有阻隔之意。

同樣與《周禮》這一"柜"字相關的是,《漢書・地理志》記載西漢琅邪郡有柜縣,曹魏如淳注"音巨"[4]。這個柜縣的具體界域,過去不是十分清楚,《中國歷史地圖集》曾將其標繪於膠州灣西南岸邊。20世紀80年代末發現的新莽始建國四年所謂"連雲港界域刻石",記述"東海郡朐與琅邪郡柜爲界,因諸山以南屬朐,水以北屬柜,西直況且。其西(?)與柜分高□爲界,東各承無極"[5]。據此可知其地應位於琅邪郡的東南端,南與東海郡的朐縣相鄰,較諸琅邪郡轄下的贛榆縣,位置還要偏南,即在今江蘇贛榆貼近連雲港一側的海濱。

---

[1] 參見唐賈公彦等《周禮注疏》(臺北,藝文印書館,2007,影印清嘉慶二十一年南昌府學刊《十三經注疏》本)卷六《天官冢宰・掌舍》,頁92。

[2] 清段玉裁《周禮漢讀考》(清嘉慶元年段氏經韻樓刻本)卷一,頁14b—15b。

[3] 《山海經・大荒西經》,據清郝懿行《山海經箋疏》(臺北,藝文印書館,2009,影印清嘉慶阮氏琅嬛僊館刻本)卷一六,頁424,頁430,頁432。

[4] 《漢書》卷二八上《地理志》上並唐顔師古注引如淳語,頁1586—1587。

[5] 徐玉立主編《漢碑全集》(鄭州,河南美術出版社,2006)第一册"連雲港界域刻石"條,頁50—61。

《漢書·地理志》於東海郡朐縣下有班氏自注云：

> 秦始皇立石海上，以爲秦東門闕。[1]

過去我在研究越王勾踐徙都琅邪一事時，對此“秦東門闕”問題曾有考述。這裏所説“秦東門闕”的具體標誌，實際上是由海岸上的兩座石碑組成。其靠近南面的一座，即此《漢志》所載，在秦漢東海郡朐縣海邊。另一座在朐縣北側秦漢琅邪郡境内的今贛榆附近，而依據“連雲港界域刻石”的銘文，這座石碑便應該在秦漢柜縣南側鄰近朐縣的海濱。

在這兩座石碑之間，即嬴秦始皇帝之“東門”，這裏不僅直對國都咸陽，而且正處于海州灣凹入大陸最深的地方，由此向南北兩側延展的蘇北海岸和山東半島東南海岸，正猶如從這裏向左右兩側張開的巨大門扇。秦始皇在東海岸邊豎立碑石以彰顯其朝向東方的門闕，在很大程度上還有迎候海外仙人的意圖，即爲來自東海之外的仙人標識其進入秦廷的通道[2]。在這一背景之下再來看柜縣的位置，我們可以看到，它正坐落在這座“東門闕”上，而這正應該是設置“梐柜”的地方。因而我們似乎有理由推測，柜縣的正確位置之所以會在傳世文獻中失於記載，很可能是由於這一地名得自上面所説的地理觀念，而這一觀念本是基於全國地理形勢構擬而成，與當地舊有的地名缺乏實在的聯繫，所以在時過境遷之後，往往難以留下堅實的痕跡。

如同《周禮》所示，城鎮聚落的防禦設施，除了這種“梐”以外，更重要的還有城郭和溝池，其中的“溝池”實際就是壕溝，而且往往都要通水，以增强其功效。應用這種“梐”時，其最佳防守效果，顯然是佈設在溝畔池旁，

---

〔1〕《漢書》卷二八上《地理志》上，頁1588。

〔2〕拙文《越王勾踐徙都琅邪事析義》，原刊《文史》2010年第1輯，此見鄙人文集《舊史輿地文録》（北京，中華書局，2013），頁43—56。

與之並行。故後人論守城設施,往往並稱"濠塹拒馬"[1]。天長日久之後,渾然一體的濠與柜難免被人等而視之,自然也就可以互指代稱,因"溝池"往往有水,故使用"梟"字時,就會很自然地被附加上"氵"旁。《淮南子·兵略訓》記云"晚世之兵,君雖無道,莫不設渠壍傅堞而守",又《泰族訓》謂"守不待渠壍而固,攻不待衝降而拔"[2],應該就是這種狀況的反映,即以"渠壍"來表示"梟"與"溝池"的組合。繼此之後,就出現了以"渠"爲"壍"(漸、塹)的用法。再進一步演化,便是用"渠"字來替代"溝池"或是"壍"字,但這時還只是一種防禦設施。由此再加引申推衍,也就形成了後世水渠、渠道的語義。

至少從一些較大規模的人工水道來看,其地名通稱用此"渠"字取代"溝洫"之"溝",似乎始於西部的秦國。例如,戰國時關中興建的引涇灌溉水道,即以"鄭國渠"爲名;逮秦軍南征嶺表,又開鑿"靈渠",以運送糧食等軍需物資。又近年北京大學收藏的秦水陸里程簡册顯示,戰國時期以來一直稱作"大溝"、"鴻溝"或"河溝"的這條引河入淮水運通道,至秦人吞併東方諸地之後,又賦予它一個很正式的名稱——"闐藹渠"[3],這也就是《漢書·地理志》中所記述的"狼湯渠"[4];前述《史記·河渠書》謂"于楚,西方則通渠漢水、雲夢之野"這條水道,三國時的《皇覽》述其開鑿緣起,僅記作"激沮水作雲夢大澤之池"[5],而北京大學藏秦水陸里程簡册記述其在秦統一後的名稱,則或稱"長利渠",或稱"章渠"[6],這兩項事例,顯現出

---

〔1〕 唐杜佑《通典》(東京,汲古書院,1981,影印日本宫内廳書陵部藏北宋刻本)卷一五二《兵·守拒法》,頁508。

〔2〕《淮南子》之《兵略訓》、《泰族訓》,據何寧《淮南子集釋》(北京,中華書局,1998)卷一五,頁1048;卷二〇,頁1404。

〔3〕 別詳拙文《北京大學藏秦水陸里程簡册初步研究》,刊李學勤主編《出土文獻》第四輯(上海,中西書局,2013),頁264—278。

〔4〕《漢書》卷二八上《地理志》上,頁1558。

〔5〕《史記》卷一一九《循吏列傳》劉宋裴駰《集解》,頁3100。

〔6〕 別詳拙文《北京大學藏秦水陸里程簡册初步研究》,刊李學勤主編《出土文獻》第四輯,頁199—205。

"渠"這一水道通稱自西徂東的擴展軌跡。與此相應,馮商在漢成帝時補撰的《史記·漢興以來將相名臣年表》中,便也用"洪渠"來稱述所謂"鴻溝"[1]。

其實,像彭兆蓀提到的《周禮·考工記》"渠三柯者三"之"渠",和《國語》訓之爲"楯"的"渠"字一樣[2],也都同"樹渠"之"渠"的"籬落"語義相通。《周禮》這句話的原文,是説"車人爲車,柯長三尺,……渠三柯者三",意即用三段三倍於柯長的材料相互連接來組成"渠",而鄭玄引述東漢人鄭衆的説法,謂"渠"又稱作"牙",或稱"車輮",又"世間或謂之罔"。《周禮》謂"牙也者,以爲固抱也",實際上是指承受車輻的圓輪,用清人鳳韶的話來説,就是"輪之周郭踐地者曰牙"[3]。其謂"車輮"者,是由於這種"渠"乃"揉三木爲之"[4],反映的是這道圓輪的製作方法,而不是它的性能和作用;其稱作車"罔"者,後來又書作"輞"字,或謂義乃"罔羅周輪之外也"[5],命意所在,各不相同。剩下的"牙"和"渠"這兩個稱謂,尋其來由,則都與"樹渠"的"渠"字差相等同。

唐陸德明《經典釋文》記述鄭衆所説的"牙",另有别本書作"迓"[6]。清人孫詒讓以爲此别本之"迓"乃"牙"字之誤[7]。孫氏這一裁斷,蓋本自

---

〔1〕《史記》卷二二《漢興以來將相名臣年表》,頁1330。案關於馮商補撰《漢興以來將相名臣年表》事,請參見余嘉錫《太史公書亡篇考》,據作者文集《余嘉錫論學雜著》(北京,中華書局,1963),頁31—35。

〔2〕案《國語》卷一九《吴語》(頁8b)記吴王夫差令"建肥胡奉文犀之渠",孫吴韋昭注:"文犀之渠,謂楯也。"

〔3〕《周禮》卷一二《冬官考工記·車人》並漢鄭玄注,頁7b;又卷一一《冬官考工記·輪人》,頁2b。參見清阮元《揅經室集》(北京,中華書局,1993)之《揅經室一集》卷六《考工記車制圖解》上,頁127—140。又清鳳韶《鳳氏經説》(清道光元年粤東原刻本)卷一《車制》,頁33b。

〔4〕清孫詒讓《周禮正義》卷八六《冬官考工記·車人》,頁3518。

〔5〕漢劉熙《釋名·釋車》,據清王先謙《釋名疏證補》(清光緒丙申刻本)卷七,頁26a。

〔6〕陸德明《經典釋文》(上海,上海古籍出版社,1985,影印北京圖書館藏宋刻本)卷九《周禮音義》下,頁553。

〔7〕清孫詒讓《周禮正義》卷七五《冬官考工記·輪人》,頁3141—3145;又卷八六《冬官考工記·車人》,頁3519。

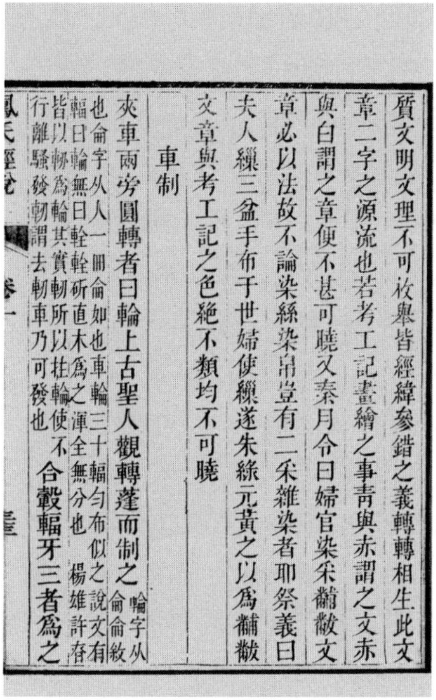

質文明文理不可枚舉皆經緯參錯之義轉轉相生此文章二字之源流也若考工記畫繢之事青與赤謂之文赤與白謂之章便不甚可曉又秦月令曰婦官染采黼黻文章必以法故不論染絲染帛豈有二采雜染者耶祭義曰夫人繅三盆手布于世婦使繅遂朱綠元黃之以爲黼黻文章與考工記之色絕不類均不可曉

車制

夾車兩旁圓轉者曰輪上古聖人觀轉蓬而制之輪字从侖侖敘也侖字从人一冊侖如也車輪三十輻勻布似之說文有輻曰輪無曰輇輇斫直木爲之渾全無分也楊雄許春皆以軔爲輪其實軔所以枉輪使不行離騷發軔謂去軔車乃可發也合轂輻牙三者爲之

鳳氏經說　卷一

○　清道光元年粵東原刻本《鳳氏經說》

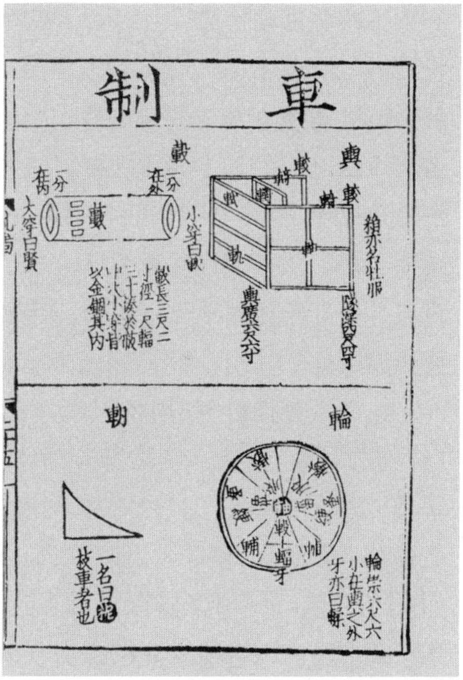

○　《中華再造善本》影印國家圖書館藏宋刻本《纂圖互注周禮》中的車制圖

阮元的看法。阮氏考述云此車“牙”之成，俱非一木，而凡兩木相接，“其合抱之處，必有牡齒以相交固，爲其象牙，故謂之‘牙’。《説文》曰：‘牙，牡齒，象上下相錯之形。’于車牙‘牙’字則加木作‘枒’，解曰：‘車輞會也。’蓋‘枒’本車輞會合處之名，本義也。因而車輞通謂之枒，此餘義也〔《考工記》曰：‘察其菑蚤不齵。’《説文》作‘齵，齒蠹也’，此益可證名‘牙’之義。又《春秋左氏傳》曰：‘輔車相依。’杜預曰：‘車，牙車也。’車牙與輔車互發其義也〕”〔1〕。

古代木製器具，在絶大多數情況下，其各個部件之間的銜接之處，都是以榫卯或其他類似的形式凸凹錯交，這是一個過於浮泛的現象，而没有什

〔1〕　清阮元《揅經室集》之《揅經室一集》卷六《考工記車制圖解》上，頁 128。

麽獨特的個性化特徵,因而阮元由車輞會合之“枒”而推衍出“車輞通謂之枒”的説法,似乎不太合乎情理。至於《考工記》所説的“菑蚤不齵”和《左傳》中的“輔車相依”,所説“齵”、“車”講的都是承“牙”之器,清人鳳韶在考釋車輪之“牙”時也講到“齒齦曰牙車,取似乎此”[1],“牙車”云者便更清楚地體現了這一性質,而相對於車輻而言,車輪上的“牙”,也就是所謂車罔、車輮,正類似這種承“牙”之器,而與“牙齒”本身性質迥別,二者之間没有什麽好類比的地方。因而,阮元的解釋似乎並不可信,這一問題還需要重新研究。

東漢人鄭衆針對《周禮・輪人》“牙也者以爲固抱也”這句話注釋曰:“牙,讀如‘跛者訝跛者’之訝,謂輪輮也。”[2]所謂“跛者訝跛者”,語出《公羊傳》成公二年秋七月,惟今本《公羊傳》記此語係書作:“客或跛或眇,於是使跛者迓跛者,使眇者迓眇者。”[3]孫詒讓解讀鄭衆上述訓釋,以爲“此引《公羊》成二年傳文以擬其音也”[4],亦即完全拋開了闡釋字義這一因素。然而清人錢大昕曾專門指出:“漢人言‘讀若’者,皆文字假借之例,不特寓其音,並可通其字。……皆古書假借之例,假其音,並假其義,音同而義亦隨之。非後世譬況爲音者可同日而語也。”[5]鄭衆固東漢時人,“讀如”亦猶“讀若”。又東漢人何休復訓釋上述《公羊傳》之“迓”曰:“迓,迎。”唐陸德明《經典釋文》記云“迓,本作訝”,亦即另有别本書作“訝”字[6]。通讀《公羊傳》此文,可以看出,不管是寫成“訝”,還是書作“迓”,都只能是“迎”的意思,而這正與“車輮”通過輻木以承受全車重量的功用相吻。清人鳳韶謂“輻近轂者曰股,近牙稍細者曰骹”,這是緣於骹的本

[1] 清鳳韶《鳳氏經説》卷一《車制》,頁33b。

[2] 《周禮》卷一一《冬官考工記・輪人》,頁2b

[3] 漢何休《春秋公羊經傳解詁》(清道光間揚州汪氏問禮堂仿刻宋紹熙辛亥建安余仁仲本)卷八,頁2b。

[4] 清孫詒讓《周禮正義》卷七五《冬官考工記・輪人》,頁3142。

[5] 清錢大昕《潛研堂文集》(清嘉慶原刻本)卷三《古同音假借説》,頁6b—8a。

[6] 漢何休《春秋公羊經傳解詁》卷八,頁2b。

義,是指脛骨,“人股大骹小,取似之”[1],股上骹下,承之以“牙”,正仿佛人立於地。故《周禮》之書作“牙”者,應是以“牙”通“迓”,而“迓”纔是“車牙”之“牙”的正字。

識破“牙”字這一語義之後,相互類比,很容易理解,《周禮・考工記》“渠三柯者三”的“渠”,理應讀作“柜”字,意即承輻之柜,這與韋昭在解釋《國語》“文犀之渠”一語時所説的“楯”,也就相當接近了。蓋如上所述,輻制上股粗而下骹細,而骹之末端尚有“蚤”插入牙上之“鑿”[2],故“牙”之於“輻”,猶如楯之於矢,以“渠”稱之,理正相宜。《廣雅》記車“輞”又稱之爲“轃”,清人王念孫謂此“轃”字即與“渠三柯者三”之“渠”字相通[3],其實就像前面談到的柜、欅、椐諸字爲表示同一語義的古今字,而“渠”相對衍生較晚一樣,更準確地説,“轃”字應是由“欅”衍生而來,它可以進一步證實“車渠”之“渠”本來源自“柜”字。

昔鄭玄釋《考工記・車人》之“渠”,只是引述鄭衆舊注,以爲“渠謂車輮,所謂牙”[4],即“渠”與“牙”語義完全相同,然而清人阮元和鳳韶、錢坫等人考述古之車制,俱云“大車之牙謂之渠”[5],王念孫亦謂“轃者,大車之罔也”[6]。這種“大車”,也見於《周禮・考工記》,即鄭玄所釋“平地載任之車”,與專行於山地的“柏車”等特殊車型相對。實則《考工記・車人》記“柏車”之制,亦有句云“其渠二柯者三”[7],是“柏車”之“牙”同謂之

---

〔1〕清鳳韶《鳳氏經説》卷一《車制》,頁34a。

〔2〕清阮元《揅經室集》之《揅經室一集》卷六《考工記車制圖解》上,頁134—135。清鳳韶《鳳氏經説》卷一《車制》,頁34a。

〔3〕清王念孫《廣雅疏證》(南京,江蘇古籍出版社,1984,《高郵王氏四種》影印清嘉慶刻本)卷七下《釋器》,頁241。

〔4〕《周禮》卷一二《冬官考工記・車人》並漢鄭玄注,頁7b。

〔5〕清阮元《揅經室集》之《揅經室一集》卷六《考工記車制圖解》上,頁130。清鳳韶《鳳氏經説》卷一《車制》,頁36a。清錢坫《車制考》(南京,鳳凰出版社,2005,影印《皇清經解續編》本),頁1027。

〔6〕清王念孫《廣雅疏證》卷七下《釋器》,頁241。

〔7〕《周禮》卷一二《冬官考工記・車人》並漢鄭玄注,頁7b。

"渠";《考工記·車人》同時亦云"大車"之制乃"六分其輪崇,以其一爲之牙圍",此"牙圍"係"牙"之厚度,這固然緣自"大車"之"渠"亦得稱"牙"。足見"渠"與"牙"一樣,是適用於各種車型的通稱,並没有"大車"、"柏車"的分别。

問題是阮元等人何以會産生"大車之牙謂之渠"的想法？對此,阮元和王念孫没有明確説明,只是在講述過程中引據了《尚書大傳》的一個説法,云"散宜生之江淮之浦,取大貝,大如大車之渠",但"大車之渠"這一説法,本身就意味着世上很可能還另有"非大車之渠",並不能由此得出此"渠"專屬於"大車"的結論。在這一點上,鳳韶和錢坫是從另一角度做了説明,即謂"'渠'與'巨'通"而"'巨'者'大'也"[1]。由此可見,不管是阮元,還是鳳韶、錢坫,他們都是由於没有正確理解"車渠"之"渠"的本義,纔造成上述錯誤認識。

阮元等纂《經籍籑詁》,歸納早期經典中"渠"字的用法,提到兩個似乎是用作今"水渠"之意的實例[2]。一個是《荀子·非相》記云:"與時遷徙,與世偃仰,緩急嬴絀,府然若渠匽檃栝之於己也。"唐楊倞注曰:"渠匽,所以制水;檃栝所以制木。君子制人,亦猶此也。"[3]然而,"渠"字即使解作"水渠"之意,嚴格地説,亦非以制水,實乃用以導水,它與"匽(堰)"的性質,有明顯的差别,若依今本的文句,唐人楊倞的注釋並不可取。對此,王念孫在《讀書雜志》中曾有如下考述:

> 引之曰:正文、注文"渠"字疑皆"梁"字之誤。《爾雅》"隄謂之梁",鄭仲師注《周官·■人》云:"梁,水偃也。""偃"與"匽"通,即"堰"字也。"梁"與"匽"同義,故以"梁匽"連文,"梁"、"渠"相似,遂

[1] 清鳳韶《鳳氏經説》卷一《車制》,頁36a。清錢坫《車制考》,頁1027。

[2] 清阮元等《經籍籑詁》(北京,中華書局,1982,影印清嘉慶十七年揚州阮氏琅嬛仙館原刻本)卷六,頁189—190。

[3] 唐楊倞注《荀子》卷三《非相篇》,頁9a—9b。

> 誤爲"渠"耳〔《史記·建元以來侯表》煇渠忠侯僕多,《廣韻》引《風俗通》"渠"作"梁"。《漢書·地理志》彊梁原,《水經·渭水注》作"荆渠原"。《後漢書·安帝紀》高渠谷,《注》引《東觀記》作"高梁谷"〕。[1]

王念孫、王引之父子所説,證據確鑿,自信而可從。

另一個例子,見於《吕氏春秋》之《上農篇》,乃謂:

> 野禁有五:地未辟易,不操麻,不出糞。齒年未長,不敢爲園囿。量力不足,不敢渠地而耕。農不敢行賈,不敢爲異事。爲害於時也。

東漢高誘舊注,以爲"渠,溝也"[2],但今夏緯瑛、陳奇猷皆以爲不符合上下文義,惟夏氏以"渠"通"巨",以爲"渠地而耕"是"廣拓土地而耕種的意思"[3],陳奇猷以"渠"通"區",以爲"渠地"亦即"區田"[4],所説恐怕都不夠準確。今案參照《周禮》"樹渠"之義,我們有理由推測,所謂"渠地而耕",應該是圈地墾殖的意思,與《荀子·非相》中的"渠匽"一樣,並没有

---

〔1〕 清王念孫《讀書雜志》(北京,中國書店,1985)之《荀子》第二"渠匽"條,頁76。

〔2〕 《吕氏春秋》(北京,學林出版社,1984,陳奇猷《吕氏春秋校釋》本)卷二六《士容論·上農》,頁1711,頁1722—1724。

〔3〕 夏緯瑛《吕氏春秋上農等四篇校釋》(北京,農業出版社,1979)之《上農篇校釋》,頁16—17。

〔4〕 陳奇猷《吕氏春秋校釋》(北京,學林出版社,1984)卷二六《士容論·上農》,頁1723—1724。

"水渠"涵義,與《周禮》的區别,只不過是把"樹渠"之"渠"用作動詞而已[1]。可見《經籍籑詁》中列舉的這兩個用例,與前面所説"渠"字的原初語義並不抵觸。

對"渠"字語義的這一認識,有助於我們從歷史淵源上理解"溝"字在表示引水通道這一點上,本是遠比"渠"字更早通行的語彙(前述鴻溝、邗溝等實際用例表明在經濟文化相對比較發達的關東地區,更是如此)。司馬遷在《史記·太史公自序》中講述其撰著《河渠書》的宗旨,乃謂"維禹浚川,九州攸寧;爰及宣房,決瀆通溝"[2],所説"通溝",就是殘留到漢代的上古遺存。瞭解到這一點,也就能夠更好地理解,像"鴻溝"這樣隨意的稱謂,固可隨處用之,初不必因《河渠書》上文已經寫有出自滎陽的鴻溝,就一定要删除江淮間這一鴻溝的"鴻"字。進一步考察"大溝"、"鴻溝"、"河溝"、"深溝"、"邗溝"等實際用法,還可以看到,像這樣一些大區域間有足

---

[1] 案夏緯瑛、陳奇猷對《吕氏春秋》五種"野禁"中其他諸禁的解釋,也存在很多問題,特别是陳奇猷把"地未辟易"的"辟易"説成是"解凍"的意思,未免太過離奇,孰知竟被寫入《漢語大詞典》,作爲"辟易"的一項詞義,愈加匪夷所思。實則"辟易"在此,應當是指將某一塊田地撂荒休耕而改種其他地塊,或是在同一塊土地上逐年改種其他不同種類的作物,交替輪换,也就是實行所謂輪作,以更好地休養、利用地力。從字義的貼切性和當時的實際可能來説,前者的可能性更大。徐鍇《説文解字繫傳》卷一五(頁10a)謂辟乃"避也",而易即改易之義,故"辟易"云者,意即避開此地,改易至他處。單純就其字面上的基本語義而言,《史記》卷七《項羽本紀》記項羽兵敗垓下(陳下),窮途末路之際,"赤泉侯爲騎將,追項王,項王瞋目而叱之,赤泉侯人馬俱驚,辟易數里",這裏所説"辟易",應當與之相同。《周禮》卷三《地官司徒·大司徒》(頁6a)記云:"凡造都鄙,制其地域而封溝之,以其室數制之:不易之地,家百畮;一易之地,家二百畮;再易之地,加三百畮。"所説"不易之地",乃土地肥沃而無須"辟易"者,而"一易之地"即一年一"辟易",東漢人鄭衆釋之爲"休一歲乃復種","二易之地"則爲兩年一"辟易",鄭衆釋之爲"休二歲乃復種"。兩相結合,可以看出,《吕氏春秋》這一記載是中國古代有關休耕輪作制度的珍貴史料,惜一向無人看破。串通起來分析,"地未辟易,不操麻,不出糞"這幾句話,應該是講土地未經休耕輪换,就不能種麻,也不予施放糞肥。不管輪换撂荒土地,還是不同作物交替輪作,其首要目的,都是爲了土地能夠恢復並保持一定肥力,而單純加施糞肥,會使耕作者因依賴肥料而放棄休耕或輪作,因而控制糞肥的投放,是推動和保證休耕輪作的一項强制性措施。至於此處特别强調地未辟易便不得種麻,則是由於麻不僅對土地肥力有較高要求,連種肥力難以保證,而且還非常容易發生病蟲害,有"點葉夭折之患",故"田欲歲易",説見北魏賈思勰《齊民要術》卷二《種麻》,頁86—87。

[2] 《史記》卷一三〇《太史公自序》,頁3306。

夠規模的航運渠道，在當時通常也不會單稱一"溝"字，往往都要在前面附加上某一修飾、限定的詞彙，應即用以與田間用作行水通道之遂溝洫澮相區別。由這一通例來分析"通鴻溝江淮之間"的用法，同樣應該保留這一"鴻"字。

〖**附案**〗正式印本已採納拙見，保留原擬删除的"鴻"字，恢復"鴻溝"的寫法。

二、封禪書

【一】《史記·封禪書》原文：

> 二世元年，東巡碣石，並海南，歷泰山，至會稽，皆禮祠之，而刻勒始皇所立石書旁，以章始皇之功德。[1]

今《點校稿》將"並海南，歷泰山，至會稽"句重新點斷，讀作"並海，南歷泰山，至會稽"。

〖**今案**〗

似此更改標點，不知出自何種考慮。這一逗號的變動，看似只是文辭語氣之别，事實上却涉及重要的實質性内容，似有明顯錯誤。

"並"字在這裏應當讀作"傍"[2]，兩宋間人王觀國，曾列舉諸多同類用

---

〔1〕《史記》卷二八《封禪書》，頁1370。

〔2〕《史記》卷一一〇《匈奴列傳》並劉宋裴駰《集解》，頁2885—2886。《漢書》卷六《武帝紀》唐顏師古注，頁196—197。

法後指出,這種用法的“並”字,“其義與‘旁’字、‘遵’字同”[1]。用現在通俗的話講,所謂“傍”或“遵”,大致也可以説成是依附着、靠着或是順着、沿着。如《史記·秦始皇本紀》記秦始皇三十三年,“西北斥逐匈奴,自榆中並河以東,屬之陰山,以爲三十四縣,城河上爲塞”[2],這裏所説“並河以東,屬之陰山”且建于“河上”的“三十四縣”,自然不會置之河水中央,只能是在河岸之上,故所謂“並河”只能是在岸上沿河延伸。又《史記·秦始皇本紀》記述秦始皇自會稽北返,“還過吴,從江乘渡,並海上,北至琅邪”[3],則是在滔滔大海之中(古稱“海中”)沿著海岸(也就是所謂“海上”)航行[4]。

按照同樣的道理,這裏的“並海”,就是指緊傍海水在其岸邊行進。《史記》原來標點爲“東巡碣石,並海南,歷泰山,至會稽”,意即秦二世由渤海之濱的碣石,先順海岸南行一段路程,後來又改而轉向西南,趨泰山,以至會稽,這符合當時的實際情況。然而,若是像《點校稿》這樣,讀爲“東巡碣石,並海,南歷泰山,至會稽”,那麼,這句話將被理解爲:“秦二世東巡碣石之後,順海邊前行,向南經過泰山,再到會稽”,即秦二世去往泰山,是濱海而行,這與泰山遠離海岸的地理位置不相符合。

基於上述可能産生的誤解,此處似没有必要更改舊讀,仍以保持舊本原樣爲宜。

〖**附案**〗正式印本已採納拙見,仍依舊讀,作“並海南,歷泰山”。

---

[1] 宋王觀國《學林》(北京,中華書局,1988)卷一〇“並”條,頁349。

[2] 《史記》卷六《秦始皇本紀》,頁253。

[3] 《史記》卷六《秦始皇本紀》,頁260—263。

[4] 别詳拙文《越王勾踐徙都琅邪事析義》,見鄙人文集《舊史輿地文録》,頁67—75。

【二】《史記·封禪書》原文:

唯雍四時上帝爲尊,其光景動人民唯陳寶。故雍四時,春以爲歲禱,因泮凍,秋涸凍,冬塞祠,五月嘗駒,及四仲之月,祠若月祠陳寶節來一祠。春夏用騂,秋冬用駵,畤駒四匹,木禺龍欒車一駟,木禺車馬一駟,各如其帝色。黄犢羔各四,珪幣各有數,皆生瘞埋,無俎豆之具。[1]

今《點校稿》將此"及四仲之月,祠若月祠陳寶節來一祠"一句,改訂爲"及四仲之月月祠,若陳寶節來一祠",所擬《校勘記》述云:

原作"及四仲之月祠若月祠陳寶節來一祠"。梁玉繩《史記志疑》卷一六:"《漢志》云'四仲月月祠,若陳寶節來一祠。'此當衍上'祠'字,而移'若'字於'陳寶'上,傳寫譌耳。"今據改。

〖**今案**〗

覆核梁玉繩説,可以進一步確認他做出這種改動,只是一種主觀判斷,並没有任何相關的佐證[2]。昔余嘉錫嘗謂"梁氏所著《史記志疑》,頗多武斷",甚至往往"以不妄爲妄,遂欲删改太史公之文,而不自知其妄也"[3],此亦一例。在這種情況下,仍又涉及是否應將《史記》的文字改與《漢書》相關内容一致這一原則問題。類似的情況,在《點校稿》中並不少見,毋庸一一論列。總的來説,若無版本依據,最好儘量不做改動,或者説將文字改易限制在最小幅度之内。對真正受過合理訓練的學者而言,不改,不會影

[1] 《史記》卷二八《封禪書》,頁 1376—1377。
[2] 清梁玉繩《史記志疑》卷一六,頁 805。
[3] 余嘉錫《太史公書亡篇考》,見作者文集《余嘉錫論學雜著》,頁 11,頁 54。

響其所做研究,因爲同時並觀《史記》和《漢書》相互關聯的記載,是理所當然的事情,兩相對比細微的文字歧異,恰恰是發現和解決問題的重要途徑;若是改了,則很可能會失掉有益的綫索,甚至對研究産生誤導或是蒙蔽,至少其利不會更勝於弊。對那些學術訓練不足的人而言,由於缺乏比勘文獻的能力,其消極影響會更爲嚴重。

粗看這段話,單純從語句上看,改與不改,似乎兩皆可通。若是仔細斟酌,《漢書》之"及四仲之月月祠,若陳寶節來一祠",恐怕還存在一定問題。《史記·封禪書》此節係叙述雍地四時的祭祀情況,其"春以爲歲禱,因泮凍,秋涸凍,冬塞祠,五月嘗駒"云云,祭祀的形式,都已有成例,惟"四仲之月"的祭祀,在此需要特别説明,故云"祠若月祠陳寶節來一祠"。這是因爲在相關祭祀活動中,"其光景動人民唯陳寶",所以要依照祭祀陳寶的儀式來在四仲月裏祭祀最爲尊崇的"雍四時上帝"。

所謂"四仲之月",《漢書·郊祀志》寫作"四中之月",唐人顔師古釋云:"中,讀曰仲,謂四時之仲月皆祠之。"[1]顔氏所説應是。蓋以"中"通"仲",兩周金文已然,是一種很普遍的用法。《封禪書》中"四仲之月,祠若月祠陳寶節來一祠"這句話,是説當四時仲月祭祀四畤的時候,其祭祀行爲猶如每個月陳寶"節來"時的做法,語義本來顯豁無礙。而今若如《點校稿》所擬,將《史記·封禪書》此句改爲"四仲之月月祠,若陳寶節來一祠",則"月祠"一辭,不知當作何解。若謂每仲月祠祀一次,則何需綴加"月祠"這兩個字,但云"四仲之月,若陳寶節來一祠",會顯得更爲順暢,這也更符合古人行文的習慣。若謂凡遇此四仲之月必整月祭祀,無一日或休,猶如"天方聖教"每年一度的齋月,這倒比較合乎字面上的意思,日本學者狩野直禎和西協常記等人在注釋《漢書·郊祀志》時,便是將其譯作"仲春(二月)、仲夏(五月)、仲秋(八月)、仲冬(十一月)の月には月祭りをする"[2],亦即在仲春、仲夏、仲秋和仲冬之月各舉行一次"月祭",好像是有

---

[1] 《漢書》卷二五上《郊祀志》上並唐顔師古注,頁1209。

[2] 狩野直禎、西協常記注譯《漢書郊祀志》(東京,平凡社,1987),頁77。

每個季度都大祭上它一個月的意思(不然的話,似乎應該稱爲“時祭り”),然而,審視《史記·封禪書》和《漢書·郊祀志》上下文中相關的記載,都看不出會有這樣的做法,一年中單單四時的祭祀就耗去整整四個月時間,即使不算其他各項五花八門的祭祀,這也是哪朝哪代都吃不消的。

假若《漢書·郊祀志》原文確實如此,那麼,就是班固妄改《史記·封禪書》舊文,以致義不可通,此即宋人朱熹所説班氏作《漢書》不必要地添改《史記》文字而其行文又往往“不識當時意思處”〔1〕。日本學者隨文硬譯,只能將錯就錯,實在也是没有辦法的事情。

進一步分析相關記載,我們可以看到,司馬遷在《封禪書》中爲什麼要做出“四仲之月,祠若月祠陳寶節來一祠”這樣的表述,是因爲對“陳寶”之神的祭祀,幾乎每個月都要進行,這與“四仲之月”各行一次的四時祭祀,頻度完全不同。

《史記·封禪書》和《漢書·郊祀志》俱記述“陳寶節來祠”,東漢人服虔釋云:“陳寶神應節來也。”〔2〕按照服虔的説法,這尊陳寶之神,似乎很守規矩,能夠“應節而來”,來了人們就加以祠祀。然而,事實上却恰恰相反,陳寶神何時現身人世,是一個很難捉摸的事情,《史記·封禪書》記其來歷與行蹤云:

> 作鄜畤後九年,文公獲若石云,于陳倉北阪城祠之。其神或歲不至,或歲數來,來也常以夜,光輝若流星,從東南來集于祠城,則若雄雞,其聲殷云,野雞夜雊。以一牢祠,命曰陳寶。〔3〕

---

〔1〕 宋黎靖德編《朱子語類》(北京,中華書局,1994)卷一三四《歷代》一,頁3202。

〔2〕《史記》卷二八《封禪書》並劉宋裴駰《集解》,頁1374。《漢書》卷二五上《郊祀志》上並唐顔師古注,頁1206—1208。

〔3〕《史記》卷二八《封禪書》,頁1359。

在這一點上,《漢書・郊祀志》的記載亦基本相同[1],《史記・秦本紀》記文公獲此"文石"事,乃徑云"十九年,得陳寶"[2],而這尊陳寶之神真的是神出鬼没,行蹤玄秘莫測,絶非循循然"應節而來"者,服虔的説法,很不靠譜,不過是望文生義而已。狩野直禎和西恊常記在注譯《漢書・郊祀志》時,對《郊祀志》中同樣的"陳寶節來祠"這句話[3],則只是譯作"陳宝の神は神が來られるたびに祠った"[4],意即"陳寶之神是在其來臨之時方予以祭祀",完全没有顧及"節"字的涵義。這部日文譯稿成書過程中,曾在京都大學前後持續兩年多的讀書班上做過很多次研討,對此仍然不能做出比較通暢的理解,足見這個看似簡單的詞語,實際上却給中外學術界造成了很大困擾,人們一直都没有弄懂其具體涵義。

核諸當時情況,此陳寶神"節來"之"節",應當是指二十四節氣中的"十二節"。所謂"二十四節氣",實質上是二十四等分基於地球圍繞太陽公轉周期而確定的回歸年長度,亦即所謂"歲周",而這種二十四分法,從天文觀測角度講,通常又是在十二等分法基礎上所做的對半拆分,即將"十二節"拆分爲狹義的"十二節氣"和與之對應的"十二中氣"。

這種先十二等分再二十四細分法,具體見載於《漢書・律曆志》在"歲術"項下記述的"次度"。如謂"星紀,初斗十二度,大雪。中牽牛初,冬至〔於夏爲十一月,商爲十二月,周爲正月〕。終於婺女七度","玄枵,初婺女八度,小寒。中危初,大寒〔於夏爲十二月,商爲正月,周爲二月〕。終於危十五度",等等[5]。其中"星紀"、"玄枵"等本是歲星紀年所用十二次名,在這裏用以表述對"歲周"的十二等分單位,又稱十二辰。"辰"在古代表

---

〔1〕《漢書》卷二五上《郊祀志》上,頁1195。

〔2〕《史記》卷五《秦本紀》,頁179。

〔3〕《漢書》卷二五上《郊祀志》上,頁1206。

〔4〕狩野直禎、西恊常記注譯《漢書郊祀志》,頁72。案是書(頁77)對《漢書・郊祀志》下文"若陳寶節來一祠"句的翻譯,與此相似,同樣没有顧及這個"節"字。

〔5〕《漢書》卷二一下《律曆志》下,頁1005。

述天體時，本來用以指恒星，故"十二辰"原本是十二個以特定的恒星爲標誌的天空的區域劃分，也可以説是一種位置的標誌，故《漢書·律曆志》謂"辰者，日月之會而建所指也"[1]，更早在《左傳》裏也有"日月之會是謂辰"的説法[2]，就是把"辰"視作日月運行位置的座標，用現代天文學的用語來表述，則可以理解爲黄道上的十二個區域。體現在曆法上，這種等分"歲周"的"十二辰"，實際上是大致類似當今公曆十二月的時段劃分，古人稱之爲"日行月一次，十有二次而周天，歷舍于十有二辰，終則復始"[3]。《漢書·律曆志》"次度"所記"斗"、"牽牛"、"婺女"、"危"等，爲二十八宿的名稱，在這裏是用二十八宿的距度來表述"二十四節氣"的起訖刻度，實際上是將狹義的"十二節氣"同與之相對應的"十二中氣"組合而成的"十二次"或"十二辰"劃分爲同一個基本單位，而這一體系劃分以牽牛初度爲冬至點，此乃在公元前450年前後亦即戰國時期的天象[4]，可見其具有悠久的淵源。"星紀"、"玄枵"等"歲周"十二等分單位的名稱，也就是"十二次"或"十二辰"，猶如一整歲中的"一節"時段，合之便爲"十二節"。董仲舒《春秋繁露》謂"一歲之中有四時，一時之中有三長，天之節也。……天之分歲之變以爲四時，時有三節也。天以四時之選與十二節相和而成歲"[5]，案此"三長"前人之釋《春秋繁露》者無解，疑爲"三辰"形譌，蓋一時三辰，即下文所説"時有三節"，是則四時十二辰亦即四時十二節。

又《史記·曆書》開篇處記此十二節云：

---

〔1〕《漢書》卷二一下《律曆志》下，頁1005。

〔2〕《左傳》昭公七年，據晉杜預《春秋經傳集解》（北京，北京圖書館出版社，2003，《中華再造善本》叢書影印元相臺岳氏荆谿家塾刻本）卷二一，頁43a。

〔3〕《逸周書·周月解》，據晉孔晁注《汲冢周書》（上海，商務印書館，民國《四部叢刊初編》影印江陰繆氏藝風堂藏明嘉靖癸卯刻本）卷六，頁1b。案"十有二次"四字原佚，此從孫詒讓《周書斠補》（北京，中華書局，2010，《孫詒讓全集》之《大戴禮記斠補（外四種）》本）卷三（頁242），據《玉燭寶典》補。

〔4〕張聞玉《古代天文曆法説解》（貴陽，三友堂私印本，2004）第五講第二節《〈次度〉及其意義》，頁165—167。

〔5〕漢董仲舒《春秋繁露·官制象天》，據清凌曙注《春秋繁露》（清嘉慶乙亥蜚雲閣原刻初印本）卷七，頁17b。

春秋繁露　卷十

選也秋者少陰之選也冬者太陰之選也四選之中各有孟仲季是選之中有選故一歲之中有四時一時之中有三長天之節也人生於天而體天之節故亦有大小厚薄之變（官本校變他本作節）人之氣也先王因人之氣而分其變以爲四選是故三公之位聖人之選也三卿之位君子之選也三大夫之位善人之選也三士之位正直之選也分人之變以爲四選選立三臣如天之分歲之變以爲四時時有三節也天以四時之選與十二節相和而成歲（成下舊有就字衍）王以四時之選與十二臣相砥礪而致極（盧注臣字舊本脫今校補砥音紙磨石也礪音例砥石也孔安國曰砥細于礪皆磨石也師古曰砥礪者蓋譬諸金鐵磨利之也細石曰砥黑石曰礪）道必極於其所至然後能得天地之美也

○　清嘉慶乙亥蜚雲閣原刻初印本清凌曙注《春秋繁露》

昔自在古,曆建正作于孟春〔《索隱》:古曆者,謂黄帝《調曆》以前有《上元太初曆》等,皆以建寅爲正,謂之孟春也。及顓頊、夏禹亦以建寅爲正,唯黄帝及殷、周、魯並建子爲正。而秦正建亥,漢初因之。至武帝元封七年,始改用《太初曆》,仍以周正建子爲十一月朔旦冬至,改元太初焉。今按此文至於“十二月節”皆出《大戴禮》虞史伯夷之辭也〕。於時冰泮發蟄,百草奮興,秭鳺先滜。物迺歲具,生于東,次順四時,卒于冬分〔《索隱》:卒,子律反。分,如字。卒,盡也。言建曆起孟春,盡季冬,則一歲事具也。冬盡之後,分爲來春,故云冬分也〕,時雞三號,卒明〔《集解》:徐廣曰:“‘卒’一作‘平’”,又云:“卒,‘斯’”也。《索隱》:三號,三鳴也。言夜至雞三鳴則天曉,乃始爲正月一日,言異歲也。徐廣云“卒”一作“平”,又作“斯”,於文皆便〕。撫十二節，卒于丑〔《正義》：撫，猶循也。自平明寅至雞鳴丑，凡十二辰，辰盡丑又至明朝寅，使一日一夜，故曰幽明〕。日月成，故明也。明者孟也，幽者幼也，幽明者雌雄也。雌雄代興，而順至正之統也。日歸于西，起明于東；月歸于東，起明于西。正不率天，又不由人，則凡事易壞而難成矣。[1]

上文"撫十二節"一語，清人張文虎校勘《史記》，以爲"據上《索隱》引，則'節'上有'月'字，與《大戴記》合，今本脱"[2]，中華書局點校本《史記》從之，以方括號添加一"月"字，成"撫十二〔月〕節"。關於這一記載，郭沫若也認爲，覆案《大戴禮記》的記載，此"撫十二節"句"乃'十二月節'"，其意似以《大戴禮記》爲是[3]；又王叔岷也認爲"節上有月字"[4]。近年出版的陳美東著《歷代律曆志校證》，因既不究版本，又不辨文義，徒以"算校"從事其功，於此《史記·曆書》，通篇未能訂定一字，惟書寫"未發現錯誤"五字而已，斯亦校勘古籍者所僅見[5]。今案《大戴禮記》寫定的年代本來就已明顯晚於《史記》，張守節更晚至八百多年以後的唐朝，其時其境，俱已差之甚遠，相比之下，我們應當更爲尊重早出的《史記》。今檢核《大戴禮記》，知《史記·曆書》上述内容，與所謂"虞史伯夷之辭"確應出自同

〔1〕《史記》卷二六《曆書》並劉宋裴駰《集解》、唐司馬貞《索隱》、張守節《正義》，頁1255—1256。

〔2〕清張文虎《校刊史記集解索隱正義札記》卷三，頁310。

〔3〕郭沫若《甲骨文字研究》之《釋支干》(北京，科學出版社，1982，《郭沫若全集》之《考古編》印本)，頁234—235。

〔4〕王叔岷《史記斠證》(北京，中華書局，2007)卷二六，頁1075。

〔5〕陳美東《歷代律曆志校證》(北京，中華書局，2008)之《史記·曆書》，頁1。案涉及曆法的書籍，從事所謂"算校"，自有先例，《舊唐書》(北京，中華書局，1975)卷三二《曆志》一(頁1152—1168)載唐高祖武德時期編制的所謂《戊寅曆》，篇末所列與事者銜名，即有"校曆人算曆臣王孝通"在内，清代學者刊刻書籍而標稱"算校"，余所見者，有劉嶽雲校刊孔廣牧著《先聖生卒年月日考》(清光緒刻本)，惟其實際涉及者甚廣，非只推算數目。

源[1],不過太史公身隸天文世家,熟悉曆法及其編制原理,至少就有關天文曆法的知識而言,此《史記·曆書》或許會比《大戴禮記》能夠更爲準確地編述所謂"虞史伯夷之辭"。

審視《史記·曆書》開篇這段内容,可見文中所述都是根據一歲之中周而復始的天文規律以制定曆法的問題。如其中"時雞三號,卒明"這句話,司馬貞將其解作"言夜至雞三鳴則天曉,乃始爲正月一日",粗看起來好像也順情合理,實際上却大謬不然。

"正月一日"是講實際行用的曆法當中的一年之始,這也就是張守節所説的"言異歲也"(在這個意義上講,似乎稱作"異年"要更妥當一些[2]),但這句話是順承上句"物迺歲具,生于東,次順四時,卒于冬分"而言,故所謂"時雞三號,卒明",乃用以説明"次順四時,卒于冬分"之"冬分"的具體時刻。因此,舊行中華書局點校本在"冬分"下用句號點斷,似乎不夠準確,應改用逗號爲是。同時,現通行本《史記》"時雞三號,卒明"的"卒明"二字,似乎也不如徐廣所見别本之"平"字更爲合理;又今王叔岷謂"卒猶乃也"[3],所説更不可從。蓋"旦"爲日光初明之義,日光之明可計其始而無法識其終,終則需至日落之後,與雞鳴之時正相背戾。又讀《史記》、《漢書》可知,"平明"是當時表示每日時辰的專門用語。如《史記·留侯世家》記所謂圯上老父約候張良事云:"父去里所,復還,曰:'孺子可教矣。後五日平明,與我會此。'良因怪之,跪曰:'諾。'五日平明,良往。父已先在,怒曰:'與老人期,後,何也?'去,曰:'後五日早會。'五日雞鳴,良往,父又先在,復怒曰:'後,何也?'去,曰:'後五日復早來。'五日,良夜未半往,

[1] 《大戴禮記》(上海,商務印書館,民國《四部叢刊初編》縮印無錫孫氏小淥天藏明嘉靖嘉趣堂刻本)卷九《誥志》,頁49—50。

[2] 案《周禮》卷六《春官宗伯·太史》之東漢鄭玄注(頁10b)云:"中數曰歲,朔數曰年",又晉司馬彪《續漢書·律曆志》述云"日周于天,一寒一暑,四時備成,萬物畢改,攝提遷次,青龍移辰,謂之歲"(見《後漢書》志第三,頁3056),因知鄭玄所謂"中數"即指近乎恒定的回歸年長度,"朔數"則指實際曆法中積朔望月份而成之年的長度,後者乃與一歲之"中數"有明顯差異。

[3] 王叔岷《史記斠證》卷二六,頁1076—1077。

有頃,父亦來,喜曰:‘當如是。’出一編書,曰:‘讀此則爲王者師矣。後十年興,十三年,孺子見我濟北,穀城山下黄石即我矣。’”〔1〕觀《曆書》這段記述下文中《史記正義》所云“自平明寅至雞鳴丑,凡十二辰,辰盡丑又至明朝寅,使一日一夜,故曰幽明”,其“雞鳴”與“平明”這兩個時分的銜接次序,正與圯上老父的故事相應;而且《史記正義》乃兼釋《史記集解》和《史記索隱》,從《史記正義》所述“平明”來看,張守節即認爲《史記集解》此文的“卒明”應該寫作“平明”。故《留侯世家》上述記載可以進一步佐證,此處“卒明”當屬“平明”之譌。

今人劉操南著《〈史記·曆書〉算釋考辨》,以爲其作“卒明”,還是“平明”,並没有什麽區别,“於文皆便”〔2〕,這種説法很不妥當。清人王念孫早已指出:“‘卒’字於義無取,作‘平’者是也〔《史記·叔孫通傳》:先平明,謁者治禮〕。平明者,平旦也。《書大傳》‘夏以平旦爲朔’是也。隸書‘卒’或作‘卆’,形與‘平’相似,上下文又有‘卒’字,故‘平’誤爲‘卒’。”〔3〕于豪亮亦結合漢簡的記時用語,證實此“卒明”確屬“平明”之譌〔4〕。

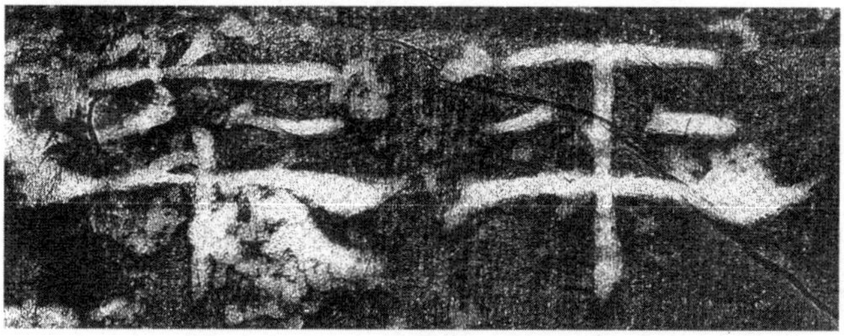

○ 東漢《乙瑛碑》拓本中的“卒”、“平”二字

---

〔1〕《史記》卷五五《留侯世家》,頁2034—2035。

〔2〕劉操南《古代天文曆法釋證》(杭州,浙江大學出版社,2009)之《曆算求索·〈史記·曆書〉算釋考辨》,頁14。

〔3〕清王引之《經義述聞》卷一二“卒明”條,頁300。

〔4〕于豪亮《秦簡〈日書〉記時記月諸問題》,見作者文集《于豪亮學術文存》(北京,中華書局,1985),頁157—160。

王念孫説“平明”等同於“平旦”，這個表示一日之内不同時刻的專門用語，在《黄帝内經》裏也有比較清楚的表述：“故曰陰中有陰，陽中有陽。平旦至日中，天之陽，陽中之陽也；日中至黄昏，天之陽，陽中之陰也；合夜至雞鳴，天之陰，陰中之陰也。雞鳴至平旦，天之陰，陰中之陽也。故人亦應之。”〔1〕陳夢家研究漢簡中的實際用例後指出，西漢時期“平旦”的具體時刻是在晨時後、日出前〔2〕。由此且可推知今本《史記》徐廣所説卒爲“斯”義〔3〕，其“卒”字亦應爲“平”字形譌。蓋“斯”爲析分之義，前面考辨《史記·河渠書》的内容時曾談到，《漢書音義》謂“廝，分也”，所説“廝”字即與此“斯”義同，“平明”或“平旦”當即中分晝夜之義，而這一時刻並非司馬貞所説“始爲正月一日”之時。這是因爲《曆書》所説的“四時”大致猶如我們今天所説的“四季”，這完全是自然的變化次序，其開始之點，乃如上文首句“曆建正作於孟春”所言，是在孟春之初，而終了於季冬之末。

四時循環一個周期所經歷的時間長度（約365天），也就是現在我們所説的一個回歸年（俗語所説“陽曆年”），它與古代曆法的一年（俗語所説“陰曆年”），長度並不相等，即古代曆法的一年，在平年時（354天）要短於四時的周期長度，遇到閏年時（384天）又要長於四時的周期長度。這種長短參差，致使曆法上的一年，通常並非開始於天文周期之四時意義上的孟春之初，亦即“立春”這一節氣。换句話來説，也就是《史記·曆書》中講的“時鷄三號，卒明（平明）”，應當是指大寒節氣最後一天與立春節氣第一天相交替的時刻，而這正與司馬貞在前面解釋“冬分”時所説“冬盡之後，分爲來春，故云冬分也”這句話合若符契。司馬貞由於未能通貫把握司馬遷這段記述的宗旨，并正確理解“時鷄三號，卒明（平明）”云云與前面語句的接續關係，從而纔做出了這樣的錯誤理解。

〔1〕《黄帝内經·金匱真言論》，據唐王冰（啓玄子）撰、宋林億等奉敕校正《重廣補注黄帝内經素問》（明嘉靖二十九年顧從德翻刻宋本）卷一，頁21a。

〔2〕陳夢家《漢簡綴述》（北京，中華書局，1980）之《漢簡年曆表叙》，頁242—251。

〔3〕案《史記索隱》謂徐廣云“卒”又作“斯”，是對徐廣原文的誤讀。

張守節所著《史記正義》,稍晚於司馬貞的《史記索隱》,亦同樣對《史記·曆書》這段記載做出了錯誤的理解。如上所見,張氏對下文"撫十二節,卒于丑"這句話的解釋,是與"時鷄三號,平明(卒明)"相聯繫,把"丑"和"平明"看成了表述一日之内時分系列的語彙,故云"自平明寅至雞鳴丑,凡十二辰,辰盡丑又至明朝寅,使一日一夜",但這個"十二辰"是指一日之内的十二時辰,與"撫十二節"並没有什麽關聯;即使是按照張守節的做法,把"撫十二節"寫成"撫十二月節",這"十二月節"與此一晝夜十二辰之間,還是看不出有什麽内在聯繫,因疑張氏所説,不過勉强隨文敷衍而已,郭沫若已直以"非是"斥之[1]。

今案此處所説"撫十二節,卒于丑",仍然是因承上文,對歲周四時自然運轉的規律加以描述。近人阜寧王駿圖、王駿觀兄弟著《史記舊注評議》,對張守節的説法早就做過考辨:

> 此十二節卒於丑者,恐指月建而言,不指一月也。蓋至建丑之月而歲終,故云卒於丑。若一日則當始於子,不當卒於丑也。[2]

檢《禮記·月令》記云:"季冬之月,日在婺女,昏婁中,旦氐中。"東漢鄭玄注曰:"季冬者,日月會於玄枵,而斗建丑之辰也。"[3]《禮記》本文之"日在婺女,昏婁中,旦氐中",是爲每年之十二月這個月份,標示出相關的天象,實際上這些天象是曆法上確定月份的天文基礎。鄭玄所説"日月會於玄枵",正與前面提到的《漢書·律曆志》所記四時十二辰中"玄枵"一辰相應,而這一辰就是"斗建丑之辰"。又《淮南子·天文訓》記述與此斗建相關事云:"正月建寅,月從左行,十二辰,咸池爲太歲;二月建卯,月從右行四仲,終而復始。……大時者,咸池也;小時者,月建也。天維建元,常以寅始

[1] 郭沫若《甲骨文字研究》之《釋支干》,頁 235。

[2] 王駿圖、王駿觀《史記舊注評議》(上海,正中書局,1946)卷三,頁 103。

[3] 《禮記》(清嘉慶丙寅張敦仁仿宋刻本)卷五《月令》並東漢鄭玄注,頁 25b。

起，右徙一歲而移，十二歲而大周天，終而復始。"[1] 斗建既始於寅，則其"卒于丑"者乃不言自明。因知王氏兄弟所説，信而可從，《史記・曆書》所説"撫十二節，卒於丑"者，乃是指四時十二辰也就是四時十二節循其自然軌轍運轉一周之後的終結點。

通觀《史記・曆書》這段文辭，可見司馬遷在這裏是要闡釋自古以來曆的製作都一定要遵循天地日月的自然運行規律，假若"正不率天"，"則凡事易壞而難成"[2]，而他在這裏具體講述的天地日月運行規則，就是董仲舒所説"以四時之選與十二節相和而成歲"的道理。用現在的話來講，這段話相當於《曆書》的總論，是在講編制曆法的基本原理，而十二月則是在此原理基礎之上所設曆法的内容（十二月與此十二節有密切關聯，但十二月絶不等同於十二節），所以，"撫十二節，卒于丑"這句話寫在這裏，恰如其分。《尚書》中有"撫于五辰，庶績其凝"的話[3]，講的是上古時期分一回歸年周期爲"五辰"的情況，由上文所述可知，就時段劃分的意義而言，這"五辰"實際上也就等同於"五節"，《史記・曆書》所説"撫十二節"之句式、性質均與之相同，適可相互印證。又《黄帝内經》謂"自古通天者，生之本；本於陰陽天地之間，六合之内，其氣九州九竅，五臟十二節，皆通乎天氣"，唐人王冰釋云："十二節者，十二氣也。天之十二節氣，人之十二經

---

[1] 《淮南子・天文訓》，據何寧《淮南子集釋》卷三，頁219。

[2] 案《史記・曆書》末尾所記"正不率天，又不由人，則凡事易壞而難成矣"這幾句話，在《大戴禮記》卷九《誥志》中（頁49）的相關記述乃是書作："（孔）丘聞周太史曰：'政不率天，下不由人，則凡事易壞而難成。'"不管此周之太史本意如何，司馬遷在此書作"正不率天"，適與其開頭處所説"昔自在古，曆建正作于孟春"這句話中的"建正"相呼應，因而不應該存在文字譌誤，只是在講述"率天"作曆的原則時，突又插入"下不由人"一句話，似乎略顯突兀。清人張文虎《舒藝室隨筆》（瀋陽，遼寧教育出版社，2003）卷四（頁95—97），謂漢武帝詔鄧平主持制定《太初曆》，"史公心有所不善焉，特以詔用平術，不敢執舊法以争，故於《曆書》存此篇（德勇案：指《曆書》所載《曆術甲子篇》）以見意。……然則前文不及鄧平，又詔'更七年爲太初元年'下不復詳定曆終始，蓋有故焉，非闕略也"。若然，則此"下不由人"云云，應當也是暗諷漢武帝定曆未能盡得其人。

[3] 《尚書》（上海，商務印書館，民國《四部叢刊初編》影印吴興嘉業堂藏宋槧《監本纂圖重言重意互注點校尚書》）卷二《臯陶謨》，頁7b—8a。

脈,而外應之咸同天紀。”[1]這種人身十二經脈與天之十二節相順應的説法,同樣有助於印證《史記·樂書》“撫十二節”一説的合理性。

若是在“撫十二節”這句話中羼入“月”字,則將變得突兀乖戾,而且就連“月節”二字成何文義,恐怕也是無從究詰的事情[2]。瀧川資言《史記會注考證》引述日人豬飼彦博《史記三書管窺》的看法,以爲“撫十二月節”乃“言自建寅月而循十二月節,以絶于建丑月也”[3],今劉操南研治《史記·曆書》,竟盡從其説[4],似乎均未嘗思及十二月耗日多寡與歲時諸節之運行周期參差不一,本不宜將其强合爲一事。

當然,若是不考慮普通民衆實際社會生活所應用曆法的“月”,而僅僅將其視作天文術數家的術語去考察,情況可能會複雜一些。譬如人們常見的所謂“建子”、“建丑”、“建寅”這些以“十二支”來表述的“月建”之“月”,似乎就是與“十二節”相匹配的。然而,晚近以來人們已經逐漸意識到,有越來越多的跡象顯示,在上古時期,很可能還實行過一種把一回歸年等分爲十個月的“太陽曆”(當然,就我個人而言,覺得也有可能是在陰陽合曆體系中帶有這種十月太陽曆的要素),所謂“十干”或即淵源於此。這兩種“月”制,與“十二節”或“二十四節氣”,乃至“七十二候”,同屬於對回歸年長度的等分[5]。如果一定要把這種“月”與“節”協調於同一回歸年内,由於事實上並存有“十月制”和“十二月制”兩種月制,寫成“撫十二月節”字,仍然不如僅書作“撫十二節”合理,因爲這樣可以統該二者。

---

〔1〕《黄帝内經·生氣通天論》並唐王冰注,見唐王冰(啓玄子)撰、宋林億等奉敕校正《重廣補注黄帝内經素問》卷一,頁14b—15a。

〔2〕案古今治《大戴禮記》者,於此議論紛紜,迄無達詁。相關諸説可參見黄懷信《大戴禮記彙校集注》(西安,三秦出版社,2005)卷九《誥志》,頁1067—1068。

〔3〕瀧川資言《史記會注考證》卷二六《曆書》引豬飼彦博説,頁722;又《史記會注考證》卷末《史記考證引用書目舉要》,頁2127。

〔4〕劉操南《古代天文曆法釋證》之《曆算求索·〈史記·曆書〉算釋考辨》,頁14。

〔5〕陳久金、張明昌《中國天文大發現》(濟南,山東畫報出版社,2008)第一章第二節《中國上古十月曆的深入探索和〈夏小正〉是否是十月曆的争議》,頁14—19。

每一歲中四時十二節之"節"既然得以證明,那麼,此陳寶神"節來"之"節",也就可以認作是這"十二節"中每一節的起始之點。如前所述,《漢書·律曆志》所記"次度",係以二十八宿的具體距度而將此"十二節"(十二次,十二辰)進一步對半剖分,從而構成所謂"二十四節氣",並分别用"初"、"中"二字來表示這一節之内前半段和後半段的開始點("中"字意即十二節中每一節的中間點),各自標誌着"二十四節氣"中一個廣義"節氣"的起始點。後世又習稱始於每節之"初"的這個節氣爲狹義的"節氣",而將始於每節之"中"的節氣稱之爲"中氣",《逸周書》中即有"中氣以著時應"的説法〔1〕。像上面提到的大雪和小寒等通常都統稱爲"節氣",而冬至和大寒等則合謂之曰"中氣"。不言而喻,此"初"、"中"兩點即分别爲狹義的"節氣"和所謂"中氣"的起點。張汝舟早已指出,其"《次度》所謂'初'指'節',所謂'中'指'中氣'"〔2〕,所説最有見地。《漢書·律曆志》記所謂"十二次"事云:"日至其初爲節,至其中斗建下爲十二辰。視其建而知其次,故曰'制禮上物,不過十二,天之大數也'。"〔3〕晉人司馬彪的《續漢書·律曆志》,記述曆法通則,則謂"置十二中以定月位。有朔而無中者爲閏月,中之始曰節,與中爲二十四氣"〔4〕。這是講古代四分曆規定在十九年間設置七個閏月,一個回歸年有二十四節氣,兩個節氣間的時間長度(平均爲30.4368日)大於一個朔望月的時間間隔(平均爲29.5306日),這樣,在十九個回歸年總共235個朔望月中,將有228個節氣和228個中氣,從而造成這十九年内會有七個月没有節氣(也就是没有"節"),另有七個月没有中氣(也就是没有"中"),而四分曆規定在没有中氣的月份來設置閏月。兩漢《律曆志》所説的"節",就是指當時幾乎每個月都必有一次的

---

〔1〕《逸周書·周月解》,據晉孔晁注《汲冢周書》卷六,頁1b。

〔2〕張汝舟《〈曆術甲子篇〉淺釋》,據作者文集《二毋室古代天文曆法論叢》(杭州,浙江古籍出版社,1987),頁43。

〔3〕《漢書》卷二一上《律曆志》上,頁984。

〔4〕晉司馬彪《續漢書·律曆志》下,見《後漢書》志第三,頁3058。

這種“節”之起點。

明此可知,《史記·封禪書》記云在“節來”之時祭祀陳寶神,應當是指在這四時十二節中每一節(同時也是每一個狹義的“節氣”)開始之際和陳寶神實際降臨之時祠祭此神,即所謂“節來祠”應當包括“節祠”與“來祠”兩類不同時日的祭祀。除了偶爾會遇到個别只有“中氣”而無“節氣”的月份之外(即該月之内没有遇到任何一節的開端,如上所述每十九年内可能會遇到七次),在大多數情況下,每個月内都會存在一個節的開端(同時也是狹義的“節氣”的開端),這就是人們對陳寶神進行常規祭祀的日子,這也是常行的“節祠”。

秦人之所以會如此頻繁地在四時十二節的每一節中,都要祭祀陳寶之神,大概正是由於“其神或歲不至,或歲數來”,來去飄忽不定,顯示出更爲詭秘的“神”性。這尊從天上飛來的陳寶神何時降臨凡世,既然無從把握,乾脆就順應天時天節,節至即祀,以示虔敬。

不過,除了“其光景動人民”這一熱鬧場景之外,秦人對陳寶之神的重視,還應當與當地自西周時起即重視“陳寶”的傳統習慣有關。《周書·顧命》嘗鄭重載録此物,近人王國維考述説:

《書·顧命》:“越玉五重:陳寶、赤刀,大訓、弘璧,琬琰,在西序;大玉、夷玉,天球、河圖,在東序。”《書疏》引鄭注云:“方有事,陳之以華國。”僞孔傳略同。

余謂如鄭、孔説,則“陳寶”二字乃目下文,當在“越玉五重”之上,不當在其下。以文義言,則西序、東序所陳,即五重之玉也,“重”者,非一玉之謂也。蓋陳寶、赤刀爲一重,大訓、弘璧爲一重,琬琰爲一重,在西序者三重;大玉、夷玉爲一重,天球、河圖爲一重,在東序者二重。合爲五重。何以言之,《史記·秦本紀》“文公十九年獲陳寶”,而《封禪書》言“文公獲若石云,于陳倉北坂城祠之。其神或歲不至,或歲數來,來也常以夜,光輝若流星,從東南來集于祠城,則若雄雞,其聲殷

> 云，野雞夜雊。以一牢祠，命曰陳寶"。是秦所得"陳寶"，其質在玉、石間，蓋漢益州金馬碧雞之比。秦人殆以爲《周書・顧命》之"陳寶"，故以名之。是"陳寶"亦玉石名也。[1]

這種天上飛來的"文石"，于鶴年認爲就是現在所説的隕石，"光與聲爲隕石之附帶現象，《顧命》之陳寶亦是一塊隕石"[2]。難得一遇的隕石，當然也可以被視作一種特殊的玉石。

知悉上述情況，我們也就很容易理解，《封禪書》謂四仲之月對雍地四時的祭祀，比照"月祠陳寶節來一祠"的做法，乃是特指這種差不多每個月都要進行一次的祠祀活動（若是在"節祠"的基礎上再疊加上隨機而行的"來祠"，空缺不祭的月份會變得更少。漢成帝時匡衡稱此陳寶之神"漢興世世常來，……高祖時五來，文帝二十六來，武帝七十五來，宣帝二十五來，初元元年以來亦二十來"[3]，可見其下降來臨之頻）。

班固在《漢書・郊祀志》中若是確將《史記》這一記載改書爲"及四仲之月月祠，若陳寶節來一祠"，也明顯背戾司馬遷的本意，現在我們校勘《史記》，切不可再蹈其覆轍，改是爲非；況且更進一步分析，還可以看到，今中華書局點校本《漢書》依據的底本是清人王先謙的《漢書補注》，而《漢書補注》的底本是清武英殿本，這也正是梁玉繩撰著《史記志疑》時所依據的《漢書》，相互之間，自然不會有什麼出入。可是，核查其他更早、更可靠的版本，却可以看到，百衲本《二十四史》影印的所謂宋景祐本，此處實際上與《史記・封禪書》一樣，也是書作"及四中（仲）之月，祠若月祠陳寶節

---

〔1〕 王國維《觀堂集林》（北京，中華書局，1959，重校印民國商務印書館石印本）卷一《陳寶説》，頁67—68。

〔2〕 顧頡剛《顧頡剛讀書筆記》（臺北，聯經出版事業公司，1990）第七卷下《湯山小記》十七之"陳寶神傳説由男性化爲女性；陝西陳寶神與河南衡山神相結合"條于鶴年批語，頁5533—5535；又第五卷下《法華讀書記》三"評譚文語"録于鶴年跋文，頁3869。

〔3〕《漢書》卷二五下《郊祀志》下，頁1258。

來一祠"[1],武英殿本《漢書》"及四中(仲)之月月祠,若陳寶節來一祠"的寫法,恐怕本來就不符合班固《漢書》的原貌,現在也就更不宜再踵襲它的錯謬了。

關於"二十四節氣"系統完整形成的時間,天文曆法史研究者説法不一。有人認爲"一年分爲二十四氣,大概是前漢初年以後"[2];另有人認爲是在戰國時代,還有人認爲是在秦漢之際,但也都没有提出比較直接的證據[3];或者如竺可楨等,只是寬泛地説"降及戰國秦漢之間,遂有二十四節氣之名目"[4]。《史記·封禪書》上述記載,講的是秦始皇時期的情況,按照上面的理解,若是將《封禪書》中"月祠陳寶節來一祠"和"陳寶節來祠"這兩項記載相結合,似乎就可以顯露二十四節氣在秦朝的實際應用狀況,從而更好地認識這一科學創見的發展歷程,這也會影響到對古代很多術數的理解;而若是輕率改易其文,相關史事則將湮没無存。

〖**附案**〗正式印本已採納拙見,不改舊文,仍書作:"及四仲之月,祠若月祠陳寶節來一祠。"

【三】《史記·封禪書》原文:

後四歲,天下已定,詔御史,令豐謹治枌榆社,常以四時,春以羊彘祠之。令祝官立蚩尤之祠於長安。長安置祠祝官、女巫。其梁巫,祠

[1] 見1958年9月商務印書館縮印百衲本《二十四史》本《漢書》卷二五上《郊祀志》上,頁276。

[2] 陳遵嬀《中國天文學史》(上海,上海人民出版社,2006)第六編第一章第三節《二十四節氣》,頁990。

[3] 陳久金《曆法的起源和先秦四分曆》,刊中國天文學史整理研究小組編《科技史文集》第1輯《天文學專輯》(上海,上海科學技術出版社,1978),頁20。馮秀藻、歐陽海《廿四節氣》(北京,農業出版社,1982),頁4—9。

[4] 竺可楨《論新月令》,原載《中國氣象學會會刊》1931年第6期,此據作者文集《竺可楨文集》(北京,科學出版社,1979),頁141。

天、地、天社、天水、房中、堂上之屬；晉巫，祠五帝、東君、雲中、司命、巫社、巫祠、族人、先炊之屬；秦巫，祠社主、巫保、族纍之屬；荆巫，祠堂下、巫先、司命、施糜之屬；九天巫，祠九天；皆以歲時祠宫中。其河巫祠河於臨晉，而南山巫祠南山秦中。秦中者，二世皇帝。各有時月。[1]

今《點校稿》改此文末句“各有時月”爲“各有時日”，並擬有《校勘記》述云：

原作“時月”。梁玉繩《志疑》卷一六：“《漢志》作‘時日’，是。”今據改。

〖今案〗

梁玉繩説本無其他任何佐證[2]。如上所論，司馬遷與班固自别是一人，《史記》與《漢書》亦各自獨立成書，兩者本不必句句相同。況且哪怕《漢書》是一字不改地抄録《史記》，我們也不能非把被抄寫者的文字，改與抄寫者相同。昔清末人吴曾祺著《戰國策補注》，嘗謂“太史公作《史記》，多原本此書，故可以互證者所在皆有，然竟有援《史記》之文而改之者，此法似不可從”[3]，講的就是這個道理。

單純從字面上看，此句作“各有時月”或“各有時日”兩皆可通。在這種情況下，尤不必非將兩書改同一致。即使非改不可，也只有改《漢書·郊祀志》使之與《史記·封禪書》趨同的道理，而不是像現在這樣反其道而行之。按照目前的處理原則，不知另一邊的《漢書》整理者在校勘《郊祀志》時究竟如何是好？會不會校《漢書》者也採用同樣的方法，改而使之同於

[1] 《史記》卷二八《封禪書》，頁1378—1379。

[2] 清梁玉繩《史記志疑》卷一六，頁806。

[3] 清吴曾祺《戰國策補注》(上海，商務印書館，1928)卷首《例言》，頁1b—2a。

《史記》,結果使《史記》蜕變成《漢書》,《漢書》則羽化爲《史記》? 當然,點校者在這一點上如此處理,在很大程度上,可能是出於對張文虎舊校和原整理本意見的尊重,但這次既然是重新修訂,在這樣一些關鍵問題上,還是應當從整體原則上做出更爲審慎的思考。

僅僅從語詞角度看,這段文字中的"時月"二字,本來也是秦漢以前人通行的用法。例如,《尚書·舜典》中就有"協時月正日"[1]的話,《禮記·王制》亦云"命典禮,考時月"[2]。《史記》在《五帝本紀》之中和《封禪書》一開篇處,都録有《尚書·舜典》涉及"時月"的内容,乃將其書作"合時月正日"[3]。那兩處提到的"時月",其基本涵義也只是四時和月份,和這裏所説"時月"並没有根本性出入。那麽,爲什麽不去校改《五帝本紀》和《封禪書》前文,而非要改訂《封禪書》中的這一句話呢?

再從《封禪書》記述的具體内容來看,恐怕也應該保留傳世版本原貌,仍然將其書作"時月"。蓋如同前文所論"月祠"一樣,《封禪書》中所説祭祀諸神之"歲時"、"時月"諸語,往往是有具體的涵義,亦即説明祠祀神祇的周期頻度。分拆開來,歲祠爲每年一度的祠祀,時祠爲每季一度的祠祀,月祠爲每月一度的祠祀。《漢書·韋賢傳》記西漢諸帝陵廟,"日祭於寢,月祭於廟,時祭於便殿"[4],就是在講一歲之内其日、月、時這幾個不同檔次的祭祀。一般來説,對河巫和秦中都不大可能會有每日一次(甚至每日數次)的祠祀,那太辛苦,也太破費,誰都折騰不起。《國語·楚語》載楚大夫觀射父語,謂"古者先王日祭月享,時類歲祀,諸侯舍日,卿大夫舍月,士庶人舍時,天子遍祀群神品物",講的就是不同等級祭祀的頻次級差[5]。所以,把"時日"用在這裏,似乎並不妥當。在《史記》當中,"歲時"合稱,容

---

〔1〕《尚書》卷一《舜典》,頁7a。

〔2〕《禮記》卷四《王制》,頁5b。

〔3〕《史記》卷一《五帝本紀》,頁24;又卷二八《封禪書》,頁1356。

〔4〕《漢書》卷七三《韋賢傳附子玄成傳》,頁3115—3116。

〔5〕《國語》卷一八《楚語》下,頁4b。

或有泛指時日之意,但"時月"連用,則應當是以"時"、"月"兩字各自表述其獨立的語義。從這一意義上講,實際上只能有"時月"而不應該用"時日"。

在這裏,"各有時月"是講漢朝的河巫祭河和南山巫祠祀秦中(秦仲)[1],包括時祠和月祠這兩種形式。《史記·封禪書》前文謂秦時祠祀河神的安排,乃"春秋泮涸禱塞",實際上應當包括春泮、秋涸與冬塞三個時節的祠祀,另外還要加上一次"嘗醪"之禮[2],實際上至少有四次固定的祭祀。所以,漢代的河祠,很可能由此發展成爲四時各自一次,故云"時"也。這樣看來,漢人對奉祠二世皇帝的秦中(秦仲)祠,很可能就是每月舉行一次祭祀活動。這一點對我們瞭解西漢人對待秦朝和秦二世的態度,具有重要意義。同時,聯繫前面談到的秦人對陳寶祠的祭祀頻度,我們可以看到,這些看起來地位似乎不是十分尊崇的"小神",由於與關中本地密切相關,祭祀活動異常頻繁。退一步講,即使司馬遷在此使用"時月"二字並沒有這麼具體的指向,通觀整篇《封禪書》,我們還是可以看到,太史公在記述各項祠祀活動的具體時間和周期時,只是講到舉行祭祀的歲、時和月,從來沒有細緻到"日"這一層級,因而"時月"顯然要比"時日"更爲切合《封禪書》的體例(清人牛震運撰《讀史糾謬》,指出很多班固改寫《史記》舊文而其實際内容又反不如司馬遷原文準確的事例,可與此事參互對比,進一步瞭解班固《漢書》在這一方面的嚴重缺陷[3])。

這樣的推測,當然還很草率,是否符合歷史的實際,尚待進一步研究。但保留《史記》原貌,就有利於更多的人關注到相關史事;即使"時月"二字的語義只是猶如泛稱的"時日",保留《史記》的傳世舊文,也不會妨礙人們理解這一層意思,而這至少會有助於我們明晰瞭解漢武帝時期司馬遷其人

---

〔1〕 案"秦中"應通作"秦仲"。關於秦仲祠的得名以及漢人祭祀秦二世皇帝的緣由等相關問題,請別詳拙文《西漢秦中祠疏説》,刊《中國歷史地理論叢》2013 年第 1 期,頁 22—24。

〔2〕 《史記》卷二八《封禪書》,頁 1372—1374。

〔3〕 清牛震運《讀史糾謬》(清嘉慶二十三年刻《空山堂全集》本)卷二《前漢書》,頁 1a—34b。

遣詞用句的習慣,這一點也是構成歷史的重要内容之一。

〖**附案**〗正式印本已採納拙見,不改舊文,仍書作:"各有時月。"

【四】《史記·封禪書》原文:

於是濟北王以爲天子且封禪,乃上書獻泰山及其旁邑,天子以他縣償之。常山王有罪,遷,天子封其弟於真定,以續先王祀,而以常山爲郡,然後五岳皆在天子之邦。[1]

今《點校稿》將此"天子之邦"更改爲"天子之郡",在所擬《校勘記》中説明云:

"郡",原作"邦"。按:梁玉繩《志疑》卷一六:"《漢志》及《補今上本紀》作'天子之郡',疑'邦'字乃'郡'之譌。"今據改。

〖**今案**〗

從表面上看,此"天子之邦"與"天子之郡"可謂兩通,而清代位居魁首的校勘學家顧千里,針對古代典籍中這類義可兩通的異文,曾經講過一條重要的處理原則,即"大凡駁異之文,苟非必誤,宜各仍其舊"[2],因而,對《史記》和《漢書》這一文字差異,本來就不宜相互比照校改,使之歸於同一。從另一方面看,昔清人顧炎武嘗謂:"凡作書者,莫病乎其以前人之書改竄而爲自作也。班孟堅之改《史記》,必不如《史記》也。"[3]《漢書》相關

〔1〕《史記》卷二八《封禪書》,頁1387。

〔2〕題清張敦仁著《鹽鐵論考證》(上海,古書流通處,1922,《古書叢刊》影印清嘉慶刻本),頁9a。案此書爲顧千里代張敦仁撰著,説見趙詒琛《顧千里先生年譜》(民國二十一年崑山趙氏對樹書屋刻本),嘉慶十二年,頁47b;又參見清李兆洛《養一齋文集續編》(清道光刻本)卷四《顧君墓誌銘》,頁9b—14b。

〔3〕清顧炎武《亭林文集》(清康熙潘耒遂初堂原刻初印《亭林遺書》本)卷二《鈔書自序》,頁7b。

文字既然是直接脱胎於《史記》，也就更不必非改易早出的《史記》本文不可。

若從修辭上看，上句已言“以常山爲郡”，若繼之復云“然後五岳皆在天子之郡”，“郡”字連續重複，文辭呆滯，不如寫作“天子之邦”有錯落的韻致；又“天子之郡”是一句大白話，不過直書其事，而“天子之邦”語出《詩經》[1]，故新改者又不如原文沉着莊重。

再從其實質性内容上看，當時漢廷移改諸侯王封地，將其從像五岳這樣具有神聖象徵意義的名山大川所在的區域遷出，這本來是漢武帝地域控制措施的一個重要環節，即用以凸顯天子至高無上的尊嚴和權威；相對來説，也就是貶損諸侯王的地位[2]。因此，司馬遷借用《詩經》“天子之邦”這一語句來反映大漢朝廷對這些宗教性聖地的控制，其意圖便是提升天子直轄區域相對於東方諸侯之國的尊崇地位。以“天子之邦”來暗對“諸侯之國”，謂五岳皆端居於“天子之邦”而不再錯置於“諸侯之國”，此亦顧炎武所説《史記》較諸《漢書》“令人讀之感慨有餘味”[3]處。知此歷史藴涵，尤其不應輕易更改舊文。

或以爲“邦”字乃漢高祖御名，司馬遷身爲人臣，撰著《史記》時，理當有所迴避，而不宜直書其名。然則清人劉恭冕早已考辨此事，指出西漢時迴避天子御名的實際情況是：“亦詔文及臣下上書乃避之，若尋常臨文及民間文字亦不諱，故《史》、《漢》所載凡避諱處皆當時原文，司馬公及班固亦紀實書之。一書之中有避諱、有不避諱，體例原是如此。”[4]當時著述的實

〔1〕《詩·小雅·采菽》，據漢鄭玄《毛詩詁訓傳》卷一五，頁3a。

〔2〕別詳拙文《重談中國古代以年號紀年的啓用時間》，刊《文史》2009年第1輯，頁63—66；又拙文《漢武帝“廣關”與西漢前期地域控制的變遷》，原刊《中國歷史地理論叢》2008年第2期，此據鄙人文集《舊史輿地文録》，頁152—164。

〔3〕清顧炎武《日知録》（上海，上海古籍出版社，1985，影印清道光十四年刊清黄汝成《日知録集釋》本）卷二六“《漢書》不如《史記》”條，頁8b。

〔4〕清劉恭冕《廣經室文鈔》（約清光緒間劉氏原刻初印墨釘本）之《漢人避諱考》（案此試印樣本尚未添注頁碼）。

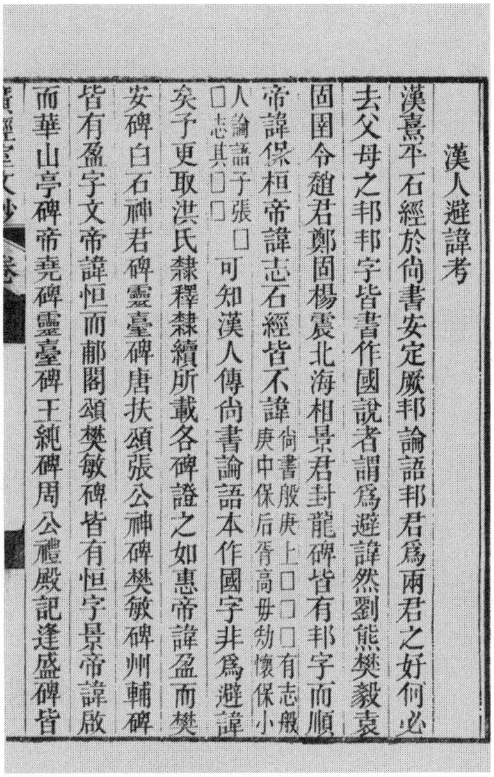
漢人避諱考

漢熹平石經於尚書安定厥邦論語邦君爲兩君之好何必去父母之邦邦字皆書作國說者謂爲避諱然劉熊樊毅袁固圉令趙君鄭固楊震北海相景君封龍碑皆有邦字而順帝諱保桓帝諱志石經皆不諱尚書般庚上□□□有志般庚中保后胥高毋劾懷保小人論語子張□志其□□□可知漢人傳尚書論語本作國字非爲避諱矣予更取洪氏隸釋隸續所載各碑證之如惠帝諱盈而樊安碑白石神君碑靈臺碑唐扶頌張公神碑樊敏碑州輔碑皆有盈字文帝諱恒而郙閣頌樊敏碑皆有恒字景帝諱啟而華山亭碑帝堯碑靈臺碑王純碑周公禮殿記逢盛碑皆

○ 約清光緒間劉氏原刻初印墨釘本《廣經室文鈔》

際使用情況，較此似稍顯複雜，不過後來陳垣歸納分析相關用例，也只是看到漢人迴避皇帝名諱，或改字或不改字，不一定有十分清楚的界定，述云“大約上書言事，不得觸犯廟諱，當爲通例。至若‘臨文不諱’、‘《詩》、《書》不諱’，《禮》有明訓，漢時近古，宜尚自由，不能以後世之例繩之”；且曰“漢時避諱之法亦疏，六朝後始漸趨嚴密耳”[1]。

今檢《史記》，似此“天子之邦”的用法，不止一處。如《史記·周本紀》承用《國語》所記穆王大臣祭公謀父語云：“先王之制，邦內甸服，邦外侯

〔1〕 陳垣《史諱舉例》（北京，北京師範大學出版社，1982，影印民國刊《勵耘書屋叢刻》本）卷一《避諱所用之方法》，頁1269—1272；又卷八《歷朝諱例》，頁1433。

服。"[1]又如《史記·司馬穰苴列傳》記司馬穰苴嘗謂"今敵國深侵,邦内騷動"[2];《史記·仲尼弟子列傳》記述孔夫子語,亦書作"在邦無怨,在家無怨"[3]。再來看張家山漢簡之吕后二年律令,其中反復出現的"盈"字,都没有爲迴避漢惠帝劉盈的名字而改寫;長沙馬王堆出土漢文帝時下葬的帛書《老子》,亦未因忌憚觸犯高祖之諱而改易"邦"字,足證劉恭冕、陳垣所説,符合當日實際情況。且"天子之邦"出自《詩經》,正屬《禮記》所説"《詩》、《書》不諱"之列。於今自不宜因顧慮其是否觸犯漢高祖劉邦的名諱而懷疑《史記》的"邦"字有誤。

〖**附案**〗正式印本已採納拙見,不改舊文,仍書作:"而以常山爲郡,然後五岳皆在天子之邦。"

三、南越列傳

【一】《史記·南越列傳》原文:

嬰齊代立,即藏其先武帝璽。[4]

今《點校稿》擬有《校勘記》云:

梁玉繩《志疑》卷三四:"《漢書》作'武帝、文帝璽'。佗僭帝號,有璽宜也,豈其孫亦僭帝號乎?蓋其居國兩世竊如故號耳,則此缺'文

[1] 《史記》卷四《周本紀》,頁135—136。

[2] 《史記》卷六四《司馬穰苴列傳》,頁2157。

[3] 《史記》卷六七《仲尼弟子列傳》,頁2190。

[4] 《史記》卷一一三《南越列傳》,頁2971。

帝’二字。”按南越王墓墓主玉衣之上得印章八枚，中有“文帝行璽”隆鈕金印，“帝印”蟠龍鈕玉印，“趙眜”覆斗鈕玉印、“泰子”龜鈕金印、“泰子”覆斗鈕玉印，“趙眜”當即第二代南越王趙胡，僭號“文帝”者也。

〖**今案**〗

南越國第二代君主趙胡是否稱帝特别是他是否一直稱帝未改，《史記》與《漢書》都没有清楚記載，其實際情况，可能要比此《點校稿》之《校勘記》的敘述要複雜很多。《漢書》述嬰齊藏璽事雖記爲“武帝、文帝璽”〔1〕，未必《史記》中也曾有過同樣記載。

我們校勘史籍，是要儘量恢復史籍問世時原來的面貌，而不是越俎代庖，替作者重新改寫文字。雖然在廣州發現的所謂“南越王墓”中出土有“文帝行璽”的璽印，並且同時還發現鑄有“文帝九年樂府工造”銘文的一組銅勾鑃〔2〕，但《史記·南越列傳》記載趙胡去世後，“謚爲文王”，而像這樣的謚號，按照當時的禮制，應是天子頒賜於諸侯王，亦即由大漢天子賜予。若是對比一下趙胡的祖父趙佗當年乃自號“南越武帝”，趙胡子嬰齊即位後，復“遣子次公入宿衛”，及“嬰齊薨，謚爲明王”的情况；再聯繫《史記·南越列傳》記載趙胡在去世之前，即已“遣太子嬰齊入宿衛”的做法〔3〕，這似乎向我們透露出，南越文帝趙胡在去世之前，很可能已經退居於王位，自行停用“文帝”稱號以及相應的璽印，“文帝行璽”被埋葬于所謂“南越王墓”之中，很可能就與此有關。所以，當嬰齊代立之後，纔會僅“藏其先武帝璽”。——恐怕這就是《史記·南越列傳》所基於的歷史真相，而《漢書·西南夷兩粵朝鮮傳》的寫法，只不過是班固想當然而已。類似的

〔1〕《漢書》卷九五《西南夷兩粵朝鮮傳》，頁 3854。

〔2〕廣州市文物管理委員會、中國社會科學院考古研究所、廣東省博物館《西漢南越王墓》（北京，科學出版社，1991）第四章《東耳室》，頁 40—44。

〔3〕《史記》卷一一三《南越列傳》，頁 2969—2971。

情況,在《漢書》當中並不少見。

目前,在没有其他證據的情況下,最好是同時保持《史記》與《漢書》兩種不同的記載,以供日後深入研究。從這一意義上講,附綴梁玉繩的考訂,並没有多大必要,這已不是"校史"所需要做的事情,而是"注史"者的職事。

又今廣州所謂"南越王墓",其墓主身份的認定,目前還存在很多重大疑難問題,該墓葬發掘者在指認墓主爲南越文帝趙胡時,未能做出令人信服的説明。因而,似乎也不宜將其附入像《史記》這樣重要的典籍。

〖**附案**〗正式印本於此處未採納敝人意見,一仍其舊。

四、關於新點校本《史記》以及其他諸史的幾點原則性想法

《史記》和《漢書》這兩部史籍,在整個《二十四史》中佔有非常特殊的地位。由於成書時代早,相關的同類記載文字稀少,保存大量獨有的史料;又因其行文至精至簡,往往一字千金。惟亦因其成書之早,時過境遷之後,其中有很多文字,後人已經不易理解,讀之難免産生困惑,此等文字與抄寫刻印過程中所造成的譌誤相錯雜,要想一一辨别,殊非易事。因此,從事校勘整理,需要慎之又慎。

匆匆閲讀《點校稿》很少一小部分内容,在自己非常有限的知識範圍内,即已强烈地感覺到,一字之改,往往會有湮滅重要歷史信息或是導致讀者做出錯誤理解的危險。儘管依照點校體例,絶大多數校改處都附有校記,但這次新點校《史記》和《漢書》,決定取消原來分别用圓、方兩種括號來表示删除字與增改字的做法,在正文中對所做改動不再予以反映。這樣一來,因校勘記係附在每卷之末,研究者在實際閲讀時,通常不可能前前後後翻來覆去地一一核對每一條校語,從而使得改動過的文字,在很大程度

上，就完全取代了被改掉的内容，假如改動有誤，難免會給相關研究造成消極影響。爲此，我想在這裏就這兩部書的校勘原則以及與這次修訂《二十四史》相關的其他一些事項，提出如下幾點想法。

一、鑒於《史記》、《漢書》這兩部書的特殊性，希望能夠充分聽取研究者的意見，慎重考慮，是不是依舊保留舊點校本用圓、方括號表示删、改文字的做法。每部書有每部書的實際情況，儘量摒棄近六十多年來形成的"統一"一切的思維習慣。一部叢書，也可以允許其中收録的書籍在形式上各自有所區别。

二、古人校書，以勇於改竄爲大戒。今對所有各史，都要儘量少做改動，以存其舊，《史記》和《漢書》，尤應如此，改得越少越好，能不改，就不改。在没有比較可靠版本依據的時候，更不要輕易依據所謂"他校"，按照彼書的樣子來改訂此書。《史記》和《漢書》互異之處特别是在那些文字兩通的地方，一定要儘量使其各自保持原樣，而不要把兩部書改成一部書；甚至倒轉過來，這邊把《史記》改成《漢書》，那邊再把《漢書》改成《史記》。我在利用《史記》、《漢書》作研究時，發現很多看似文字明顯錯譌從而被中華書局點校本加以改易的地方，往往改是爲非。

三、小題在上，大題在下，這是早期古本的標誌性特徵，透露出許多重要的古文獻信息。建議這次修訂《二十四史》，對其早期原始的題名形式，儘可能予以保留。假如一定要像舊點校本那樣，遵從明代後期以來改竄的形式，大題在上，小題在下，那麼，最好也能在每部史籍的卷首，爲兩《唐書》以前諸史，加上一兩張宋元本書影，以顯示其固有形式。

四、《二十四史》中《三國志》本名《國志》[1]，《舊唐書》和《新唐書》本名都是《唐書》，《舊五代史》本名《五代史》，而《新五代史》本名《五代史記》。其中改《國志》爲《三國志》，肇始於明萬曆吴琯西爽堂刻本，兩《唐書》至清武英殿本，始分别添附"舊"、"新"兩字稱爲《舊唐書》和《新唐

[1] 别詳拙稿《陳壽〈三國志〉本名〈國志〉説》，刊《文史》2013年第3輯，頁5—48。

書》,《舊五代史》之稱也是始自武英殿刻清臣輯本,至於改題歐陽脩之《五代史記》爲《新五代史》,則是始自中華書局自己點校的《二十四史》(此前明北監本已經將其改鐫作“五代史”),在此之前,尚絶無這樣的標識形式(民國時商務印書館影印百衲本《二十四史》,封面仍一遵舊式,題作“五代史記”)。通觀其總體狀况可知,妄改諸史作者原來所定的書名,是明末以來特别是清代武英殿刻本纔有的事情,在這些史書流通的歷史上,只佔很短一小段時間。因此,中華書局這次重新修訂點校《二十四史》,最好能夠恢復諸史本來的面目。其中兩《唐書》由於本名完全相重,可以考慮承用百衲本《二十四史》之成規,將其封面分别印爲“舊唐書”和“新唐書”,而内文仍然只印作“唐書”。這樣做,並不妨礙讀者在利用時使用習慣的稱謂,如“三國志”、“新五代史”等,但同時却能準確保存各種歷史信息。

五、考慮到當年點校《二十四史》的前輩學者,讀古書的時間比我們今天多,總的來説,語感會比我們更好一些,對不涉及實質内容差别而僅是語氣緩急、停頓長短的標點,建議儘量多尊重前輩學者舊讀,除了特别不適宜處,儘量不更改原來的標點。至於研究者引述,自可按照自己的感覺和理解,另外做出處理。

六、鑒於《史記》和《漢書》的文字訂定,關涉史事特别重大,建議對這兩部書,採取最穩妥的辦法,在整套《二十四史》中最後付印(《後漢書》和《三國志》較諸《史記》、《漢書》雖稍次一等,但也不要急忙付印),儘量多給出一些斟酌的時間。

點校古書,對所有的問題都無法迴避,是一件至爲困難的事情,具體操作也極其複雜,無論怎樣做,都會留下很多遺憾。本稿所説,只是在衷心感謝《點校稿》作者辛勞的前提下,本着爲讀者提供一部更爲完善的《史記》讀本的期望而坦陳一點點備以採摘的淺見,尚祈當事諸公諒此心志,而不以言辭魯莽爲罪。

第二篇：徵求意見本校閱

前此應“點校本二十四史及清史稿修訂工程”組織者之邀,曾審讀很少一小部分新點校本《史記》的書稿。接奉《點校稿》後,就管見所及,提出一些建議,供其參考。鄙見湊成一篇閱讀報告,已鄭重覆命(案即本書第一篇《付印前初稿審讀》)。今又蒙主事者信任,有幸獲讀點校者斟酌取捨全國四面八方各領域學者(據云其中也包括鄙人)對點校稿的修改意見後試印的“徵求意見本”,再次承命協助檢閱,察看其中是否尚存可以進一步完善之處,因得以一覽新校本全豹。得此“徵求意見本”後,隨意翻查,就自己平日讀書所知以及偶有所見者,略爲抄撮,記述如下〔1〕。

一、五帝本紀

【一】《史記·五帝本紀》原文:

> 帝嚳娶陳鋒氏女,生放勳。娶娵訾氏女,生摯。帝嚳崩,而摯代立。帝摯立,不善,崩,而弟放勳立,是爲帝堯。〔2〕

上文“帝摯立,不善,崩,而弟放勳立,是爲帝堯”,清人張文虎以爲“《索隱》本無‘崩’字,據《注》及《正義》,蓋後人妄增”〔3〕,但這一看法,只是寫在他另行撰著的《校刊史記集解索隱正義札記》當中,並没有改易《史記》原文。至中華書局原點校本《史記》,始將這一見解直接採入書中,用圓括號圍括這一“崩”字,表示删除。今徵求意見本則按照新的體例,徑行删除“崩”

〔1〕 案這部分審讀意見,原稿題作《讀中華書局徵求意見本〈史記〉偶識》,曾刊發於虞萬里主編《經學文獻研究集刊》第十二輯(上海書店出版社,2014年9月)。

〔2〕 《史記》(北京,中華書局,1982)卷一《五帝本紀》,頁14。案本文引據《史記》,若非特別説明,仍用中華書局原點校本,以便讀者檢閲比勘。又本文引述此原點校本《史記》以及其他史籍,所施標點不一定都與原點校本相同,有時會根據自己的理解有所調整,希讀者諒之。

〔3〕 清張文虎《校刊史記集解索隱正義札記》(北京,中華書局,1977)卷一,頁6。

字，將這段文字改作："帝摯立，不善，而弟放勳立，是爲帝堯。"同時在篇末附注校記，云乃據張文虎《校刊史記集解索隱正義札記》删除此字，並附加案語云："《金樓子》卷一《興王》：'摯立不善，乃立堯。'"[1]

〖今案〗

按照《史記·周本紀》的記載，繼摯之後稱帝的人是堯，而堯是後世尊奉的神聖帝王，他在什麽情況下即位稱帝，是文獻所記古史體系中的一個重大關節，因而對司馬遷《史記》這段文字的本來面目，不能不認真對待。

中華書局原點校本篇末附有一《點校後記》，説明云其所依據的底本（亦即張文虎在金陵書局校勘的《史記集解索隱正義合刻本》）"有些地方明明有脱誤或者有衍文，而張文虎未加校勘，只在《札記》中説明疑脱某字，疑衍某字，或某字疑某字之譌"，而"現在我們爲便利讀者起見，認爲應删的就把它删了，可是並不删去原字，只給加上個圓括弧，用小一號字排；認爲應增的就給增上了，增上的字加上方括弧，以便識别"。讀此可知這段文字中的"崩"字，正屬於這種情況，而包括孫人和、鄧廣銘、周一良在内的許多著名學者，當時都認真審讀過這篇《點校後記》[2]，却没有對此提出不同看法。

張文虎當年在校勘過程中之所以會對其校勘意見做出兩種不同的處理，有些對原文徑予改訂，有些則只在《札記》中表述自己的看法，他在日記中曾經有所説明。例如：

予據單本《索隱》更定《月表》（德勇案：指《秦楚之際月表》），擬

[1] 徵求意見本《史記》卷一《五帝本紀》，頁17，頁59。

[2] 中華書局點校本"二十四史"及《清史稿》修訂工程辦公室編《孫人和、鄧廣銘、周一良先生對〈史記〉出版説明及點校後記的意見》之鄧廣銘函，刊《點校本"二十四史"及〈清史稿〉修訂工程簡報》第52期(2010年8月10日)，頁45—46。

入之校勘記中,不敢輒改原書也。[1]

這種態度,猶如今人寫文章考辨史籍之譌誤同重印古籍時校勘文字是非的差别,即作爲個人的著述,要勇於裁斷,能夠旗幟鮮明地提出自己的看法,没有看法,寫它作甚;然而刊改典籍,尤其是像《史記》這樣的典籍,由於可資參稽的材料十分有限,一定要慎之又慎,儘量不要改易原文。中華書局的原點校本,如其《點校後記》所言,用添加圓、方括弧的形式對所做更改加以標識,這在很大程度上仍然保留了張文虎的審慎,可以説在改與不改之間,找到了一種巧妙的平衡辦法,即使校改有誤,也不會對研究者使用此書,造成太過嚴重的影響。

然而,今徵求意見本已經改弦更張,爲了與《二十四史》中其他諸史取得形式上的"統一"而放棄了這種科學合理的作法,只在卷末附列校記。從表面上看,好像是比未出校勘記的原點校本更爲精準,實際上研究者讀書時,却不可能前前後後逐一翻檢每一條校勘記,删改一旦出錯,也就很容易誤導和影響學術研究。因而,對那些張文虎以爲或有譌誤却没有遽然改訂原文的地方,更要審慎對待。如上文所述,《史記・五帝本紀》中的這個"崩"字,就是如此。

首先,我們一定要重視清人錢大昕講過的一句話,這就是"讀古人書,須識其義例"[2],它應該是我們在解析歷史文獻時所要遵循的首要原則。張文虎在考辨這個字的有無時,只是依據《史記》舊注,却没有直接的版本依據,特别是他完全没有考慮《史記》本身行文的義例,没有從這一角度來分析到底應不應該有這個"崩"字。

讓我們來看在帝摯之前,《史記・五帝本紀》對其他諸帝即位前提(或者稱登基緣由)的記述:

---

[1] 清張文虎《張文虎日記》(上海,上海書店,2009),同治六年十一月卅日,頁116。

[2] 清錢大昕《潛研堂文集》(清嘉慶原刻本)卷一六《秦三十六郡考》,頁10b。

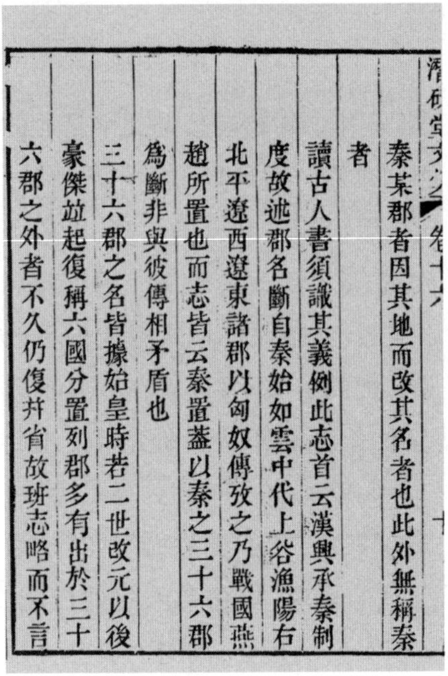
潛研堂文集卷十六

秦某郡者因其地而改其名者也此外無稱秦
者
讀古人書須識其義例此志首云漢興承秦制
度故述郡名斷自秦始如雲中代上谷漁陽右
北平遼西遼東諸郡以匈奴傳攷之乃戰國燕
趙所置也而志皆云秦置蓋以秦之三十六郡
爲斷非與彼傳相矛盾也
三十六郡之名皆據始皇時若二世改元以後
豪傑竝起復稱六國分置列郡多有出於三十
六郡之外者不久仍復幷省故班志略而不言

○ 清嘉慶原刻本《潛研堂文集》

黄帝崩,葬橋山。其孫昌意之子高陽立,是爲帝顓頊也。
……顓頊崩,而玄囂之孫高辛立,是爲帝嚳。
……帝嚳崩,而摯代立。不善,崩,而弟放勳立,是爲帝堯。[1]

從帝堯開始,就進入稍習中國古史者人所熟知的堯、舜、禹禪讓時代了。堯、舜、禹之依次禪讓帝位,較諸此前的帝位承續體制(事實上這也是夏禹以後大多數情況下的帝位繼承體制),並不僅僅是改傳子爲傳賢,同時還將先帝崩而新帝立的定規,改爲帝王在位時令其以“攝政”的名義,實際操控權柄,待老帝王去世之後,這位“攝政”再應從衆望,正式登基。如《史記·五帝本紀》下文即記載堯傳位於舜之經過云:“堯立七十年得舜,二十年而老,令舜攝行天子之政,薦之於天。……堯崩,三年之喪畢,舜讓辟丹朱於

〔1〕《史記》卷一《五帝本紀》,頁10—14。

南河之南。……諸侯朝覲者不之丹朱而之舜,獄訟者不之丹朱而之舜,謳歌者不謳歌丹朱而謳歌舜。舜曰'天也',夫而後之中國踐天子位焉,是爲帝舜。"其對帝舜禪位於禹的記載,亦大致相同:"舜子商均亦不肖,舜乃豫薦禹於天。十七年而崩。三年喪畢,禹亦乃讓舜子,如舜讓堯子。諸侯歸之,然後禹踐天子位。"[1]

通觀這些記載,我們不難看出,黄帝以下諸帝在什麼情況下、通過何種途徑得以即位理民,對於司馬遷來説,是一件一定要清楚加以記述的大事,也是歷史進程中的重大關節,堯又是黄帝以後聲名最爲顯赫的神聖人主,因而他絶不應該對堯的即位緣由避而不談,僅僅用"帝摯立,不善,而弟放勳立"這樣含糊的詞句來記述這一問題,而帝摯之"不知所終",甚至更不符合最一般的記事原則。從而可知張文虎的改訂,存在嚴重問題,實不宜輕易信從。

錢大昕是清代第一流的考據學家,在史學方面,更堪稱首屈一指。正是由於清醒注意到"讀古人書,須識其義例",纔保證他能夠超邁時流,避免當時很多學者在從事考據研究時往往孤立片面看待不同文獻記載之間文字歧異的弊病,提出諸多高超的創見。當時强調融會貫通領略古書大義的學者章學誠,則站在對立面上,從消極的角度揭示清代考據學家弊病所在云:"記誦家精其考核,……而循流忘源,不知大體。用功愈勤,而識解所至,亦去古愈遠而愈無所當。"[2]另一位猛烈抨擊考據學家的人方東樹,亦稱清代考據學家治學,往往"雖有左驗而實乖義理"[3]。從這種基本治學方法的角度出發來考察,我們更容易看清張文虎等人所説不僅不合事理,其實就連所謂"左驗"也似是而非,與有關文獻相左。

張文虎的考辨,基於如下兩方面的證據:一是版本方面的直接證據,即"《索隱》本無'崩'字";二是輔助的佐證,即"《注》及《正義》"的相關記載。

[1] 《史記》卷一《五帝本紀》,頁30—44。

[2] 清章學誠《文史通義》(北京,中華書局,1985,葉瑛《文史通義校注》本)卷五《申鄭》,頁463。

[3] 清方東樹《漢學商兑》(上海,商務印書館,1937,《萬有文庫》本)卷下,頁149。

下面就分别對此予以辨析。

首先是版本方面的直接證據。司馬貞的《史記索隱》,是《史記》三家注中唯一有單行原本傳世的一家,即唯有司馬貞一家的注本,還保存着三家之注原書的形式。由於在將注文羼加到《史記》正文的過程當中,更容易造成文字錯譌,顯而易見,同那些被後世散入《史記》之中的傳本相比,這種單行原本,往往會保存更多原書的面目。所以,張文虎在金陵書局校勘《史記》的時候,十分藉重明末毛晉汲古閣刊刻的這種單行本《史記索隱》,稱通行之以《索隱》附入《史記》正文之本,其《索隱》與單本不合者"蓋多後人改竄"[1]。

這種認識,就一般原則來説,是合理的,但不能絶對化,這就像唐代的抄本和宋代的刻本並不是每一個字都會比後代的版本更爲準確一樣,我們今天所見到的單行本《史記索隱》,在流傳過程中同樣會産生文字譌誤。又斟酌張文虎的本義,其所説"據《注》及《正義》,蓋後人妄增"云云,應該是指《史記索隱》以外諸傳世《史記》版本中的"崩",都是由"後人妄增"。在今徵求意見本的校勘記中,並未標注在其所參校的版本中另外還有其他版本,與所謂單行本《索隱》一樣,没有這個妄增的"崩"字。現檢核我比較方便查對的南宋慶元間建安黄善夫家塾刻三家注本《史記》[2],南宋紹興初杭州刻十四行《史記集解》本[3],宋乾道七年蔡夢弼東塾刻附《集解》、《索隱》本[4],以及宋淳熙三年張杅桐川郡齋刻附《集解》、《索隱》本[5],實際都鎸有此一"崩"字,這就提示我們不易簡單從事。

退一步講,即使司馬貞著《史記索隱》時所依據的《史記》底本,確實没有這一"崩"字,但注《史記》三家所依據的傳本固然每有參差,其間孰是孰

---

[1] 清張文虎《張文虎日記》,同治八年三月五日,頁173。

[2] 案據臺北藝文印書館1966年重印百衲本,頁10a。

[3] 見鳳凰出版社2011年影印北京圖書館藏南宋紹興初杭州刻本,頁5。

[4] 見北京圖書館出版社2003年《中華再造善本》叢書影印國家圖書館藏本,頁5a。

[5] 見北京圖書館出版社2003年《中華再造善本》叢書影印國家圖書館藏本,頁5a。

非,還是應該從總體上來加以把握。參稽相關文獻,我們可以看到,唐孔穎達等撰《尚書正義》,在考述堯即帝位的年齡時,也談到了《史記·五帝本紀》這段内容:

遍檢今之書傳,無堯即位之年。孔氏博考群書,作爲此傳,言堯年十六,以唐侯升爲天子,必當有所案據,未知出何書。計十六爲天子,其歲稱元年,在位七十載,應年八十五。孔云"八十六"者,《史記》諸書皆言堯帝嚳之子、帝摯之弟,嚳崩摯立,摯崩乃傳位於堯,然則堯以弟代兄,蓋踰年改元。據其改元年,則七十載;數其立年故八十六。[1]

據此,則唐代初年孔穎達等人所見《史記》,便與今傳諸本相同,都帶有這一"崩"字,張文虎"後人妄增"之説,絶不符合歷史實際。

況且若是更進一步斟酌這一問題,只要稍加細心審視單行本《史記索隱》原文,就可以看到,張文虎對《史記索隱》的理解,本身是有很大問題的。蓋單行本《史記索隱》的形式,是僅摘取與其注釋具有直接關係的正文片段,甚至更多地只是與其注釋密切相關的詞語,以之列爲條目,再以雙行夾注的形式,在它的下面逐一羅列《索隱》的内容,四庫館臣稱其文字佈列形式,乃"如陸德明《經典釋文》之例,惟標所注之字,蓋經傳别行之古法"[2]。今檢《史記索隱》相關的内容爲:

古本作"不著",音張慮反。俗本作"不善"。不善謂微弱,不著猶不著明。衛宏云:"摯立九年而唐侯德盛,因禪位焉。"[3]

---

〔1〕 唐孔穎達等《尚書正義》(臺北,鼎文書局,1972,影印舊日本帝國圖書寮藏宋刻單疏本)卷一,頁90。

〔2〕 清官修《四庫全書總目》(北京,中華書局,1965,影印清浙江刻本)卷四五《史部·正史類》"史記索隱"條,頁398。

〔3〕《史記》卷一《五帝本紀》唐司馬貞《索隱》,頁15。

上述注釋,顯然是直接針對“帝摯立,不善,崩,而弟放勳立,是爲帝堯”這幾句話中的“不善”二字而設,所以,《史記索隱》單行原本按照體例,也只需要從《史記》原文中摘取“不善”這兩個字[1],本來就不應該帶有下面的“崩”字,可見張文虎謂“《索隱》本無‘崩’字”是完全站不住脚的。

至於張文虎所列輔助性佐證“《注》及《正義》”的説法,更没有多大説服力。檢《史記正義》云:

> 《帝王紀》云:“帝摯之母於四人中班最在下,而摯於兄弟最長,得登帝位。封異母弟放勛爲唐侯。摯在位九年,政微弱,而唐侯德盛,諸侯歸之,摯服其義,乃率群臣造唐而致禪。唐侯自知有天命,乃受帝禪。乃封摯於高辛。”今定州唐縣也。[2]

而張文虎所説的《注》,應當是指上面提到的《史記索隱》所引衛宏的説法,即衛宏謂“摯立九年而唐侯德盛,因禪位焉”。兩相比照,很容易得出堯即帝位,乃是出於帝摯禪讓的結果,這與帝摯崩而堯始立的情況顯然不得並存。於是,張文虎援之以證摯“不善,崩”的“崩”應當出自“後人妄增”。

今案司馬貞在《史記索隱》中列置衛宏此説,並不等於衛宏所説與《史記》原文就一定相同。蓋通檢《史記索隱》可知,備列異説本是《史記索隱》中常見的注釋形式,此即司馬貞所自言“探求異聞,採摭典故”者[3]。

不過,除了一般性地備列異説之外,司馬貞採録這些迥然不同於《史記》本文的文獻,還有他自己特别的原因。這就是除了爲《史記》做注釋之外,司馬貞還曾打算補訂《史記》,惟修撰成文者只有一篇《三皇本紀》和爲司馬遷百三十篇增撰的贊語。讀司馬貞《史記索隱後序》,知其研治《史

---

[1] 唐司馬貞《史記索隱》(北京,中華書局,1991,重印《叢書集成初編》本)卷一,頁4。

[2] 《史記》卷一《五帝本紀》唐張守節《史記正義》,頁15。

[3] 《史記》篇末附唐司馬貞《史記索隱序》,頁8。

記》,“初以殘缺處多,兼鄙褚少孫誣謬,因憤發而補《史記》,遂兼注之”[1]。可以説補訂《史記》本來是他的初始目的,注釋之舉,不過是兼以事之而已。《史記索隱》中有一篇《補史記序》,另外還有他補訂《史記》的具體設想,四庫館臣名之曰“補史記條例”[2]。四庫館臣總括其補訂《史記》的設想説:“欲降《秦本紀》、《項羽本紀》爲系(世)家,而《吕后》、《孝惠》各爲本紀。補曹、許、邾、吴芮、吴濞、淮南系(世)家,而降陳涉於列傳,蕭何、曹參、張良、周勃、五宗、三王,各爲一傳,而附國僑、羊舌肸於《管晏》,附尹喜、莊周於《老子》,附韓非於《商鞅》,附魯仲連於《田單》,附宋玉於《屈原》,附鄒陽、枚乘於《賈生》,又謂《司馬相如》、《汲鄭傳》不宜在《西南夷》後,《大宛傳》不合在《游俠》、《酷吏》之閒,欲更其次第。其言皆有條理。至謂司馬遷述贊不安而别爲之(德勇案:《史記索隱》卷二九、卷三〇兩卷,即集中載録司馬貞重撰《史記》各篇‘述贊’之語,黄善夫刊三家注本已經將其散入《史記》諸篇之末),則未喻言外之旨。”[3]實則審度司馬貞改編《史記》的動機,不過是想要以其道義原則,來“黜陟階降”邦國人物之高下崇卑而已。

明瞭司馬貞這一動機,我們也就不難理解,他在《史記索隱》中列出衛宏所説“摯立九年而唐侯德盛,因禪位焉”這一與《史記》本文不同的異説,應該是想通過帝摯禪位於堯這一舉止,來凸顯堯的盛德足以赢得萬民擁戴,如此一來,纔更爲符合他在重新代撰的贊語中藉用《史記》原文所稱譽的“就之如日,望之如雲”這一神聖君主形象。

司馬遷在《史記·五帝本紀》的篇末曾經感歎説:“書闕有間矣,其軼乃時時見於他説。非好學深思,心知其意,固難爲淺見寡聞道也。余并論次,擇其言尤雅者,故著爲本紀書首。”[4]觀此言可知,有關這一段歷史,司

---

[1] 唐司馬貞《史記索隱》卷二八司馬氏後序,頁316。

[2] 唐司馬貞《史記索隱》卷三〇《補史記序》並“補史記條例”,頁341—346。

[3] 清官修《四庫全書總目》卷四五《史部·正史類》“史記索隱”條,頁398—399。

[4] 《史記》卷一《五帝本紀》,頁46。

馬遷在當時即見有很多在他看來不盡可信的異説，因而出現與《史記》不同的記述，是很正常的事情，没有理由參照這些爲太史公棄置的異説來改動《史記》的内容。《漢書·律曆志》載録的《世經》，述及帝嚳之事，乃明確説明其君位係由“帝摯繼之”而“不知世數”[1]，這與《史記》失載帝摯在位年數的情況正相類同，顯示出衛宏“摯立九年”而禪位的説法不一定會有可靠的依據。況且衛宏這一説法，一般認爲出自他訓解疏釋《尚書》的著述[2]，而他是古文學家[3]，與司馬遷傳習的今文《尚書》[4]，自有許多差别。學者於此，惟各尊所聞是已。

又張守節在《史記正義》裏引述《帝王世紀》（即《帝王紀》）所記摯禪位於帝堯之事，是因爲張守節行年略晚於司馬貞[5]，故《史記正義》在疏釋南朝劉宋裴駰的《史記集解》之外，尚兼釋《史記索隱》[6]。張氏鑒於《索隱》述此事語焉不詳，於是便因循所謂“正義”之體，增入更詳細的記述，以進一步推闡其説。《太平御覽》引述《帝王世紀》同一記載，文末綴有説明，

---

[1] 《漢書》卷二一下《律曆志》下，頁1013。

[2] 清洪頤煊《讀書叢録》（清道光二年廣東富文齋刻本）卷一“古文官書”條，頁10a。

[3] 《後漢書》（北京，中華書局，1965）卷七九下《儒林列傳》下，頁2575—2576。

[4] 清皮錫瑞《經學通論》（北京，中華書局，1954）卷一《書經》之“論伏傳之後以史記爲最早史記引書多同今文不當據爲古文”條，頁57—59。

[5] 清錢大昕《十駕齋養新録》（上海，上海書店出版社，1983，重印商務印書館1937年本）卷六“司馬貞”條，頁122—123。

[6] 程金造《史記正義與索隱關係證》，見作者文集《史記管窺》（西安，陝西人民出版社，1985），頁169—217。案論證《史記正義》在《史記》正文和裴駰《集解》之外尚兼釋《史記索隱》，這是程金造氏對《史記》研究的一大貢獻，惟程氏此文初稿撰寫於1958年，改定於1961年，而顧頡剛在1956年8月撰寫的讀書筆記當中，就已經注意到這一問題，舉述具體例證指出《史記正義》有“專釋《索隱》”之處。説見《顧頡剛讀書筆記》（臺北，聯經出版事業公司，1990）第六卷《緩齋雜記》之“張守節見《索隱》”條，頁4420。又《顧頡剛讀書筆記》第七卷《湯山小記》（二一）之“《史記索隱》與《正義》之關係”條、“司馬貞與張守節”條、“唐弘文、崇文兩館之《史記》學”條和“古人著述用前人説而没其名”條（頁5707—5714），記述他在1961年2月讀到程金造《史記正義與索隱關係證》一文後，對程説極表贊同，稱贊其説“固無可疑”。

謂皇甫謐所説“事不經見,漢故議郎東海衛宏所傳云爾”[1],而宋人羅泌則謂《帝王世紀》中有關帝摯的事蹟,已多有推衍衛宏舊説的“意逆之言”[2],即在魏晉時期出現的重新考訂編述古史這一時代風尚之下,皇甫謐對衛宏此説已經多有層累衍化。司馬貞之補訂《史記》,其内在思想追求,與皇甫謐的《帝王世紀》本是一脈相承,從這一意義上講,張守節的疏釋,實屬允當。

瞭解到上述學術背景,我們也就很容易理解,司馬貞和張守節在《史記·五帝本紀》的注釋中引述衛宏、皇甫謐的這些説法,本是有爲而發,有意舉述與《史記》本文不同的另類記載。因此,並不能以此爲依據來改訂《史記》的文字。

如上所述,從西晉皇甫謐撰著《帝王世紀》,到唐人司馬貞補訂《史記》,他們内在的追求,都是要按照自己的主觀期愿,來重新構建古史,而如此構建的結果,對後世認識和解讀歷史造成了重大影響。下面我們就以清人馬驌在《繹史》中的一段叙述和議論爲例,來看一看《史記·五帝本紀》這一“崩”字的有無,會牽涉到何等嚴重的問題:

> 帝嚳高辛氏,黄帝之曾孫,顓頊之族子也。生而神靈,嗣高陽氏爲天子。其嗣天子者,以賢立也。五帝之世,以公天下爲心,非至德不足以治天下,非得至德之人,不敢授以天下。是以高辛、高陽,咸起支封,又必試以官職。故高陽十五而佐黄帝,高辛亦十五而佐高陽,詢事考言,乃登大位,故曰五帝官天下。官天下者,以天下爲公器,惟賢是擇,近不嫌於傳子,黄帝、少昊是已;外不妨於異姓,堯、舜是已。少昊之後,無足嗣帝位者,而顓頊有至德。顓頊之後,無足嗣帝位者,而嚳有至德。有至德者登大位,皆以其賢也,非以其親也。顓頊之所建,帝嚳

[1] 宋李昉等《太平御覽》(北京,中華書局,1960,影印宋本)卷八〇《皇王部·帝摯》引《帝王世紀》,頁372。

[2] 宋羅泌《路史》(上海,中華書局,民國《四部備要》排印本)之《後紀》卷九下,頁12a。

受之，聰明祇肅，普施利物，順天取地，節用愛民，德化四訖，享國七十年，帝摯嗣立，未久而崩，而陶唐氏作矣。

然竊有疑焉，記稱帝嚳四妃之子，以嫡也，則莫如立后稷，以賢則堯、稷、契皆其人也，不立嫡與賢而立摯，豈嚳無知子之明，有愛憎之私乎？非所以論嚳也。或稱摯荒淫，諸侯廢之；或稱唐侯盛德，摯微弱而禪焉。若是則堯有利天下之心，諸侯有擅廢立之權，尤非所以論堯也。《史記》本紀但曰"摯立不善，崩"而已，所謂不善者，德不類邪？政不理邪？民不從邪？抑如《書》所謂有疾弗豫、《傳》所謂弱足不良者邪？荒淫微弱，皆後世揣摩之言，摯之賢不肖，未可以臆度也。意者帝嚳之子，摯最居長，當如《世紀》所説，既而享年不永，兄終弟及。《外紀》曰"帝堯年十六即天子位"，然則帝嚳之崩，堯方七歲，故不立堯而立摯，殆以此與？[1]

馬驌是清朝初年人，學術的主流，這時已經開始轉向純客觀的理性分析。因此，其前半段議論，儘管依然在努力維持上古神聖君主"官天下者，以天下爲公器"的基本形像，並且硬是要將堯以前諸帝傳子傳孫的帝位繼承體制，説成是基於"惟賢是擇"的原則而"不嫌於傳子"，但却能注重史料的原始性，並基於對其可信性的認識，敘述了"帝摯嗣立，未久而崩"這一基本史實。透過其後半段的議論，很容易看到，假若删除這一"崩"字，就會直接改變相關史實，使之變爲"或稱摯荒淫，諸侯廢之；或稱唐侯盛德，摯微弱而禪焉"。這樣一來，就會觸及上古史中一些根本性問題，從衞宏到皇甫謐，再到司馬貞逐漸層累，實際構建出與司馬遷《史記》完全不同的另一體系，斷不易以彼律此，將二者混同爲一事。

談到後世這類通過貶抑帝摯而進一步神化帝堯的歷史認知，應該指出，它的進一步層累衍化，還與對《五帝本紀》中帝摯立而"不善"這一表述

〔1〕 清馬驌《繹史》(北京，中華書局，2002)卷八《高辛紀》，頁85—86。

的解讀,具有直接關係。這就又要回到《史記》文字的校勘問題。

如前所述,司馬貞雖然附列有衛宏講述的帝摯禪位這一異説,但他解釋“不善”二字,還是在尊重《史記·五帝本紀》堯繼帝摯崩始代立之舊文的前提下,客觀指出“不善”二字“古本作‘不著’,……俗本作‘不善’。不善謂微弱,不著猶不著明”,既没有强指有助於彰顯帝堯懿德美行的“不善”二字爲正字,更没有將“善”字解作與“惡”相對的常見語義。按照司馬貞的解釋,“不善”與“不著”語義大體相當,並没有實質性差别。

關於司馬貞所説,這種俗本將古本的“不著”譌爲“不善”的情況,在傳世《荀子》中有一個類似的“著”譌爲“善”的例證。《荀子·非相》論述“相形不如論心,論心不如擇術。形不勝心,心不勝術。術正而心順,則形相雖惡而心術善,無害爲君子也;形相雖善而心術惡,無害爲小人也”,爲之舉有例證説:“楚之叔孫敖,期思之鄙人也,突秃長左,軒較之下,而以楚霸楚;葉公子高,微小短瘠,行若將不勝其衣,然白公之亂也,令尹子西、司馬子期皆死焉,葉公子高入據楚,誅白公,定楚國,如反手爾。”因此,其“仁義功名,善於後世”,“故事不揣長,不揳大,不權輕重,亦將志乎心爾”[1]。這裏“善於後世”一句,頗爲費解,清人王念孫考述説:

> 仁義功名,善於後世。引之曰:“善”字文義不明,疑“著”字之譌。隸書“著”字或作“着”,與“善”相似〔《史記·五帝紀》:“帝摯立,不善。”《索隱》:“古本作“不著”〕。[2]

檢《隸辨》引録東漢碑刻實例,《堯廟碑》《靈臺碑》中的“著”字,正是鐫作“着”形[3],可證王念孫、王引之父子所論不誣。兩相參證,愈知《史記·五

〔1〕 唐楊倞注《荀子》(北京,北京圖書館出版社,2002,《中華再造善本》叢書影印宋刻本)卷三《非相篇》,頁1a—2b。

〔2〕 清王念孫《讀書雜志》(北京,中國書店,1985)之《荀子》第二“善於後世”條,頁72。

〔3〕 清顧藹吉《隸辨》(北京,中華書局,1986,影印清康熙五十七年項絪玉淵堂刻本)卷四,頁128。

帝本紀》中的“不善”,本來確是書作“不著”。因而,此處似乎應當附加校記,説明應以司馬貞所見“古本”爲是,正作“著”字。

删除或是忽略《五帝本紀》的“崩”字並强調這一誤書的“善”字其本來的語義之後,使帝摯之終結帝位,如馬驌所説是因其行爲荒淫而招致“諸侯廢之”的歷史表述,在今徵求意見本校勘記徵引的《金樓子·興王》中就已經有所體現。蓋《金樓子》云“摯立不善,乃立堯”〔1〕,顯然已經含有帝摯因不善而被罷黜的意思。這意味着至南朝蕭梁時期,有一些人已經拋棄了衛宏、皇甫謐一派人主張的帝摯因唐侯(堯)德盛而禪位的説法,或者説又推動這一説法向前進一步衍化。至唐初孔穎達等撰著《周易正義》,在引述《帝王世紀》時,更按照他們的理解,直稱帝摯爲“不肖”,謂“帝摯立,在位九年。摯立不肖而崩”〔2〕。如前所述,張守節《史記正義》引述《帝王世紀》同一記載,乃是書作“摯在位九年,政微弱,而唐侯德盛,諸侯歸之,摯服其義,乃率群臣造唐而致禪”,對照司馬貞在《史記索隱》中所説俗本《史記》將古本之“不著”書作“不善”的情況,以及司馬氏“不善謂微弱”的解釋,自易理解,《帝王世紀》記述此事,應是如同俗本《史記》,把“不著”寫成了“不善”,孔穎達等應是按照自己的理解,直接用“不肖”替换了他們認爲語義相同的“不善”,而張守節在撰著《史記正義》時,因爲是擷取“不善”一説,從而在疏通《史記索隱》俗本作“不善”之語時,把《帝王世紀》的“不善”寫成了“政微弱”(前述《太平御覽》引述《帝王世紀》此文,文字與《史記正義》基本相同,“政微弱”作“政軟弱”,其文末所附“事不經見,漢故議郎東海衛宏所傳云爾”云云説明,顯示出《御覽》並非直接引録《帝王世紀》,故應是轉據《史記正義》)。按照合理的邏輯,恐怕只能這樣來辨析《周易正義》和《史記正義》在引述《帝王世紀》時出現的這一文字差異,孰知王叔岷斠證《史記》,反而依據《周易正義》引述的《帝王世紀》,謂俗本

---

〔1〕 梁蕭繹《金樓子》(清乾隆四十八年春錢塘鮑氏重校刻《知不足齋叢書》本)卷一《興王》,頁3a。

〔2〕 唐孔穎達等《周易正義》(1935年北平人文科學研究所影印傅氏雙鑑樓藏宋刻單疏本)卷一三,頁5a。

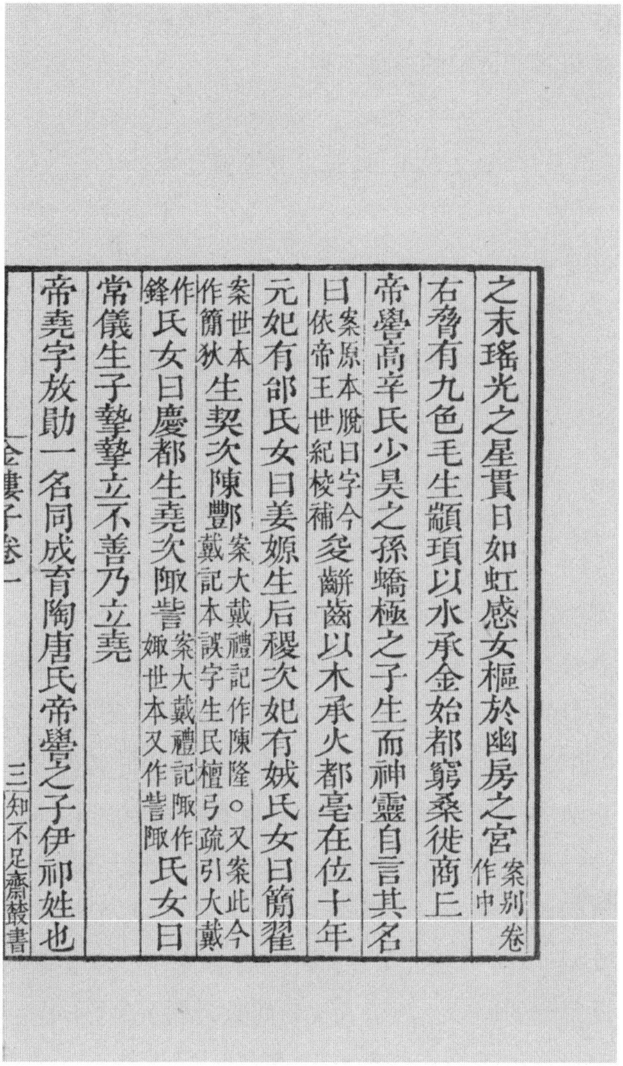
之末瑤光之星貫日如虹感女樞於幽房之宮案別卷作中右脅有九色毛生顓頊以水承金始都窮桑徙商丘

帝嚳高辛氏少昊之孫蟜極之子生而神靈自言其名曰案原本脫曰字今依帝王世紀校補夋齭齒以木承火都亳在位十年元妃有邰氏女曰姜嫄生后稷次妃有娀氏女曰簡翟案世本作簡狄生契次陳酆案大戴禮記作陳隆。又案此今戴記本誤字生民檀弓疏引大戴作鋒氏女曰慶都生堯次陬訾案大戴禮記陬作娵世本又作訾陬氏女曰常儀生子摯摯立不善乃立堯

帝堯字放勛一名同成育陶唐氏帝嚳之子伊祁姓也

金樓子卷一　三　知不足齋叢書

○　錢塘鮑氏重校刻《知不足齋叢書》本《金樓子》

《史記》"不善"之"善""非誤字,古本'善'作'著',蓋由'著'隸書作'着',與善形近,'善'因誤爲'著'耳"[1]。王氏這一箋注,實屬指是爲非,會給閱讀《史記》造成更大錯亂。

---

〔1〕 王叔岷《史記斠證》(北京,中華書局,2007)卷一,頁39。

在北宋中期劉恕撰著的《資治通鑑外紀》一書中,更以“荒淫”一詞,愈益凸顯了帝摯的不良形像:

> 摯立九年,以荒淫見廢而立堯。

只是劉恕對此還明顯存有疑慮,故同時附記有《史記索隱》所録衛宏的説法,謂帝摯“在位九年,禪位于堯”[1]。

至南宋時鄭樵撰著《通志》,就已經完全不顧《史記》等其他各種不同記載,把帝摯徹底打造成一幅“荒淫無度”的形像:

> 摯嗣立,荒淫無度,諸侯廢之,推堯爲天子。摯在位九年。[2]

鄭樵撰著此書,本欲熔鑄前史以“自成一家言”[3],章學誠對其所謂“别識心裁”,贊賞備至,而“進退古人,多不與世之尚論者同科”就是體現其曠論卓見的形式之一[4]。鄭樵“荒淫無度”云云,顯然是將“善”字按照其與“惡”相對的本義所做的發揮。是“著”是“善”,這一字之差,就使得帝摯面目全非,實現了鄭樵按照自己既有的歷史觀來“進退古人”的撰著目的。

不過,帝摯以“不著”而終命其位,堯始繼之而立,這畢竟是《史記》固有的寫法,班固在《漢書·古今人表》中將帝摯排放在“上中仁人”之中,與女媧、少典、姜原、女皇、羲仲、羲叔、和仲、和叔等人物比肩並列[5],就是對此最好的印證。故清人沈欽韓嘗針對帝摯“不善”乃至“荒淫無度”的説法斥責説:“若漢時信有此言,班《表》當置諸下下矣。苟漢人不知,後世何從

---

〔1〕宋劉恕《資治通鑑外紀》(北京,北京圖書館出版社,2003,《中華再造善本》叢書影印國家圖書館藏元刻《重新校正集注附音資治通鑑外紀》本)卷一,頁2b。

〔2〕宋鄭樵《通志》(杭州,浙江古籍出版社,2000,重印《萬有文庫》本)卷二《五帝紀》,頁35。

〔3〕宋鄭樵《通志》卷首《總序》,頁1。

〔4〕清章學誠《文史通義》卷五《申鄭》,頁463—464;又《答客問》,頁470—488。

〔5〕《漢書》(北京,中華書局,1962)卷二〇《古今人表》,頁863—875。

知？豎儒鼠目寸光，並《史記索隱》未之見，而哆口史筆，厚誣古人，此其學術可概見已！"[1]如前所述，秉持異説者自非"並《史記索隱》未之見"，而是與沈欽韓客觀考辨史事之宗旨不同，都是刻意有爲而爲之。只是所有這些努力，都要以改變或迴避《史記》的記載爲前提。因而，只要我們能夠謹慎護持《史記》傳習兩千多年的文字，就足以看破這些晚出説法産生的緣由，揭示歷史的真相。切不可本末倒置，依據晚出的謏聞異説來删改司馬遷好一番慎思明辨纔記録下來的雅言信史。

〖**附案**〗正式印本已採納拙見，仍保留"崩"字，書作："帝摯立，不善，崩，而弟放勳立，是爲帝堯。"

二、周本紀

【一】《史記·周本紀》原文：

穆王將征犬戎，祭公謀父諫曰："不可。先王耀德不觀兵。夫兵戢而時動，動則威，觀則玩，玩則無震。是故周文公之頌曰：'載戢干戈，載櫜弓矢，我求懿德，肆于時夏，允王保之。'先王之於民也，茂正其德而厚其性，阜其財求而利其器用，明利害之鄉，以文脩之，使之務利而辟害，懷德而畏威，故能保世以滋大。昔我先王世后稷以服事虞、夏。及夏之衰也，弃稷不務，我先王不窋用失其官，而自竄於戎狄之間。不敢怠業，時序其德，遵脩其緒，脩其訓典，朝夕恪勤，守以敦篤，奉以忠信。奕世載德，不忝前人。至于文王、武王，昭前之光明而加之以慈和，事神保民，無不欣喜。……"[2]

---

[1] 清沈欽韓《漢書疏證》（上海，上海古籍出版社，2006，影印清光緒浙江書局刻本）卷六，頁195。

[2] 《史記》卷四《周本紀》，頁135。

這段記載,應當出自《國語·周語》,此稍加對比便可知曉,清人梁玉繩也明確指出過這一點[1]。其中"昔我先王世后稷以服事虞、夏"一語,傳世《史記》諸本並無異文,前人校勘《史記》對此也没有提出什麽看法,故今徵求意見本對此亦未加校訂[2]。

〖**今案**〗

單純就版本互校而言,徵求意見本對這段文字的處理辦法,是很穩妥的,似乎没有什麽問題。不過依照卷首所開列的《凡例》,適當參考相關文獻及舊注引文、類書和出土文獻等資料,也是這次點校所要採用的手法之一。至於具體每一處文字究竟是否屬於"適當"參考的範疇,我以爲其中一項很重要的判斷的因素,應該是問題重要性的大小。

這句話中我們需要討論的問題,是它的前半段"昔我先王世后稷",而它所牽涉到的問題,乃是后稷可否稱之爲王與周人是否稱后稷爲王。這是周人歷史上一項重大關節,昔王國維曾撰有《周開國年表》一文,依據《尚書·酒誥》等文獻,專門論述周文王"受命稱王,配天改元"的史事(儘管其中某些具體觀點,現在看來或許需要做出修正)[3]。明此可知,《史記》這句話誠可謂至關重要,而《册府元龜》引述此文,却與傳世《史記》大不相同,寫成"昔我先世后稷",没有那個關鍵的"王"字[4]。由於《册府元龜》編著於北宋初年,時代早於所有傳世宋本《史記》,因此,它所摘録的《史記》,完全有可能保存着太史公書更原始的面目。

只是這個問題十分複雜。進一步追究這兩種文字孰是孰非,不可避免

---

[1] 清梁玉繩《史記志疑》(北京,中華書局,1981)卷三,頁96。

[2] 徵求意見本《史記》卷四《周本紀》,頁173。

[3] 王國維《觀堂别集》(上海,上海書店出版社,1983,影印《王國維遺書》本)卷一《周開國年表》,頁37—48頁。

[4] 宋王欽若等《册府元龜》(北京,中華書局,1960,影印明崇禎刻本)卷三二五《宰輔部·諫諍》,頁3834。

地要牽連到《史記》所依據的《國語》的文本問題。《國語》傳世版本有兩大系統:一爲宋庠校本,因宋庠字公序,後世習稱"公序本"或"宋公序本";一爲北宋仁宗天聖七年刻本,重刻於仁宗明道二年,今習稱"天聖明道本",或"明道本"、"天聖本"。傳世諸本《史記》之"昔我先王世后稷",與天聖明道本《國語》相同,而《册府元龜》引述的這種没有"王"字的《史記》,則是同於宋公序本。

天聖明道本刊刻在先,而公序本在校刊時,不僅其底本是早於天聖明道本的一個精善版本,而且曾"取官私所藏凡十五六本"相參校[1],在這當中,不僅應包括此前宋人印行的所有刻本,甚至還應當有一部分唐代的寫本,自然也應當包括先此刊行的天聖七年刻本和明道二年重刻本。這也就意味着今天所見天聖明道本不同於公序本的文字,除了翻刻過程中産生的譌變之外,絶大多數應當是宋庠在經過勘比之後棄而未取的内容。那麼,天聖明道本《國語》中的這個"王"字,究竟是被宋庠棄置不顧的衍文,還是《國語》原本應有的内容呢?我們可以通過更早流通的《國語》版本,加以判斷。

第一,傳世《國語》,不管哪一系統,無不屬於三國孫吴韋昭的注本。透過韋昭的注語,可以對此有很清晰的瞭解。公序本《國語》記云:

> 穆王將征犬戎,祭公謀父諫曰:"不可。……先王之於民也,……使務利而避害,懷德而畏威,故能保世以滋大。昔我先世后稷〔后,君也。稷,官也。父子相繼曰世,謂棄與不窋〕,以服事虞夏〔謂棄爲舜后稷,不窋繼之於夏啓也〕。及夏之衰也,棄稷弗務〔棄,廢也。衰謂啓子太康也。廢稷之官,不復務農。《夏書》序曰'太康失國,昆弟五人,須于洛汭'是也〕,我先王不窋用失其官〔失稷官也。不窋,棄之子。周之禘祫,文、武不先不窋,故通謂之王。《商頌》亦以契爲玄

〔1〕 宋宋庠《國語補音》(民國沔陽盧氏慎始基齋《湖北先正遺書》影印清乾隆中曲阜孔氏《微波榭叢書》本)卷首《國語補音叙録》,第1b頁。

王〕，而自竄于戎狄之間〔竄，匿也。堯封棄于邰，至不窋失官，去夏而遷於邠。邠，西接戎，北近狄〕，不敢怠業。……”[1]

上面方括號裏面的内容，俱屬韋昭注語。清人許宗彦敏鋭地注意到，韋昭注釋“先王”，是附在“我先王不窋用失其官”句下，而不是在“世后稷”的後面，由此悟出，韋昭據以作注的《國語》，在“世后稷”語前，不會如天聖明道本《國語》那樣帶有“王”字[2]。這種看法很快就得到了同時人董增齡的贊同[3]。因爲檢讀《史記·周本紀》可知，在西伯姬昌之前，其列祖列公，固未嘗稱王[4]。從時代上看，孫吴時期韋昭看到的《國語》，理當與司馬遷撰著《史記》所依據的《國語》文字更爲接近，同時也更有可能保存着《國語》的本來面目。

第二，唐初孔穎達等人在撰修《五經正義》時，曾頻頻引述韋昭注釋的《國語》，而通觀《五經正義》引述的文字，我們可以看到一個明顯的規律，這就是凡成篇迻録《國語》的文字時，都一如今所見公序本，書作“昔我先世后稷”[5]；而若單獨摘引這句話時，便或作“昔我先王世后稷”，或作“昔我先王后稷”[6]。像這樣單獨摘引古書中的隻言片語，往往會根據上下文

---

〔1〕《國語》（上海，商務印書館，民國《四部叢刊初編》影印明金李刊本）卷一《周語》上，頁1a—1b。案“文、武不先不窋”，明金李刻公序本原文作“必先不窋”，此從《中華再造善本》叢書影印宋刻遞修本及黄丕烈仿刻天聖明道本改，蓋韋注此處係用《左傳》文公二年文，金李本“必”字當譌。

〔2〕清許宗彦《鑒止水齋集》（清嘉慶二十四年德清許氏家刻本）卷一一《天聖明道本國語跋》，頁25a—25b。

〔3〕清董增齡《國語正義》（成都，巴蜀書社，1985，影印清光緒庚辰會稽章氏《式訓堂叢書》本）卷一，頁3b。

〔4〕《史記》卷四《周本紀》，頁111—118。

〔5〕唐孔穎達等《毛詩正義》（北京，人民文學出版社，2012，影印宋刻單疏本）卷一三《豳譜變風》，頁115；又卷二七《正大雅·緜》，頁300。唐孔穎達等《春秋正義》（上海，商務印書館，民國影印日本覆印景鈔正宗寺單疏本）卷二八昭公九年，頁6b。

〔6〕唐孔穎達等《尚書正義》卷一〇《周書·武成》，頁525。唐孔穎達等《毛詩正義》卷四〇《商頌·長發》，頁481。唐孔穎達等《春秋正義》卷一九成公十六年，頁13b。

的語境有所變易，這是古人引述舊典的一般性做法。因此，我們似乎有理由推測，孔穎達等人在闡釋文王以前周人先祖何以被稱之爲王的時候，想到的主要典籍，便是《國語》中“我先王不窋”這一説法以及韋昭對不窋稱王緣由的解釋。在這一確定的前提之下，連類而及，將《國語》上文“昔我先世后稷”這句話中的“我先”，也錯誤地理解成爲“先王”，在摘録時或信筆加一“王”字，寫作“昔我先王世后稷”。因而我們有理由推斷，孔穎達等人在撰修《五經正義》時所依據的李唐皇家藏本《國語》，應當一如韋昭做注之初，還没有被淺人添入“王”字。

按照古籍文字譌變的一般規律來審度《國語》本文，也可以看出，假若這句話原本帶有“王”字，後世在流傳過程中，似乎很難被人錯誤删除或是無意脱漏。一是“世后稷”的“世”字既然已被韋昭訓釋爲世代承襲某一職事之意，像“我先”這樣的用法，後世較爲稀見，而“我先王”却十分通行，因此，通常只會出現衍增“王”字的情況，而不是脱佚“王”字。二是《國語》記述在“昔我先世后稷”這句話的前面，祭公謀父的話，是以“先王耀德不觀兵”開其端，繼之又有“先王之於民也，茂正其德而厚其性”云云這樣的説法，在講完“昔我先世后稷”之後，除了“我先王不窋用失其官”之外，還談到“是先王非務武也”、“夫先王之制”、“先王之訓也”等等，一連串“先王”的提法，這種語境，同樣很容易使其在傳抄刊刻過程中，增添出原本没有的“王”字，却不大容易出現相反的情況。

根據以上分析，我們有理由推斷，《史記》中“昔我先世后稷”與“昔我先王世后稷”這兩種寫法的是非正誤，應當以《册府元龜》引述的文字爲準，今本《史記》書作“昔我先王世后稷”，應當與天聖明道本《國語》一樣，出自後世誤增。今重新點校《史記》，即使出於審慎考慮，在缺乏直接版本依據的情況下，暫不删除衍增的這一“王”字，也應當附加一條校記，列出《册府元龜》的異文，以便治史者參據。

〖**附案**〗正式印本已部分採納拙見，雖未改訂正文，删除衍增的“王”

字，但却按照敝人意見，增入一條校勘記云："《册府》卷三二五引無'王'字。"

三、秦始皇本紀

【一】《史記·秦始皇本紀》原文：

二十二年，王賁攻魏，引河溝灌大梁，大梁城壞，其王請降，盡取其地。[1]

以上標點俱依原點校本，惟當時尚在"河"字之旁劃有專名綫，今徵求意見本的句讀則與此不同，讀爲：

二十二年，王賁攻魏，引河、溝灌大梁，大梁城壞，其王請降，盡取其地。

除了沿承原點校本在"河"字旁邊標記專名綫外，也把"溝"字劃爲專名，與原點校本差别明顯，却没有列出校記，不知任事者據何做出這種改動，其間孰是孰非，在這裏我只能根據自己有限的歷史常識，試予辨析。

〖**今案**〗

《史記·秦始皇本紀》所記淹灌大梁的"河溝"，應該是指戰國時分引黄河水南下以溝通河、淮二水的人工渠道，後世多習稱"鴻溝"，此即《史記·河渠書》所記"滎陽下引河東南爲鴻溝，以通宋、鄭、陳、蔡、曹、衛，與

---

〔1〕《史記》卷六《秦始皇本紀》，頁234。

濟、汝、淮、泗會”者[1],而在戰國當時寫下的《竹書紀年》裏,却稱此渠爲“大溝”[2]。這就像《國語》記載夫差在開鑿江淮之間的邗溝之後數年,復“起師北征,闕爲深溝,通於商、魯之間,北屬之沂,西屬之濟,以會晉公午於黄池”[3],所説“深溝”也可以看作是與“鴻溝”或“大溝”同一性質的説法(鴻者大也)。前此我在《中華書局新點校本〈史記〉部分書稿閲讀記》一文中已經論述,不管鴻溝、大溝,還是河溝,都是對這條渠道的隨意性稱謂,而不是一個特定的專名。目前,我們所能見到的古人爲此渠所定最早的專名,是秦代使用的“閬蕩渠”,見於北京大學藏秦水陸里程簡册[4]。《史記·秦始皇本紀》記此渠爲“河溝”,顯然是由於其渠道源頭出自河水。

瞭解到所謂“河溝”的實際地理涵義,就可以看出,原點校本將其標作“河溝”,應該説是比較合理的。若如今徵求意見本讀爲“河、溝”,其“溝”字係指河、淮之間的“鴻溝”這很容易理解。因爲魏都大梁就在今天的開封城,與鴻溝密邇相鄰,所以纔會有王賁引溝水灌注大梁的事情發生。可是,不知點校者以爲這一“河”字當作何解?除了“河水”也就是現在所説的“黄河”,恐怕找不到其他任何解釋。過去楊寬在論述秦滅六國史事時,就是將《史記·秦始皇本紀》這一記載解作“王賁包圍了魏都大梁,開掘了黄河、鴻溝的水進灌大梁”[5]。然而,黄河河道距大梁最近的地點也遠在一百數十里之外,戰事匆迫之際,不得從容挖溝開壕,而河水不會像士兵一樣,聽從大將王賁的號令,其人又有何神功奇技,竟能夠遠程操控滔滔河水

---

〔1〕《史記》卷二九《河渠書》,頁1407。

〔2〕北魏酈道元《水經·渠水注》,據清王先謙《合校水經注》(北京,中華書局,2009,影印清光緒十八年長沙思賢講舍原刻本)卷二二,頁339,頁343。

〔3〕《國語》卷一九《吴語》,頁6b。

〔4〕別詳拙文《北京大學藏秦水陸里程簡册初步研究》,刊李學勤主編《出土文獻》第四輯(上海,中西書局,2013),頁264—278。

〔5〕楊寬《秦始皇》(上海,上海人民出版社,1956)第三章第二節《兼併六國的經過》,頁49。又楊寬《戰國史》(上海,上海人民出版社,1980)第九章第一節《秦兼併六國》,頁369。

如意灌入大梁城中？這是令人難以想像的事情。再説若是確曾扒開堤岸，泄放黄河之水來沖灌魏都大梁，王賁就再也無法控制河水的流向和流量，必然要導致黄河發生重大改道，即由原來向東北流入渤海，改而轉向東南，襲奪淮水，下瀉東海（江淮之間的所謂"鴻溝"，因有口門控制從黄河中分水的流量，故不致于改變黄河主幹道的基本流向），可是我們在《史記·河渠書》、《漢書·溝洫志》以及其他所有史籍當中，却都見不到相應的記載。因知這樣的解讀，實在難以成立。

不過，談到這一問題，也許有人會想到《漢書·叙傳》在講述《溝洫志》撰著宗旨時所説的一段話：

> 夏乘四載，百川是導。惟河爲艱，災及後代。商竭周移，秦決南涯。自茲距漢，北亡八支。

在"秦決南涯"句下，唐顔師古注引如淳語曰："《秦始皇本紀》：決河灌大梁，遂滅之。通爲溝，入淮泗。"[1]單純看班固的記述和如淳的注解，似乎恰可佐證秦軍確有決瀉河水以灌注大梁的事情，但清代學者胡渭考述相關史事，却提出了如下看法：

> 《史記》：秦始皇二十二年，王賁攻魏，引河溝灌大梁，大梁城壞，其王請降。河溝者，鴻溝也〔即《漢志》所謂狼湯渠〕。據《水經注》，陰溝本蒗蕩渠，在浚儀縣北。自王賁斷故渠引水東南出以灌大梁，謂之梁溝。於是水出縣南而不逕其北，遂目梁溝爲蒗蕩渠，亦曰鴻溝。浚儀故縣在今開封府西北，即大梁城，魏所都也。自智伯引汾水以灌晉陽，世皆知水之可以亡人國。蘇代云：秦正告魏曰，決滎口，魏無大梁。其後王賁竟用之以滅魏。按滎口水即《職方》之滎川，後世亦謂之濟

〔1〕《漢書》卷一〇〇下《叙傳》下，頁4244。

水。《水經注》:濟水自陽武縣故城南,又南逕封丘縣南,又東逕大梁城北,故亦可決之以灌也。賁所引是蒗蕩渠,非滎瀆,然水不同而其地則總在大梁之北。王横曰:秦攻魏,決河灌其都,決處遂大,不可復補,宜却徙完平處,更開空,使緣西山足乘高地而東北入海,迺無水災。則似謂賁所引者大河之經流。蓋蘇代述秦告魏又云:決白馬之口,魏無黄、濟陽;決宿胥之口,魏無虚、頓丘。二口一在白馬,一在黎陽。横以是謂賁所引者在此間,決處即白馬口,西山足即宿胥口也。然《史記》明言引河溝,則非大河之經流亦審矣〔《水經注》云河水舊於白馬縣洪通濮、濟、黄溝,故蘇代説燕,曰決白馬之口,魏無黄、濟陽。《竹書紀年》:梁惠成王十二年,楚師決河水以水長垣之外者也。按黄即外黄。外黄城在今杞縣東北六十里。濟陽城在今蘭陽縣東五十里,去魏都尚遠。且蘇代所稱皆秦恐喝之辭,未嘗實見諸行事。白馬之口楚決,非秦決也。《漢書・叙傳》曰:秦決南涯。如淳注云:秦決河灌大梁,遂滅之。通爲溝入淮、泗。皆承横之誤〕。近世河徙經開封城北。宋端平元年,蒙古決寸金淀灌趙葵軍〔淀在城北二十餘里〕。明崇禎十五年,賊決朱家寨隄以灌城〔寨在城西北十七里,即古大梁城之北〕。其所引者,皆大河之經流也,與王賁地同而水異。嗚呼,不仁者之作俑,禍及萬世而未有艾,痛哉![1]

胡渭在這裏向我們指出,班固在《漢書・叙傳》中的表述以及如淳的注解,都是源自王横的錯誤説法。這位王横是王莽時期大司空掾,他在向王莽上奏治河方略時,曾提到"禹之行河水,本隨西山下東北去。《周譜》云定王五年河徙,則今所行非禹之所穿也。又秦攻魏,決河灌其都,決處遂大,不可復補。宜却徙完平處,更開空,使緣西山足乘高地而東北入海,乃無水災"[2]。王横在此陳述秦漢黄河史事,是緣於王莽始建國三年"河決魏郡,

〔1〕 清胡渭《禹貢錐指》(上海,上海古籍出版社,1996)卷一三下《附論歷代徙流》,頁 491—492。

〔2〕《漢書》卷二九《溝洫志》,頁 1696—1697。

泛清河以東數郡。先是，莽恐河決爲元城冢墓害，及決東去，元城不憂水，故遂不隄塞"[1]。但河水長久泛濫不治，終究不是聖明天子該有的事情，於是，後又"徵能治河者以百數"，想找到一個妥當的辦法。

通觀王横講述的這些内容，可以看出，他提到秦軍水灌魏都大梁一事，是想要説明在始建國三年這次河決之前黄河行用的河道亦非"禹之所穿"，乃是周定王五年河道改徙的結果；而除了這條有違"禹跡"的主幹道之外，還另外分出一條流向東南的汊流。在王横看來，這就是秦軍爲水淹大梁而決開黄河幹道後，因其"決處遂大，不可復補"，從而形成的一條汊流。正因爲有周定王五年形成的河道、新莽始建國三年新沖開的河道，以及這條汊流的存在，以及其"不可復補"的特性，要想恢復禹河故道，就只能"却徙完平處，更開空，使緣西山足乘高地而東北入海"。這裏一個"却"字，便清楚表明在黄河上"更開空"分引河水的地點，一定要選在黄河南出汊流分水口之上游河段，這樣纔能根絶此新河道以下全部三條流路的水源，完滿地解決當時的河患，並没有胡渭所説王賁決河灌注大梁是在白馬口分引河水以及西山脚下新選水道係出自宿胥口的意思。在這一點上，胡渭的分析，似乎略有偏差。不過，胡渭指出王横"謂賁所引者大河之經流"，這一説法倒是完全符合王氏的本意，班固在概括《漢書·溝洫志》時所説的"河決南涯"，亦即決開黄河南側的堤岸，也確應本自《溝洫志》中這一記載。

然而，歷史的事實，却並非如此。蓋如胡渭所論，戰國後期王賁引水淹灌魏都大梁城，本是決放鴻溝，而鴻溝修建於戰國中期，當其開鑿之初，即自"滎陽下引河……以通宋、鄭、陳、蔡、曹、衛，與濟、汝、淮、泗會"[2]，這是人所共知的事實，初不待王賁放水淹灌大梁而黄河始有通向東南的人工汊流分出。王横論述此事的真實地理背景，是西漢"平帝時河、汴決壞，未及得修"，至東漢光武帝建武十年，嘗有陽武令張汜上言曰："河決積久，日月

---

[1]《漢書》卷九九中《王莽傳》，頁 4127。

[2]《史記》卷二九《河渠書》，頁 1407。

侵毁，濟渠所漂數十許縣。修理之費，其功不難。宜改修堤防，以安百姓。”〔1〕再稍後至明帝永平十二年四月至十三年四月間，始由王景等奉敕重新修復汴渠。爲此，漢明帝親巡河渠並發佈詔書曰：“自汴渠決敗，六十餘歲，加頃年以來，雨水不時，汴流東侵，日月益甚，水門故處，皆在河中，漭瀁廣溢，莫測圻岸，蕩蕩極望，不知綱紀。”〔2〕從而可知，在王景從事治理之前，汴渠之所以會釀成灾禍，主要原因是控制黄河水分出流量的“水門”失去控制，造成出水量過大，致使黄河主流先奪濟水，後奪汴渠，這與戰國末年秦軍征服關東時放水灌注大梁一事，本來毫不相干，王横謂“秦攻魏，決河灌其都，決處遂大，不可復補”云云，完全是對王賁“引河溝灌大梁”之事的誤解。

基於以上所論，《史記·秦始皇本紀》這段文字，恐怕還是應該恢復原點校本的標點形式。

〖**附案**〗正式印本已採納拙見，恢復舊讀，書作：“王賁攻魏，引河溝灌大梁。”

【二】《史記·秦始皇本紀》原文：

> 二十三年，秦王復召王翦，彊起之，使將擊荆。取陳以南至平輿，虜荆王。秦王游至郢、陳。荆將項燕立昌平君爲荆王，反秦於淮南。〔3〕

上文“秦王游至郢、陳”一句，中華書局原點校本與今徵求意見本俱將“郢

〔1〕《後漢書》卷七六《循吏列傳·王景》，頁 2464。

〔2〕《後漢書》卷二《明帝紀》，頁 114，頁 116。

〔3〕《史記》卷六《秦始皇本紀》，頁 234。

陳”作爲同一個雙音地名連讀[1]，這也是歷史地理學者傳統的看法，即把“郢陳”看作是江漢平原上的郢都失陷於秦之後楚襄王一度徙居的陳[2]。然而，這種看法似乎並不妥當。

〖今案〗

檢讀清華大學藏戰國竹書《楚居》和《史記》等文獻，可知按照當時人用語通例，楚國正式的都城通常只單稱“郢”字，而别都、行都性都邑則在“郢”字前面冠以某地稱作“某郢”（以方位相區别的“南郢”屬於例外），這二者之間本有明顯區别。故似此楚國新居陳邑，若是與“郢”連稱，乃應稱作“陳郢”而絶無顛而倒之的用法。例如安徽省淮南市博物館曾徵集到一件銅量，上有銘文，係楚東徙於陳以後所刻，即鎸作“陳郢”云云字樣[3]。因此，秦王嬴政此行，應是先至南郡，巡看楚國舊都之郢，再視察其新居陳邑，實際上並没有“郢陳”這樣的説法。

《戰國策》載游士爲六國説秦王語，有以京邑名替代國名者，稱楚威王爲“郢威王”[4]，猶如魏國因移都大梁而徑稱爲“梁”。這種稱謂，或謂係因避秦始皇之父莊襄王子楚的名諱所致[5]，但據馬王堆出土《戰國縱横家書》記載，早在秦莊襄王即位之前的秦昭王時期，當時的游説之辭，就曾談到“楚割淮北，以爲下蔡啓□，得雖近越，實必利郢”[6]，同樣是以郢都代指楚國，更能體現這種用法的悠久性和普遍

[1] 徵求意見本《史記》卷六《秦始皇本紀》，頁298。

[2] 清高士奇《春秋地名考略》（清康熙刻本）卷八“又遷於鄀”條，頁6a。譚其驤主編《中國歷史地圖集》（北京，中國地圖出版社，1982）第一册《戰國楚越圖》，頁45—46。

[3] 殷滌非《楚量小考》，刊《古文字研究》第七輯（北京，中華書局，1982），頁167—174。

[4] 《戰國策》（北京，北京圖書館出版社，2002，《中華再造善本》叢書影印宋紹興刻本）卷六《秦策》四，頁6b。

[5] 宋鮑彪《戰國策注》（明嘉靖壬子刻本）卷三《秦策》，頁65a—65b。

[6] 馬王堆漢墓帛書整理小組編《戰國縱横家書》（北京，文物出版社，1976）一七《謂起賈章》，頁69—71。

性。這也很形象地反映出，"郢"這一稱謂對於楚國來説具有特别的象徵意義，不可隨意用之。

《史記·楚世家》記載，楚人自江陵之郢都東徙之後，楚考烈王復"東徙都壽春，命曰郢"[1]，這反映出在楚君初居陳邑之時，尚存恢復故都的企圖，陳邑始終未得單稱爲郢。故《戰國策》記述此番初次東徙，但云"王徙東，北保於陳城"[2]，《史記·六國年表》也僅記爲"王亡走陳"，而未嘗提及遷都或是遷郢[3]。又《漢書·地理志》記西漢江陵縣爲"故楚郢都，楚文王自丹陽徙此。後九世平王城之。後十世秦拔我郢，徙東"[4]，其"秦拔我郢"云云，顯然是直接承用楚人載籍，而楚人亦同樣稱述郢都的結局爲"徙東"而非"徙陳"，這也只能是基於陳邑未得稱郢。

《戰國策》和《漢書·地理志》所説的"東"，實際是指楚之東國，或稱"東地"。《史記·楚世家》記載楚襄王二十三年(秦昭王三十一年)"收東地兵，得十餘萬，復西取秦所拔我江旁十五邑以爲郡，距秦"[5]，就是這一國策的具體體現。

黄盛璋分析戰國各種"行宫(邑)大夫"璽印，以爲此"'行邑'諸印必爲楚失郢後，東徙淮，將故郢舊轄縣/邑，僑置於新都管轄之地；或者故地舊縣/邑大夫隨楚王東遷亦得爲之安置，仍用其官職舊稱。'行'義後代仍爲暫設，'行宫'即暫設之邑。'行宫大夫'或仍用舊官。……包山楚簡有宫而無行宫，亦可旁證行宫之設，在懷王以後，襄王東遷與其後諸王，時代可以確定"。黄氏還指出，這些作"某行宫大夫"的楚國璽印，其有據可查的

---

[1] 《史記》卷四〇《楚世家》，頁1736。案《史記》卷一五《六國年表》(頁752)所記相同。

[2] 《戰國策》卷六《秦策》四，頁5b。

[3] 《史記》卷一五《六國年表》，頁742。

[4] 《漢書》卷二八上《地理志》上，頁1566，頁1606。

[5] 《史記》卷四〇《楚世家》，頁1735。

出土地點，都出自安徽壽縣附近，也可以從出土地域上印證這一點[1]。這種在東方僑置江漢故地縣邑或是暫設帶有舊地名官職的情況，理應始於楚王居陳期間，而這同樣可以佐證陳邑的臨時行在性質。後來在復國無望的情況下，纔不得不正式確定要以壽春來取代江陵郢都舊日的地位，故改稱新都爲"郢"。《史記·秦始皇本紀》記秦始皇二十一年，"新鄭反，昌平君徙於郢"[2]，就是楚人徑稱壽春爲"郢"的實際例證。審其遷陳時所鑄金鈑名爲"陳爰(爯)"，入壽春後所製作者則沿承在江陵故都時的形式，仍稱作"郢爰(爯)"[3]，就很具體地反映了這一變化。

按照上面的分析，可以看到，如何標點這兩個字，涉及對楚國都城的認定等重大歷史問題，希望這次新點校的《史記》，至少能夠添加一條校記，説明此處"郢陳"二字或許還可以點斷爲兩個平行的地名。王叔岷作《史記斠證》，即將此句讀作"秦王游至郢、陳"[4]，堪稱允當。

〖**附案**〗正式印本未採納拙見，書作："秦王游，至郢陳。"

---

[1] 黄盛璋《戰國"江陵"璽與江陵之興起沿革考》，刊《江漢考古》1986年第1期，頁34。又黄盛璋《包山楚簡若干重要制度發复(覆)與争論未决諸關鍵字解難、决疑》，刊《湖南考古輯刊》第6輯，頁198—199。

[2] 《史記》卷六《秦始皇本紀》，頁233。

[3] 清方濬益《綴遺齋彝器考釋》(臺北，台聯國風出版社，1976，影印民國癸酉石印本)卷二九"郢金鈑"條、"陳金鈑"條，頁1831—1840。李學勤《〈楚金爰考〉跋》，刊《中國錢幣》1990年第2期，頁24—25，頁47。荆州博物館《湖北江陵首次發現郢爰》，刊《考古》1972年第2期，頁67。安志敏《金版與金餅——楚、漢金幣及其相關問題》一文指出："從江陵郢都舊址發現的'郢爰'來看，至少當郢都東遷以前，'郢爰'就已經出現了。"安文刊《考古學報》1973年第2期，頁62—72。又案安志敏文中(頁79—81)講述戰國楚墓中尚見有帶"鄢"字冥幣泥版，這也應該是仿造實際應用的"鄢"字金版而製作，説明楚國在鄢鑄造的金幣與陳邑一樣，也不能稱作"郢爰(爯)"。

[4] 王叔岷《史記斠證》卷六，頁199。

【三】《史記·秦始皇本紀》原文：

三十三年，發諸嘗逋亡人、贅壻、賈人略取陸梁地，爲桂林、象郡、南海，以適遣戍。西北斥逐匈奴，自榆中並河以東，屬之陰山，以爲三十四縣，城河上爲塞。又使蒙恬渡河，取高闕、陶山北假中，築亭障以逐戎人，徙謫，實之初縣。禁不得祠明星出西方。

三十四年，適治獄吏不直者，築長城，及南越地。[1]

《史記》這段文字，有幾個問題，都關係到秦朝重要史事。其中最爲突出的是，文中"禁不得祠明星出西方"這條記載，今徵求意見本沿承原點校本，將其截斷爲前後不相聯屬的兩句話，讀作："禁不得祠。明星出西方。"這種標點方式，大有問題。又"取高闕、陶山北假中"句，徵求意見本作"取高闕、陽山、北假中"[2]，其是否得當，也值得斟酌。其他還有一些問題，下面也一併加以説明。

〖今案〗

關於"禁不得祠明星出西方"這句話的句讀及其語義問題，晚近以來中外有很多著名學者做過探討，中華書局原點校本也曾作爲一個典型問題，有過説明，惟諸家論説紛紜，並沒有做出合理的解讀，實際所施句讀，只是在無可奈何之中，姑且沿用明人凌稚隆等人所纂《史記評林》和日本學者瀧川資言《史記會注考證》的斷句而已[3]，今徵求意見本則

---

〔1〕《史記》卷六《秦始皇本紀》，頁253。

〔2〕徵求意見本《史記》卷六《秦始皇本紀》，頁319。

〔3〕明凌稚隆輯、李光縉增補《史記評林》（天津，天津古籍出版社，1998，影印明萬曆刻本）卷六《秦始皇本紀》，頁384。瀧川資言《史記會注考證》（上海，上海古籍出版社，1986）卷六《秦始皇本紀》，頁167。案中華書局原點校本《史記》之《點校後記》（頁5—6）明確説明斷句時參考過《史記評林》等書，"擇善而從"。

完全承之不變。

對這一問題，我曾專門撰寫一篇文章，題作《秦始皇禁祠明星事解》[1]，做了詳細的考辨。拙文判明所謂“明星出西方”，是指金星在傍晚顯現於西方天際的星象，因當時的占星術以爲金星主戰，作戰一方與其所顯現方向同一則勝，反之則敗。秦始皇統一六國之前，秦國居西，“明星出西方”會佑助秦軍戰勝關東六國的軍隊，故秦人當有祭祀這種天象的行爲。逮秦人統一六國之後，開始以匈奴爲主要作戰對象，相對而言，乃是秦居於東南而匈奴偏在西北，這時若再祭祀“明星出西方”，只會招致敗績。所以，秦始皇纔會“禁不得祠明星出西方”。鄙人自以爲已經合理地解決了這一困擾諸多學者的難題，謹請點校者能稍予關注，審查是否可以採納愚見，重新考慮這句話的句讀形式。

又上述引文之“三十四縣”，中華書局原點校本遵從清人張文虎的主張，依據《史記》之《六國年表》和《匈奴列傳》，將其改書作“四十四縣”。然而傳世古本《史記》，如南宋紹興初覆刻北宋景德刊十四行單附《集解》本，乾道七年建安蔡夢弼東塾刻附《集解》、《索隱》本，淳熙三年張杅桐川郡齋刻附《集解》、《索隱》本，以及比較通行的百衲本影印建安黄善夫刻三家注合編本，都是鐫作“三十四縣”，而古代典籍中“三十”(卅)與“四十”(卌)的字形極易混淆，孰正孰誤，目前尚難以强作判斷，還是姑且保存古書原貌較爲適宜。今徵求意見本在保持原文不動的前提下，在校語中附列《六國年表》和《匈奴列傳》的異文[2]，甚爲得體，這是應當充分肯定的做法。

不過《史記》這段文字中“取高闕、陶山北假中”的“陶山”，中華書局原

---

[1] 拙文原刊《文史》2012年第2輯，後來收入鄙人文集《舊史輿地文録》(北京，中華書局，2013)，頁130—151。

[2] 徵求意見本《史記》卷六《秦始皇本紀》，頁319，頁369。

點校本從梁玉繩與張文虎説改作"陽山"[1],今徵求意見本從之[2]。實際上,根據清人趙一清和王念孫的研究,恐怕應當將"陶山"訂正爲"陰山",蓋趙、王二人的理據是"陰"字與"陶"字形近,很容易相互譌轉[3],清人沈濤也專門舉述過《史記》和《漢書》兩書當中"陰"、"陶"二字相互舛亂的事例[4],而"陽"與"陶"之間則字形字音都相差甚遠,致譌的可能性極爲微小。陰山與陽山之别,涉及當時秦軍實際控制地理區域和秦國西北邊防綫的重大變化,不容疏忽處置,拙著《秦漢政區與邊界地理研究》下篇第一章《陰山高闕與陽山高闕辨析》對此有詳細考述,謹請點校者審看所説是否合理[5]。即使對拙見不以爲然,最好也能夠慎重一些,儘可能保持"陶山"原文不動,而在校記中附列點校者的判斷(這句話中的"陶山北假中"亦即"陰山北假中",原點校本與今徵求意見本都讀作"陶山、北假中",此事更爲複雜,拙著《秦漢政區與邊界地理研究》下篇第一章《陰山高闕與陽山高闕辨析》對此亦有具體考説,此不贅述)。

另外,"築長城,及南越地",《史記·六國年表》所記略同,作"筑長城,及南方越地"[6],其中的"及"字,清人梁玉繩和張文虎大概都以爲這與長城未嘗施及南越之地的史實不符,故主張改爲"取"字[7]。但"取"、"及"二字字形差别比較明顯,並不易致譌,若記作"取南越地"復與上文"略取陸梁地"事重復。

中華書局原點校本與今徵求意見本,均將《秦始皇本紀》讀作"筑長城

---

〔1〕 清梁玉繩《史記志疑》卷五,頁180。清張文虎《校刊史記集解索隱正義札記》卷一,頁73。

〔2〕 徵求意見本《史記》卷六《秦始皇本紀》,頁319。

〔3〕 清趙一清《水經注釋》(臺北,華文書局,1970年,影印清乾隆五十九年趙氏小山堂刊本)卷三,頁198—199。清王念孫《讀書雜志》之《史記》第一"陶山"條,頁11。

〔4〕 清沈濤《銅熨斗齋隨筆》(北京,中華書局,2004,《清人考訂筆記七種》影印清咸豐七年沈氏自刻本)卷四"陶當作陰"條,頁688—690。

〔5〕 拙著《秦漢政區與邊界地理研究》(北京,中華書局,2009)下篇第一章《陰山高闕與陽山高闕辨析》,頁226—230。

〔6〕 《史記》卷一五《六國年表》,頁758。

〔7〕 清梁玉繩《史記志疑》卷九,頁453。清張文虎《校刊史記集解索隱正義札記》卷二,頁164。

及南越地”[1]。檢唐人張守節的《史記正義》,在《秦始皇本紀》此句下寫有釋語云:“謂戍五嶺,是南方越地。”[2]若依今本《史記》,書作“及南方越地”,那麼,在《史記》正文中只有修築長城之事,却並未言及戍守邊地事宜,張守節此語也就成爲所謂“無經之注”,找不到它所附麗的本文。至司馬光在北宋時期撰著《資治通鑑》,雖亦心知“築長城,及南越地”背戾歷史實際,却因不知其問題所在,只好勉强改易《史記》原文,增入一“處”字,將其書作“適治獄吏不直及覆獄故、失者,築長城及處南越地”[3]。文字的内容,與秦代歷史的抵觸雖已大幅度減除,但朝廷把這些“適治獄吏不直及覆獄故、失者”放到南越地去做什麼勾當,或者説到底讓他們“處”於此地何爲,却同樣令人迷惑不解。可見司馬光等强自增入這一“處”字,並没有很好地解決《史記》這一記載所存在的問題。

其實細心品味《史記正義》“謂戍五嶺,是南方越地”云云這句話,不難看出,當年張守節所依據的《史記》寫本,與今本不同,此處理應書作“戍南越地”,所以張氏纔會在此句之下疏釋戍軍守衛的這個“南越地”的具體位置。《史記》上文謂始皇帝三十三年,“發諸嘗逋亡人、贅壻、賈人略取陸梁地,爲桂林、象郡、南海,以適遣戍”,講的就是這種“戍南越地”的戍卒。漢文帝時晁錯上書論守邊事宜,曾述及“秦時北攻胡貉,築塞河上;南攻楊粤,置戍卒焉”[4],所説正是秦人應對胡、越兩大邊患,北修長城、南置戍卒的總體狀況,而《史記·張耳陳餘列傳》載秦末時武臣謂“秦爲亂政虐刑以殘賊天下,數十年矣。北有長城之役,南有五嶺之戍”[5];《淮南子·泰族訓》亦有語云“趙政晝決獄而夜理書,御史冠蓋接於郡縣,覆稽趨留,戍五嶺以

[1] 徵求意見本《史記》卷六《秦始皇本紀》,頁319。

[2] 《史記》卷六《秦始皇本紀》唐張守節《正義》,頁253—254。

[3] 宋司馬光《資治通鑑》(北京,中華書局,1956)卷七秦始皇三十四年,頁243。

[4] 《漢書》卷四九《晁錯傳》,頁2283。

[5] 《史記》卷八九《張耳陳餘列傳》,頁2573。

備越,筑脩城以守胡”[1],所謂“南有五嶺之戍”或“戍五嶺以備越”,同《史記·秦始皇本紀》的記載一樣,是與修築長城事並舉,適可印證張守節所云戍衛五嶺南方越地的解釋。蓋“戍”、“及”形似,傳寫之間,容易混淆,今本《秦始皇本紀》和《六國年表》中的這個“及”字,都應該是“戍”字的形譌[2]。

區區一隅之見,當然不宜率爾改易《史記》舊文,不過若是在這次的新點校本中添加一個附注,點明張守節《史記正義》所體現的古寫本文句,對讀者理解《史記》本文,還是會有所助益。

〖**附案**〗對上述文句,正式印本處理情況如下:

(1)“禁不得祠明星出西方”句,採納敝人意見,由“禁不得祠。明星出西方”,改作如此標點。

(2)“取高闕、陶山北假中”句,部分採納敝人意見,由“取高闕、陽山、北假中”,改作“取高闕、陶山、北假中”。

(3)“築長城,及南越地”句,未採納敝人意見,亦未依敝人意見附出校勘記以説明相關情況。

四、高祖本紀

【一】《史記·高祖本紀》原文:

當是時,秦兵彊,常乘勝逐北,諸將莫利先入關。獨項羽怨秦破項梁軍,奮願與沛公西入關。懷王諸老將皆曰:“項羽爲人慓悍猾賊。項

[1] 《淮南子·泰族訓》,據何寧《淮南子集釋》(北京,中華書局,1998)卷二〇,頁1399。

[2] 别詳拙稿《西漢關中龍首渠所灌溉之“鹵地”抑或“惡地”與合理對待傳世文獻問題》,見拙著《讀書與藏書之間(二集)》(北京,中華書局,2008),頁269—278。

羽嘗攻襄城,襄城無遺類,皆阬之。諸所過無不殘滅。且楚數進取,前陳王、項梁皆敗。不如更遣長者扶義而西,告諭秦父兄。秦父兄苦其主久矣,今誠得長者往,毋侵暴,宜可下。今項羽僄悍,今不可遣。獨沛公素寬大長者,可遣。"卒不許項羽,而遣沛公西略地,收陳王、項梁散卒。乃道碭至成陽,與杠里秦軍夾壁。破魏二軍。楚軍出兵擊王離,大破之。

沛公引兵西,遇彭越昌邑,因與俱攻秦軍,戰不利。還至栗,遇剛武侯,奪其軍,可四千餘人,并之。與魏將皇欣、魏申徒武蒲之軍并攻昌邑,昌邑未拔。西過高陽。[1]

其中"與杠里秦軍夾壁。破魏二軍"句,原點校本的標點,與此略有不同。原點校本的標點是在這兩個句子之間,只用逗號逗開,而没有使用句號;同時,對下面一句,文字又有改訂,書作:"與杠里秦軍夾壁,破(魏)〔秦〕二軍",亦即改"魏"爲"秦"。今徵求意見本則按照新的體例,删去"魏"字,徑行書作"破秦二軍",其所附校勘記注云:

破秦二軍　"秦",原作"魏"。《漢書》卷一上《高帝紀》上云"攻秦軍壁,破其二軍",《通鑑》卷八《秦紀》三二世皇帝二年云"攻秦壁,破其二軍"。今據改。[2]

〖**今案**〗

原點校本與今徵求意見本做出這一校改,都應當是遵從清人張文虎和梁玉繩的主張。檢張氏《史記》校語云:

---

〔1〕《史記》卷八《高祖本紀》,頁356—358。

〔2〕徵求意見本《史記》卷八《高祖本紀》,頁449,頁493。

"魏"字誤。《史詮》云當作"秦",《漢書》作"其"。[1]

原點校本所附《點校後記》,亦曾以此爲例來説其點校體例,乃謂此處"'破魏二軍'《漢書》作'破其二軍','其'指秦軍,那麼這裏的'魏'字明明是'秦'字之誤"[2],可見今徵求意見本與原點校本一樣,都是承用了張文虎的看法。而若再向前追溯,張文虎此説乃是本自梁玉繩的《史記志疑》[3];更早在明人陳仁錫的《史記考》,也已提出過同樣的認識,以爲"'破魏'之'魏'當作'秦'"[4]。這顯示出如此認識《史記·高祖本紀》這處文字,是一種比較普遍的情況。至於今《史記》徵求意見本較張文虎多引證的《通鑑》,在這裏並不能起到什麼實質性作用。蓋《通鑑》自是參酌《史記》、《漢書》做出的别擇,看"攻秦壁"這句話,就能夠清楚,司馬温公對此已經加入很多自己的理解,而不是另外見有特别的版本。近人校勘《史記》者,則有王叔岷氏亦從此説,謂"《史詮》之説甚協"[5]。

歷史文獻産生的文字譌誤,大多都有致誤的原因。譬如或形近或音同,或涉上或連下。一項好的勘正,應當儘可能解析清楚其何以致誤。這不僅能夠更爲切實地保證改訂的合理性,而且只有這樣,纔能更準確地復原其本來面目。但是,在《史記·高祖本紀》這條記載中,我們却看不到由"秦"字譌誤爲"魏"字的原因究竟是在哪裏。面對這樣的情況,在從事校勘特别是改動原文時,一定要慎之又慎,以免改是爲非,湮滅史事。

原點校本之《點校後記》,其舉述改"魏"爲"秦"這一事例,試圖用以説明,像這種情況乃是無可置疑的譌誤[6],然而實際情況却未必如此。張文

[1] 清張文虎《校刊史記集解索隱正義札記》卷一,頁90。

[2] 《史記》篇末附中華書局編輯部《點校後記》,頁2。

[3] 清梁玉繩《史記志疑》卷六,頁217—218。

[4] 明陳仁錫《史記考》(日本寬文十二年八尾友春刊享保二年京都堀川通本國寺前金屋半右衛門印本,題"陳明卿史記考")之《漢高祖本紀考》,頁1b。

[5] 王叔岷《史記斠證》卷八,頁311。

[6] 《史記》篇末附中華書局編輯部《點校後記》,頁2。

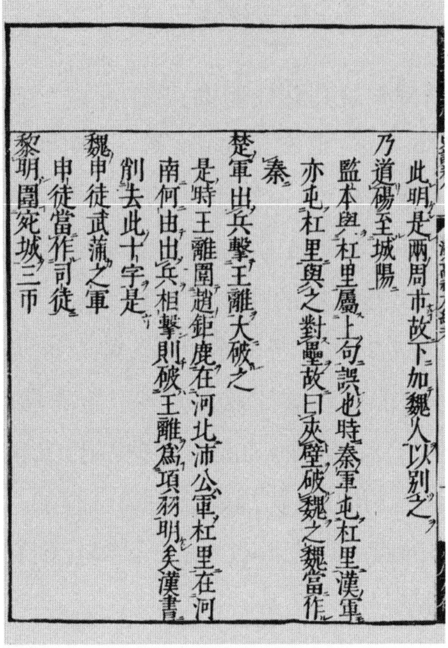
此明是兩周市故下加魏人以别之
乃道碭至城陽
監本與杠里屬上句誤也時秦軍屯杠里漢軍亦屯杠里與之對壘故曰夾壁破魏之魏當作秦
楚軍出兵擊王離大破之
是時王離圍趙鉅鹿在河北沛公軍杠里在河南何由出兵相擊則破王離爲項羽明矣漢書削去此十字是
魏申徒武蒲之軍
申徒當作司徒
黎明圍宛城三帀

○　日本寬文十二年八尾友春刻本陳仁錫《史記考》

虎對此雖然提出了自己的看法，但如前面第一節所述，張氏既然没有對《史記》徑加删改，就説明他對這一勘正尚且心存審慎，故而“不敢輒改原書”。

檢讀此徵求意見本《史記》，知點校過程中參據了沈家本的《諸史瑣言》，而針對張文虎上述看法，沈家本在《諸史瑣言》中早已提出過不同意見：

> 按“魏”字未必誤也。是時楚懷子魏豹數千人復徇魏地，或先與沛公俱，爲秦所破。秦破魏軍，故下接云“楚軍出兵擊”也。如依《漢書》作“其”，則下“楚軍”二字贅矣〔下云“與魏將皇欣、魏申徒武蒲之軍并攻昌邑”，益可見魏軍之與沛公俱也〕。[1]

〔1〕 清沈家本《諸史瑣言》（長沙，岳麓書社，1994，《二十五史三編》影印《沈寄簃先生遺書》本）卷一《史記瑣言》，頁 782。

沈家本所說"楚懷子魏豹數千人復徇魏地"，文字略有脱誤，蓋此事見於《史記·魏豹彭越列傳》，乃謂"楚懷王予魏豹數千人，復徇魏地"[1]，故《諸史瑣言》"楚懷子魏豹數千人復徇魏地"，應是脱落"楚懷王"之"王"字，復譌"予"爲"子"。

結合《史記·魏豹彭越列傳》這一記載，可知沈家本所説完全符合當時軍事態勢，信而可從。審《史記·秦始皇本紀》"破魏二軍"之"二軍"，應即《史記》下文所説魏將皇欣與魏申徒武蒲各自所統領的軍兵，清人姚範，已先於沈家本指出："《史》未必誤，二軍或即皇欣、武蒲之軍。始爲秦破，後與沛公合兵耳。"[2]從而愈知太史公爲文前後呼應，本合若符節。班固在撰寫《漢書》時，由於懵懂不明當時各方軍隊的動向，竟以私意妄改《史記》舊文，變秦軍攻魏，爲劉邦率楚軍"攻秦軍壁，破其二軍"，復省除未記魏將皇欣與魏申徒武蒲兩軍隨從劉邦并攻昌邑的内容[3]，完全湮滅了魏豹屬軍與劉邦軍協同作戰的情況，荒唐殊甚。不知點校者是馬虎大意没有認真對待沈家本的看法，抑或另有高見，以爲沈氏所説不足採信？

劉邦這次進軍關中，是影響整個中國歷史進程的重大軍事活動，而歷史記載相當簡略，每一個字都所關非細。更進一步分析，還可以看到，楚懷王之令魏豹率數千人復徇魏地與魏將皇欣、魏申徒武蒲這兩支軍隊與劉邦在城陽附近協同作戰，這與他委派宋玉、項羽率兵救趙、委派劉邦先入關中等戰略部署相映襯[4]，還充分顯示出在項梁被殺之後這一生死攸關的重大歷史關頭，楚懷王其人之政治決斷能力和軍事部署方略，實在高超過人，而且這一安排對楚軍能夠反敗爲勝並最終滅掉秦國，起到了至爲重要

[1] 《史記》卷九〇《魏豹彭越列傳》，頁2590。

[2] 清姚範《援鶉堂筆記》(清道光十五年裔孫姚瑩刊本)卷一八，頁3a。

[3] 《漢書》卷一上《高帝紀》上，頁16—18。

[4] 參見拙文《論劉邦進出漢中的地理意義及其行軍路綫》，原刊《傳統文化與現代化》1997年第4期，此據鄙人文集《歷史的空間與空間的歷史——中國歷史地理與地理學史研究》(北京，北京師範大學出版社，2005)，頁95—102。

的作用。

前此拙撰《中華書局新點校本〈史記〉部分書稿閲讀記》一文,已經剴切進言,謹請主事者切勿輕易依據《漢書》來校改《史記》的文字。此一事例,再一次表明,輕易改訂一字,往往都有可能改變或是遮蔽重大歷史事實的真相。

當然,這樣講並不是説《漢書》對校勘《史記》没有參考價值,關鍵是需要通看相關史事,而不是簡單對比文字異同就貿然做出裁斷。譬如,上面引述的《史記·高祖本紀》中"項羽爲人僄悍猾賊"這句話,梁玉繩在《史記志疑》中曾有考述説:

> "猾"字不似羽之爲人,蓋"禍"字之譌。《漢書》作"禍",師古曰"好爲禍害而殘賊也"。[1]

通觀項羽的爲人和性格,我想這應該是一個比較合理的判斷,至少比原本的"猾"字更符合項羽的品性,因而可以在新點校本《史記》中録出這一校語,以供讀者參考。可是,不知點校者怎樣考慮,在這次印行的徵求意見本中,没有能夠看到這樣的内容。

〖**附案**〗正式印本已採納拙見,不改原文,書作:"與杠里秦軍夾壁。破魏二軍。"又案"項羽爲人僄悍猾賊"句,正式印本未理會敝人建議以加注梁玉繩《史記志疑》語。

【二】《史記·高祖本紀》原文:

> 漢元年十月,沛公兵遂先諸侯至霸上。秦王子嬰素車白馬,係頸

---

〔1〕 清梁玉繩《史記志疑》卷六,頁217。

以組，封皇帝璽符節，降軹道旁。諸將或言誅秦王。沛公曰："始懷王遣我，固以能寬容；且人已服降，又殺之，不祥。"乃以秦王屬吏，遂西入咸陽。欲止宫休舍，樊噲、張良諫，乃封秦重寶財物府庫，還軍霸上。召諸縣父老豪傑曰："父老苦秦苛法久矣，誹謗者族，偶語者棄市。吾與諸侯約，先入關者王之，吾當王關中。與父老約法三章耳：殺人者死，傷人及盗抵罪〔《集解》：應劭曰："抵，至也，又當也。除秦酷政，但至於罪也。"李斐曰："傷人有曲直，盗臧有多少，罪名不可豫定，故凡言抵罪，未知抵何罪也。"張晏曰："秦法一人犯罪，舉家及隣伍坐之，今但當其身坐，合於《康誥》'父子兄弟罪不相及'也。"《索隱》：韋昭云："抵，當也。謂使各當其罪。"今按：秦法有三族之刑，漢但約法三章耳，殺人者死，傷人及盗者使之抵罪，餘並不論其辜，以言省刑也。則抵訓爲至，殺人以外，唯傷人及盗使至罪名耳〕。餘悉除去秦法。諸吏人皆案堵如故。凡吾所以來，爲父老除害，非有所侵暴，無恐！且吾所以還軍霸上，待諸侯至而定約束耳。"乃使人與秦吏行縣鄉邑，告諭之。秦人大喜，争持牛羊酒食獻饗軍士。沛公又讓不受，曰："倉粟多，非乏，不欲費人。"人又益喜，唯恐沛公不爲秦王。[1]

以上備録漢王至霸上後召見秦父老豪傑之舉上下相關史事的全文，是爲準確理解"約法三章"句的語義。上文"與父老約法三章耳"，中華書局原點校本和這次印行的徵求意見本，都是讀作"與父老約，法三章耳"[2]。

〖**今案**〗

"約法三章"一語，後世歷代相傳，以至流爲市井小民類皆脱口出之的俗語，其本義如何，自有必要清楚辨析。不過，我在這裏提出這一問題，更重要的原因，是由於上述兩種不同斷句形式，關係到劉邦入關之後所採取

〔1〕《史記》卷八《高祖本紀》並劉宋裴駰《集解》、唐司馬貞《索隱》，頁 362—363。

〔2〕徵求意見本《史記》卷八《高祖本紀》，頁 455。

的這一法律措施的性質，這也可以説是秦漢法制體系變遷過程中一個十分特殊的過渡環節，因而在點校本中不能不儘可能真切地反映其固有的涵義。

首先，"約法三章"之所以能夠成爲世俗通行的成語，是因爲在宋代以前人們一直這樣連讀《史記·高祖本紀》，而不是像今中華書局點校本這樣將其中斷爲"與父老約，法三章耳"。例如，東漢人班固在《漢書·刑法志》中敘述此事，即書作"高祖初入關，約法三章"云云[1]。繼之，班氏復有議論云："漢興之初，雖有約法三章，網漏吞舟之魚。"[2]稍後李奇也有"約法三章無肉刑"的説法[3]，同樣是連讀此文。又上列《史記·高祖本紀》所附唐人司馬貞的《索隱》，謂"漢但約法三章耳"，顯然也是這般讀法。

對《史記·高祖本紀》這句文字，做出新的句讀，似始自南宋中期人劉昌詩，他在所著《蘆浦筆記》中專門談到這一問題：

> "約法三章"，自班氏作《刑法志》，謂"高祖初入關約法三章"，至今以爲省約之約，皆作一句讀。予觀《紀》所書云："吾與諸侯約，先入關者王之，吾當王關中。與父老約，法三章耳。"若以"與父老約法三章耳"八字作一句，恐不成文理。合於約字句斷，則先與諸侯約，今與父老約，不惟上下貫穿，而"法三章耳"方成句語。[4]

晚於劉氏，王應麟在趙宋亡國以後，也談到了相同的看法：

> "與父老約"爲句，下云"法三章耳"。唐高祖入京師，"約法十二

[1] 《漢書》卷二三《刑法志》，頁1096。
[2] 《漢書》卷二三《刑法志》，頁1104。
[3] 《史記》卷一〇《孝文本紀》劉宋裴駰《集解》，頁427—428。
[4] 宋劉昌詩《蘆浦筆記》(北京，中華書局，1986)卷一"約法三章"條，頁998。

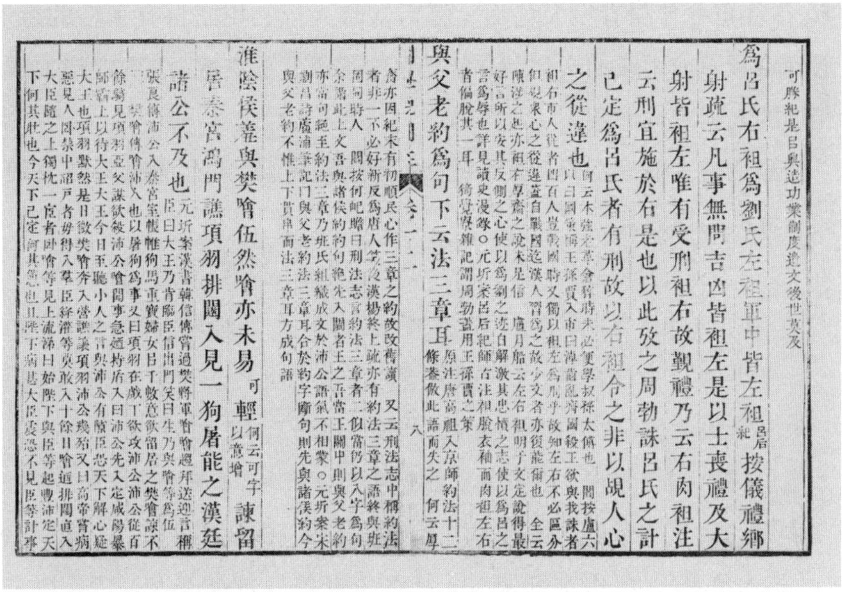
可勝紀是呂與逵功業制度逵文後世莫及

爲呂氏右袒爲劉氏左袒軍中皆左袒呂后紀按儀禮鄉射疏云凡事無問吉凶皆袒左是以士喪禮及大射皆袒左唯有受刑袒右故覲禮乃云右肉袒注云刑宜施於右是也以此攷之周勃誅呂氏之計已定爲呂氏者有刑故以右袒令之非以覘人心之從違也

與父老約爲句下云法三章耳

淮陰侯羞與樊噲伍然噲亦未易輕 何云可字以意增 諫留居秦宮鴻門譙項羽排闥入見一狗屠能之漢廷諸公不及也

○ 清道光乙酉餘姚守福堂原刻翁元圻注本《困學紀聞》

條”,盖倣此語而失之。〔1〕

不論在當時還是後世,劉昌詩和他的《蘆浦筆記》,都没有多大影響,而王應麟和他的《困學紀聞》却是大名鼎鼎,稍具修養的文人學士大多都會有所瞭解,因而通過王應麟其人其書,這一説法對後世讀《史記》者産生了很大影響。明凌稚隆等纂《史記評林》,即明確標注乃承用“王厚齋點法”而將“‘與父老約’爲一句讀”〔2〕。今中華書局點校本所施句讀,同樣承此而來。

若是用我們更爲熟習的唐宋以來的文法句式來衡量,當然很容易接受劉昌詩和王應麟這一説法。可若單純從這一角度出發,來解讀秦漢以前的

〔1〕 宋王應麟《困學紀聞》(清道光乙酉餘姚守福堂原刻翁元圻注本)卷一二《考史》,頁8a。

〔2〕 明凌稚隆輯、李光縉增補《史記評林》卷八《高祖本紀》,頁107。

文獻,往往也會伴隨有很大危險。因爲當時人行文用語自有獨特的習慣,在遇到這類義或兩歧的文句時,首先應該通觀上下文義,注重當時人或時代相近的人對它的解讀。

清嘉道時人翁元圻爲《困學紀聞》所做箋注,彙集有清康熙時人何焯和閻若璩的疏證意見:

【何云】厚齋(德勇案:王應麟號厚齋)亦因紀末有"初順民心,作三章之約",故改舊讀。【又云】《刑法志》中稱約法者非一,不必好新,反爲唐人笑。《後漢》楊終上疏,亦有"約法三章"之語,終與班固同時人。【閻案】何屺瞻(德勇案:何焯字屺瞻)曰:"《刑法志》言'約法三章'者二,似當仍以八字爲句。余謂此上文'吾與諸侯約','約'句絶;'先入關者王之,吾當王關中,則與父老約',亦當句絶。至'約法三章',乃班氏組織成文,於沛公氣不相蒙。"[1]

總的來説,何焯依據《漢書》等處的用例[2],以爲"不必好新"而改變班固以來的舊讀(邵晉涵後來也提出過同樣的看法[3]),閻若璩則依然維護王應麟的新説,並且解釋説,班固在《漢書·刑法志》中所提到的"約法三章",不過是班固按照自己的理解以"組織成文",若是按照這個樣子把它放回《史記·高祖本紀》的原文當中,則"於沛公氣不相蒙"。

閻若璩其人,在很大程度上,可以説是清代乾嘉時期正宗考據學的開山鼻祖式人物,他的學術能力、氣象和成就,都遠非何焯可以望其項背。就對《困學紀聞》的箋注而言,清代四庫館臣有一段很好的評議,可供我們

〔1〕 宋王應麟《困學紀聞》卷一二《考史》附清翁元圻注,頁8。

〔2〕 案何焯所説"《後漢》楊終上疏,亦有'約法三章'之語",事見《後漢書》卷四八《楊終傳》,頁1597。

〔3〕 清邵晉涵《南江札記》(北京,中華書局,2004,《清人考訂筆記七種》影印清嘉慶八年邵氏面水層軒刻本)卷四,頁184。

參考：

應麟博洽多聞，在宋代罕其倫比，雖淵源亦出朱子，然書中辨正朱子語誤數條，如《論語》註"不舍晝夜"舍字之音，《孟子》註"曹交曹君之弟"，及謂《大戴禮》爲鄭康成註之類，皆考證是非，不相阿附。不肯如元胡炳文諸人堅持門户，亦不至如明楊慎、陳耀文、國朝毛奇齡諸人肆相攻擊。蓋學問既深，意氣自平，能知漢唐諸儒本本原原，具有根柢，未可妄詆以空言。又能知洛閩諸儒亦非全無心得，未可概視爲弇陋。故能兼收竝取，絶無黨同伐異之私。所考率切實可據，良有由也。……此本乃國朝閻若璩、何焯所校，各有評注，多足與應麟之説相發明。今仍從刊本，附於各條之下，以相參證。若璩考證之功，十倍於焯，然若璩不薄視應麟，焯則動以詞科之學輕相詬厲。考應麟博極群書，著述至六百餘卷，焯所聞見，恐未能望其津涯，未免輕於立論，是即不及若璩之一徵。以其拾遺補罅，一知半解，亦或可採，故仍竝存之，不加芟薙焉。[1]

除了具體的學術貢獻之外，四庫館臣如此抬舉王應麟和閻若璩，還有一個大的文化背景，這就是當時正值考據學鼎盛，而清代考據學立足的基點，便是批判以朱熹爲代表的宋明理學。王應麟能夠訂正朱熹廣泛流行的《四書章句集注》，閻若璩的《四書釋地》更是直接針對朱熹此書所做的考辨，所以格外受四庫館臣青睞。王應麟、閻若璩兩人與何焯之間在學術地位和影響上的這一巨大落差，自然會招致更多人信奉王應麟一派人的觀點。中華書局點校本對這句話句讀的處理，同樣脱離不了這一影響。

何焯與閻若璩兩人在認識上分歧和對立，概括地説，就是何焯關注實際用例，閻若璩偏重文脈語氣。這仍然是後人怎樣看待前代文法句式的問

〔1〕 清官修《四庫全書總目》卷一一八《子部·雜家類》"困學紀聞"條，頁1024。

題,而解決文法句式古今習慣異同的關鍵,則是仔細斟酌清楚這一語句的內在涵義究竟是什麽。

從劉昌詩到閻若璩,在分析《史記・高祖本紀》這段記載時,實際上都是按照唐宋以後人行文的修辭形式,把劉邦這段話中下列語句,視作兩個句式相同的排比句,即:

(1)吾與諸侯約,先入關者王之,吾當王關中。

(2)與父老約,法三章耳:殺人者死,傷人及盜抵罪。

在上面甲、乙兩個句子當中,各有一個"與"字和"約"字,若果真是他們所理解的排比句,其詞性、詞義與語法地位,都應該相同,從而也應該做出類同的句讀。

讓我們先來看古人是怎樣理解這兩個"約"字。前面一個"約"字,是約定、商定的意思,這應該没有什麽疑義,但後面"與父老約"的"約"字,前人却有不同的理解。《漢書・文帝紀》載文帝即將由代王府入居未央宫中大位之際,其中尉宋昌曾經談道:"漢興,除秦煩苛,約法令,施德惠,人人自安。"唐人顔師古注曰:"約,省也。"[1]宋昌這段話,更原始的出處,是《史記・孝文本紀》[2],姑且不論宋昌此語是否就某一具體史事即如劉邦與三秦父老之"約法三章"者所言,至少就此處上下文義而論,其解作"省"義,正與上文"除秦煩苛"相對,允屬恰當。當時人類似的用法,如《史記・平準書》開篇論曰:"漢興,接秦之弊,丈夫從軍旅,老弱轉糧饟,作業劇而財匱,自天子不能具鈞駟,而將相或乘牛車,齊民無藏蓋。於是爲秦錢重難用,更令民鑄錢,一黄金一斤,約法省禁,而不軌逐利之民,蓄積餘業以稽市物,物踊騰糶,米至石萬錢,馬一匹則百金。"[3]又《司馬法》亦有"約法省

[1] 《漢書》卷四《文帝紀》並唐顔師古注,頁106—107。

[2] 《史記》卷一〇《孝文本紀》,頁413—414。

[3] 《史記》卷三〇《平準書》,頁1417。

罰”之句[1],這些都是連用“約法”以表示減省法律條文的用例。

在此基礎之上,讓我們再來看看韓信在漢中拜將事時對劉邦與三秦父老那段談話的叙述:

> 信拜禮畢,上坐。王曰:“丞相數言將軍,將軍何以教寡人計策?”信謝,因問王曰:“今東鄉争權天下,豈非項王邪?”漢王曰:“然。”曰:“大王自料勇悍仁彊孰與項王?”漢王默然良久,曰:“不如也。”信再拜賀曰:“惟信亦爲大王不如也。然臣嘗事之,……項王……名雖爲霸,實失天下心。故曰其彊易弱。今大王誠能反其道,任天下武勇,何所不誅!以天下城邑封功臣,何所不服!以義兵從思東歸之士,何所不散!且三秦王爲秦將,將秦子弟數歲矣,所殺亡不可勝計,又欺其衆降諸侯,至新安,項王詐阬秦降卒二十餘萬,唯獨邯、欣、翳得脱,秦父兄怨此三人,痛入骨髓。今楚彊以威王此三人,秦民莫愛也。大王之入武關,秋毫無所害,除秦苛法,與秦民約法三章耳,秦民無不欲得大王王秦者。於諸侯之約,大王當王關中,關中民咸知之。大王失職入漢中,秦民無不恨者。今大王舉而東,三秦可傳檄而定也。”於是漢王大喜,自以爲得信晚。遂聽信計,部署諸將所擊。[2]

請注意,劉邦原來向關中父老講的話,是在“父老苦秦苛法久矣,誹謗者族,偶語者棄市”和“與父老約法三章耳”這句話中間,還説道“吾與諸侯約,先入關者王之,吾當王關中”,這是向父老豪傑宣示他的身份和地位,表明他有資格在此發號施令,修改那些嚴苛的法律。而韓信在這裏則略掉中間那幾句話,把“與秦民約法三章耳”直接承續在“除秦苛法”句下。這樣一來,就凸顯出來,這些話與宋昌所説“漢興,除秦煩苛,約法令”之語竟如出一

[1] 《司馬法》(日本寬永二十年據慶長十一年刻《武經七書》翻刻本)卷中《定爵》,頁 1a。

[2] 《史記》卷九二《淮陰侯列傳》,頁 2611—2612。

人之口，顯而易見，都是説因秦法煩苛纔有“約法”之舉，即如同清人邵晉涵早就指出的那樣，“此‘約法’與上‘苛法’對”[1]。

相互比照可知，劉邦當時所説係向關中父老宣告減省秦朝法律，使其舊法僅存留殺人、傷人與盜三章，此即司馬貞所釋：“餘並不論其辜，以言省刑也。”《史記·高祖本紀》記載劉邦在講完“與父老約法三章耳：殺人者死，傷人及盜抵罪”這幾句話之後，緊接着説“餘悉除去秦法”，本來已經清楚表明，所謂“與父老約法三章”，一定是將秦朝原有的法律條文大幅度省除，僅保留三章；也只有這樣，纔會有“餘”下的那些秦法可言，否則就是盡數廢除秦法了。

前面已經指出，班固在《漢書·刑法志》中敘述此事，乃謂“漢興之初，雖有約法三章，網漏吞舟之魚”。這顯然是把“約法三章”理解爲減省秦廷律文爲三章。班固在記述“約法三章”一事時，更清楚表述説，劉邦此舉乃因“蠲削煩苛”而贏得“兆民大説”[2]。無奈閻若璩硬要説這是“班氏組織成文”。理清《史記·高祖本紀》下文“餘悉除去秦法”之句同“與父老約法三章耳”這句話的照應關係，自易明白閻氏所説誠屬厚誣孟堅。其實昭帝時所謂“文學”之士，在著名的鹽鐵會議上，即曾明確講到“高皇帝約秦苛法，以慰怨毒之民，而長和睦之心，唯恐刑之重而德之薄也”[3]，此語自可確切證實所謂“約法三章”當即省約秦朝苛法而僅存三章的意思。後來東漢人應劭，述及此事，亦有語云：“高祖入關，雖尚約法，然殺人者死，亦無寬降”[4]；逮至南朝劉宋時期，范曄援此典故，仍謂“刑書鐫鼎，事有可詳；三章在令，取貴能約”[5]。這些語句與班固“雖有約法三章，網漏吞舟之魚”之説所表示的語義完全相同，都是講“約法”即爲減省法律條文，足證班固

[1] 清邵晉涵《南江札記》卷四，頁184。

[2] 《漢書》卷二三《刑法志》，頁1096。

[3] 漢桓寬《鹽鐵論》（北京，北京圖書館出版社，2002，《中華再造善本》叢書影印國家圖書館藏明弘治十四年涂禎刻本）卷一〇《周秦》，頁8b—9a。

[4] 《後漢書》卷四八《應劭傳》，頁1611。

[5] 《後漢書》卷四九《王充王符仲長統列傳》篇末范曄論語，頁1660。

對“約法三章”的理解,本是一種普遍的認識,理當符合劉邦的本意。《舊唐書》載武德元年唐高祖李淵嘗“詔頒五十三條格,以約法緩刑”[1],所説“約法緩刑”,也顯然是在承用《史記·高祖本紀》的典故。其實,明朝人陳耀文早就在排比歸納班固以來諸多用例後批駁王應麟輩曰:“按‘約法’字兩《漢書》皆同,相去不遠,其得於傳授者必真也。……故晉宋隋唐史册中亦相承無異,今特標立異説,謂是何理? 豈前人俱誤耶? 近見刻《史記》者又尊信表章之,以誤後學,豈於前諸史略不經目耶?”[2]

與漢高祖劉邦“與父老約法三章”語法結構完全相同的用例,尚有崔鴻《十六國春秋·蜀録》記云:“建興元年十月,(李)雄即成都王位於南郊,大赦改元,約法七章。”[3]《晉書·李雄載記》記同事,乃謂雄“除晉法,約法七章”,並稱“雄性寬厚,簡刑約法,甚有名稱”[4]。是則李雄“約法七章”也應該是指約省晉人舊法爲七章。

闡釋清楚“約”字的涵義之後,再來看“與父老約”的“與”字。劉邦所説“吾與諸侯約”的“與”字,當然相當於“同”、“和”之類的連詞,但“與父老約”的“與”字却與此完全不同。檢王引之《經傳釋詞》釋此“與”字,乃别有字義云:

> 家大人曰:“與”猶“爲”也〔此“爲”字讀去聲〕。《孟子·離婁篇》曰“所欲與之聚之”,言民之所欲,則爲民聚之也。《秦策》曰“或與中期説秦王曰”〔鮑本如是,姚本“與”作“爲”〕,言爲中期説秦王也。《楚策》曰:“秦王令芈戎告楚曰:‘毋與齊東國,吾與子出兵矣”,言吾爲子出兵也。又《漢書·高祖紀》“漢王爲義帝發喪”,《漢紀》“爲”

---

〔1〕《舊唐書》(北京,中華書局,1975)卷一《高祖本紀》,頁8。

〔2〕明陳耀文《正楊》(臺北,臺灣商務印書館,1986,影印文淵閣《四庫全書》本)卷二“約法三章”條,頁32a—34b。

〔3〕宋李昉等《太平御覽》卷一二三《偏霸部·蜀李雄》引崔鴻《十六國春秋》,頁597。

〔4〕《晉書》(北京,中華書局,1974)卷一二一《李雄載記》,頁3036,頁3040。

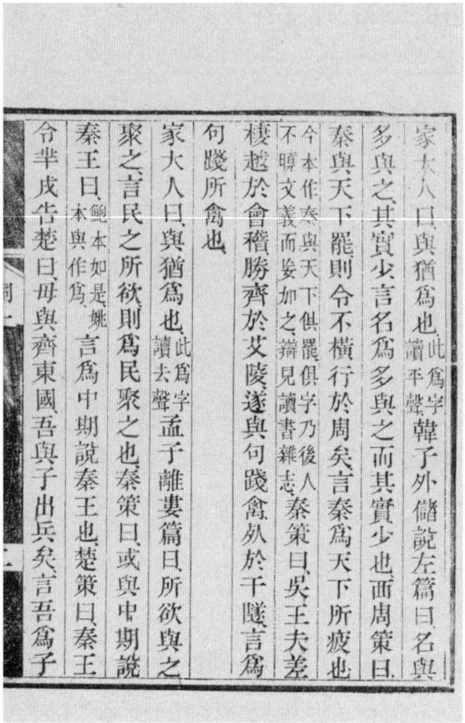
家大人曰與猶爲也此爲字讀平聲韓子外儲說左篇曰名與
多與之其實少言名爲多與之而其實少也西周策曰
秦與天下罷則令不横行於周矣言秦爲天下所疲也
今本作秦與天下俱罷俱字乃後人不曉文義而妄加之辯見讀書雜志秦策曰吳王夫差
棲越於會稽勝齊於艾陵遂與句踐禽死於干隧言爲
句踐所禽也
家大人曰與猶爲也此爲字讀去聲孟子離婁篇曰所欲與之
聚之言民之所欲則爲民聚之也秦策曰或與中期說
秦王曰鮑本如是姚本與作爲言爲中期說秦王也楚策曰秦王
令芈戎告楚曰毋與齊東國吾與子出兵矣言吾爲子

○ 清嘉慶王氏家刻試印本《經傳釋詞》

作“與”。[1]

《史記·高祖本紀》“與父老約”的“與”字,應即此讀作去聲的“爲”字之義。蓋如上所述,劉邦在講述其“與父老約”之前,特地插入“吾與諸侯約,先入關者王之,吾當王關中”這段話,就是在向關中父老豪傑宣示其因當王關中而有合理的權力在此改弦更張,爲秦民頒佈新的法令。可見劉邦這段話中前後相繼看似雷同的兩個“約”字和兩個“與”字,實際上都有很大差别。太史公行文,句式每參差錯落,變幻靈動,切忌以後世通行之套路僵硬視之。

〔1〕 清王引之《經傳釋詞》(寒齋藏清嘉慶王氏家刻試印本)卷一“與”條,頁 2a—2b。

至於後來世人把“約法三章”用爲恒言俗語,確實都是把這一“約”字,用作約定之義,不過這是詞彙使用過程中的流變問題,它已經脱離劉邦講這句話的本義而它行,在此自可置而不論。

準確理解“與”字的這一語義,並不僅僅是清楚辨明了“吾與諸侯約,先入關者王之,吾當王關中”同“與父老約,法三章耳:殺人者死,傷人及盗抵罪”這兩段内容絶非並列排比的修辭關係;更爲重要的是,它可以促使我們更深一層思考,若如王應麟等人所説,將“與父老約”單獨句斷,劉邦與三秦父老之間相互約定法僅三章,那麽,也就意味着劉邦與這些秦人之間,是一種平等協商的關係,此三章之法則成爲一種官與民之間平等商討訂立的法條,這是與所謂皋陶作士以執五刑的司法體制絶然背戾的行爲,關係到古代法制史上很多根本性問題。然而,如上所述,事實上所謂“約法三章”,只不過是劉邦在極爲特殊的情況下,以所謂“關中王”的身份,臨時頒佈的一項特别法律措施,試圖通過紓緩關中民衆的困頓,來换取秦國舊民對他以楚人而稱王於嬴秦腹地的支持。《史記·秦楚之際月表》記述此事,書作“沛公出令三章,秦民大悦”[1],這就更加清楚地顯示,此三章之令本是劉邦居高臨下頒發而出的“王法”,絶不是同關中父老商討訂立的協約。

理解劉邦“與父老約法三章”的真實涵義,我們也就很容易明白,不管是“殺人者死”,還是“傷人及盗抵罪”,在司法實踐中,都不能以口頭誓約而簡單確定,而是需要依據相關的法律條文,甄别處理。特别是《史記集解》引李斐語云:“傷人有曲直,盗贓有多少,罪名不可預定,故凡言抵罪,未知抵何罪也。”又《史記索隱》繼之釋云,此乃“謂使各當其罪”。這都説明,儘管法僅“三章”,但正像宋人李邦直在講述漢朝刑律發展變化時所對比講述的那樣:“天下之所以畔秦者以法,卒所以亡秦者以刑人也。漢高祖

---

〔1〕《史記》卷一六《秦楚之際月表》,頁774。

乘之，約法爲三章，蕭何增爲九章。”[1]“約法爲三章”自如上文所論，減省秦朝繁苛之法爲此三章簡約之律，故後來蕭何復在此基礎之上“增爲九章”。而對比一下漢代的九章之律，便不難知曉，這三章律文，不僅僅是《史記·高祖本紀》所記乾巴巴的三句話，亦即“三章”不等於“三條”，而是每一章内還要下設許多細目，仍有一些具體的規定和解釋，説明特定的犯罪情節與其所適用的律條和量刑標準。即如“殺人者死”，具體是怎麼一種死法；“傷人及盗抵罪”，傷到什麽程度“抵”多重的罪，盗取多少財物處以哪一等級的懲罰，這些都是勢所必然的事情，不能没有具體的執行條文。不管是做過泗水亭長的劉邦，還是刀筆吏出身甚至直接做過“獄掾”的蕭何、曹參一輩人，自然都清楚瞭解這些執法過程中必然要遇到的問題，而當時戰事初寧，無暇制定新的法律，只能是利用秦人舊有的法律而加以減省。這樣做既便於民衆規避，也是劉邦等新當政者實際所宜操作的做法[2]。通觀後世各個朝代政權更替之際的司法實踐情況，這應該也是一項通例。

《史記·孝文本紀》記載文帝十三年五月文帝下詔，廢除肉刑，謂“今法有肉刑三而姦不止”，因命有司“其除肉刑，有以易之”，《史記集解》引述東漢人李奇語曰：“約法三章無肉刑，文帝則有肉刑。”[3]即謂此等肉刑皆“約法三章”後所增設。案《漢書·刑法志》在上引“漢興之初，雖有約法三章，網漏吞舟之魚”句下，繼之復記述説：“然其大辟，尚有夷三族之令。令曰：‘當三族者，皆先黥，劓，斬左右止，笞殺之，梟其首，菹其骨肉於市。其誹謗詈詛者，又先斷舌。’故謂之具五刑。彭越、韓信之屬皆受此誅。至高后元年，乃除三族罪、祅言令。”[4]清人俞正燮就此論述説：“《漢書·刑法

[1] 宋未題編者《聖宋文選全集》（清光緒八年郯城于氏景刊黄丕烈舊藏宋本）之前集卷二二李邦直《議刑策》上，頁5b。

[2] 案近人沈家本撰《歷代刑法考》（北京，中華書局，1985）之《律令考》卷二雖列有“漢三章”這一專條（頁849—850）來考述此事，却亦未能清楚説明“約法三章”的涵義。

[3] 《史記》卷一〇《孝文本紀》並劉宋裴駰《集解》，頁427—428。

[4] 《漢書》卷二三《刑法志》，頁1104。

志》云高祖入關,約法三章,後韓、彭反誅,乃有三族。案天下初定,購季布,敢有舍匿,罪之族,時韓、彭未反也。賈子《新書》屢稱誹謗之誅、挾書之禁亦未除,皆非'三章'所有。"[1]趙翼對此也有類似的看法[2]。實則此等"三章"之外的刑罰,應屬暫安關中父老後新頒行的律條,看賈誼論述秦法,云"其俗固非貴辭讓也,所上者告訐也;固非貴禮義也,所上者刑罰也。使趙高傅胡亥而教之獄,所習者非斬劓人,則夷人之三族也。故胡亥今日即位而明日射人,忠諫者謂之誹謗,深計者謂之妖言,其視殺人若艾草菅然"[3],前述劉邦"約法三章"時亦先告關中父老云"父老苦秦苛法久矣,誹謗者族,偶語者棄市",因而可知在當時的條件下,這實際上也只是重新施行先前被劉邦停而不用的秦人舊法。像"約法三章"這樣的簡易判案規章,實際上只能是在特殊歷史時期、在很大程度上也只是針對特定對象而施行,時過境遷,必然要有所調整,使之適應正常的社會環境。

不過,並不能因爲劉邦後來重又行用這些秦人舊法,就以爲漢文帝所説肉刑,亦皆同屬此等新增之律。蓋所謂"約法三章",只是將當時實際執行的刑事犯罪行爲,限定爲殺人、傷人與盜這三大種類,而"肉刑"是許多種類的罪行都有可能涉及的刑罰形式,二者是性質完全不同的兩回事。在劉邦保留的三項犯罪種類當中,完全可能會包含有需要以肉刑懲處的罪行。在張家山漢簡的《奏讞書》中,我們就可以看到漢高祖七年仍論有黥刑,高祖十年仍論有斬左止(趾)之刑,這都屬於肉刑之列[4]。又據《漢書·刑法志》記載,丞相張湯、御史大夫馮敬在擬議落實漢文帝廢除肉刑的詔令時曾奏言:"肉刑所以禁姦,所由來者久矣。陛下下明詔,憐萬民之一

---

〔1〕 清俞正燮《癸巳存稿》(上海,商務印書館,1937,《叢書集成初編》排印《連筠簃叢書》本)卷七"三章"條,頁 192。

〔2〕 清趙翼《廿二史劄記》(北京,中華書局,1984,王樹民《廿二史劄記校證》本)卷一四"後魏刑殺太過"條,頁 304。

〔3〕 《漢書》卷四八《賈誼傳》,頁 2251。

〔4〕 張家山二四七號漢墓竹簡整理小組《張家山漢墓竹簡》(北京,文物出版社,2001)之《奏讞書圖版》第 34 號簡,第 73 號簡,頁 55,頁 59;《奏讞書釋文注釋》,頁 215,頁 219。

有過被刑者終身不息,及罪人欲改行爲善而道亡繇至,於盛德,臣等所不及也。臣謹議請定律曰:‘諸當完〔臣瓚曰:文帝除肉刑,皆有以易之,故以完易髡,以笞代劓,以鈦左右止代刖。今既曰完矣,不復云以完代完也。此當言髡者完也〕者,完爲城旦舂;當黥者,髡鉗爲城旦舂;當劓者,笞三百;當斬左止者,笞五百;當斬右止,及殺人先自告,及吏坐受賕枉法,守縣官財物而即盜之,已論命復有笞罪者,皆棄市。……’制曰:‘可。’”[1]從這段話裏可以看出,“所由來者久”的肉刑本應包含在劉邦所定“三章”之法的内容之中,上述原來施用肉刑的罪行,如“殺人先自告”者,自應歸屬於“約法三章”中“殺人者死”一章(具體量刑時因其“先自告”而得適當減緩行刑的嚴酷程度),“守縣官財物而即盜之”則應在“盜者使之抵罪”一章之内,而在這次漢文帝廢除肉刑之前,顯然都是要接受某種肉刑的懲處或是更爲殘酷的方式(譬如腰斬)行刑。藉此一端,或可更爲清楚地體會,所謂“約法三章”的實際内容,並不像“三大紀律、八項注意”一樣簡單。

根據上述考論,建議這次重新點校出版《史記》,是否可以考慮恢復班固以降直至王應麟另倡新説之前的舊讀,取消“與父老約,法三章耳”這句話句中的逗點,而將其連讀爲“與父老約法三章耳”[2];至少可以添附一條校記,説明相關情況。

〖**附案**〗正式印本已採納拙見,將這句話改讀作:“與父老約法三章耳。”

---

〔1〕《漢書》卷二三《刑法志》並唐顔師古注,頁1099。

〔2〕案王叔岷《史記斠證》卷八(頁316)就認爲“‘約法’連讀,似符史公原意”。

五、樂書

【一】《史記·樂書》原文:

大樂與天地同和,大禮與天地同節。和,故百物不失;節,故祀天祭地。明則有禮樂,幽則有鬼神,如此則四海之内合敬同愛矣。禮者,殊事合敬者也;樂者,異文合愛者也。禮樂之情同,故明王以相沿也。故事與時並,名與功偕。故鐘鼓管磬羽籥干戚,樂之器也;詘信俯仰級兆舒疾〔《集解》:徐廣曰:"級,今《禮》作'綴'。"駰案:鄭玄曰:"兆,其外營域。"《索隱》:徐廣曰:"級,今《禮》作'綴'。"綴舞者,酇列也。又按:下文"其舞行及遠"、"及短",《禮》皆作"綴",盖是字之殘缺譌變耳,故此爲"級"而下又爲"及"也。並依字讀,義亦俱通,恐違古記耳〕,樂之文也。簠簋俎豆制度文章,禮之器也;升降上下周旋裼襲,禮之文也。故知禮樂之情者能作,識禮樂之文者能術。作者之謂聖,述者之謂明。明聖者,術作之謂也。

……

昔者舜作五弦之琴,以歌《南風》;夔始作樂,以賞諸侯。故天子之爲樂也,以賞諸侯之有德者也。德盛而教尊,五穀時孰,然後賞之以樂。故其治民勞者,其舞行級遠〔《正義》:行音胡郎反,級音子衛反。本或作"綴",音同。此明雖得樂賜,而隨功德優劣也,舞位行列也。綴謂酇列也。若諸侯治民勞苦,由君德薄,王賞之以樂,則舞人少,不滿,將去酇疏遠也〕;其治民佚者,其舞行級短〔《集解》:王肅曰:"遠以象民行之勞,近以象民行之逸。"《正義》:佚音逸。言若諸侯治民暇逸,由君德盛,王賞舞人多,則滿,將去酇促近也。庾蔚之云:"此爲虞夏禮也。虞猶淳,故可隨功賜樂;殷周漸澆,易生忿怨,不宜猶有優劣,是以同制。諸侯六佾，故與《周禮》不同也。"]故觀其舞而知其德，聞其謚而知其行。[1]

以上文字，今徵求意見本同[2]。

〖今案〗

如上列引文所見，"其舞行級遠"與"其舞行級短"之"級"字，張守節《史記正義》述云另有别本書作"綴"，清人沈濤對此嘗有考辨云：

《樂書》"故其治民勞者，其舞行級遠；其治民佚者，其舞行級短"，兩"級"字皆當作"及"。案上文"級兆舒疾"，《集解》引徐廣曰："級，今《禮》作'綴'。"《索隱》曰："又案下文'其舞行及遠'、'及短'，《禮》皆作'綴'。蓋是字之殘缺譌變耳，故此爲'級'而下又爲'及'也。"則知小司馬本此處作"及"不作"級"，可知今本作"級"蓋校書者據上文妄改。

又案：《正義》曰"級音子衛反，本或作綴，音同。"疑張氏本作"級"，與小司馬不同。然"級"亦不應有子衛之音，自以殘缺譌變之説爲正。[3]

司馬遷《史記》之《樂書》原本久已佚失，今本乃後人自古《樂記》中迻録而來。此古《樂記》乃武帝時河間獻王與毛生等採輯《周官》及諸子言樂事者以成，《禮記·樂記》即編録其中十一篇的内容，今本《史記》的《樂書》也同

---

[1] 《史記》卷二四《樂書》並劉宋裴駰《集解》、唐司馬貞《索隱》、唐張守節《正義》，頁1189—1191，頁1197—1198。

[2] 徵求意見本《史記》卷二四《樂書》，頁1408—1409，頁1417—1418。

[3] 清沈濤《銅熨斗齋隨筆》卷四"級當作及"條，頁679—680。

出於此書。後來劉向校理漢廷藏書時,亦曾檢得二十三篇[1],或謂"今《禮記》内之《樂記》十一篇,實出於劉向而非出於戴聖也無疑矣。非出於戴聖而今入於《小戴記》中,則其爲馬融所增益亦無疑矣"[2]。可見《禮記·樂記》和《史記·樂書》兩書係同源别流,相互之間有很多可以勘比的地方,故劉宋徐廣、裴駰輩注釋《史記》,皆徵引《禮記》原文暨鄭玄注與之核校。

檢今本《禮記》,此"詘信俯仰級兆舒疾"乃書作:"屈伸俯仰綴兆舒疾",鄭玄注釋"綴兆"二語云:"綴,酇,舞者之位也(德勇案:或連讀爲'酇舞者之位也')。兆,其外營域也。"又"故其治民勞者,其舞行級遠;其治民佚者,其舞行級短"數語,《禮記》文作"故其治民勞者,其舞行綴遠;其治民佚者,其舞行綴短",鄭玄注云:"民勞則德薄,酇相去遠,舞人少也;民逸則德盛,酇相去近,舞人多也。"[3]綜合上述記載和考訂,可知《史記·樂書》所迻録之古《樂記》,這幾處文字應一如今本《禮記·樂記》,都是寫作"綴"字,如司馬貞所説,後因字有殘缺譌變而或譌作"級",或譌作"及"[4]。

惟近人李笠對此另有不同看法,他曾針對司馬貞的注解考述説:

> 案"綴"、"級"一聲之轉,故字得通借也。下文作"及"者又"級"之省作,或偶捝耳。篇内如"貫乎人情",《樂記》"貫"作"管";"天地欣合",《樂記》"欣"作"訢";"布筵席",《樂記》"布"作"鋪";"廉直經正",《樂記》"經"作"勁";"類小大之偁",《樂記》"類"作"律";"皆得其齊矣",《樂記》"齊"作"儕";"衛音趣數煩志",《樂記》"趣"作"趨";"四伐",《樂記》"四"作"駟";"苞之以虎皮",《樂記》"苞"作

---

[1] 《漢書》卷三〇《藝文志》,頁1711—1712。余嘉錫《太史公書亡篇考》,見作者文集《余嘉錫論學雜著》(北京,中華書局,1963),頁38—48。

[2] 清翁方綱《禮記附言》(清光緒五年定州王氏謙德堂刻《畿輔叢書》本)卷五,頁19a—21b。

[3] 《禮記》(清嘉慶丙寅張敦仁仿刻宋本)卷一一《樂記》並漢鄭玄注,頁10b,頁13a。

[4] 案王叔岷《史記斠證》卷二四(頁1033,頁1037)未能正確理解《史記索隱》的語義,乃謂司馬貞僅僅以爲"及"是"級"的"殘缺譌變"。

"包";"將率",《樂記》"率"作"帥"之類,皆聲近義通,謂違古記,未然。[1]

案余嘉錫嘗謂古《樂記》原書既不可見,而"《禮記》及《樂書》兩本,蓋各有長。其文字及次第不同處,《禮記》未必是,《樂書》未必非"。余氏又揣摩《禮記》唐孔穎達疏語云:"孔《疏》曰:'此經倒錯,上下失叙,今依鄭之所注次而解之。其次依《史記·樂書》也。'詳孔氏之意,蓋謂鄭所注次序是依《史記·樂書》校定。然則今之《樂書》,固在鄭君之前矣。"[2]明此可知《史記·樂書》不同於《禮記·樂記》的文字,往往會有獨特的價值,不宜輕易改動,它所存留的古《樂記》通借文字,更不必改同今本《禮記》,故清人顧廣圻在爲張敦仁校勘宋撫州《禮記》的《樂記》時,便特别説明云:"此篇文與《荀子·樂論》、《史記·樂書》及裴駰《集解》引鄭注,有出入者,皆不取以相亂。"[3]惟李氏所舉其他同類通借用例,都是通用語詞,在義可兩通的情況下,於此或暫且無須一一辨别何爲正字,何爲借字,如上述今本《禮記》之"屈伸",《史記·樂書》寫作"詘信"也是這樣。可是像"綴"字這樣技術性很强的專門術語,明其本字,對研究古代樂舞的實際演奏情況,本身就意義重大,不像尋常語詞那樣,可此可彼,"級"或"及"字在字義上恐怕都無法與之相通,並不像司馬貞所講的那樣,"並依字讀,義亦俱通",因而這會直接影響到古代音樂、舞蹈面貌的正確認識,而不僅僅是司馬貞和李笠所論是否有違古記的問題。

如前面第一節所述,張守節的《史記正義》本來就是兼釋司馬貞的《史記索隱》,故《史記正義》特地説明有别本《史記》與今本《禮記》一樣書爲"綴"字,而且如同沈濤所强調指出的那樣,《史記正義》復謂在寫作"級"字

---

〔1〕 李笠《史記訂補》(長沙,岳麓書社,1994,《二十五史三編》影印民國甲子瑞安李氏横經室刻本)卷三,頁490。

〔2〕 余嘉錫《太史公書亡篇考》,見作者文集《余嘉錫論學雜著》,頁48。

〔3〕 《禮記》篇末附張敦仁《撫本禮記鄭注考異》卷下,頁1b。

的版本上仍有“子衛反”這一本應屬於“綴”字的讀音存留[1],因知這些注記都應該是直接承續《史記索隱》的解說,進一步佐證其書作“級”或“及”字的版本確屬“字之殘缺譌變”,亦即“級”、“及”二字俱爲“綴”之形譌。

又《史記·樂書》下文復有語云“故樂者,審一以定和,比物以飾節,節奏合以成文,所以合和父子君臣,附親萬民也,是先王立樂之方也。故聽其雅頌之聲,志意得廣焉;執其干戚,習其俯仰詘信,容貌得莊焉;行其綴兆,要其節奏,行列得正焉,進退得齊焉。故樂者天地之齊,中和之紀,人情之所不能免也”[2]。對比《史記·樂書》前面“詘信俯仰級兆舒疾”這一文句,可知此處所説“俯仰詘信”,正與其“詘信俯仰”相呼應,而“行其綴兆,要其節奏”同樣是順承“級兆舒疾”而言,前後比照,愈易理解,“級兆”確應爲“綴兆”的譌誤。有此張守節所見唐世舊本與《史記·樂書》上下文句依據,就已經不是强改《史記》以就《禮記》的問題,而是合理恢復太史公書的本來面目,對此“級”字理應予以更正。

由於《史記·樂書》與《禮記·樂記》出自同一淵源,在考慮訂正《史記·樂書》這處文字時,當然也不能不適當參照《禮記·樂記》中與此對應的内容。在這一方面,需要稍加説明的是,《禮記·樂記》與《史記·樂書》對應的這些内容,歷代相傳,並無異文。例如,南朝蕭梁《文心雕龍》之《章句》篇中有句云:“譬舞容迴環,而有綴兆之位;歌聲靡曼,而有抗墜之節。”[3]其“舞容迴環,而有綴兆之位”云云,顯然就是在援用《禮記·樂記》的典故,説明當時流通的《禮記》,也是書作“綴兆”。同時人沈約撰著《宋書》以及唐初歐陽詢等纂《藝文類聚》,引述《禮記》此文,同樣也都是稱

---

[1] 案宋陳彭年等纂《廣韻》(北京,中華書局,2004,周祖謨《廣韻校本》影印清康熙《澤存堂五種》仿宋刻本)卷四去聲十三祭(頁378)載“綴”字“陟衛切”,而同書卷五入聲二十六緝(頁534—535)載“級”字音爲“居立切”,“及”字音讀“其立切”,都與“綴”的語音有明顯差别。

[2] 《史記》卷二四《樂書》,頁1220。

[3] 蕭梁劉勰《文心雕龍》(北京,人民文學出版社,1958,范文瀾《文心雕龍注》本)卷七《章句》,頁570。

爲“綴兆”[1]。

從另一角度看,《禮記・樂記》記述的“綴兆”和《史記・樂書》載録的所謂“級兆”,既然是同出一源的異文,講的是同一歷史事物,在它們二者之間,就必然要有對有錯,至少是有正有變。那麼,按照正常的情理,其對者正者,往往會在實際生活中有所沿承;錯者變者,一般則不大容易流傳。

首先,我們可以看到,在後世的社會用語當中,一直使用“行綴”、“綴兆”、“舞綴”等字來反映與樂舞有關的事情。如東漢蔡邕《月令章句》曰:“樂容曰舞,有俯仰張翕、行綴長短之制。”[2]又曹魏明帝在太和初年發佈制舞作樂的詔書曰:“武皇帝廟樂未稱,其議定廟樂及舞,舞者所執,綴兆之制,聲哥(歌)之詩,務令詳備。樂官自如故爲太樂。”[3]南朝梁昭明太子蕭統去世之際,梁武帝蕭衍詔司徒左長史王筠撰述哀册,其中也提到“詔撰德於旌旒,永傳徽於舞綴”[4]。這種情況至少能夠説明,“綴”字是一種被普遍接受的用法,而一般來説,這也就意味着它是基於某種實際存在。特别是在《宋書・樂志》載録的劉宋郊廟歌詞中,也不止一次見到“舞綴”這一詞語。如“具陳器,備禮容,形舞綴,被歌鍾”;又如“舞綴暢,鍾石融,駐飛景,鬱行風”[5]。由於這些歌詞當時是要被歌舞者演唱的,“舞綴”云云也就更應該是體現着實際情況。

其次,讓我們來看一個南朝時期樂舞表演的實際例證。相關史事見《隋書・音樂志》:

(陳宣帝太建)五年,詔尚書左丞劉平、儀曹郎張崖定南北郊及明

[1] 《宋書》(北京,中華書局,1974)卷三〇《五行志》一,頁888。唐歐陽詢等《藝文類聚》(上海,上海古籍出版社,1982)卷四三《樂部・舞》,頁767。

[2] 唐歐陽詢等《藝文類聚》卷四三《樂部・舞》,頁768。

[3] 《宋書》卷一九《樂志》一,頁535。

[4] 《梁書》(北京,中華書局,1973)卷八《昭明太子傳》,頁169。

[5] 《宋書》卷二〇《樂志》二,頁568—569。

堂儀注,改天嘉中所用齊樂,盡以“韶”爲名。工就位定,協律校尉舉麾,太樂令跪贊云:“奏懋韶之樂。”降神,奏《通韶》;牲入出,奏《潔韶》;帝入壇及還便殿,奏《穆韶》。帝初再拜,舞《七德》,工執干楯,曲終復綴。出就懸東,繼舞《九序》,工執羽籥。獻爵於天神及太祖之座,奏登歌,帝飲福酒,奏《嘉韶》;就望燎,奏《報韶》。[1]

這是陳國郊廟樂舞表演的一個固定的程序,其中舞伎(觀下文“工執干楯”、“工執羽籥”云云,當時應習稱“舞工”,參見唐段安節《樂府雜録》[2])在舞蹈完《七德》之後,需要暫時“復綴”,然後再“出就懸東”,也就是到樂器支架的東側,接着再跳《九序》這支舞曲。顯而易見,舞伎所復之“綴”,就應該是前面提到的“舞綴”和“行綴”,“綴兆”之“綴”亦應同屬此義。在元人余載《韶舞九成樂補》所記録的舞譜裏,有一套從樂舞表演開始時的“始成”,中間經歷“再成”、“三成”直至“九成”各個場景的變换,直到最後樂舞結束時重又“復綴”的舞列位置標記,從中可以清楚看出“復綴”亦即恢復剛一上場“始成”時的舞列[3]。

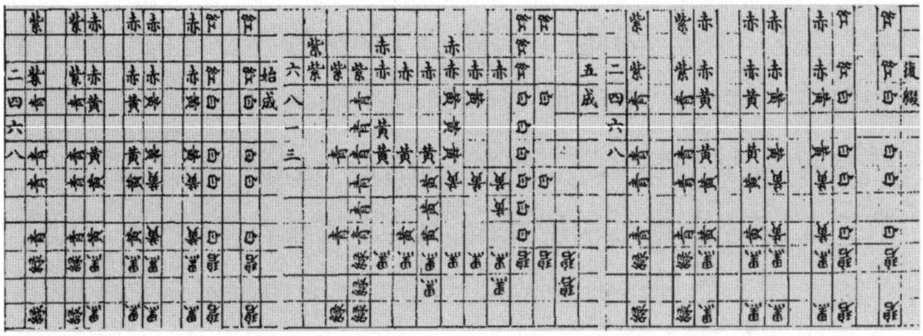

○ 《樂律全書》所記“始成”至“復綴”諸圖變化過程

[1] 《隋書》卷一三《音樂志》上,頁309。

[2] 唐段安節《樂府雜録》(上海,古典文學出版社,1957)之“舞工”條,頁28。

[3] 元余載《韶舞九成樂補》(臺北,臺灣商務印書館,1986,影印文淵閣《四庫全書》本),頁22b—27a。

假如有人對上述材料還有所疑惑的話，那麽請再來看看下面這一事例：

于司空頔，因韋太尉《奉聖樂》，亦撰《順聖樂》以進，每宴必使奏之。其曲將半，行綴皆伏，獨一卒舞於其中。幕客韋綬笑曰："何用窮兵獨舞。"言雖詼諧，一時亦有謂也。頔又令女妓爲六佾舞，聲態壯妙，號孫武《順聖樂》。[1]

這一記載，清楚表明，直到唐代，仍然活生生地沿用着《禮記·樂記》中"行綴"這一術語。兩相印證，可以進一步判明，今本《史記·樂書》中的"級"字，必屬"綴"之譌變無疑。

爲考辨《史記·樂書》這一文字如此大費周章，當然是爲更準確也更爲明晰地理解"綴兆"一語的涵義，深入認識古代樂舞的一些基本内容。雖然古代有許多學者像司馬貞一樣，通過與《禮記》的對比，對《史記·樂書》中的"級兆"應即"綴兆"，早就有所認識[2]，但却一直没有人能夠合理解釋"綴兆"的語義；甚至像司馬貞還胡亂説什麽錯譌的"級"、"及"諸字，與"綴"字"義亦俱通"。因此，下面就讓我們來看一看這個"綴"字到底爲什麽不能與"級"或"及"字相通。

現存有關"綴兆"最早的解釋，就是前面引述的《禮記》鄭玄之注，後世絶大多數學者，基本上都是承用此説，阮元《釋鄭表綴》一文，於此文義復有進一步疏説[3]。鑒於這種情況，下面需要首先明確鄭玄的釋義。

如上文所述，鄭玄云"綴，酇，舞者之位也"，這是説"綴"的涵義等同於

---

〔1〕唐李肇《國史補》（上海，上海古籍出版社，1979）卷下，頁59。

〔2〕如明方以智《通雅》（上海，上海古籍出版社，1988，《方以智全書》本）卷八《釋詁·謰語》，頁315。

〔3〕清阮元《詁經精舍文集》（揚州，廣陵書社，2011，影印清嘉慶道光間刻《文軒樓叢書》本）卷八《釋鄭表綴》，頁1389—1391。

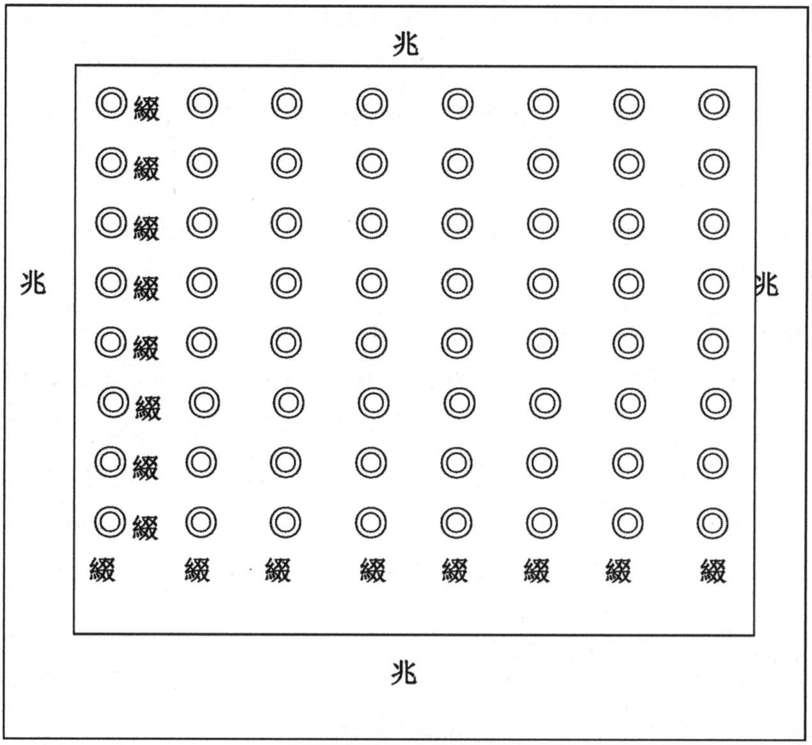

○ 鄭玄所釋“綴兆”示意圖

“酇”，而“酇”是“舞者”表演時所在的位置。與此相對，鄭玄説“兆，其外營域也”，這是在講“兆”爲“酇”以外的其他區域。唐孔穎達等《禮記正義》進一步疏釋説：“酇謂酇聚，舞人行位之處，立表酇以識之。”〔1〕清人洪頤煊復引述《説文》謂“酇”爲“聚也”這一語義加以印證〔2〕。再看鄭玄注《禮記》下文“故其治民勞者，其舞行綴遠；其治民佚者，其舞行綴短”，乃謂：“民勞則德薄，酇相去遠，舞人少也；民逸則德盛，酇相去近，舞人多也。”結合這兩處注文，可知鄭玄應當是把“綴”理解爲每一位舞者或數位

〔1〕 唐孔穎達等《禮記正義》（臺北，藝文印書館，2007，影印清嘉慶二十一年南昌府學刊《十三經注疏》本）卷三八《樂記》，頁 677。

〔2〕 清洪頤煊《讀書叢録》卷四“綴兆”條，頁 10a。

緊密相依的一簇舞者在舞臺上所處的相對位置(因此纔會有"舞行綴遠"即"酇相去遠"、"舞行綴短"即"酇相去近"的説法);而"兆"則是"綴"外的空地。鄭玄對"綴兆"的這種解釋,大致可繪爲《鄭玄所釋"綴兆"示意圖》約略示之。

這樣的解釋,雖然後來被大多數人所接受,成爲主流的觀點,但若是把這種解釋與《禮記》的原文匹配在一起,其抵牾之處也是比較突出的。例如,前面曾經提到,《史記·樂書》下文復有句云:"聽其雅頌之聲,志意得廣焉;執其干戚,習其俯仰詘信,容貌得莊焉;行其綴兆,要其節奏,行列得正焉,進退得齊焉。"《禮記·樂記》也有與此對應的記載(只是"詘信"寫作"詘伸"),而鄭玄注其"綴兆"之"綴"曰:"綴,表也,所以表行列也。《詩》云'荷戈與綴'。兆,域也,舞者進退所至也。"[1]對"兆"字的解釋,尚與前面所説大體相近(但改特定的綴外"營域"爲寬泛的"域",實際上也有了較大變易),可是"綴"的釋義,却與剛剛講過的"舞者之位"有了明顯差别。前面在分析《史記·樂書》中同一記載時已經談到,這裏所説"俯仰詘伸"(或作"俯仰詘信")正與上文講過的"屈伸俯仰"(或書作"詘信俯仰")相呼應,而"行其綴兆,要其節奏"這兩句話,則是順承"綴兆舒疾"而來。因此,這前後兩處"綴兆"的詞性語義,應當完全相同,鄭玄何以出爾反爾,另行做出新的解釋?這只能是緣於此處有"行列得正"和"進退得齊"兩語,非如此重釋,鄭玄則找不到"行其綴兆"與這兩種結果的聯繫。這種情況向我們提示,鄭玄對"綴兆"的注釋,看起來不夠順暢,這裏可能會存在很大問題。

前人對"綴兆"的認識,長久以來,一直是在鄭玄前後兩説之間徘徊,進展有限。形成這種局面,實與世人對鄭玄的過度尊崇具有直接關係。特别是清代考據學家的研究,在具體研究方法上一味佞漢黜宋的結果,事實上在很大程度上已經背離了實事求是的基本出發點。嘉慶時人焦循曾深

---

[1] 《禮記》卷一一《樂記》並漢鄭玄注,頁25b。

切指斥這一弊病説:“循嘗怪爲學之士,自立一考據名目。以時代言,則唐必勝宋,漢必勝唐;以先儒言,則賈、孔必勝程、朱,許、鄭必勝賈、孔。凡鄭、許一言一字,皆奉爲圭璧,而不敢少加疑辭。竊謂此風日熾,非失之愚,即失之僞,必使古人之語言皆佶屈聱牙而不可通,古人之制度皆委曲繁重而失其便。譬諸懦夫不能自立,奴於强有力之家,假其力以欺愚賤,究之其家之堂室牖户未嘗窺而識也。若以深造之力,求通前儒之意,當其散也,人無以握之;及其既貫,遂爲一定之準。其意甚虚,其用極實。各獲所安,而無所勉彊。此亦何據之有?古人稱理據、根據,不過言學之有本,非謂據一端以爲出奴入主之資也。據一端以爲出奴入主之資,此豈足以語聖人之經而通古人聲音訓詁之旨乎?”[1]清代大多數研究《禮記》的學者,對“綴兆”一語未能做出通暢的解讀,正是緣於鄭玄舊注的束縛。

直到清朝晚期,郭嵩燾撰著《禮記質疑》,對這一問題的認識,纔出現較大進展。郭氏指出:

> 鄭注:“綴,酇舞者之位也。兆,其外營域也。”
>
> 嵩燾案:鄭注《奔喪》:“位,有酇列之處。”《集韻》:“酇,聚也。”是鄭訓“綴”爲“聚”,取相連綴之義,而訓“兆”爲位外之營域則非。
>
> 《説文》:“兆,分也。𠬞,灼龜坼也。”兆者分析之義。馬融注《論語》:“佾,列也。”《周禮》大胥“以六樂之會正舞位,以序出入舞者”。序舞者謂之綴,八佾各自爲列謂之兆。董氏《春秋繁露》:“法商而王舞佾圓,法夏而王舞佾方;法質而王舞佾橢,法文而王舞佾衡。”佾者,兆也。圓之方之,橢之衡之,所謂綴也。下文“行其綴兆,要其節奏”,正謂舞列相連綴而又秩然有别也。屈伸俯仰,舞者之容;綴兆舒疾,舞者之節〔案下“總干山立”,舒也;“發揚蹈厲”,疾也;“武亂皆坐”,又舒也。凡舞,節始終皆舒,故初言“備戒之已久”,後言“遲而又久”,而

〔1〕 羅振玉編《昭代經師手簡》(臺北,藝文印書館,1976,影印民國戊午羅氏印本)之焦循致王引之書,嘉慶三年三月望日。

其中之逮事皆疾,故謂之象成]。舞以行數人數相綴爲義,故舞列謂之綴。方氏慤云:"綴,表也,所以表行列也。"行綴既成而爲兆,綴兆猶舞列之有分合也。鄭訓"綴"爲"位"而及"位"外之營域,是"屈伸俯仰疾舒"皆虚,獨"綴兆"實指其位,於辭爲不文矣。[1]

這段文字,叙述稍顯雜亂,簡單地歸納,就是郭嵩燾認爲"綴"是指對舞者加以排序,令其"圓之方之,橢之衡之"("序舞者謂之綴"),亦即使之相互"連綴",編爲特定的隊列(如"八佾各自爲列",又如法商而得之圓形舞佾,法夏而得之方形舞佾;法質而得之"橢"形亦即橢圓形舞列,法文而得之"衡"形亦即横形舞列),而"兆"就是這各種形式的"舞列"(亦即"舞佾")的統稱("行綴既成而爲兆")。更簡單地概括,"綴兆"就是"綴"而成"兆",編排舞列[2]。

郭氏論證過程中的首要着眼點同時也是驗證其合理性的主要標尺,是《禮記·樂記》"屈伸俯仰綴兆疾舒"(或如《史記·樂書》書作"詘信俯仰綴兆舒疾")這八個字,即按照鄭玄以來的舊注,"綴兆"兩字的釋義,與"屈伸俯仰疾舒"的詞性詞義有明顯差别,不相匹配,故"於辭不文"。這一點看似簡單淺顯,其實對合理解讀古代文獻至關重要。换句話説,也就是正確合理的解讀,通常一定要合乎作者行文的通例。郭嵩燾研治《禮記》,固以敢于匡正鄭注而著稱,在這一問題上,他能夠擺脱舊説的束縛,實亦良有以也。

郭嵩燾解釋"屈伸俯仰綴兆疾舒"這八個字,説"屈伸俯仰,舞者之容;綴兆舒疾,舞者之節",似乎還稍嫌籠統。南宋時人方慤,對"屈伸俯仰,舞者之容",還曾有過更進一步的解析,謂"屈伸言舞者之身容,俯仰言舞者

---

[1] 清郭嵩燾《禮記質疑》(清光緒十六年思賢講舍刻本)卷一九"綴兆舒疾"條,頁7b—8a。

[2] 案王文錦《禮記譯解》(北京,中華書局,2001,頁533)將此"綴兆"譯爲"舞蹈的隊列",這與郭嵩燾的釋讀在表面形式上看似乎有些相似。

之頭容"[1],由此我們能夠更爲深切地理解,"屈伸"、"俯仰"、"疾舒"這三組詞語其兩兩相對的語義,以及用來反映舞者身姿和節奏狀態的作用。從這一總體情況出發,再來看"綴兆"的語義,自然也應該是用來描摹舞蹈表演某一方面的特徵,而不大應該是鄭玄所説的舞臺位置區分。現在郭嵩燾釋云"綴兆"與舞列有關,較諸鄭玄舊注,顯然要合理得多。特別是郭氏意識到"綴兆猶舞列之有分合也",猶如以"分合"這一語義與"屈伸"、"俯仰"、"疾舒"諸語來搭配,顯然更爲切合《禮記·樂記》或《史記·樂書》固有的句式與其所要表述的内容。

然而,這只是郭嵩燾從《禮記·樂記》的詞語定式推衍出來的一個想法,而不是從"綴兆"兩字本身揭示出來的語義。從上面的引文可以看出,郭氏訓釋"綴兆"兩字,從總體上來説,並没有超脱鄭玄的窠臼,其勝過鄭玄的實質性進展,只是把"兆"字由位外營域改釋爲舞者隊列而已。郭嵩燾釋"綴"字義爲"序"或"連綴",這是訓爲動詞,而把"兆"字解作舞列,則是視同名詞,這與"屈伸"、"俯仰"、"疾舒"這三組詞語每一組内語義相對爲偶的兩個字或俱爲動詞("屈伸"、"俯仰")或均屬形容詞("疾舒")的情況,明顯不相協調,依舊"於辭爲不文";特別是把"兆"字釋爲舞列,與鄭玄訓"綴"爲"位"以及訓"兆"爲營域一樣,也是以"實"指其事來匹配"屈伸"、"俯仰"、"疾舒"這三組"虚"表其態的語詞,尤顯突兀。由此看來,《禮記質疑》一書對"綴兆"的解釋,似乎仍然存在很大問題。

從上面的引文可以看到,郭嵩燾重釋"兆"字的語義,藉助了許慎《説文解字》對此字的訓解,乃由《説文》所云"兆者分析之義",推論"八佾各自爲列謂之兆"。循此途徑,讓我們再來重新審視"綴兆"兩字早期的字形和字義,藉此或可知悉這兩個字對舞者形態的描摹,究竟是怎樣一種涵義。

檢《説文》載篆書"𠔁"字云:"𠔁,分也。"清人段玉裁考述説:"此即今

[1] 宋衛湜《禮記集説》(清康熙刻《通志堂經解》本)卷九三引宋方慤《禮記解》,頁9a。

之兆字。《廣韻》'兆,治小切',引《説文》'分也',此可證孫愐以前"兆"即兆矣。"[1]郭嵩燾正是基於"兆"爲"分也"這一點推衍出"分"而爲"列"的語義(事實上在郭氏之前,道光時人毛際盛就已經把"兆"字解作古"佾"字[2]),但如上所述,郭嵩燾這一推論並不符合《禮記·樂記》上下文用語的定式,而且段玉裁對"兆"字的考辨,也並不符合實際情況。因而,對此還需要進一步分析。又郭嵩燾在論證過程中,還把這個"兆"與《説文解字》所載另一作"灼龜坼"解的"𠧞"(𠧞)視同一字,這種看法愈加顯示出他的認識存在很大誤區。

郭嵩燾把"兆"、"𠧞"(𠧞)兩字視同一事,似以爲這兩個字在"分"和"坼"這一意義上具有内在聯繫。但"兆"、"𠧞"(𠧞)兩字實際上毫無關聯。《禮記·樂記》"綴兆"之"兆"乃直接承續"兆"字而來,但作"灼龜坼"解的"𠧞"(𠧞),其甲骨文字型作"[甲骨文]",篆書字型作"𠧞",此篆書左旁之"[篆]",從步,從水省,乃"涉"字雛形。散氏盤銘文有"[篆][篆]"二字,阮元舊釋作"濾洮";又格伯簋有"[篆]"字,阮元亦曾識爲"[篆]",乃"疑湄字古文",而同時人洪頤煊即均將其正作"涉"字[3]。此字由甲骨文、金文到戰國文字再到篆書字形的演替序列爲:[篆]→[篆]→[篆]→[篆]→[篆]→[篆]→[篆]→[篆],因知灼龜所致"兆坼"之"兆"本應書作"𠧞",亦即"𠧞"字,從卜,[篆]聲[4]。"[篆]"字衍變形成的篆書字形"[篆]",與"兆"仍有明顯區別。顯而易見,後世把"[篆]"、"兆"二字混而爲一,俱書作"兆"形,實屬字形譌變所致[5]。

---

〔1〕 清段玉裁《説文解字注》(上海,上海古籍出版社,1988,影印清嘉慶經韻樓原刊本),頁49。

〔2〕 清毛際盛《説文解字述誼》(揚州,廣陵書社,2009,影印清光緒間劉世珩刊《聚學軒叢書》本)卷上,頁1069。

〔3〕 清阮元《積古齋鐘鼎彝器款識》(清光緒五年上海中華圖書館影印清嘉慶原刻本)卷七《格伯簋》,頁15b—16b;卷八《散氏盤》,頁3a—8b。清洪頤煊《讀書叢録》卷一二"濾洮"條,頁17b。

〔4〕 何琳儀《戰國古文字典》(北京,中華書局,1998),頁311—312,頁1431。

〔5〕 案宋人張有即把"兆"、"[篆]"兩字列爲"形相類"者而予以辨析。張氏説見所著《復古編》(北京,北京圖書館出版社,2004,《中華再造善本》叢書影印國家圖書館藏元至正六年吴志淳好古齋刻本)卷下,頁25a。

○ 篆書“别”、“兆”二字字形對比

關於《説文》中這個“𠔁”字的本義,清人鄭珍曾做有很好的考述:

> 别,《説文》“𠦬”下云:“𠔁,古文‘别’。”合以虞翻説《尚書》“分北三苗”云“北”古“别”字〔“𠔁”、“北”形近易亂,故《書》之“𠔁”寫作“北”,猶“𠦬”(德勇案:此即“乖”字)之隸變亦以“𠔁”作“北”。仲翔(德勇案:虞翻字仲翔)經注當竝是“𠔁”字,世從作“北”之字本書之耳〕,是“𠔁”爲古“别”字無疑。“𠔁”下稱《孝經説》曰“上下有别”,正以明“𠔁”之所出。《集韻》作“有𠔁”,是據舊本也。段氏玉裁注《説文》,乃以“𠔁”爲卜兆本字,以卜部“𠧞”、“兆”爲唐後俗增,謂稱《孝經説》是重八之意,許凡注“某古文某”,皆見於本書,“别”下未嘗有“𠔁古文别”,遂併“𠦬”注“𠔁,古文别”删去。不思許注云“某古文某者”,每有不見重文,如“𠃬古文貴”、“二古文上”者,豈合盡删也?〔1〕

鄭氏文中“‘𠦬’之隸變亦以‘𠔁’作‘北’”的説法,更早在唐朝的時候,唐玄度撰《新加九經字樣》,就已經指出了這一點〔2〕。又鄭珍提到的“分北三苗”之“北”應是“𠔁”字譌變,亦即古之“别”字。

對此,早在清代前期,惠棟在考辨《尚書》時也曾做過論證:

〔1〕 清鄭珍《汗簡箋正》(清光緒十五年廣雅書局刊本)卷一,頁14a—14b。

〔2〕 唐唐玄度《新加九經字樣》(清乾隆五年江都馬氏叢書樓刻本),頁7b—8a。

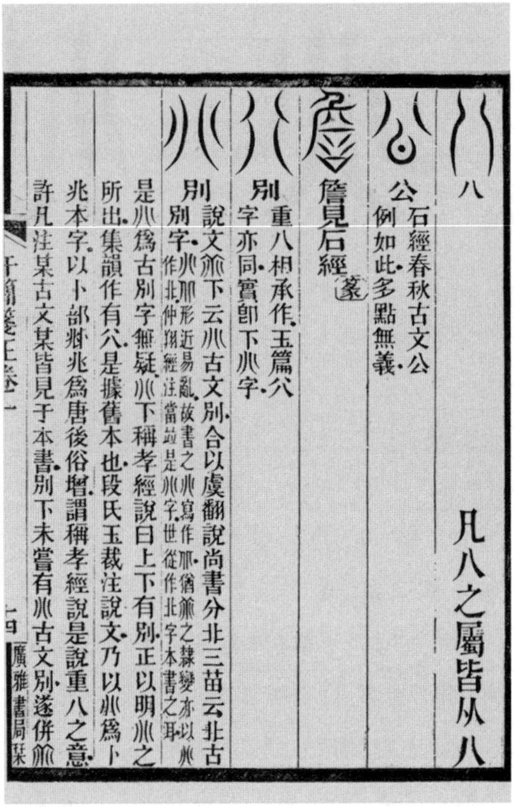

八　八　凡八之屬皆从八
公　石經春秋古文公例如此。多點無義。
詹　詹見石經（篆）
別　重八相承作。玉篇𠔁字亦同。實部下𠔁字。
別　說文𠔁下云𠔁古文別。合以虞翻說尚書分北三苗云北古別字。𠔁𠔁形近易亂。故書之𠔁寫作𠔁。猶𠔁之隸變亦以𠔁作北。仲翔經注當並是𠔁字。世從作北字本書之耳。是𠔁爲古別字無疑。𠔁下稱孝經說曰上下有別。正以明𠔁之所出。集韻作有𠔁。是據舊本也。段氏玉裁注說文。乃以𠔁爲卜兆本字。以卜部𠁥兆爲唐後俗增。謂稱孝經說是說重八之意。許凡注某古文某皆見于本書。別下未嘗有𠔁古文別。遂併𠔁

汗簡箋正卷一　十四　廣雅書局栞

○　清光緒十五年廣雅書局刻本《汗簡箋正》

分北三苗。“北”讀爲別。古文“北”字從二人，別字重八八。𠔁〔北〕、𠔁〔別〕字相似，因誤作“北”。

《說文》於八部曰：“𠔁，別也。《孝經說》曰：‘上下有別。’（清嚴元照案：引《孝經說》正當作‘𠔁’，若作‘別’，引之何爲？今本《說文》誤）”又丫部曰：“𠔁，古文‘別’。”許君學于賈逵，逵傳古文《尚書》，必得其實。虞翻曰：“鄭注《尚書》‘分北三苗’，北，古‘別’字，又訓‘北’言‘北’猶‘別’也。若此之類，誠可怪也。”

棟謂“北”字似“別”，非古“別”字。又“北”與“別”異，不得言“北”猶“別”也，虞、鄭皆失之〔苗本一也，分別流之，故有三苗，猶三危本一也。分三苗、分三危之地，亦因分別而名。蓋依三居之法離絶之，

使不得通也]。[1]

稍後,在乾隆後期,畢沅亦述云:"古'别'(德勇案:指'八'')字與'北'字形近,故《虞書》'分北三苗'當本是'分八'三苗',古'别'字作'八''也。"畢氏且謂古時"大書中央,中破别之"的券書亦即所謂"莂"、"别",當即本此"八''"字而來[2]。又約略與鄭珍同時人張行孚,則徑謂"'八'''爲古文,'别'爲今文"[3]。至民國時丁佛言撰著《説文古籀補補》,又引據古璽文字,進一步確認了上述説法[4]。據此,則"八''"爲古文"别"字,與後世所用由"𠧞"譌變而來的"兆"字,詞義有很大差别。

又"綴"字右側聲符"叕",篆書作"𠬤"。《説文》釋云:"綴,聯也。象形。凡叕之屬皆從叕。"徐鍇《説文解字繫傳》復謂之曰:"連𠬤者,相亞也。"又云字乃"交絡互綴之象"[5]。宋末人戴侗著《六書故》就已指出"綴"字"本單作叕",即謂"叕"乃本字,而"綴"屬後來衍生的孳乳字[6]。《説文》不僅以"綴"釋"叕",而且還把"綴"字隸屬於"叕"部之下,這個"綴"字也是"叕"部下面唯一的文字。清人王筠在分析這一情況後指出:"以'綴'説'叕',則'綴'者'叕'之分别文也。不然,則'綴'隸'糸'部

〔1〕 清惠棟《九經古義》(北京,國家圖書館出版社,2013,《中華再造善本》叢書影印清乾隆潮陽縣署原刻、清嚴元照手批並過録臧庸批校本)卷三,頁7b—8a。

〔2〕 清畢沅《釋名疏證》,據清王先謙《釋名疏證補》(清光緒丙申刻本)卷六,頁8a。又畢沅《音同義異辨》(清乾隆甲辰刊《經訓堂叢書》本),頁8b。

〔3〕 清張行孚《説文發疑》(清光緒九年張氏邗上寓廬刊七卷本)卷三"同部重文異部重文中有古文"條,頁11b—12b。

〔4〕 丁佛言《説文古籀補補》(北京,中華書局,2011,影印民國石印本)卷二,頁100。

〔5〕 南唐徐鍇《説文解字繫傳》(清道光十九年祁寯藻據影宋抄本重刻本)卷二八,頁6a;又卷三二,頁6b。

〔6〕 宋戴侗《六書故》(上海,上海社會科學院出版社,2006,《温州文獻叢書》影印温州市圖書館藏永嘉黄氏敬鄉樓舊藏明影抄元刊本)卷三〇,頁728。

矣。”或謂“‘叕’、‘綴’同義,蓋遞增之字”[1]。

至清末,俞樾在考述《周易》“患至掇也”一語時也曾談道:

> 《集解》引荀爽曰:“下與上争,即取患害,如拾掇小物而不失也。”《釋文》曰:“鄭本作‘惙’,陟劣反,憂也。”樾謹按:二説義均未安。惟此字鄭、荀各異,疑皆非本字。古字蓋止作“叕”,荀訓“拾掇”,故從手;鄭訓“憂”,故從心耳。《説文》叕部:“叕,綴、聯也。”“患至叕也”,言患害之來,綴聯不絶也。今各本皆作“掇”,古字古義俱亡矣。[2]

後來俞樾還舉述此字作爲“文隨義變而加偏旁”這一通則的典型例證[3]。俞氏在此雖然没有具體討論“叕”、“綴”兩字的關係,但顯而易見,按照他的理解,這個“綴”也應該屬於因“文隨義變而加偏旁”所衍生,其古字同樣“蓋止作‘叕’”。

與“綴”字情況相似,從“叕”的“輟”字,今通讀作“chuò”,但漢代鄭玄所用之音,却也應該是讀作“張衛切”,亦即與張守節所説“綴”字之“子衛反”(今讀作 zhuì)相似的讀音[4]。再如“畷”字義爲“兩陌間道”,亦即用以貫通兩條主幹“陌”路,而“從田叕聲”[5];又從“叕”的“棳”字,義爲梁上短柱,實際上是在上、下兩道較長的横梁之間以及上梁與脊檩之間起着遞相承接的作用[6],這兩個字的字義就都是得自“叕”的聯結之義。清人毛

[1] 清王筠《説文解字句讀》(清同治四年原刻本)卷三八,頁10a。又王筠《説文解字釋例》(北京,中華書局,1987,影印清道光十七年刻本)卷四,頁99。

[2] 清俞樾《群經平議》(南京,鳳凰出版社,2005,影印《皇清經解續編》本)卷二《周易》“患至掇也”條,頁6814。

[3] 俞樾《古書疑義舉例》(北京,中華書局,1956,《古書疑義舉例五種》本)卷七“文隨義變而加偏旁例”,頁145。

[4] 清陳倬《敤經筆記》(約清同治間刻本)之“輟”條,頁46a。

[5] 漢許慎《説文解字》(南京,江蘇古籍出版社,2001,重印《續古逸叢書》影印日本静嘉堂藏宋刻本)卷一三下,頁414。

[6] 清焦循《群經宫室圖》(約清嘉慶間焦氏半九書塾刻本)卷上《屋圖》七,頁72a—74a。

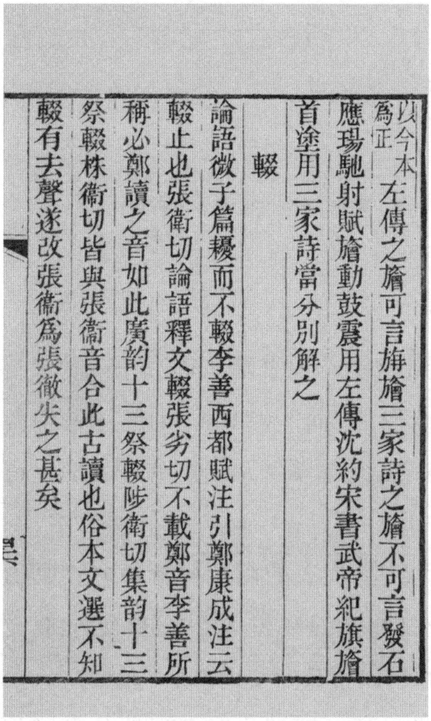
以今本爲正　左傳之旝可言旃旝三家詩之旝不可言發石
應瑒馳射賦旝動鼓震用左傳沈約宋書武帝紀旗旝
首塗用三家詩當分別解之

輟

論語微子篇耰而不輟李善西都賦注引鄭康成注云
輟止也張衛切論語釋文輟張劣切不載鄭音李善所
稱必鄭讀之音如此廣韵十三祭輟陟衛切集韵十三
祭輟株衛切皆與張衛音合此古讀也俗本文選不知
輟有去聲遂改張衛爲張徹失之甚矣

○　約清同治間刻本《斆經筆記》

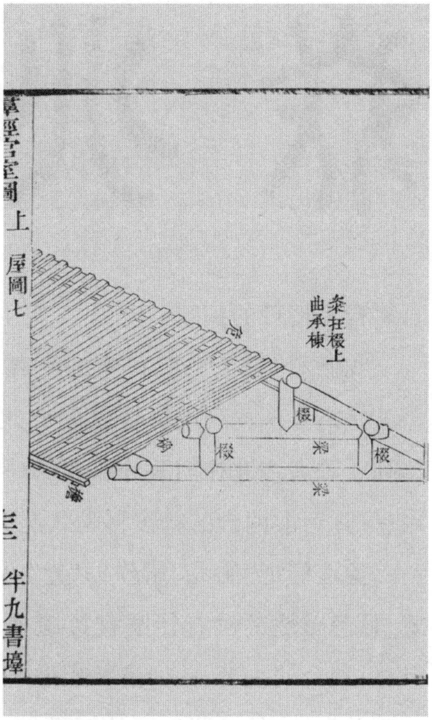

○　清嘉慶間焦氏半九書塾刻本《群經宮室圖》

際盛考述"叕"字之義,謂:"叕蓋聯諸短物。《淮南子·人間訓》'聖人之思脩,愚人之思叕',注:'叕,短也。'"[1]其實通觀"畷"、"棳"諸字的實際使用情況,可以看出,"叕"的字義,與其説是"聯諸短物",不如解作"以諸短物相聯"或更貼切一些。從本質上來説,這仍是聯結之義,《淮南子·人間訓》不過是取其用以相聯的"短物"爲文而已。元朝人周伯琦在《説文字原》和《六書正譌》中嘗謂寫成"㸚"形的"叕"字,應該是"綴兆"之"綴"的本字,而"俗作綴,非"[2]。明此"叕"字是較爲原始的本字,可知周氏所説

〔1〕 清毛際盛《説文解字述誼》卷下,頁1092。

〔2〕 元周伯琦《説文字原》(民國上虞羅氏《吉石庵叢書》影印元鈔本),頁27a。又周氏《六書正譌》(北京,北京圖書館出版社,2005,《中華再造善本》叢書影印上海圖書館藏元至正十五年高德基等刻本)卷四,頁13b—14a。

○ 篆書"叕"、"別"二字字形對比

自屬合乎情理的判斷。

我們看"叕"、"兆"兩字的篆書字形,就能夠很直觀地省悟,所謂"叕",應該是指各個舞列或舞者之間彼此聚合聯屬;而"兆"(別)則應該是指各舞列或舞者之間相對疏分離散。總的來説,是描摹舞蹈演出時舞者進退迴環、舞隊聚散開合的舞步移動狀況。

像這樣把"綴兆"解作以"叕"、"兆"(別)代表的兩類舞者舞列移動形式,目前雖然還没有什麽直接證據,但以此文義來覆案《禮記》等早期文獻,可謂合若符契,此即清儒焦循所説適足以獲其所安而無所勉彊者。

首先,若是按照上面的解讀把"綴兆(別)"理解爲以舞列的分合變化來代表的舞者移動形式,那麽,再令"綴兆(別)"以這一語義來與"屈伸"、"俯仰"、"疾舒"諸語相並舉,"綴兆(別)"即謂舞者的進退分合變化,顯然更爲切合《禮記·樂記》或《史記·樂書》固有的句式與其所要表述的内容。

在《禮記·樂記》和《史記·樂書》當中,都記有一段孔子對《武》之樂舞場景的描述,其中就涉及"叕"、"兆"(別)變化。請看《禮記·樂記》如下文字以及鄭玄的注釋:

> 且夫武,始而北出,再成而滅商;三成而南,四成而南國是疆;五成而分,周公左、召公右;六成復綴,以崇〔成,猶奏也,每奏武曲一終爲一成。始奏象觀兵盟津時也,再奏象克殷時也,三奏象克殷有餘力而反也,四奏象南方荆蛮之國侵畔者服也,五奏象周公、召公分職而治也,六奏象兵還振旅也。復綴,反位止也。崇,充也。凡六奏以充武樂也〕

天子。夾振之而駟伐，盛威於中國也〔夾振之者，王與大將夾舞者振鐸以爲節也。駟，當爲四，声之誤也。武舞，戰象也，每奏四伐，一擊一刺爲一伐。《牧誓》曰“今日之事，不過四伐五伐”〕；分夾而進，事蚤濟也〔分，猶部曲也。事，猶爲也。濟，成也。舞者各有部曲之列，又夾振之者，象用兵務於早成也〕；久立於綴，以待諸侯之至也〔象武王伐紂待諸侯也〕。[1]

上文“六成復綴，以崇天子”，鄭玄讀“天子”二字從下句，作“六成復綴以崇。天子夾振之而駟伐”云云，王肅改作此讀[2]。清人劉台拱云“古音讀‘右’如‘以’，此二句以‘右’、‘子’爲韻，王肅之讀勝於鄭矣”[3]；江有誥同樣以爲孔子這段話乃屬韻文，其前半段“商”與“疆”押陽部韻，後半段“右”與“子”改押之部韻[4]。對此，清人喬松年尚有考釋云：“‘六成復綴，以崇天子’當爲一句，‘夾振之而駟伐’當爲一句。蓋樂以象治，上文既取象於左周右召，故六成取象於尊崇天子，崇乃尊崇之意。‘夾振之而駟伐’亦謂樂人之夾振，豈謂天子之夾振哉！於文義或可言夾振之而肆伐，天子盛威於中國也，斷不得以‘天子’冠於‘夾振’之上。”[5]可見無論是就其句子形式而言，還是依其實質内容而論，這兩句話的句讀，都應該捨鄭從王。又上文“五成而分”，《史記・樂書》作“五成而分陜”，較《禮記・樂書》多一“陜”字[6]，今徵求意見本同，對此未加校勘[7]。通觀孔子這段話的内容，可見其“始而北出”、“三成而南”和“六成復綴”這幾個句子都是直接表述

〔1〕《禮記》卷一一《樂記》並漢鄭玄注，頁22a—22b。

〔2〕唐孔穎達等《禮記正義》卷三九《樂記》引王肅語，頁695—696。

〔3〕清劉台拱《劉氏遺書》（臺北，藝文印書館，1960，《叢書菁華》影印清光緒十五年廣雅書局刻本）卷二《經傳小記》，頁20b。

〔4〕清江有誥《群經韻讀》（清嘉慶丁丑原刻《音學十書》本），頁58b—59a。

〔5〕清喬松年《蘿藦亭札記》（清同治癸酉刻本）卷二，頁18a—18b。

〔6〕《史記》卷二四《樂書》，頁1229。

〔7〕徵求意見本《史記》卷二四《樂書》，頁1453。

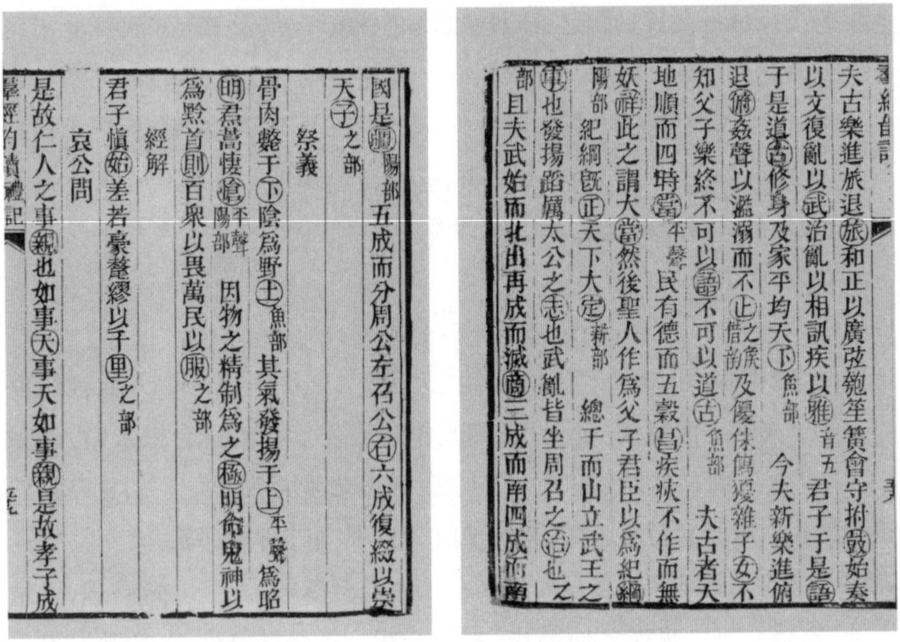
夫古樂進旅退旅和正以廣弦匏笙簧會守拊鼓始奏以文復亂以武治亂以相訊疾以雅 音五 君子于是語于是道古修身及家平均天下 魚部 今夫新樂進俯退俯姦聲以濫溺而不止 借韻之侯 及優侏儒獶雜子女不知父子樂終不可以語不可以道古 魚部 夫古者天地順而四時當 平聲 民有德而五穀昌疾疢不作而無妖祥此之謂大當然後聖人作爲父子君臣以爲紀綱 陽部 紀綱旣正天下大定 耕部 總干而山立武王之事也發揚蹈厲太公之志也武亂皆坐周召之治也 之部 且夫武始而北出再成而滅商三成而南四成而南

國是疆 陽部 五成而分周公左召公右六成復綴以崇天子 之部

祭義

骨肉斃于下陰爲野土 魚部 其氣發揚于上 平聲 爲昭明焄蒿悽愴 平聲 陽部 因物之精制爲之極明命鬼神以爲黔首則百衆以畏萬民以服 之部

經解

君子愼始差若豪氂繆以千里 之部

哀公問

是故仁人之事親也如事天事天如事親是故孝子成

○ 清嘉慶丁丑原刻《音學十書》本《群經韻讀》

舞者演出時的位置變化，下句則繼之以這種舞列移動所象徵的歷史意義，故“五成而分”亦當如是，乃以這種舞蹈動作，來體現“周公左、召公右”之所謂“分陝而治”的政治局面。故《史記·樂書》“五成而分陝”的“陝”字，當屬衍文無疑[1]。

在此基礎上，我們再來看“六成復綴”的“綴”字，由於上文剛剛講過的舞列變换是“分”列左右兩側以象徵西周周、召二公分陝而治的局面，故舞者隊列繼此之後的移動，便是重新向場地中部聚合，故所謂“復綴”云者，便應該是“復叕”[2]。明瞭這一點，也就不難推想，與此“叕”字相對應的

〔1〕《禮記》篇末附清人顧廣圻爲張敦仁撰《撫本禮記鄭注考異》卷下（頁 3a），從《禮記》版本角度考述云《禮記·樂書》絶不應當有此“陝”字。又案王叔岷《史記斠證》卷二四（頁 1054）云“此非衍陝字”，乃因未能通審上下文義而僅孤立比對文字異同所做誤判。

〔2〕案關於孔子所述《武》舞的隊列變换方式，唐人孔穎達在《禮記正義》卷三九《樂記》中曾經有所論説（頁 695—696），今王文錦之《禮記譯解》也有白話譯解（頁 554—557），但似乎都不甚妥當。

○ 篆書“别”、“分”二字字形對比

“分”，似乎更應該寫作“𠔁”（别）字。“分”的篆文字形爲“分”，與“𠔁”（别）字一樣，亦從屬於“八”部，兩字字形的差别也不是很大，且許慎釋云“分者别也”，“𠔁者分也”，字義亦正相互訓釋[1]，完全存在互譌的可能。所以，今本《禮記·樂記》和《史記·樂書》的“五成而分（分）”，實際應該是由“五成而𠔁（别）”譌變而來，而孔子所説《武》舞的“𠔁”、“兆”變化，適可印證所謂“屈伸俯仰綴兆舒疾”，都應該是指舞者的身位姿態。

歷史典籍中其他直接稱用“綴兆”的例證，同樣契合上文所釋語義。例如，前舉“行其綴兆（别），要其節奏，行列得正焉，進退得齊焉”[2]，因“綴兆（别）”是指舞者隊列的變换形式，故“行其綴兆（别）”意即按照既定的程序展開和變换舞者的位置，所以纔能“行列得正”；再按照音樂的節奏前後左右摇擺跳動，從而方能“進退得齊”。又《禮記·仲尼燕居》載子張問孔子“爾以爲必行綴兆、興羽籥、作鐘鼓，然後謂之樂乎”[3]？這段話中的“綴兆（别）”則是以之代指成隊列的舞蹈表演。

又因“綴”亦即“叕”字本爲聯屬之義，故由舞者聯屬而成的隊列亦即所謂“佾”（或書作“儛溢”[4]），亦可稱作“綴”、“行綴”或“舞綴”。明此可知，前述唐人張守節在《史記正義》中本着王肅“遠以象民行之勞，近以象

[1] 漢許慎《説文解字》卷二，頁308。

[2] 案此文尚别見《荀子·樂論》，見唐楊倞注《荀子》卷一四，頁2a。

[3] 《禮記》卷一五《仲尼燕居》，頁11a。

[4] 見漢董仲舒《春秋繁露·三代改制質文》，據清凌曙《春秋繁露注》（清嘉慶乙亥蜚雲閣原刻本）卷七，頁11a—13a。

民行之逸”的思路，以王者因諸侯君德盛薄不同而賞賜以樂舞者多寡有别，來解釋舞列行綴或遠或短的差異，稱“若諸侯治民勞苦，由君德薄，王賞之以樂，則舞人少，不滿，將去鄼疏遠也”，而“若諸侯治民暇逸，由君德盛，王賞舞人多，則滿，將去鄼促近也”，這種説法顯然不夠妥當。《史記・樂書》所説“其治民勞者，其舞行級（綴）遠；其治民佚者，其舞行級（綴）短”，語義本來簡單明晰，不過是説諸侯若不愛惜民力其舞列便規模龐大，而愛惜民力者舞列則較短小而已。所謂“觀其舞而知其德”，亦即視其舞列規模而察其是否顧惜民衆財力。

河北滿城西漢中山靖王劉勝墓出土有兩件鳥篆文銅壺，在頸部、上腹部和下腹部都有錯金銀鳥篆銘文。其頸部文曰：“蓋圜四叕，儀尊成壺。”所説“四叕”，應該是指除了壺蓋上的一道紋飾之外，在壺的口沿部、肩部、腹部和底部（圈足與腹部之間）的四道紋飾（在圈足上另有一道紋飾，與底部這道紋飾緊密連接在一起），怪獸與雲雷紋圖案連綴，環壺一周〔1〕。這四道連綴成帶的圖案，與舞者前後銜接排列成隊，狀態相似（其實壺蓋和圈足上的紋飾也是如此），藉此尤易理解舞者之“綴”、“行綴”與“舞綴”。若單純就這一點而言，唐孔穎達等纂修的《禮記正義》，在闡釋“屈伸俯仰綴兆舒疾”這句話時，以爲“綴謂舞者行位相連綴也”〔2〕，所説倒是合乎實際情況。這是因爲很多被經學家當作化石一樣苦心琢磨的古辭雅語，有時在現實生活的某些層面和領域裏，還一直是活生生的大白話，以今視古，可以很便捷地做出正確的解説。

〔1〕 中國社會科學院考古研究所、河北省文物管理處《滿城漢墓發掘報告》（北京，文物出版社，1980）上册第二章《出土文器物》，頁 43—48；下册彩版六，彩版七，圖版一九，圖版二〇。張政烺《滿城漢墓出土的錯金銀鳥蟲書銅壺》，原刊《考古》1972 年第 5 期，此據作者文集《張政烺文史論集》（北京，中華書局，2004），頁 450。又張政烺《滿城漢墓出土錯金銀鳥蟲書銅壺（甲）釋文》，原刊《中華文史論叢》1979 年第 3 輯，此據作者文集《張政烺文史論集》，頁 546—549。

〔2〕 唐孔穎達等《禮記正義》卷三七《樂記》，頁 669。

○　河北滿城出土鳥篆文銅壺

○　河北滿城出土鳥篆文銅壺頸部的錯金銀鳥篆銘文

○　河北滿城出土鳥篆文銅壺口沿部之“叕”

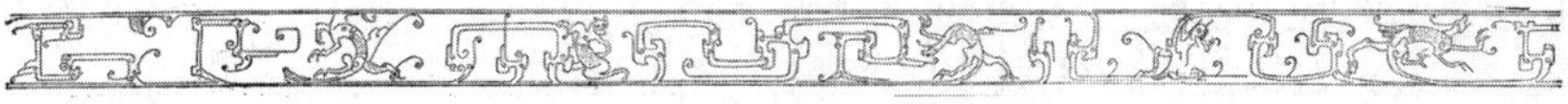

○　河北滿城出土鳥篆文銅壺肩部之“叕”

○　河北滿城出土鳥篆文銅壺腹部之“叕”

○　河北滿城出土鳥篆文銅壺底部之“叕”

例如,“幼少即好音律”而且“見聞數多”的段安節,在唐末撰著《樂府雜録》,記述唐代樂舞實況,就清楚談道:“舞者,樂之容也,有大垂手、小垂手,或如驚鴻,或如飛燕。婆娑,舞態也;蔓延,舞綴也。古之能者,不可勝記。”[1]這裏既以“蔓延”狀“舞綴”,所説“舞綴”,就只能是指舞者的行列。由於道教的法事活動與音樂、舞蹈關係都很密切,唐末五代間著名道士杜光庭,在敷陳《禮記》中“習其俯仰屈伸,容貌得莊焉;行其綴兆(别),要其節奏,行列得正焉”這幾句話時,也比較得當地解釋過“綴兆(别)”的涵義:“屈伸俯仰,舞之容也;綴兆舒疾,舞之列也。故天子八佾,八人爲列,六十四人也;諸侯六佾,大夫四佾,士二佾,佾,列也,二人爲列矣。”[2]杜氏把“綴兆舒疾”直接説成是“舞之列也”,這雖然不是十分準確,但由其將“綴兆(别)”同表述舞列或舞者舞蹈速度的“舒疾”連在一處講述這一點來看,我們就很容易理解,杜光廷所講的“綴兆(别)”,也應該是指舞列的移動變换情况。根據這些情況,可以推測,孔穎達諸人在疏釋《禮記》的時候,或許適當借鑒參考過唐人當時所行用的稱謂。

通過以上論證,可以看到,前人對“綴兆(别)”的解釋,與正確的結論存在明顯偏差,而造成這樣的偏差,很大程度上都是因鄭玄的誤解所致。若是在此基礎上,讓我們來審視鄭玄何以會造成此等疏誤,那麼,其中最爲基本同時也是顯而易見的原因,便是把“𠔁”(别)字誤釋作“兆”(兆)。换句話來説,這也是由於鄭玄對此“𠔁”(别)字完全缺乏瞭解。試觀《説文解字》所記解爲“畔也”之“垗”,義乃“四時界,祭其中,《周禮》曰‘垗五帝於四郊’”,知即今“兆域”之“兆”的孳乳文字,其篆書字形作“垗”,謂乃“從土兆聲”,這當然是由“兆”得聲[3]。由此可證鄭玄所説作爲“位外營域”

〔1〕 唐段安節《樂府雜録》卷首自序,頁19;又“舞工”條,頁28。

〔2〕 唐杜光庭《道德真經廣聖義》(北京,文物出版社,1988,影印明正統《道藏》本)卷二五,頁431—432。

〔3〕 漢許慎《説文解字》卷一三下,頁413。南唐徐鍇《説文解字繫傳》卷二六,頁7a。案清人段玉裁在《説文解字注》卷一三下(頁693)已按照己意徑改此“垗”字字形爲“垗”,即妄改從“兆”爲從“𠔁”,殊不可取。

義解的"兆"字，其篆書字形自應作此"兆"形，而與"𠔁"(别)字無涉[1]。

如前文所述，惠棟、畢沅和鄭珍諸人，都談到虞翻稱《尚書》"分北三苗"的"北"字，應是"别"字的古文字形。此語今見《三國志・虞翻傳》裴松之注引《虞翻别傳》，乃虞翻舉述鄭玄"解《尚書》違失事目"三種，其中即包括此事，原文一如惠棟所引。虞翻且謂"此數事誤莫大焉，宜命學官定此三事"[2]。虞翻所舉三事，在清代遭到江聲、王鳴盛、段玉裁、陳澧等許多學者的批駁[3]。錢大昕對虞翻所説其他兩事，雖然亦頗有詰難，但對虞氏"北"原應寫作古文"别"亦即"𠔁"字的説法，非但未加否定，還從文字原形角度，對此做出補充説明云："案《説文》：𠔁，别也，從二八。'𠔁'、'北'形相似，故誤爲'北'。"[4]錢氏且從經書文本流傳的總體狀況出發，分析許慎《説文解字》釋"𠔁"爲古文"别"字的合理性，對此做了更深一層的論述，乃謂"今世所行《九經》，乃漢魏晉儒一家之學，叔重生於東京全盛之日，諸儒講授，師承各别，悉能通貫，故於京師異文，采摭尤備，即予之所知者言之，如……'𠔁'即'分北三苗'之'北'，……近人視爲隱僻之字，大率經典正文也。經師之本，互有異同，叔重取其合乎古文者稱經以顯之，其文異而義可通者，雖不著書名，亦兼存以俟後人之決擇，此許氏所以爲命世通儒，異於專己守殘、黨同門而妒道真者也"[5]。這就等於説鄭玄乃因不識"𠔁"爲

〔1〕 參見清吴雲蒸《説文引經異字》(清道光原刻本)卷下之一，頁 3b。

〔2〕 《三國志》(北京，中華書局，1982)卷五七《吴書・虞翻傳》劉宋裴松之注，頁 1322—1323。

〔3〕 案此等説法可概見於陳澧《東塾讀書記》(上海，商務印書館，1935)卷一六《三國》，頁 8—9。又清阮元纂《詁經精舍文集》卷一〇(頁 1440—1444)所收方觀旭、趙坦、方廷瑚三人就"問《吴志・虞翻傳》論鄭、馬違失數事當否"一題所做考論，也都竭力貶斥虞氏的觀點。

〔4〕 清錢大昕《廿二史考異》(上海，商務印書館，1937，《叢書集成初編》本)卷一七《三國志》三，頁 355。

〔5〕 清錢大昕《潛研堂文集》卷一一《答問》八，頁 1a—7b。

"别"之本字,而"北"乃"𠔁"字譌變,纔會説出"'北'猶'别'也"這樣的錯話來[1]。

錢大昕在論述《禮記》用字時還曾特别指出"《禮記》多古字"的情況[2],故所謂"綴兆"之"兆(别)"採用古文"𠔁"字,也是很自然的事情。世人論鄭玄治學,多以爲"鄭氏之於《書》,自不及《三禮》之精"[3],故或許有人覺得似此《尚書》"分北三苗"之誤,亦屬鄭玄未暇深究所致。不過我們看戰國中山王墓出土所謂"兆域圖",其記"兆法(乏)"之"兆"用"逃"字,即以"逃"通"兆",而此"逃"字的聲符"兆"乃是書作"兆"形[4],知即前述篆書之"𠧞",自與"𠔁"字有别。漢代銅器銘文有作"京兆官弩"者,其"兆"字作"兆"[5],漢碑中"京兆"、"營兆"、"宅兆"之"兆"亦無不書作"兆"形[6],事實上歷經魏晉南北朝直至唐代,其常見的字形一直如此。這當然也是"𠧞"的一種變易形式,同樣顯示出與"𠔁"字的顯著差别。像這種"兆法"和"京兆"的"兆"字,都與鄭玄在注釋《禮記》"綴兆(别)"之"兆(别)"時所説"營域"之義相通相似,本不應該寫作"𠔁"(别)字。

這些情況足以確證,鄭玄注釋《禮記》,就一定是把"𠔁"誤識成了"𠧞"字[蓋鄭注《三禮》,每備列異文,附記"古文作某"、"今文作某",或以今文更易古文,亦存古文古音,不輕易湮滅原本一字。如前撰《中華書局新點校

---

[1] 案清嘉道間人薛傳均在爲錢大昕論《説文》語做疏證時,由於没有注意到錢大昕在《廿二史考異》中已經明確指出,鄭玄注《尚書》"分北三苗"之"北"乃因"'𠔁'、'北'形相似,故誤爲'北'",已非兩字是否字異義通的問題,故仍云"'𠔁',分也,……與鄭注'北'猶'别'也正合",完全不符合錢大昕的看法。薛氏説見所著《説文答問疏證》(清道光戊戌刻本)卷一,頁10a。

[2] 清錢大昕《潛研堂文集》卷一八《答問》五,頁2b。

[3] 清盧文弨《抱經堂文集》(北京,中華書局,1990)卷二《王厚齋輯鄭氏注尚書序》,頁12。

[4] 中國社會科學院考古研究所編《殷周金文集成》(北京,中華書局,2007,修訂增補本)之第10478號《兆域圖銅版》,頁5632—5633。

[5] 孫慰祖、徐谷富編《秦漢金文彙編》(上海,上海書店出版社,1997)上編《秦漢金文彙編圖版》第577號"京兆官弩鐖",頁400。

[6] 清顧藹吉《隸辨》卷三,頁104。案更晚在東魏時期的高湛墓志中,仍然可以看到把"兆"字寫成"兆"這一原形的情況。

○ 漢“京兆官弩”銘文拓本

本〈史記〉部分書稿閲讀記》所述之《周禮·掌舍》“梐枑”,鄭玄改“故書”之“拒”爲“枑”,即清楚注明更易的理據[1]。故鄭玄若是意識到此一“𠔁”(别)字與“兆”形義有别,理應做出説明。即使當時所見寫本,已然有此譌誤,鄭玄亦終究未能予以辨正。鄭玄所見《禮記》類似的文字譌誤,如《檀弓》有文字曰“全要領以從先大夫於九京”,鄭玄即辨析其譌誤云:“晉卿大夫之墓地在九原,‘京’蓋字之誤,當作‘原’”[2]],不惟注釋《尚書》偶有此等疏失。受這一誤識誤解牽連,鄭玄復將“綴”字也解釋成爲與“兆域”、“營域”相關的表述方位的辭語。也就是説,正因爲根本不瞭解“𠔁”爲“别”之本字,鄭玄纔會誤解“綴兆”兩字的語義,以致後之學者,也一直無法做出合乎實際的理解。

由於《禮記》本身的經典地位以及鄭玄在《三禮》等經書注釋方面的權威性,這樣的錯誤解讀,甚至還會影響到後世一些移借《禮記》用語爲典故的文辭,亦隨之誤用誤寫。如前述曹魏明帝詔書中所説“綴兆之制”就很

〔1〕《周禮》(北京,中華書局,1992,《古逸叢書》三編影印北京圖書館藏南宋刻本)卷二《天官冢宰·掌舍》並漢鄭玄注,頁 5a。

〔2〕《禮記》卷三《檀弓》下並漢鄭玄注,頁 18b—19a。

有可能是指鄭玄誤釋的“綴兆”。又如《舊唐書·音樂志》載貞觀十四年唐太宗嘗有敕書云:“殷薦祖考,以崇功德。比雖加以誠潔,而廟樂未稱。宜令所司,詳諸故實,制定奏聞。”於是朝中執事者奏曰:“七廟觀德,義冠於宗祀;三祖在天,式章於嚴配。致敬之情允洽,大孝之道宜宣。是以八佾具陳,肅儀形於綴兆;四懸備展,被鴻徽於雅音。……”〔1〕這裏談到的“綴兆”,應該是將其視作“八佾”舞者表演的場所,這就顯然是在套用鄭玄對《禮記》的注解。

在後世一些講述樂舞的“綴兆圖”裏,我們可以更爲直觀地看到這樣的錯誤表述。例如,在元人余載撰著的《韶舞九成樂補》中,即繪有“九磬之舞圖”等“綴兆”圖,乃隨樂舞隊列的展開變化,記述每一場景的舞者的位置。前面提到的從“始成”到“復綴”的場景變化,實際上也是其所要表現的一種“綴兆”圖譜〔2〕。又明朝人朱載堉撰著《樂律全書》,其中列有“靈星祠雅樂天下太平字舞綴兆之圖”,實際上是標記舞者聯綴“天下太平”諸字時隊列的舞臺位置〔3〕;《樂律全書》還有一組“二佾綴兆圖”,乃是逐一記述兩隊舞者的相對身位〔4〕。這些就都是鄭玄所説“舞者之位”。余載和朱載堉的用法,雖説符合鄭氏曲解的“經説”,却嚴重背戾《禮記》中“綴兆(別)”兩字的本義。只是從另一角度來看,舞者的位置關係,本來是隨綴兆(別)變化而改變,從而這種“綴兆圖”在很大程度上也反映了或綴或兆(別)的舞列變換,二者自有相通之處。

---

〔1〕《舊唐書》卷二八《音樂志》一,頁1043。

〔2〕元余載《韶舞九成樂補》,頁17b—27a。

〔3〕明朱載堉《樂律全書》(臺北,臺灣商務印書館,1986,影印文淵閣《四庫全書》本)卷四二《靈星祠雅樂天下太平字舞綴兆之圖》,頁60b—100a。

〔4〕明朱載堉《樂律全書》卷四〇《二佾綴兆之圖》,頁2a—37a。

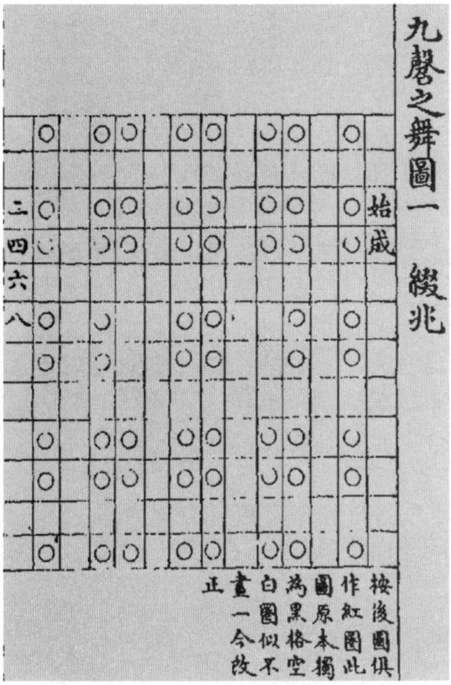

○ 《韶舞九成樂補》中的《九磬之舞圖》

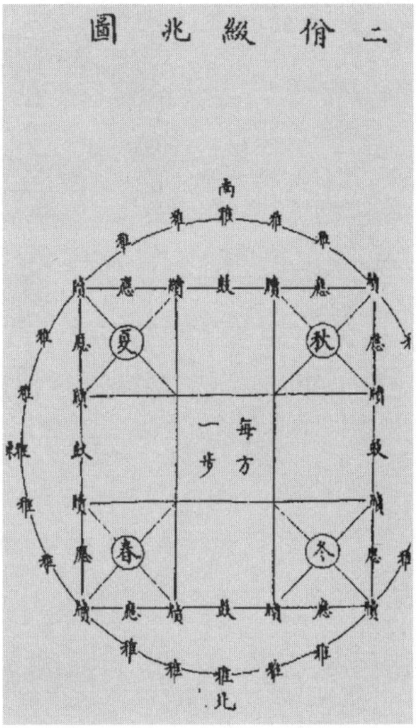

○ 《樂律全書》所載《二佾綴兆圖》

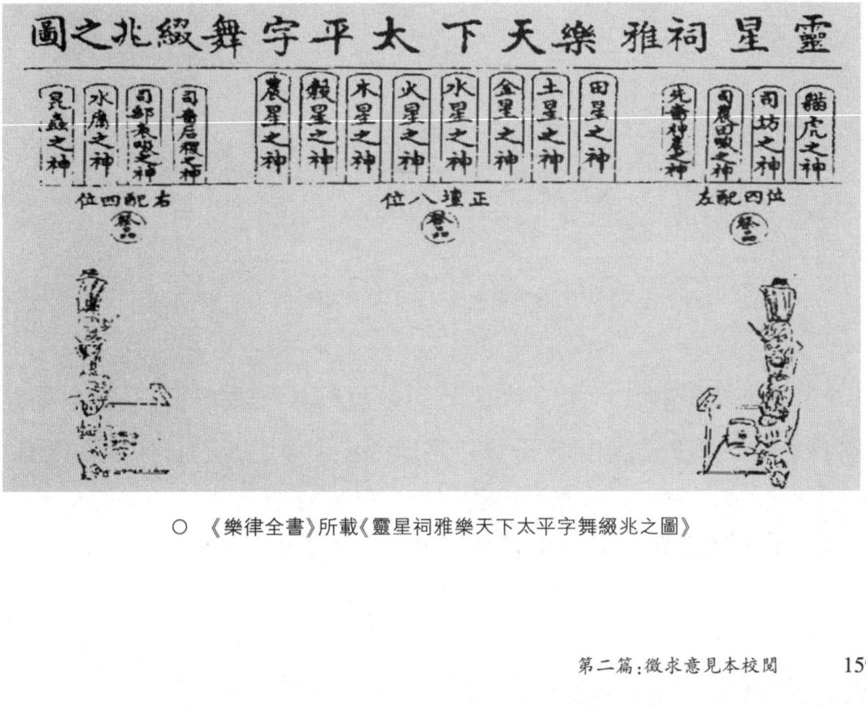

○ 《樂律全書》所載《靈星祠雅樂天下太平字舞綴兆之圖》

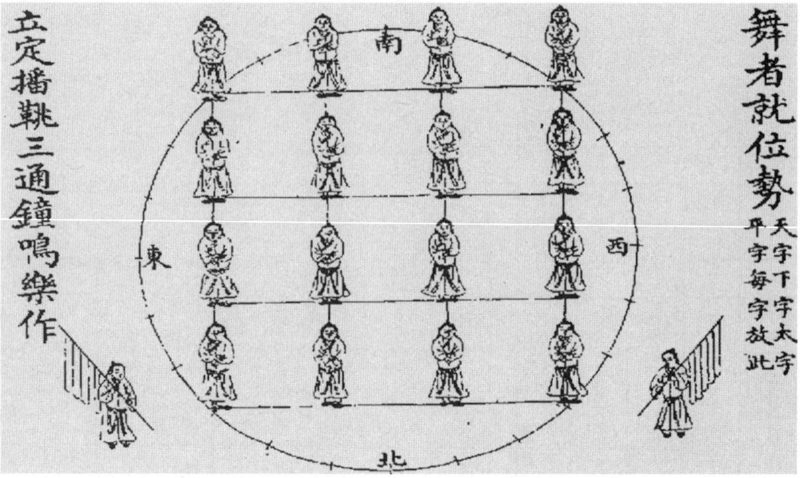

○ 《樂律全書》所載《靈星祠雅樂天下太平字舞綴兆之圖》舞列形式之一

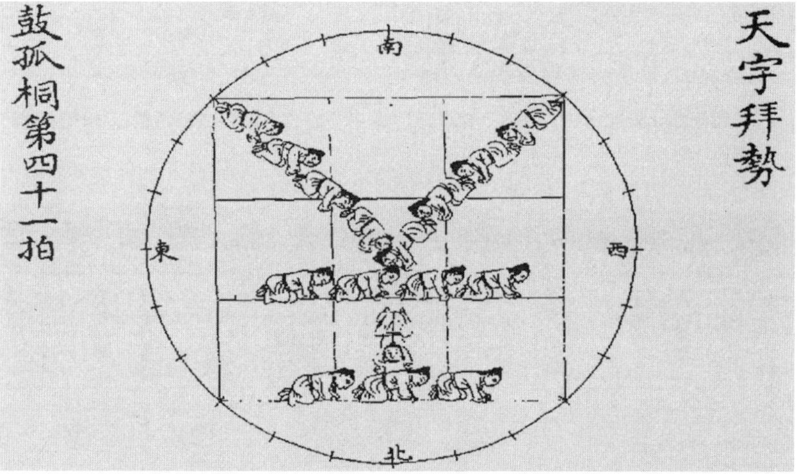

○ 《樂律全書》所載《靈星祠雅樂天下太平字舞綴兆之圖》舞列形式之一

以上所論“綴”字的本字和原義,可以更爲有力地證明,《史記·樂書》中“級兆”的“級”字,確實應爲“綴”字。考慮到與《史記》三家舊注既有文字的關聯,或已經不便改動《史記》本文,但最好還是添加一條新的校記,對此做出清楚的判斷和説明,以便讀者正確理解相關的内容。

我們看近年通行的《漢語大詞典》,竟然依據《史記·樂書》這一誤字,在"級"字頭下單獨列出一項有别於其等第、階級之義的另一項語義——"同綴",並將其標作張守節所説"子衛反"的讀音 zhuì,釋義爲"纘列"。於此可見像《史記》這樣的經典性著述,其文字譌誤,誤導一般讀者,所産生的危害,實乃愈遠愈烈。吾輩固當努力正本清源,還以其本來面目。

〖**附案**〗正式印本未採納拙見,在相應位置附加校記。

六、曆書

【一】《史記·曆書》原文:

昔自在古,曆建正作于孟春〔《索隱》:古曆者,謂黄帝《調曆》以前有《上元太初曆》等,皆以建寅爲正,謂之孟春也。及顓頊、夏禹亦以建寅爲正,唯黄帝及殷、周、魯並建子爲正。而秦正建亥,漢初因之。至武帝元封七年,始改用《太初曆》,仍以周正建子爲十一月朔旦冬至,改元太初焉。今案此文至於"十二月節"皆出《大戴禮》虞史伯夷之辭也〕。於時冰泮發蟄,百草奮興,秭鳺先滜。物迺歲具,生于東,次順四時,卒于冬分〔《索隱》:卒,子律反。分,如字。卒,盡也。言建曆起孟春,盡季冬,則一歲事具也。冬盡之後,分爲來春,故云冬分也〕,時雞三號,卒明〔《集解》:徐廣曰:"'卒'一作'平'",又云:"卒,'斯'"也。《索隱》:三號,三鳴也。言夜至雞三鳴則天曉,乃始爲正月一日,言異歲也。徐廣云"卒"一作"平",又作"斯",於文皆便〕。撫十二節,卒于丑〔《正義》:撫,猶循也。自平明寅至雞鳴丑,凡十二辰,辰盡丑又至明朝寅,使一日一夜,故曰幽明〕。日月成,故明也。明者孟也,幽者幼也,幽明者雌雄也。雌雄代興,而順至正之統也。日歸于

西，起明于東；月歸于東，起明于西。正不率天，又不由人，則凡事易壞而難成矣。〔1〕

清人張文虎校勘《史記》，以爲“據上《索隱》引，則‘節’上有‘月’字，與《大戴記》合，今本脱”〔2〕，中華書局原點校本《史記》從之，以方括號添加一“月”字，成“撫十二月節”。前此遵命審讀《史記·封禪書》時，我在《中華書局新點校本〈史記〉部分書稿閱讀記》一文中，已經從天文曆法原理角度具體展開論證，指出張文虎所説與原點校本的處理都不合理，不知是不是點校者讀到拙文後對原點校稿做了調整的緣故，現在印行的徵求意見本，没有再像原點校本那樣徑行在原文中增添“月”字，只是在校勘記中附列張文虎之説以備考。這樣處理，當然比原點校本更爲穩妥。不過，不知是覺得鄙説不足以成立，還是因爲相關看法寫在對《封禪書》文句的校勘之中，没有附在《曆書》之下（這是因爲當時中華書局並没有讓我來審看《曆書》部分），不易引起注意，總之，點校者完全没有考慮我在文章中對《曆書》“卒明”兩字的考辨〔3〕。於是，只好在這裏重復前説，將拙見稍加修飭，直接迻寫在此《曆書》篇章之下，以期點校者能夠稍予關注，並再加斟酌。

〖**今案**〗

審視《史記·曆書》開篇這段内容，可見文中所述都是根據一歲之中周而復始的天文規律以制定曆法的問題。其中“時雞三號，卒明”這句話，司馬貞將其解作“言夜至雞三鳴則天曉，乃始爲正月一日”，粗看起來好像也順情合理，實際上却大謬不然。

“正月一日”是講實際行用的曆法當中的一年之始，這也就是張守節

---

〔1〕《史記》卷二六《曆書》並劉宋裴駰《集解》、唐司馬貞《索隱》、張守節《正義》，頁1255—1256。

〔2〕清張文虎《校刊史記集解索隱正義札記》卷三，頁310。

〔3〕徵求意見本《史記》卷二六《曆書》，頁1493—1494。

所説的“言異歲也”（在這個意義上講，似乎稱作“異年”要更妥當一些[1]），但這句話是順承上句“物迺歲具，生于東，次順四時，卒于冬分”而言，故所謂“時雞三號，卒明”，乃用以説明“次順四時，卒于冬分”之“冬分”的具體時刻。故舊行中華書局點校本與今徵求意見本俱在“冬分”下用句號點斷，似乎不夠準確，應改用逗號爲是。同時，現通行本《史記》“時雞三號，卒明”的“卒明”二字，似乎也不如徐廣所見别本之“平”字更爲合理。

蓋“旦”爲日光初明之義，日光之明可計其始而無法識其終，終則需至日落之後，與雞鳴之時正相背戾。又讀《史記》、《漢書》可知，“平明”是當時表示每日時辰的專門用語。如《史記·留侯世家》記所謂圯上老父約候張良事云：“父去里所，復還，曰：‘孺子可教矣。後五日平明，與我會此。’良因怪之，跪曰：‘諾。’五日平明，良往。父已先在，怒曰：‘與老人期，後，何也？’去，曰：‘後五日早會。’五日雞鳴，良往，父又先在，復怒曰：‘後，何也？’去，曰：‘後五日復早來。’五日，良夜未半往，有頃，父亦來，喜曰：‘當如是。’出一編書，曰：‘讀此則爲王者師矣。後十年興，十三年，孺子見我濟北，穀城山下黄石即我矣。’”[2]觀《曆書》這段記述下文中《史記正義》所云“自平明寅至雞鳴丑，凡十二辰，辰盡丑又至明朝寅，使一日一夜，故曰幽明”，其“雞鳴”與“平明”這兩個時分的銜接次序，正與圯上老父的故事相應，而且如前面第一節所述，《史記正義》乃兼釋《史記集解》和《史記索隱》，從《史記正義》所述“平明”來看，張守節即認爲《史記集解》此文的“卒明”應該寫作“平明”，故《留侯列傳》上述記載可以進一步佐證，此處“卒明”當屬“平明”之譌。

---

〔1〕案《周禮》卷六《春官宗伯·太史》之東漢鄭玄注（頁13b）云：“中數曰歲，朔數曰年。”班固《白虎通·四時》（見清陳立《白虎通疏證》卷九，中華書局1994年版吳則虞點校本，頁430—431）乃云“言歲者以紀氣物，帝王共之，據日爲歲；年以紀事，據月言年。《春秋》曰‘元年正月’，‘十有二月朔’，有朔有晦，故據月斷爲年”。又晉司馬彪《續漢書·律曆志》云“日周于天，一寒一暑，四時備成，萬物畢改，攝提遷次，青龍移辰，謂之歲”（見《後漢書》志第三，頁3056）。因知鄭玄所謂“中數”即指近乎恒定的回歸年長度，“朔數”則指實際曆法中積朔望月份而成之年的長度，後者乃與一歲之“中數”有明顯差異。

〔2〕《史記》卷五五《留侯世家》，頁2034—2035。

近人劉操南著《〈史記·曆書〉算釋考辨》,以爲其作"卒明",還是"平明",並没有什麽區别,"於文皆便"[1],這種説法很不妥當。清人王念孫早已指出:"'卒'字於義無取,作'平'者是也〔《史記·叔孫通傳》:先平明,謁者治禮〕。平明者,平旦也。《書大傳》'夏以平旦爲朔'是也。隸書'卒'或作'卒',形與'平'相似,上下文又有'卒'字,故'平'誤爲'卒'。"[2]于豪亮亦結合漢簡的記時用語,證實此"卒明"應屬"平明"之譌[3]。

陳夢家研究漢簡中的實際用例後指出,西漢時期"平旦"的具體時刻是在晨時後、日出前[4]。由此且可推知今本《史記》徐廣所説"卒"爲"斯"義[5],其"卒"字亦應爲"平"字形譌,蓋"斯"爲析分之義。前面考辨《史記·河渠書》的内容時曾經談到,《漢書音義》謂"厮,分也",其所説"厮"字即與此"斯"義同,"平明"或"平旦"當即中分晝夜之義,而這一時刻並非司馬貞所説"始爲正月一日"之時。這是因爲《曆書》所説的"四時"大致猶如我們今天所説的"四季",這完全是自然的變化次序,其開始之點,乃如上文首句"曆建正作於孟春"所言,是在孟春之初,而終了於季冬之末。

四時循環一個周期所經歷的時間長度(365 天),也就是現在我們所説的一個回歸年(俗語所説"陽曆年"),它與古代曆法的一年(俗語所説陰曆年),長度並不相等,即古代曆法的一年,在平年時(354 天)要短於四時的周期長度,遇到閏年時(384 天)又要長於四時的周期長度。這種長短參差,致使曆法上的一年,通常並非開始於天文周期之四時意義上的孟春之初,也就是"立春"這一節氣。换句話來説,也就是《史記·曆書》中講的

〔1〕 劉操南《古代天文曆法釋證》(杭州,浙江大學出版社,2009)之《曆算求索·〈史記·曆書〉算釋考辨》,頁 14。

〔2〕 清王引之《經義述聞》(南京,江蘇古籍出版社,2000,《高郵王氏四種》影印清道光七年重刻本)卷一二"卒明"條,頁 300。

〔3〕 于豪亮《秦簡〈日書〉記時記月諸問題》,見作者文集《于豪亮學術文存》(北京,中華書局,1985),頁 157—160。

〔4〕 陳夢家《漢簡綴述》(北京,中華書局,1980)之《漢簡年曆表叙》,頁 242—251。

〔5〕 案《史記索隱》謂徐廣云"卒"又作"斯",顯然是對徐廣原文的誤讀。

"時雞三號,卒明(平明)",應當是指大寒節氣最後一天與立春節氣第一天相交替的時刻,而這正與司馬貞在前面解釋"冬分"時所説"冬盡之後,分爲來春,故云冬分也"這句話合若符契。司馬貞由於未能通貫把握司馬遷這段記述的宗旨,并正確理解"時雞三號,卒明(平明)"云云與前面語句的接續關係,從而纔做出了這樣的錯誤理解。

基於上述考述,愚以爲今新點校本《史記》,即使出於審慎的考慮,暫不改訂《史記·曆書》的正文,至少也應當在校勘記中附列王念孫等人的看法,以供讀者參考。

〖**附案**〗正式印本部分採納拙見,在相應位置附注了王念孫的觀點。

【二】《史記·曆書》原文:

曆術甲子篇

太初元年,歲名"焉逢攝提格",月名"畢聚",日得甲子,夜半朔旦冬至。

…………

焉逢攝提格太初元年〔《索隱》:如《漢志》,太初元年歲在丙子。據此,則甲寅歲也。……歲陽在甲云焉逢,謂歲干也;歲陰在寅云攝提格,謂歲支也〕。

…………

端蒙單閼二年〔《索隱》:端蒙,乙也。《爾雅》作"旃蒙"。單閼,卯也,丹遏二音,又音蟬焉。歲在乙卯也。《正義》:單音丹,又音特連反。閼音烏葛反,又於連反〕。

…………

游兆執徐三年〔《索隱》:游兆,景也。《爾雅》作"柔兆"。執徐,辰也。三年。《正義》:三年,丙辰歲也〕。

…………

彊梧大荒落四年〔《索隱》:彊梧,丁也。大芒駱,巳也。四年。《正義》:梧音語。四年,丁巳歲也〕。

…………

徒維敦牂天漢元年〔《索隱》:徒維,戊也。敦牂,午也。天漢元年。《正義》:牂音作郎反。天漢元年,戊午歲也〕。

…………

祝犂協洽二年〔《索隱》:祝犂,己也。《爾雅》作"著雍"。協洽,未也。二年。《正義》:二年,己未歲也〕。

…………

商横涒灘三年〔《索隱》:商横,庚也。《爾雅》作"上章"。赤奮若,丑也。《天官書》及《爾雅》申爲汭漢,丑爲赤奮若。今自太初已來計歲次與《天官書》不同者有四,盖後曆術改故也。三年也。《正義》:涒音吐魂反。灘音吐丹反。又作"涒漢",字音與上同。三年,庚申歲也〕。

…………

昭陽作鄂四年〔《索隱》:昭陽,辛也。《爾雅》作"重光"。作鄂,酉也。四年。《正義》:四年,辛酉歲也〕。

…………

横艾淹茂太始元年〔《索隱》:横艾,壬也。《爾雅》作"玄黓"。淹茂,戌也。太始元年。《正義》:太始元年,壬戌歲也〕。

…………

尚章大淵獻二年〔《索隱》:尚章,癸也。《爾雅》作"昭陽"也。困敦,亥也。《天官書》子爲困敦,《爾雅》同。二年。《正義》:二年,癸亥歲也〕。

…………

焉逢困敦三年〔《索隱》:焉逢,甲也。大淵獻,子也。《天官書》亥爲大淵獻，與《爾雅》同。三年也。《正義》：敦音頓，三年，甲子歲也〕。

…………

端蒙赤奮若四年〔《索隱》：端蒙，乙也。汭漢，丑也。《天官書》作“赤奮若”，與《爾雅》同。四年。已後自太始、征和已下訖篇末，其年次甲乙皆準此。並褚先生所續。《正義》：四年，乙丑歲也〕。

…………

游兆攝提格征和元年。

…………

彊梧單閼二年。

…………

徒維執徐三年。

…………

祝犂大芒落四年。

…………

商横敦牂後元元年。

…………

昭陽汁洽二年。

…………

横艾涒灘始元元年。

…………

尚章作噩二年。

…………

焉逢淹茂三年。

…………

端蒙大淵獻四年。

…………

游兆困敦五年。

…………

彊梧赤奮若六年。

…………

徒維攝提格元鳳元年。

…………

祝犂單閼二年。

…………

商橫執徐三年。

…………

昭陽大荒落四年。

…………

橫艾敦牂五年。

…………

尚章汁洽六年。

…………

焉逢涒灘元平元年。

…………

端蒙作噩本始元年。

…………

游兆閹茂二年。

…………

彊梧大淵獻三年。

…………

徒維困敦四年。

…………

祝犂赤奮若地節元年。

…………

商橫攝提格二年。

…………

昭陽單閼三年。

…………

橫艾執徐四年。

…………

尚章大荒落元康元年。

…………

焉逢敦牂二年。

…………

端蒙協洽三年。

…………

游兆涒灘四年。

…………

彊梧作噩神雀元年。

…………

徒維淹茂二年。

…………

祝犂大淵獻三年。

…………

商橫困敦四年。

…………

昭陽赤奮若五鳳元年。

…………

橫艾攝提格二年。

…………

尚章單閼三年。

…………

焉逢執徐四年。

…………

端蒙大荒落甘露元年。

…………

游兆敦牂二年。

…………

彊梧協洽三年。

…………

徒維涒灘四年。

…………

祝犂作噩黄龍元年。

…………

商横淹茂初元元年。

…………

昭陽大淵獻二年。

…………

横艾困敦三年。

…………

尚章赤奮若四年。

…………

焉逢攝提格五年。

…………

端蒙單閼永光元年。

…………

游兆執徐二年。

…………

彊梧大荒落三年。

…………

徒維敦牂四年。

…………

祝犂協洽五年。

…………

商横涒灘建昭元年。

…………

昭陽作噩二年。

…………

横艾閹茂三年。

…………

尚章大淵獻四年。

…………

焉逢困敦五年。

…………

端蒙赤奮若竟寧元年。

…………

游兆攝提格建始元年。

…………

彊梧單閼二年。

…………

徒維執徐三年。

…………

祝犂大荒落四年。[1]

---

〔1〕《史記》卷二六《曆書》,頁1262—1287。

此處今徵求意見本與原點校本相同，倶未附加任何校勘意見。

〖今案〗

由於曆法的專業技術性太强，一般文史學者不諳此道，從很久以來，大多數閲讀《史記》的人，都並不理解這篇《曆術甲子篇》的性質、内容和價值。也正因爲不懂，很早就有人按照自己的錯誤理解，增添了其中原本没有的内容。這些無知的人，以爲這樣纔能完整體現這篇《曆術甲子篇》的内容，其實荒謬至極。

首先，司馬遷撰著《史記》，自言"述歷黄帝以來至太初而訖"[1]，亦即時間斷限截止在太初，這一點爲後世大多數比較嚴謹的學者所認同，今徵求意見本之《修訂前言》亦取此説[2]。正因爲如此，顧炎武在《日知録》中就已經指出，今本《史記》當中天漢以後的紀事，應當出自後人增續[3]。這一看法得到後世很多人的認同，今徵求意見本對此也有總體性説明，謂"今本《史記》中涉及太初以後之事，多爲後人增補"[4]。據此可知，上引《曆書甲子篇》中天漢以下的年號和紀年，都應出自後人增補。因點校者在卷首的《修訂前言》中對後人增補此書的情況已有説明，對絶大多數這類後增的内容而言，當然也可以不出校記。不過《曆術甲子篇》的情況，還有其特殊之處，爲防止這些後人妄自添加的内容誤導讀者，或者説爲便利讀者正確地理解《曆術甲子篇》的涵義，似乎仍有必要，附列校勘記，以説明這篇文獻的性質。

顧炎武在論述後人爲《史記》增續太初以後史事時，並没有舉述《曆術甲子篇》作爲例證，這恐怕是由於曆術的專門性，使他感到棘手，在未能弄

---

[1] 《史記》卷一三〇《太史公自序》，頁3321。

[2] 徵求意見本《史記》卷首《修訂前言》，頁2—3。

[3] 清顧炎武《日知録》（上海，上海古籍出版社，1985，影印清道光十四年刊清黄汝成《日知録集釋》本）卷二六"史記"條，頁1885—1887。

[4] 徵求意見本《史記》卷首《修訂前言》，頁3。

懂之前,没有貿然從事,此亦顧氏治學謹嚴使然。特别需要指出的是,《曆術甲子篇》中有後人增續的問題,如上述引文所見,唐人司馬貞在所謂"太始四年"亦即"端蒙赤奮若四年"這一年下,早就列有注語云:"已後自太始、征和以下訖篇末,其年次甲乙……並褚先生所續。"顧炎武不會没有注意到《曆書》中這些内容。清初的曆算學家梅文鼎亦循司馬貞之説,以爲《曆術甲子篇》中"謬以太初元年丁丑爲甲寅,干支相差二十三年,蓋褚先生輩所續"[1]。又乾嘉時人臧鏞堂同樣直接援據司馬貞的注釋,謂"史公記事訖於天漢四年,故知以下皆後人所續"[2]。事情若果真這樣簡單,同時人錢大昕在撰著《廿二史考異》以及《三史拾遺》時,似乎也應當有所説明。可是,我們看到錢大昕乃一如顧炎武之舊,對此不着一語[3]。這説明錢大昕對這些紀年與《曆術甲子篇》原文的關係,同樣不是十分清楚。因而只好避而不談。

關於這篇《曆術甲子篇》的性質,過去的學者,總體來説,很少有人能夠正確理解,甚至還在著述中留下不少很荒唐的誤解。不過,也有一小部分學者,對此有合乎實際或近乎合理的解讀。例如,早在明朝萬曆年間,程一枝所撰《史詮》即已得出比較清楚的認識。在很可能是由沈欽韓撰著的《史記疏證》一書中,引述有程氏的看法:

> 《史詮》曰:"曆(此清鈔本原文避清諱以"歷"代"曆",玆俱回改)法七十六年爲一蔀。自焉逢攝提格至祝犁大荒落,此七十六年乃曆家一蔀之法,太史公舊文也,《史記》成於天漢四年,自横艾淹茂以下年

---

〔1〕 清梅文鼎《曆學答問》(清嘉慶間南匯吴氏刊《藝海珠塵》本),頁 19a。

〔2〕 清臧鏞堂《拜經日記》(京都,東方文化研究所,1935,影印清乾嘉間刊《拜經堂叢書》本)卷九"新考褚續《史記》六篇"條,頁 11a。

〔3〕 清錢大昕《廿二史考異》卷三《史記》三,頁 41—43。又錢大昕《三史拾遺》(清嘉慶十二年李賡雲稻香吟館原刻本)卷一,頁 10b—13a。

號，則褚先生所增者。"[1]

程一枝在這裏提出三點重要認識：第一，《曆術甲子篇》爲"曆家一蔀之法"；第二，此"曆家一蔀之法"乃"太史公舊文"；第三，自横艾淹茂亦即太始元年以下年號，爲增補《史記》之褚先生亦即褚少孫所續入。除了第三點尚待完善之外，前兩點可以説完全正確。稍後，程一枝這一看法，幾乎原封不動地被陳仁錫所掩襲，寫入所著《史記考》[2]。沿用此説者，尚有清康乾間人牛運震[3]。

另外，同樣是在明朝萬曆年間，邢雲路撰著《古今律曆考》，還提到當時有人認爲，上引《史記·曆書》所説"焉逢攝提格太初元年"，亦即以甲寅歲爲太初元年，則此"焉逢攝提格"亦即"甲寅"之歲，非如張守節《史記索隱》所説是以漢武帝太初元年當此甲寅，而是在講"上古甲寅年甲子月朔旦冬至爲起曆之元。……其以太初、天漢、太始、征和以至六十年後建始各年號分配年名之下，乃後人以此曆譜附入太史公曆述内，非太史公自注也。不然，太史公出於武帝時，安能預知六十年後年號而先書於曆述之下哉！此必後人增益之無疑也"。如同下文所要講述的那樣，這一認識，本來相當準確，遺憾的是邢雲路對此却没有能夠很好地領會並予以重視[4]。視此

〔1〕 清佚名《史記疏證》（上海，上海古籍出版社，1995，《續修四庫全書》影印北京圖書館藏清鈔本）卷二〇，頁211。案此本卷首（頁1）書有題識云："考仁和邵位西先生〔懿辰〕所著《簡明目録》，有《漢書疏證》二十四卷，云國朝沈欽韓著。此書既與《漢書疏證》連續合鈔，且行款體例，亦復相同，當亦欽韓作也。二書舊不題名，因於檢書之餘，表而出之。"題識末鈐"光緒甲申海寧蔣光焴命子望曾檢書記"白文方印，知語出衍芬草堂主人蔣光焴手。惟日本學者水澤利忠在20世紀80年代曾撰寫專文，考證蔣氏所説非是，此書作者應爲杭世駿。劉起釪後來又查核其他鈔本，進一步論證了這一點。説見劉起釪《〈史記疏證〉鈔本情況及其作者考略》，刊日本《文教大學文學部紀要》第一卷第五期（1991年12月），頁49—66。又案水澤利忠和劉起釪這一研究，乃承北京大學中文系博士張學謙同學相告，謹志謝忱。

〔2〕 明陳仁錫《史記考》之《曆書考》，頁3a。

〔3〕 清牛運震《讀史糾謬》（濟南，齊魯書社，1989）卷一《史記》，頁31。

〔4〕 明邢雲路《古今律曆考》（清光緒五年定州王氏刊《畿輔叢書》本）卷一〇，頁4b—5a。

一事，即可知難怪清代曆算學家梅文鼎會詆斥邢氏“於古法殊略”[1]。

至與錢大昕同時的梁玉繩，對這篇文字的認識，開始出現明顯倒退：

> 曆(案梁氏原文避清諱以“歷”代“曆”，兹俱回改)術甲子篇
>
> 附案此乃當時曆家之書，後人因本書之缺，謬附于史，增入太初等年號、年數。其所説曆法仍是古四分之術，非鄧平、落下閎所更定之《太初曆》也。起焉逢攝提格太初元年，至祝犂大荒落建始四年〔凡七十六年，續者取曆家一蔀之法也〕。……史訖太初，而叙至成帝建始，非妄續之的證耶？……蓋太初定曆，别有成書，史公作史時未經録入，孟堅作志載《三統》而又不載《太初》，其法遂無傳矣。[2]

梁氏以爲此篇係“曆家一蔀之法”，與程一枝等人相同，這本是正確的見解，但他並不認爲這篇文字是司馬遷《史記》固有的内容，而另行揣測這一“曆家之書”是“後人因本書之缺，謬附于史”。這既没有根據，也没有道理。因爲自從唐人司馬貞以來，人們判斷《曆術甲子篇》中羼有後來增入的内容，依據的是《史記》當中本不應該出現的年號和紀年，但梁玉繩以爲這些年號、年數本來也不是“曆家一蔀之法”中固有的内容，乃是在“曆家一蔀之法”被“謬附于史”之後，另由他人增入。這樣一來，謂“曆家之書”係他人謬附於《史記》，也就完全失去了判斷的依據。

較錢大昕和梁玉繩稍晚，嘉道間人姚文田，在研究《史記・曆書》時，對《曆術甲子篇》的性質，重又提出更爲明晰準確的認識，同時也更爲清楚地闡釋了這些年號和紀年的來歷。姚氏論述説：

> 子長自系《曆術甲子篇》，至七十六年而止，乃推衍一蔀以爲成

---

〔1〕 清官修《四庫全書總目》卷一〇六《子部・天文算法類》“古今律曆考”條，頁894。

〔2〕 清梁玉繩《史記志疑》卷一五，頁766。

率，讀者私記年號於下方，後遂羼入正文。有謂天漢以後皆褚少孫續者，亦是臆説矣。[1]

所謂"推衍一蔀以爲成率"，與程一枝、梁玉繩所説"曆家一蔀之法"涵義大致相同，但姚文田清楚指出我們今天在《曆術甲子篇》中看到的各個年號都是由後之讀書人私記於下方而被誤羼入正文，實際在認識上已經比程一枝等人有重大進步，或者説與前文所説邢雲路《古今律曆考》提到的某公相同，重又清楚指出所謂"曆家一蔀之法"與具體的紀年毫不相干。因爲只有按照這樣的理解，纔能清楚説明《史記·曆書》中"焉逢攝提格太初元年"一語何以是指上古"起曆之元"。

這種"曆家一蔀之法"，簡單地説，就是列出一份以七十六年爲周期的朔閏編排法則和具體數據表，用以編制每一年的曆書，也可以説是一篇"曆法通則"。没有它，或是不瞭解它的原理，就根本無法制作曆書。馬王堆漢墓出土的帛書《刑德》篇中，有所謂"大游干支表"（或謂之"刑德運行干支表"、"太陰刑德歲徙表"），是術數家用來查對相關時日吉凶禍福的萬年通用性準則，或者説是一種基本"法式"，同樣不是僅僅針對某一特定的年份[2]。在這一點上，此"大游干支表"與《曆術甲子篇》具有相同的屬性，而且其行用的時代也與司馬遷非常接近，兩相對比，可以更爲真切地理解《曆術甲子篇》的性質。《漢書·律曆志》在"歲術"項下所記述的"次度"等與此性質亦頗爲相似，而在晚近時期的史書中，更容易令我們理解的同類内容，是《清史稿》原本中所設的一篇《八綫對數表》。

這種"曆法通則"的原理，是基於中國古代的曆法爲陰陽合曆，而編制這種陰陽合曆的曆書，最關鍵的問題是設置閏月，以此來儘量把月球環繞

---

〔1〕 清姚文田《邃雅堂集》（寒齋藏清道光元年刻試印樣本）卷三《史記曆書考》上（案此本尚未鐫入頁碼，據校刻者墨書注記，爲頁 43b）。

〔2〕 胡文輝《馬王堆帛書〈刑德〉乙篇研究》，見作者文集《中國早期方術與文獻叢考》（廣州，中山大學出版社，2000），頁 166—171。

遼雅堂集　卷之三

當在亥一云八年當作六年則歲在丑子長豈不之知亦以爲此不足
據也宣帝時太史令張壽王挾黃帝調厤以非漢厤據
蔡邕集則壽王亦稱甲寅元蓋定法必始甲寅雖壽王
亦不能易也邕又謂秦用乙卯此由丁丑逆推而定如
以丙子上數則秦厤固亦始甲寅也子長自系厤術甲
子篇至七十六年而止乃推衍一蔀以爲成率讀者私
記年號於下方後遂羼入正文有謂天漢以後皆褚少
孫續者亦是臆說矣大氐史漢年月譌舛尤多如禮樂

○　清道光元年刻試印樣本《邃雅堂集》

地球的朔望月周期與地球環繞太陽的回歸年周期,調配到同一套體系當中。早在春秋戰國之際,當時司職天文曆法的專職人員,已經認識到一回歸年大致爲 365 又 1/4 日,因而十九年的日數與 235 個朔望月的日數幾乎完全相等。這樣,若是在十九年中安排七個閏月,則十九年後,冬至和同一月份的朔旦可以在同一天裏重新出現,古代曆法稱這樣的十九年周期爲"一章"。不過,這時同一曆日並没有能够回到同一天的同一時刻,需要經過四個這樣的十九年,亦即七十六年,纔能回到同一時刻。也就是説,假若起始那天正逢朔日冬至夜半,則整整七十六年之後又會重逢這樣的朔日冬至夜半。《淮南子·天文訓》所謂"天一以始建七十六歲,日月復以正月入營室五度無餘分,名曰一紀"[1],講的就是這一周期。古代曆法稱這種集

[1] 《淮南子·天文訓》,據何寧《淮南子集釋》卷三,頁 205。

合四“章”的七十六年周期爲“一蔀”,也有文獻將“蔀”字寫作“篰”或“府”[1]。依據這一“通則”編制出來的曆書,其實際結果是朔望月的周期,得到了充分的體現和尊重,即曆法上的每一個月,與實際的朔望月周期,基本相當;而回歸年的周期,却只能取一很不準確的近似值,即曆法上的一年,與回歸年周期相差較大,平年小於回歸年,閏年大於回歸年。

按照這一“曆法通則”編制曆書,要選取一個合適年頭月份的“朔旦冬至”,作爲起算之點,這也就是所謂上古“起曆之元”。七十六年用滿之後,就再依次重復進行,周而復始,如《淮南子·天文訓》所云:“凡二十紀,一千五百二十歲大終,日月星辰復始甲寅元”[2],亦即重新回到了上古“起曆之元”。後來在兩漢之際,王莽曾“令太史推三萬六千歲曆紀,六歲一改元,布天下”[3],他之所以能夠一下子編制出這麽長久的曆書,就是因爲有《曆術甲子篇》這樣的“曆家之書”作爲基本的推算工具。總的來説,直到晚近時期採用西方曆法之前,中國古代曆法的基本原理,較此没有大的變化,後來所做改訂,只是具體的測算日趨精密而已。這是因爲這一曆法原理,雖然非常科學,但與實際的天文周期,仍有一定偏差,如南朝劉宋時人祖沖之就已清楚指出:“四分之法,久則後天。以食檢之,經三百年,輒差一日。”[4]所以,還需要不斷調整和逐漸完善。

在當代學者中,張汝舟最爲準確而又系統地解析了《曆術甲子篇》的性質,將其譽之爲司馬遷留給世人的“寶書”,並逐句詳細釋義(儘管由於長期遭受嚴酷的政治迫害,致使張氏無法正常讀書治學,未能獲知姚文田

---

[1] 《周髀算經》(北京,中華書局,1963,錢寶琮校點《算經十書》本)卷下,頁75—77。《續漢書·律曆志》下,見《後漢書》志第三,頁3057—3059。《淮南子·天文訓》,據何寧《淮南子集釋》卷三,頁204—205。《漢書》卷二一下《律曆志》下並唐顔師古注,頁1014。陳久金《曆法的起源和先秦四分曆》,刊中國天文學史整理研究小組編《科技史文集》第1輯《天文學史專輯》(上海,上海科學技術出版社,1978),頁18—19。

[2] 《淮南子·天文訓》,據何寧《淮南子集釋》卷三,頁205。

[3] 《漢書》卷九九下《王莽傳》下,頁4154。

[4] 《宋書》卷一三《律曆志》下,頁308。

等人舊有的見解）。通過張汝舟氏及其弟子張聞玉的努力，普通文史學者有越來越多的人，開始理解《曆術甲子篇》的内容，認識到這一文獻的重要價值[1]。據此，我們也很容易明白，《曆術甲子篇》乃是《史記·曆書》最重要的組成部分，絶非如梁玉繩所説，是出於他人謬附妄續。作爲一篇講述基本原理和通行法則的文獻，《曆術甲子篇》本來不應該附記特定時期的具體年號。

在這一方面，目前還不太容易做出清楚判斷的是，這些附加的年號和年數，究竟是從《曆術甲子篇》中的第一年亦即"焉逢攝提格太初元年"中的"太初元年"開始，還是從它後面的某一年號開始？

按照姚文田"讀者私記年號於下方，後遂羼入正文"的説法，他應該是主張前者。邢雲路《古今律曆考》提到的那位人士，自然也是如此。張文虎的看法，與之相同，亦謂《曆術甲子篇》"其歲名下本不著年，今本有者，後人增之"[2]。日本學者瀧川資言著《史記會注考證》，述及此事，亦從張文虎説，以爲"太初元年至建始元年年號、年數，後人妄增"[3]。又前引梁玉繩説，雖然也以爲太初以下年號俱屬後人妄增，但梁氏謂《曆術甲子篇》亦非太史公原書所有的内容，與姚文田、張文虎的看法，仍有重大差别。

對此，今人張汝舟認爲，太初元年、二年、三年這些注記，應爲《史記》所固有的内容，它是用"太初"這一陰曆甲寅元的"曆元"名稱（而不是漢武帝的同名年號），來依次記述一蔀之内七十六年的年次，故司馬遷的原文應是從太初元年，一直排列到太初七十六年，而後人妄作篡改，"從太初五年改用漢代紀年'天漢'、'太始'到'竟寧'、'建始'"[4]。其實，前面提到的很可能是由沈欽韓撰著的《史記疏證》，早已先於張氏，提出過相同的看

[1] 張汝舟《二毋室古代天文曆法論叢》（杭州，浙江古籍出版社，1987）之《〈曆術甲子篇〉淺釋》，頁 28—80。張聞玉《古代天文曆法講座》（桂林，廣西師範大學出版社，2008）第五講第五節《〈曆術甲子篇〉的編制》，頁 149—170。

[2] 清張文虎《舒藝室隨筆》（清同治十三年金陵冶城賓館刻本）卷四，頁 14a。

[3] 瀧川資言《史記會注考證》（上海，上海古籍出版社，1986）卷二六《曆書》，頁 726。

[4] 張汝舟《二毋室古代天文曆法論叢》之《〈曆術甲子篇〉淺釋》，頁 29。

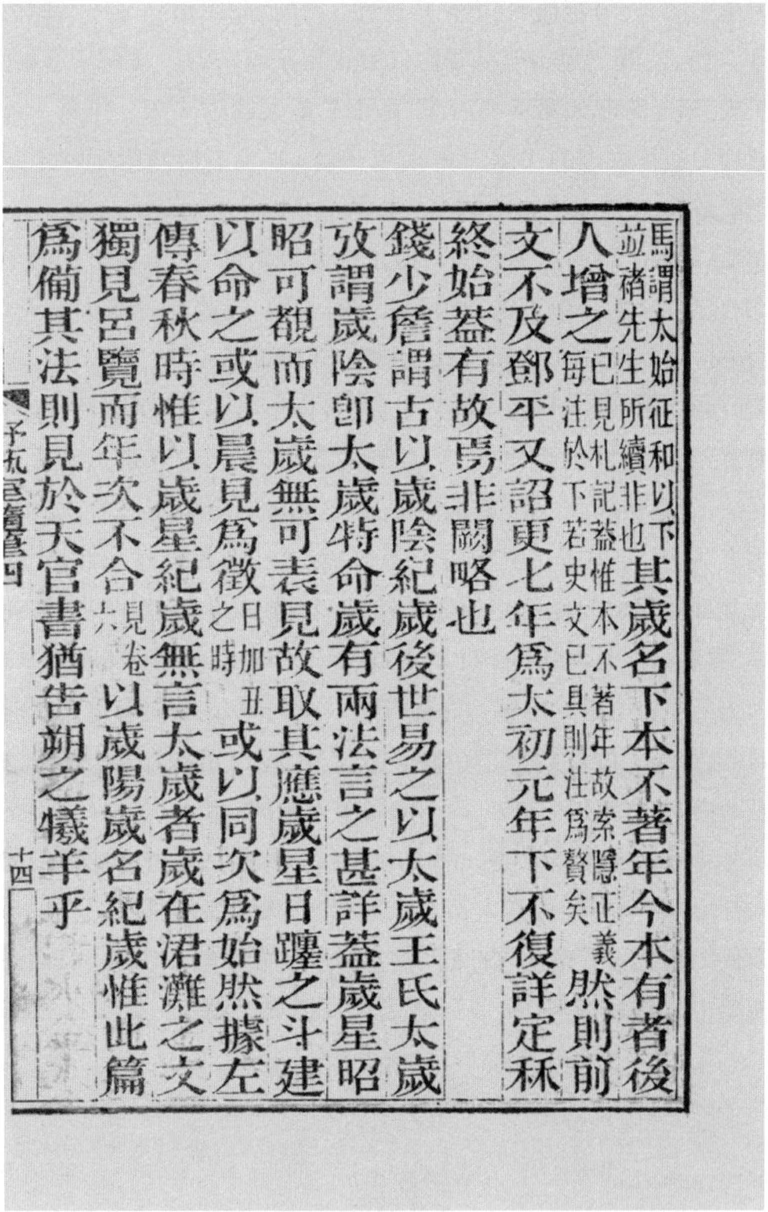

馬謂太始征和以下並褚先生所續非也其歲名下本不著年今本有者後人增之已見札記蓋惟本不著年故索隱正義每注於下若史文已具則注爲贅矣然則前文不及鄧平又詔更七年爲太初元年下不復詳定秝終始蓋有故爲非闕略也

錢少詹謂古以歲陰紀歲後世易之以太歲王氏太歲攷謂歲陰即太歲特命歲有兩法言之甚詳蓋歲星昭昭可覩而太歲無可表見故取其應歲星日躔之斗建以命之或以晨見爲徵日加丑之時或以同次爲始然據左傳春秋時惟以歲星紀歲無言太歲者歲在涒灘之文獨見呂覽而年次不合見卷六以歲陽歲名紀歲惟此篇爲備其法則見於天官書猶告朔之餼羊乎

舒蓺室隨筆卷四　十四

○　清同治十三年金陵冶城賓館刻本《舒藝室隨筆》

法,謂"《曆術甲子篇》當時曆家之書,其云太初元年,歲名焉逢攝提格,乃曆元之太初,非漢武帝之太初也。後人不曉事者,取以附史遷之《曆書》,並竄入天漢、太始等年號,誤矣"[1]。今案《漢書·律曆志》記漢武帝制定所謂"太初曆"事,謂"乃以前曆上元泰初四千六百一十七歲,至於元封七年,復得閼逢攝提格之歲"[2],"泰"、"太"二字古本通用,故此"上元泰初",應即沈欽韓等人所説"曆元之太初",這也就是所謂上古"起曆之元",清人金鶚即曾明確指出:"其云上元泰初,云復得焉逢攝提格,可知爲曆術之元矣。"[3]不過,值得注意的是,張汝舟的學生張聞玉,雖然不遺餘力地闡揚乃師學説,在這一點上,却背離師説,不僅主張删除自"焉逢攝提格太初元年"云云以下全部年號和年數,甚至連《曆術甲子篇》一開頭"太初元年,歲名'焉逢攝提格',月名'畢聚'"這句話中的"太初"二字也一併删除。在這一具體問題上,實際上與姚文田、張文虎和瀧川資言諸人的看法更爲接近[4]。

在上述兩説之外,持第三種看法,是司馬貞、程一枝、陳仁錫、牛震運這一派人。如果説,前兩類觀點孰是孰非,目前還不太容易裁斷的話,那麼,這一派人的看法,却可以確認,一定存在比較嚴重的問題。這就是如程一枝所云,他們是以《史記》的成書時間作爲標尺,來判别這些年號和年數是司馬遷原文抑或後人竄入:即早於《史記》成書時間者,便爲司馬遷原文;晚於《史記》成書時間者,則必屬後世添加。這些人最主要的問題,是他們實質上還不清楚《曆術甲子篇》與漢代的紀年没有任何直接關係。譬如其開篇第一年"焉逢攝提格太初元年",其歲名"焉逢攝提格"中的"焉逢"是表示十干中的"甲","攝提格"是表示十二支中的"寅",合之即爲甲寅歲,而漢武帝太初元年的干支,實際上却是丁丑,若是按照太初改元之前仍以

〔1〕 清佚名《史記疏證》卷二〇,頁211。

〔2〕《漢書》卷二一上《律曆志》上,頁975。

〔3〕 清阮元《詁經精舍文集》卷八金鶚《〈史記〉太初元年歲名辨》,頁1400—1401。

〔4〕 張聞玉《古代天文曆法講座》第五講第五節《〈曆術甲子篇〉的編制》,頁149—170。

十月爲歲首的曆法來算，也可以説是歲在丙子，但無論如何都與甲寅歲相差甚遠。僅此一點，即可清楚證明，並不能將“焉逢攝提格”等歲名與漢代的年號和年數直接掛鈎，因而也就不宜根據這些年號是在司馬遷寫成《史記》之前或是之後來判斷這些年號羼入《史記》的具體時間。儘管在這些人之間，對這類内容是從哪一個年號纔開始羼入《史記》，亦略有不同（如司馬貞和程一枝主太始元年；陳仁錫和牛震運表述模糊，謂始自“天漢以後”，既可以解作包括天漢這一年號，也可以理解爲不包括），但在認識方法上並没有差别，只是對《史記》紀事的截止年代看法略有差異而已。

通過以上分析，我們可以看出，《史記·曆書》中的這些漢代紀年，不僅毫無疑義應屬後人添加，更爲特别的是，這些内容是無論如何也不應該添加在這裏的。《史記》在增入這些内容後，會給讀者造成很大困惑和混亂，司馬貞的《史記索隱》和張守節的《史記正義》，就都因爲對此無法理解，做出很多怪異的注釋（例如張守節謂“天漢元年，戊午歲也”，而天漢元年實際上是辛巳歲[1]）。

《曆書》當中其實還有很多問題，需要校勘，但鑒於目前的實際困難，特别是出書時間的緊迫性，這些技術性很强的細節，姑且可以暫緩從事。不過我在這裏討論的是一個重大原則性問題，允稱犖犖大端，前人又做過很好的研究，基本結論可謂確鑿無疑，這次校印《史記》，理應吸收這些成果。特别是鑒於現在普通文史讀者大多不懂曆法知識，在這裏尤其有必要附加一條校記，説明這些後人誤增的年號、年數與《曆術甲子篇》的内容完全無關，以免給讀者造成不必要的困擾，甚至導致其誤入歧途。事實上，清朝曾有很多學者，都因受其誤導而造成了嚴重錯謬，其中有些研究結論，甚至達到很離奇的程度。

假如點校者願意採納上述建議，增入校勘説明，那麼，對姚文田和張汝舟這兩種説法，究竟採納哪一種好呢？目前較爲穩妥的做法，不妨兩説並

〔1〕《史記》卷二六《曆書》，頁1266。

存。不過就我個人而言，是更傾向於接受姚文田一派人的觀點。這主要是考慮到，假如《史記》原文，是在每一歲名之下，列有從太初元年到七十六年的年次（張聞玉雖然主張剔除自“太初”以下所有年號，却認爲《史記》原文應當標注有“元年”以至“七十六年”這一蔀之内七十六年逐年的年次，在這一點上與乃師張汝舟比較一致），那麼，後人似乎不大可能完全忽視這一存在，强行改變原書這一成系列的文字，另行添入漢代的年號紀年。因此，更大的可能，是《曆術甲子篇》原文，徒有歲名而没有從一到七十六的年次排列。這樣，後來的讀史者在看到篇首第一行“太初元年，歲名‘焉逢攝提格’，月名‘畢聚’，日得甲子，夜半朔旦冬至”云云這段話後，又因爲太初元年頒行《太初曆》的關係，便誤以爲這份《曆術甲子篇》排列的是從太初元年開始的漢代曆譜，從而依次加入太初以後的年號和年數。

至於這些年號和年數，具體是在何時由何許人者加入《史記》，前人提出過不止一種説法。首先，關於司馬貞等人反復提到的褚少孫，我贊同姚文田的看法，其實際可能性恐怕不大。這首先是因爲這是一個十分低級的錯誤，看褚少孫補入《史記》的其他内容，他還不至於如此荒唐。其次是褚少孫在所增續的《史記·三代世表》中，曾寫有一段諛頌霍光以黄帝後世而“王天下”的肉麻話〔1〕，張文虎貶斥云：“此褚少孫續貂之尤鄙謬者。《漢書·儒林傳》：王式爲昌邑王師，以《詩》諫聞，少孫乃其弟子。是生當宣帝之世。光薨于地節元年（德勇案：此“元年”字誤，時爲地節二年），霍禹謀反于四年，少孫此記當在霍氏盛時〔霍氏敗後，必不敢爲此〕。造爲妖言，將以取媚，玷其師甚矣。”〔2〕據此，則褚少孫補《史記》，應主要是在昭帝時期，而《曆術甲子篇》中添入的漢代年號，已至成帝建始四年，不僅距其補續《史記》時間已過很久，而且褚少孫即使在世，亦已垂垂老矣，做這種事的可能性很小。再説漢宣帝地節改元的時間，與《漢書》等後世史籍的記載有很大差别，其間頗有一番曲折，實際是在本始六年五月追改此前一年

〔1〕《史記》卷一三《三代世表》褚少孫補續語並唐司馬貞《索隱》，頁506—507。

〔2〕清張文虎《舒藝室隨筆》卷四，頁6a—6b。

爲地節元年[1]。在這一變動過程中，褚少孫是身處其中的過來人，從他極力諛頌霍光的情况看，他是不是也要像東漢的班固一樣記録此事，也很值得考慮。在我看來，他更應該按照實際情況，添注年號和年次，而我們在《曆術甲子篇》裏看到的情况却一如《漢書》，這一點也可以從側面説明，褚少孫添注這些漢代紀年的可能性實際上很小很小。

張文虎在論述《曆術甲子篇》中這些漢代年號的性質時，對它的來歷，也做過推測，以爲"其歲名下本不著年"的一項重要佐證，是"《索隱》、《正義》每注於下，若史文已具，則注爲贅矣"[2]。言外之意，就是補入這些内容，是在唐代中期司馬貞和張守節爲《史記》做注疏之後的事情。今案這種説法很不妥當。蓋如前文所述，司馬貞在《史記索隱》中已明確寫道，這些年號和年次"並褚先生所續"，又他在《曆術甲子篇》開頭"焉逢攝提格"這一歲之下且附注云："如《漢志》，太初元年歲在丙子。據此，則甲寅歲也。"這顯然是針對《史記》正文中已經被後人添入的"太初元年"一語而發，清楚表明在司馬貞著《史記索隱》的時候，《史記》當中已經帶有我們今天所看到的年號和年次。

在這一前提之下，可以設想，司馬貞不憚與《史記》原文重複而列出這些内容，自然應該有他的道理。其實只要稍加分析，就不難發現，《史記索隱》中特地注出這些西漢的年號和年數，應該是緣於其脱離《史記》本文的單行形式。這是因爲像焉逢攝提格、端蒙單閼、游兆執徐等等這些所謂"歲名"，亦即"歲陽"和"歲陰"的名目，不是尋常讀書人所易讀解的專門術語，而且其具體用名用字，又有諸多不同的稱謂和寫法。這樣，在不附《史記》原文的情況下，《史記索隱》出注時又僅僅截録標出其歲名以表示所注釋的對象，便很不方便讀者對讀原文，司馬貞這纔在注釋中寫上正文的年號

[1] 別詳拙著《建元與改元——西漢新莽年號研究》（北京，中華書局，2013）中篇《漢宣帝地節改元發微》，頁119—240。

[2] 清張文虎《舒藝室隨筆》卷四，頁14a。

和年數[1],以便利閲讀時查找對應的歲名。我們看在南宋慶元間建安黄善夫家塾合刻的三家注本《史記》當中,這些年號和年數都被省掉未録[2],就是因爲一旦附入《史記》正文,就不再需要這些累贅,而今天在中華書局點校的三家注本中重又看到這些内容,是由於其所依據的金陵書局本,在張文虎校刻時即已依據單刻《索隱》將其添入其中[3]。

另一方面,張守節在《史記正義》中看似再一次重復列入西漢諸帝的年號和年次,其實也並非重復,這裏另有其他原因。前面第一節已經援據程金造的觀點指出,張守節的《史記正義》除了疏解《史記》正文和裴駰的《史記集解》之外,還同時兼釋司馬貞的《史記索隱》。這一點,相對比較隱微,不像其疏釋《史記集解》一樣容易被讀者領悟,需要悉心斟酌體味。

我們通看司馬貞《史記索隱》在《曆術甲子篇》中所附與此漢帝年號、年數有關的注釋,可以看到如下兩種情況。第一種情況,共有兩處,一處爲首條"焉逢攝提格太初元年",另一處爲緊接在它下面的第二條"端蒙單閼二年"。在這兩條中,《索隱》一云"太初元年歲在丙子,據此,則甲寅歲也";一謂這一年"歲在乙卯也",即都已經清楚點明被無知者錯添到《曆術甲子篇》中的這些西漢年號紀年所對應的紀歲干支。第二種情況,包括剩下來的自"游兆執徐三年"以下直至"端蒙赤奮若四年"所有各處的釋文,其注釋形式是先分别注出"歲陽"和"歲陰"所對應的天干、地支,最後加注"某年號某年"(如上所述,這是爲了便利閲讀《史記索隱》時到《史記》中去查找對應的歲名,或者是閲讀《史記》時到《史記索隱》裏來查找對應的注釋),如"游兆執徐三年"的《索隱》是:"游兆,景(德勇案,即丙,司馬貞避唐諱取"景"代"丙")也。《爾雅》作'柔兆'。執徐,辰也。三年。"又如"彊梧大荒落四年"的《索隱》是:"彊梧,丁也。大芒駱,巳也。四年。"

對比上述兩種形式,可以看到,與前面一種形式相比,後面一種缺少完

[1] 唐司馬貞《史記索隱》卷八,頁 86。

[2] 見臺北藝文印書館 1966 年重印百衲本《史記》卷二六《曆書》,頁 8a—10a。

[3] 《史記》篇末附中華書局編輯部《點校後記》,頁 16—17。

整、標準的干支紀歲(如甲寅、乙卯)與年號紀年的對應説明[如“太初元年……甲寅歲也”,“(二年)歲在乙卯也”],其反映干支紀歲的“天干”和“地支”,是被分割開來,獨立存在的(如:“游兆,景也。《爾雅》作‘柔兆’。執徐,辰也。”又:““彊梧,丁也。大芒駱,巳也。”),在它的後面,再孤零零地附入“(太初)三年”和“(太初)四年”這些年號和年數,和它所對應的紀歲干支,缺乏明確的説明。於是,我們在張守節的《史記正義》中,就看到了直接針對這一缺陷所做的補充:“三年,丙辰歲也”,“四年,丁巳歲也”。如前所述,司馬貞在《史記索隱》中不忌與正文重復,添列漢代的年號和年數,只是爲便利讀者查對所釋歲陽、歲陰名稱在《史記》正文中的位置。所以,至“端蒙赤奮若四年”,在疏釋所有十個歲陽和十二個歲陰的名稱之後,《史記索隱》便不再附注漢帝的年號和年次。與此緊密相應,《史記正義》中像“三年,丙辰歲也”和“四年,丁巳歲也”這樣的説明,亦隨之戛然終止。這種情況,清楚顯示出“《正義》每注於下”的這些西漢年號紀年與紀歲干支的對應關係,只是爲了疏釋《史記索隱》中相關的内容,而不是爲没有西漢年號紀年的《曆術甲子篇》添加年號和年數。

理解《曆術甲子篇》中《史記索隱》和《史記正義》這一關係,不僅可以辨正張文虎的錯誤認識,同時還爲程金造提出的《正義》兼釋《索隱》的見解,提供一個非常强有力的例證,可以爲學者更好地利用《史記索隱》,提供許多幫助。這是超出於本文論述範圍的一項重要收穫。

以上論述表明,《曆術甲子篇》中羼入這些西漢年號和年數的年代,應該在褚少孫之後、司馬貞以及張守節之前。若是再做更大膽一些推測的話,那麽,我們看到,南朝晉宋間人徐廣始爲《史記·十二諸侯年表》注出紀年干支[1],顯示出讀書人對紀年干支的密切關注,而劉宋裴駰的《史記集解》,仍没有一處涉及《曆術甲子篇》中的年號紀年,則透露出當時很可能還没有附入這些内容。依此妄自揣度,這些年號和年次被添加到《史

[1] 清錢大昕《十駕齋養新録》卷六“十二諸侯年表”條,頁121。

記》當中的時間,或有可能是在《史記集解》成書之後至《史記索隱》撰著之前這一時段之内[1]。不過,由於没有任何具體的證據,這樣的推測,並没有太大意義,只能給後續研究者提供一條分析的綫索而已。

〖**附案**〗正式印本並未採納拙見,附加相應校記。

七、封禪書

【一】《史記·封禪書》原文:

其後三年,有司言元宜以天瑞命,不宜以一二數。一元曰"建",二元以長星曰"光",三元以郊得一角獸曰"狩"云。[2]

上文標點,今徵求意見本亦同,且未做任何校勘説明[3]。

〖**今案**〗

漢武帝"三元"亦即第三個紀元本名元朔,四元纔是元狩,所以上面這段文字在"二元"與"三元"之間,必有脱文,清朝學者周壽昌等早已指出這一點[4]。蓋"四"字古文寫作積四横劃,作"亖"形,與"三"字字形極易混

---

〔1〕 案顧頡剛《顧頡剛讀書筆記》第六卷《古柯庭瑣記》(一)"曆朮甲子篇"條(頁4068)嘗謂"《曆書》所附《曆術甲子篇》,起太初元年,訖成帝建始四年。然建始止二年,其後爲河平二年,明是建始初人所作,豫推至四年耳"。惟成帝建始年號實際行用四年,並不是二年,顧氏應是一時疏忽,錯以爲建始只有兩年,所説自然没有價值。

〔2〕《史記》卷二八《封禪書》,頁1389。

〔3〕 徵求意見本《史記》卷二八《封禪書》,頁1661。

〔4〕 清周壽昌《漢書注校補》(上海,商務印書館,1937,《國學基本叢書》本)卷三,頁37。朱一新《漢書管見》(長沙,岳麓書社,1994,《二十五史三編》本)卷二,頁387。

淆，清人王引之在《經義述聞》中總結古書形近致譌的規律，即將"'四'字古文與'三'相似而誤書爲'三'"列爲一種常見的數字譌誤用例[1]；段玉裁在《説文解字注》中也舉述有諸多"三"、"亖"混淆的例證[2]。今本《史記·封禪書》這處脱漏，應係抄録《史記》者因疏忽而誤將"三元"與"亖元"相混淆，復以兩字上下鄰近而誤將三元、四元兩條記述牽合爲一體使然[3]。即《史記·封禪書》原文，應當大致如下：

三元【以□□□□曰"朔"，亖(四)元】以郊得一角獸曰"狩"云。

【】裏添補的就是今本《史記》漏掉的文字，只是具體佚失多少個字，現在已經無從考究。

宋人王應麟叙述武帝元狩以前諸元得名緣由，謂"一元曰'建'，二元以長星曰'光'，六年更始而曰'朔'，郊得一角獸曰'狩'"，這實際上就是用"六年更始"四字，來臆補《史記·封禪書》佚失的文字[4]。又《史記·封禪書》繼此"有司言元宜以天瑞命"事下，記云"其明年"冬武帝始立后土祠于汾陰並"親望拜"，武帝尚"始巡郡縣"；同年夏，復得寶鼎於后土祠旁[5]，而核諸《漢書·武帝紀》等文獻，可知這些均屬元鼎四年的事情[6]。從而可以判定，此有司建言以天瑞命諸元事，應當發生在元鼎三年，亦即武

[1] 清王引之《經義述聞》卷三二《通説》下"形譌"條，頁778。

[2] 清段玉裁《説文解字注》四部"四"字下，頁737。

[3] 案此類奪落事例甚多，亦屬古書流傳過程中發生譌變的一種通例，請參見清王念孫《讀書雜志》之《淮南内篇》第二十二，頁48—49。

[4] 宋王應麟《玉海》(南京，江蘇古籍出版社，1988，影印清光緒浙江書局刻本)卷一三《律曆》"總論改元"條，頁239。案關於這處闕佚的文字，拙著《建元與改元——西漢新莽年號研究》(北京，中華書局，2013)上篇第四節《釋元朔年號所從出之天瑞》(頁14—27)曾將其臆補爲"三元以日月復始曰朔，四元以郊得一角獸曰狩云"，讀者可參看。

[5] 《史記》卷二八《封禪書》，頁1389—1392。

[6] 《漢書》卷六《武帝紀》，頁183—184。《史記》卷三〇《平準書》，頁1434—1438。

帝第五紀元之第三年[1]。所以,《史記・封禪書》在這裏自應如此一併論及一、二、三、四諸元。

採用年號紀年,是中國歷史上的一項重大事件,對《史記》這處明顯的文字脱漏,似乎應當在校勘記中適當予以説明。

〖**附案**〗正式印本部分採納拙見,在《封禪書》此處與《孝武本紀》相關内容下附有校勘記,稍予説明。

八、河渠書

【一】《史記・河渠書》原文:

> 自是之後,滎陽下引河東南爲鴻溝,以通宋、鄭、陳、蔡、曹、衛,與濟、汝、淮、泗會。

"鴻溝"句下唐人司馬貞《史記索隱》云:

> 楚漢中分之界,文穎云即今官渡水也。蓋爲二渠,一南經陽武,爲官渡水;一東經大梁城,即鴻溝,今之汴河是也。[2]

今徵求意見本文字和標點都完全相同[3]。

---

〔1〕 參見綫裝書局影印南宋慶元本《漢書》(北京,2003)卷六《武帝紀》(頁1a—1b)附列宋人劉攽《兩漢刊誤》語。

〔2〕《史記》卷二九《河渠書》並唐張守節《正義》,頁1407。

〔3〕 徵求意見本《史記》卷二九《河渠書》並唐張守節《正義》,頁1689。

〖**今案**〗

司馬貞《史記索隱》"一東經大梁城,即鴻溝"之"鴻溝",金陵書局本所據底本原作"河溝",張文虎校云:"'鴻'原誤'河',今改。"〔1〕今檢核南宋慶元間建安黄善夫家塾刻三家注本《史記》〔2〕,宋乾道七年蔡夢弼東塾刻附《集解》、《索隱》本〔3〕,宋淳熙三年張杅桐川郡齋刻附《集解》、《索隱》本〔4〕,以及單行原本《史記索隱》〔5〕,此處無一不是書作"河溝",可知張文虎的改動,不僅没有其他文獻證據,也根本没有版本依據,只是他憑自己感覺很輕率地做出的判斷。看《史記・秦始皇本紀》記秦王政二十二年"王賁攻魏,引河溝灌大梁"〔6〕,知"河溝"一稱早在秦始皇統一中國之前就已經出現,司馬貞謂此渠爲"河溝",自有歷史淵源,而人們之所以會以"河溝"來稱呼此渠,乃是緣於渠道的源頭出自河水。當年張文虎校刊《史記》,因未能思及《史記》之《秦始皇本紀》本有"引河溝灌大梁"的説法,乃謂"河溝"係"鴻溝"之誤,並徑改《史記》本字,這種武斷的做法實不宜信從。今點校者即使對張氏此説堅信不渝,似乎也應該附記校語,説明情況,以便讀者自行斟酌取捨,而不宜像現在這樣,竟完全抹除更改舊文的痕跡。

〖**附案**〗正式印本部分採納拙見,增附校記,説明相關版本情況。

---

〔1〕清張文虎《校刊史記集解索隱正義札記》卷三,頁359。

〔2〕案據臺北藝文印書館1966年重印百衲本,頁2a。

〔3〕見北京圖書館出版社2003年《中華再造善本》叢書影印國家圖書館藏本,頁1b。

〔4〕見北京圖書館出版社2003年《中華再造善本》叢書影印國家圖書館藏本,頁1b。

〔5〕唐司馬貞《史記索隱》卷九,頁101。

〔6〕《史記》卷六《秦始皇本紀》,頁234。

九、魏世家

【一】《史記·魏世家》原文:

魏王以秦救之故,欲親秦而伐韓,以求故地。无忌謂魏王曰:

……夫韓亡之後,兵出之日,非魏無攻已。秦固有懷、茅、邢丘,城垝津以臨河内,河内共、汲必危;有鄭地,得垣雍,決熒澤水灌大梁,大梁必亡。王之使者出過而惡安陵氏於秦,秦之欲誅之久矣。秦葉陽、昆陽與武陽鄰,聽使者之惡之,隨安陵氏而亡之,繞舞陽之北,以東臨許,南國必危,國無害已?[1]

以上標點,俱從中華書局原點校本,今徵求意見本同[2]。

〖今案〗

針對上文"秦葉陽、昆陽與武陽鄰"這句話中的幾個地名,唐人張守節在《史記正義》中釋曰:"《括地志》云:'葉陽今許州葉縣也,昆陽故城在葉縣北二十五里,舞陽故城在葉縣東十里。'此時葉陽、昆陽屬秦,舞陽屬魏也。"亦即將"葉陽"、"昆陽"、"舞陽"讀作三個並列的地名,今點校者應即遵從此讀[3]。惟《史記》此語本出於《戰國策》,前人識讀《國策》,句讀一向同於張守節《史記正義》[4],然戰國以迄秦漢之際,"葉陽"這一地名別無

[1] 《史記》卷四四《魏世家》,頁1857—1859。

[2] 徵求意見本《史記》卷四四《魏世家》,頁2231—2234。

[3] 《史記》卷四四《魏世家》唐張守節《正義》,頁1859。

[4] 見諸祖耿《戰國策集注匯考》(南京,鳳凰出版社,2008,增補本)卷二四《魏策》三,頁1267,頁1278—1279。

所見。馬王堆漢墓出土帛書《戰國縱横家書》,述信陵君此語,“葉”下無“陽”字,帛書整理者注云:“葉,《魏策》與《魏世家》作葉陽,誤。”[1]今案此帛書寫本亦頗有譌奪,並非每一處異文都勝於司馬遷所見與傳於今世的《戰國策》文本,這一“陽”字或許還可以做出其他的解釋。

北京大學近年入藏的秦水陸里程簡册,記述了秦南郡境内以及北經南陽郡以趨潁川郡、三川郡部分地區的水上和陸地道路里程,其中有兩條簡文,提到了一個叫作“陽”的地名:

西陵水道到陽平鄉五十九里。(04-199)

西陵水道到陽新鄉百卌八里。(04-075)

按照這件里程簡册的通例,像“陽平鄉”、“陽新鄉”這樣的提法,其中的“陽”字應爲縣名。這件里程簡册中另有簡文尚記有“陽新城庾”(04-063),可以與之互證,而在西安西北郊相家巷近年出土的秦封泥中,亦見有鎸作“陽丞之印”的印章[2],可以進一步證明秦朝確應設有陽縣[3]。斟酌其與簡册中其他地名的相對方位,知此陽縣正位於秦漢南陽郡東北部,與葉縣相鄰[4],秦末劉邦率軍通過南陽趨往武關時與秦南陽守齮激戰過的“陽城”,就是這個陽縣的縣城[5]。

---

[1] 馬王堆漢墓帛書整理小組編《戰國縱横家書》一六《朱己謂魏王章》,頁59,頁64。

[2] 傅嘉儀《新出土秦代封泥印集》(杭州,西泠印社,2002)之“陽丞之印”,頁124。

[3] 案傅嘉儀在《新出土秦代封泥印集》(頁124)和後來出版的《秦封泥彙考》(上海,上海書店出版社,2007,頁218)兩書中,都釋此“陽丞”爲《漢書・地理志》城陽國陽都縣地之古陽國。惟秦廷何以會穿越今昔在古陽國设丞?其説顯誤。

[4] 别詳拙文《北京大學藏秦水陸里程簡册初步研究》,刊李學勤主編《出土文獻》第四輯,頁244—252。

[5] 《史記》卷五四《曹相國世家》,頁2023;又卷九五《樊酈滕灌列傳》,頁2625,頁2667。

秦陽縣與葉縣(秦漢封泥中均見有“葉丞之印”[1],可證該地一直稱“葉縣”而非“葉陽”)爲鄰縣,該縣亦與舞陽毗鄰,若將“葉陽”兩字從中斷開,將《史記·魏世家》此句讀作“秦葉、陽、昆陽與舞陽鄰”,自文從義順。

又《史記·魏世家》中講述這段話的人“无忌”,原點校本與今徵求意見本俱無校,清人王念孫嘗有考述云:

> “無忌謂魏王曰”,楊倞注《荀子·彊國篇》引此,“無忌”作“朱忌”。念孫案:作“朱忌”者是也。作“無忌”者,後人以意改之耳。《史記》他篇中或稱“信陵君”,或稱“魏公子無忌”,或稱“魏將無忌”,其但稱“無忌”者,則承上文而言。今“無忌”之名不見於上文〔上文范痤上書信陵君,但稱“信陵君”,不稱“無忌”〕,而忽云“無忌謂魏王曰”,則文義不明。假如平原君名“勝”,“勝”字未見於上文,而忽云“勝謂趙王曰”,其可乎?且下文稱“信陵君無忌矯奪晉鄙兵”,而此但稱“無忌”則是詳於後而略於前,於理尤不可通。《魏策》作“朱已謂魏王曰”,“已”、“忌”古同聲〔《鄭風》“大叔于田”箋:“忌”讀如“彼已之子”之“已”〕,則《史記》之本作“朱忌”甚明。楊倞引作“朱忌”,則唐時本尚未誤。鮑彪注《魏策》云:“‘朱已’《史》作‘無忌’,《大事記》謂‘信陵之言深切綜練’”,皆爲俗本所惑。[2]

逮近人金正煒撰《戰國策補釋》,對此公姓氏也有考説:

> 魏將與秦攻韓朱已章“朱已謂魏王曰”,鮑、吴俱據《史記》以爲“無忌”之譌。按楊倞注《荀子·彊國篇》引《史記》“朱忌謂安釐王

---

〔1〕 周曉陸、路東之編著《秦封泥集》(西安,三秦出版社,2000)之二·三·38“葉丞之印”,頁294—295。清吴式芬、陳介祺《封泥考略》(臺北,藝文印書館,1982,嚴一萍《封泥考略彙編》影印清光緒甲辰滬上刻本)卷六《漢縣邑道官印封泥》,頁648。

〔2〕 清王念孫《讀書雜志》之《史記》第三“無忌”條,頁64。

曰”，文與此同。“忌”、“己”古通用，則此作“朱己”固非誤。[1]

今檢核《荀子》楊倞注語確係“《史記》朱忌謂安釐王曰”云云[2]，故《史記·魏世家》之“无忌”，當屬“朱忌”形譌，似應依據楊倞引文和《戰國策》加以訂正，至少應當添列一條校記，來說明這一點。

〖**附案**〗正式印本未採納拙見，將“葉陽”二字頓開，亦無任何說明，不過在“无忌”下增添校記，說明《荀子》的異文。

十、田儋列傳

【一】《史記·田儋列傳》原文：

横定齊三年，漢王使酈生往說下齊王廣及其相國横。横以爲然，解其歷下軍。漢將韓信引兵且東擊齊。齊初使華無傷、田解軍於歷下以距漢，漢使至，乃罷守戰備，縱酒，且遣使與漢平。漢將韓信已平趙、燕，用蒯通計，度平原，襲破齊歷下軍，因入臨淄。齊王廣、相横怒，以酈生賣己，而亨酈生。齊王廣東走高密，相横走博陽，守相田光走城陽，將軍田既軍於膠東。楚龍且救齊，齊王與合軍高密。漢將韓信與曹參破殺龍且，虜齊王廣。漢將灌嬰追得齊守相田光，至博陽，而横聞齊王死，自立爲齊王，還擊嬰，嬰敗横之軍於嬴下。田横亡走梁，歸彭越。彭越是時居梁地，中立，且爲漢，且爲楚。韓信已殺龍且，因令曹參進兵破殺田既於膠東，使灌嬰破殺齊將田吸於千乘。韓信遂平齊，

---

〔1〕 金正煒《戰國策補釋》(民國甲子金氏十梅館刻本)卷五，頁27b。

〔2〕 唐楊倞注《荀子》卷一一《彊國篇》，頁10b。

乞自立爲齊假王，漢因而立之。[1]

這段話中兩處“博陽”，原點校本都删去“陽”字，今徵求意見本從之，所附校勘記述曰：

“博”，原作“博陽”。梁玉繩《志疑》卷三二：“《漢書》作‘博’，是也。《灌嬰傳》‘破田横至嬴、博’，《傅寬傳》‘屬相國參，殘博’。《漢志》屬泰山郡，若博陽則爲汝南之縣，豈齊封内哉？下亦誤。”今據改。[2]

〖**今案**〗

周振鶴研究指出，秦漢時期地名，在表示某地的單字專名之下綴加一“陽”字，本是一種比較通行的做法。在這種情況下，“陽”字“只是美稱並無實意”。此“博陽”之“陽”即屬此種用法，其書作“博陽、博縣、博三者實爲一地，‘陽’乃地名通名”[3]。據此，理當慎重處理“博陽”這一地名，存古存真，以便讀者瞭解當時的習慣。

當然，周氏這一説法，或許也還可以進一步斟酌，但即使抛開人們的表述習慣問題，真真切切地回歸到歷史的實質性層面，事情仍然不那麼簡單。清嘉道間人洪頤煊在所著《讀書叢録》中列有一“博陽郡”條，考述《漢書·高帝紀》相關記載云：

“以膠東、膠西、臨淄、濟北、博陽、城陽郡七十三縣立子肥爲齊王”。頤煊案：博陽郡不見於《地理志》，《異姓諸侯王表》：“濟北王田

---

〔1〕《史記》卷九四《田儋列傳》，頁 2646—2647。

〔2〕徵求意見本《史記》卷九四《田儋列傳》，頁 3192—3193，頁 3196。

〔3〕周振鶴《西漢政區地理》（北京，人民出版社，1987）上篇第一章第五節《劉餘魯國之沿革》，頁 31—32；又上篇第九章第二節《文帝十六年後齊國沿革（含千乘郡）》，頁 100—101。

> 安都博陽。"《史記·田儋列傳》相橫走博陽,《漢書·田儋傳》作"橫走博",蘇林曰:"泰山博縣。"即博陽郡也。[1]

其實在洪氏之前,全祖望在探討楚漢間所設之郡時,對此"博陽郡"的由來就曾有所考述:

> 博陽郡,楚漢之間分濟北置,漢之泰山。見《高紀》,以封齊王。按《月表》"濟北國都博陽",則本屬濟北,及封齊王,已分置矣。蓋即漢之泰山,而後并濟北入之者也。東京又分泰山、濟北爲二,則泰山仍得博縣,是其証也。

在考訂《漢書·地理志》的泰山郡沿革時,對此博陽郡的設置時間和過程,又做了進一步的推斷:

> 泰山郡。……當云故屬秦齊郡,楚漢之際屬齊國,尋爲濟北國。五月,復屬齊國,分置濟北、博陽二郡。高帝四年屬漢,改博陽曰泰山,仍屬齊國。文帝二年,别屬濟北國。四年復故。十六年復屬濟北國。景帝四年復故。五年,復屬濟北國。武帝元鼎元年,獻泰山及其旁邑,其國如故。後元二年,并濟北入泰山。

不僅如此,全祖望還進一步考述博陽與博縣之關係云:

> 《前志》泰山郡之博縣,即博陽也。貢父(德勇案:謂宋人劉攽)疑博陽置郡之無徵,不知即泰山也。秦高未置縣以前,泰山即治博縣,以

[1] 清洪頤煊《讀書叢録》卷一九"博陽郡"條,頁5a。

是益知其爲博陽也。[1]

因知韓信率軍入齊之際,齊國正設有博陽一郡,而其治所就設在《漢書·地理志》所記述的博縣。不過,考慮到秦郡往往與其設置治所的首縣同名,而且如同全祖望、洪頤煊已經指出的那樣,漢初之濟北國乃以"博陽"爲都,從而可以推測,楚漢之際田氏齊國博陽郡的治所,也應該是名爲"博陽"之縣,而不是《漢書·地理志》記載的"博"縣。《史記·田儋列傳》記載的"博陽"恰恰可以進一步印證這一情況,可以説準確地反映了當時的政區設置,豈能輕易改從《漢書》的錯誤寫法?

基於這一認識,此處至少不宜徑改《史記》原文。假若點校者對此仍有疑慮,亦不妨只以校記形式附列自己的看法,以供相關學者進一步深入探討。

〖**附案**〗正式印本採納拙見,恢復"博陽"舊文。

十一、田叔列傳

【一】《史記·田叔列傳》原文:

上東巡,仁奏事有辭,上説,拜爲京輔都尉。月餘,上遷拜爲司直。數歲,坐太子事。時左丞相自將兵,令司直田仁主閉守城門。坐縱太子,下吏誅死。仁發兵,長陵令車千秋上變仁,仁族死。[2]

---

〔1〕 清全祖望《漢書地理志稽疑》(北京,中華書局,1955,重印《二十五史補編》本)卷一,頁4;又卷二,頁8。

〔2〕《史記》卷一〇四《田叔列傳》,頁2778。

今徵求意見本在“仁發兵,長陵令車千秋上變仁,仁族死”句下附有校記云:

殿本《史記》考證:“此三句中必有譌脱。既以坐縱太子誅,豈又以車千秋訟太子冤而更族誅乎?況文亦不類。”張文虎《札記》卷五:“此十五字疑後人附注異説,誤入正文。”

〖今案〗

這條校記,所涉及的問題,並不是講文字有明顯錯譌,非予以訂正不可,因而也就不是一定要出校記不可。假若對校勘者所關注的問題,一定要附加校記,以説明其文字可能存在的錯譌,那麼就應當全面考慮文本形成的複雜原因,綜合反映前人的看法,以供讀者參考,而不宜像現在這樣,片面擇取其中某一項傾向性看法。

首先需要説明的是,施之勉校訂《史記》,曾指出這段文字當中確實存在一處文字譌誤,此即“長陵令”的“令”字:

《考證》(德勇案:指瀧川資言《史記會注考證》):楓山、三條本,陵下無“令”字。……

按褚先生補傳:丞相自將兵,使司直主城門。司直以爲太子骨肉之親,父子之間,不甚欲近〔張文虎曰:“不甚欲近”,疑當作“不欲甚迫”〕,去之諸陵過。《正義》:上云“仁發兵長陵”是也。依《正義》,“長陵”二字當屬上讀。據《漢書·車千秋傳》,衛太子事時,千秋爲高寢郎,非長陵令。“令”爲衍文。楓、三本,“陵”下無“令”字,是也。《續漢書·禮儀志》補注引《皇覽》曰:“漢家之葬,方中百步,穿渠爲方城,其中開四門,四通,足放六馬。發近郡卒徒,置將軍衛候。”是陵園有兵，故云發兵長陵也。[1]

這句"'仁發兵長陵'是也"的《史記正義》，今本《史記》無之，爲日本《史記會注考證》引述的佚文，施之勉謂乃"涉上'令司直'而衍"[2]，所說自合乎情理。據此，這段話中應當删除"長陵令"的"令"字，並將"長陵"二字改屬上讀，作"仁發兵長陵，車千秋上變仁"。

即使做出這樣的訂定，按照後世比較完備的文體來考慮，上文"仁發兵長陵，車千秋上變仁，仁族死"這十四個字，確實仍顯得有些突兀，不甚妥帖，因而令許多學者感到不好理解。如明人陳仁錫就以爲"此錯間，當削之。發兵而族死者，任安也"[3]，但《史記》並未記載任安有發兵反叛之事，不過坐以觀望武帝與戾太子父子間孰勝孰敗而已[4]，陳仁錫所說，都是想當然的事情。

又清人趙翼亦曾就此寫道：

《田仁傳》，戾太子斬江充，發兵與丞相劉屈氂戰之事，既云"丞相令司直田仁閉守城門，因縱太子，下吏誅死"，下又云"仁發兵，長陵令車千秋上變，仁族死陘城"，文既繁複，且不可解。[5]

趙翼此語，並不是單純就此而發，而是同時舉述一系列例證，來説明"《史記》自相歧互處"。既然類似的情況比較普遍，其産生原因也就未必一定是後人添附或者有脱誤舛譌。傳世早期文獻，本來就存在很多類似的問題；況且司馬遷撰著《史記》時，身遭大禍，以一人之力，創此亘古未有之巨

〔1〕 施之勉《讀史記會注考證札記》，見《大陸雜誌》社編印《大陸雜誌史學叢書》第四輯《史記考證研究論集》（約20世紀80年代印本），頁205。

〔2〕 王叔岷《史記斠證》卷一〇四，頁2888。

〔3〕 明陳仁錫《史記考》之《田叔列傳考》，頁1a。

〔4〕 《史記》卷一〇四《田叔列傳》之褚少孫補，頁2782—2783。

〔5〕 清趙翼《廿二史劄記》卷一"史記自相歧互處"條，頁13—14。

著,有些文字,在去世時還未能盡臻於完善,這也是情理之中的事情。清人錢大昕在評判《史記》此類疏略時,就是本着這樣的態度論述説,司馬遷"去聖漸遠,百家雜出,博采兼收,未免雜而不醇。又一人之身,更涉仕宦,整齊劃一,力有未暇"。其實班彪在東漢時即已指出司馬遷以"一人之精,文重思煩,故其書刊落不盡,尚有盈辭,多不齊一"〔1〕,足見《史記》原稿確實有很多地方還没有修訂完善,顧頡剛甚至以其書中間雜有因"匆促不暇檢討"而造成的諸多疏略,謂"《史記》之書,只能當初稿看"〔2〕。因而,後人不宜"因踵事之密而議草創之疏"〔3〕。

事實上,早在金代,王若虚就曾把這段記載作爲典型例證,指出《史記》叙事的文字缺陷:

> 《田仁傳》云"武帝時拜爲司直,数歲,坐太子事。時左丞相自將兵,令司直田仁主閉守城門。坐縱太子,下吏誅死。仁發兵,長陵令車千秋上變仁,仁族死陘城"。始但言坐太子事,而復言坐縱太子誅死,又言因千秋上變族死,語意重叠,昏晦甚矣。遷之叙事此類尤多。〔4〕

可以看到,王若虚已經指出這種情况在《史記》當中並非特例,而是一種比較普遍存在的問題。至清初顧炎武復進一步指明《史記》中出現這一情况的原因,乃是由於"史家之文多據原本,或兩收而不覺其異,或竝存而未及歸一"〔5〕。

---

〔1〕《後漢書》卷四〇上《班彪傳》上,頁1327。

〔2〕顧頡剛《顧頡剛讀書筆記》第七卷《湯山小記》(九)之"史遷用六國史料未盡"條,頁5084—5085。

〔3〕清梁玉繩《史記志疑》卷首清錢大昕跋,頁1。

〔4〕金王若虚《滹南遺老集》(上海,商務印書館,1935,《叢書集成初編》排印《畿輔叢書》本)卷一九《史記辨惑》十一,頁111。

〔5〕清顧炎武《日知録》卷二六"漢書"條,頁1892—1893。

關於這一點,事實上給殿本《史記》寫這條考證的史臣張照[1],本來在原則上也有同樣的認識,他在《史記·酈生陸賈列傳》卷末的《考證》中嘗有論述説:

> 《史記》事兩見而小異者甚多,蓋史家法,信以傳信,疑以傳疑,不臆斷也。子曰"吾猶及史之闕文",此其遺意歟?[2]

既然如此,那麽他在處理有關田仁的這一具體問題時,爲什麽却又背棄這一認識,以爲其中"必有譌脱"了呢?原因在於他錯誤地理解了"長陵令車千秋上變仁"這句話的含義。

我們看張照對這一問題的論述,可知對於他來説,最難理解的是田仁"既以坐縱太子誅,豈又以車千秋訟太子冤而更族誅乎"?所謂"車千秋訟太子冤",事見《漢書·車千秋傳》:

> 車千秋,本姓田氏,其先齊諸田徙長陵。千秋爲高寢郎,會衛太子爲江充所譖敗,久之,千秋上急變訟太子冤〔師古曰:所告非常,故云急變也〕,曰:"子弄父兵,罪當笞;天子之子過誤殺人,當何罪哉!臣嘗夢見一白頭翁教臣言。"是時上頗知太子惶恐無他意,乃大感寤,召見千秋。至前,千秋長八尺餘。體貌甚麗,武帝見而説之。謂曰:"父子之間,人所難言也,公獨明其不然。此高廟神靈使公教我,公當遂爲吾輔佐。"立拜千秋爲大鴻臚。數月,遂代劉屈氂爲丞相,封富民侯。[3]

《漢書·戾太子傳》也記載在戾太子死後,"久之巫蠱事多不信,上知太子

[1] 案這條内容見殿本《史記》(清乾隆武英殿原刻本)卷一〇四《田叔列傳》附《考證》,頁8b。
[2] 見殿本《史記》卷九七《酈生陸賈列傳》附《考證》,頁14b。
[3] 《漢書》卷六六《車千秋傳》,頁2883—2884。

惶恐無他意，而田千秋復訟太子冤，上遂擢千秋爲丞相”[1]。兩處記載所説車千秋“上急變訟太子冤”，都是在巫蠱事變平息較長一段時間之後。又檢《漢書·武帝紀》，知巫蠱之亂發生在武帝征和二年七月，同月，“（田）仁腰斬。八月辛亥，太子自殺于湖”[2]。田仁既然已經在戾太子死前被朝廷處以極刑，田千秋在戾太子死後很久而“上急變訟太子冤”，就不存在重又舉發田仁罪過的問題。其實，只要稍微仔細一些閲讀《史記·田叔列傳》這段記載，當不難看出，不管“仁發兵長陵，車千秋上變仁，仁族死”這幾句話出自誰何人之手，它都只能是講田仁在巫蠱事變時發兵反叛朝廷，從而招致族滅，而“車千秋上變仁”顯然是指車千秋向朝廷舉報田仁發兵反叛的事情。張照誤把此事與車千秋在平定巫蠱之亂以後“上急變訟太子冤”混爲一事，從而纔會對《史記》的記載大惑不解。論證的前提既然存在嚴重錯誤，他的論述對我們理解《史記》，也就没有什麽積極意義了，似乎已不必附入校記。

知悉張照這一錯誤，我們也就不難理解，張文虎《校刊史記集解索隱正義札記》懷疑這段文字係“後人附注異説”，在很大程度上，也應該是受到殿本《考證》先入爲主的影響。其實受到張照誤導的並不止張文虎一人，崔適受其影響，同樣以爲這段文字係“非才妄續”，並直欲將其删落不存[3]。

其實，只要我們能夠擱置前人成見，對《史記·田叔列傳》中這兩段貌似相互抵牾的記載稍加分析，就不難看出，這兩段文字記載的本是前後承續的一件史事，並没有什麽矛盾。蓋前者所説，乃田仁坐縱太子，論法，自當“下吏誅死”。惟當時丞相劉屈氂“欲斬（田）仁，御史大夫暴勝之謂丞相曰：‘司直吏二千石，當先請，奈何擅斬之？’丞相釋仁”，而漢武帝“聞而大怒，下吏責問御史大夫曰：‘司直縱反者，丞相斬之，法也，大夫何以擅止

---

[1] 《漢書》卷六三《戾太子據傳》，頁 2747。

[2] 《漢書》卷六《武帝紀》，頁 208—209。

[3] 崔適《史記探源》（北京，中華書局，1986）卷八，頁 205。

之!’”結果暴勝之“惶恐自殺”[1]。被劉屈氂一度釋放的田仁,這時已經落入必死的絶境,只好孤注一擲,作困獸斗,於是發兵對抗。車千秋獲悉情況後,當即告變舉報。結果田仁罪上加罪,連累整個家族都被族滅。——這樣解讀,除了文辭稍欠妥帖之外,在史事和邏輯上都很順暢,故没有切實理由一定要像張文虎那樣將“仁發兵,長陵令車千秋上變仁,仁族死”這十五個字視作“後人附注”的“異説”。

通觀巫蠱事變前後的政治動態,能夠較爲真切地理解《史記·田叔列傳》這段記載的合理性。爲戾太子訟冤的車千秋,不管當時的官職究竟是高廟郎,還是長陵令,都卑微不足稱道,其驟然之間被擢升相位,顯得有些太過突兀;特别是後來有很多人單純依據《漢書·車千秋傳》的記載,以爲他僅僅是因爲敢於進言給戾太子訟冤而得以擢任,除此之外,略無“伐閲功勞”,因而對其頗有微詞[2]。巫蠱之變是漢武帝晚年遇到的重大挑戰,也是判斷臣僚忠誠程度的試金石。對比一下當時在丞相位上的劉屈氂,先是在戾太子發兵攻入丞相府時,不惟挺身而逃,尚且“亡其印綬”;後來當田仁“坐令太子得出”之際,又優柔寡斷,未能果决將其處死,以致被漢武帝斥責“丞相無周公之風”[3]。御史大夫暴勝之,更顯然首鼠兩端。這都是朝中的頂級重臣。另一些身居關鍵權位的人,如司馬遷的好友監北軍使者任安,亦“坐受太子節,懷二心”[4];田仁則不僅有意放縱戾太子出城,更公然舉兵反叛。就在這生死存亡的危機關頭,車千秋却毫不猶豫地果斷上變,告發田仁,當然會得到漢武帝的賞識和擢拔。事實上,也只有明瞭這一史實,我們纔能夠很好地理解漢武帝臨終之際,爲什麽會在爲保障劉家皇

---

〔1〕《漢書》卷六六《劉屈氂傳》,頁2881。

〔2〕《陳書》(北京,中華書局,1972)卷二六《徐陵傳》,頁332—333。宋朱翌《猗覺寮雜記》(北京,中華書局,1999,重印民國上海古書流通處影印原刻初印《知不足齋叢書》本)卷下,頁671。

〔3〕《漢書》卷六六《劉屈氂傳》,頁2880—2882。

〔4〕《漢書》卷六六《劉屈氂傳》,頁2881。

位不受威脅而連昭帝生母鉤弋夫人都要特地殺掉的情況下[1]，依然委誠信任車千秋，令其高居於相位。

附帶説明一下，田仁在身陷絶境的情況下之所以敢於發兵反叛，僥倖一搏，一是當時很多人都在觀望戾太子的成敗和漢武帝鎮壓的決心到底是否堅決；二是他本人因執法嚴厲，威望很高，事發前幾年，還擔任過京輔都尉，執掌京畿的兵權，褚少孫稱其由京輔都尉遷任丞相司直後，更是"威振天下"[2]。明此可知，田仁此舉，自有合理的因素，並不是什麽不可思議的事情（明人陳仁錫推測當時舉兵反者是任安而非田仁，而實際上任安並没有這樣的基礎）。

以上論述表明，對《史記·田叔列傳》這段内容，似乎大可不必附加現在擬定的校記。因爲這樣的校記，對研究相關歷史問題，只會造成消極的誤導，而没有太大積極意義。假如一定要加，那麽，就應該均衡，對顧炎武等人的看法，也要有所反映。

〖**附案**〗正式印本採納拙見，剔除所擬校記。

十二、淮南衡山列傳

【一】《史記·淮南衡山列傳》原文：

王坐東宫，召伍被與謀，……復召曰："將軍許寡人乎?"被曰："不，直來爲大王畫耳。……昔秦絶聖人之道，殺術士，燔詩書，棄禮義，尚詐力，任刑罰，……又使徐福入海求神異物，還爲僞辭曰：'臣見

[1] 《漢書》卷九七上《外戚傳》上，頁3956。《史記》卷四九《外戚世家》之褚少孫續補，頁1985—1986。

[2] 《史記》卷一〇四《田叔列傳》並褚少孫補，頁2778—2782。

海中大神,言曰:“汝西皇之使邪?”臣答曰:“然。”“汝何求?”曰:“願請延年益壽藥。”神曰:“汝秦王之禮薄,得觀而不得取。”即從臣東南至蓬萊山,見芝成宫闕,有使者銅色而龍形,光上照天。於是臣再拜問曰:“宜何資以獻?”海神曰:“以令名男子若振女與百工之事,即得之矣。”’秦皇帝大説,遣振男女三千人,資之五穀種種百工而行。徐福得平原廣澤。止王不來。……”

裴駰《史記集解》注釋其“以令名男子若振女”句云:

徐廣曰:“《西京賦》曰‘振子萬童’。”駰案:薛綜曰“振子,童男女”。[1]

今徵求意見本添附校記曰:

“西京賦”,疑當作“東京賦”。按:《文選》卷三《東京賦》云“振子萬童”,《西京賦》無其文。[2]

〖今案〗

《史記集解》此處書作“西京賦”固然有誤,惟原文未必就是寫成《東京賦》。蓋此西京、東京兩賦爲張衡同時並作,且同以憑虚公子與安處先生問答形式表出,在先賦西京之後,《東京賦》開篇即謂“安處先生於是似不能言,然有間,乃莞爾而笑曰”云云[3],可知二者本一體相連。所以,就像班固的《西都賦》和《東都賦》可以並稱爲《兩都賦》一樣,張衡這兩篇賦當然

〔1〕《史記》卷一一八《淮南衡山列傳》並劉宋裴駰《集解》,頁3085—3087。

〔2〕徵求意見本《史記》卷一一八《淮南衡山列傳》,頁3739。

〔3〕梁蕭統《文選》(北京,中華書局,1977,影印清嘉慶胡克家仿宋刻本)卷二漢張衡《西京賦》,又卷三張衡《東京賦》,頁36—68。

也可以合稱之爲《兩京賦》。《後漢書·張衡傳》記述張衡撰著此長安、洛陽之賦,即謂其"乃擬班固《兩都》,作《二京賦》,因以諷諫"[1],此"二京"並稱自與"兩京"同舉無異[2]。與《東京賦》的"東"字相比,《兩京賦》的"兩"字因與"西"字形體相近,更易譌轉,故此條案語,似可考慮修改爲"疑當作'兩京賦'或'東京賦'"。

〖**附案**〗正式印本未採納拙見,校勘記一仍其舊。

【二】《史記·淮南衡山列傳》原文:

元朔六年中,衡山王使人上書請廢太子爽,立孝爲太子。爽聞,即使所善白嬴之長安上書,言孝作輣車鏃矢,與王御者姦,欲以敗孝。白嬴至長安,未及上書,吏捕嬴,以淮南事繫。王聞爽使白嬴上書,恐言國陰事,即上書反告太子爽所爲不道弃市罪事。事下沛郡治。元朔七年冬,有司公卿下沛郡求捕所與淮南謀反者未得,得陳喜于衡山王子孝家。[3]

上述記載中"元朔七年冬"一句,中華書局原點校本改作"元狩元年冬",今徵求意見本承之,並附有校記云:

元狩元年　原作"元朔七年"。梁玉繩《志疑》卷三四:"元朔安得有七年,乃'元朔元年'之誤。"按:《漢書》卷四四《衡山王傳》作"元狩元年"。本書卷一七《漢興以來諸侯王年表》淮南王謀反自殺亦在元

〔1〕《後漢書》卷五九《張衡傳》,頁1897。

〔2〕案宋胡仔《苕溪漁隱叢話後集》(北京,人民文學出版社,1962)卷五引宋嚴有翼《藝苑雌黄》佚文(頁33—34)、宋王應麟《玉海》(南京,江蘇古籍出版社,1988,影印清光緒浙江書局刻本)卷一六四《宫室·樓》"漢井幹樓"條(頁3016),就有將張衡西、東二京之賦合稱"兩京賦"的實例。

〔3〕《史記》卷一一八《淮南衡山列傳》,頁3097。

狩元年。今據改。[1]

〖今案〗

漢代在社會實際生活中正式啓用年號紀年的時間，應當是在漢武帝太初元年，在此之前用於紀年的年號，建元、元光、元朔、元狩、元鼎和元封，都是後來所追用[2]。雖然没有使用年號，但同樣有改元的問題。即每改换一次紀元，就重新從元年起依次遞進爲二年、三年，直至下一次改元，再重新從元年數起，而事後稱謂此前每一紀元，則如《史記·封禪書》所云，乃是"以一、二数"[3]，也就是依次稱之爲一元、二元、三元，等等。雖然西漢諸帝在絶大多數情況下其每一紀元都行用固定的年數，但並不是上一紀元使用到這一年數就自然改换下一紀元，即並非每一新的紀元都是從元旦開始自動啓用，而是要等這一年已經過一段時間之後，再下詔宣佈改元。因而上一紀元往往會延續到新紀元啓用這一年中一段時間。

上引《史記·淮南衡山列傳》文中"元朔"這一年號，自是出于後人追加，但其"七年"云云，必定是直接來自當時檔册。蓋據《史記·漢興以來將相名臣年表》記載，有司治衡山王與淮南王獄，事在這一年剛剛進入冬季的歲首十月月中[4]。又《漢書·五行志》另有記述云："武帝元狩元年十二月，大雨雪，民多凍死。是歲，淮南、衡山王謀反，發覺，皆自殺。使者行郡國，治黨與，坐死者數萬人。"[5]《漢書·武帝紀》在元狩元年下也有清楚記載説："十一月，淮南王安、衡山王賜謀反，誅，黨與死者數萬人。"[6]參合《史記·漢興以來將相名臣年表》所記，可知這一年十月歲首，有司奉詔治

[1] 徵求意見本《史記》卷一一八《淮南衡山列傳》，頁3736，頁3740。

[2] 别詳拙著《建元與改元——西漢新莽年號研究》上篇《重談中國古代以年號紀年的啓用時間》，頁1—101。

[3] 《史記》卷二八《封禪書》，頁1389。

[4] 《史記》卷二二《漢興以來將相名臣年表》，頁1138。

[5] 《漢書》卷二七中之下《五行志》中之下，頁1424。

[6] 《漢書》卷六《武帝紀》，頁174。

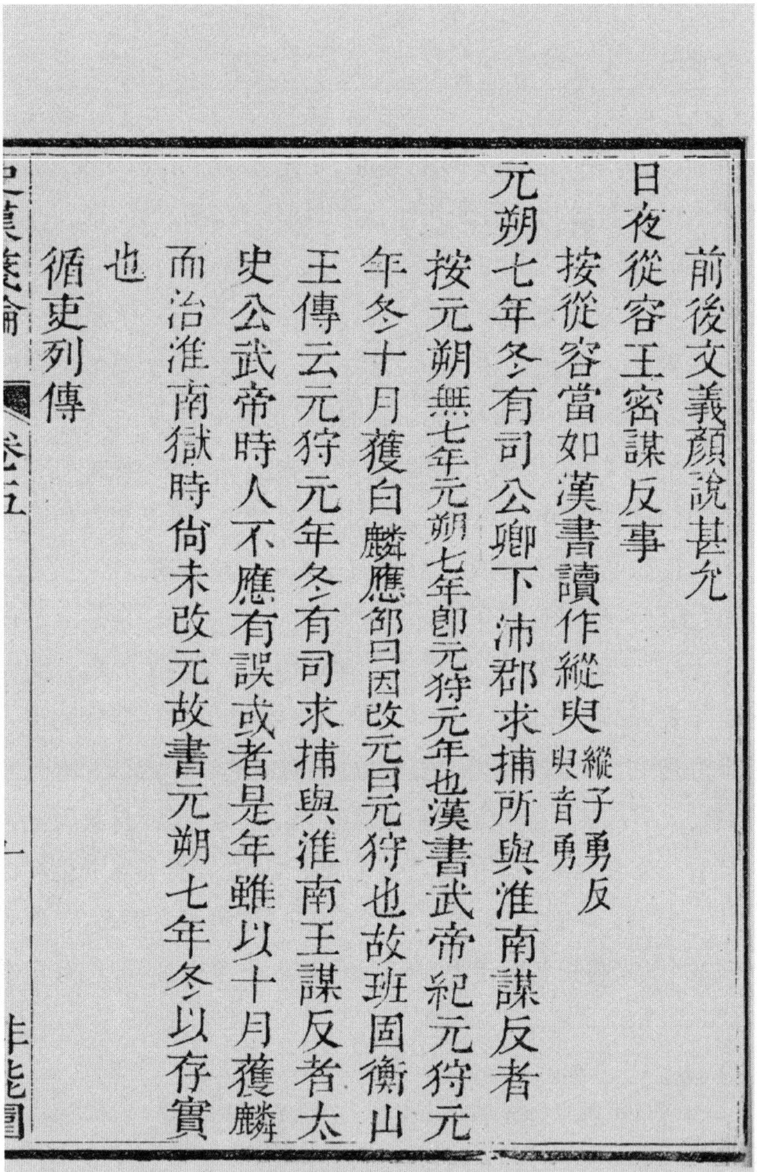

前後文義顏說甚允

日夜從容王密謀反事

按從容當如漢書讀作縱臾縱子勇反臾音勇

元朔七年冬有司公卿下沛郡求捕所與淮南謀反者

按元朔無七年元朔七年即元狩元年也漢書武帝紀元狩元年冬十月獲白麟應劭曰因改元曰元狩也故班固衡山王傳云元狩元年冬有司求捕與淮南王謀反者太史公武帝時人不應有誤或者是年雖以十月獲麟而治淮南獄時尚未改元故書元朔七年冬以存實也

循吏列傳

史漢箋論　卷五　非能園

○　清道光乙巳非能園刊本《史漢箋論》

獄，十一月裁決定讞，二王伏法，並追究黨與。《史記》與《漢書》的記載，正兩相契合。由此愈加可以確證，有司推治衡山王安與淮南王賜反罪一事，必定發生在《史記·淮南衡山列傳》所記漢武帝第三紀元之七年歲首冬初，而當時其第四紀元亦即後來追記爲“元狩”的這一紀元改元的詔令應尚未頒佈，所以纔會留下“元朔七年冬，有司公卿下沛郡求捕所與淮南謀反者未得”這一記載。

其實清嘉慶間人楊于果在《史漢箋論》中已經指出過其間的緣由，謂“太史公武帝時人，不應有誤，或者……治淮南獄時尚未改元，故書元朔七年冬以存其實”〔1〕。惜點勘者未能覽及此書〔2〕，以參稽楊氏的合理解釋。明此可知，梁玉繩理直氣壯地詰問“元朔安得有七年”，乃是由於他根本不明白當時的改元和年號制度，所說自不宜信從。相比之下，《漢書》改“元朔七年”爲“元狩元年”，其實正湮滅了歷史真相，《史記》的記載亦因此而彌足珍貴。

〖**附案**〗正式印本採納拙見，恢復“元朔七年冬”舊文。

十三、簡短的附言

中華書局原點校本和這次印行的徵求意見本《史記》，都是以清朝同治年間金陵書局刊刻的三家注本爲底本。當時司職文字校勘的張文虎，在日記中曾寫有如下一段文字，述說其工作狀況，並抒發感慨云：

古書本難校，而莫難於《史記》。搜羅舊本，博取群書，采諸家辨

〔1〕 清楊于果《史漢箋論》（清道光乙巳非能園刊本）卷五《史記·淮南衡山列傳》，頁10a。

〔2〕 案徵求意見本卷末所附《主要參考文獻》没有提及此書。因此書係考訂《史記》、《漢書》的專書，點校者若嘗取以參證，理當開列於此。

論而平心折衷之,勿持意見,勿惑妄言,集數賢之精力,積十年之功,博訪通人,就正有道,然後勒爲一編,或于史公可告無罪。然而欲徹底通曉,毫無疑滯,亦不能也。今也旋校旋寫,旋寫旋刊,區區以兩人之心力,而出之以急就,予老而衰,端甫(德勇案:所説係唐仁壽)又多病,如此,雖二三前輩,恐亦不能任也。[1]

《史記》一書校刻之難,古今似無大别,而留給後來者的問題,往往更爲艱深複雜,從而愈加需要集思廣益,博採衆説而平心折衷之。張文虎當年,正值天下大亂之後,校勘此書,不過於無可奈何之中,聊盡心力而已,自有諸多不得已的苦衷。我雖然早就過了知一己之天命的年齡,却渾然不知身處何等時世,其較諸張文虎當年,勝耶?抑遠遜之耶?亦不敢稍置答語。惟受張氏所期"于史公可告無罪"一語感染,不揣淺陋,寫出上面這些零零散散的想法,或偶有片言隻語,尚可供重印《太史公書》者採摘。

[1] 清張文虎《張文虎日記》,同治六年九月廿八日,頁106。

第三篇：初印精裝本勘正

中華書局在2013年9月出版的新校本《史記》,在點校稿付印前和試印的"徵求意見本"印出後,都曾囑我審讀過一部分内容。當時在有限的時間内,我盡自己所能,呈上一些看法(案即本書第一篇《付印前初稿審讀》、第二篇《徵求意見本校閱》)。這些參考意見,有很大一部分已經被正式印行的新本所吸收。後來在利用《史記》從事研究的過程中,又陸續發現一些值得斟酌的問題,每有所識,又隨手寫下,希望能夠對進一步完善《史記》的校勘,多少有一點參考的價值[1]。

一、秦始皇本紀

【一】《史記·秦始皇本紀》原文:

(秦王政)十八年,大興兵攻趙,王翦將上地,下井陘,端和將河内,羌瘣伐趙,端和圍邯鄲城。

十九年,王翦、羌瘣盡定取趙地東陽,得趙王。

上文今新點校本俱無校勘注記説明[2]。

〖**今案**〗

這段文字中的"端和",是指秦將楊端和,秦王政九年曾率軍攻魏之衍氏,十一年又從王翦、桓齮爲末將"攻鄴,取九城"[3]。循《史記》紀事通例,

〔1〕 案這部分校勘意見,原稿題作《〈史記〉新本校議》,曾刊發於黄留珠、賈二强主編《長安學研究》第二輯(科學出版社,2017年1月)。

〔2〕 《史記》(北京,中華書局,2013)卷六《秦始皇本紀》,頁296。

〔3〕 《史記》卷六《秦始皇本紀》,頁290,頁294。

此處“端和”上似脱一“楊”字。惟上述記載的文字譌誤,尚遠不止此,清人梁玉繩嘗考述云:

> 此必有錯簡缺文。蓋三將攻趙,王翦將上地下井陘,楊端和將河内圍邯鄲城,羌瘣獨缺,只存“伐趙”二字,而錯出於“端和將河内”句下也。“圍邯鄲城”上又重出“端和”二字。[1]

按照梁玉繩這一看法,上述文字相關的内容可姑且訂正爲:“王翦將上地,下井陘,端和將河内,圍邯鄲城,羌瘣伐趙。”即王翦將上地兵下井陘,楊端和將河内兵圍邯鄲城。雖然“羌瘣伐趙”一句話,仍明顯存在問題,但前面這兩句話文義經過這樣的調整,已經變得十分順暢。

今施之勉校勘《史記》,依循梁玉繩這一路徑,在北宋初年編著的《册府元龜》中,檢得其迻録《史記·秦始皇本紀》同一内容,正是書作:

> (秦王政)十八年,大興兵攻趙,王翦將上地,下井陘,端和將河内,圍邯鄲城。羌瘣伐趙,[2]

藉此確切證實梁氏所説信而可從[3]。

不過,這一錯譌由來已久,同樣是在《册府元龜》當中,我們還可以看到,另有其他地方採録的《史記·秦始皇本紀》,文字却與今本《史記》完全

---

[1] 清梁玉繩《史記志疑》(北京,中華書局,1981)卷五,頁174。

[2] 宋王欽若等《册府元龜》(北京,中華書局,1989,影印宋版殘本)卷一八三《閏位部·勳業》採録《史記·秦始皇本紀》,頁455。

[3] 施之勉《讀史記會注考證札記》之《秦始皇本紀》,原刊《大陸雜誌》第39卷第4期,此據大陸雜誌社編《史記考證研究論集》(臺北,大陸雜誌社,1975,《大陸雜誌史學叢書》第四輯印本),頁12。

相同[1];同樣的情況,還見於北宋中期蘇轍撰著的《古史》[2]。《册府元龜》同一書中迻録《史記》,出現這種前後牴牾的情況,是由於編纂像這樣篇幅多達千卷之巨的大書,資以利用的《史記》,當不止一部,其中有的寫本已經舛錯。如今傳世諸本,只有個别寫本,還保存着比較接近原本的正確寫法,因而這一段文字也就彌足珍貴,我們完全可以依據《册府元龜》的引文來校改今本《史記》。

儘管《册府元龜》保存的這段文字比較接近太史公原書的樣貌,但"羌瘣伐趙"這一句話,同樣已經出現錯謬。據瀧川資言《史記會注考證》,日本宫内廳書陵部存楓山文庫舊藏元彭寅翁刻本《史記》所附校記、日本宫内廳書陵部存三條西實隆公在手録元彭寅翁刻本《史記》上所施批校以及明萬曆二十四年馮夢禎校刻的南監本《史記》,此"羌瘣伐趙"之"趙"字俱作"代"[3],然檢馮夢禎刻南監本,則同今通行本一樣,也是刻作"羌瘣伐趙",而水澤利忠《史記會注考證校補》注云楓山文庫舊藏和三條西實隆公手録彭寅翁刻本《史記》上的校語,另外還有"桃源史記抄引古本"《史記》以及其他一些《史記》舊校,都是"'伐'字作'代'而無'趙'字"[4],因知瀧川資言的説法,並不十分準確。"羌瘣代"這一寫法即使確是承自古本,當然也還存在譌誤,但至少單純就上下文義上而言,若是據此把"羌瘣伐趙"改訂爲"羌瘣伐代",總要更順暢一些(視"伐"字因與"代"形似而在寫録過程中奪落,後人復以文意不足而徑自補寫"趙"字)。又從當時的軍事地理形勢來看,王翦和楊端和既然已經分别率軍從南北兩側向趙都邯鄲及其附近地區發起進攻,羌瘣似乎也没有必要再單獨另外統領一支軍隊來"伐

---

[1] 宋王欽若等《册府元龜》(北京,中華書局,影印明崇禎刻本)卷二一六《閏位部·征伐》採録《史記·秦始皇本紀》,頁 2583。案殘存宋本《册府元龜》闕佚這一部分内容。

[2] 宋蘇轍《古史》(臺北,故宫博物院,1991,影印該院所藏南宋浙本)卷七《秦始皇本紀》,頁 66b。

[3] 瀧川資言著、水澤利忠校補《史記會注考證附校補》(上海,上海古籍出版社,1986,影印原排印本)卷六《秦始皇本紀》,頁 158。

[4] 瀧川資言著、水澤利忠校補《史記會注考證附校補》卷六《秦始皇本紀》,頁 186。

趙"。代地由於面臨北部匈奴的威脅,一直屯有重兵[1]。嬴政此番出兵,意在滅趙,當然最好一舉消滅趙國佈置在北邊的這些軍隊;即使秦軍的實際能力暫時還有所不逮,至少也需要對這支軍隊適當加以牽制阻遏,以防其南下援救邯鄲。所謂"羌瘣伐代",正好可以起到這樣的作用。趙王遷被俘後,"趙公子嘉率其宗數百人之代,自立爲代王",一直維持到六年之後,始被秦軍滅除[2],亦足證代地的軍事實力,不容小覷,秦軍不能不對其有所防範。

基於以上認識,我想可以考慮在這裏增入一條校勘記,注出"羌瘣代"這一異文,並做相應説明,以供讀者參考。

二、三代世表

【一】《史記·三代世表》原文:

> 太史公曰:"五帝、三代之記,尚矣。自殷以前諸侯不可得而譜,周以來乃頗可著。孔子因史文次《春秋》,紀元年,正時日月,蓋其詳哉。至於序《尚書》,則略無年月;或頗有,然多闕,不可録。故疑則傳疑,蓋其慎也。[3]

這段文字,是《三代世表》前面的小序。文中"正時日月",諸本皆然,今中華書局新點校本故當一仍舊文。然若核諸當日習慣用法,則似有明顯譌誤,因特予辨正。

---

[1] 《史記》卷八一《廉頗藺相如列傳》,頁 2954—2955。

[2] 《史記》卷六《秦始皇本紀》,頁 296。

[3] 《史記》卷一三《三代世表》,頁 617。

〖今案〗

太史公此文,謂"孔子因史文次《春秋》,紀元年,正時日月,蓋其詳哉",這是講《春秋》之記史事,在序次時間這一點上,較諸《尚書》,要大爲詳明精準。然稍讀《春秋》者可知,其標記時間單位的一般次序,是年(在這裏,實質上是以"年"表"歲"。在很多情況下,粗略地講,"年"也可以説就是"歲",不過其狹義的涵義,與"歲"是有本質性差異的。"歲"是指地球公轉形成的回歸年周期,"年"是積"月"而成的曆法之年。具體就每一年而言,"歲"與"年"長度並不相等,即東漢經學家鄭玄所説"中數曰歲,朔數曰年"[1])、時(指春、夏、秋、冬"四時",用今天的話來説,也可以大致相理解爲春、夏、秋、冬四季)、月、日。

《春秋》開篇即記述説:"(魯隱公)元年,春,王正月。"對此,《公羊傳》釋之曰:

> 元年者何?君之始年也。春者何?歲之始也。王者孰謂?謂文王也。曷爲先言王而後言正月?王正月也。何言乎王正月?大一統也。[2]

"春"屬四時之一,且爲四時之首。拋開其政治上的"大一統"觀念不論,公羊家講對《春秋》紀時體系的闡釋,就是由年(歲)到時,再由時到月。《春秋》裏有些事件繫日,有些没有繫日(其實時、月、日之書與不書,都是歷代經學家議論不休的重要紀事原則),其第一個出現繫日的紀事,是魯隱公元年"秋八月庚辰,公及戎盟于唐",這自然是繫庚辰日於秋八月之下,顯示出一個完整的紀時序列,其最後一個階段,應當是由月到日。

---

〔1〕《周禮》(北京,中華書局,1992,《古逸叢書》三編影印北京圖書館藏南宋刻本)卷六《春官宗伯·太史》之東漢鄭玄注,頁10b。

〔2〕漢何休《春秋公羊經傳解詁》(清道光間揚州汪氏問禮堂仿刻宋紹熙辛亥建安余仁仲本)卷一,頁1a—1b。

就常理而言，按照漢語和中文的表述習慣，採用年（歲）—時—月—日這樣的紀時序列，本來是自然而然的事情，唐人皇甫湜概括“編年之作”的紀事次序，即謂乃“以事繫日，以日繫月，以月繫時，以時繫年”[1]。但看了上面公羊家的解釋之後，我們還很容易看出，對於當時的經學家來説，用這種方法來記述史事，尚別有一番微言大義藴涵其間。

在司馬遷生活的漢武帝時期，公羊學在闡釋《春秋》的諸家學説當中，最爲盛行。當時闡揚公羊學的代表人物是董仲舒，而司馬遷自言嘗聽聞董氏講述孔子“何爲而作《春秋》”這一問題[2]，自然諳熟公羊家對待時序的觀念。

公羊家這種時序觀念，我們在董仲舒本人撰著的《春秋繁露》這部書中，還可以看到一種更加形象的説法：

> 天地之符，陰陽之副，常設於身。身猶天也，數與之相參，故命與之相連也。天以終歲之數成人之身，故小節三百六十六，副日數也；大節十二分，副月數也；内有五藏，副五行數也；外有四肢，副四時數也。[3]

從中可以看出，一周歲（如前所述，寬泛地講，“年”與之大致相當）——四時——十二月——三百六十六天，這是一個非常重要的“天數”，也可以説是天定的節律。南宋時人唐仲友曾概括這個節律説：“一寒一暑以爲歲，春秋冬夏之四時統乎歲者也。一盈一虧以爲月，二十四氣、七十二候統乎月者也。一晝一夜以爲日，朝夕晝夜之四時統乎日者也。”[4]按照董仲舒等

---

[1] 唐皇甫湜《皇甫持正文集》（民國江安傅氏雙鑑樓景宋本）卷二《編年紀傳論》，頁 2b。

[2] 《史記》卷一三〇《太史公自序》，頁 3957。

[3] 漢董仲舒《春秋繁露》（北京，北京圖書館出版社，2003，《中華再造善本》叢書影印國家圖書館藏宋嘉定四年江右計臺刻本）卷一三《人副天數》，頁 3a。

[4] 宋唐仲友《帝王經世圖譜》（北京，北京圖書館出版社，2003，《中華再造善本》叢書影印國家圖書館藏宋嘉定元年金式趙喜鏤刻本）卷二《春秋左傳五紀旁通之譜》，頁 27a。

人的觀念,這個天數,冥冥中制約着塵世很多事情,甚至決定着人身的生理結構。

司馬遷自述其撰著《史記》目的,就是要接續《春秋》:

> 先人有言:“自周公卒五百歲而有孔子。孔子卒後至於今五百歲,有能紹明世,正《易傳》,繼《春秋》,本《詩》《書》《禮》《樂》之際?”意在斯乎!意在斯乎!小子何敢讓焉。……
>
> 夫《春秋》上明三王之道,下辨人事之紀,别嫌疑,明是非,定猶豫,善善惡惡,賢賢賤不肖,存亡國,繼絶世,補敝起廢,王道之大者也。《易》著天地陰陽,四時五行,故長於變;《禮》經紀人倫,故長於行;《書》記先王之事,故長於政;《詩》記山川谿谷禽獸草木牝牡雌雄,故長於風;《樂》樂所以立,故長於和;《春秋》辯是非,故長於治人。是故《禮》以節人,《樂》以發和,《書》以道事,《詩》以達意,《易》以道化,《春秋》以道義。撥亂世反之正,莫近於《春秋》。《春秋》文成數萬,其指數千。萬物之散聚,皆在《春秋》。《春秋》之中弑君三十六,亡國五十二,諸侯奔走不得保其社稷者不可勝數。察其所以,皆失其本已。故易曰“失之毫釐,差以千里”。故曰“臣弑君,子弑父,非一旦一夕之故也,其漸久矣”。故有國者不可以不知《春秋》,前有讒而弗見,後有賊而不知;爲人臣者不可以不知《春秋》,守經事而不知其宜,遭變事而不知其權。爲人君父而不通於《春秋》之義者,必蒙首惡之名;爲人臣子而不通於《春秋》之義者,必陷篡弑之誅,死罪之名。其實皆以爲善,爲之不知其義,被之空言而不敢辭。夫不通禮義之旨,至於君不君,臣不臣,父不父,子不子。夫君不君則犯,臣不臣則誅,父不父則無道,子不子則不孝。此四行者,天下之大過也。以天下之大過予之,則受而弗敢辭。故《春秋》者,禮義之大宗也。夫禮禁未然之前,法施已

然之後;法之所爲用者易見,而禮之所爲禁者難知。[1]

事實上,《史記》中有關春秋時期的内容,也主要是採録《春秋》之《左氏傳》而加以編纂[2]。如此重視其書,當然會熟知《春秋》的紀時體系及其所藴涵的象徵意義。

實際上治《春秋》之學而講究這套紀時辦法,不惟公羊一家,穀梁家似乎更加重視這一點。清代嘉道間學者許桂林甚至專門寫了一部名爲《春秋穀梁傳時月日書法釋例》的書,系統闡釋相關用法,稱"《穀梁傳》與《公羊傳》,皆謂《春秋》書法,以時月日爲例,而《穀梁》尤備"[3]。至於側重紀事的左氏之傳,對此亦同樣毫不含糊。譬如晉朝學者杜預對此就做有清楚闡述:

《春秋》者,魯史記之名也。記事者,以事繫日,以日繫月,以月繫時,以時繫年。所以紀遠近,别同異也。故史之所記,必表年以首事;年有四時,故錯舉以爲所記之名也。[4]

這一説法,有助於我們更清楚地體會,對於研治《春秋》的學者來説,年(歲)—時—月—日這一紀時體系,是何等重要以至絶不容含糊的事情。

站在這一知識背景下,再回過頭來,看《三代世表》序文中"孔子因史文次《春秋》,紀元年,正時日月,蓋其詳哉"這段話,司馬遷在首先闡明孔夫子能夠擺正"年"的用法之後,若是像今天我們看到的文本這樣,繼之復謂"正時日月",這一"年—時—日—月"的排列次序,就顯得很不妥當;或

---

〔1〕《史記》卷一三〇《太史公自序》,頁3974—3976。

〔2〕《漢書》(北京,中華書局,1962)卷六二《司馬遷傳》,頁2737。

〔3〕清許桂林《春秋穀梁傳時月日書法釋例》(清道光二十五年原刻本)卷首《總論》,頁1a。

〔4〕晉杜預《春秋經傳集解》(北京,北京圖書館出版社,2003,《中華再造善本》叢書影印元相臺岳氏荆谿家塾刻本)卷首杜氏自序,頁1a。

者説這不應該是司馬遷這樣的人在當時所能講的話。正確的用法,恐怕只能是“正時月日”。

其實在司馬遷所説“略無年月”的《尚書》當中,正寫有與此十分相似的文句,文見《尚書·堯典》(僞古文《尚書》析作《舜典》):

> 歲二月,東巡守,至于岱宗。柴,望秩于山川。肆覲東后。協時月正日,同律度量衡。

《史記·五帝本紀》轉述此語,“協時月正日”書作“合時月正日”。東漢經學家鄭玄謂《尚書》“協時月正日”之義,爲“協正四時之月數及日名,備有失誤”,而《尚書》僞孔傳注解這句話説:“合四時之氣節,月之大小,日之甲乙,使齊一也。”兩人釋義,大致相當。唐人孔穎達等更進一步疏釋曰:

> 舜既班瑞羣後,即以其歲二月東行,巡省守土之諸侯,至於岱宗之岳。燔柴告至,又望而以秩次祭於其方岳山川。柴、望既畢,遂以禮見東方諸侯、諸國之君。於此諸國,協其四時氣節,月之大小,正其日之甲乙,使之齊一均同。[1]

按照這樣的解釋,其“協”、“正”兩字乃互文對舉,“協時月正日”亦即猶如“協正時月日”。

後來,在晚出的《孔叢子》中,我們果然看到了更爲簡單明白的用法:

> 歲二月,東廵狩,至于岱宗。……所過諸侯各待于境,……天子先問百年者所在,而親見之。……命典禮正制度,均量衡,考衣服之等,

〔1〕 唐孔穎達等《尚書正義》(北京,中華書局,1986,《古逸叢書三編》影印北京圖書館藏南宋刻本)卷三,頁12a—13a。《史記》卷一《五帝本紀》並劉宋裴駰《集解》,頁31。

協時月日辰〔北宋宋咸注：四時之氣節，月之大小，日之甲乙，辰之次序，……〕。[1]

與此文句基本相同的記載，尚别見於源自先秦的古籍《慎子》[2]。所謂"協時月日辰"，等於是在"協"和"正"這兩個意義相同的語辭中擇取了前者，也就是説"協時月日辰"等同於"正時月日辰"，這與"正時月日"的句式在形式上已經極爲接近，只不過後者在"日"字之下又增入了更低一層的時間單位"辰"而已。

以《尚書·堯典》與《孔叢子》、《慎子》這幾處文字與《史記·三代世表》的序文相互比較，並考慮到《春秋》和《尚書》這兩部經書的權威性與經學觀念對司馬遷的影響，我們似乎有理由推測，今本《史記·三代世表》中"正時日月"這句話中的"日月"兩字，應有乙誤，這很可能是後世淺人因不明"月日"這種排列的意義而按照自己習慣的用法去妄加改易的結果。

這種推測，雖然在傳世版本中還没有找到依據，但南宋中期學者葉適在《習學記言序目》一書中曾引述《三代世表》的小序，文作：

遷稱"孔子因史文次《春秋》，紀元年，正時月日，蓋其詳哉"。案《春秋》諸侯之史，二百餘年之間，年時月日皆素具，非孔子特詳之。[3]

葉適引文之"正時月日"，適與上述推論相符。儘管現在還不能斷定這是葉適依據的版本確實如此，還是他在引述時已經按照自己的理解對原文有所變易，但葉氏撰《巽巖集序》，另有語云"夫孔子所以正時月日必取於《春

〔1〕《孔叢子》（北京，北京圖書館出版社，2004，《中華再造善本》叢書影印上海圖書館藏宋刻本）卷三《巡守》並宋宋咸注，頁1b。

〔2〕《慎子》（上海，商務印書館，民國《四部叢刊》影印江陰繆氏藝風堂藕香簃寫本）之《外篇》，頁29a—29b。

〔3〕宋葉適《習學記言序目》（北京，中華書局，1977）卷一九《史記》一，頁268。

秋》者"[1],應當同樣是依據《史記·三代世表》的序文而發,這可以在一定程度上印證上述引文的準確性。日後修訂中華書局的新點校本時,至少可以附注這一引文,爲讀者準確理解《史記》的記載,提供一個參考。

當年張文虎在金陵書局校勘《史記》,嘗謂《三代世表》的文字"舛謬百出"[2],這顯然是指表格正文的内容因旁行斜上而易生錯譌。其實由於很少有人仔細研讀揣摩,《史記》諸表包括前序後論在内,流傳過程中一旦産生文字譌誤,往往都不易使人察覺,此"正時月日"長期以來一直譌作"正時日月",便是如此。

又昔清人王念孫撰《讀書雜志》,考訂《史記》等古籍的文字,往往在旁徵群書之佐證後,依據其他典籍徵引的文句校改傳世版本。以上考辨亦竊思效法先賢以有所發現,非敢徒恃離析於原書之外的單詞孤字來徑改世代相傳的《太史公書》文本。

三、六國年表

【一】《史記·六國年表》原文[3]:

〔1〕 宋葉適《水心先生文集》(上海,商務印書館,民國《四部叢刊初編》影印烏程劉氏藏明黎諒刊黑口本)卷一二《巽巖集序》,頁8a。

〔2〕 清張文虎《校刊史記集解索隱正義札記》(北京,中華書局,1977)卷一,頁117。

〔3〕 爲便於説明,下表依原式竪排。

（始皇帝）	秦	魏	韓	趙	楚	燕	齊
十七	内史勝擊得韓王安，盡取其地，置潁川郡。		秦虜王安。秦滅韓。				
十八							
十九	王翦拔趙，虜王遷之邯鄲。			秦王翦虜王遷邯鄲。公子嘉自立爲代王。			
二十	王翦將擊燕。			代王嘉元年。			
二十一	王賁擊楚。					秦拔我薊，得太子丹。王徙遼東。	
二十二	王賁擊魏，得其王假，盡取其地。	秦虜王假。					
二十三	王翦、蒙武擊破楚軍，殺其將項燕。				秦破我將項燕。		
二十四	王翦、蒙武擊破楚，虜其王負芻。				秦虜其王負芻。秦滅楚。		
二十五	王賁擊燕，虜王喜。又擊得代王嘉。			秦將王賁虜王嘉。秦滅趙。		秦虜王喜，拔遼東。秦滅燕。	
二十六	王賁擊齊，虜齊王建。初并天下，立爲皇帝。						秦虜王建。秦滅齊。
二十七	更命河爲德水。爲金人十二。命民曰黔首。同天下書。分爲三十六郡。						
二十八	爲阿房宮。之衡山。治馳道。帝之琅邪，道南郡入。爲天極廟。賜户三十，爵一級。						

以上内容,係摘録今中華書局新點校本《史記·六國年表》的相關内容[1],對我在這裏所要討論的“秦滅某國”的繫年問題,舊點校本與此新點校本都没有校勘説明,惟新點校本在“始皇帝”二十二年魏國欄“秦虜王假”這一紀事下注云:

梁玉繩《志疑》卷九:“表内後格失書‘秦滅魏’三字。各表皆有之,不應魏獨缺也。”[2]

《六國年表》中實際存在的問題,遠比這裏説明的複雜,這條校勘記的寫法也不盡適宜。

〖今案〗

舊點校本在此没有出校,現在注出梁玉繩的意見,固然是一項明顯的進步,而且通觀《六國年表》載録秦滅諸國的通例,梁玉繩這一看法,也非常合理,堪稱定論。

然而,若是仔細審視梁玉繩的話,則可以看出,新點校本像這樣簡單迻録《史記志疑》的文句而將其寫爲校勘記,却不夠妥當。我們看梁氏明明説“表内後格失書‘秦滅魏’三字”,也就是説,這“秦滅魏”三字,應該寫在秦王政二十二年“秦虜王假”這一格後面秦王政二十三年那一個格子裏面。而之所以要這樣寫,則是因爲“各表皆有之”,也就是説魏國以外的其他五國,都是在諸如“秦虜王假”這樣的秦滅其國的標誌性事件的“後格”裏面書寫“秦滅某國”。可是,如上所見,現在中華書局的印本,却是將這些“秦滅某國”的紀事,與“秦虜某國某王”合寫在同一格内。這樣一來,要是真的按照梁玉繩的看法,在“秦虜王假”之“後格”補入“秦滅魏”這一紀

---

[1] 《史記》卷一五《六國年表》,頁898—901。

[2] 《史記》卷一五《六國年表》卷末附校勘記〔七一〕,頁913。案梁玉繩説原文,見所著《史記志疑》卷九,頁451。

事，必將與其他那些"秦滅某國"的書寫位置相牴牾。這種實際狀況，顯然有違梁玉繩的本意。

中華書局出版的《史記》點校本，不管是新本還是舊本，依據的底本都是同治年間金陵書局的刻本，我們現在在《六國年表》中看到的"秦滅某國"紀事的繫年，也是一依金陵書局本的原貌。然而，核諸清代中期以前的舊本《史記·六國年表》，除了趙國的情況比較特殊，是把"秦滅趙"之年繫於"秦將王賁虜王嘉"同一年下之外，其餘韓、楚、燕、齊四國，都是將"秦滅某國"寫在"秦虜某王"後面的一個格子裏面，即寫在其實際滅國之年後面一年的格子裏〔1〕。顯而易見，是金陵書局本改易了《史記》舊本固有的面貌。

當年主持金陵書局本校勘的張文虎，在所撰《校刊史記集解索隱正義札記》一書中，曾直接針對韓國欄内"秦滅韓"的繫年問題，做有考述説：

> "秦滅韓"三字各本在下年，依趙表移，楚、燕、齊同。"秦"字蓋後人所增。〔2〕

如上列《史記·六國年表》所見，張文虎説這一改動是"依趙表移，楚、燕、齊同"，乃指金陵書局本《史記》之《六國年表》於此趙國欄内，是在秦王政二十五年下，記云"秦將王賁虜王嘉。秦滅趙"。蓋司馬遷在《史記·趙世

---

〔1〕 我手邊所有和到圖書館比較容易查閲比對的古本《史記》，如南京的鳳凰出版社在 2011 年影印的南宋紹興初杭州刻十四行單附《集解》本（頁 384—385），北京圖書館出版社 2003 年在《中華再造善本》叢書中影印的宋乾道七年蔡夢弼東塾刻附《集解》、《索隱》本（頁 30b—32a），同樣是北京圖書館出版社 2003 年在《中華再造善本》叢書中影印的宋淳熙三年張杅桐川郡齋刻附《集解》、《索隱》本（頁 22a—23a），臺北藝文印書館在 1966 年重印的百衲本影印南宋慶元間建安黄善夫家塾刻三家注本（頁 35a—36b），上海古籍出版社 1995 年在《續修四庫全書》中影印的國家圖書館藏元至元二十五年彭寅翁崇道精舍刻三家注本（頁 229），明萬曆二年至三年間南京國子監刻三家注本（頁 41a—43a），明萬曆二十四年南京國子監馮夢禎校刻三家注本（頁 37a—38b），明萬曆二十六年北京國子監刻本（頁 46a—48a），明崇禎陳仁錫評點本（頁 44b—46b），以及清武英殿刻本（45a—47b），無不如此。

〔2〕 清張文虎《校刊史記集解索隱正義札記》卷二，頁 162。

家》篇末講述説，在秦王政十九年秦軍攻入邯鄲之後，“秦既虜遷，趙之亡大夫共立嘉爲王，王代六歲，秦進兵破嘉，遂滅趙以爲郡”[1]。代王嘉六年，也就是秦王政二十五年，《史記·秦始皇本紀》亦記是年王賁攻遼東得燕王喜之後，“還攻代，虜代王嘉”[2]。故張文虎所説，應當是講《六國年表》本來的寫法，都應該像表中的趙國一樣，將秦滅該國的年份，繫於其最後的國王被俘與僅存的國土悉數入秦之年。張氏就是按照這樣的想法，把《六國年表》中“秦滅韓”之年，由秦王政十八年一欄，改併到“内史騰擊得韓王安，盡取其地，置潁川郡”的秦王政十七年這一欄内，並且還按照同樣的原則，對楚、燕、齊三國的滅亡時間，做了調整。只是没有完全按照自己的看法，去掉被他指爲“後人所增”的“秦滅某國”之“秦”字。

《史記》之《秦始皇本紀》和《韓世家》、《田敬仲完世家》、《燕召公世家》都明確記載秦之滅韓是在秦王政十七年[3]，且如上所見，《六國年表》與《秦始皇本紀》等處一樣，亦謂秦王政十七年内史騰已經“擊得韓王安，盡取其地，置潁川郡”[4]。國土盡失，不遺寸土，國王亦被擄掠而去，此非滅國而何？可見就其實質内容而言，應該説張文虎的改訂確實比較合理[5]。另一方面，張文虎在通校《六國年表》之後，曾經清楚指出：“表中凡

---

〔1〕《史記》卷四三《趙世家》，頁2194。

〔2〕《史記》卷六《秦始皇本紀》，頁298。

〔3〕《史記》卷六《秦始皇本紀》，頁296；又卷四五《韓世家》，頁2261；卷三四《燕召公世家》，頁1787；卷四六《田敬仲完世家》，頁2292。

〔4〕案潁川地區在戰國後期的歸屬，曾有過一些變更，詳細情況請參見王利器纂集《越縵堂讀書簡端記》（天津，天津人民出版社，1980）之《廿二史考異》，頁154。

〔5〕案《史記》卷四〇《楚世家》（頁2079）記楚幽王九年“秦滅韓”，翌年“秦虜趙王遷”，故此“秦滅韓”之年應值秦王政十八年，與張文虎改訂之前《六國年表》的繫年相合，但《楚世家》記秦滅韓，僅此三字，不像《六國年表》在此前一年的秦王政十七年尚有“内史騰擊得韓王安，盡取其地，置潁川郡”這一紀事，可知《楚世家》應是將内史騰此役置於幽王九年（亦即秦王政十七年），而不是在此役之後又另有一番滅楚之舉，或是另有其他什麽特殊事件。參據《秦始皇本紀》等處的記載，知《楚世家》此文應有舛錯。清乾隆武英殿刻本《史記》之《楚世家》篇末附史臣校語（頁7a），即謂據《韓世家》之《正義》，韓“亡在秦始皇十七年，是年爲楚幽王八年”。

前後一年(德勇案,意即超前一年或落後一年),皆傳寫誤,此類甚多,不能悉正。"[1]《六國年表》中出現這種情況,在很大程度上是因爲按照清代學者孫詒讓的研究,在唐代以前,史表例皆不畫界欄,"故移寫易致舛粈",至宋代"版刻既興"之後,始"無不畫界之表"[2]。根據張文虎所説普遍性狀況,更容易理解《六國年表》出現上述年份錯置的現象,本不足爲怪。

單純從史實角度來考察秦滅諸國的年份,張文虎對《史記》傳世舊本做出的這一改訂,固然可以信從,今中華書局點校本徑自承用張氏校改的文字,也無可指責。然而,若是改换一個角度,從怎樣處理纔符合司馬遷的本意這一點來看,清人張文虎的校改和今中華書局點校本的處理方式,却又大謬不然。

張文虎考訂《史記·六國年表》"秦滅趙"之年,以爲所有各國都應該按照趙國的寫法,把秦軍滅掉該國,編排在國王被俘和國土全部喪失的年份,而他之所以主張參照趙國的情況,是因爲除了趙國以外,其餘楚、燕、齊三國實際上都與韓國相同,是把"秦滅某國",書寫在其失去國王和國土的下一年這一格裏。另外還有一個例外,這就是魏國闕失這一項記載,如梁玉繩所説,這顯然是《史記》在流傳過程中脱落了原有的文字。

其實在張文虎之前很久,清乾隆年間人梁玉繩同樣注意到了這一情況。然而在仔細分析舊本《史記·六國年表》編制體例後,他所得出的看法,却與張文虎後來的見解正好相反,即梁玉繩以爲《六國年表》中趙國的寫法,恰恰是不符合常規的譌變,即"《表》例皆於滅諸侯國之明年書'滅',以悉定其地爲滅也,何獨書'秦滅趙'於'虜代王'之年?必傳刻之譌,當移後一格"[3],正因爲如此,他纔會在考訂《六國年表》"秦虜王假"的紀事時

〔1〕 清張文虎《校刊史記集解索隱正義札記》卷二,頁144。

〔2〕 清孫詒讓《籀籀餘録》(北京,中華書局,2010,雪克輯《籀廎遺著輯存》本)之《唐以前本史表不畫界》,頁155。

〔3〕 清梁玉繩《史記志疑》卷九,頁451。

説“表内後格失書‘秦滅魏’三字”[1]。更準確地講,應該説司馬遷編制此表時採用的體例,就是在各國實際亡國下一年份的格子裏,來書寫“秦滅某國”;换句話來説,這也就意味着對於該國舊地整體來説,是以這一年作爲其入秦的“元年”。這種記述方式,與古人對逾年改元法的理解,顯然具有某種内在的聯繫,此即《公羊傳》所説“緣終始之義,一年不二君”也[2]。蓋因舊君主在當年尚統治一段時間,故不以此年作爲新國王君臨的始年。遺憾的是,張文虎顯然没有能夠看破司馬遷這一理念,以致竟率以己意,妄改史文。謬種流傳,延及今日,自然會給讀者造成嚴重的蒙蔽和誤導。

當然,我們回顧相關研究可以看到,讀太史公書而能理解到這一點,實際上也不是很容易的事情。南宋初年吕祖謙撰著《大事記》和《大事記解題》,載録《春秋》以後迄至漢武帝時期史事,其考訂之精細縝密,嘗備受朱熹贊譽,以爲乃古今未有之書[3],然而對《史記·六國年表》這一體例,吕氏依然茫昧不解:

> 《年表》於虜韓王之明年書“秦滅韓”,於虜楚王負芻之明年書“秦滅楚”,於虜燕王喜之明年書“秦滅燕”,於虜齊王建之明年書“秦滅齊”,於虜代王嘉之明年書“秦滅趙”,例以悉定其地爲滅耳。獨虜魏王假之明年,不書“秦滅魏”,豈非虜王假之年魏地即定乎?[4]

即以爲除了魏國以外的其他五國,都是在虜獲其王的下一年,始“悉定其

---

[1] 案梁玉繩《史記志疑》卷九(頁451)嘗謂“明陳仁錫本有,疑是增入也”,今檢明崇禎刻陳仁錫評點本《史記》卷一五《六國年表》(44b—46a),却是一如其他諸本,並没有“秦滅魏”這一紀事,疑梁氏所説有誤。又案清張文虎《校刊史記集解索隱正義札記》卷二(頁163)沿承了梁玉繩所説《史記·六國年表》本應載有“秦滅魏”事的看法,並謂“此蓋傳寫誤脱”。

[2] 漢何休《春秋公羊經傳解詁》卷六文公九年,頁7b。

[3] 宋朱熹《晦庵先生朱文公文集》(上海,上海古籍出版社,2002,《朱子全書》本)卷二七《答詹帥書》,頁1204。宋黎靖德編《朱子語類》(北京,中華書局,1994)卷一二二《吕伯恭》,頁2953。

[4] 宋吕祖謙《大事記解題》(杭州,浙江古籍出版社,2005,《吕祖謙全集》本)卷六,頁465。

地”,故在秦王政十八年下記有“定韓地”三字[1]。至清代中期以精通《三禮》之學著稱的黄式三,竟然也是根據《六國年表》書寫“秦滅韓”於秦王政十八年欄内這一點,述云“秦定韓地”是在這一年裏纔發生的事情[2]。吕祖謙的看法,雖然很不得當(梁玉繩謂其説“妄耳”[3]),但上文謂《六國年表》“於虜代王嘉之明年書‘秦滅趙’”,適可印證吕氏所見《史記》對此事的記載尚無“傳刻之譌”,諸傳世古本《史記·六國年表》當中“秦滅趙”三字,確實應當如梁玉繩所説“移後一格”[4]。

按照以上論述,下面摘録紹興初杭州刻十四行單附《集解》本《史記·六國年表》中相關的内容,並且依據吕祖謙《大事記解題》有關“秦滅趙”之年的記述和梁玉繩提出的增補“秦滅魏”之年的看法,將“秦滅某國”的年份,表述如下[5]:

[1] 宋吕祖謙《大事記》(杭州,浙江古籍出版社,2005,《吕祖謙全集》本)卷六,頁89。

[2] 清黄式三《周季編略》(南京,鳳凰出版社,2008)卷九秦始皇十八年,頁288。

[3] 清梁玉繩《史記志疑》卷九,頁451。

[4] 案此點承清華大學出土文獻與保護研究中心馬楠博士提示,謹致謝意。

[5] 爲便於説明,下表依原式竪排。

（始皇帝）	秦	魏	韓	趙	楚	燕	齊
十七	內史勝擊得韓王安，盡取其地，置潁川郡。		秦虜王安。				
十八			秦滅韓。				
十九	王翦拔趙，虜王遷之邯鄲。			秦王翦虜王遷邯鄲。公子嘉自立爲代王。			
二十	王翦將擊燕。			代王嘉元年。			
二十一	王翦擊楚。					秦拔我薊，得太子丹。王徙遼東。	
二十二	王賁擊魏，得其王假，盡取其地。	秦擄王假。					
二十三	王翦、蒙武擊破楚軍，殺其將項燕。	秦滅魏。			秦破我將項燕。		
二十四	王翦、蒙武擊破楚，虜其王負芻。				秦虜其王負芻。		
二十五	王賁擊燕，虜王喜。又擊得代王嘉。			秦將王賁虜王嘉。	秦滅楚。	秦虜王喜，拔遼東。	
二十六	王賁擊齊，虜齊王建。初并天下，立爲皇帝。			秦滅趙。		秦滅燕。	秦虜王建。
二十七	更命河爲德水。爲金人十二。命民曰黔首。同天下書。分爲三十六郡。						秦滅齊。
二十八	爲阿房宮。之衡山。治馳道。帝之琅邪，道南郡入。爲太極廟。賜户三十，爵一級。						

這樣的形式,纔符合太史公書的本來面目。在這一點上,若是想要對《史記》做出比較理想的校勘,就不能不捨棄金陵書局本,恢復此前傳世諸本固有的形態。

另外,在這裏還要順便附帶説明,上表中秦王政十九年秦國欄内"王翦拔趙,虜王遷之邯鄲"和趙國欄内之"秦王翦虜王遷邯鄲"這兩條記載中的"之邯鄲"或"邯鄲",恐怕都有問題。昔清人梁玉繩以爲秦國欄"虜王遷之邯鄲"的"之"字爲衍文,清末人張文虎和日本學者瀧川資言承之,而趙國欄内"秦王翦虜王遷邯鄲"没有問題[1],實際上二者同樣值得斟酌。

《史記·秦始皇本紀》記"(秦王政)十九年,王翦、羌瘣盡定取趙地東陽,得趙王"[2],這裏所説"東陽",唐張守節《史記正義》注云:"趙幽繆王遷八年,秦取趙地至平陽。平陽在貝州歷亭縣界。遷王於房陵。"[3]趙幽繆王遷八年即秦王政十九年,日本學者瀧川資言以爲依據這一記述,"'東陽'當作'平陽'"[4]。

然而,《史記》清楚記載此前五年,秦將桓齮率軍經過三年激烈争奪,在秦王政十四年剛剛"定平陽"[5],此後趙國也絶没有收復此地的跡象和可能,而且張守節本人在《史記正義》中引述唐李泰著《括地志》,本已明言"平陽古城在相州臨漳縣西二十五里"[6],與上述"平陽在貝州歷亭縣界"的説法自相矛盾,其間應當存在譌誤。清人錢大昕考述此地云:"《趙世家》'慶舍將東陽河外師,守河梁',《正義》云東陽'屬貝州,在河北岸'。"據此斷定今本《史記》所附張守節《正義》"秦取趙地至平陽。平陽在貝州

---

〔1〕 清梁玉繩《史記志疑》卷九,頁450—451。清張文虎《校刊史記集解索隱正義札記》卷二,頁162。

〔2〕 《史記》卷六《秦始皇本紀》,頁296。瀧川資言著、水澤利忠校補《史記會注考證附校補》卷一五《六國年表》,頁435。

〔3〕 《史記》卷六《秦始皇本紀》唐張守節《正義》,頁297。

〔4〕 瀧川資言著、水澤利忠校補《史記會注考證附校補》卷六《秦始皇本紀》,頁158。

〔5〕 《史記》卷六《秦始皇本紀》,頁295。

〔6〕 《史記》卷六《秦始皇本紀》唐張守節《正義》,頁295。

歷亭縣界”的“平陽”，應屬“東陽”之譌[1]。今案《史記·趙世家》所記舍將東陽河外師，守河梁[2]，或是守衛著名的平原津，《趙世家》的記載，顯示出當時在此架有浮橋。又其地過去曾隸屬於魏國，《史記·趙世家》有記載云趙惠文王十八年，“王再之衛東陽，決河水伐魏氏”，張守節《史記正義》釋之曰：“《括地志》云：‘東陽故城在貝州歷亭縣界。’按東陽先屬衛，今屬趙。河歷貝州南，東北流，過河南岸即魏地也。故言‘王再之衛東陽伐魏氏’也。”[3]這一記載可以進一步證實錢大昕的判斷準確無誤，而根據上面提到的這些情況，可知“東陽”是趙國東部毗鄰齊、魏兩國邊境的一座重要城邑[4]。

雖然“王翦、羌瘣盡定取趙地東陽”這句話容或尚略有缺略的文字（譬如，其原本很有可能書作：“王翦、羌瘣盡定取趙地，至東陽，得趙王。”施之勉和楊寬讀作“王翦羌瘣盡定取趙地，東陽得趙王”[5]，亦大致可通），但仍可看出趙王遷之被虜獲，並不在邯鄲城内，而是在邯鄲城被攻破之後，轉徙至此“東陽”，纔落入秦軍之手（過去楊寬研究相關史事，雖然没有説明“東陽”所在的位置，但已經指出，是“趙王遷逃避至東陽，爲秦兵所得”[6]），而“秦王翦虜王遷邯鄲”，就是秦將王翦在邯鄲虜獲趙王遷的意思，明顯與《史記·秦始皇本紀》的記載相衝突[7]。另一方面，趙王遷被俘後，也没有

---

[1] 清錢大昕《地名考異》（南京，江蘇古籍出版社，1997，《嘉定錢大昕全集》本）之“東陽”條，頁15。

[2] 《史記》卷四三《趙世家》並唐張守節《正義》，頁2192。

[3] 《史記》卷四三《趙世家》並唐張守節《正義》，頁2180。

[4] 案今譚其驤主編《中國歷史地圖集》（北京，地圖出版社，1982）第一册《戰國趙、中山圖》（頁37—38）在邯鄲以北的鉅野澤以西標示出一個很大的“東陽”區域，不知何據，疑有疏誤。

[5] 施之勉《讀史記會注考證札記》之《秦始皇本紀》，據大陸雜誌社編《史記考證研究論集》，頁12。楊寬《戰國史料編年輯證》（臺北，臺灣商務印書館，2002）卷二二秦始皇帝十九年，頁1152。

[6] 楊寬《戰國史料編年輯證》卷二二秦始皇帝十九年，頁1152。

[7] 案宋司馬光《資治通鑑》（北京，中華書局，1956）卷六秦始皇十九年（頁224）記趙王遷被虜事書作：“王翦擊趙軍，……遂克邯鄲，虜趙王遷”，應即採信《史記·六國年表》這一錯誤記載。

被關押在邯鄲,而是被“流於房陵”[1]。所以,“秦王翦虜王遷邯鄲”這句話,即使是理解成“虜王遷之邯鄲”,也很不合理,應當同樣存在譌誤。

實際上過去施之勉校勘《史記》,對此已經提出過很好的意見:

> 《始皇紀》,作“秦王之邯鄲”。以上文昭王四十六年“王之南鄭”,下文始皇十三年“王之河南”例之,“之”字上,當有“王”字缺脱。[2]

檢《史記·秦始皇本紀》在“十九年,王翦、羌瘣盡定取趙地東陽,得趙王”句下,乃記云:“引兵欲攻燕,屯中山。秦王之邯鄲,諸嘗與王生趙時母家有仇怨,皆坑之。”[3]楊寬嘗謂“‘之邯鄲’即《本紀》所謂‘秦王之邯鄲’”[4],事實上也同樣意識到這一點。從而可知,施氏以《六國年表》通例定此處脱佚“王”字,自合理可信。

由此進一步推論,則《六國年表》趙國欄内之“秦王翦虜王遷邯鄲”的“邯鄲”,則應該是秦國欄内“王之邯鄲”句奪落“王”字之後,在轉寫過程中被妄人依據秦國欄内的紀事而誤加進來“之邯鄲”三字,後來復又失去“之”字所致(楊寬嘗云“邯鄲”上疑有脱字[5],實際上只能是脱落這一“之”字)。依循施之勉的研究方法,檢視《史記·六國年表》對秦軍虜獲六國君主的記述,除了趙國之外,都是記作“虜王某”,宜可證明今表中“邯鄲”必屬衍文[6]。

對此,都可以考慮做出適當的説明。

---

[1] 《淮南子·泰族訓》,據何寧《淮南子集釋》(北京,中華書局,1998)卷二〇,頁1425。

[2] 施之勉《讀史記會注考證札記》之《六國年表》,據大陸雜誌社編《史記考證研究論集》,頁53。

[3] 《史記》卷六《秦始皇本紀》,頁296。

[4] 楊寬《戰國史料編年輯證》卷二二秦始皇帝十九年,頁1152。

[5] 楊寬《戰國史料編年輯證》卷二二秦始皇帝十九年,頁1153。

[6] 參見清趙翼《廿二史劄記》(北京,中華書局,1984,王樹民《廿二史劄記校證》本)卷一“《史記》有後人竄入處”條,頁10。

四、秦楚之際月表

【一】《史記·秦楚之際月表》原文[1]：

十二月	九 義帝元年諸侯尊懷王爲義帝	二 徙都江南郴	三
八 分楚爲四	十七 項籍自立爲西楚霸王	西楚伯王項籍始爲天下主命立十八王	二 都彭城
	分爲衡山	王吳芮始故番君	二 都邾
十六 至關中誅秦王子嬰屠燒咸陽分天下立諸侯	分爲臨江	王共敖始故楚柱國	二 都江陵
	分爲九江	王英布始故楚將	二 都六
二十五 分趙爲代國	二十六 更名爲常山	王張耳始故楚將	二 都襄國
	分爲代	二十七 王趙歇始故趙王	二十八 都代

〔1〕 爲便於説明，下表依原式豎排。

十八 項羽怨榮分齊爲三國	十九 更名爲臨菑	王田都始故齊將	二 都臨菑
	分爲濟北	王田安始故齊將	二 都博陽
	分爲膠東	二十 王田市始故齊王	二十一 都即墨
二十九 與項羽有郄見之戲下講解項羽倍約分關中爲四國	正月 分關中爲漢	二月 漢王始故沛公	三月 都南鄭
	分關中爲雍	王章邯始故秦將	二 都廢丘
	分關中爲塞	王司馬欣始故秦將	二 都櫟陽
	分關中爲翟	王董翳始故秦將	二 都高奴
二十九 臧荼從入分燕爲二國	三十 燕	王臧荼始故燕將	二 都薊
	分爲遼東	三十一 王韓廣始故燕王	三十二 都無終
十七 分魏爲殷國	十八 更爲西魏	十九 王魏豹始故魏王	二十 都平陽
	分爲殷	王司馬卬始故趙將	二 都朝歌

續表

二十三 都陽翟	二十二 王韓成始故韓將	二十一 韓	二十 分韓爲河南國
二 都洛陽	王申陽始故楚將	分爲河南	

以上内容,基本上是照録其底本金陵書局刻本。核諸張文虎撰《校刊史記集解索隱正義札記》,知在此金陵書局本中,本表的内容和形式,較諸傳世舊本都已經做了很大改動,而審度相關記載,可見其中有些校改,所關非細,究竟是否合理,還需要重新考辨。

〖**今案**〗

傳世舊本《史記》,在清乾隆年間校刊武英殿本《二十四史》之前,此《秦楚之際月表》的面貌,與上引表文,一直存在明顯差異。下面即以南宋紹興初杭州刻十四行單附《集解》本《史記》爲例,來看一看其《秦楚之際月表》中相關的内容[1]:

三	二 徙都江南郴	義帝元年	十二月
二 都彭城	西楚王伯項籍始爲天下主命立十八王	九 諸侯尊懷王爲義帝	

〔1〕 見鳳凰出版社 2011 年影印南宋紹興初杭州刻十四行單附《集解》本《史記》卷一六《秦楚之際月表》,頁 398—399。此表依原式豎排。

續表

八	十七 項籍自立爲西楚霸王		二 都江都
	分楚爲四 分爲衡山	王吳芮始故番君	二 都邾
十六 至關中誅秦王子嬰屠燒咸陽分天下立諸侯	分爲臨江	王共敖始故楚柱國	二 都江陵
	分爲九江	王英布始故楚將	二 都六
二十五 分趙爲代國	二十六 更名爲常山	王張耳始故楚將	二 都襄國
	分爲代	二十七 王趙歇始故趙王	二十八 都代
十八 項羽怨榮殺之分齊爲三國	十九 更名爲臨菑	王田都始故齊將	二 都臨菑
	分爲濟北	王田安始故齊將	二 都博陽
	分爲膠東	二十 王田市始故齊王	二十一 都即墨

續表

二十九 與項羽有郄見之戲下購解項羽倍約分關中爲四國	正月 分爲關關中爲漢	二月 漢王始故沛公	三月 都南鄭
	分關中爲雍	王章邯始故秦將	二 都廢丘
	分關中爲塞	王司馬欣始故秦將	二 都櫟陽
	分關中爲翟	王董翳始故秦將	二 都高奴
二十九 臧荼從入分燕爲二國	三十 燕	王臧荼始故燕將	二 都薊
	分爲遼東	三十一 王韓廣始故燕王	二十二 都無終
十七 分魏爲殷國	十八 更爲西魏	十九 王魏豹始故魏王	二十 都平陽
	分爲殷	王司馬卬始故趙將	二 都朝歌
二十 分韓爲河南國	二十一 韓	二十二 王韓成始故韓將	二十三 都陽翟
	分爲河南	王申陽始故楚將	二 都洛陽

除了一些微細的出入之外，二者之間最顯著的區别，是舊本在義帝元年以後，作二十一横行，而今點校本《史記》及其所從出的清同治金陵書局本，則改二十一行爲二十行，即把第二、三兩行删併爲一行。

這一重大改易，始自清臣張照在校刊武英殿本《史記》時撰著的《考證》。張氏稱“《史記》十表中,此表最爲舛誤”,於是,按照自己的理解,將其“顯明易改者,一一定正,至於通體,仍依舊式刊刻”,重新釐定了一篇《秦楚之際月表》,附在殿本《史記·秦楚之際月表》的篇末,以爲經此一番編排,“庶可識太史公之本意”[1]。

《秦楚之際月表》乃逐月載録從秦二世元年七月陳勝、吴廣起事反秦到漢高祖五年劉邦登基即天子位這一年年底後九月爲止各地主要政治勢力的行事。所謂“月表”云者,即就此逐月紀事而言。覆案宋代以來刊刻的舊本《史記》,除了楚義帝元年以後,在記述各諸侯王史事時,或用受封以來累積的月數,或在受封的年數下繫以各年内的月數,繫時的原則稍顯混雜[2](清康熙年間人汪越以爲這種表述形式,“意亦别有據依,太史公間存之而未削與(歟)”[3]? 所説差相近似),總的來説,並没有太大問題;甚至可以説是義例分明,序次井然。正因爲如此,元人方回纔贊譽説“其書簡而有法”[4]。

張照把原表二十一行減省成爲二十行,是由於他没有看懂《秦楚之際月表》的體例,不知第二行標記的月數“九”,是直接承續本表開頭“楚”這一横行而來。在這一行的前面,首記秦二世元年七月“楚隱王陳涉起兵入秦”,次及“楚王景駒始”、“楚懷王始”,而“九”這個月數,便是指楚懷王始立後第二年的第九個月。與此相對,第三行標記的月數“十七”,是直接承續本表開頭“項”這一横行而來。在這一行的前面,首記秦二世元年九月“項梁號武信君”,逮項梁在定陶兵敗被殺之後,則接以秦二世二年後九月“懷王

[1] 見清乾隆四年校刊武英殿本《史記》卷一六《秦楚之際月表》篇末附《考證》,頁1a—1b。

[2] 清錢大昕《廿二史考異》(上海,商務印書館,1937,《叢書集成初編》本)卷二,頁16。

[3] 清汪越《讀史記十表》(民國十六年徐乃昌《南陵先哲遺書》影印清雍正刊本)卷四《讀秦楚之際月表》,頁4a—5a。

[4] 元方回《古今考》(臺北,臺灣學生書局,1971,影印明萬曆十二年王圻校刻本)卷二四“史記秦漢之際月表”條,頁878—879。

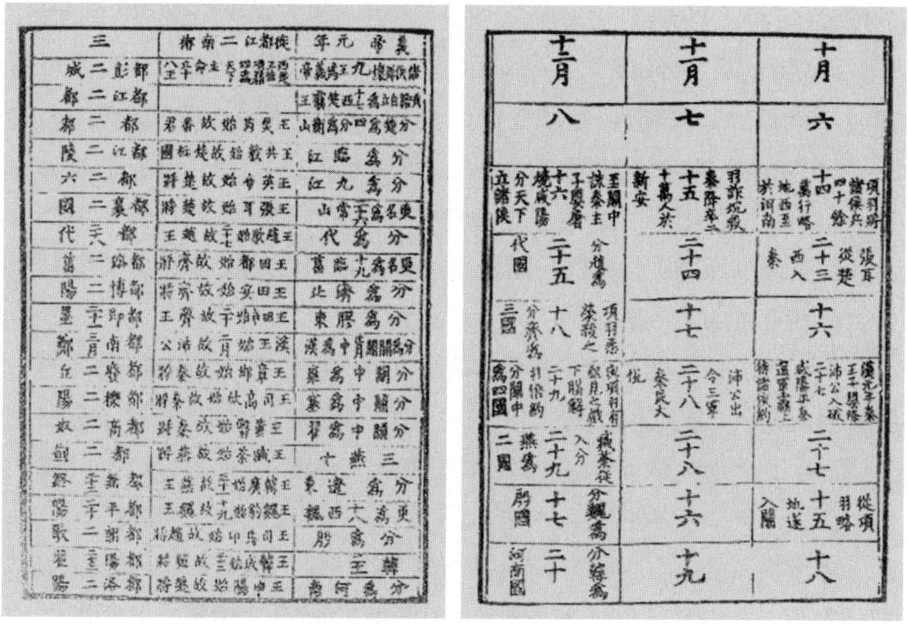

○ 南宋紹興初杭州刻十四行單附《集解》本《史記》之《秦楚之際月表》

（鳳凰出版社影印本。書口已遭描改）

封項羽於魯”,“十七”這個月數,乃是項羽受封爲魯公之後的第十七個月[1]。

明此可知,這部分列出二十一横行的表格,其第二行,是承續“楚王”的法統。即在義帝元年正月“諸侯尊懷王爲義帝”之後,便由項羽頂替了楚懷王原來對楚國兵馬僚屬的統治地位。緊隨其後未久,“西楚王伯項籍始爲天下主命,立十八王”,這意味着項羽同樣繼承了楚懷王在滅秦之前作爲天下共主的地位,“義帝”只成了一個象徵性的虚銜。作爲主命天下的“西楚王伯”,項籍的都城是設在彭城。在另一方面,項羽本人則在“諸侯尊懷王爲義帝”的同時,就“自立爲西楚霸王”,這是在沿承他作爲“魯公”的地位而加以大幅度提高,一舉上升爲“王”。項羽是把他自己這個封國

〔1〕 見鳳凰出版社2011年影印南宋紹興初杭州刻十四行單附《集解》本《史記》卷一六《秦楚之際月表》,頁390—399。

的都城，設在江都。

關於《史記·秦楚之際月表》中"楚"與"項"的區别，清人錢大昕曾論述説："别項於楚者，義帝雖項氏所立，羽不爲義帝所用，且項梁與沛公起兵，皆在陳涉未敗之前，其後權奉義帝，不得竟係於楚。"[1]由於未能分辨清楚項羽後來因繼承"楚"的法統而實際成爲天下共主的特殊地位與項氏自領其封國的區别，這種認識，顯然還不夠透徹，但錢氏畢竟清楚意識到二者之間存在着明顯的區别。

張照由於没有能够像錢大昕一樣認識到"楚"、"項"之間的性質差異，在妄自改擬的《秦楚之際月表》中，將"諸侯尊懷王爲義帝，徙都江南郴"、"項籍爲天下主命，立十八王，都彭城"、"楚分爲衡山，都邾；爲臨江，都江陵；爲九江，都六"這些内容，一股腦地混列在"義帝元年"這一縱列之下，而不再做横行的劃分，亦即略不區分其從屬於哪一諸侯王國。繼之，便是把原表第二、三兩行，合併爲一横行曰"西楚"，記云："項籍自立爲西楚伯王始。"[2]這不僅完全混淆了"楚"、"項"的區别，同時還徑行删除了項羽"都江都"一事。

《史記·秦楚之際月表》有關項羽"都江都"這一記載，本來十分重要，涉及楚漢之際政治地理格局以及項羽政治謀略的一些重大問題。對此，我將另行撰文，予以闡述。在這裏，姑且引述清人劉文淇對項羽建都江都問題的論述，以略示其義：

> 《月表》分二十一格。第一格載義帝事，第二、第三格皆言項羽事。第二格言諸侯尊懷王爲義帝，西楚伯項王籍始爲天下主命，立十八王，都彭城。第三格言項籍自立爲西楚霸王，都江都。以下十八格分言十八王所都之地。
>
> 《史記·高祖本紀》：義帝元年正月，項羽自立爲西楚霸王，王梁

---

〔1〕 清錢大昕《廿二史考異》卷二，頁16。

〔2〕 見清乾隆四年校刊武英殿本《史記》卷一六《秦楚之際月表》篇末附《考證》，頁6b—7a。

楚地九郡,都彭城。以下紀十八王所分之地。四月,兵罷戲下,諸侯各就國。項羽亦于是月出關,使人徙義帝于長沙郴縣。是義帝之徙郴縣亦在四月也。《項羽本紀》亦言項王自立爲西楚霸王,王九郡,都彭城。而月表第二格言項羽都彭城,第三格言都江都者,江都乃項羽初都之地也。

懷王初都盱台,後徙盱台,之彭城。項羽于義帝元年正月猶在關中,分天下,立諸將爲侯王。是時雖有都彭城之意,而懷王尚在彭城,故先以江都爲都。

《羽本紀》云:漢之元年四月,諸侯罷戲下,各就國。項王出之國,使人徙義帝長沙郴縣。是羽于四月始都彭城,且懷王未徙郴縣之先,彭城方爲懷王所都,羽豈能與懷王共都一地?此亦事理之顯然可見者,故知江都爲項羽初都之地也。

羽雖未至江都,然先議所都之地,實在江都。太史公于《羽本紀》直言都彭城,不言都江都,所以紀其實;《月表》兼載都江都,所以存其名。此《月表》紀項羽事所以獨立二格,一載都彭城,一載都江都也。此正史公體例之精,若所都之地無先後之分,則月表不必立二格矣。[1]

儘管劉文淇對《史記・秦楚之際月表》按照"楚"、"項"兩種不同性質的内容而區分爲兩格來記叙有關項羽史事的做法,理解得還很不充分,但他清楚指明項羽立都於江都的歷史因緣,從而也就從實質内容上證實了《史記》這一記載的合理性和正確性。

張照在乾隆初年考訂《史記》的文字,雖然主張將《秦楚之際月表》的第二、三兩格合爲一事,畢竟還心存審慎,没有去改動《太史公書》本文。稍後,梁玉繩著《史記志疑》,更具體闡釋相同的看法説:

[1] 清劉文淇《青溪舊屋文集》(清光緒九年刻本)卷四《項羽都江都考》,頁1a—2a。

表中分界横行凡二十一格。第一格宜空之,秦,滅也。第二是楚義帝,第三是西楚項羽。故二格“九”字,楚之九月;三格“十七”字,羽之十七月。今本訛刻“義帝”居第一格,“西楚”居第二格,反空第三格,而所書“九”字、“十七”字却仍在第二、第三格内,遂使“義帝”越限兼二横行,二月以後,始升“西楚”第二,此乃傳刻譌失,非史公之咎也。

這同樣是忽視和混淆了“楚”與“項”的區别,從而指是爲非,且謂“都江都”數字“當衍”[1],做出了完全錯誤的判斷。張文虎在金陵書局主持校刊《史記》時,實際上是完全採信了梁玉繩的看法[2],而在這一點上,金陵書局本所有的謬誤,又都被今中華書局點校本沿承下來。

自從清代後期以來,金陵書局本以至今中華書局點校本,雖然在世上普遍通行,但正如清代學者梅文鼎所説,讀《史記》者對各表之小序,亦“未嘗不愛其文辭,而表中所列之經緯次第,初無寓目焉者。蓋有之矣,又何暇深加討論乎”[3]?故長期以來,一直没有人注意到張文虎這一改動其實存在嚴重問題。

昔清人阮元讀到劉文淇對項羽初都江都的考辨,在核對蒙古中統刻本《史記》之後指出,各版本中“有江都者,古人之遺;無者,爲妄人削去也”。繼之,阮氏“復思古人如項羽者,滅秦封漢,氣蓋一世,快意之事,正在爲霸王、都江都之時,而江都王者以項氏爲最先,乃此事黯然不彰,緜緜欲絶,幸賴明眼人於旁行斜上蠅頭細書之《月表》識别而出,而又得此霉爛蠹蝕五百餘年之故紙爲之確證,所以古本之可貴如此”[4]。今重新修訂此本,得以匯校存世各種古本,却仍然未能訂正這一嚴重錯誤,恢復《太史公書》原

[1] 清梁玉繩《史記志疑》卷一〇,頁463—465。

[2] 清張文虎《校刊史記集解索隱正義札記》卷二,頁168—170。

[3] 清汪越《讀史記十表》卷首清梅文鼎序,頁1b—2a。

[4] 清劉文淇《青溪舊屋文集》卷四《項羽都江都考》附阮元跋文,頁4b—5a。

貌,不能不説是一件很遺憾的事情[1]。

除了恢復古本原貌之外,即如上列南宋紹興初杭州刻十四行單附《集解》本《史記》,其相關内容,也有一些需要校訂的地方。如第四行"分楚爲四"四字,應從今中華點校本,移入前一列中,蓋從下文"分齊爲三國"、"分關中爲四國"、"分燕爲二國"之通例也。又如第二十行"正月分爲關關中爲漢",循下文"分關中爲雍"、"分關中爲塞"以及"分關中爲翟"之通例,也應當如今中華書局點校本,改作"分關中爲漢"。至於"與項羽有郄,見之戲下,購解"一句話中的"購解",較諸今中華書局點校本的"講解",用字更顯典雅,傳世古本亦多作"購"字[2],似亦以改從舊本要更爲妥帖一些。其他細處,則不一一論列。

不過,需要特别指出的是,南宋紹興初杭州刻十四行單附《集解》本《史記·秦楚之際月表》中第二行"西楚王伯項籍始爲天下主命立十八王"這段話,今中華書局新點校本文爲"西楚伯王項籍始爲天下主命立十八王",點校者將其讀作:"西楚伯王項籍始,爲天下主命,立十八王。"並於卷末附有校勘記云:

> "伯王"原作"主伯",據景祐本、紹興本、耿本改。殿本作"霸王",義同。案:上文云"項籍自立爲西楚霸王"。本書卷六《秦始皇本紀》:"項羽爲西楚霸王,主命分天下王諸侯。"[3]

---

〔1〕 案據中華書局新點校本《史記》後附舊點校本的《史記點校後記》(頁4059),知當時已經發現一些金陵書局本"刪得不妥當的"地方,並且"都把它改回來了",可見恢復金陵書局本誤刪的内容,一直在中華書局本的校勘範圍之内。

〔2〕 案就我手邊比較方便核對的一些古本而言,除此南宋紹興初杭州刻十四行單附《集解》本《史記》之外,諸如北京圖書館出版社2003年在《中華再造善本》叢書中影印的宋乾道七年蔡夢弼東塾刻附《集解》、《索隱》本(頁7a)和臺北藝文印書館在1966年重印的百衲本影印南宋慶元間建安黄善夫家塾刻三家注本(頁9b),都是鐫作"購"字。梁玉繩《史記志疑》卷一〇(頁462)嘗謂作"購"者非,張文虎《校刊史記集解索隱正義札記》卷二(頁168)亦主"講"字,乃不知"購"在這裏係用作"媾"義,實際上要比"講"字更爲妥帖。

〔3〕 《史記》卷一六《秦楚之際月表》,頁933—934,頁958。

在這裏,點校者斷然改易"主伯"爲"伯王",除了相關版本依據之外,在很大程度上應是承用了明萬曆間學者程一枝和清人梁玉繩以"主伯"爲譌誤的看法[1],但此事並不像程、梁兩人所説的那樣簡單。張文虎校刻金陵書局本時,僅在《札記》中述云"中統、游、毛'主'作'王',毛本'西楚伯項王籍'",而仍舊保留"西楚主伯"的原文[2],就顯示出在張文虎看來,像"西楚主伯"這樣的説法,文義本自順暢,並不是非改不可的病句。

蓋"主伯"云者,猶言"主霸"、"主盟"、"主宰"。所謂"尊懷王爲義帝",初非出自項羽本心。在尊奉懷王爲義帝之際,他就向諸將宣示説:"懷王者,吾家項梁所立耳,非有攻伐,何以得主約!本定天下,諸將及籍也。"從而"乃詳(佯)尊義帝,實不用其命"[3]。結合劉文淇所述項羽初擬把"西楚霸王"的都城設置在江都的情況,可知他隨即又改變主意,將義帝棄置一旁,直接出面,以所謂"西楚霸王"的身份而"主伯"天下諸侯(結合《秦楚之際月表》這一記載,可知《項羽本紀》稱"項王欲自王,先王諸將相",似不如《高祖本紀》記述的分封次序更爲合理,即先有"項羽自立爲西楚霸王,王梁、楚地九郡",然後纔封授劉邦以下諸人以王位[4])。這是楚漢之際政治史上的重大關節,是與"項籍自立爲西楚霸王"完全不同的另一項重要舉措,若將"主伯"改作"伯王",則文晦義舛,直將此事湮没無存,豈容恣意改竄?

今檢視手邊比較容易看到的宋建安黄善夫家塾刻三家注本[5],宋蔡

[1] 清梁玉繩《史記志疑》卷一〇,頁464。

[2] 清張文虎《校刊史記集解索隱正義札記》卷二,頁170。

[3] 《史記》卷八《高祖本紀》,頁459。

[4] 《史記》卷七《項羽本紀》,頁398—399;又卷八《高祖本紀》,頁459。

[5] 見臺北藝文印書館1966年重印百衲本影印南宋慶元間建安黄善夫家塾刻三家注本《史記》卷一六《秦楚之際月表》,頁10a。

夢弼東塾刻附《集解》、《索隱》本《史記》[1],以及明凌稚隆輯、李光縉增補的《史記評林》[2],此處都是鐫作"西楚主伯"。因此,理應保持金陵書局本的原貌,而不是强改"主伯"爲"伯王"(其實覆案鳳凰出版社影印的所謂"紹興本"《史記》,此處乃是鐫作"王伯",並不是中華書局新點校本校勘記所説的"伯王"[3],而這個"王"字本應該是"主"的泐損或形譌)。

按照上面的論述,這段話經訂正後,便爲:"西楚主伯項籍始。爲天下主命,立十八王。"亦即"爲天下主命,立十八王",是項羽成爲"西楚主伯"之後的具體作爲。

《史記·秦楚之際月表》前面的序文,一開篇就是這樣一段内容:

> 太史公讀秦楚之際,曰:初作難,發於陳涉;虐戾滅秦,自項氏;撥亂誅暴,平定海内,卒踐帝祚,成於漢家。五年之間,號令三嬗,自生民以來,未始有受命若斯之亟也。[4]

在這裏,"讀"是"抽繹理董"之義[5]。對這段話中"五年之間,號令三嬗"的理解,過去一直不夠清楚,現在結合對《秦楚之際月表》上述内容的認識,似乎可以做出更爲合理的解釋。

唐人司馬貞在《史記索隱》中最早闡釋"號令三嬗"的涵義説,"嬗"爲"古禪字,音市戰反。三嬗,謂陳涉、項氏、漢高祖也"[6]。但這一解釋,頗

---

〔1〕 見北京圖書館出版社2003年在《中華再造善本》叢書中影印的宋乾道七年蔡夢弼東塾刻附《集解》、《索隱》本《史記》卷一六《秦楚之際月表》,頁7b—8a。

〔2〕 見天津古籍出版社1998年影印明萬曆刻本《史記評林》卷一六《秦楚之際月表》,頁560。

〔3〕 見鳳凰出版社2011年影印南宋紹興初杭州刻十四行單附《集解》本《史記》卷一六《秦楚之際月表》,頁399。

〔4〕 《史記》卷一六《秦楚之際月表》,頁915。

〔5〕 李笠《史記訂補》(長沙,岳麓書社,1994,《二十五史三編》影印民國甲子瑞安横經室刻本)卷三,頁487。

〔6〕 《史記》卷一六《秦楚之際月表》唐司馬貞《索隱》,頁915。

爲糊塗。蓋從陳涉到項氏,是"一嬗",再由項氏到高祖,前後僅有"二嬗",與"號令三嬗"之説明顯不合。

按照司馬貞這一解釋,另外還有一點,也很難説通,這就是由"陳涉"到"漢高祖"之間所經歷的年限問題。蓋陳涉遇害,事在秦二世二年十二月,繼之,秦嘉在這下一個月立景駒爲楚王,同年六月項梁立故楚懷王孫熊心爲新的"楚懷王"[1]。而如上所述,直到義帝元年,項羽始"爲天下主命"。若把義帝元年視作陳勝禪位於項氏的時間,至漢王五年劉邦躋升天子之位,前後固然只經歷五年時間;但從陳勝罹難到諸侯尊楚懷王爲義帝,其間已經間隔有二十四個月,對這一時期,不能完全置而不論,而且由陳勝之死至漢王滅楚取得天下,已有六年之久,這與"五年之間,號令三嬗"的説法,同樣嚴重不符。

清人梁玉繩曾考辨此事説:

> 自陳涉稱王,至高祖五年即帝位,凡八年,故《序傳》云"征伐八年之間,天下三嬗",此言"五年",非也。[2]

所謂《序傳》云"征伐八年之間,天下三嬗",是指司馬遷在《史記·太史公自序》中闡釋《秦楚之際月表》撰著宗旨時講到的話,其説全文如下:

> 秦既暴虐,楚人發難,項氏遂亂,漢乃扶義征伐,八年之間,天下三嬗,事繁變衆,故詳著《秦楚之際月表》第四。[3]

針對《太史公自序》與《秦楚之際月表》序文之間這一看似牴牾的説法,清人汪越曾經解釋説:

---

[1] 《史記》卷一六《秦楚之際月表》,頁922—924;又卷四八《陳涉世家》,頁2361—2363。

[2] 清梁玉繩《史記志疑》卷一〇,頁455。

[3] 《史記》卷一三〇《太史公自序》,頁3982。

五年，指漢王始封及爲帝凡五年，《自序》云八年，則統二世三年言之。[1]

這樣的解釋，雖然看似圓融，但汪氏並没有辨析清楚“號令三嬗”或“天下三嬗”的時間期限，到底是“八年之間”合理，還是“五年之間”正確。

其實，即使是按照“八年之間”來考慮，如前所述，司馬貞所説“陳涉、項氏、漢高祖”之間的禪位過程，依然只有“二嬗”。或許有人以爲，既然司馬貞做出這樣的解釋，後世得到很多人的認同[2]，而且至今仍有許多研究者還在承用他的説法[3]，那麼，有没有可能秦漢間人所説的“三嬗”就是指像“陳涉、項氏、漢高祖”這樣三者之間逐次嬗替的關係呢？

西漢末年人揚雄，在《揚子法言》中有如下一段論述，可以幫助我們準確理解秦漢間人對“三嬗”一詞的用法：

或問：“嬴政二十六載，天下擅秦，秦十五載而楚，楚五載而漢，五十載之際而天下三擅，天邪？人邪？”曰：“具。周建子弟，列名城，班五爵，流之十二，當時雖欲漢，得乎？六國蚩蚩，爲嬴弱姬，卒之屏營，嬴擅其政，故天下擅秦。秦失其猷，罷侯置守，守失其微，天下孤睽。項氏暴強，改宰侯王，故天下擅楚。擅楚之月，有漢創業山南，發迹三

---

〔1〕 清汪越《讀史記十表》卷四《秦楚之際月表》篇前小序附注，頁 1a。案汪氏於此表司馬遷小序篇末（頁 2a）復有注語云：“起秦二世元年楚隱王陳涉，至西楚項羽亡，爲秦楚之際，凡五年。”並觀上列“《自序》云八年，則統二世三年言之”云云的説法，可知此處自二世元年至項羽亡“凡五年”，應是“凡八年”的譌誤。

〔2〕 案在這當中，如楊慎稱“‘號令三嬗’，繳陳涉、項氏、漢家而歸之於受命之亟”，是自明代後期以來比較流行而且有代表性的説法，説見明凌稚隆輯、李光縉增補《史記評林》卷一六《秦楚之際月表》，頁 541。

〔3〕 如田餘慶《説張楚》，原刊《歷史研究》1989 年第 2 期，此據作者文集《秦漢魏晉史探微》（北京，中華書局，2004，重訂本），頁 28。案田氏云“三嬗，謂張楚、項氏（含楚懷王）、漢家”，是以“張楚”當司馬貞所説“陳涉”。

秦,追項山東,故天下擅漢。天也。[1]

對比《史記·秦楚之際月表》的“三嬗”,可知《法言》之“三擅”應當與之相同,而揚雄所説的“三擅”,乃一番周嬗於秦,二番秦嬗於楚,三番楚嬗於漢,是周、秦、楚、漢四者之間遞相嬗替(所謂“五十載之際”不過概舉成數而已),足見即使依從梁玉繩的看法,以《太史公自序》爲準,把《秦楚之際月表》的“五年之間”改訂爲“八年之間”,對所謂“號令三嬗”或“天下三嬗”的涵義,還是需要重新做出解釋。

參看《秦楚之際月表》的“號令三嬗”和《太史公自序》的“天下三嬗”,應該不難看出,這前後三番逐次嬗替的東西,是對普天之下發號施令的統治權。這種權力,在陳勝、吴廣起事之前,自然完整無缺地把握在嬴秦朝廷手裏。而從秦二世元年大澤鄉暴動發生到漢元年十月秦王子嬰素車白馬在軹道授璽投降時爲止,儘管各路反秦義軍先後佔據了很多地方,但秦天子的權力,並未終結。直到項羽等擁立懷王爲楚之義帝,一國大位纔正式易主,此即太史公所説“號令”或者“天下”的“第一嬗”。正如近人孫德謙所指出的那樣:“《月表》之中盡以月紀,其有稱年者,則從二年爲始,獨於義帝大書特書曰‘義帝元年’。《春秋》之義,王者當繼天奉元,養成萬物,故變‘一’爲‘元’。然則,史公取義帝紀元,殆亦帝統歸之乎?”[2]答案本寓於設問之中,不言自明。

關於嬴姓秦朝在這一時期“號令三嬗”過程中的初始地位,清乾隆年間人鄒方鍔即曾有所認識,乃謂:“‘五年之間,號令三嬗’,三嬗者,秦嬗楚,楚嬗漢也。”[3]這與司馬貞指認的“陳涉、項氏、漢高祖”三者之間遞相

---

〔1〕 漢揚雄《揚子法言》(上海,商務印書館,民國《四部叢刊初編》影印清嘉慶秦恩復石硯齋仿刻宋治平監本)卷一〇《重黎》,頁3a。

〔2〕 清吴非《楚漢帝月表》(北京,中華書局,1955,重印《二十五史補編》本)卷末附孫德謙識語,頁17。

〔3〕 清鄒方鍔《大雅堂初稿》(清乾隆二十七刻本)卷六《書項羽吕后本紀後》,頁2b。

嬗替明顯不同。近人汪榮寶對此尚有更進一步的闡述：

> 陳涉雖首難，僅六月而滅，未嘗能制天下。二世三年以前，天下大政猶在秦，故《月表》所謂"號令三嬗"及《自序》所謂"天下三擅（嬗）"，皆謂秦、楚、漢，不數陳涉。"五年之間，號令三嬗"，謂二世三年甲午秦嬗於楚，高祖五年己亥楚嬗於漢。首尾涉六年，中間不過四年餘而已。

汪氏復謂：

> 《索隱》以《表》有"初作難，發於陳涉"語，其解"三嬗"遂首數陳涉，乃其誤謬。曜北（德勇案：梁玉繩字曜北）不辨《索隱》之誤，反以史公爲非，乖矣。[1]

可見秦之嬗楚與陳勝略無干涉，這是稍一思索就必然會得出的結論。

"第一嬗"既明，殿居其末的"第三嬗"更易知曉，這就是漢王五年二月甲午劉邦在定陶汜水之陽，登上大漢皇帝之尊位，標誌着號令天下的權力，已經由項羽轉移到劉邦；或者説楚亡漢興，國祚已經遷改。

那麼，在這二者之間，是否還存在有"第二嬗"呢？答案就體現在《秦楚之際月表》之中。代秦而立的楚國，實際上可以稱之爲"楚朝"，本來在形式上是由義帝來執掌號令天下的權力，但義帝即位後僅十個月，項羽即派人殺掉了義帝（時爲漢王劉邦二年歲首十月）[2]。這樣一來，到漢王五年二月劉邦稱帝時爲止（前此一月，項羽兵敗垓下，自刎烏江岸邊，其統治已正式宣告終結），中間還有長達三年零十個月之久一段間隔。在這期間，雖然没有了皇帝，但對於這個"楚朝"來説，義帝甫一即位，就以"主伯"的

---

〔1〕 汪榮寶《法言義疏》（北京，中華書局，1987）卷一四，頁356。

〔2〕 《史記》卷七《項羽本紀》，頁403；又卷一六《秦楚之際月表》，頁939—940。

身份“爲天下主命”的項羽，實際居處於皇帝的地位，此即司馬遷所説“分裂天下，而封王侯，政由羽出，號爲‘霸王’”[1]。所以，在義帝遇害之後，號令天下的權力自然由義帝正式轉歸項羽，即由項氏之楚來取代熊氏之楚，這就是在楚義帝熊心膺命爲帝與漢高祖劉邦即位称帝之間所發生的第二次嬗替。司馬遷在《秦楚之際月表》中特地爲“主伯”各地諸侯的項羽設置一欄，並把它與僅僅“王梁楚地九郡”的項氏王國區分開來，其實質性意義，就是用以反映項羽的這一獨特地位。

重視項羽在秦漢間改朝换代轉换過程中作用，這本來是司馬貞固有的看法。另外，前述鄒方鍔其人，對此也做過論述：

> 力足以滅秦定天下者，非羽而誰哉？《始皇紀》云項羽爲西楚霸王，主命分天下，王諸侯，秦竟滅矣。後五年，天下定於漢。秦既亡而漢未振，當日之天下未有屬也，羽最强，得主命，分天下，王諸侯，則其力足以有天下而天下歸之。[2]

强調項羽對權力的實際控制，這是一種很重視實際的看法，在一定程度上，也可以説是對司馬貞舊説的具體疏釋。

然而，在另一方面，儘管項羽在鉅鹿戰役前後，就已經穩固地取得了“從（縱）長”的地位，身膺“主伯”之後，愈加“諸侯皆屬”[3]，但鄒方鍔和司馬貞一樣，忽視了只有義帝纔是那個承接號令天下名義的人。這似乎並不是一個難以發現的問題。

有意思的是，鄒方鍔在另外一篇文章裹，實際上已經談到了這一側面：

---

〔1〕《史記》卷七《項羽本紀》，頁424。

〔2〕清鄒方鍔《大雅堂初稿》卷六《書項羽吕后本紀後》，頁2b。

〔3〕《史記》卷六《秦始皇本紀》，頁389，頁344；又卷九七《酈生陸賈列傳》，頁3250。漢劉向《説苑·奉使》，據劉文典《説苑斠補》（昆明，雲南人民出版社，1959）卷一二《奉使》，頁262。

或曰："遷之紀項羽、紀吕后，果史法耶?"曰：劉、項同受命懷王，及秦滅，尊爲義帝。帝雖無功名，則既正矣，秦亡而統歸義帝，義帝亡而歸之高祖可也。[1]

令人感到遺憾同時又有些令人費解的是，鄒氏在此忽又徒重虛名，從而忽略了項羽對權力的實際控制。前引汪榮寶的論述，同樣没有能夠在義帝與項羽之間做出區分，以致終究没有能夠得出全面而又準確的認識。

後世學者中，與司馬遷一樣看待秦楚之際法統移换的學者，應首推朱熹。在朱熹之前，司馬光著《資治通鑑》，在編年上，是徑以漢"太祖高皇帝"之"元年"承續秦二世三年[2]。逮朱熹指點門人趙師淵等人動手編撰《資治通鑑綱目》一書，乃在司馬光《資治通鑑》原書之外，特地"别爲義例，……表歲以首年，而因年以著統"。具體的做法，是"逐年之上，行外書甲子。……凡正統之年，歲下大書，非正統者雙行分注"[3]。本着這一原則，在"壬辰"歲下大書秦"二世皇帝元年"這一"正統之年"後，復以"雙行分注"的形式，標記"楚隱王陳勝元、趙王武臣元、齊王田儋元、燕王韓廣元、魏王咎元"。至秦二世三年秦朝滅亡之後，則在"乙未"歲下以"雙行分注"的形式，首列"楚義帝元"，並繼之以"西楚霸王項籍元、漢王劉邦元"等各個諸侯的王年。翌年義帝遇弒之後，又在"丙申"歲下首列"西楚二年"，繼之以"漢二年"等各諸侯王的王年，依此順延，直至"戊戌"歲之"西楚四年"。到"己亥"歲，項羽兵敗垓下，自刎烏江，劉邦即位定陶，始"大書"云"漢太祖高皇帝五年"。

對於特别注重在史書中寄寓道義褒貶的朱熹來説，在不承認義帝和項羽西楚"正統"地位的同時(朱熹認定的"正統"，乃僅"謂周、秦、漢、晉、隋、

[1] 清鄒方鍔《大雅堂初稿》卷六《書項羽吕后本紀後》，頁 3a。

[2] 宋司馬光《資治通鑑》卷八秦二世三年，卷九漢高帝元年，頁 283—296。

[3] 宋朱熹《資治通鑑綱目》(上海，上海古籍出版社，2002，《朱子全書》本)卷首朱氏自撰之《資治通鑑綱目序例》，頁 21。

唐”諸朝），却又刻意改變司馬光以漢帝紀年直接承續秦祚的成規，實際上以楚義帝元年接秦二世三年，以西楚霸王二年接義帝元年，再以漢高祖五年接項羽西楚四年。儘管朱熹稱義帝之楚和項羽西楚屬於“無統”的時期[1]，但《通鑑綱目》這種繫年形式，只能解釋爲是與司馬遷的《秦楚之際月表》一樣，事實上承認並尊重秦楚之際“號令三嬗”的歷史實際。换個角度看，《資治通鑑綱目》這種“因年以著統”的標記，也可以説是爲太史公“五年之内，號令三嬗”一語寫下的注脚。

另一方面，汪榮寶還曾試圖調和《秦楚之際月表》的“五年之間”和《太史公自序》的“八年之間”這兩個年限，在説完“‘五年之間，號令三嬗’，謂二世三年甲午秦嬗於楚，高祖五年己亥楚嬗於漢。首尾涉六年，中間不過四年餘而已”這段話，意即肯定“五年之間，號令三嬗”這一説法之後，又接着講道：

> 至自序“八年”字，乃當連“征伐”字讀之，謂自二世元年兵興，至高祖五年事定，前後征伐八年也。[2]

但“八年”若是聯上“征伐”讀之，不過是使《太史公自序》的相關文字，由“漢乃扶義征伐，八年之間，天下三嬗”，改變成爲“漢乃扶義征伐八年，之間天下三嬗”而已，既没有真正切斷“天下三嬗”與“八年”這一期限的聯繫，“之間天下三嬗”的“之間”也不合乎常規的用法，對於理解這一問題，實在没有什麽積極意義。

包括汪榮寶在内，過去這些研究最大的缺陷，就是未能確切把握“號令三嬗”或“天下三嬗”的涵義。通過上面的論證，現在我們已經知悉，所謂“三嬗”，是義帝元年（公元前206年）秦“一嬗”於楚（汪榮寶謂“二世三年

[1] 宋朱熹《資治通鑑綱目》卷二，頁132，頁144，頁151，頁155—156，頁161；又卷三，頁166；卷末附録一朱熹撰《凡例》，頁3476—3477。

[2] 汪榮寶《法言義疏》卷一四，頁356。

甲午秦嬗於楚”,是把這次權力嬗替的時間,定在秦二世三年八月趙高弑二世皇帝之時,但二世死後,子嬰雖以秦王自存,在楚一方熊心亦僅爲懷王,天下尚無共尊的皇帝,不可謂天下已然嬗之於楚);義帝二年(公元前 205 年)十月項羽派人殺掉熊心之後,天下大權,不拘名實,都已移歸項羽掌控,乃由熊氏之楚“二嬗”於項氏之楚;最後在漢王五年(公元前 202 年)二月又由項氏之楚而“三嬗”於劉氏漢家。這樣,就其權柄嬗替的具體時間而論,前後實際經歷五年時間,《秦楚之際月表》云“五年之間,號令三嬗”便是即此而言;若論其權柄嬗替的整個過程,固然肇始於陳勝、吴廣揭竿而起之時,亦即所謂“楚人發難”,故《太史公自序》稱“八年之間,天下三嬗”。太史公前後兩處所説,實各有側重,非如梁玉繩輩在二者之間必指一誤不可。朱東潤嘗撰有《〈史記〉序傳質疑》一文,舉述《太史公自序》所述諸篇要旨與本篇不相合者,略作分析,然而對《秦楚之際月表》“五年之間”與“八年之間”的不同,却未着一字[1]。或許朱氏早已看出,這一文字差别並不會給前後兩處的文義造成牴牾。

恢復《秦楚之際月表》的本來面目,還有助於我們準確把握司馬遷的撰著意圖。關於這一問題,現代研究秦漢史的學者,本來關注不多,比較引人注目的論述,是田餘慶在《説張楚》一文中對太史公這篇文字究竟是重楚抑或尊漢的評議。

田餘慶在論述這一問題時,對前人相關研究成果,主要參考的是《二十五史補編》中收録的兩部清代前期學者撰寫的著述:一部是前面提到的康熙年間人汪越撰《讀史記十表》[2],另一部是約略同時人吴非的《楚漢帝月表》[3]。田氏以爲,在前者看來,《史記》之《秦楚之際月表》意在尊漢(德勇案:在主張《秦楚之際月表》意在尊漢的清代學者當中,稍晚還有比汪越

[1] 朱東潤《〈史記〉序傳質疑》,見作者文集《史記考索》(上海,華東師範大學出版社,1996),頁 34—37。

[2] 清汪越《讀史記十表》卷四《讀秦楚之際月表》,頁 1a—3b。

[3] 清吴非《楚漢帝月表》卷首吴氏自序附,頁 2。

名氣大很多的錢大昕[1]),而對於後者來説,司馬遷撰著《秦楚之際月表》乃意在重楚。核實而論,這兩種看法恐怕都有求之過深之嫌,不盡合乎事理,而田餘慶顯然贊賞吴非的觀點,以爲吴氏所説"是不錯的"。

在這一點上,田餘慶不僅强調《秦楚之際月表》的編纂意在重楚,而且還結合長沙馬王堆三號漢墓出土帛書上標記的"張楚"二字,以爲由西漢初年開始,經司馬遷撰著《史記》的武帝時期,再到班固撰著《漢書》的東漢前期,兩漢間人看待秦漢間"楚"這一政權的態度,漸次發生了變化:

> 馬王堆三號漢墓年代不晚于漢文帝時,該墓帛書以張楚紀年,證明此時人們在觀念上尊重張楚法統。其所以形成這種觀念,當是由于張楚有首事之功,如果没有張楚,就不會出現滅秦的戰争,也就不會有漢。
>
> 漢武帝時司馬遷編纂《史記》,法統觀念仍然尊楚。《史記》立月表記秦末事,不名曰"秦漢之際月表",而名曰"秦楚之際月表",説明司馬遷明確地意識到楚在秦末歷史中具有獨特地位。但是《史記》與馬王堆帛書在這方面又微有不同。《史記》中的月表繫年未用張楚而用楚義帝,是以義帝代表楚;《史記》中的本紀不立陳勝而立項羽,是以項羽代表楚。與帛書比較,《史記》尊楚雖舊,但張楚陳勝的地位却被義帝、項羽取代了。《史記》以陳勝入世家,比帛書書法降了一等。……
>
> 帛書與《史記》都尊楚,反映自漢初至武帝時人們思想比較自由,歷史觀比較符合實際,正名尊君思想還没有發展到特别偏執的程度。不過,帛書所尊者張楚,是平民;《史記》所尊者義帝、項羽,是舊族。兩相比較,司馬遷的史學思想畢竟有所不同,反映獨尊儒術以後人們對上述這一段歷史的認識正在起着變化。我們知道,《漢書》是以陳

[1] 清錢大昕《潛研堂文集》(清嘉慶十一年原刻本)卷三四《與梁燿北論史記書》,頁14b—15b。

勝、項籍合爲一卷,入列傳中的,這是東漢時期人們對這些歷史人物的定位。《漢書》給予這些人物的地位,大大低於《史記》,是一目瞭然的。《漢書·異姓諸侯王表》冠以漢元年,不書楚懷王或楚義帝,而依次列漢王以外其他諸侯王。這與《史記·秦楚之際月表》於同年冠以楚義帝元年,下書諸侯王,而以漢王厠列其中相比,正統觀念的變化是很明顯的。司馬遷序《秦楚之際月表》,强調的是"號令三嬗",即秦一楚一漢的遞變(德勇案:田氏所説的"楚",包括項氏和楚怀王);班固序《異姓諸侯王表》,强調的却只是漢"五載而成帝業"。這除了反映通貫之書與一朝之史着眼點有所不同以外,也反映正名尊君觀念的變遷。取對楚的態度爲例進行考察,我們可以看到司馬遷的歷史觀念正好處在西漢初年帛書作者和東漢史家班固之間的狀態。這是值得研究司馬遷史學思想和中國史學史的學者留意的一個問題。

田氏以爲,處在這一遞變過程當中的司馬遷,在記述相關史事時,難免進退失據:

歷代史家對《史記》立《陳涉世家》事,議論甚多,但都難于説透其中的道理。因爲,若是如司馬遷所説尊重亡秦首事,則張楚之功不在項羽之下,雖立《陳王本紀》亦無不可;若從陳勝不繼世而亡言之,比諸侯立爲世家也不合適,入列傳就可以了,又何必立世家呢?

在我看來,對于秦末擾攘時期究竟該由誰來代表"秦楚之際"的楚這一問題,司馬遷的思想是相當混亂的,所以他採取了折衷的辦法,把陳勝安排在世家之中。這種處理不但不够妥帖,而且也違背司馬遷作世家的一般宗旨,自亂《史記》義例。司馬遷思想的混亂還表現爲既以義帝紀元,却不立義帝本紀。清人吴非以此改《秦楚之際月表》爲《楚漢帝月表》,並撮取義帝事略而作《楚義帝本紀》。這一改作意在以《春秋》筆法改正《史記》書法,本身並没有什麽史學價值,只不過說明《史記》書法于此確有缺陷，不愜人意而已。[1]

以上論述，對馬王堆三號漢墓出土帛書之"張楚"標識和《史記·秦楚之際月表》的理解，似乎都存在一些需要進一步斟酌的問題，而對《秦楚之際月表》的理解，即與前文所述"五年之間，號令三嬗"這一問題具有直接關聯。

首先，長沙馬王堆三號漢墓出土帛書中"張楚"這一標識，總共見有兩處：一處是寫在《五星占》上[2]，另一處是寫在《刑德》乙篇附列的一份《太陰刑德歲徙表》上[3]，二者都是屬於天文占驗性質的術數用書，其性質和用途與紀事的史書存在明顯差别。

20世紀70年代初發現馬王堆漢墓帛書的時候，考古發掘出土的這類戰國秦漢術數著述還相當稀少，學術界對中國早期術數的認識，也極爲有限。在這種情況下，很多人都是在未能留意這類術數書本身特點，甚至很可能是在尚未看到全部帛書原文的情況下（當時這些帛書尚未公開），簡單地抓住"張楚"二字，便大做文章，不僅普遍像田餘慶這樣將其與《史記》的記載做對比，甚至還有人指認説，馬王堆漢墓出土帛書上這兩個字是"西漢前期法家路綫統治下的産物"，或者説它"是漢初法家政治的一個反映"[4]，更爲明顯地做出了過度政治化的解讀。

後來，隨着早期術數文獻一批批相繼出土，學術界對它的認識也日漸深入。胡文輝研究指出，像《刑德》乙篇附列的《太陰刑德歲徙表》，"是用來查索某一干支所在年份的太陰及刑、德方位的，因此它是一種'指南'和'手册'的性質，而不是一種'實際記録'"。基於這樣的性質，這份表格上標注的包括"張楚"在内的幾個實際的紀年和年號"只是'注解'的性質"，

[1] 田餘慶《説張楚》，據作者文集《秦漢魏晉史探微》，頁2—4，頁28。

[2] 陳松長《馬王堆帛書藝術》（上海，上海書店出版社，1996），頁8—9。

[3] 傅舉有、陳松長《馬王堆漢墓文物》（長沙，湖南出版社，1992）之《九宫圖與干支表》，頁134—135。

[4] 劉乃和《帛書所記"張楚"國號與西漢法家政治》，刊《文物》1975年第5期，頁35—37。

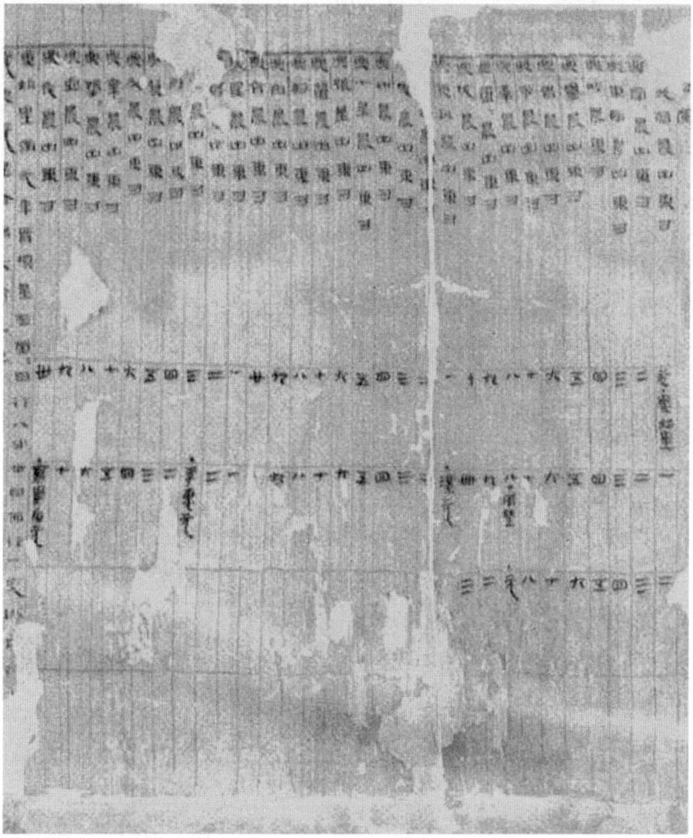

○ 長沙馬王堆漢墓帛書《五星占》中的《土星行度》

即“只是表示歷史上那幾個重要的紀年和年號正在這個干支；否則，如果此圖的六十干支是代表實際的年份，那麼‘秦皇帝元’（前 247 年）怎麼會在‘張楚’（前 210 年）、‘孝惠元’（前 195 年）之後呢”[1]？

明白這個道理之後，再來看帛書《五星占》中標記的“張楚”，性質實際上與之完全相同。在《五星占》中，它是寫在《土星行度》部分。與《土星行度》相並列，《五星占》中還寫有《木星行度》和《金星行度》這兩部分有關行星運行規律的内容。通觀三者，可以看到如下共同點：（1）第一横行是

〔1〕 胡文輝《馬王堆帛書〈刑德〉乙篇研究》，見作者文集《中國早期方術與文獻叢考》（廣州，中山大學出版社，2000），頁 166—171。

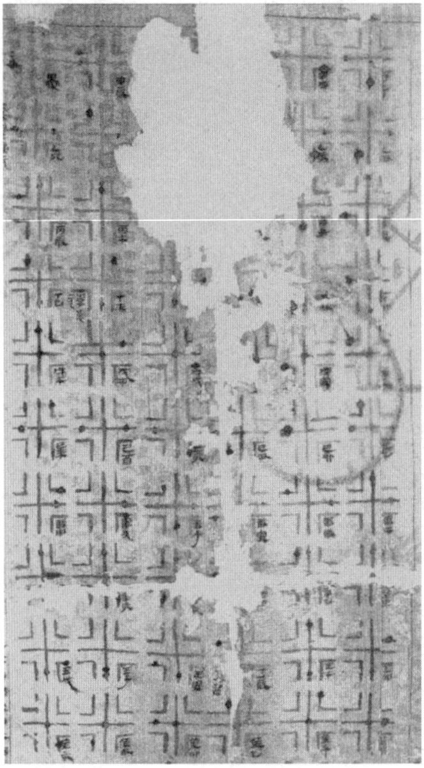

○　長沙馬王堆漢墓帛書《刑德》乙篇附《太陰刑德歲徙表》

以表格的形式排列該行星晨現東方或夕現西方時相伴隨的二十八宿中各個星宿的名稱。(2)每一份表格的寬度,亦即上下列數,與該行星每運行一個恒星周期所經歷的年數相等。如木星爲十二列,土星爲三十列,金星爲八列。(3)第二橫行用來排列在一個恒星周期之内從秦始皇元年開始的年數變化。(4)第三行以下各橫行,其所對應的行星行進位置,是第二橫行的重現。根據這些情況,我們可以明白無誤地判斷,《五星占》中的《土星行度》、《木星行度》和《金星行度》,實際上可以説是以秦始皇元年爲起算原點的“土星周期表”(張政烺稱之爲《土星行度表》[1])、“木星周期表”與“金星周期表”。這些表格與《太陰刑德歲徙表》一樣,實際上也是起

〔1〕 張政烺《關於“張楚”問題的一封信》,刊《文史哲》1979年第6期,頁76。

着一種通用“手册”的作用,猶如數學運算常用的“數表”,用來檢閲比對每一年内該行星在以二十八宿爲背景的天幕上所處的位置。

由於是這樣一種檢索用表的性質,這幾種行星行度表在相當於漢代以前的年份裏,都是由“元年”(即秦始皇元年),一直排列到“卌”年,以下纔從“漢元”亦即漢王元年開始,逐一填入漢帝的年號和年數。這種情況顯示出對於漢代初年使用這一表格的人來説,其對應於秦代以至秦楚之際的這些年份,並没有實際的社會意義,所以纔會出現不具體標記秦二世皇帝的元年和年數,只表示二世時期諸年屬於秦始皇元年以後之第卅八年、卅九年和卌年的寫法。《土星行度》這份表格中的“張楚”,就是在其第三横行秦始皇元年後之第卅八年(與之對應的星象,是秦始皇元年後第八年的土星位置“與畢晨出東方”)這一年下,添加了“張楚”這兩個字,其屬於附記的性質是非常清楚的。换句話説,也就是漢代使用這份《土星周期表》的人,出於某種術數意識,對陳涉建立張楚一事比較關心,從而就在上面添注了這兩個字。

陳勝以甕牖绳枢之子而斩木爲兵,揭竿爲旗,不僅建立張楚政權,還引得天下雲集響應,以致最終顛覆秦朝的統治,這是秦漢間最爲引人注目的重大變故,術數家對事變突發時所對應的星象,自然會給予特別的關注。《太陰刑德歲徙表》注記與“張楚”對應的干支,應是基於同樣的原因,其間不會藴涵有什麼“尊重張楚法統”特别是崇敬陳勝的政治觀念。不然的話,像《土星行度》、《木星行度》和《金星行度》這幾種表格甚至根本没有標記二世皇帝的紀年,豈不要被解釋成西漢初年人不承認二世的法統地位而特别尊崇始皇帝嬴政?術數家就是術數家,既不是革命家,也不是法家,或者什麼其他門派的思想家、政治家,我們更不能移用今天的官方政治觀念,去解析兩千多年前南國方士爲占測兇險變難而隨手寫下的文字注記。

在此基礎上,我們再來看《史記・秦楚之際月表》是否存在特别的尊楚意向問題。司馬遷與班固之間在歷史觀上存在重大的差異和變化,古今學者有基本一致的看法。這是西漢後期從元、成二帝時期開始直至東漢光武帝一朝，後世所謂正統儒家觀念逐漸確立成爲朝野主流意識的結果。後來唐人司馬貞與宋人蘇轍，竟着意重寫改編《史記》，此亦踵襲班氏之義而變本加厲者。譬如對待項羽，司馬貞就因其"未踐天子之位而身首别離"，認爲《史記》將其"與五帝三王同稱本紀，斯必不可，可降爲秦系(世)家"；陳涉乃"時因擾攘，起自匹夫，假託妖祥，一朝稱楚。歷年不永，勛業蔑如"，因而，若是"繼之齊魯，曾何等級？可降爲列傳"[1]。

問題是司馬遷没有像班固以下史家那樣刻意貶抑陳勝、項羽這一類人物，並不等於他就特别尊崇或是抬高這些人。我們看《史記·項羽本紀》篇末的太史公評語，乃謂項羽"背關懷楚，放逐義帝而自立，怨王侯叛己，難矣；自矜功伐，奮其私智而不師古，謂霸王之業，欲以力征經營天下，五年卒亡其國，身死東城，尚不覺寤而不自責，過矣。乃引'天亡我，非用兵之罪也'，豈不謬哉"[2]！司馬遷在《太史公自序》中，也貶斥項羽"誅嬰背懷，天下非之"[3]。這都没有一絲一毫尊之重之的意思。雖然司馬遷對項羽很多具體的行爲，往往持同情的態度，但就對一個歷史人物的總體評價而言，上面這些評論，誠可謂蓋棺論定，批判相當嚴厲。

在反駁汪越所説《秦楚之際月表》意在尊漢的看法時，田餘慶曾對爲汪越《讀史記十表》做續補的徐克范表示贊揚，稱徐氏分析《秦楚之際月表》記劉邦受封爲漢王這一年爲漢元年，不過"録其實耳，非故進之也"[4]，這種説法"不失爲平實通達之議"[5]。其實本着這一思路來看《史記》的《秦楚之際月表》和《項羽本紀》等項内容，或許更容易把握其真實的撰著緣由。

歷史著述的首要原則，是儘可能忠實地記述歷史活動。如前所述，司

---

[1] 唐司馬貞《史記索隱》(北京，中華書局，1991，重印《叢書集成初編》排印《史學叢書》本)卷三〇，頁343—344。

[2] 《史記》卷七《項羽本紀》，頁424。

[3] 《史記》卷一三〇《太史公自序》，頁3980。

[4] 清汪越《讀史記十表》卷四《秦楚之際月表》附徐克范撰《讀史記秦楚之際月表補》，頁7b。

[5] 田餘慶《説張楚》，據作者文集《秦漢魏晉史探微》，頁3。

馬遷在《秦楚之際月表》篇首序文中所説"五年之間，號令三嬗"，是指一嬗於楚義帝熊心，二嬗於西楚霸王項羽，三嬗於漢帝劉邦，實質上是轉移"號令天下"的權柄和地位。在這一點上，項羽之載入本紀，與之實屬相輔相成。

如同顧頡剛所指出的那樣，《史記》一書，隱然以本紀、表爲"經"，乃"帝王之書也，關係天下者也"。顧氏復謂《史記》的本紀和表，都是模擬《春秋》所創設[1]，而《春秋》紀事的一大特徵，就是按照諸王的歲時月日來繫事。在秦漢兩個王朝之間，有將近五年時間，號令天下的權柄在名義上屬楚，而這個楚的實權，是操縱在項羽之手，初期則在形式上歸屬於義帝。若是要全面反映秦嬗權於楚的過程，又不能不追溯至二世元年之陳勝首義。故《秦楚之際月表》即逐月載録從陳勝首義到漢朝建立這一期間秦、楚以及各路諸侯的重大事件，而以上述權力嬗變爲事態演進的核心。

陳勝起事之後，秦祚並未當即終結。《秦楚之際月表》的繫年未用張楚而用義帝，就是因爲秦亡之後，義帝始爲天下共主，這是由史書的編撰形式所決定的，既不存在是否尊楚、重楚的問題，也不存在田餘慶所説用義帝取代陳勝的問題。另一方面，熊心從秦二世二年六月被項梁拉來做招牌，給予"楚懷王"的名分時起，到七個月後被項羽等奉爲"義帝"，再到十個月後被項羽指使人殺掉，在這一年半多的時間内，實際上只是在二世二年九月項梁死後到鉅鹿之戰結束之前這不到四個月期間，一定程度上掌控了張楚的政柄[2]，時間非常短促；特别是在鉅鹿戰役結束之後，完全是由項羽控制着張楚政權。同時，從《史記》記載的情況來看，流傳到漢武帝時期的義帝事跡也相當稀少，恐怕很難單獨編成一篇本紀。明人歸有光論《史

[1] 顧頡剛《顧頡剛讀書筆記》(臺北，聯經出版事業公司，1990)第四卷《逍遥堂摭録》之"《史記》模擬經傳"條，頁2363—2364；又第五卷上《法華讀書記》七"《史記》隱分經、傳"條，頁2990。

[2] 參見拙文《論劉邦進出漢中的地理意義及其行軍路綫》，原刊《傳統文化與現代化》1997年第4期，此據鄙人文集《歷史的空間與空間的歷史——中國歷史地理與地理學史研究》(北京，北京師範大學出版社，2005)，頁95—102；又拙撰《讀中華書局徵求意見本〈史記〉偶識》，刊虞萬里主編《經學文獻研究集刊》第12輯(上海，上海書店，2014)，頁400—402。

記》本紀的編撰，嘗謂"《史記》五帝三代本紀零碎，《秦紀》就好起來了。蓋秦原有史，故其文字好"[1]，而義帝連零碎的史料都找不到幾條，已不是文字寫得好、寫不好的問題，恐怕根本寫不成篇（清初人吴非自我作古編撰的所謂《楚義帝本紀》，雖竭盡全力七拼八湊，文字亦寥寥可數，很不像個樣子，除了寄寓一番對南明永曆帝據守西南以及緬甸的感懷之外，於研治秦漢間史事乃略無助益[2]）。在這種情況下，司馬遷選擇項羽作爲秦漢之間號令天下的政治首腦而將其列入本紀，以項羽兼該受項氏叔侄操縱的義帝，同樣也是基於史書編著形式以及可利用史料而做出的選擇，並不是出於尊楚或是偏重項羽的考慮。至於未嘗號令天下的陳勝，根本就不具備編列所謂"陳王本紀"的條件。

司馬遷爲項羽立設立本紀，後世論者責難紛紛，不過唐人皇甫湜很早就對此做過清楚的説明：

> 編年之作，豈非以事繫日，以日繫月，以月繫時，以時繫年者哉！司馬氏作紀，以項羽承秦，以吕后接之，亦以歷年不可中廢，年不可闕，故書也。[3]

此後，宋人羅泌復貫穿古今，更加具體地闡述了同樣的觀點：

> 甚矣，天下之不可一日無王也。太史公作《史記》，世家侯室而紀皇王，然而吕后、項籍俱列本紀，人皆疑之，且以爲太史公壞編年之法，以立紀傳。予有以見太史公爲得聖人之意也。
>
> 夫《春秋》編年，以王次春，示天下不可一日無王也。太史公不敢擬聖人而作經，于是法《外傳》之體，以爲紀、表、世家焉，是編年之法

---

[1] 清吴汝綸《桐城吴先生彙録各家〈史記〉評語》（民國鉛印本），頁 3a。

[2] 清吴非《楚漢帝月表》附《楚義帝本紀》，頁 13—14；又卷末附近人劉世珩跋，頁 17—18。

[3] 唐皇甫湜《皇甫持正文集》卷二《編年紀傳論》，頁 2b。

也。惠帝死,孝文未立,吕后爲政者八年。今不紀,則將屹然中絶其統邪?知此則知太史公紀吕后之意矣。班固作《書》,吾不知其知是否也,然亦紀吕后而不敢絀。唐之《舊史》因之,列武后于本紀。歐陽子不知出此,乃以爲《春秋》之法所以著其大惡而不隱,此歐陽子之失言也。聖人之作經,隨事舉實,非以意而遇事。是故……統在惠則紀惠,統在吕則紀吕,豈固曰婦人不得爲君,吾不紀邪?……夷王崩,厲王立,無道。三十有七年,王流于彘,宣王未立,有共伯和者,釋位以間王政。蓋十有四年矣,宣王有志而後效官,共伯歸國。故當時史氏以是十四年者繫之,號"共和"焉。知此,則知予紀女皇氏之意矣。……

或曰項籍與高帝同時而王,胡爲而著之紀?曰:是又所以爲編年也。方秦之亡也,籍既自立,割漢中以王高祖,而又挾義帝以令諸侯。漢中之地非惟偏也,而高祖之王又出于籍,籍方分王諸侯,而高祖固出其下,是天下之勢在于籍也,烏乎而不紀之!故必待天下之一,而後紀還于漢,是編年之法也。[1]

明此可知,司馬遷爲項羽撰述本紀而將陳勝列入世家,乃重在天下共主的編年序列。持有相同看法的學者,還有南宋人黄震,亦清楚指出"遷以羽嘗宰制天下而紀之秦漢之間"[2]。在清代考據學家中,持此論者依然不乏其人,如錢大昕即論之曰:"秦既滅,項氏主命又四五年,沛公之爲漢王,亦項羽所立也。……項雖非共主,而業爲天下主命,不得不紀其興廢之迹。"换句話來説,也就是"紀實"而已,蓋"天下之大權在楚也,此亦實之不可没者也"[3]。故太史公這一做法,同樣既不能説是特别重視楚的法統,也不能

---

〔1〕 宋羅泌《路史》(上海,中華書局,民國《四部備要》本)之《後紀》卷二《太昊紀》下《女皇氏題》,頁 3b—4b。

〔2〕 宋黄震《慈溪黄氏日抄分類》(北京,北京圖書館出版社,2005,《中華再造善本》叢書影印上海圖書館藏元後至元三年刻本)卷四六《讀史》一《史記》,頁 2b。

〔3〕 清錢大昕《十駕齋養新録》(上海,上海書店出版,1983)之《十駕齋養新餘録》卷中"太史公、李延壽"條,頁 496。又錢大昕《潛研堂文集》卷三四《與梁燿北論史記書》,頁 14b—15b。

説是以項羽來取代陳勝的地位。

至於田餘慶稱《史記》把陳勝列入世家,是“比帛書書法降了一等”,因知如前文所論,長沙馬王堆漢墓出土帛書上的“張楚”二字,並不具備國家“法統”的意義,從而也就不存在所謂“降等”的前提了。不過,需要指出的是,田氏稱“從陳勝不繼世而亡言之,比諸侯立爲世家也不合適”,這句話講得似乎不夠妥當。先於田氏,劉乃和在考述馬王堆漢墓出土帛書上的“張楚”二字時,已經講過類似的話[1],這可能對田餘慶的認識有所影響。今案謂“世家”應繼世而存,這是援依唐人司馬貞的説法。蓋小司馬嘗釋之曰:“系(世)家者,記諸侯本系也,言其下及子孫常有國。”[2]但這種注解,只適用於《史記》中一部分世家。司馬遷本人爲世家這一體裁所設定的載録對象本來是:“二十八宿環北辰,三十輻共一轂,運行無窮,輔拂股肱之臣配焉,忠信行道以奉主上。”[3]我們看《史記》中還列有《孔子世家》、《外戚世家》等就會清楚,在因其未嘗號令天下而不能列入本紀的情況下,司馬遷撰著《陳涉世家》,正是推重陳勝在滅秦過程中的“首事”地位[4],雖未得稱帝,亦堪爲“輔拂股肱”之比,自然不宜降格編排在列傳當中。更何況明人茅瓚曾評議《史記·陳涉世家》説:“(陳)涉雖發難,而當時諸王起兵者,皆備載於此,故稱系(世)家而首之。不略不冗,敘事之妙也。”[5]即使按照司馬貞對“世家”這一體裁的定義,司馬遷設立《陳涉世家》,恐怕也算不上是自亂義例。

最後需要稍事説明的是,司馬遷編著《秦楚之際月表》,雖然無意尊楚,但也没有像汪越、錢大昕等人所説的那樣,是刻意在此體現崇漢的旨意(錢大昕謂太史公於崇漢之外,尚且抑秦)。儘管從總體上來説,諸如錢大

---

〔1〕劉乃和《帛書所記“張楚”國號與西漢法家政治》,刊《文物》1975年第5期,頁36。

〔2〕《史記》卷三一《吴太伯世家》唐司馬貞《索隱》,頁1739。

〔3〕《史記》卷一三〇《太史公自序》,頁3999。

〔4〕《史記》卷一三〇《太史公自序》,頁3989。

〔5〕清吴汝綸《桐城吴先生彙録各家〈史記〉評語》,頁26a。

昕一派人的看法,可謂精當不易之論,《秦楚之際月表》的小序,亦稱譽劉邦之攫取天下,云:"王跡之興,起於閭巷,合從討伐,軼於三代。鄉秦之禁,適足以資賢者爲驅除難耳。故憤發其所,爲天下雄,安在無土不王?此乃傳之所謂大聖乎?豈非天哉,豈非天哉!非大聖孰能當此受命而帝者乎?"〔1〕極力贊頌大漢之承續秦、楚,係天命攸歸,然而,並觀《太史公自序》闡述撰著此表的宗旨,乃謂"八年之間,天下三嬗,事繁變衆,故詳著《秦楚之際月表》"〔2〕,可知司馬遷設置這一表格,同樣首先是出於史家紀事的技術性需要,並没有什麽特别的政治意圖。而太史公在序文中對劉邦和漢朝的贊頌之辭,不過是爲秦楚之際跌宕起伏的政治風雲宣示一個最後的結局而已〔3〕。

吴非的弟子王爾綱,對《秦楚之際月表》這一名稱,曾經做過比較合理的解釋:

> 太史公《秦楚之際》之文,蓋本於孔子"唐虞之際"語。不曰"間"而曰"際","間""隙"而際"會","間""遠"而際"近","間""離"而"際"聯,似同而實别。《漢書》:"五際,卯、酉、午、戌、亥。陰陽終始際會之歲,則有變革之政。"際,言其始也,言其交也。兩相遞接,故稱際。〔4〕

---

〔1〕《史記》卷一六《秦楚之際月表》,頁915—916。案文中"故憤發其所,爲天下雄"這句話,今中華書局點校本作一句連貫讀下,作"故憤發其所爲天下雄"。此語向來無解,今人徐仁甫《史記注解辨正》(成都,四川大學出版社,1993)卷二(頁36)釋之曰:"所猶意也,謂高祖立志爲雄,憤發其意志,爲天下英雄。'所'有'意'義,説見楊樹達《古書疑義續補》。此九字作兩句讀,凡作一句讀者均非。"又案楊樹達説見《古書疑義舉例續補》(北京,中華書局,1956,《古書疑義舉例五種》本)卷二"'所'作'意'義用例"條(頁336—338)。兩相參證,知徐氏對"所"字的解讀誠是,惟即使上下連讀爲一句,似仍不違逆此義。

〔2〕《史記》卷一三〇《太史公自序》,頁3982。

〔3〕案關於司馬遷及其所撰《史記》對待漢朝的政治態度問題,晚近以來的論述,以祝總斌撰《有關〈史記〉歌頌漢王朝的幾個問題》一文最爲精審。祝文原刊《國學研究》第3卷(1995年),此據作者文集《材不材齋史學叢稿》(北京,中華書局,2009),頁51—69。

〔4〕清吴非《楚漢帝月表》卷末附王爾綱識語,頁16。

據此，所謂"秦楚之際"，也就是秦、楚交接這一"事繁變衆"的特殊歷史時期。故其紀事，始自陳涉起事，述楚之肇興於秦末；終止於項羽殞命，記楚社覆亡。至於在項羽身後，不僅記明劉邦稱帝，還把這一年的紀事，從二月一直延續到年底後九月，或許會給人以兼記漢事的假象，但如同前面第三節已經談到的那樣，實際上這也是遵循《公羊傳》所説緣其終始之義而"一年不二君"的原則，仍把這幾個月視作項羽西楚的五年來處理（儘管司馬遷在《秦楚之際月表》中並没有在每年十月歲首標記西楚的紀年）。清人張文虎不明此理，竟然以爲"漢王以二月即皇帝位，……即位以後，事歸一統，不必分月爲表"，因而竟擬議删改此表，令其終結於漢王五年二月[1]，殊屬荒唐。

總之，恢復舊本《史記》本來的面目，完整審視《史記·秦楚之際月表》的文字，並準確把握"五年之間，號令三嬗"這一説法的涵義，可以看到，司馬遷對"秦楚之際"歷史脈絡的把握，思路清晰，層次分明，並不存在什麽混亂。

五、吴太伯世家

【一】《史記·吴太伯世家》原文：

（吴王夫差）十一年，復北伐齊。

越王句踐率其衆以朝吴，厚獻遺之，吴王喜。唯子胥懼，曰："是棄吴也。"諫曰："越在腹心，今得志於齊，猶石田，無所用。且《盤庚之誥》有顛越勿遺，商之以興。"吴王不聽，使子胥於齊，子胥屬其子於齊鮑氏，還報吴王。吴王聞之，大怒，賜子胥屬鏤之劍以死。將死，曰："樹吾墓上以梓，令可爲器。抉吾眼置之吴東門，以觀越之滅吴也。"

---

[1] 清張文虎《舒藝室隨筆》（清同治十三年金陵冶城賓館刻本）卷五，頁 7b—9b。

齊鮑氏弒齊悼公。吴王聞之,哭於軍門外三日,乃從海上攻齊。齊人敗吴,吴王乃引兵歸。

文中"乃從海上攻齊"的"海上",劉宋人徐廣在《史記音義》中注釋説:"上,一作'中'。"[1]今新點校本《史記》對此未加校勘説明。

〖今案〗

徐氏在此特地説明"海上"或作"海中",是因爲"海中"意即海水之中,實際上可以等同于"海"。如《史記·封禪書》載"及至秦始皇并天下,至海上,則方士言之不可勝數。始皇自以爲至海上而恐不及矣,使人乃齎童男女入海求之,船交海中,皆以風爲解"[2],似此入海諸船之遭會,當然只能是在海水之中航行過程中所發生的事情。然而上文當中"海上"一詞的語義,却不容與"海"混淆。

"海上"是一個專門的地理詞彙,特指海岸之上的陸地。例如,《史記·封禪書》謂"騶衍以陰陽主運顯於諸侯,而燕齊海上之方士傳其術不能通",所説"燕齊海上之方士",自然是指燕、齊兩國濱海地帶的術士;《史記·封禪書》又記秦始皇"東游海上,行禮祠名山大川及八神"[3],這些名山大川和所謂"八神"(齊國祠祀的八種神祇)也都是在陸地上面。另外,《史記·平津侯主父列傳》載菑川薛縣人公孫弘,少時因家貧而"牧豕海上"[4],這自然更不會是到滔滔海水裏去放猪。明此可知,上引《史記·封禪書》云"秦始皇并天下,至海上,則方士言之不可勝數",這是指秦始皇東行至於海濱,而"始皇自以爲至海上而恐不及矣",則是講嬴政等不及仙人自海中神山登陸上岸,"海上"指的也都是與"海中"相對的瀕海陸地。其

---

〔1〕《史記》卷三一《吴太伯世家》,頁1769—1771。

〔2〕《史記》卷二八《封禪書》,頁1639—1640。

〔3〕《史記》卷二八《封禪書》,頁1636—1638。

〔4〕《史記》卷一一二《平津侯主父列傳》,頁3549。

實,這與河上、江上、淮上、泗上、灞上等表示河流岸邊的用法,是同一性質的地域稱謂,我們今天仍然以"海上"作爲上海的别稱,就是因其地處東海之濱而沿承古人的習慣用法。

查對《左傳》記述此番吴師伐齊之事,乃謂吴人徐承統帥的舟師,係"自海入齊"〔1〕。事實上,在春秋戰國之際,今江蘇北部的海岸地帶,不僅海岸綫較今大幅度偏靠陸地一側,而且沿海地帶還有非常嚴重的沼澤化問題,吴師也不能順着"海上"亦即沿岸邊向北面的齊國進軍〔2〕,因知今本《史記》之"海上",文字有誤,當從徐廣所見别本,改書作"海中"。即使出於審慎考慮,也應該附加一條校勘記,以事説明。

六、楚世家

【一】《史記·楚世家》原文:

楚之先祖出自帝顓頊高陽。高陽者,黄帝之孫,昌意之子也。高陽生稱,稱生卷章,卷章生重黎。〔3〕

文中"先祖"一語存在問題,而新校本《史記》未加校語。

〖**今案**〗

唐孔穎達等纂《春秋正義》述及《史記》此文,乃云:

---

〔1〕《左傳》哀公十年,據晉杜預《春秋經傳集解》卷二九哀公十年,頁 35a。

〔2〕別詳拙文《越王勾踐徙都琅邪事析義》,原刊《文史》2010 年第 1 輯,此據鄙人文集《舊史輿地文録》(北京,中華書局,2013),頁 62—75。

〔3〕《史記》卷四〇《楚世家》,頁 2027。

《正義》曰:“《楚世家》云楚之先出自帝顓頊高陽,高陽生稱,稱生卷章,卷章生重黎。……”〔1〕

蘇轍依據《史記》改編的《古史》,記述此事,一如《春秋正義》,書作“楚之先”〔2〕,亦可見今本《史記》“先祖”的“祖”字,很可能是在北宋中期以後纔誤增出來衍文,而南宋時人黄震摘録《楚世家》的内容,仍稱“楚之先出自顓頊”〔3〕,則顯示出在南宋時期還有未增“祖”字的版本流傳。

雖然後世習稱“先公”、“先王”、“先人”、“先祖”之類用法,是將“先”字用爲修飾名詞的形容詞,但古時自有單獨使用“先”字以表示前輩先人的用法。檢《漢書·禮樂志》記云:“喪祭之禮廢,則骨肉之恩薄,而背死忘先者衆;朝聘之禮廢,則君臣之位失,而侵陵之漸起。”唐人顔師古釋曰:“先者,先人,謂祖考。”〔4〕西晉人晉灼注《漢書·郊祀志》之“畦畤”,謂“《漢注》在隴西西縣人先祠山下,形如種韭畦,畦各一土封”,司馬貞《史記索隱》引《漢舊儀》,亦云秦人“祭人先於隴西西縣人先山”〔5〕,此“人先”蓋亦猶如“人祖”。其他具體用例,如《史記·劉敬叔孫通列傳》載婁敬説高祖西都關中語云:“陛下取天下與周室異,周之先自后稷,堯封之邰。”〔6〕揚雄《蜀王本紀》亦有語云:“蜀之先名曰蠶叢、柏濩、魚鳧、開明,是時人民,椎髻左言。”〔7〕班固少時所作《幽通之賦》,有句云“黎淳耀于高辛”,應劭釋之曰:“黎,楚之先也。”〔8〕又應劭本人撰著的《風俗通義》,述及楚國世

---

〔1〕 唐孔穎達等《春秋正義》(上海,商務印書館,民國影印日本覆印景鈔正宗寺單疏本)卷一二僖公二十六年,頁20a。

〔2〕 宋蘇轍《古史》卷一七《楚世家》,頁1a。

〔3〕 宋黄震《慈溪黄氏日抄分類》卷四六《讀史》一《史記》,頁16a。

〔4〕 《漢書》卷二二《禮樂志》並唐顔師古注,頁1028。

〔5〕 《史記》卷二八《封禪書》並劉宋裴駰《集解》引晉灼語、唐司馬貞《索隱》,頁1634。

〔6〕 《史記》卷九九《劉敬叔孫通列傳》,頁3271。

〔7〕 梁蕭統《文選》(北京,中華書局,1977,影印清嘉慶胡克家仿宋刻本)卷四六南齊王融《三月三日曲水詩序》唐李善注引“楊雄《蜀王本紀》”,頁650。

〔8〕 《漢書》卷一〇〇上《叙傳》上並唐顔師古注引應劭語,頁4218—4219。

系，亦稱“楚之先出自帝顓頊”[1]。這幾段話中的“周之先”、“蜀之先”和“楚之先”的用法，正與孔穎達等《春秋正義》、蘇轍《古史》引述的《史記·楚世家》相同。若專就戰國秦漢之際荆楚這一地域的用語習慣而言，出土戰國楚簡中也見有大量單以“先”字來表述“祖先”的用例。如包山楚簡中有“楚先老童、祝融、鬻熊”云云[2]，望山楚簡中有類似的記載[3]。在葛陵楚簡中，除在“楚先”後一一開列名字之外，還有合稱“三楚先”者[4]。這些都可以與“楚之先”一語相互印證。

民國初年人李笠，還曾從《史記》行文通例出發，專門論述過這一問題：

> “楚之先祖出自帝顓頊高陽”——案“祖”字衍。《秦本紀》云“秦之先帝顓頊之苗裔”，《越世家》云“其先禹之苗裔”，《趙世家》“趙氏之先與秦共祖”，《魏世家》“魏之先畢公高之後也”，《韓世家》“韓之先與周同姓”，《孔子世家》“其先宋人”，《周勃世家》“其先卷人”，“先”即先祖，此亦宜與諸處一例。《左傳》僖廿六年《疏》引《世家》正作“楚之先出自帝顓頊高陽”，《風俗通·六國》亦云“楚之先出自帝顓頊”，當據正。[5]

---

[1] 漢應劭《風俗通義》(北京，北京圖書館出版社，2005，《中華再造善本》叢書影印上海圖書館藏元大德九年無錫州學刻本)卷一《六國》，頁6b。

[2] 湖北省荆沙鐵路考古隊《包山楚簡》(北京，文物出版社，1991)之圖版九六第217號簡，圖版一〇四第237號簡。參據陳偉等著《楚地出土戰國簡册十四種》(北京，經濟科學出版社，2009)一《包山2號墓簡册·卜筮禱祠記録》，頁93，頁95，頁109—110。

[3] 湖北省文物考古研究所、北京大學中文系合編《望山楚簡》(北京，中華書局，1995)之《圖版》第120—124號簡，頁41—42；《釋文與考釋》，頁78。參據陳偉等著《楚地出土戰國簡册十四種》三《望山1號墓簡册·卜筮禱祠記録》，頁275。

[4] 河南省文物考古研究所編著《新蔡葛陵楚墓》(鄭州，大象出版社，2003)圖版八七之甲三·105號簡、圖版一〇一之甲三·214號簡、圖版一二八之乙一·17號簡、圖版一三八之乙三·41號簡、圖版一四三之乙四·26號簡，附録一《新蔡葛陵楚墓出土竹簡釋文》頁191，頁195，頁202，頁205—206。

[5] 李笠《史記訂補》卷四，頁503。

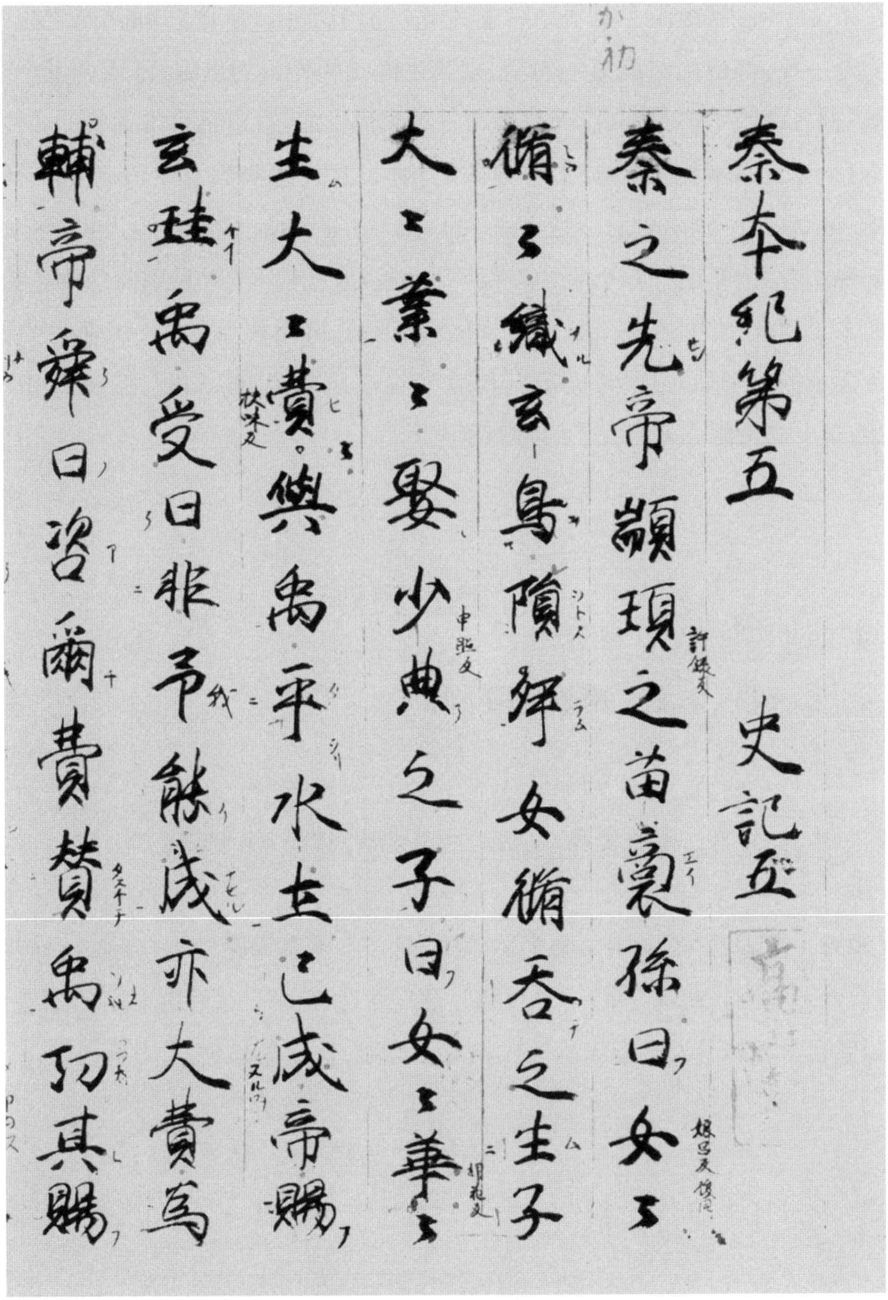
秦本紀第五　史記五
秦之先帝顓頊之苗裔孫曰女脩女
脩織玄鳥隕卵女脩吞之生子
大業大業取少典之子曰女華女華
生大費大費與禹平水土已成帝錫
玄圭禹受曰非予能成亦大費爲
輔帝舜曰咨爾費贊禹功其賜

○　日本高山寺舊藏古寫本《史記・秦本紀》

文中所説《史記·秦本紀》"秦之先"的用法,與《楚世家》的"楚之先"完全一致,都是用開篇第一句話,來講述兩國的先祖的出處,不僅傳世《史記》的各種版本都是如此,而且今存日本東洋文庫、被定爲日本國寶的古寫本《史記·秦本紀》殘卷,文字亦與之相同,當正確無誤[1]。李笠這一論斷,足以證實今本《史記·楚世家》的"祖"字確屬後世增衍,瀧川資言《史記會注考證》早已採録李笠的考釋[2],今校勘《史記》或以爲别無版本依據而未予理會,實則依據孔穎達等著《春秋正義》和蘇轍《古史》、黄震《慈溪黄氏日抄》轉述的古本《史記》,似宜信從李氏之説,删去"先祖"的"祖"字;至少應增附一條校記,予以説明。

七、南越列傳

【一】《史記·南越列傳》原文:

歲餘,高后崩,即罷兵。佗因此以兵威邊,財物賂遺閩越、西甌、駱,役屬焉。東西萬餘里,廼乘黄屋左纛,稱制與中國侔。[3]

《漢書·南粤傳》記此事文句大體相同,而今中華書局點校本《漢書》,却是將"西甌駱"連讀爲一事[4]。"西甌、駱"與"西甌駱"這兩種不同的讀法,關係到對戰國秦漢之際嶺南居民構成的認識,孰是孰非,需要考辨清楚。

---

〔1〕 日本高山寺舊藏古寫本《史記·秦本紀》(東京,勉誠出版,2014,《東洋文庫善本叢書》影印本),頁43。

〔2〕 瀧川資言著、水澤利忠校補《史記會注考證附校補》卷四〇《楚世家》,頁1002。

〔3〕 《史記》卷一一三《南越列傳》,頁3571—3572。

〔4〕 《漢書》卷九五《南粤傳》,頁3848。

〖今案〗

《史記・南越列傳》緊接在上述趙佗“乘黄屋左纛,稱制與中國侔”句下,另有相關記述曰:

> 及孝文帝元年,初鎮撫天下,使告諸侯四夷從代來即位意,喻盛德焉。乃爲佗親冢在真定置守邑,歲時奉祀。召其從昆弟,尊官厚賜寵之。詔丞相陳平等舉可使南越者。平言好畤陸賈,先帝時習使南越。迺召賈以爲太中大夫,往使,因讓佗自立爲帝,曾無一介之使報者。陸賈至南越,王甚恐,爲書謝,稱曰:“蠻夷大長老夫臣佗,前日高后隔異南越,竊疑長沙王讒臣,又遥聞高后盡誅佗宗族,掘燒先人冢,以故自棄,犯長沙邊境。且南方卑溼,蠻夷中間,其東閩越千人衆號稱王,其西甌駱裸國亦稱王。老臣妄竊帝號,聊以自娱,豈敢以聞天王哉!”乃頓首謝,願長爲藩臣,奉貢職。於是乃下令國中曰:“吾聞兩雄不俱立,兩賢不並世。皇帝,賢天子也。自今以後,去帝制黄屋左纛。”陸賈還報,孝文帝大説。[1]

《史記・南越列傳》復記後來漢武帝滅南越時,有“蒼梧王趙光者,越王同姓,聞漢兵至,及越揭陽令定自定屬漢;越桂林監居翁諭甌駱屬漢”[2]。趙氏南越國西面的“甌駱裸國”,與此“甌駱”當屬一事,而這個“甌駱裸國”既然是位於南越國的西側,那麼,所謂“西甌駱”就很有可能是它的另一種表述形式。

以往有很多學者在論述秦漢象郡時,都十分關注這一“西甌駱”或是“甌駱”問題。如南朝陳吏部尚書姚察,嘗謂“駱即甌駱”[3],即謂“甌駱”是指“駱”這一族屬。後來法國學者鄂盧梭根據姚氏這一説法,以爲“在中

---

[1] 《史記》卷一一三《南越列傳》,頁3572。

[2] 《史記》卷一一三《南越列傳》,頁3580。

[3] 《史記》卷一一三《南越列傳》唐司馬貞《索隱》,頁3572。

國侵併前的安南諸地,名曰‘甌駱’”,這也就是所謂“西甌駱”,其所在的位置,也就是法國殖民時期的“東京、安南”,即今越南北部和中部地區。此“西甌駱”又可稱作“西甌”。《淮南子·人間訓》述及秦廷出兵嶺南,曾有如下一段紀事:

(秦始皇)利越之犀角、象齒、翡翠、珠璣,乃使尉屠睢發卒五十萬,爲五軍:一軍塞鐔城之領,一軍守九疑之塞,一軍處番禺之都,一軍守南野之界,一軍結餘干之水,三年不解甲馳弩。使監禄無以轉餉,又以卒鑿渠而通糧道,以與越人戰。殺西嘔君譯吁宋,而越人皆入叢薄中,與禽獸處,莫肯爲秦虜。相置桀駿以爲將,而夜攻秦人,大破之,殺尉屠睢,伏尸流血數十萬,乃發讁戍以備之。[1]

鄂盧梭等人以爲這裏所説“西嘔”與“西甌”是同文異寫,同樣是指今越南的北部和中部的西漢交趾郡及其周邊地區[2]。既然在秦軍南征越人的過程中,軍隊已經深入“西嘔”(西甌)之地,殺其君長,那麽秦象郡自然應把這一地區囊括在内[3]。

針對這一看法,周振鶴則認爲,所謂“甌駱”即“西甌、駱兩族”(案在這一點上,周氏的看法,與越南學者陶維英的認識基本相同[4]),因爲“有許多史料證明西甌(即西嘔)在桂林境内”,“西甌族很有可能由交趾地轉移

---

[1] 《淮南子·人間訓》,據何寧《淮南子集釋》(北京,中華書局,1998)卷一八,頁1289—1290。

[2] 鄂盧梭《秦代初平南越考》,據馮承鈞輯譯《西域南海史地考證譯叢》(北京,商務印書館,1962)第二卷九編,頁42,頁45—46,頁62—62,頁76—77。杉本直治郎《秦漢兩代における中國南境の問題》,刊《史學雜誌》第五十九編第十一號,頁44—48。

[3] 鄂盧梭《秦代初平南越考》,據馮承鈞輯譯《西域南海史地考證譯叢》第二卷九編,頁42,頁45—46,頁62—62,76—77。杉本直治郎《秦漢兩代における中國南境の問題》,刊《史學雜誌》第五十九編第十一號,頁44—48。

[4] 陶維英《越南古代史》(北京,商務印書館,1976,劉統文、子鉞漢譯内部發行本)第二編第五章《蜀泮如何建立甌雒國》,頁195—198。又陶維英《越南歷代疆域》(北京,商務印書館,1973,鍾民岩漢譯内部發行本)第二章《甌雒國》,頁21—33,頁44—46。

到桂林地”,“故秦軍殺西嘔君譯吁宋完全可能在桂林地,不必非交趾不可”〔1〕。

關於這一問題,首先需要澄清《淮南子》記述的史事究竟是怎樣一種情況。所謂尉屠睢率軍進攻嶺南,實際上應當是指秦始皇二十五年在平定楚國江南轄地之後,秦軍繼續南伐,清掃那些侵入南嶺以北、武夷山以西的越人,以便廓清秦與百越之間的邊境界綫,《淮南子·人間訓》所説“三年不解甲馳弩”的五支大軍,就是分别集結在這兩道山嶺的北側和東側,爲下一步進攻嶺南和武夷山東,預做準備。三年之後,秦軍始向嶺南展開進攻,結果雖一時殺掉西嘔君譯吁宋,但却很快被“西嘔”人打敗,“伏尸流血數十萬”,迫使秦軍不得不退回原來的位置,“發謫戍以備之”〔2〕,後來遲至秦始皇三十三年,纔攻佔嶺南各地,設置桂林、象郡、南海這所謂嶺南三郡(實際上在東側,還同時攻佔今福建地區,設閩中郡管轄)〔3〕。在這種情況下,恐怕很難想象屠睢率領的秦軍已經深入到後來西漢設立交趾郡的今越南境内,這場戰役發生的地點,確實應如周振鶴所説,是在漢代的桂林郡境内。

在另一方面,周振鶴把“西甌”和“駱”分成兩族的説法,顯然是爲説明秦軍所殺西嘔(西甌)君譯吁宋的領地,并没有延及今越南地區,而駱人分佈的區域則是今越南境内。像這樣把“西甌”和“駱”區分開來,在很大程度上也可以説是一種比較通行的解讀,除了今中華書局點校本《史記》之外,中華書局點校的《資治通鑑》也是在二者之間以頓號點斷〔4〕。

---

〔1〕 周振鶴《秦漢象郡新考》,原刊《中華文史論叢》1984年第3輯,此據作者文集《學臘一十九》(濟南,山東教育出版社,1999),頁47—49。

〔2〕 别詳拙文《王翦南征百越戰事鈎沉》,原刊《徐蘋芳先生紀念文集》(2012年),收入鄙人文集《舊史輿地文録》,頁79—95。案日本學者杉本直治郎也像很多中國學者一樣,把《淮南子》所記尉屠睢率軍進攻嶺南事誤繫於秦始皇三十三年秦軍攻取嶺南並設立南海、桂林、象郡三郡之後。説見杉本氏《秦漢兩代における中國南境の問題》,刊《史學雜誌》第五十九編第十一號,頁44。

〔3〕 《史記》卷六《秦始皇本紀》,頁319。

〔4〕 宋司馬光《資治通鑑》卷一三漢文帝前元年,頁444。

探討這一問題,首先需要究明"西甌"之"甌"的語義。若是把"西甌"與"駱"並列,那麽,"甌"只能解作族屬的名稱,"西"字則是表示其居處方位的限定詞。《史記·東越列傳》記閩越諸部居地偏北的一支被稱作"東甌"[1],若此,兩"甌"東、西相對,更容易使人認同中華書局點校本《史記》和《資治通鑑》式的解讀,唐人顔師古即釋之曰:"西甌……言西者,以别東甌也。"[2]

那麽,究竟應該怎樣理解這個"甌"字的涵義呢?從很早起,就有人將其解作族屬的名稱,亦即"甌人"。如《逸周書·王會》篇有句云"東越海蛤,甌人蟬蛇",這種説法就會給人以"甌"是一個種族名稱的印象,宋人王應麟謂"東越,甌人也",把"甌人"與"東越"等同爲一事[3]。現代學者中如江應樑在研究"百越"族屬問題時,以爲"從戰國到兩漢這一時期中,所有百越部落有三個共同體的族名稱謂,即'越'、'駱'、'甌'。'甌'和'駱'是本族的自稱,'越'是華夏給以的名稱" 。更具體地説:"'甌'是本民族自稱的一個發語聲,可以單獨稱'甌'或'駱',也可以'甌駱'連用。"或謂甌"是較早時期對越人的族稱"[4]。在這一派學者當中,另外還有一些釋讀,如徐中舒以爲"甌,古喻母字;越,古影母字,同爲喉音,故得相通"[5]。

然而,我們看《山海經》中記載的"甌",性質却似乎有所不同:

海内東南陬以西者。甌居海中。閩在海中。其西北有山,一曰閩

---

[1] 《史記》卷一一四《東越列傳》,頁3585—3586。

[2] 《漢書》卷九五《南粤傳》唐顔師古注,頁3848—3849。

[3] 宋王應麟《周書王會補注》(北京,北京圖書館出版社,2005,《中華再造善本》叢書影印國家圖書館藏元至元六年慶元路儒學刻明初修本),頁12a—12b。

[4] 江應樑《越族的形成》,原刊《思想戰綫》1985年第1期;又同人《百越族屬研究》,原刊《西南歷史研究集刊》,1981年第1期,此並據作者文集《江應樑民族研究文集》(北京,民族出版社,1992),頁362—363;頁552。

[5] 徐中舒《交州外域記蜀王子安陽王史迹箋證》,原刊《四川地方史研究專集》(1980年),此據作者文集《徐中舒歷史論文選輯》(北京,中華書局,1998),頁1391—1392。

中山，在海中。三天子鄣山，在閩西海北，一曰在海中。[1]

按照《山海經》記述文體的通例，像"甌居海中。閩在海中"這樣的記述形式，"甌"和"閩"在這裏應該是作爲表示一個地點或者一個區域的專有地名而出現的。秦軍攻佔今福建地區以後，設立閩中郡，而像"閩中"這樣的地名，與秦漢時期的"秦中"、"漢中"這些地名一樣，固然是由"閩"這一地名延伸而來，由此也可以佐證"甌"字在這裏應當屬於同樣性質的地名。或者有人以爲"甌居海中"的"居"字，很像是講"甌人"而不是名之爲"甌"的某一處所，但《山海經》中本另有記載云："右中經之山志，大凡百九十七山，二萬一千三百七十一里。大凡天下名山五千三百七十，居地大凡六萬四千五十六里。禹曰：天下名山，經五千三百七十山，六萬四千五十六里，居地也。"[2]可見山之占地亦可稱"居"，其"天下名山"而"居"地的用法，正與此"甌"地"居"於所謂"海中"相似。另一方面，《太平御覽》引述的《山海經》舊本，此"甌居海中"語實與"閩在海中"句式完全相同，寫作"甌在海中"[3]，參看晉人郭璞在解釋"甌"與"海中"的關係時所説"在歧海中也"這句話[4]，可知"甌在海中"更有可能是《山海經》本來的面目。從而愈加表明《山海經》中記述的這一"甌"字，其本義應屬地名而非族屬（案《山海經》稱甌、閩兩地俱"在海中"，應是緣於當時這兩個地區同錢塘江口附近地區及其迤北地區的聯繫，多依賴海上通道，這樣由杭州灣口一帶南望甌、閩兩地，便猶如居處於"海中"。《史記·秦始皇本紀》記秦始皇三十七年南巡會稽，"祭大禹，望於南海"[5]，《越絶書》亦載是年秦廷"徙天下

---

[1] 《山海經·海内南經》，據晉郭璞《山海經傳》（北京，中華書局，1983，《古逸叢書三編》影印北京圖書館藏南宋刻本）卷一〇，頁7a。

[2] 《山海經·中山經》，據晉郭璞《山海經傳》卷五，頁36b。

[3] 宋李昉等《太平御覽》（北京，中華書局，1985，影印宋本）卷一七一《州郡部·江南道》下引《山海經》，頁833。

[4] 晉郭璞《山海經傳》卷一〇《海内南經》，頁7a。

[5] 《史記》卷六《秦始皇本紀》，頁328。

有罪適吏民置海南故大越處"[1],"南海"與"海南"之語都清楚體現出這樣的視角)。

晉人郭璞在注釋《山海經》時,述云這一"甌"地的具體所在,係當時的"臨海永寧縣",同時還附注曰:"即東甌。"[2]而檢核《史記·東越列傳》的記載,"東甌"地區的居民應該是越人:

> 閩越王無諸及越東海王摇者,其先皆越王句踐之後也,姓騶氏。秦已并天下,皆廢爲君長,以其地爲閩中郡。及諸侯畔秦,無諸、摇率越歸鄱陽令吴芮,所謂鄱君者也,從諸侯滅秦。當是之時,項籍主命,弗王,以故不附楚。漢擊項籍,無諸、摇率越人佐漢。漢五年,復立無諸爲閩越王,王閩中故地,都東冶。孝惠三年,舉高帝時越功,曰閩君摇功多,其民便附,乃立摇爲東海王,都東甌,世俗號爲東甌王。
>
> 後數世,至孝景三年,吴王濞反,欲從閩越,閩越未肯行獨,東甌從吴。及吴破,東甌受漢購,殺吴王丹徒,以故皆得不誅,歸國。
>
> 吴王子子駒亡走閩越,怨東甌殺其父,常勸閩越擊東甌。至建元三年,閩越發兵圍東甌。……東甌請舉國徙中國,乃悉舉衆來,處江淮之間。[3]

審讀上文,可以看出,閩越王無諸和東海王摇所統轄的部衆,從大的族屬上來説,都是越人,因無諸受漢封爲閩越王,立都於閩中故地東冶,故其國族,又稱"閩越";基於同樣的原因,由於東海王立都於"東甌"之地,故其國族又被稱作"東甌"。逮東甌内遷之後,閩越兼有東甌之地以後,漢朝派王恢等征討閩越,當時的閩越王郢弟餘善,誅殺其兄降漢,漢廷復立無諸孫繇君

[1] 漢袁康、吴平《越絶書》(上海,商務印書館,民國《四部叢刊初編》影印嘉業堂藏明刻本)卷八《越絶外傳記地傳》,頁14a。

[2] 晉郭璞《山海經傳》卷一〇《海内南經》,頁7a。

[3] 《史記》卷一一四《東越列傳》,頁3586。

丑爲“越繇王”,以“奉閩越先祭祀”,同時另立餘善爲“東越王”,令其“與繇王並處”[1]。丑和餘善一爲“越繇王”,一爲“東越王”,兩個人的王號都帶有一個“越”字,這可以更進一步證明,居住在東甌區域内的民衆,其族屬只能是越人。這一情況,適足以反證《山海經》“甌在海中”的“甌”字,誠非族屬之稱謂。

那麽,諸如“東甌”、“西甌”以及像《山海經》中單用“甌”字的用法,其間有没有什麽共同的語義存在呢?昔在清朝末年,劉師培曾嘗試對此做出説明。首先,清人郝懿行針對《山海經》和《逸周書》中一些相關記載,早已提出:“疑甌與漚、歐並通。”[2]劉師培也注意到這一“甌”字另有“歐”、“漚”之類的不同寫法,而“甌、歐、漚均從區聲,古字通用”,“區亦甌字異文”,或謂“區、歐並與甌同,即甌越之甌”。作爲一種族屬,其地“有在今浙江省東南者”,“有在今閩省北境者”,另外“兩粤安南之境均有甌人”,甚至還有在今貴州者。面對這種甌人遍地的情況,劉氏以爲:

> 蓋甌從區聲,區爲踦區藏匿之所。從區之字,均有曲意,故凡山林險阻之地均謂之甌,因名其人爲甌人。[3]

若與過去總是把“甌”字視作固有專名的看法相比,劉師培上述認識,堪稱最具見識。例如,行年略早於劉氏的飽學宿儒孫詒讓,即謂温州其地“歷夏、殷、周皆爲甌越”,並附注云:“夏爲甌,殷爲漚,周爲歐,實一字也。”[4]這實際上只是把甌、漚、歐諸字看作是特指温州的古地名,完全没有顧及其一般用法。

劉師培的解釋,雖然最顯通達,釋義却似乎過於寬泛,不夠具體。不過

---

〔1〕《史記》卷一一四《東越列傳》,頁3587—3588。

〔2〕清郝懿行《山海經箋疏》(臺北,藝文印書館,2009,影印清嘉慶十四年揚州阮氏琅嬛僊館刻本)卷一〇《海内南經》,頁333。

〔3〕劉師培《左盦集》(清宣統原刻試印墨丁本)卷五《釋漚國》(案此本尚未鐫入頁碼)。

〔4〕清孫詒讓《籀廎述林》(北京,中華書局,2010)卷四《温州建置沿革表引》,頁134。

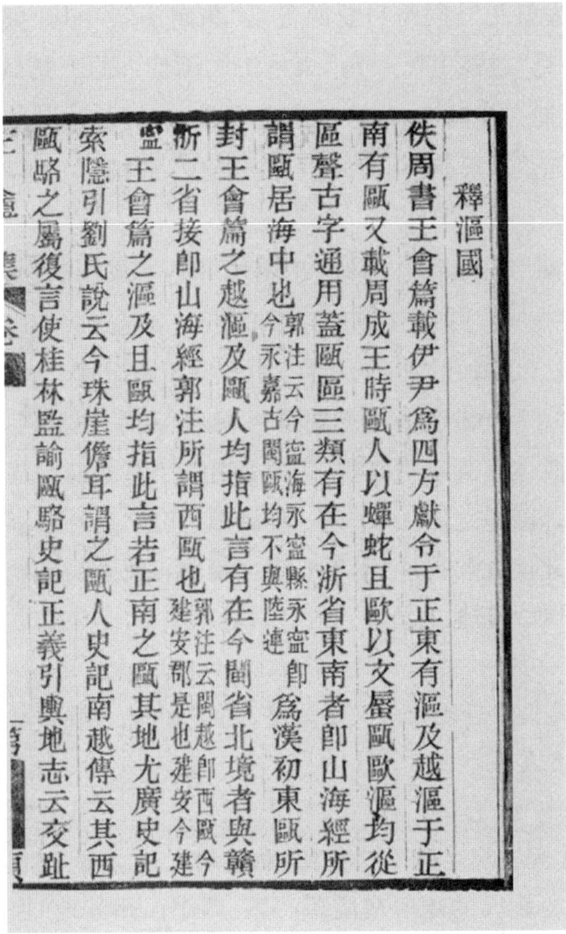
釋漚國

佚周書王會篇載伊尹爲四方獻令于正東有漚及越漚于正南有甌又載周成王時甌人以蟬蛇且歐以文蜃甌歐漚均從區聲古字通用蓋甌區三類有在今浙省東南者即山海經所謂甌居海中也郭注云今臨海永寧縣永寧即今永嘉古閩甌均不與陸連爲漢初東甌所封王會篇之越漚及甌人均指此言有在今閩省北境者與贛浙二省接即山海經郭注所謂西甌也郭注云閩越即西甌今建安郡是也建安今建寧王會篇之漚及且甌均指此言若正南之甌其地尤廣史記索隱引劉氏說云今珠崖儋耳謂之甌人史記南越傳云其西甌駱之屬復言使桂林監諭甌駱史記正義引輿地志云交趾

○ 清宣統原刻試印墨丁本《左盦集》

劉氏做出這一訓釋,在一定程度上也是無可奈何的事,因爲前人詁訓“區”字最權威的説法,就是《説文解字》所説“區,踦區藏匿也。從品在匸中,品,衆也”[1],劉師培就是據此而做出的闡釋。以往的學者在研究這一問題時,都没有注意到《方言》中如下一條内容,或許可以幫助我們對此做出更好的破解:

---

[1] 漢許慎《説文解字》(北京,北京圖書館出版社,2004,《中華再造善本》叢書影印國家圖書館藏宋刻元修本)卷一二下《匸部》,頁7b。

攍、膂、賀、䑽，儋也。齊、楚、陳、宋之間曰攍。燕之外郊、越之垂甌、吴之外鄙謂之膂。南楚或謂之攍。自關而西，隴冀以往，謂之賀。凡以驢馬馲駝載物者，謂之負。他亦謂之賀。[1]

在這裏，把"儋"稱作"膂"的區域有三個，即"燕之外郊"、"吴之外鄙"和"越之垂甌"。其中"外郊"和"外鄙"的語義都很顯豁，用現在的大白話通俗地講，就是"邊緣地帶"。相比之下，"垂甌"二字却需要稍事揣摩，清代以來箋釋《方言》的著述，如戴震《方言疏證》、錢繹《方言箋疏》、周祖謨《方言校箋》等對此也都没有做出過疏釋。

"甌"字《説文》釋作"小盆"，乃"從瓦區聲"[2]。這種"小盆"具體還有哪些特征，文獻記載不是十分清楚。不過《方言》中另有相關記載云："瓿，陳魏宋楚之間謂之題，自關而西謂之瓿，其大者謂之甌。"[3]《廣雅》亦云："題、甌，瓿也。"[4]據此，甌與瓿相近，又比瓿要大些，而《説文》對"瓿"的形制，有比較具體的描述："似小甀，大口而卑。"[5]唐人顏師古亦謂瓿、甌之器最主要的特點，是"其形大口而庳（卑）"[6]。《淮南子》嘗有語云"狗彘不擇瓿甌而食"[7]。狗彘食以瓿、甌，在很大程度上，正是基於其

〔1〕 漢揚雄《輶軒使者絶代語釋别國方言》（上海，商務印書館，民國《四部叢刊初編》縮本影印江安傅氏雙鑑樓藏宋刊本）卷七，頁26。案宋李昉等《太平御覽》卷八二九《資産部・檐（擔）》（頁3698）引述《方言》此文，"越之垂甌"譌作"越之東甌"，蓋因"東甌"爲稍讀史籍者所熟知而"垂甌"一語罕見，故爲淺人妄改。

〔2〕 漢許慎《説文解字》卷一二下《瓦部》，頁8b。

〔3〕 漢揚雄《輶軒使者絶代語釋别國方言》卷五，頁18。

〔4〕 曹魏張揖《廣雅・釋器》，據清王念孫《廣雅疏證》（南京，江蘇古籍出版社，1984，影印清嘉慶元年初刻本）卷七下，頁217。

〔5〕 漢許慎《説文解字》卷一二下《瓦部》，頁8b。

〔6〕 唐顏師古注《急救篇》（上海，商務印書館，民國《四部叢刊續編》影印海鹽張氏涉園藏明鈔本），頁38a。

〔7〕 《淮南子・説林訓》，據何寧《淮南子集釋》卷一七，頁1172。

“大口而卑”的器形。

1963年,在長沙湯家嶺西漢晚期的墓葬中曾出土一銅製“酒鏂”,侈口,圓唇,弧腹,平底,矮圈足,腹兩側有鋪首環耳。高12釐米,口徑22.4釐米,圈足徑長9.6釐米。上腹一面刻有隶書阴文:“張端君酒鏂一。”由於在此之前,没有發現過自銘爲“鏂”的器物,這種銅器,往往被視作簋、洗、鋗、豆或是酒樽等。通過湯家嶺漢墓出土的這件銅鏂,始得以確定其固有的名稱。在這當中,時代較早的一件銅鏂,出土於湖南溆浦縣茅坪坳的西漢中晚期墓葬,發掘者曾將其稱作銅洗。這件銅鏂高12.4釐米,口徑19.6釐米,圈足徑7.6釐米,時代尚稍早於湯家嶺出土張端君的酒鏂,或許能體現出更多早期鏂的形制〔1〕。在河北滿城漢墓中亦曾出土過一些尺寸和形制都與“張端君酒鏂”大致相當的銅器(惟口徑稍大,爲25.2—27.8釐米不等,圈足徑長13.6—14.6釐米不等),但器身上的銘文,却或鐫作“銅鋗”,或刻爲“銅盆”〔2〕。過去有的研究者謂鋗與鏂的區别是没有圈足〔3〕,但滿城漢墓出土的兩件銅鋗,都帶有低矮的圈足。《説文》釋“鋗”的字義,與“甌”完全相同,也是“小盆”〔4〕。從而不難看出,就大的類型與“盆”相同這一點而言,銅鏂自可名之爲“銅盆”;而就其具體器形而言,鏂亦别稱作“鋗”。滿城漢墓出土的這些銅鋗,形制與湖南溆浦縣茅坪坳的西漢墓葬出土鏂形銅器非常相像,而其製作年代清楚,屬漢武帝時期。兩相比照,可以更清楚地認識西漢中期銅鏂的形制。“鏂”、“甌”義通,只是材質不同而已。雖然銅器與陶器的形制或許還略有差異,但長沙湯家嶺出土的這種銅

---

〔1〕 湖南省博物館《長沙湯家嶺西漢墓清理報告》,刊《考古》1966年第4期,頁183—184,圖版叁。懷化市文物管理處《湖南溆浦縣茅坪坳戰國西漢墓》,刊《考古》1999年第8期,頁34—45。吴小平、楊金東《銅甌小考》,刊《華夏考古》2006年第4期,頁70—73。

〔2〕 中國社會科學院考古研究所、河北省文物管理處《滿城漢墓發掘報告》(北京,文物出版社,1980)之上册貳《一號墓・出土器物》,頁57,;又叁《二號墓・出土器物》,頁250—251;下册圖版二六,圖版一七一。

〔3〕 吴小平、楊金東《銅甌小考》,刊《華夏考古》2006年第4期,頁70—71。

〔4〕 漢許慎《説文解字》卷一四上《金部》,頁2a。

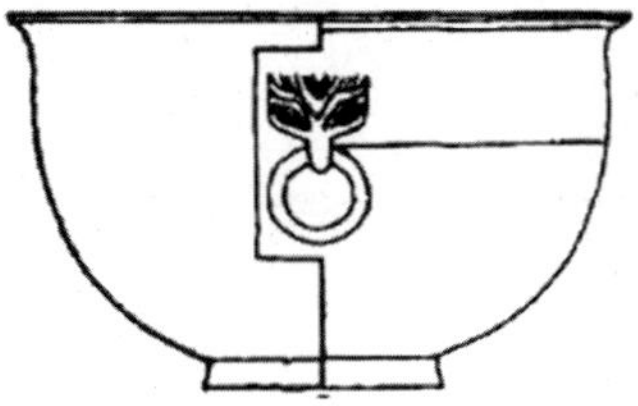

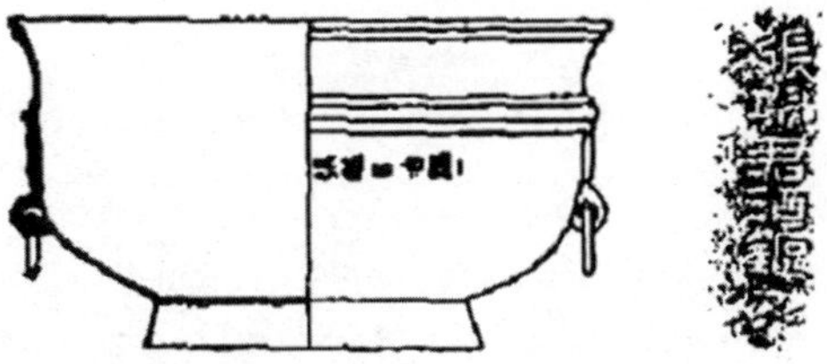

○ 湖南溆浦縣茅坪坳西漢墓出土銅鏂　　長沙湯家嶺西漢墓出土張端君銅鏂及其銘文

酒鏂正符合“大口而卑”的描述，與普通陶製的瓶甌，應當相差不多；或者説秦漢時期通常所説的“甌”，與這種銅鏂（銅鋗）的形制應大致相似（另外，在20世紀80年代，福建建甌曾出土一組十二件宋元間的銅甌，乃用作樂器，其形制與“盞”相似[1]，這究竟是與秦漢間的瓦甌相當，還是更多地代表了宋元時期的甌制，還有待進一步研究。不過這組銅甌同樣具有“大口而卑”的特徵，與漢代的鏂頗有相通之處）。

○ 福建建甌出土宋元間銅甌

瞭解到甌（鏂）的形制，似乎就能夠找到《方言》“垂甌”一語的來由。蓋如《周髀算經》所説，古人很早就有“天象蓋笠，地法覆槃”這樣的天地觀念，三國時孫吴趙君卿（趙爽）注釋《周髀算經》，以爲“見乃謂之象，形乃謂之法。在上故準蓋，在下故擬槃。象、法義同，蓋、槃形等，互文異器，以别

[1] 劉東昇、胡傳藩、胡彦久編著《中國樂器圖志》（北京，輕工業出版社，1987）之《古代樂器》，頁113。

○ 河北滿城漢墓出土中山府銅鋗[1]

尊卑,仰象俯法,名號殊矣”[2]。也就是説,蓋笠與覆槃的比喻,只是尊卑名號的差異,就其實際形體而言,並没有什麽區别。以此觀念爲基礎,我們就不難推想,“覆槃”與“蓋笠”既然形等義同,那麽“覆槃”之喻同樣可以替换爲“覆甌”,蓋“甌”(鏂)與“槃”一樣具有“大口而卑”的特征。

早期古籍中也另有類似“覆甌”的譬喻,如《荀子·大略》謂“言之信者,在乎區蓋之間;疑則不言,未問則不立”,唐人楊倞注云:

> 區,藏物處。蓋,所以覆物者。凡言之可信者,如物在器皿之間,言有分限,不流溢也。器名“區”者,與“丘”同義。《漢書·儒林傳》:唐生、褚生應博士弟子選,試誦説,有法,疑者丘蓋不言。“丘”與“區”同也。“疑則不言,未問則不立”,重引此兩句以明之”[3]。

楊氏釋“區”爲“藏物處”,這是援據《説文》“區”乃“踦區藏匿”之義這一古

[1] 採自出土文物展覽工作組編《文化大革命期間出土文物》第一輯(北京,文物出版社,1973),頁14。

[2] 《周髀算經》(北京,北京圖書館出版社,2004,《中華再造善本》叢書影印上海圖書館藏宋刻本)卷下,頁1b—2a。參見《大戴禮記》(北京,2004,北京圖書館出版社,《中華再造善本》叢書影印國家圖書館藏元至正十四年嘉興路儒學刻本)卷五《曾子天圓》,頁6b。

[3] 唐楊倞注《荀子》(北京,北京圖書館出版社,2002,《中華再造善本》叢書影印宋刻本)卷一九《大略篇》,頁24a。

訓而略作變更。"藏物處"一説雖然大致不誤,但明顯過於浮泛;特别是"器名'區'者,與'丘'同義"這一説法,非但無助於理解這一藏物處的性狀,反而令人更加摸不着頭腦。《漢書·儒林傳》載唐生、褚生誦説有法而"疑者丘蓋不言"事,曹魏人如淳、蘇林和唐人顔師古雖然都有注釋,却都不得要領[1],前人舊解中惟有清人沈欽韓的疏證尚較爲明晰:

> 《荀子·大略篇》"言之信者,在乎區蓋之間",楊倞曰:"區與丘同。"按荀意謂當不出方員之外,此言疑者亦不軼其外也。"蓋"非發語辭。《説文》序云"是非無正,巧詞邪説,使天下學者疑蓋",《金石萃編》"北魏李超基誌銘"詞云"衆實叵蓋",並作掩覆之義。《法苑珠林·欲蓋篇》"第五'疑蓋'者,謂以疑覆心",又云"'蓋'義覆蔽,其心障諸善品,令不得轉"[2]。

簡單地説,"蓋"即覆蔽之義,與此相應,"區"字自應是一個具體的覆蓋物。顯而易見,這個覆蓋物是"甌"(或銅器之鏂),即以"區"通"甌",取甌覆嚴密無隙之狀,以喻言論之精準不苟。從本質上來説,此"區蓋"之喻,仍然義在界限分明,還是"區"(甌)字作爲"邊際"的語義,在這裏起着核心的作用。

如前所述,《淮南子》載有"狗彘不擇甂甌而食"之語,説明甌這種器物絶非廟堂重器,而東方朔《七諫》詩尚以此甂甌與傳國寶鼎做對比,稱"甂甌登於明堂兮,周鼎潛乎深淵",譬喻"小人任政,賢者隱匿"[3]。可見,單純就此器物的社會用途而言,甌本微末不足稱道。然而,昔梁武帝嘗謂"我

---

〔1〕《漢書》卷八八《儒林傳·王式》唐顔師古注,頁3610—3611。

〔2〕清沈欽韓《漢書疏證》(上海,上海古籍出版社,2006,影印清光緒浙江書局刻本)卷三四,頁152。

〔3〕漢王逸《楚辭章句》(臺北,藝文印書館,1974,影印明萬曆刻本)卷一三《七諫·謬諫》,頁369。

○ 日本京都泉屋博物館藏西漢鍍金銅銗(銅鏂)

家國猶若金甌,無一傷缺"[1],直以"金甌"作爲國家疆土的象徵(案日本京都泉屋博物館收藏有一件西漢時期的鍍金銅銗[2],如前所述,銗即鏂之别稱,因而像這樣鍍金的銅銗,或即所謂"金甌")。雖然銅鏂與瓦甌有别,金甌更爲珍稀,但這種器皿的造型終歸太過平常,没有什麼值得鄭重尊崇的地方,而梁武帝竟然以之譬喻家國,尋其緣由,恐怕只能歸之於歷史上曾經有過以"甌"之所覆來表徵國土或者疆域的慣行用法。

不過,《方言》中"垂甌"的"垂"字,倒未必是表示向下俯伏的意思,似乎更有可能是用其本義,即《説文》所説"遠邊",清人段玉裁謂稍引申之,則"凡邊曰垂"[3],故"垂甌"即謂"甌"之邊緣,亦即代指緣邊地帶。檢《説文》釋"郵"字云:"境上行書舍。從邑、垂。垂,邊也。"[4]所説正是"凡邊曰垂"的意思。《漢書》載袁盎勸諫漢文帝馳馬霸陵峻坂,語曰"千金之子不垂堂",顔師古注云:"垂堂,謂坐堂外邊,恐墜墮也。"[5]清人段玉裁即視

〔1〕《梁書》(北京,中華書局,1973)卷五六《侯景傳》,頁862。

〔2〕泉屋博物館編《泉屋博古》之《中國銅器編》(京都,泉屋博物館,2002)第131號藏品《鍍金銗》,頁111;又卷末附《作品解説》,頁212。

〔3〕清段玉裁《説文解字注》(上海,上海古籍出版社,1988,影印清嘉慶經韻樓原刻本)卷一三下《土部》,頁693。

〔4〕漢許慎《説文解字》卷六下《邑部》,頁5b—6a。

〔5〕《漢書》卷四九《袁盎傳》並唐顔師古注,頁2270。

此爲"凡邊曰垂"的例證[1]。可見"垂堂"一語適可與"垂甌"相互印證。似此解讀,"越之垂甌"與"燕之外郊"、"吴之外鄙"句式如一而遣辭錯落有致,文氣最顯順暢。清人馬瑞辰因不明"垂甌"的語義,在引述《方言》時,竟誤把"甌"字屬下連讀,書作"甌吴之外鄙"云云[2],這實在是很嚴重的疏誤。

在《漢書·叙傳》當中,當班固述及《西南夷兩越朝鮮列傳》的時候,我們還可以看到與此相似的用法:

> 西南外夷,種別域殊。南越尉佗,自王番禺。攸攸外寓,閩越東甌。爰洎朝鮮,燕之外區。漢興柔遠,與爾剖符。[3]

文中"寓"字,清人王念孫嘗有考釋云:

> "寓"當爲"寓"字之誤也。《説文》:寓,籀文"宇"字。閩越東甌,皆在漢之南徼外,故曰"外寓"〔王粲《鶡賦》:"震聲發乎外寓。"〕,猶下文言"燕之外區"也。若作"寄寓"之"寓",則義不可通。劉逵《吴都賦》注引此作"悠悠外宇",故知"寓"爲"寓"之譌〔張衡《思玄賦》"怨高陽之相寓兮",《風俗通義·祀典篇》"營寓夷泯",今本"寓"字並譌作"寓"〕,而此字師古無音,則所見本已譌作"寓"矣。[4]

清人薛傳均的《文選古字通疏證》,對"寓"、"宇"二者爲同字異構,做有更具體的論證[5]。《説文解字》釋此"寓"字的篆書異構字形"宇"字,其結構

---

〔1〕 清段玉裁《説文解字注》卷一三下《土部》,頁693。

〔2〕 清馬瑞辰《毛詩傳箋通釋》(北京,中華書局,1989)卷二一《小雅·北山》,頁690。

〔3〕 《漢書》卷一〇〇下《叙傳》下,頁4268。

〔4〕 清王念孫《讀書雜志》(北京,中國書店,1985)之《漢書》第十五"外寓"條,頁30。

〔5〕 清薛傳均《文選古字通疏證》(清道光二十一年原刻本)卷一,頁10b—11a。

是“從宀于聲”，義指“屋邊”，唐人陸德明稱“屋四垂爲宇”。《説文》復謂“宀”這一部首本來就是象“交覆深屋”之形，南唐人徐鍇以爲乃“象屋兩下垂覆也”[1]。徐鍇且具體講述“宇”之字義説：“《春秋》傳曰‘況衛在君之宇下’，是爲邊垂也。”清人段玉裁亦釋所謂“交覆”，是指“古者屋四注，東西與南北皆交覆也”，而“宇”字由“屋邊”這一本義引申之，則“凡邊謂之宇”[2]，故《倉頡篇》釋之曰：“宇，邊也。”[3]如此看來，《漢書·敘傳》中“攸攸外寓”的“寓”字，與上文所論“垂甌”的“甌”字正相類同，而王念孫云此“攸攸外寓”乃“猶下文言‘燕之外區’也”，也就等於説“外寓”義同“外區”，即“寓”與“區”字在這裏是表示相同的語義。通讀《漢書·敘傳》上文可知，這裏的“區”字是與“甌”、“符”等字押韻[4]，亦即“區”乃讀作“甌”音，一如劉師培所説，“區亦甌字異文”，據此自然會得出班固以“區”通“甌”的結論，“外區”亦即“外甌”。事實上，也只有這樣理解，纔能得出“外宇”與“外區”相當的結論，二者一以四垂的屋邊作譬喻，一由下覆的甌緣來引申，前後對應，至爲貼切。

與用“甌”(區)字表徵屬地一樣，“宇”也常常被用來表示疆域。參看“區宇”並連的用法，可以更爲清楚地領會王念孫所論“外寓”猶言“外區”的説法。東漢安帝元初二年鄧太后臨朝時期，“以爲文德可興，武功宜廢，遂寢蒐狩之禮，息戰陣之法”，校書郎馬融進上《廣成頌》，諷諫當政者以爲文武之道，未可偏廢。其文載録於《後漢書》本傳，有句云：

---

[1] 漢許慎《説文解字》卷七下《宀部》，頁2a—2b。唐陸德明《經典釋文》(上海，上海古籍出版社，1985，影印北京圖書館藏宋刻本)卷六《毛詩音義》中，頁280。南唐徐鍇《説文解字繫傳》(清道光十九年祁寯藻据影宋抄本重刻本)卷一四，頁3a。

[2] 南唐徐鍇《説文解字繫傳》卷一四，頁4a。清段玉裁《説文解字注》卷七下《宀部》，頁337—338。

[3] 梁蕭統《文選》卷三漢張衡《東京賦》唐李善注，頁63。

[4] 清顧炎武《音學五書》(北京，中華書局，1982，影印清光緒十一年四明觀稼樓仿刻本)之《唐韻正》卷六，頁318。

是以大漢之初基也，宅茲天邑，總風雨之會，交陰陽之和。揆厥靈囿，營于南郊。徒觀其坰場區宇，恢胎曠蕩，藐敻勿罔，寥豁鬱泱，騁望千里，天與地莽。

唐章懷太子李賢等注釋《後漢書》對此“區宇”二字未加解説，只是在“寥豁鬱泱”句下附有釋語云：“藐，音眇；泱，音烏朗反，並廣大貌。”[1]反觀《廣成頌》原文，可知“並廣大貌”之説，實際上是兼該有“恢胎曠蕩，藐敻勿罔，寥豁鬱泱”這三句話，也就是説這三句話都是對洛陽城外“坰場區宇”之“廣大”程度的一種形象描摹。文中“坰”即“郊坰”之“坰”，場則“壇場”之“場”（祭壇周圍平整過的空地），在這裏同“區”和“宇”兩個字一樣，都是藉以表示廣成苑向四周延展的範圍，故下文用“恢胎曠蕩，藐敻勿罔，寥豁鬱泱”數句來描摹其“廣大”之貌。這樣看來，確切地説，此處“區”即猶如班固所説“外區”，“宇”亦如同《漢書·敘傳》裏面講的“外寓”。張衡《東京賦》有句云：“區宇乂寧，思和永中。”孫吴薛綜注云“天地之内稱寓”[2]，所説雖然未盡允洽，却清楚顯示出“宇”之本字正書作“寓”。其他類似的用法，如隋有官修《區宇圖志》[3]，“區宇”亦即猶如後世“一統志”之“一統”，表示舉國疆域，也應該是由“區”（甌）或“宇”之所覆這一層語義推衍而來。

像梁武帝這樣以甌之所覆來表示一國一地的疆土，實際起着疆土標識象徵作用的部位只是甌的口沿。所以，即使省掉“垂”這一修飾而單用“甌”字，同樣能夠領會其象徵意義。檢視相關用例，甚至可以説像《方言》這樣綴加“垂”字，只是爲與“外郊”、“外鄙”的“外”字在修辭上相匹配，纔特地採用的一種繁複用法，在大多數情況下，應該只是單稱“甌”字來表示邊地的意思。

---

[1] 《後漢書》（北京，中華書局，1965）卷六〇上《馬融傳》並唐李賢注，頁1956。

[2] 梁蕭統《文選》卷三漢張衡《東京賦》唐李善注引薛綜舊注，頁54。

[3] 宋李昉等《太平御覽》卷六〇二《文部·著書》下引《隋大業拾遺》，頁2710—2711。

作邊地講的“甌”字，在史籍中最引人注目的一個用例，是所謂“甌脱”。自20世紀20年代日本學者白鳥庫吉首倡其説之後，世之學者多以匈奴、突厥等北方民族語言的音譯來爲此語做解，具體的對音五花八門，釋義亦莫衷是一。但這完全是以想當然爲前提，對“甌脱”之所以不能是漢文而非北族之語不可，並没有人做出切實可信的論證。早期史籍中有些文句，由於時過境遷，語義往往不易索解。在遇到這一類問題時，輓近外來很多學者動輒便指認爲某外來語的對音（往往還是直接針對死無對證的古代民族的死語言），其中有很多實際上是漢語固有的詞彙，只是研究者没有找到正確的釋讀而已[1]。

我們看《史記》卷一一〇《匈奴列傳》中的相關紀事及古人舊釋，何嘗有一絲一毫番邦夷語的意思：

> 冒頓既立，是時東胡彊盛。……東胡王愈益驕，西侵。與匈奴閒，中有弃地，莫居，千餘里，各居其邊爲甌脱〔《集解》韋昭曰：“界上屯守處。”《索隱》服虔云“作土室以伺漢人”。又《纂文》曰“甌脱，土穴也。”又云是地名，故下云“生得甌脱王”。韋昭云“界上屯守處”。甌音一侯反。脱音同活反。《正義》按：境上斥堠之室爲甌脱也〕。東胡使使謂冒頓曰：“匈奴所與我界甌脱外棄地，匈奴非能至也，吾欲有之。”[2]

研讀古代文獻，首先就是要充分尊重諸如服虔、韋昭這樣一些比較接近原作者撰著時代的早期注釋。除了上面這些漢唐間人的注釋之外，唐人顔師

---

〔1〕 如《史記》卷六《秦始皇本紀》（頁319）“禁不得祠明星出西方”句中的“不得”和“略取陸梁地”的“陸梁”，就屬於這種情況，前人都很輕率地做過諸多異想天開的解釋，別詳拙撰《秦始皇禁祠明星事解》和《陸梁名義新釋》兩文，並見拙著《舊史輿地文録》（北京，中華書局，2013），頁96—117；頁130—151。

〔2〕 《史記》卷一一〇《匈奴列傳》並劉宋裴駰《集解》、唐司馬貞《索隱》、唐張守節《正義》，頁3472—3473。

古也把“甌脱”解釋爲“境上候望之處”[1]。故“甌脱”之“甌”在這裏就是表示韋昭所説的“界”或顔師古、張守節所説的“境”,這與前文所述“垂甌”之“甌”的語義,十分契合。至於“脱”字,明人方以智也做過很好的解釋,即謂“古以平而凹起爲脱,如土室爲甌脱,如甌之脱也”,猶如“今以木爲凹印,以飴餅印之,謂之脱”[2]。

此“甌脱”《漢書·蘇武傳》又書作“區脱”,顔師古謂“區讀與甌同”[3],且如劉師培所説,甌、歐、漚、區諸字原本相通。若然,則單用“區”字,亦可表示邊陲之義。唐人顔師古嘗謂“衛士之屋謂之區廬,宿衛宮外士稱爲區士”,顔氏以爲緣其得名之由,蓋“區者,小室之名,若今小菴屋之類耳”[4]。作“小室之名”義解的“區”字容或有之,但顔師古所説“區廬”、“甌士”,顯然更適合解作宮室外圍警戒綫或戍衛綫上的營舍和兵卒,“區”字在這裏仍然是“邊界”之義,“區廬”亦即猶如“區脱”。

《尚書·康誥》開篇有如下一段内容:

> 惟三月哉生魄,周公初基,作新大邑于東國洛。四方民大和會。侯甸男邦采衛,百工播民和見,士于周。周公咸勤,乃洪大誥治。
>
> 王若曰:“孟侯,朕其弟,小子封!惟乃丕顯考文王,克明德慎罰,不敢侮鰥寡,庸庸,祗祗,威威,顯民。用肇造我區夏,越我一二邦,以修我西土。惟時怙冒,聞于上帝,帝休。天乃大命文王,殪戎殷,誕受厥命,越厥邦厥民,惟時敘。乃寡兄勖,肆汝小子封,在兹東土。”

“區夏”指初興於西陲的周室,這一點顯而易見,而僞孔傳與孔穎達疏俱釋

---

[1] 《漢書》卷九四上《匈奴傳》上唐顔師古注,頁3750。

[2] 明方以智《通雅》(上海,上海古籍出版社,1988,《方以智全書》本)卷三四《器用》“唐以平脱、帖白名器”條,頁1053。

[3] 《漢書》卷五四《蘇武傳》並唐顔師古注,頁2465—2466。

[4] 《漢書》卷六七《胡建傳》唐顔師古注,頁2911。

"區夏"爲"區域諸夏"[1],後世説《書》者則多將其解作、用作"中夏"之義,實則於文義俱扞格難通,"中夏"一説尤與周文王"修我西土"的實際情況相悖戾。在前人諸説當中,惟另有訓"區"爲"小"者,於前後文義最顯通順,但也並不十分妥帖[2]。若是比照上述"區脱"之"區",把"區夏"理解爲居住在緣邊地帶的華夏之人,這便與周公因封授康王於東國而諄諄講述周人肇興自"西土"的艱難歷程這一背景恰相契合,上下語句之間,亦略無牴牾。

與此"區夏"相似的用法,《逸周書·王會解》還記述在前來向周天子貢獻寶物的四方諸侯當中,正南方有一"甌鄧",正東方的蠻夷亦有所謂"漚深",此外還有被稱作"區陽"的戎人[3]。"甌鄧"、"漚深"和"區陽"的具體情況,雖然還難以確知,但《戰國策》記載趙武靈王論胡服騎射之益時嘗有語云:

> 被髮文身,錯臂左衽,甌越之民也。黑齒雕題,鯷冠秫縫,大吴之國也。[4]

這裏講"甌越"與"大吴"並稱,更清楚體現出"甌"字的修飾限定性質,所謂"甌越"即指邊鄙之越(案《逸周書·王會解》記殷商時伊尹受命,號令四

---

〔1〕 唐孔穎達等《尚書注疏》(北京,中華書局,1986,《古逸叢書三編》影印北京圖書館藏南宋初兩浙東路茶鹽司刻八行本)卷一三《康誥》,頁1b—5a。

〔2〕 案前人對"區夏"的各項訓釋,請參見顧頡剛、劉起釪《尚書校釋譯論》(北京,中華書局,2005)之《康誥》,頁1305—1306。案顧、劉師弟書中列舉的釋"區"爲"小"的代表性著述,爲近人楊筠如之《尚書核詁》,惟余泛覽所及,明申時行《書經講義會編》(日本延寶二年大阪書肆翻刻明萬曆本)卷七(頁44b—45b)已經以"一區之夏"來對譯"區夏",並謂"區夏,就本國之民説;一二邦,就鄰國之民説;西土,就一方之民説",可知對於申氏而言,"一區"當屬"侷促狹小"之意,"區夏"猶言"小夏"。

〔3〕 宋王應麟《周書王會補注》,頁16a—16b,頁35a。

〔4〕 《戰國策》(北京,北京圖書館出版社,2002,《中華再造善本》叢書影印國家圖書館藏宋紹興刻姚宏續注本)卷一九《趙策》二,頁8b。

方,正東蠻夷中還列有“越漚”[1],依據上述通例,此語似屬“漚(甌)越”之乙誤)。如果對比一下秦漢時居處于干國故地之越人又被稱作“干越”[2],以及所謂“外越”、“東海外越”亦即海徼以外之越人的説法[3],尤易理解此一“甌越”的涵義。

與此類似的用例,還有《史記·趙世家》記趙惠文王二十六年“取東胡歐代地”,唐司馬貞《索隱》釋云:“東胡叛趙,驅略代地人衆以叛,故取之也。”[4]這顯然是以“歐”通“毆”,做驅趕義解,望文生義,實在佶屈難通,而後之讀《史記》者亦未見有人對此做出其他解釋。惟顧頡剛在點校《史記》過程中,注意到《史記索隱》的解釋義不可通,在讀書筆記中述云:“‘歐代’即‘甌脱’,聲略轉耳。”[5]但“脱”、“代”聲轉,並無佐證。其實,若是按照劉師培甌、歐相通的説法,把“歐代”視作“甌代”,再如上文所述,把“甌”字解作邊地,那麼,《史記·趙世家》這句話的語義,將變得十分清晰,即“歐代”是指代地的沿邊區域,此前曾被東胡佔據,這時又被趙惠文王攻取。

在上述通例的基礎上來審視“東甌”、“西甌”以及“甌駱”這些與越人有關的稱謂,應該很容易理解其涵義。

首先,“東甌”與“西甌”,亦即猶如今世口語所説“東邊”與“西邊”,而所謂東、西方位,應是相對於“自交趾至會稽七八千里”地界之内錯綜雜處的“百越”諸部而言[6],即“東甌”和“西甌”各自居處於百越諸部的東、西

---

[1] 宋王應麟《周書王會補注》,頁35a。

[2] 蒙文通《越史叢考》(北京,人民出版社,1983)之《越人遷徙考》一節,頁44—48。

[3] 漢袁康、吴平《越絶書》卷二《越絶外傳記吴地傳》,頁8a;又卷八《越絶外傳記地傳》,頁2a,頁14a。

[4] 《史記》卷四三《趙世家》並唐司馬貞《索隱》,頁2181。

[5] 顧頡剛《顧頡剛讀書筆記》第七卷上《湯山小記》九“‘歐代’即‘甌脱’《索隱》誤釋”條,頁5076—5077。

[6] 《漢書》卷二八下《地理志》下唐顔師古注引晉臣瓚語,頁1696。

兩邊，顧頡剛乃謂“則以皆爲越地也”[1]。《史記·東越列傳》記越人摇被漢廷立爲東海王後“都東甌”，這可能是指越之東邊這一區域，也可能指這一區域内一個特定的都邑。如前所述，東晉人郭璞稱此東甌即《山海經》“甌在海中”之“甌”，在臨海郡永寧縣，而這個永寧縣即今温州，今浙江南部的温州及其附近地區，正處於越之東鄙。至於《山海經》單稱此地爲“甌”，則可以看作是對緣邊地帶的一種概括性稱謂。

其次，與“東甌”相對，“西甌”是指百越諸部西部的緣邊地帶（實際上這是以南越和閩越爲中心而産生的一種稱呼，排除了像“滇越”這樣更靠西部的相關族裔[2]）。徐中舒嘗謂“秦、漢之時越已分爲四，即東越、南越、東甌、西甌四個部落”[3]。秦漢人所説“東越”，通常包括“東甌”與“閩越”兩部分[4]，即使是單指“閩越”，其轄境也一定包含有東甌故地在内。因此，若把徐氏所説“東越”替換成“閩越”，這種説法可謂大體允當。如前所述，透過《淮南子·人間訓》的記載，我們可以清楚看到，秦漢人所説“西甌”（西嘔）的範圍，其北部應當包括南嶺脚下的秦桂林郡在内。《太平寰宇記》引唐人《郡國志》謂“鬱林爲西甌”[5]，這可以説是一種很合理的認識。又《漢書·地理志》載交趾郡有西于縣[6]，東漢仍之[7]。在元封元年漢軍滅除東越的同時，另有“故甌駱將左黄同斬西于王，封爲下鄜（酈）侯”[8]，日本學者杉本直治郎推斷，兩漢西于縣即設立於此“西于王”之國

[1] 顧頡剛《顧頡剛讀書筆記》第四卷《駱園筆記》之“東西甌”條，頁2235。

[2] 《史記》卷一二三《大宛列傳》，頁3816。

[3] 徐中舒《交州外域記蜀王子安陽王史迹箋證》，據作者文集《徐中舒歷史論文選輯》，頁1391。

[4] 《史記》卷一一四《東越列傳》，頁3586，頁3590。

[5] 宋樂史《太平寰宇記》（北京，中華書局，2007）卷九九《江南東道·温州》，頁1976。

[6] 《漢書》卷二八下《地理志》下，頁1629。

[7] 晉司馬彪《續漢書·郡國志》五，見《後漢書》志第二十三，頁3532。

[8] 《漢書》卷九五《東粤傳》，頁3862—3863。案黄同受封的侯名，此《漢書·東粤傳》及《漢書·景武昭宣元成功臣表》俱譌作“下鄜侯”，清沈欽韓《漢書疏證》卷三（頁87）對此已有考證，此從《史記》卷二〇《建元以來侯者年表》（頁1244）訂正。

的故地,而“西于”與“西甌”(西嘔)語音相近,前者應屬後者的通轉[1]。其實清人沈欽韓很早就談到過類似的看法[2]。瞭解到“西甌”作爲越地“西邊”的語義,可知清人沈欽韓和杉本氏把“西于”解作“西甌”自屬比較合理的推斷。

另外,值得注意的是,《漢書》是把這位甌駱將左黄同因斬殺西于王而受封一事,與元封元年横海將軍韓説等率軍平定東越一役放在一起來敘述的,這顯示出在元鼎六年伏波將軍路博德等率軍征服南越之後,西于王率領其部族,重又在西漢交趾郡一帶自立,試圖擺脱漢廷的統治。據云在廣西合浦縣炮竹廠附近的漢墓中,曾發現一隻陶製熏壺,上面刻有“西于”二字[3],説明這裏也可以稱作“西甌”,而其地正與海南島毗鄰。後世或云“珠崖、儋耳謂之甌人”[4],這便是緣於珠崖、儋耳兩郡所在的海南島也是處在嶺南百越西部的邊裔地帶(其單稱之爲“甌”而不用“西甌”,應與前面講述的郭璞稱“東甌”爲“甌”一樣,是對這種緣邊地帶的一種概括性稱謂)[5]。

以上述認識爲基礎,下面就讓我們來考察“西甌駱”這幾個字是否可以連讀。前面曾經述及南朝人姚察把“甌駱”等同於“駱”(雒)的看法,清

---

〔1〕 杉本直治郎《秦漢兩代における中國南境の問題》,刊《史學雜誌》第五十九編第十一號,頁44—48。

〔2〕 清沈欽韓《漢書疏證》卷三五,頁182。

〔3〕 白耀天《象郡辯略》(續),刊《廣西民族研究》1994年第3期,頁83。

〔4〕 《史記》卷四三《趙世家》唐司馬貞《索隱》引劉氏語,頁2168。

〔5〕 案芮逸夫《中國民族與越南民族》一文,依據“珠崖、儋耳謂之甌人”這一説法,以爲“‘甌’爲漢時海南島上土著之稱,其俗和越人相同,所以甌、越連稱。……所謂西甌,乃指居甌西方即廣西南部及越南東京的越人,而東甌則指居甌東方即温州一帶的越人”。如前所述,《山海經》“甌在海中”一語表明東甌亦可略稱爲“甌”,芮氏因珠崖、儋耳兩郡居民有“甌人”之稱便以爲“東甌”、“西甌”之别是相對於海南島上的“甌人”而言,這在邏輯上是説不通的。芮文刊郭廷以等著《中越文化論集》〔一〕(臺北,中華文化出版事業委員會,1956),頁123—124。

人沈欽韓對此也有相同的認識[1]。“甌”字這一層“邊鄙”的語義,可以更爲清晰地證明二者之間的一致性,亦即“甌駱”猶如“區夏”、“甌越”、“甌鄧”等用法一樣,只是表示居於邊地之駱人。

見於《史記》記載的“西甌駱”,實際上有兩種讀法,前面都曾有過徵引。第一種是趙佗對漢使陸賈所説南越國“其東閩越千人衆號稱王,其西甌駱裸國亦稱王”。在這裏,“其西”是與“其東”並舉對稱,故只能將其分解開來,讀作“西”之“甌駱”。另一種見於司馬遷對吕后死後趙佗開拓南越國疆域情況的描述,即謂趙佗“以兵威邊,財物賂遺閩越、西甌駱,役屬焉”。在理解“甌駱”的語義之後,這段文中的“西甌駱”,只能連讀,等於是更明確地標識這些駱人的居處之地乃位於“西甌”,亦即東南地區百越諸族之西畔。

在一些秦漢時期的文獻當中,“西甌駱”又被寫作“越駱”,或是“駱越”。其作“越駱”者,如《吕氏春秋》記云:

> 和之美者,陽樸之薑,招摇之桂,越駱之菌,鱣鮪之醢,大夏之鹽,宰揭之露。其色如玉,長澤之卵。[2]

而《漢書·賈捐之傳》記載漢元帝時賈捐之論述漢武帝開邊事,則稱之爲“駱越”:

> 駱越之人,父子同川而浴,相習以鼻飲,與禽獸無異,本不足郡縣置也。[3]

---

[1] 清沈欽韓《後漢書疏證》(上海,上海古籍出版社,2006,影印清光緒浙江書局刻本)卷二,頁43。

[2] 《吕氏春秋》(元至正六年嘉興路儒學刻約明萬曆間補修印本)卷一四《孝行覽·本味》,頁7a。

[3] 《漢書》卷六四下《賈捐之傳》,頁2834。

樹其色若碧餘瞀南方山名也有嘉美之菜故曰嘉樹食之而靈若碧青色陽華之
芸陽華乃華陽山名也芸芳菜也在吳越之間雲夢之芹雲夢楚澤芹生水涯具區
之菁具區澤名吳越之間菁菜名浸淵之草名曰土英
土英華也和之美者陽樸之薑招搖之桂陽樸地名在蜀郡
招搖山名在桂陽禮記曰草木之滋薑桂之謂也故曰和之美越駱之菌鱣鮪之醢
越駱國名菌竹筍也鱣鮪魚也以爲醢醬無骨曰醢有骨曰臡大夏之鹽宰揭
之露其色如玉大夏澤名或曰山名在西北鹽形鹽宰揭山名處則未聞長澤之
卵長澤大澤在西方大鳥之卵卵大如甕也飯之美者玄山之禾不周之
粟飯食也玄山處則未聞不周山名在西北方崑崙之西北陽山之穄南海之秬
山南曰陽崑崙之南故曰陽山在南海南方之海穄關西謂之糜冀州謂之堅秬黑黍也水之美
者三危之露三危西極山名崑崙之井井泉沮江之丘名曰搖
水沮瀨湖江旁之泉水曰山之水高泉之山其上有涌泉焉冀
州之原皆西方之山泉也冀州在中央水泉東流經於冀州故曰之原原本也果之美

○ 元至正六年嘉興路儒學刻約明萬曆間補修印本《吕氏春秋》

孫人和、蔣維喬、陳奇猷等人根據戴凱之《竹譜》和《太平御覽》引述的《吕氏春秋》，以爲應以《漢書・賈捐之傳》爲準，書作"駱越"，元代以來的《吕氏春秋》傳本，二字乙誤[1]，所説應是。後世學者，往往以爲"駱"、"越"二者語義相當，即如唐章懷太子李賢所説，"駱者，越别名"[2]，實際上兩者之間，是一種主從關係，即駱人應當是越人也就是所謂"百越"的一部分。"駱越"之稱，猶如春秋時期的長狄、赤狄、白狄，不過都是狄人中的一部分"别種"而已。由於地居百越諸族的西部邊遠地帶，特指這一部分越人時

[1] 陳奇猷《吕氏春秋校釋》(上海，學林出版社，1984)卷一四《孝行覽・本味》，頁759—780。

[2] 《後漢書》卷二四《馬援傳》唐李賢注，頁840。

便另以“西甌駱”或“甌駱”稱之。

明此可知,這裏討論的《史記·南越列傳》的文句,理應讀作“佗因此以兵威邊,財物賂遺閩越、西甌駱”,删除今中華書局點校本在“西甌”與“駱”字之間加入的頓號。

八、廉頗藺相如列傳

【一】《史記·廉頗藺相如列傳》原文:

> 趙奢者,趙之田部吏也。收租税,而平原君家不肯出。趙奢以法治之,殺平原君用事者九人。

上文“趙奢以法治之”句,今新點校本附有校勘記云:

> “趙”,原作“租”,據景祐本、紹興本、耿本、黄本、彭本、柯本、凌本、殿本改。[1]

由於這段内容已被一些地區選入中學語文課本,在社會上具有比較廣泛的影響,主持這次《史記》點校工作的趙生群教授,曾特地以此爲例,向新聞記者説明新點校的《史記》較諸中華舊本“全面升級”的程度,謂“考慮到古書中‘租’與‘趙’字形相似,應爲誤用,因此此次修訂根據版本和其他旁證材料,將其改爲‘不肯出趙’”[2]。

---

〔1〕《史記》卷八一《廉頗藺相如列傳》並卷末附《校勘記》,頁2949,頁2958。

〔2〕路艷霞《點校本“二十四史”全面升級》,原刊《北京日報》8月14日,此據中華書局點校本“二十四史”及《清史稿》修訂工程辦公室《點校本“二十四史”及〈清史稿〉修訂工程簡報》第79期,頁26—27。

〖今案〗

《史記·廉頗藺相如列傳》中這個字,舊點校本作"租",這固然存在問題,但今新點校本所做校改亦未必適宜,對此還需要再事斟酌。

如前面第二節所述,今新點校本與中華書局原點校本一樣,都是以清同治年間張文虎在金陵書局校刊的本子作底本,而現在據以改"租"爲"趙"的各種早期版本,其中有很多也是張文虎曾經參校過的刻本。對此,張氏本嘗另行寫有校勘札記云:

> 不肯出租。——舊刻"租",各本誤作"趙"[1]。

這就是説金陵書局本付梓時,除了這種"舊刻本"之外,所參據的其他各種版本,文字俱鎸作"平原君家不肯出。趙奢以法治之"。

張文虎依據的這個所謂"舊刻本",年代並不很早,據云係"上海郁氏藏……似元明間刊本",其書"雜採《集解》、《索隱》頗略",内容也不是十分完善[2]。那麼,張文虎爲什麼會捨棄諸多古刻善本而不取,偏偏要依從這一權威性很低的孤證呢?其間自然會有他的道理。張氏對此雖然没有做出説明,但稍一斟酌品味《史記·廉頗藺相如列傳》的上下文義,便不難發現,這只能是基於古人行文的"筆法"。

這段文字從一開始就是談"趙奢"其人其行。"趙奢者,趙之田部吏也",這是説趙奢其人;"收租税,而平原君家不肯出",這是在講趙奢之行事。因爲後者是承續前者而來,故"收租税"句前省略了主語"趙奢"。同樣,下文"以法治之,殺平原君用事者九人"亦直接承接"(趙奢)收租税,而平原君家不肯出"一事而發。由於中間主語有過一次轉换,即由前去"收租税"的"趙奢",轉换成了"不肯出"租税的"平原君家",現在則又重新回歸爲"趙奢"這個人,所以需要點明這種主語的變化。不過在另一方面,由

---

〔1〕 清張文虎《校刊史記集解索隱正義札記》卷二一,頁553。

〔2〕 清張文虎《校刊史記集解索隱正義札記》卷一,頁1。

於前後文脈尚直接連貫，通常也不必全稱“趙奢”姓名，只單提一個“奢”字即可。這樣處理，文字既簡潔，又明晰暢達，而若全稱“趙奢”則過於突兀。針對“趙奢者，趙之田部吏也”這句話的寫法，清人牛震運曾特別指出：“趙奢獨非趙之良將哉？而曰田部吏，爲下文便接收租税治平原君家也。”[1]注意到這一點，尤易理解“奢以法治之”這句話，與上文之間内在關聯的緊密程度。稍多誦習一些古文篇章，自易體味包括司馬遷在内，秦漢間人的文句，都是這一路寫法；況且《廉頗藺相如列傳》的謀篇佈局，在《史記》全書當中也倍受後人賞譽，有人稱其“或分或合，或詳或略，真得奇正錯綜之法”[2]，有人謂其“變化無方，各有義法，此史之所以能潔也”[3]，自是太史公精心結構之筆，更不應該出現上述煩贅的詞語。這没有什麼其他的道理好講，懂文章寫法，不言自明；不懂，也講不明白。

按照這種常規的筆法，諸多古本《史記》中“趙奢以法治之”的“趙”字，只能是後世孱入的衍文。猶如美人臉頰上的贅疣，張文虎當然要想辦法除去，而做典籍校勘，不能覺得怎麼好看就怎麼删改，需要儘可能找到版本依據。於是，不難想象，張文虎因此而看中了《史記》“舊刻本”中的“租”字，以此來取代那個很不順眼的“趙”。

然而，一方面，“租”字形譌爲“趙”，可能性並不是很大，即趙生群説“‘租’與‘趙’字形相似，應爲誤用”，這樣的講法實際並不十分合理；另一方面，改“趙”爲“租”，在去掉“奢”字前面這一“趙”字贅疣的同時，却另給“平原君家不肯出”這句話添加了“租”字這一贅疣。蓋前文既然已經明確叙述是在趙奢去平原君家“收租税”的時候，“平原君家”纔有“不肯出”的舉動。其拒而“不出”者，自然是指“租税”。按照秦漢間人行文的慣例，同

---

〔1〕 清牛震運《空山堂史記評注》（北京，中華書局，2012，崔凡芝《空山堂史記評注校釋》本）卷八，頁460。

〔2〕 明陳仁錫《史記考》（日本寬文十二年八尾友春刊享保二年京都堀川通本國寺前金屋半右衛門印本，題“陳明卿史記考”）之《廉頗藺相如列傳考》，頁1a。

〔3〕 清方苞《史記評語》（長沙，岳麓書社，1994，《二十五史三編》影印清末民初間刻本），頁87—88。

樣没有必要再很累贅地重述“租税”這兩個字(或單稱“租”字以代“租税”)。

那麽,是不是有能夠找到較早的版本依據來證明這一點呢?日本宫内廳書陵部藏唐貞觀年間所編《群書治要》的古寫本,恰好摘録有《史記·廉頗藺相如列傳》這部分内容,文爲:

> 趙奢者,趙之田部吏也。收税,而平原君家不肯出。奢法治之,殺平原氏用事者人。[1]

雖然其中“收税”二字,容或屬於“收租税”的脱誤,“奢法治之”句在“奢”字下亦當脱一“以”字,“殺平原氏用事者人”也應該是“殺平原君用事者九人”的脱誤(案日本天明七年尾張藩刻本《群書治要》即徑行鐫作“奢法治之,殺平原氏用事者人”[2]),但“平原君家不肯出。奢(以)法治之”這兩句話,正與上面所做的推論吻合。後來白居易編纂《白氏六帖》,也摘録有《史記》這段文句:

> 殺不出租者。——趙奢,趙之田吏也。收租税,平原君不肯出。奢以法治,乃殺其家用事者。[3]

這裏雖格於體例,頗有省略,但“平原君不肯出。奢以法治”這兩句話,還是可以進一步印證唐代流行的舊寫本《史記》,在這兩個文句當中,既没有“趙”字,也没有“租”字。

---

〔1〕 唐魏徵等《群書治要》(東京,汲古書院,1989,《古典研究會叢書》影印宫内廳書陵部藏日本鐮倉時代寫本)卷一二《史記》下,頁144。

〔2〕 見民國商務印書館《四部叢刊初編》影印日本天明七年尾張藩刻本《群書治要》(縮印本)卷一二《史記》下,頁159。

〔3〕 唐白居易《白氏六帖事類集》(北京,文物出版社,1987,影印宋刻本)卷二二《賦税》,頁68a。

遲至北宋中期,我們透過蘇轍改編《史記》寫成的《古史》,仍然可以看到這一情況:

> 趙奢者,趙之田部吏也。收租稅,而平原君家不肯出。奢以法治之,殺平原君用事者九人。[1]

南宋時人黄震對比《古史》與《史記·廉頗藺相如列傳》的紀事之後,稱譽太史公"史筆之妙,開合變化,又足以曲盡形容,真奇事哉!《古史》因之不敢易一字,亦宜矣"[2]。《古史》此篇之於《史記》原文,雖非一字不易地照抄,但確實殊少改動,以蘇轍此書與《群書治要》摘録的文字相印證,當足以確認,今傳諸本《史記》之增入"趙"字作"趙奢以法治之"者,應是進入宋代以後在傳録刊刻過程中衍生的譌誤,而張文虎所説"舊刻本"之改"趙"爲"租",乃因誤衍而誤改,出現的時間更晚。當年校刻此本者,或亦因嫌"趙"字累贅,始徑行改易爲"租"。

如以上所論,現在我们重新校勘《史記》,似應依據《群書治要》摘録的《史記》舊文,同時删除金陵書局本"平原君家不肯出租"的"租"字和傳世本《史記》"趙奢以法治之"的"趙"字,將其改定爲:"趙奢者,趙之田部吏也。收租稅,而平原君家不肯出。奢以法治之,殺平原君用事者九人。"至少應當改訂現有校勘記以改"租"作"趙"爲必是的判斷,同時附入《群書治要》摘録本的異文(當年張文虎在校勘《史記》時,就已經頻頻利用《群書治要》)。若是考慮到這部分内容被中學語文課本採録的情況,從文章作法角度來看,似乎更有必要注明這一點。

---

〔1〕宋蘇轍《古史》卷五一《廉頗藺相如列傳》,頁4b。

〔2〕宋黄震《慈溪黄氏日抄分類》卷五一《讀雜史》一《蘇子〈古史〉》,頁23b—24a。

第四篇：再印紙皮本補斠

2014年8月,中華書局修訂本《史記》又出版紙皮簡裝本(俗稱“平裝本”),據云在精裝修訂本的基礎上,又做了很多改動,新增校記六十條,文字愈加完善。然古人云校書如掃落葉,終無盡期。前此,在精裝本印行之前和印行過程之中,以及正式印成之後,我曾先後寫過三篇文章(案即本書第一篇《付印前初稿審讀》、第二篇《徵求意見本校閱》、第三篇《初印精裝本勘正》),指出一些需要改訂或是斟酌的地方。獲讀新出紙皮平裝本後,在研讀《史記》治史過程中,陸續又發現一些需要予以校訂的問題。兹鈔録於此,以供讀太史公書者參考。需要説明的是,本文涉及的問題,主要是我覺得應該予以校訂而今中華書局本没有出校的内容,並不是新出版的紙皮簡裝本又增添了新的錯誤。

一、秦本紀

【一】《史記·秦本紀》原文:

其玄孫曰中潏,在西戎,保西垂。生蜚廉。蜚廉生惡來。惡來有力,蜚廉善走,父子俱以材力事殷紂。周武王之伐紂,并殺惡來。是時蜚廉爲紂石北方,還,無所報,爲壇霍太山而報。得石棺,銘曰:“帝令處父不與殷亂,賜爾石棺以華氏。”死,遂葬於霍太山。[1]

今中華書局點校本在“遂葬於霍太山”句下附有校勘記云:“‘遂’下高山本有‘以’字,《水經注》卷六《汾水》同。”[2]補入這個“以”字,文義或許會稍顯精準些,不補則似更爲簡潔,二者各有優劣,實在很難説補了好還是不補更好。其實這段話中還有比這更大的問題,即“蜚廉爲紂石北方”和“賜爾

[1] 《史記》(北京,中華書局,2014)卷五《秦本紀》,頁225。

[2] 《史記》卷五《秦本紀》卷末附《校勘記》,頁278。

石棺以華氏”這兩句話都念不成句子,其中必有舛誤,本來也可以通過《水經注》做出校勘,但令人遺憾的是,點校者却未加利用。這不知是因疏忽而漏掉,還是因别無版本依據而不便採納。

〖今案〗

“蜚廉爲紂石北方”和“賜爾石棺以華氏”這兩句話的文字譌誤,由來已久。南朝劉宋徐廣著《史記音義》,所據寫本中“蜚廉爲紂石北方”這一句話,就與今本相同。稍後裴駰撰《史記集解》,引述徐廣之説曰:“皇甫謐云作石椁於北方。”〔1〕從中可以看出,在這一點上,“皇甫謐所見本已誤”〔2〕,這更把這一譌誤出現的時間,向前提早到西晉時期。唐人張守節著《史記正義》,特地把這個“爲”字的讀音注作“于僞反”〔3〕,亦即讀作去聲,用現在的白話來説,就是將其理解爲“替”、“給”之類的語義,而“石”字則用作動詞,表示製作或採買石材、石料之類的意思。同時,張守節解釋“還,無所報,爲壇霍太山而報,得石棺”數語云:“紂既崩,無所歸報,故爲壇就霍太山而祭紂,報云作得石槨。”這樣一來,單純從字面上看,“蜚廉爲紂石北方”這句話,乃謂蜚廉到北方去給紂製作或採買石材、石料。按照皇甫謐和張守節的理解,這種石材、石料也就是文中提到的“石棺”。相互對比可知,皇甫謐和張守節兩人以爲,所謂“石棺”具體是指“石椁”;或者如清人姚範所説,棺、椁(槨)兩字的差别,不過“記憶不同耳”〔4〕。

然而,“帝令處父不與殷亂”句中的“處父”,是蜚廉的“别號”〔5〕。石棺上“帝令處父不與殷亂,賜爾石棺”云云之銘文,顯然是講上天想讓蜚廉免遭殷末的戰亂,並賜給他石棺。從而可知,皇甫謐等人把“蜚廉爲紂石北

〔1〕《史記》卷五《秦本紀》劉宋裴駰《集解》,頁225。

〔2〕清張文虎《校刊史記集解索隱正義札記》(北京,中華書局,1977)卷一,頁54。

〔3〕《史記》卷五《秦本紀》唐張守節《正義》,頁226。

〔4〕清姚範《援鶉堂筆記》(清道光十六年姚瑩刻本)卷一五《史部》一,頁7a—7b。

〔5〕《史記》卷五《秦本紀》唐司馬貞《索隱》,頁226。

方”,理解成蜚廉爲殷紂王“作石槨於北方”,這是很不妥當的。蓋如上所述,皇甫謐在西晉見到的《史記》,文字已經與今本無異,他和張守節一樣,都只是强就字面望文生義而已。

針對“蜚廉爲紂石北方”這句話和皇甫謐的注解,唐人司馬貞的看法,還算多少有些道理:“‘石’下無字,則不成文,意亦無所見,必是《史記》本脱,皇甫謐尚得其説。徐雖引之而竟不云是脱何字,專質之甚也。”〔1〕其合理的地方,是看出《史記》這條記載文字存在問題,但司馬貞以爲“石”字下有脱文,所説並不妥當。清人沈濤就此提出批評説:“下文云‘還,無所報,爲壇霍太山而報,得石棺’,則此爲石,非爲石槨也。蓋蜚廉爲紂采石北方,如後世花石綱之類。士安(德勇案:皇甫謐字士安)謂作石槨,涉下文而誤,小司馬遂疑爲脱文,非也。”〔2〕“石槨”與“石”誠非一事,不過沈濤以“花石綱”做類比,來坐實“石”字的涵義,實際上比司馬貞的看法更欠妥當。

又“賜爾石棺以華氏”這句話,其“華氏”二字前後了不相干,其間必有譌誤。司馬貞依舊隨文釋義,强自作解,謂乃“言處父至忠,國滅君死而不忘臣節,故天賜石棺,以光華其族”。但這麽彆扭的説法,連司馬氏本人都不太相信,隨即注云:“事盖非實,譙周深所不信。”〔3〕即謂三國時人譙周,就對“帝令處父不與殷亂,賜爾石棺以華氏”這一銘文深表懷疑。

司馬貞看出《史記·秦本紀》這段内容文字已遭舛亂,但却没有找到究竟是哪裏出了問題。清代乾隆年間以來,則有一批學者相繼對此做出了訂正。

首先是寫《史記志疑》的梁玉繩,引述《水經注》和《太平御覽》考證説:

---

〔1〕《史記》卷五《秦本紀》唐司馬貞《索隱》,頁225—226。

〔2〕清沈濤《銅熨斗齋隨筆》(北京,中華書局,1965,《清人考訂筆記七種》影印清咸豐七年沈氏自刻本)卷三“爲紂石”條,頁16b。

〔3〕《史記》卷五《秦本紀》唐司馬貞《索隱》,頁226。

余考《水經注》六述此事,言"飛廉先爲紂使北方";《御覽》五百五十一卷引《史記》,亦曰"時飛廉爲紂使北方"。"使"字甚確,當因傳寫譌"使"爲"石",非字有脱。皇甫説不足據,因下有"石棺"而妄言之。徐廣引之以著異同,元非以補《史》缺,而亦不知其誤也。至《御覽》四十卷引《史》又言"蜚廉先爲紂作石槨",必兼采徐注以臆增改耳。[1]

今檢核《水經注》和《太平御覽》[2],知梁氏所説誠是。《水經注》雖然不是轉録《史記》原文,但兩相比較,可知其相關記述,必是直接出自《史記·秦本紀》。故稍後洪頤煊、沈濤、張文虎乃至近人顧頡剛等人也表述了相同的看法[3]。今理應據以訂正《秦本紀》的文字,把"蜚廉先爲紂石北方"改爲"蜚廉先爲紂使北方"("蜚廉"與"飛廉"互通,史籍中並存有這兩種不同的寫法)。

把"石"改正爲"使",除了文句本身順暢之外,這還與蜚廉以"善走"的"材力"侍奉於殷紂王的情況相符,即惟其"善走",纔"爲紂使北方";若是派人去北方搬弄大石頭,那就不會指使蜚廉,而應該派遣他那個以"有力"的"材力"而服事帝辛的兒子惡來前去辦理了。

又《水經·汾水注》記蜚廉築壇霍太山所得石棺的銘文爲:"帝令處父不與殷亂,賜汝石棺以葬。"[4]顧頡剛以爲據此可以推斷,今本《史記·秦本紀》"賜爾石棺以華氏"之"華",乃"爲'葬'之誤文,'氏'則衍文也"。

---

〔1〕 清梁玉繩《史記志疑》(北京,中華書局,1981)卷四,頁120。

〔2〕 北魏酈道元《水經·汾水注》,據清王先謙《合校水經注》(北京,中華書局,2009,影印清光緒十八年長沙思賢講舍原刻本)卷六,頁100。宋李昉等《太平御覽》(北京,中華書局,1985,影印宋本)卷五五一《禮儀部·棺》,頁2494;又卷四〇《地部·霍太山》,頁191。

〔3〕 清洪頤煊《讀書叢録》(清道光二年廣東富文齋刻本)卷一七"紂石北方"條,頁5a。清沈濤《銅熨斗齋隨筆》卷三"爲紂石"條,頁668。清張文虎《校刊史記集解索隱正義札記》卷一,頁54。顧頡剛《顧頡剛讀書筆記》(臺北,聯經出版事業公司,1990)第七卷下《湯山小記》十五"由《水經注》校出《史記·秦本紀》之誤文與誤注"條,頁5442。

〔4〕 北魏酈道元《水經·汾水注》,據清王先謙《合校水經注》卷六,頁100。

顧氏且論之曰：

> 因知當時《史記》流傳，有善本，有誤字較多之本。皇甫謐、裴駰所得之本，“使”已誤作“石”，不得其解，則遂以下文“石棺”解之。司馬貞之本，“葬”已誤作“華”，又衍一“氏”字，不得其解。遂望文生義，以“光華其族”解之。於是《史記》文義模糊千載矣。幸有《水經注》在，一經對勘，荊葛遂除，比較資料之重要於此可見。[1]

此等荊葛糾纏，業已年深日久，一旦遽然除之，諸如裴駰《集解》、司馬貞《索隱》、張守節《正義》都將失去依傍，無所附麗。因而，不妨僅在校勘記中，添列條目，予以説明。

除了梁玉繩、顧頡剛等訂正的這兩處文字之外，“賜爾石棺”的“爾”字，《水經注》作“汝”，而《太平御覽》卷五五一引述的《史記》，也是寫作“賜汝石棺”。不過“爾”、“汝”二字何者爲正，目前還很難確定（司馬貞《史記索隱》依據的本子，與今傳世本一樣作“爾”[2]）。張文虎在校勘《史記》的《札記》中，曾列置這一異文，稱“《御覽》作‘汝’”[3]。這樣的處理方法，比較妥當。這一異文也應該寫入新點校本《史記》的《校勘記》中。

歸納上文所論，若是回歸其本來面目，《史記·秦本紀》相關内容，似宜改定如下：

> 是時蜚廉爲紂使北方，還，無所報，爲壇霍太山而報。得石棺，銘曰：“帝令處父不與殷亂，賜爾（或作“汝”）石棺以葬。”死，遂葬於霍

[1] 顧頡剛《顧頡剛讀書筆記》第七卷下《湯山小記》十五“由《水經注》校出《史記·秦本紀》之誤文與誤注”條，頁5442—5443。

[2] 唐司馬貞《史記索隱》（北京，中華書局，1991，重印《叢書集成初編》排印《史學叢書》本）卷二，頁19。

[3] 清張文虎《校刊史記集解索隱正義札記》卷一，頁55。

太山。

當然，如上所説，由於誤本流傳歲月久遠，將錯就錯衍生出的注疏還要與之相依並行，實際上已經不宜徑自改易正文。

關於這段文字，另外需要適當參考的是，《太平御覽》卷五五一引録的《史記》，其石棺銘文乃書作："天令處父與發亂，賜汝石棺。"這裏的"與"字顯然不如今本《史記》的"不與"合乎邏輯，同時在"石棺"之下也有闕文，但"天令"與"帝令"孰優孰劣，孰正孰誤，却還可以進一步斟酌。譬如上引《史記索隱》即謂"天賜石棺"，而不是"帝賜石棺"，透露出當年司馬貞依據的《史記》，很有可能也是書作"天"字。

更爲重要的是，"發亂"與"殷亂"文義截然相反，即"發"字可以解釋成周武王姬發。清人沈濤即持此説，且謂應以"發"字爲是：

> "帝令處父不與殷亂，賜爾石棺以華氏"，《太平御覽》五百五十一《禮儀部》引作"不與發亂"，蓋古本如是。發，武王名也，言不與周武之難耳。今本乃淺人所改。
>
> 又案《索隱》曰"言處父至忠，國滅君死而不忘臣節，故天賜石棺以光華其族。事蓋非實，譙周深所不信"云云，夫以處父爲忠，是以武王爲叛矣，又豈得云"殷亂"哉！[1]

今案"處父至忠，國滅君死而不忘臣節"，這是唐人司馬貞對《史記·秦本紀》的理解，而不是《史記》叙述的歷史事實，不能用它來證明天帝"以武王爲叛"。單純就《史記》的文句本身，很難斷定究竟應該是寫作"殷亂"，還是"發亂"。不過作"發亂"者僅此一見，除了《水經注》記述同事之外，《太平御覽》卷四〇《地部》摘録《史記·秦本紀》，也是書作"殷亂"[2]，而且如

---

[1] 清沈濤《銅熨斗齋隨筆》卷三"'殷亂'當作'發亂'"條，頁16b—17a。

[2] 宋李昉等《太平御覽》卷四〇《地部·霍太山》，頁191。

上所述,在"天令處父與發亂"這句話中,"與"上奪落一"不"字,文句肯定存在一定問題。加之殷紂王係末世亂國的昏君,而周武王則屬創世開國的英主,這是古史中普遍的説法,按理不應該有"發亂"的説法。綜合考慮上述情況,"發"字應屬"殷"的形譌,沈濤所説不宜信從。

理順訂正《史記·秦本紀》上述文句,還有助於我們更好地認識中國石刻銘文興起的地域和因緣。秦始皇東巡,在各地大規模刻石,這是中國早期石刻文化地域傳播過程中的一件大事,從這一點來看,秦國自然是中國古代石刻的一處重要起源地,衆所周知的石鼓文則是其淵源之一。

以往論及中國早期的石刻銘文,除了秦國的石鼓文之外,有些人會提到《韓非子》中如下一段記載:

> 趙主父令工施鈎梯而緣播吾,刻疏人跡其上,廣三尺,長五尺,而勒之曰:"主父常游於此。"秦昭王令工施鈎梯而上華山,以松柏之心爲博,箭長八尺,棊長八寸,而勒之曰:"昭王嘗與天神博於此矣。"[1]

這個故事的真實性姑且置而不論,惟韓非子係戰國時人,此説至少可以反映出當時趙國很可能與秦國一樣,很早就有了諸如此類的摩崖石刻。

20 世紀 30 年代,在戰國時期與趙國毗鄰的中山國陵墓區内,曾發現有一塊刻有銘文的"河光石"(案即河卵石)。石塊較大,90×50×40 釐米,石面上分作兩行,刻有十九個字,係陵墓附近監管捕魚池囿的人和守陵人刻字於石以敬告後來賢者[2]。這是目前所知,最早出現在陵墓附近、在位置上與後來的墓碑可能具有某種關聯的石刻銘文。如果按照高明近年的

---

[1] 《韓非子·外儲説左上》,據陳奇猷《韓非子集釋》(上海,上海人民出版社,1974)卷一一,頁 643—644。顧頡剛《顧頡剛讀書筆記》第九卷下《高春瑣語》二"趙武靈王及秦昭王之刻石"條,頁 7373。

[2] 河北省文物管理處《河北省平山縣戰國時期中山國墓葬發掘簡報》,刊《文物》1979 年第 1 期,頁 1—3。

○ 戰國中山國墓地守陵人敬告銘文

西漢漢文帝後元六年群臣上醻刻石

研究,把《石鼓文》的上石年代定在秦惠王時期的話[1],這兩種石刻的年代,可謂大體相當。因而,在探討中國石刻銘文的地域起源時,對趙國及其毗鄰地區,尤其應當給予關注。同樣值得注意的是,目前所知,緊繼秦始皇東巡刻石以及秦二世續刻的銘文之後,在西漢時期最早見到的石刻銘文,是清代道光年間在河北永年西部山中發現的漢文帝後元六年鎸"趙廿二年八月丙寅群臣上醻此石北"摩崖石刻[2]。這件"群臣上醻刻石"的出現,同

〔1〕 高明《論石鼓文年代》,刊《考古學報》2010年第3期,頁311—322。

〔2〕 清沈濤《交翠軒筆記》(北京,中華書局,1965,《清人考訂筆記七種》影印清道光二十八年沈氏自刻本)卷一,頁4a—5a。清陸增祥《八瓊室金石補正》(北京,文物出版社,1985,影印民國乙丑吴興劉氏希古樓刻本)卷二《群臣上醻刻石》,頁2。

樣表明趙國及其周邊地區，在中國古代石刻銘文的早期發展階段，佔據着非常重要的地位。

《史記·秦本紀》稱天帝在霍太山賜予蜚廉的石棺，上面有銘文曰"帝令處父不與殷亂，賜爾石棺以葬"，這雖然只是一種傳説[1]，但却反映出當此傳説形成之際，在這一帶應當有類似的石刻銘文存在。《漢書·地理志》記載霍太山在河東郡彘縣[2]。這裏在戰國時雖然歸屬於魏國，但却與趙之上黨密邇相連。更爲重要的是，此前在晉國的歷史上，霍太山（又作"霍泰山"）與趙氏曾有密切關聯。先是在獻公十六年，晉"伐霍、魏、耿，而趙夙爲將伐霍，霍公求犇齊。晉大旱，卜之，曰'霍太山爲祟'，使趙夙召霍君於齊，復之，以奉霍太山之祀，晉復穰。晉獻公賜趙夙耿"。後來在趙襄子四年，有三神人遺襄子朱書曰："趙毋卹（案趙襄子名毋卹），余霍泰山山陽侯天使也。三月丙戌，余將使女反滅知氏。女亦立我百邑，余將賜女林胡之地。……"史稱"襄子再拜，受三神之令"，果然聯合韓、魏兩國，"反滅知氏，共分其地"，論功行賞，"遂祠三神於百邑"，並安排其心腹原過"主霍泰山祠祀"[3]。昔顧頡剛論及《史記·秦本紀》之蜚廉史事，謂此事"恐亦是趙國傳説，以霍太山爲趙地，正與趙襄子拜受霍太山三神令同也。史遷以之編入《秦本紀》者，以蜚廉爲秦、趙所同祖也"[4]。

依顧氏所説，《秦本紀》之石棺銘文，同樣出自趙國的故事傳説。雖然不能依據這種傳説來推論商末周初在後來戰國趙國境域及其附近地區已經出現鎸刻銘文的石棺，但它却反映出當這種傳説流行於趙國的時候，刻銘於石，應該已經不是一種很罕僻的現象。顧頡剛所説秦、趙兩國的同源關係，還提示我們，早期石刻銘文的實物和記載都出現於這兩個諸侯國及

〔1〕案近年清華大學入藏的戰國竹書《繫年》，顯示蜚廉在武王滅商之際，乃"東逃於商盍（蓋）"，至"成王伐商盍（蓋）"，始被周人殺掉。説詳李學勤《清華簡關於秦人始源的重要發現》，原刊《光明日報》2011年9月8日，此據作者文集《初識清華簡》（上海，中西書局，2013），頁140—144。

〔2〕《漢書》（北京，中華書局，1962）卷二八上《地理志》上，頁1550。

〔3〕《史記》卷四三《趙世家》，頁2149，頁2163—2164。

〔4〕顧頡剛《顧頡剛讀書筆記》第六卷《西齋讀書記》之"蜚廉爲紂石北方亦趙國傳説"條，頁4540。

其周邊地區,或許不是偶然的巧合,而這一點將有助於我們進一步探討中國的石刻銘文究竟是産生於震旦故土,還是從域外輸入的一種文字表述形式。

與此石棺銘文傳説性質相似,遲至從北宋時期起,在趙國故地還流傳有一種“吉日癸巳”石刻。所謂“吉日癸巳”石刻,最初刊刻在今河北贊皇縣境内壇山,“在寒山絶壁,昧昧然人不知識,埋没□千年”,北宋時這裏隸屬於趙州。北宋仁宗皇祐四年,宋祁由亳州轉徙定州,“過趙日,嘗訪此字於士大夫間”,於是,趙州知州“王君使縣人尋訪,得之巖石之上”。翌年,繼任知州李中祐命當地縣令劉莊,派人將銘文鑱取下來,送至州衙,李氏“以别石加灰補之,俾方正,上題‘書目癸巳之記’”(德勇案“書目”二字應屬“吉日”譌誤),然後“鑱廳事右壁而陷置之”,而據北宋時人葉夢得言,此經移置之原石復於政和五年被宋徽宗索走,詔命“取藏禁中”,今久已毁失不存,惟在贊皇另有翻刻者流傳[1]。不過清初人楊賓在見到所謂覆刻銘文之後,“以爲石質麤玩,確是三代間物”,所謂徽宗索石之説,乃“得之傳聞,不足信”,後來韓崇見到據此模拓的紙本,也稱譽其“氣概雄遠,筆力圓勁,當不在石鼓下”[2]。這一銘文,在北宋時期本以號稱周穆王刻石而受到金石家的高度關注。然而歐陽脩在英宗治平四年,即核以《穆天子傳》,謂“《穆天子傳》但云登山,不言刻石”[3],至趙明誠著《金石録》,更進一步提出質疑説:“穆王時所用皆古文科斗書,此字筆畫返類小篆。又《穆天子

---

〔1〕 清王昶《金石萃編》(北京,中國書店,1985)卷三《壇山刻石》,頁2b—3b。宋歐陽脩《集古録跋尾》(北京,中國書店,1986,《歐陽修全集》本)卷一“周穆王刻石”條,頁1095。宋王稱《東都事略》(臺北,國立“中央圖書館”,1991,影印南宋眉山程舍人宅刊本)卷六五《宋祁傳》,頁991。宋陳思《寶刻叢編》(上海,商務印書館,1937,《叢書集成初編》排印《十萬卷樓叢書》本)卷六《趙州》之“周穆王吉日癸巳”條引宋王厚之《復齋碑録》及宋人葉夢得、施宿語,頁170。宋葉夢得《避暑録話》(明末毛氏汲古閣刻《津逮秘書》本)卷下,頁20b—21b。

〔2〕 清韓崇《寶鐵齋金石文跋尾》(北京,北京圖書館出版社,2003,影印清光緒戊寅刊《滂喜齋叢書》本)卷上,頁642—643。

〔3〕 宋歐陽脩《集古録跋尾》卷一“周穆王刻石”條,頁1095。

傳》、《史記》諸書皆不載,以此疑其非是。”[1]後來治碑版之學者,對其真實性亦率多持懷疑乃至否定態度。

可是,據歐陽脩所説,當地圖經嘗記載這一銘文云:“《穆天子傳》云穆天子登贊皇山以望臨城,置壇此山,遂以爲名。‘癸巳’誌其日也。”[2]歐陽脩是北宋中期人,他看到的這種圖經,至少是宋代前期所修,甚至有可能編著於唐代,而所謂金石之學,正是至歐陽脩時代始臻於興盛,在這之前,由於無利可圖,是不大可能有人跑到贊皇縣的深山裏面去贗造“吉日癸巳”這一銘文的。宋祁經由此地時特地尋訪此石,也應該是看到當地的圖經之後纔産生這一想法[3]。也就是説,不過因當地編纂圖經的官員或士人性情風雅,偶然記述了這一古代遺跡而已。

根據趙明誠所説字體,我想有理由推測,“吉日癸巳”這一銘文,應該是秦統一後至西漢前期,當地人在贊皇山中舉行某種活動時鐫刻的紀念性標記,猶如西漢文帝時群臣上疇刻石,而二者前後相承,適可互證。至於它被世人推重爲周穆王留下的字跡,正如《史記·秦本紀》中天賜石棺的銘文一樣,都不過是故神其事而已。各地古代遺跡像這樣被世人神秘化、神聖化者比比皆是,並不能因後世俗人肆意妄爲而牽連否定真實的歷史存在。譬如朝歌縣牧野比干墓前之隸書“殷比干墓”殘石,世俗相傳謂孔子所書,而宋人婁機考辨説:“隸始於秦,非孔子書必矣!字畫勁古,當是漢人書。”[4]洪适亦云其書法“字畫清勁,乃東都威、靈時人所書者”[5]。兩人

---

[1] 宋趙明誠《金石録》(北京,中華書局,1983,《古逸叢書三編》珂羅版影印北京圖書館藏南宋刻本)卷一三“吉日癸巳字”條,頁242—243。

[2] 宋歐陽脩《集古録跋尾》卷一“周穆王刻石”條,頁1095。

[3] 案宋陳思《寶刻叢編》卷六《趙州》之“周穆王吉日癸巳”條(頁170)引葉夢得語,謂此“吉日癸巳”刻石,“唐以前無所傳聞,而世定以爲穆王書,自宋景文祁發之,且以《穆天子傳》爲証耳”。宋祁在路過此地時請當地官員幫助尋訪此字,這一情況顯示,宋氏應當和歐陽脩一樣,此前已經從當地圖經上獲悉贊皇附近山中有所謂周穆王上石的“吉日癸巳”石刻,故葉夢得的説法不宜信從。

[4] 宋婁機《漢隸字源》(臺北,鼎文書局,1978,影印清末歸安姚氏咫進齋翻刻汲古閣本)之《碑目》二百九十八“殷比干墓四字”條,頁703—704。

[5] 宋洪适《隸續》(清同治十年洪氏晦木齋重刻樓松書屋本)卷二〇《比干墓四字》,頁7b—8a。

都未因其字體與孔夫子所處的時代不符，即簡單斥爲贋作，而是把這些字跡上石的年代下降到與其書法特征吻合的東漢時期。對待"吉日癸巳"這四個字，亦應如此。

談到秦始皇東巡刻石與中國古代石刻銘文的起源及其早期地域傳播的關係，南宋時人程大昌如下一段分析，應當予以關注：

> 始皇二十八年，刻石琅琊臺，其文曰："古之帝者，地不過千里，猶刻金石，以自爲紀。今皇帝一海内，以爲郡縣，群臣相與誦皇帝功德，刻於金石。"夫秦既引古帝紀刻金石者，以爲其時刻石本祖，則秦以前不專銘功鍾鼎，其必已有入石者矣。第金可久，石易磨泐，故古字之在後世，有得諸鍾鼎，而無得之石刻者，其堅脆不同，理固然也。[1]

較大規模的石刻銘文，是以適宜的鐵製工具爲前提的，而這一般來説，是進入戰國之後纔能夠做到的事情。秦始皇説"古之帝者，地不過千里，猶刻金石，以自爲紀"，實際上在他之前的上古帝君，還沒有鑱山刻石的工具，但對於戰國時期各個諸侯王來説，獲得這種鐵製工具，已經不成什麽問題。當時的秦、趙兩國，似乎都可以看作是"地不過千里"的諸侯國，其刻石銘文者，在秦見諸《石鼓文》；在趙，則有上述石棺銘文傳説透露出刻銘於石的做法。同時，還有趙之主父與秦昭王一道攀山刻銘的故事流傳。兩相參證，似乎可以推測，秦、趙這兩個諸侯國，在秦始皇統一中國之前，便已經有一定規模的石刻銘文存在。在探尋中國石刻銘文的淵源時，對這兩個區域

〔1〕 宋程大昌《考古編》（瀋陽，遼寧教育出版社，2000，《新世紀萬有文庫》本）卷一〇"秦以前已曾刻石"條，頁70—71。

都應當給予充分關注[1]。

【二】《史記·秦本紀》原文:

> 寧公生十歲立,立十二年卒,葬西山。生子三人,長男武公爲太子。武公弟德公,同母,魯姬子。生出子。寧公卒,大庶長弗忌、威壘、三父廢太子而立出子爲君。出子六年,三父等復共令人賊殺出子。出子生五歲立,立六年卒。三父等乃復立故太子武公。[2]

以上句讀,俱照録今新修訂本,而這次修訂之前印行的中華書局舊點校本,同樣如此。當事諸公如此標點,應是信從張守節《史記正義》中"德公母號魯姬子"這一説法[3],視魯姬子爲秦德公的生母。然而,張氏此説却未必合乎《史記》本義。

〖**今案**〗

針對張守節的釋讀,清嘉慶時人林伯桐較早指出:

> 《秦本紀》"武公弟德公,同母"爲句,"魯姬子生出子"爲句,謂兩公與出子不同母也。《正義》乃以魯姬子爲德公母,恐未必然。[4]

---

〔1〕 案在全國各地,都發現過一些年代較早的有銘石磬,柯昌泗《語石異同評》(北京,中華書局,1994)卷一(頁1—2)對此有所著録。另外,陝西鳳翔春秋秦公大墓還曾出土過一件年代比較清楚的帶銘石磬,相關研究見馬振智《秦公大墓石磬文字聯綴及有關問題》,刊《陝西歷史博物館館刊》第九輯(西安,三秦出版社,2002),頁41—46。這些石磬上的銘文,往往字數較少,而且屬於標記該磬屬性和在成套石磬中排列位置的注記,性質與其他紀念性刻石有明顯差别。

〔2〕 《史記》卷五《秦本紀》,頁232—233。

〔3〕 《史記》卷五《秦本紀》唐張守節《正義》,頁233。

〔4〕 清林伯桐《史記蠡測》(清道光二十四年林世懋刻《脩本堂叢書》本),頁3a。

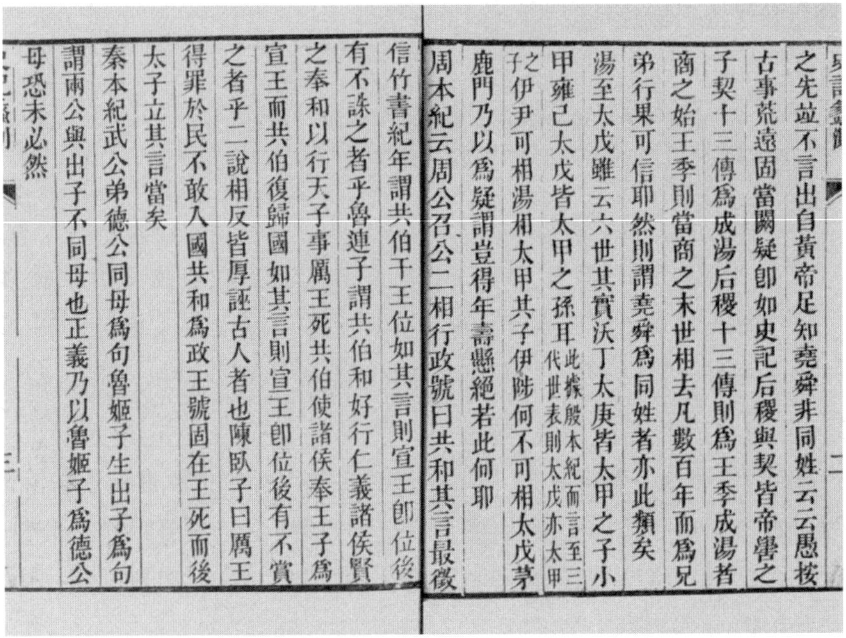
之先竝不言出自黃帝足知堯舜非同姓云云愚按古事荒遠固當闕疑卽如史記后稷與契皆帝嚳之子契十三傳爲成湯后稷十三傳則爲王季成湯者商之始王季則當商之末世相去凡數百年而爲兄弟行果可信耶然則謂堯舜爲同姓者亦此類矣

湯至太戊雖云六世其實沃丁太庚皆太甲之子小甲雍己太戊皆太甲之孫耳（此據殷本紀而言至三代世表則太戊亦太甲之子）伊尹可相湯相太甲其子伊陟何不可相太戊茅鹿門乃以爲疑謂豈得年壽懸絕若此何耶

周本紀云周公召公二相行政號曰共和其言最徵信竹書紀年謂共伯干王位如其言則宣王卽位後有不誅之者乎魯連子謂共伯和好行仁義諸侯賢之奉和以行天子事厲王死共伯使諸侯奉王子爲宣王而共伯復歸國如其言則宣王卽位後有不賞之者乎二說相反皆厚誣古人者也陳臥子曰厲王得罪於民不敢入國共和爲政王號固在王死而後太子立其言當矣

秦本紀武公弟德公同母爲句魯姬子生出子爲句謂兩公與出子不同母也正義乃以魯姬子爲德公母恐未必然

○ 清道光二十四年林世懋刻《脩本堂叢書》本《史記蠡測》

林伯桐説"《正義》乃以魯姬子爲德公母,恐未必然",這話講得比較客氣,實際上若是按照現在的方式來標點,"生出子"三字無所附麗,完全不成文句(又按照張守節的理解,"武公弟德公,同母,魯姬子"這段話,當點作"武公弟德公,同母魯姬子"方是),故沈家本在清末同樣以爲"此當以'母'字句絶,《正義》非"[1]。

因而,《史記·秦本紀》中相關文句似應讀作:

> 寧公生十歲立,立十二年卒,葬西山。生子三人。長男武公,爲太子。武公弟德公,同母。魯姬子生出子。

〔1〕 清沈家本《諸史瑣言》(北京,中國書店,1990,《海王邨古籍叢刊》影印民國刊《沈寄簃先生遺書》本)卷一,頁3。

這裏"長男武公,爲太子"一句,中間是否需要逗開,只是語氣緩急的問題,無關緊要,只是我覺得這樣讀起來要更舒服些而已,所以多加了一個逗號,而恢復魯姬子作爲出子生母的本來面目,却直接關係到寧公死後秦國政局變動的因緣。

對此,張文虎在《舒藝室續筆》中嘗有論述云:

> 《秦本紀》:"寧公生子三人。長男武公,爲太子。武公弟德公,同母。魯姬子生出子。"案此謂武公、德公同母也。魯姬子,蓋七子、八子之類,出子乃庶子也。《正義》云"德公母號魯姬子",失其句讀。
>
> 《紀》又言寧公卒,庶長弗忌、威壘、三父廢太子而立出子爲君。出子六年,三父等復共令人賊殺出子。出子生五歲立,立六年卒。三父等乃復立故太子武公。武公三年,誅三父等而夷三族,以其殺出子也。夫三父廢嫡立庶,以其幼耳,乃未幾而復賊殺之,其中蓋有不可明言者,而史氏略之。武公之誅,以殺出子爲名,實以其初廢太子而立出子之故。然吾又疑出子之被殺,實武公主謀,而嫁名三父也。[1]

所謂"七子、八子",見晉臣瓚注《漢書》所引《秩禄令》和《茂陵書》,乃謂:"姬,内官也,秩比二千石,位次婕妤下,在七子、八子之上。"[2]張文虎在《舒藝室餘筆》中對"子"這一"内官"還做有更進一步的考證:

> 哀五年《傳》:"諸子鬻姒之子荼嬖。"案《史記·秦本紀》"尊唐八子爲唐太后",《集解》引徐廣曰:"八子者,妾媵之號。"《漢書·外戚傳》:"八子視千石,比中更;七子視八百石,比右庶長。"蓋此制沿於春秋時,此諸子亦謂七子、八子之類〔《夏小正》:"三月,妾子始蠶。"傳

〔1〕清張文虎《舒藝室續筆》(沈陽,遼寧教育出版社,2003,《新世紀萬有文庫》本《舒藝室隨筆》附印本),頁187。

〔2〕《史記》卷九《吕后本紀》劉宋裴駰《集解》,頁504。《漢書》卷四《文帝紀》唐顔師古注,頁105。

曰:“先妾而後子,何也? 事有漸也,言自卑事者始也。”蓋子卑於妾,則子之稱舊矣。又見《隨筆》六],杜注以爲庶公子,恐非[《齊策》:“齊王夫人死,有七孺子皆近。”注:“孺子,幼艾美女也。”亦此類]。[1]

張文虎之所以會特地提及“魯姬子,蓋七子、八子之類”,並爲之做出周詳的考證,是因爲“魯姬子”的“子”字,很容易被人理解爲“魯姬”之“子”,或許有人按照這樣的理解,將“魯姬子”三字屬上連讀。現在做出這樣的解釋,後人就不會再滋生疑惑了。

二、秦始皇本紀

【一】《史記·秦始皇本紀》原文:

(秦王政)九年,彗星見,或竟天。……四月,上宿雍。己酉,王冠,帶劍。長信侯毐作亂而覺。矯王御璽及太后璽以發縣卒、官騎、戎翟君公、舍人,將欲攻蘄年宫爲亂。王知之,令相國昌平君、昌文君發卒攻毐。戰咸陽,斬首數百,皆拜爵,及宦者皆在戰中,亦拜爵一級。毐等敗走。[2]

以上斷句標點,一依今中華書局本,不過其中“令相國昌平君、昌文君發卒攻毐”這句話,現行的句讀,存在嚴重問題,需要加以辨析。

〖**今案**〗

對這句話的標點,中華書局舊點校本亦然,此前日本學者瀧川資言著

[1] 清張文虎《舒藝室餘筆》卷二,頁235。

[2] 《史記》卷六《秦始皇本紀》,頁293—294。

《史記會注考證》也是像這樣點斷[1]。按照“相國昌平君、昌文君”這一讀法,至少“昌平君”的身份,應是秦國的相國。在這一點上,如明人陳仁錫撰著《史記考》和今人馬非百撰著《秦集史》,就都把昌平君視爲秦之相國[2],其他一些研究秦國銅器銘文的學者往往也有同樣看法[3],而清人趙紹祖更懷疑昌平君、昌文君同爲嬴秦相國[4],清人孫楷撰著《秦會要》,則乾脆徑將“昌文君”看作是與昌平君並列的相國[5]。他們的句讀,顯然和中華書局點校本《史記》相同。

其實更進一步向前追溯,我們可以看到,在司馬光撰著的《資治通鑑》中,對《史記》此句已經採用了同樣的讀法:

> (秦王政)九年,……夏四月,寒,民有凍死者。王宿雍。己酉,王冠,帶劍。……初,王即位,年少,太后時時與文信侯私通。王益壯,文信侯恐事覺,禍及己,乃詐以舍人嫪毐爲宦者,進於太后。太后幸之,生二子。封毐爲長信侯,以太原爲毐國,政事皆决於毐;客求爲毐舍人者甚衆。王左右有與毐争言者,告毐實非宦者,王下吏治毐。毐懼,矯王御璽發兵,欲攻蘄年宫爲亂。王使相國昌平君、昌文君發卒攻毐,戰咸陽,斬首數百,毐敗走,獲之。[6]

上文標點,也是照録中華書局點校本。中華書局本《通鑑》這一卷的標點,

---

[1] 瀧川資言著、水澤利忠校補《史記會注考證附校補》(上海,上海古籍出版社,1986,影印原排印本)卷六《秦始皇本紀》,頁157。

[2] 明陳仁錫《史記考》(日本寬文十二年八尾友春刊享保二年京都堀川通本國寺前金屋半右衛門印本,題“陳明卿史記考”)之《秦始皇本紀考》,頁1a。馬非百《秦集史》(北京,中華書局,1982)之《丞相表》,頁858,頁867。

[3] 田鳳嶺、陳雍《新發現的“十七年丞相啓狀戈”》,刊《文物》1986年第3期,頁42—43。

[4] 清趙紹祖《讀書偶記》(北京,中華書局,1997)卷六“相國丞相”條,頁75。

[5] 清孫楷《秦會要》(北京,中華書局,1959,徐復《秦會要訂補》本)卷一《世系》,頁9。

[6] 宋司馬光《資治通鑑》(北京,中華書局,1956)卷六秦始皇帝九年,頁212—213。

出自齊思和,又由顧頡剛、聶崇岐覆校,而顧頡剛正是過去承擔中華書局本《史記》點校工作最主要的學者和總負責人。按照這樣的標點,當然也只能把昌平君甚至昌平君和昌文君兩人理解爲相國。更重要的是,得出這樣的理解,並不是點校者的疏誤,而應該説正合司馬光的本意。因爲通觀這一段文字,"相國"指稱何人,本來無法做出其他形式的解讀。

然而,核諸當時的歷史情况,却顯然不是這樣。

在《史記》當中,没有具體記述這位"昌平君"的身世。不過,唐人司馬貞的《史記索隱》在談到昌平君時,謂其乃"楚之公子,……史失其名"。更具體地説,是考烈王的兒子熊捍(今本《史記》書作"熊悍"),亦即楚幽王,"有母弟猶,猶有庶兄負芻及昌平君"[1]。考昌平君之父楚考烈王行事,知其在做太子時,乃父頃襄王因楚"復與秦平,而入太子爲質於秦",便長期居留秦地,後因頃襄王病重,始逃亡歸國,繼承王位,而史載"考烈王元年,納州於秦以平。是時楚益弱"[2]。根據這一記載,我們似乎可以推測,這位昌平君很可能同他的父親有着同樣的經歷,即他是在楚考烈王"納州於秦以平"的同時,被送到秦國去做人質的[3]。我們看昌平君後來在秦王政二十一年被秦人"徙於郢"[4],隨後逃歸楚軍控制區域,並在楚王負芻被秦將王翦俘獲後又被項燕奉爲楚王而舉兵反秦的事實,就可以證實這樣的推斷[5]。

與昌平君一道"發卒攻毐"的昌文君,尚別見於睡虎地秦簡《編年記》。秦王政二十三年,秦國老將王翦,統率六十萬大軍,全面展開了滅楚的戰役。《編年記》在秦王政二十三年這一年下有紀事云:"□□守陽□死。四

---

[1] 唐司馬貞《史記索隱》卷二,頁 21;又卷一九,頁 214。

[2] 《史記》卷四〇《楚世家》,頁 2090。

[3] 案清人梁玉繩《史記志疑》卷三〇(頁 1284—1285)否定昌平君作爲楚公子的身份,但未能提出有力證據,只是説此事"史未見確據",所説實不足從信。

[4] 《史記》卷六《秦始皇本紀》,頁 301。

[5] 《史記》卷六《秦始皇本紀》,頁 302。別詳拙文《雲夢睡虎地秦人簡牘與李信、王翦南滅荆楚的地理進程》,刊李學勤主編《出土文獻》第五輯(上海,中西書局,2014),頁 190—258。

月，昌文君死。”[1]而除此之外，再没有見到其他任何有關昌文君的記載。不過我們看《史記·秦始皇本紀》在記述其與昌平君一道參與平定嫪毐叛亂時的寫法，是昌平君在先，而昌文君居次，今此《編年記》又載録在王翦攻楚期間“昌文君死”，大致可以推測昌文君應是與昌平君同時被送入秦國做質子的楚公子，而他在楚國的地位又稍遜於昌平君。

檢《漢書·百官公卿表》，對“相國”這一官職有記述如下：

> 相國、丞相，皆秦官，金印紫綬，掌丞天子，助理萬機。秦有左、右，高帝即位，置一丞相，十一年更名相國，緑綬。[2]

這説明相國與丞相雖然都是“掌丞天子，助理萬機”，戰國秦漢時期二者也確有互用通稱的情況，但在狹義上的用法，還是應該有所區别。清乾嘉時人趙紹祖已經概括指出“丞相、相國皆宰相之任，而相國固尊於丞相”[3]，至清朝末年，俞樾對此做有更詳明的考辨：

> 《百官表》“相國、丞相皆秦官。高帝即位，置一丞相，十一年更名相國”。似相國、丞相乃通稱耳。然觀《史記·吕不韋傳》“莊襄王以爲丞相，太子政立，尊爲相國”；《蕭相國世家》“上已聞淮陰侯誅，使使拜丞相何爲相國”；《曹參世家》“孝惠元年，除諸侯相國法，更以參爲齊丞相”；《周勃世家》“從高帝得相國一人，丞相二人”，是相國、丞相非一官，而相國更尊於丞相也。《百官志》但沿後世所通稱者爲説，而未溯其初耳。[4]

---

[1] 睡虎地秦墓竹簡整理小組《睡虎地秦墓竹簡》(北京，文物出版社，1978)之《編年記》，頁7。

[2] 《漢書》卷一九上《百官公卿表》上，頁724。

[3] 清趙紹祖《讀書偶記》(北京，中華書局，1997)卷六“相國丞相”條，頁75—76。

[4] 清俞樾《湖樓筆談》(清光緒二十五年刻《春在堂全書》本)卷四，頁2b。

顯而易見，相國的地位十分尊崇，而且並不常設。《史記》記蕭何、曹參事，分别題作《蕭相國世家》、《曹相國世家》，而記陳平則改稱《陳丞相世家》，二者之間的尊卑區别是相當明顯的。故吕后去世後，諸吕擅政，由吕産出任相國[1]，就是要以此身份來壓制右丞相陳平。在一些比較特殊的情況下，漢帝還會臨時頒給統軍出征的將帥以"相國"身份，令其得以專擅相關軍政事宜。如高祖十二年即先後派遣樊噲、周勃以相國的身份，將兵征討盧綰，而他們兩人在出軍之前的官職，分别是左丞相和太尉[2]。明此愈知所謂"相國"權位之重。那麽，像昌平君和昌文君這樣兩位困居秦國的質子，何以竟能出任此等高官？這在情理上是很難講通的。

另一方面，如《漢書・百官公卿表》所述，在秦漢時期，丞相一官雖然常有左、右對置的情況，但相國或闕而不置，或單置一職，從無兩相國並置或在同一時期固定設置更多相國的事情。如俞樾檢讀《史記・吕不韋傳》所見，秦王政始立，即尊吕不韋爲相國[3]，而《史記・秦始皇本紀》載"十年，相國吕不韋坐嫪毐免"[4]，這就意味着在秦王政九年昌平君參與平定嫪毐之役的時候，吕不韋正在相國位上，昌平君乃至昌文君其人也就更不可能同時出任此職了。

過去包括司馬光在内的一些學者，之所以會誤把昌平君乃至昌文君視爲相國，其中很重要的一個原因，就是没有意識到相國與丞相的區别，不知道以相國地位之尊，昌平君與昌文君即使不是來自楚國的質子，似此默默無聞的尋常之輩，也不大可能擔此重任。前引《資治通鑑》没有任何因承地突然提起"相國昌平君、昌文君"，大概就是司馬光覺得相國一如丞相，不止更替無常，而且往往左、右並置，因而没有給予特别的關注。對上文所

---

[1] 《史記》卷九《吕太后本紀》，頁 515。

[2] 《史記》卷八《高祖本紀》，頁 491；又卷五七《絳侯周勃世家》，頁 2514—2515；卷九五《樊酈滕灌列傳》，頁 3222。

[3] 《史記》卷八五《吕不韋列傳》，頁 3048。

[4] 《史記》卷六《秦始皇本紀》，頁 294。案同樣内容的記載，尚别見於《史記》卷一五《六國年表》，頁 903；又卷八五《吕不韋列傳》，頁 3049。

説吕不韋在秦王政元年至十年間擔任相國一事,司馬光《通鑑》在秦王政元年下竟没有任何記載,而在十年下又記云"文信侯免相"[1],顯然根本没有考慮吕不韋之相位與此"相國"之間的關係。

那麼,讓我們回到《史記》本身,看"相國、昌平君、昌文君"這一用法,是不是辭氣順暢,文法妥帖呢?一般來説,"相國"二字若與"昌平君"和"昌文君"並列,那麼,本篇上文,應該對此"相國"特指何人,有所交待。然而我們看今本《史記》,在秦王政九年四月提到"令相國、昌平君、昌文君發卒攻毐"之前,並没有提及嬴政任用何人出任"相國"一事。與此相近的記載,是在嬴政初登王位的秦王政元年下有如下一段内容:

> 年十三歲,莊襄王死,政代立爲秦王。當是之時,秦地已并巴、蜀、漢中,越宛有郢,置南郡矣;北收上郡以東,有河東、太原、上黨郡;東至滎陽,滅二周,置三川郡。吕不韋爲相,封十萬户,號曰文信侯。招致賓客游士,欲以并天下。李斯爲舍人。蒙驁、王齮、麃公等爲將軍。王年少,初即位,委國事大臣。[2]

中華書局本《史記》的這一段文字,首先有一處小的標點錯誤,即"秦地已并巴、蜀、漢中,越宛有郢,置南郡矣"這兩句話,被誤讀作"秦地已并巴、蜀、漢中、越、宛,有郢置南郡矣",實則越國故地之併入嬴秦版圖,"降越君,置會稽郡",是遲至秦王政二十五年纔發生的事情[3],在秦王政元年,斷無併越爲秦的可能。明人唐順之嘗謂太史公於《秦始皇本紀》開篇即著此"秦地已并巴、蜀、漢中"數句,乃以其"將言始皇并天下",故"先提此"[4],所説很有道理。吞併越地,已經是秦始皇一統天下的最後結果,在

---

〔1〕 宋司馬光《資治通鑑》卷六秦始皇帝元年,頁203—204;又秦始皇帝十年,頁216。

〔2〕 《史記》卷六《秦始皇本紀》,頁289。

〔3〕 《史記》卷六《秦始皇本紀》,頁302。

〔4〕 清吴汝綸《桐城吴先生彙録各家史記評語》(民國鉛印本),頁8b。

這裏當然無由提及。《史記·秦本紀》記秦昭襄王十五年,秦將白起"攻楚,取宛";二十七年,秦將司馬錯又"攻楚,赦罪人,遷之南陽";至二十八年,"大良造白起攻楚,取鄢、鄧,赦罪人遷之。二十九年,大良造白起攻楚,取郢爲南郡,楚王走"[1]。所謂"越宛有郢,置南郡矣",即指此一系列戰役所取得南陽郡(宛爲南陽郡治)和南郡的土地。其實,在這一點上,中華書局舊點校本本來不誤[2],明清以來的學者也都是這樣的讀法[3],本來文從字順,今新點校本改是爲非,不知是基於怎樣的考慮。

下面再聯繫上下文來看"吕不韋爲相"這句話,似乎明顯存在問題。即下文既謂秦王政十年"相國吕不韋坐嫪毐免",那麼,吕不韋在此元年被任用的職位,自應是"相國"而不是"相"亦即"丞相"。如上所述,依據《史記·吕不韋傳》的記載,他在秦王政元年出任的官職正是"相國"。兩相參證,頗疑《史記·秦始皇本紀》此處本應書作"吕不韋爲相國",傳世諸本都脱佚一個"國"字。

今檢《册府元龜·閏位部》轉録的《史記》,有下面這樣一條内容:

> 秦始皇帝初爲秦王,以吕不韋爲相國,封十萬户,號文信侯。[4]

雖然上面的文字,未必完全依照《秦始皇本紀》的原文,如"秦始皇帝初爲秦王"的叙述和"以"、"曰"二字之有無,或許就隨文有過調整,但《吕不韋傳》相關的記載文爲:

---

[1] 《史記》卷五《秦本紀》,頁267—268。

[2] 見中華書局1982年版《史記》卷六《秦始皇本紀》,頁223。

[3] 如明凌稚隆輯、李光縉增補《史記評林》(天津,天津古籍出版社1998,影印明萬曆刻本)卷六《秦始皇本紀》,頁340。題清邵晉涵著《邵氏史記輯評》(民國八年俞畠石印本)卷一《秦始皇本紀》,頁8a。

[4] 宋王欽若等《册府元龜》(北京,中華書局,1989,補配影印宋刻殘本)卷一九九《閏位部·命相》,頁571。

莊襄王即位三年，薨，太子政立爲王，尊吕不韋爲相國，號稱“仲父”。[1]

兩相比較，《册府元龜》的紀事，顯然出自前者，而其書作“相國”正與上面的推論相吻合，應該是《史記》原本固有的面貌。即如《蕭相國世家》，在上文先記明“漢十一年，……使使拜丞相何爲相國”之後，下文述及蕭何，便每每徒以“相國”稱之[2]。

因而，今可依據《册府元龜》補入這一“國”字，至少應該附以校勘記來説明相關情況。補入這個“國”字之後，在已然明確吕不韋身任相國的前提下，下文徑謂“相國、昌平君、昌文君”，文句也就十分通暢了。

另一方面，儘管論證還不夠十分充分，但以往有一些學者，在研究秦人器物銘文的過程中，對《秦始皇本紀》中這一“相國”與“昌平君、昌文君”的關係問題，已經做過正確的辨析。如胡正明撰《“丞相啓”即昌平君説商榷》一文和王輝著《秦銅器銘文編年集釋》，就都表述過秦之相國只有一位，而在秦王政九年的時候，吕不韋還在相國任上，故《史記・秦本紀》講到的“相國”，只能是指吕不韋，所謂“昌平君”者則别爲一人[3]。

闡明上述情況，《史記・秦始皇本紀》這條記載，就應該在“相國”與“昌平君”之間用頓號點斷，以準確體現當時的歷史情況。

---

[1] 《史記》卷八五《吕不韋傳》，頁 3046。

[2] 《史記》卷五三《蕭相國世家》，頁 2449—2450。

[3] 胡正明《“丞相啓”即昌平君説商榷》，刊《文物》1988 年第 3 期，頁 55—56。王輝《秦銅器銘文編年集釋》（西安，三秦出版社，1990）第二十二“十七年丞相啓狀戈”條，頁 57—59。

三、吕太后本紀

【一】《史記·吕太后本紀》原文:

吕太后本紀

吕太后者,高祖微時妃也。生孝惠帝、女魯元太后。[1]

上列本篇篇名《吕太后本紀》,今中華書局點校本係照録其底本金陵書局本,點校者對此未做任何説明。然而核諸金陵書局本刊行之前的諸古刻舊本,以及日本毛利元昭公爵收藏的古寫本《史記》零卷,此卷篇名却無不書作《吕后本紀》。孰是孰非,自當辨析説明。

〖**今案**〗

金陵書局本《史記》的主要校勘者張文虎,在校勘《史記》過程中撰寫的《校刊史記集解索隱正義札記》,對做出這一改動的原因,未做説明。另外,張氏所撰《舒藝室隨筆》,也有很多内容是校勘此書的札記,但也同樣没有述及此事。因而,對張氏做出這一改動的原因,今已無以確知。不過傳世古刻舊本既然都是鐫作"吕后本紀",殘存的古寫本零卷亦題作同樣的篇名,那麽,金陵書局本這一更改,顯然缺乏版本依據,只能是緣自所謂"理校"。

在這種情況下,我們只能按照一般的情理,來推測當年張文虎做出這一改動的原因。

首先,《太史公自序》在撮述諸篇要義時稱"作《吕太后本紀》第

---

〔1〕《史記》卷九《吕太后本紀》,頁503。

九"[1],張文虎或即依據這一點,來改訂正文中本紀的篇名。但《太史公自序》稱述的篇名,未必是對正文實際篇名的精準表述。如《秦始皇本紀》即被稱作《始皇本紀》,《漢興以來諸侯王年表》也被稱作《漢興以來諸侯年表》[2]。可見《史記》傳世版本的篇名,與《太史公自序》的稱謂,本來就存在錯異。所以,並不能簡單依據《太史公自序》來改易正文的篇名。

更進一步分析這一問題,還應該看到,今本《史記·太史公自序》提到的各個篇名,有很多恐怕已經不是司馬遷寫定的原貌。《漢書·司馬遷傳》轉録《太史公自序》講述的篇名,雖然對諸如《漢興以來諸侯王年表》這樣較長的篇題往往有所簡省(案此表省稱爲《漢諸侯年表》),但對像《吕太后本紀》這樣原來就比較簡短的篇名,却不僅未做省略,與今本《太史公自序》相比,往往還更爲繁複。如《太史公自序》之《吴世家》,《司馬遷傳》作《吴太伯世家》;《太史公自序》之《周公世家》,《司馬遷傳》作《魯周公世家》,等等,而且《司馬遷傳》記述的這些篇名,還都與正文的篇題相吻合。在這一總體背景之下,我們可以看到,《漢書·司馬遷傳》所述這篇本紀的篇名,正與傳世諸本《史記》的正文一樣,書作《吕后本紀》[3],而這纔應該是《史記·太史公自序》的原貌。

事實上,清人梁玉繩對《太史公自序》中"作《吕太后本紀》第九"一語,早就做過這樣的判斷:

> 案"太"字衍。《漢書·遷傳》是"吕后"。蓋"太后"乃一時臣子之稱,不曰"高后"者,不與其爲高帝之后也,班氏便妄更之。[4]

---

[1] 《史記》卷一三〇《太史公自序》,頁4009。

[2] 《史記》卷六《秦始皇本紀》,頁289;又卷一七《漢興以來諸侯王年表》,頁967;卷一三〇《太史公自序》,頁4008,頁4010。

[3] 《漢書》卷六二《司馬遷傳》,頁2720—2722。

[4] 清梁玉繩《史記志疑》卷三六,頁1473。

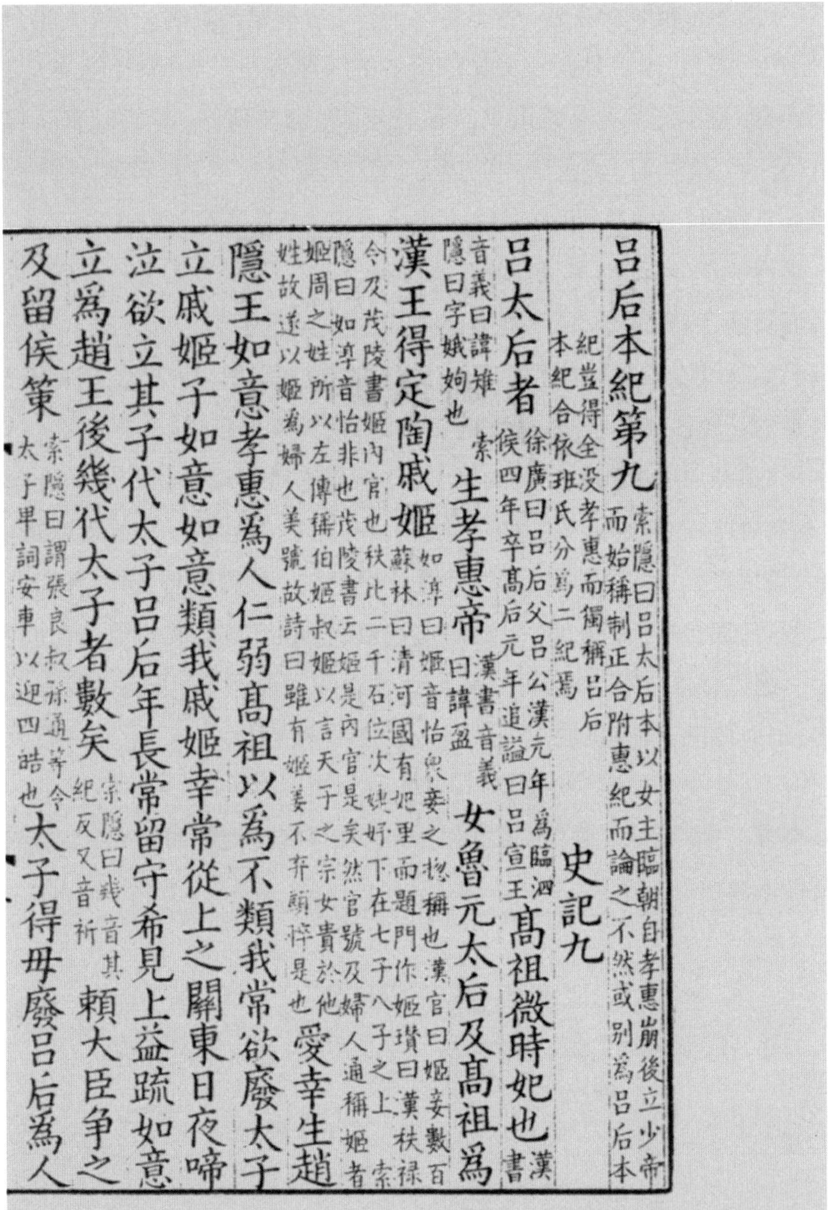
呂后本紀第九 索隱曰呂太后本以女主臨朝自孝惠崩後立少帝而始稱制正合附惠紀而論之不然或別爲呂后本紀豈得全沒孝惠而獨稱呂后本紀合依班氏分爲二紀焉　史記九

呂太后者 徐廣曰呂后父呂公漢元年爲臨泗侯四年卒高后元年追謚曰呂宣王 高祖微時妃也 漢書音義曰諱雉索隱曰字娥姁也 生孝惠帝 漢書音義曰諱盈 女魯元太后及高祖爲漢王得定陶戚姬 如淳曰姬音怡衆妾之總稱也漢官曰姬妾數百蘇林曰清河國有妃里而題門作姬瓚曰漢秩祿令及茂陵書姬內官也秩比二千石位次婕妤下在七子八子之上索隱曰如淳音怡非也茂陵書云姬是內官是矣然官號及婦人通稱姬者姬周之姓所以左傳稱伯姬叔姬以言天子之宗女貴於他姓故遂以姬爲婦人美號故詩曰雖有姬姜不弃顦顇是也 愛幸生趙隱王如意孝惠爲人仁弱高祖以爲不類我常欲廢太子立戚姬子如意如意類我戚姬幸常從上之關東日夜啼泣欲立其子代太子呂后年長常留守希見上益疏如意立爲趙王後幾代太子者數矣 索隱曰幾音其紀反又音祈 賴大臣爭之及留侯策 索隱曰謂張良敎叔孫通等令太子卑詞安車以迎四皓也 太子得毋廢呂后爲人

○《中華再造善本》叢書影印宋乾道七年蔡夢弼東塾刻附《集解》、《索隱》本《史記》

所謂“班氏便妄更之”，是指班固在《漢書》中列《高后紀》，而没有沿承《史記》“吕后”之稱。儘管《漢書》係稱作“高后”，但從與“太后”相對應這一點來看，這與“吕后”之稱，並没有本質性差别，而這正應該是由《史記》沿承而來。實際上司馬遷在《史記》本篇當中，就或稱吕后，或稱高后，交替使用二者，其間並没有什麼分别。由《漢書》中《高后紀》這一名稱逆推，愈可知《史記》原本確應題作《吕后本紀》，而不是《吕太后本紀》。

另外，《史記》中頗有一些紀傳世家，開篇即點明傳主的姓名、身份，而該篇篇名，又往往與傳主這一稱謂相同。如《秦本紀》首云“秦之先，帝顓頊之苗裔”[1]，《高祖本紀》開篇即謂“高祖，沛豐邑中陽里人”[2]，《老子韓非列傳》述老子事亦始自“老子者，楚苦縣厲鄉曲仁里人也”[3]。更多地是像《司馬穰苴列傳》和《伍子胥列傳》，乃分别以“司馬穰苴者”、“伍子胥者”云云落墨發語[4]。或許有人以爲，這一卷本紀既然從“吕太后者”起筆，篇名就應以《吕太后本紀》爲正。

關於這一點，一方面，需要明確，《史記》各篇紀傳世家的篇名與其正文開頭的字句之間，並不存在嚴整的一致性。如《項羽本紀》的首句爲“項籍者，下相人也”，《陳涉世家》的首句爲“陳勝者，陽城人也”，其不題《項籍本紀》和《陳勝世家》而稱之爲《項羽本紀》和《陳涉世家》，就説明即使篇名題作《吕后本紀》，也未嘗不可書以“吕太后者”云云。不過，在另一方面，就多數紀傳世家的寫法來看，《史記》的書法，確實存在這樣一種關聯性很高的通例。

那麽，若是題作《吕后本紀》的話，是不是就真違背了這一通例呢？仔細斟酌，未必如此。我們看裴駰《史記集解》對“吕太后者”這句話的注釋，乃引述徐廣語述之曰：“吕后父吕公，漢元年爲臨泗侯，四年卒，高后元年追

[1] 《史記》卷五《秦本紀》，頁223。
[2] 《史記》卷八《高祖本紀》，頁435。
[3] 《史記》卷六三《老子韓非列傳》，頁2603。
[4] 《史記》卷六四《司馬穰苴列傳》，頁2625；又卷六五《伍子胥列傳》，頁2641。

謚曰吕宣王。”[1]依據古人注書的通行做法，“吕后父吕公”云云，分明是針對正文中“吕后者”云云而發，這顯示徐廣、裴駰等人在南朝見到的版本，此處正是寫作“吕后”，與“吕后本紀”這一篇名，實緊密銜接，而書作“吕太后”者，應屬後來的衍誤。通檢《史記》本卷，除了卷首這句話外，其通篇之中，稱述吕雉，或稱“吕后”，或稱“高后”，或稱“太后”，只有在記述其臨終前告誡吕産、吕禄慎防大臣生變一事時，有“吕太后誡産、禄”云云[2]，係以“吕太后”相稱，而這顯然是一個特例。上述普遍的稱謂形式，似乎也可以佐證此開篇之語書作“吕后”應更爲合理。

另外，我們來通看一下《史記》這段内容，從行文的邏輯脈絡角度，也能更好地理解，究竟哪一種寫法，會更爲合理：

> 吕后者，高祖微時妃也，生孝惠帝、女魯元太后。及高祖爲漢王，得定陶戚姬，愛幸，生趙隱王如意。孝惠爲人仁弱，高祖以爲不類我，常欲廢太子，立戚姬子如意，如意類我。戚姬幸，常從上之關東，日夜啼泣，欲立其子代太子。吕后年長，常留守，希見上，益疏。如意立爲趙王後，幾代太子者數矣，賴大臣争之，及留侯策，太子得毋廢。[3]

這裏若稱“吕后者”，下文所説“高祖微時妃也，生孝惠帝、女魯元太后”這兩句話，便與之直接相承，即謂皇后初爲帝妃，皇后先後爲皇帝誕育一男一女。可是，若如金陵書局本或今中華書局本那樣，書作“吕太后者”，其與下文之間，就會出現明顯的斷痕，變成了“太后”原本身爲帝妃，“太后”又爲皇帝生下龍子龍女，文義煞是怪異。再看篇末的太史公論贊，也是連稱“高后”[4]，正與本卷開篇“吕后”一稱相呼應。相互對比參看，足見應以作

[1] 《史記》卷九《吕太后本紀》並劉宋裴駰《集解》，頁 503。

[2] 《史記》卷九《吕太后本紀》，頁 515。

[3] 《史記》卷九《吕太后本紀》，頁 503。

[4] 《史記》卷九《吕太后本紀》，頁 521。

"吕后"者爲是。

除此之外,至少對於我來説,想不出還有什麼更爲充足的理由,能夠支撑張文虎這一校改。

通過前面的論述,我們已經看到,《漢書》的《高后紀》,乃出自《史記》之《吕后本紀》,説明班固在東漢時期看到的《史記》,其篇目題名便是如此。又《史記·外戚世家》之《集解》引述的徐廣注語,有下面這樣一段内容:"三月上巳,臨水祓除,謂之禊。《吕后本紀》亦云'三月,祓,還過軹道',蓋與'游'字相似,故或定之也。"[1]由此可以進一步確認,南朝流行的《史記》亦確是書作《吕后本紀》。其後,唐代初年劉知幾寫《史通》,玄宗時司馬貞述作《史記索隱》,北宋初年官修《太平御覽》,北宋中期司馬光撰《通鑑考異》,范祖禹著《唐鑑》,乃至南宋初韓元吉述及《史記》此篇,等等,當時所見之本,都是稱作《吕后本紀》[2]。可見自從東漢以來,此篇一直是以《吕后本紀》爲名。

確認《吕后本紀》這一名稱,有助於我們準確理解司馬遷撰著本篇的一項内在旨意,即吕氏掌控天下的權位,源自乃夫高祖,而不是其子惠帝。蓋吕雉"爲人剛毅,佐高祖定天下,所誅大臣多吕后力",尚有兩兄皆從劉邦起事,爲軍中著名戰將[3],迥非徒以子貴者可比。張文虎强改其名爲《吕太后本紀》,顯然未明此旨。不過無獨有偶,暗昧此理者亦不止張文虎一人,當年司馬貞擬議改編《史記》,早就自以爲是地要把本篇改作《吕太

---

[1] 《史記》卷四九《外戚世家》之《集解》,頁2399—2400。

[2] 唐劉知幾《史通》(上海,商務印書館,1929,《四部叢刊初編》影印明萬曆刊本)卷一五《外篇·點繁》,頁2b;又卷末附孫毓修撰《史通札記》録清人何焯校語,頁13a。唐司馬貞《史記索隱》卷三〇《補史記序》,頁343。宋李昉等《太平御覽》卷一四七《皇親部·太子》,頁718。宋司馬光《資治通鑑考異》(上海,商務印書館,1936,縮本《四部叢刊初編》影印宋刊本)卷一,頁2—3。宋范祖禹《唐鑑》(上海,上海古籍出版社,1984,影印上海圖書館藏宋刻本)卷四,頁104。宋韓元吉《南澗甲乙稿》(上海,商務印書館,1936,《叢書集成初編》排印《武英殿聚珍版書》本)卷一七《三國志論》,頁331。

[3] 《史記》卷八《高祖本紀》,頁439;又卷九《吕太后本紀》,頁504;卷一八《高祖功臣侯者年表》,頁1060—1062。

后本紀》了[1]。

進一步通觀《史記》其他部分涉及吕雉秉政時期的記述形式，如《漢興以來諸侯王年表》、《高祖功臣侯者年表》、《惠景間侯者年表》、《漢興以來將相名臣年表》等，其相關紀事都是以"高后"與"高祖"（西漢人馮商補撰的《漢興以來將相名臣年表》作"高皇帝"）、"孝惠"、"孝文"、"孝景"、"孝武"相互承接並比，而除了没有單獨列置本紀的孝惠皇帝之外，其他如"高祖"、"孝文"等正是其各自本紀的名稱。循此通例，吕雉的本紀，也是書作《吕后本紀》更爲合理（"高后"與"吕后"雖然略有分别，但在作爲高祖皇后而不是孝惠帝太后這一點上，實質上完全相同）。

根據上述情況，恐怕還是應該恢復傳世舊本固有的面貌，將這一卷太史公書的篇名改回《吕后本紀》，而篇首之"吕太后者"一語，也可以考慮注出《史記》原本或係書作"吕后者"。與此相應，《太史公自序》之"作《吕太后本紀》第九"一語，也應該增附校記，列出梁玉繩的改訂意見。

【二】《史記·吕太后本紀》（案如上文所述，實應書作《吕后本紀》，爲便於讀者比對覆核，此仍姑從今通行本）原文：

七月中，高后病甚，迺令趙王吕禄爲上將軍，軍北軍；吕王産居南軍。吕太后誡産、禄曰："高帝已定天下，與大臣約，曰'非劉氏王者，天下共擊之'。今吕氏王，大臣弗平。我即崩，帝年少，大臣恐爲變。必據兵衛宫，慎毋送喪，毋爲人所制。"辛巳，高后崩，遺詔賜諸侯王各千金，將相列侯郎吏皆以秩賜金。大赦天下，以吕王産爲相國，以吕禄女爲帝后。

高后已葬，以左丞相審食其爲帝太傅。

---

[1] 唐司馬貞《史記索隱》卷三〇《補史記序》，頁343。

朱虛侯劉章有氣力，東牟侯興居其弟也，皆齊哀王弟，居長安。當是時，諸吕用事擅權，欲爲亂，畏高帝故大臣絳、灌等，未敢發。朱虛侯婦，吕禄女，陰知其謀。恐見誅，迺陰令人告其兄齊王，欲令發兵西，誅諸吕而立。朱虛侯欲從中與大臣爲應。齊王欲發兵，其相弗聽。

八月丙午，齊王欲使人誅相，相召平迺反，舉兵欲圍王，王因殺其相，遂發兵東，詐奪琅邪王兵，并將之而西。……

太尉絳侯勃不得入軍中主兵。曲周侯酈商老病，其子寄與吕禄善。絳侯乃與丞相陳平謀，使人劫酈商，令其子寄往紿説吕禄，……吕禄信然其計，欲歸將印，以兵屬太尉。使人報吕産及諸吕老人，或以爲便，或曰不便，計猶豫未有所决。吕禄……過其姑吕嬃，嬃大怒，曰："若爲將而棄軍，吕氏今無處矣，"迺悉出珠玉寶器散堂下，曰："無爲他人守也。"左丞相食其免。

八月庚申旦，平陽侯窋行御史大夫事，見相國産計事。……吕禄以爲酈兄不欺己，遂解印屬典客，而以兵授太尉。……太尉遂將北軍。

然尚有南軍。平陽侯聞之，以吕産謀告丞相平，丞相平迺召朱虛侯佐太尉。太尉令朱虛侯監軍門。令平陽侯告衛尉："毋入相國産殿門。"吕産不知吕禄已去北軍，迺入未央宫，欲爲亂，殿門弗得入，裴回往來。……朱虛侯……遂擊産，……殺之郎中府吏廁中。……還，馳入北軍，報太尉。太尉起，拜賀朱虛侯曰："所患獨吕産，今已誅，天下定矣。"遂遣人分部悉捕諸吕男女，無少長皆斬之。

辛酉，捕斬吕禄，而笞殺吕嬃。使人誅燕王吕通，而廢魯王偃。

壬戌，以帝太傅食其復爲左丞相。

戊辰，徙濟川王王梁，立趙幽王子遂爲趙王。遣朱虛侯章以誅諸吕氏事告齊王，令罷兵。灌嬰兵亦罷滎陽而歸。[1]

---

[1] 《史記》卷九《吕太后本紀》，頁515—519。

上面這段文字，有一些月份和紀日干支，或存在問題，或與《史記》其他篇卷以及《漢書》中的相關記載存在牴牾，今中華書局點校本無校，而辨明這些内容，直接牽涉到對吕后去世前後政治局勢的理解。

〖**今案**〗

過去人們針對這段内容中紀月紀日可能存在舛誤的討論，首先是“七月辛巳”這個吕后去世的時間。與此密切相關的，還有審食其升任太傅的時間，這在《史記·漢興以來將相名臣年表》中也有記載：

> （高后）元年，十一月甲子，徙（陳）平爲右丞相，辟陽侯審食其爲左丞相。
>
> 八年七月，高后崩。
>
> 七月辛巳，（審食其）爲帝太傅。
>
> 九月丙戌，（審食其）復爲丞相。
>
> 後九月，食其免相。[1]

除了審食其復爲丞相的時間，與《吕太后本紀》的記載有明顯出入，同時還增列審食其免相的時間之外，其他都與《吕太后本紀》相同。不過，《漢書·百官公卿表》載録審食其升任太傅及其復職丞相的時間，與《史記》上述記載，又有很大不同：

> （高后）七年，七月辛巳，左丞相食其爲太傅。
>
> 八年九月丙戌，（審食其）復爲丞相。
>
> 後九月，免。[2]

〔1〕《史記》卷二二《漢興以來將相名臣年表》，頁1334—1335。

〔2〕《漢書》卷一九下《百官公卿表》下，頁754。

其中審食其擢升太傅的時間,被足足提前了一年,孰是孰非,實在是不能不辨了。

早在北宋時期,司馬光就參合上述三種不同記載,提出質疑説:

> 《史記·將相表》(案指《史記·漢興以來將相名臣年表》):八年七月辛巳,食其爲太傅。九月丙戌,復爲丞相。後九月,免。《漢書·公卿表》(案指《漢書·百官公卿表》):七年七月辛巳,食其爲太傅。八年九月,復爲丞相。後九月,免。以長曆推之,八年七月無辛巳,九月無丙戌。閏月群臣代邸上議,無食其名。二表皆誤。今從《史記》本紀,免相在此月。本紀又云"八月壬戌,食其復爲左丞相",亦誤。[1]

這裏提到的"長曆"(史籍中或書作"長歷"),是指按照各個時期曆法原理推算出來的多年連續不斷的曆書,猶如我們今天所説的"萬年曆",而司馬光在撰著《通鑑》時實際依據的這樣的"長曆",爲北宋仁宗時期人劉羲叟所編制者[2]。司馬光依據劉氏長曆推算,以爲吕后八年七月辛巳和同年九月丙戌這兩個紀日的干支都存在問題,而他在《資治通鑑》中採取的處理方法,乃是在七月之下,依據前述《史記·吕太后本紀》的記載,述云"高后已葬,以左丞相審食其爲帝太傅",即《通鑑考異》所説"從《史記》本紀",但對是年九月審食其復爲左丞相一事,則既未依從《史記·漢興以來將相名臣年表》和《漢書·百官公卿表》,也没有採用《史記·吕太后本紀》的記載,只是漠視其事,不予載述;甚至連同年後九月免除審食其相位之事,也避而未談[3]。司馬光雖然試圖用《史記·漢興以來將相名臣年表》和《漢書·百官公卿表》"二表皆誤",乃至《史記·吕太后本紀》云"'八月

〔1〕 宋司馬光《資治通鑑考異》卷一,頁3。

〔2〕 宋司馬光《資治通鑑目録》(上海,商務印書館,民國《四部叢刊初編》影印涵芬樓藏北宋刊本)卷一司馬氏自序,頁1a。又司馬光《資治通鑑考異》卷一,頁2。

〔3〕 宋司馬光《資治通鑑》卷一三高后八年,頁429—440。

壬戌食其復爲左丞相'亦誤",來解釋自己的做法,但這種解釋本來是以吕后"八年七月無辛巳,九月無丙戌"爲基礎的,然而他在《通鑑》當中却還是採録了《史記·吕太后本紀》以及《漢書·高后紀》中吕后病逝於七月辛巳這一記載[1]。前後牴牾若此,清楚顯示出司馬温公對相關問題,缺乏清楚的認識,同時也充分體現出這一問題的複雜性。

劉羲叟編制的長曆,在西漢初年武帝太初改曆以前這一時期,係並列"殷曆"和"顓頊曆"兩種曆法逐月的朔日,蓋以當時對"漢初用殷歷(曆)或云用顓頊歷(曆)"尚無法做出判斷[2]。不過在吕后八年七月是否有辛巳這一點上,不管是按照殷曆推算,還是按照顓頊曆推算,結果都是一樣,即七月壬子朔,本月没有辛巳,辛巳爲八月的朔日[3]。司馬光既然依此否定了《史記·漢興以來將相名臣年表》和《漢書·百官公卿表》中七月辛巳審食其升任太傅的記載,同樣也應該否定《史記·吕太后本紀》和《漢書·高后紀》中吕后逝世於七月辛巳的記載。

不過,幸好司馬光出於無奈,在吕后逝世時間這一問題上,《通鑑》當中還是依樣迻録了《史記》和《漢書》的記載。實際上劉羲叟的長曆相當粗疏,清人周壽昌已經懷疑其相關記載或有譌誤[4]。清代以來,通過諸多學者持續不斷的努力,相關曆表已日趨精密;現代學者又充分結合史籍記載和出土文獻加以深入研究,編制出了更爲切合歷史實際的顓頊曆表,同時亦足以確認西漢初年在太初改曆之前行用的是顓頊曆,而不是殷曆。今查核朱桂昌編《顓頊日曆表》可知,辛巳是吕后八年七月的晦日[5],《史記·吕太后本紀》記載的吕雉亡日自可信據。

吕后卒於八年七月辛巳雖然無可置疑,但《史記·漢興以來將相名臣

---

[1] 宋司馬光《資治通鑑》卷一三高后八年,頁430。《漢書》卷三《高后紀》,頁100。

[2] 宋司馬光《資治通鑑目録》卷三,頁1a。

[3] 宋司馬光《資治通鑑目録》卷三,頁13a。

[4] 清周壽昌《漢書注校補》(上海,商務印書館,1937,《國學基本叢書》本)卷一二,頁173。

[5] 朱桂昌《顓頊日曆表》(北京,中華書局,2012),頁376。

年表》記審食其在同日升任太傅，却並不可信。如前引《史記・吕太后本紀》所見，是在"高后已葬"之後，纔"以左丞相審食其爲帝太傅"，而吕后七月晦日去世，斷無當日下葬之理，故審食其絶不會在辛巳這一天升任太傅。揆諸情理，此事必定發生在進入八月之後，所謂"高后已葬，以左丞相審食其爲帝太傅"之語，太史公不過因叙述與吕后去世相關的史事連類附記而已。觀《吕太后本紀》下文在八月丙午日亦即二十五日之後，復記云"左丞相食其免"，清人梁玉繩嘗推測"此六字當書後九月中，誤入於八月也"[1]，所説當然很有道理。但若换一個角度來看，審食其之出任太傅，或許就在此時。蓋升任太傅與解除其左丞相原職，自應同步施行。當初吕后始設太傅一職，便是緣於右丞相王陵力阻吕氏封王，"太后欲廢王陵，乃拜爲帝太傅，奪之相權"[2]，審食其斷無身兼二職的可能，"左丞相食其免"云云很有可能就是從解除原任相位這一角度對審食其這次職位變更所做的記載。司馬光没有能夠準確理解《史記・吕太后本紀》的記載，將審食其升任太傅一事繫於吕后八年七月辛巳日之下[3]，而且如上所述，還明確講述審食其"免相在此月"，自屬差錯。

需要稍加説明的是，清人梁玉繩曾經信從《漢書・百官公卿表》的記載，以爲審食其出任太傅，"事在(吕后)七年七月"，而《吕后本紀》"書於八年七月高后葬後，與《將相表》同誤矣"[4]。然而，核諸相關史事，知此説亦誤。審食其出任太傅的時間，絶不可能像《漢書・百官公卿表》所記載的那樣是在吕后七年的七月辛巳。蓋吕后七年二月，以吕産"爲帝太傅"，直至七月辛巳吕后去世之後，始"大赦天下，以吕王産爲相國"，騰出太傅的位置，所以纔會在吕后下葬之後，擢升審食其來填補這一空缺[5]。實則

[1] 清梁玉繩《史記志疑》卷七，頁250。

[2] 《史記》卷九《吕太后本紀》，頁508—509。

[3] 宋司馬光《資治通鑑》卷一三高后八年，頁430。

[4] 清梁玉繩《史記志疑》卷七，頁249。

[5] 《史記》卷九《吕太后本紀》，頁513—515。

在梁玉繩之前,何焯已經注意到今本《漢書・百官公卿表》吕后八年"七月辛巳左丞相食其爲太傅"這一紀事的位置應有舛錯,"當并後爲一條"[1];後來周壽昌也指出此事"宜改正在八年",與"九月丙戌復爲丞相"事,"作一格書"[2];張文虎同樣以爲傳世《百官公卿表》乃將此事"錯在七年下",並進一步説明云:"'八年九月丙戌,復爲丞相',此文不書食其名,蓋即承'七月辛巳'來,則前文之錯明矣。"[3]亦即應當依據《史記・漢興以來將相名臣年表》的繫年來訂正《漢書・百官公卿表》,而不是相反。

接下來讓我們再來審視《史記・漢興以來將相名臣年表》九月丙戌審食其復爲丞相這一記載是否存在問題。如司馬光所説,吕后八年九月無丙戌之日,這在當代學者朱桂昌編制的《顓頊日曆表》中,依然如此[4]。可知這一干支,必定有誤。既然如此,就需要着力關注《史記・吕太后本紀》所記吕后八年八月"壬戌以帝太傅食其復爲左丞相"這一時日。

對此,首先需要注意的是,如前列引文所見,《史記・吕太后本紀》的紀事,連續兩次出現了"八月",先是"八月丙午",繼之又有"八月庚申旦","壬戌以帝太傅食其復爲左丞相"這一記載,便是次於"八月庚申"之後。司馬光在《資治通鑑考異》中已經辨析説:

> 《史記》本紀"八月庚申旦",上有八月丙午,《漢書・高后紀》亦云"八月庚申旦",今以長曆推之,下"八月"當爲"九月"。[5]

不惟《通鑑》紀事,依此繫年[6],南宋學者吕祖謙、王益之以及清人梁玉繩等也持同樣看法,張文虎還更進一步考述説,殷曆和顓頊曆"二術九月皆辛

[1] 清姚範《援鶉堂筆記》(清道光十五年裔孫姚瑩刊本)卷二〇,頁14a。

[2] 清周壽昌《漢書注校補》卷一二,頁173。

[3] 清張文虎《舒藝室隨筆》卷五,頁10b—11a。

[4] 朱桂昌《顓頊日曆表》,頁376。

[5] 宋司馬光《資治通鑑考異》卷一,頁3。

[6] 宋司馬光《資治通鑑》卷一三高后八年,頁433。

亥朔,庚申,九月十日也。《將相表》九月誅諸吕,是其證。《通鑑》作'九月'是"[1]。其實陳平、周勃等誅除諸吕,事在吕后八年九月,這在《史記·孝文本紀》當中也有清楚記載[2],張氏所説,確有堅實的依據。依據《史記》同時也是前此後世所有史書的通例,編年紀事,自無連續重言"八月"的寫法,其間必有一誤。前文既已辨明吕后於七月辛巳逝世的記載確切無誤,繼之而書的"八月丙午"又合於曆法(八月二十五日),而且在把後一"八月"更改爲"九月"之後,《吕太后本紀》中庚申、辛酉、壬戌、戊辰這一系列干支也都與顓頊曆吻合(分别爲十、十一、十二、十八日)[3],那麽,自應遵從《資治通鑑》的做法,把《史記·吕太后本紀》的"八月庚申旦"改訂爲"九月庚申旦"。

需要注意的是,《史記·漢興以來將相名臣年表》中吕后八年七月辛巳審食其出任太傅和九月丙戌審食其復爲丞相這兩條紀事的干支,並不能按照上述考訂的結果來做更改。這是因爲這兩處錯誤出自作者本人,不像《吕太后本紀》上述月份舛謬一樣,是史籍流傳過程中因"八"、"九"兩字字形相近而産生的版本譌誤(《漢書·百官公卿表》同一記載應是承自《史記·漢興以來將相名臣年表》,同樣毋須改訂),而校勘史籍不必代作者改訂内容。清人沈欽韓及近人余嘉錫都早已論定,今所傳《漢興以來將相名臣年表》係西漢成帝時人馮商續補[4],故與太史公書原有的内容相比較,"年月、官職,駁戾頗多"[5],出現這樣的疏誤,本不足爲怪。

[1] 宋吕祖謙《大事記》(杭州,浙江古籍出版社,2005,《吕祖謙全集》本)卷九,頁129。又吕祖謙《大事記解題》(杭州,浙江古籍出版社,2005,《吕祖謙全集》本)卷九,頁615。宋王益之《西漢年紀》(上海,商務印書館,1937,《國學基本叢書》本)卷四,頁50。清梁玉繩《史記志疑》卷七,頁250。清張文虎《校刊史記集解索隱正義札記》卷一,頁100。又張文虎《舒藝室隨筆》卷五,頁2a。

[2] 《史記》卷一〇《孝文本紀》,頁525。

[3] 朱桂昌《顓頊日曆表》,頁376。

[4] 清沈欽韓《漢書疏證》(上海,上海古籍出版社,2006,影印清光緒浙江書局刻本)卷二四,頁670。余嘉錫《太史公書亡篇考》,見作者文集《余嘉錫論學雜著》(北京,中華書局,1963),頁14,頁31—35。

[5] 清梁玉繩《史記志疑》卷一四,頁756。

確定吕后去世之後審食其職位的遷改時間,有助於我們更爲清楚地理解當時的政治局勢。審食其其人在漢初開國功臣群體當中,與吕后及其家族的關係,比較特殊,史稱審氏"於諸吕至深"[1]。《史記·陳丞相世家》載"食其亦沛人。漢王之敗彭城西,楚取太上皇、吕后爲質,食其以舍人侍吕后。其後從破項籍爲侯,幸於吕太后"[2],《高祖功臣侯者年表》更具體記述説:"以舍人初起,侍吕后、孝惠沛三歲十月。吕后入楚,食其從一歲。侯。"[3]由於這一層獨特的因緣,在惠帝死後,吕后稱制,廣立諸吕爲王以抗衡功臣集團勢力的時候,吕后首先陽升力阻此事的王陵爲太傅以褫奪其相權,然後"以左丞相(陳)平爲右丞相,以辟陽侯審食其爲左丞相"[4]。吕后摒棄王陵而擢用陳平,是因爲陳平表面上積極附從於吕后,即《史記》所稱平"僞聽之"[5]。但與陳平一道經歷西漢開國歷程的吕后,深知其足智多謀,以"常出奇計,救糾紛之難,振國家之患"而著稱於時[6],是在世開國功臣當中需要着力防範的首要人物。所以,吕后又同時任用審食其爲左丞相,以相牽制。從表面上看,右丞相陳平自然位在審食其之上,但實際上審食其並不在外朝治事,而是"令監宫中,如郎中令,食其故得幸太后,常用事,公卿皆因而決事"[7]。尤其值得注意的是,審食其之"得幸太后",非徒聽其獻策建言而已,尚有令吕后羞慚不可告人的秘事[8],范曄撰《後漢

---

〔1〕《史記》卷九七《酈生陸賈列傳》,頁 3274。

〔2〕《史記》卷五六《陳丞相世家》,頁 2503。

〔3〕《史記》卷一八《高祖功臣侯者年表》,頁 1098。案據《史記》卷七《項羽本紀》(頁 419)、卷八《高祖本紀》(頁 469—470),彭城之戰時劉邦之"父母妻子"俱被項羽擄去,清趙翼《廿二史劄記》(清嘉慶五年湛貽堂原刻本)卷一"漢王父母妻子"條(頁 13b—14a)考釋云所謂母、子是指劉邦庶母、庶子。

〔4〕《史記》卷九《吕太后本紀》,頁 508—509。

〔5〕《史記》卷五六《陳丞相世家》,頁 2503。

〔6〕《史記》卷五六《陳丞相世家》,頁 2505。

〔7〕《史記》卷九《吕太后本紀》,頁 509;又卷五六《陳丞相世家》,頁 2503。

〔8〕《史記》卷九七《酈生陸賈列傳》,頁 3274。

書》,乃徑以“帷簿不修”稱之[1],因而其權位之重,迥非尋常人臣可比,猶如後來昭帝時期以“領尚書事”身份凌越於丞相車千秋之上實際掌控朝政的霍光,事實上是空置陳平爲擺設。在這種情況下,陳平則益不治事,“日飲醇酒,戲婦女”,以韜晦遠禍[2]。

另一方面,儘管審食其因親侍吕后而深得信任,但從本質上來説,他畢竟也是開國功臣集團當中的重要成員,一旦群臣作亂,未必完全可靠。當初劉邦去世之後,吕后曾與審食其密謀,欲盡誅功臣以安固帝室,審食其乃居中調停而未能盡力促成其事,已經顯露這一特性[3]。因此,在吕后去世之後,諸吕就安排吕産來居相國之職,以直接操控朝政。同時,爲安撫和利用審食其,接着又在八月擢升審食其爲太傅,正式將其職位提升至陳平之上。在高祖辭世前向吕后交待的堪以出居相位的後繼人選中,陳平是當時在世者中的首選[4]。後來這些勛臣舊將起兵誅除諸吕,擁立代王劉恒爲帝,也是以陳平爲“本謀”[5]。凡此,皆足以説明陳平是對諸吕最大的威脅。拔擢審食其,自然有助於進一步壓制陳平。

也正因爲如此,陳平、周勃等功臣起事,在九月庚申(十日)控制南、北兩軍,並在翌日辛酉(十一日)誅殺諸吕之後,隨即就在第二天壬戌日(十二日)免除了審食其的太傅職位,將其降爲右丞相陳平之下的左丞相,以便由陳平來名正言順地發號施令。司馬光因未能釐清相關紀事月份干支的正誤,竟謂“八月壬戌食其復爲左丞相”之事“亦誤”,自屬謬説。清人張文虎考訂此事,本來做出過很好的説明:

---

〔1〕《後漢書》(北京,中華書局,1965)卷一〇上《皇后紀》上,頁399。清洪亮吉《曉讀書齋雜録》(清道光二十二年刻本)之初録卷上,頁8a。

〔2〕《史記》卷五六《陳丞相世家》,頁2503。

〔3〕《史記》卷八《高祖本紀》,頁492。

〔4〕《史記》卷八《高祖本紀》,頁491—492。

〔5〕《史記》卷五六《陳丞相世家》,頁2503;又卷九七《酈生陸賈列傳》,頁3271—3272。

九月壬戌復爲相，後九月復免。壬戌，庚申後二日，《將相表》作"丙戌"，誤也。《通鑑考異》以壬戌爲誤，非。[1]

或徑謂之曰：

九月辛亥朔，無丙戌，《史記·高后紀》作"壬戌"是。[2]

當時之所以沒有徹底褫奪審食其的權位，自是陳平善於謀略的天性使然。蓋政變之初，控制事態爲第一要務，爲此，不宜擴大懲治的範圍。待局勢進一步穩定之後，始在同年後九月免除審食其的左丞相職位。在這一點上，《史記·漢興以來將相名臣年表》和《漢書·百官公卿表》的記載應可信據。由於此事發生在代王劉恒入京之前，故《史記·孝文本紀》記載劉恒入居長安城代邸之後向其勸進的群臣，只列有"丞相陳平、太尉周勃、大將軍陳武、御史大夫張蒼、宗正劉郢、朱虛侯劉章、東牟侯劉興居、典客劉揭"[3]，沒有能夠見到左丞相審食其的名字，即司馬光所說"閏月群臣代邸上議，無食其名"者。

通過以上論述可知，司馬光撰著《資治通鑑》，因未能判明相關月份干支的是非正誤而對有關審食其職位任免的紀事闕而不書，實際上湮沒了吕后去世之後西漢朝廷權力鬥争的一些重要史事，現在我們認定或是訂正《吕后本紀》中的相關記載，則可以重新揭示歷史的真相。

---

〔1〕清張文虎《校刊史記集解索隱正義札記》卷一，頁101。

〔2〕清張文虎《舒藝室隨筆》卷五，頁11a。

〔3〕《史記》卷一〇《孝文本紀》，頁528。

四、孝文本紀

【一】《史記·孝文本紀》原文:

丞相陳平、太尉周勃等使人迎代王。代王問左右郎中令張武等。張武等議曰:“漢大臣皆故高帝時大將,習兵,多謀詐,此其屬意非止此也。特畏高帝、呂太后威爾。今已誅諸呂,新啑血京師,此以迎大王爲名,實不可信。願大王稱疾毋往,以觀其變。”中尉宋昌進曰:“群臣之議皆非也。……方今高帝子獨淮南王與大王,大王又長,賢聖仁孝,聞於天下,故大臣因天下之心而欲迎立大王,大王勿疑也。”代王報太后計之,猶與未定。卜之龜,卦兆得大横。占曰:“大横庚庚,余爲天王,夏啓以光。”代王曰:“寡人固已爲王矣,又何王?”卜人曰:“所謂天王者乃天子。”於是代王乃遣太后弟薄昭往見絳侯,絳侯等具爲昭言所以迎立王意。薄昭還報曰:“信矣,毋可疑者。”代王乃笑謂宋昌曰:“果如公言。”乃命宋昌参乘,張武等六人乘六乘傳詣長安。……遂馳入長安邸。[1]

上文末尾“張武等六人乘六乘傳詣長安”句,《漢書·文帝紀》與之完全相同[2],然而此中華書局新修訂點校本《史記》的底本,原來却是書作“張武等六人乘傳詣長安”。點校者在校勘記中述云:

“六乘”二字原無,據東北本補。按:本書卷九《吕太后本紀》、卷一〇一《袁盎晁錯列傳》、《漢書》卷四《文帝紀》、卷四九《袁盎傳》皆

---

〔1〕《史記》卷一〇《孝文本紀》,頁525—526。

〔2〕《漢書》卷四《文帝紀》,頁106。

云代王"乘六乘傳"。[1]

所謂"東北本",是指日本東北大學圖書館收藏的一種古寫本《孝文本紀》,其文字是否真確可依,還有待辨析。

〖**今案**〗

上引校勘記表明,點校者做出這一增改,除了日本東北大學圖書館收藏的那部古寫本《史記》零篇之外,別無其他版本依據;也就是説,《史記》各種傳世刻本,此句俱作"張武等六人乘傳詣長安"。另外,唐初歐陽詢奉敕編著的《藝文類聚》、北宋初年李昉等奉敕編著的《太平御覽》,引述《史記》,文字也是如此[2]。在這種情況下,對今本新增入的"六乘"二字,似需要謹慎審視。

主持《史記》修訂工作的趙生群教授,一向特別看重《史記》的早期寫本。在過去發表的一篇題爲《校點本〈史記〉正文校議》的文章中,就曾特別强調,在校勘《史記》時,要"有意識地利用出土文獻",而他所説的"出土文獻",實際上是把過去不易目驗的傳世古鈔本也包括在内。趙氏以爲,藉助此等罕見秘籍來做改訂舊本的文字,以突破前人所受"客觀條件的限制"等"時代的局限",是我們在今天勘正《史記》文本的重要手段[3]。

若是不考慮其他因素,這樣的想法並没有什麽問題,但趙氏此語顯然是針對傳世基本文獻的作用和價值而發,明顯具有偏重新見罕秘文本和史料的傾向。這就涉及校勘古籍的一般原則問題,再説這種傾向早已成爲中國古代文史研究領域的主流,不僅僅是個别人的看法問題,因而也就不能不稍事斟酌了。就我個人而言,對這種傾向是很不認同的。當年趙生群教

---

〔1〕《史記》卷一〇《孝文本紀》附《校勘記》,頁553。

〔2〕唐歐陽詢《藝文類聚》(上海,上海古籍出版社,2013,影印宋紹興刻本)卷一二《帝王部·漢文帝》,頁364。宋李昉等《太平御覽》卷八八《皇王部·漢孝文皇帝》,頁417。

〔3〕王華寶、趙生群《校點本〈史記〉正文校議》,刊《文史》2006年第3輯,頁39—50。

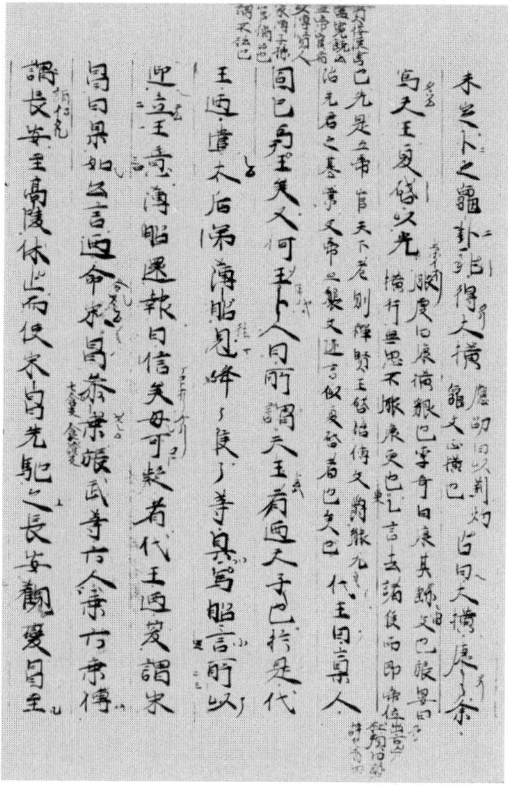
未出卜之龜卦兆得大橫占曰大橫庚庚余
為天王夏啓以光
代王曰寡人
固已為王矣又何王卜人曰所謂天王者乃天子也於是代
王乃遣太后弟薄昭見絳侯等具為昭言所以
迎立王意薄昭還報曰信矣毋可疑者代王乃笑謂宋
昌曰果如公言乃命宋昌參乘張武等六人乘傳
詣長安至高陵休止而使宋昌先馳之長安觀變昌至

○ 日本"貴重古典籍刊行會"影印古寫本《史記·孝文本紀》

授剛一發表上述文章,我就撰文指出,在宋代普及雕版印刷之初,雕版印刷特別是各種官府刻本對勘定並規範典籍文字所發揮的積極作用,絲毫不亞於其快速、大量地復製和廣泛流通書籍的功能。故如歐陽脩所云,彼時刻本的文字,往往要比那些鈔本、寫本更爲準確[1]。

明白雕版印書這一特點,更應該合理對待刻本與鈔本,而所謂合理對待,至少應該同等對待常見傳世文本與晚近獲知的秘本,不帶新、舊成見,惟"善"是從。若就《史記》具體文字的校勘而言,以前我就針對趙生群依據日藏古寫本殘卷把《史記·河渠書》的"故鹵地"改訂成"故惡地"的做

〔1〕 宋歐陽脩《集古録跋尾》(北京,中國書店,1986,《歐陽修全集》本)卷八"唐田弘正家廟碑"條,頁1189—1190。

法,提出過不同意見,指出在這些寫本當中,往往會有明顯的錯字,甚至是很低級的譌誤,如連連將句末的語氣助詞“兮”字錯譌成爲“子”字[1]。因此,對日本東北大學收藏的這部古寫本《史記》殘卷,同樣不宜佞從偏信,還是要對相關文獻做對比分析,因爲在這部寫本中同樣有很多顯而易見的文字譌誤(如張武等六人“乘六乘傳詣長安”的“詣”即以形近而譌作毫不相干的“謂”字[2])。

首先讓我們來看一看,《史記·吕太后本紀》的記載:

> 諸大臣相與陰謀,……迺曰:“代王方今高帝見子最長,仁孝寬厚。太后家薄氏謹良。且立長故順,以仁孝聞於天下,便。”迺相與共陰使人召代王。代王使人辭謝。再反,然後乘六乘傳。後九月晦日己酉,至長安。[3]

再來看《史記·袁盎鼂錯列傳》的記載:

> 淮南王至雍,病死,聞,上輟食,哭甚哀。盎入,頓首請罪。上曰:“以不用公言至此。”盎曰:“上自寬,此往事,豈可悔哉!且陛下有高世之行者三,此不足以毀名。”上曰:“吾高世行三者何事?”盎曰:“陛下居代時,太后嘗病,三年,陛下不交睫,不解衣,湯藥非陛下口所嘗弗進。夫曾參以布衣猶難之,今陛下親以王者脩之,過曾參孝遠矣。夫諸吕用事,大臣專制,然陛下從代乘六乘傳馳不測之淵,雖賁育之勇,不及陛下。陛下至代邸,西向讓天子位者再,南面讓天子位者三。夫許由一讓,而陛下五以天下讓,過許由四矣。且陛下遷淮南王,欲以

[1] 拙撰《西漢關中龍首渠所灌溉之“鹵地”抑或“惡地”與合理對待傳世文獻問題》,原刊《書品》2006年第6期,後收入拙著《讀書與藏書之間(二集)》(北京,中華書局,2008),頁267—278。

[2] 《史記·孝文本紀》(東京,貴重古典籍刊行會,1954,影印日本東北大學圖書館藏古寫本),頁4。

[3] 《史記》卷九《吕太后本紀》,頁520。

苦其志,使改過,有司衞不謹,故病死。”於是上乃解。[1]

請注意,《史記》之《吕后本紀》和《袁盎晁錯列傳》的記載(《漢書·袁盎傳》“乘六乘傳”一説,直接承自《史記》上述記載,並没有獨立的史料價值),與《孝文本紀》有一個明顯的差别,這就是在記述代王乘傳入長安事時,都没有提及參乘的宋昌和“張武等六人”,可是有與没有這一内容,情況有很大不同。

代王劉恒等人乘用的“傳”,是指傳車,簡單地説,猶如漢廷提供的“驛站”專用車輛。唐人顔師古曾專門解釋“傳”這一詞語説:“傳者,若今之驛。古者以車,謂之傳車。其後又單置馬,謂之驛騎。”[2]在顔師古之先,曹魏人張晏解釋説“傳馬”猶如“驛馬”[3],也是基於同樣的認識。《吕太后本紀》和《袁盎晁錯列傳》都記載代王一行西來長安,係“乘六乘傳”,也就是六輛傳車。關於他們乘用這“六乘傳”的原因,曹魏時人張晏在注釋《漢書》時解釋説,乃是“備漢朝有變,欲馳還也”[4]。這或許是把“六乘傳”理解成一種使用六匹馬拉的快速傳車了,即把“乘”字解作“傳馬”之義,不然是不會做出像“欲馳還”這樣的解釋的。

然而,古人稱述拉車用馬的數目,并不用“乘”字,而是直接説“駕若干馬”。如《漢書·韓延壽傳》記“延壽在東郡時,試騎士,治飾兵車,畫龍虎朱爵。延壽衣黄紈方領,駕四馬,傅總,建幢棨,植羽葆,鼓車、歌車,功曹引車,皆駕四馬,載棨戟。五騎爲伍,分左右部,軍假司馬、千人持幢旁轂。歌者先居射室,望見延壽車,噭咷楚歌。延壽坐射室,騎吏持戟夾陛列立,騎士從者帶弓韣羅後。令騎士兵車四面營陳,被甲鞮鍪居馬上,抱弩負籣。

[1] 《史記》卷一〇一《袁盎晁錯列傳》,頁3317。

[2] 《漢書》卷一下《高帝紀》下唐顔師古注,頁57—58。

[3] 《漢書》卷七《昭帝紀》並唐顔師古注引張晏語,頁228。

[4] 《史記》卷九《吕太后本紀》劉宋裴駰《集解》引曹魏張晏語,頁520。

又使騎士戲車弄馬盜驂"[1]。這是對當時車馬出行儀仗場面很生動的描繪,其"駕四馬"云者,即謂以四馬拉車。可見,"乘"字在這裏,還應當理解爲數算車輛數目的量詞,即相當於現在所説一輛、兩輛的"輛"。實際上,《漢律》規定,在乘用傳車時,"急者乘一乘傳"[2],亦即僅僅動用一輛傳車,而不應該動用"六乘"之多。這大概是爲確保沿途能夠及時提供補給。例如漢代每當"陳寶"神(實際上應當是隕石)在雍地神祠附近從天而降的時候,即"遣候者乘一乘傳馳詣行在所,以爲福祥"[3]。

由於缺乏相應的依據和用例,就連張晏本人也覺得"備漢朝有變,欲馳還也"這種説法不大靠譜。於是,他又附列另一種解釋説:"或曰傳車六乘。"[4]後來顔師古注《漢書》,便僅擷取這一附列的説法,而將防止生變以備馳還一説棄置不存[5]。不過,在另一方面,儘管"六乘"車隊算不上是最快捷的行旅方式,但對於像代王劉恒這樣的諸侯王來説,此番進京,僅僅身隨"六乘",確實算得上是輕車簡從。類似簡率的隨從規模,尚别見於周亞夫受命將兵平定吴楚之亂時由長安去往洛陽的旅程。史載周亞夫出長安城後,一開始按照通常的走法,直奔函谷關東行,待"至霸上,趙涉遮説亞夫曰:'將軍東誅吴楚,勝則宗廟安,不勝則天下危,能用臣之言乎?'亞夫下車,禮而問之。涉曰:'吴王素富,懷輯死士久矣。此知將軍且行,必置間人於殽黽阸陿之間。且兵事上神密,將軍何不從此右去,走藍田,出武關,抵雒陽,間不過差一二日,直入武庫,擊鳴鼓。諸侯聞之,以爲將軍從天而下也。'太尉如其計,至雒陽,使吏搜殽黽間,果得吴伏兵"[6]。爲達到出其不意的效果,周亞夫在霸上轉趨東南,繞行武關一路,一行人亦僅"乘六乘

[1] 《漢書》卷七六《韓延壽傳》,頁3214。

[2] 《漢書》卷一下《高帝紀》下唐顔師古注引曹魏如淳述《漢律》,頁57。

[3] 《漢書》卷二五下《郊祀志》下,頁1258。

[4] 《史記》卷九《吕太后本紀》劉宋裴駰《集解》引曹魏張晏語,頁520。

[5] 《漢書》卷四《文帝紀》唐顔師古注,頁107。

[6] 《漢書》卷四〇《周亞夫傳》,頁2059。

傳”而已〔1〕。僅帶少量隨從,纔能蔽人耳目,神秘其事,達到“從天而降”的戲劇性效果。這一情況,足以證明,代王劉恒入京時所謂“乘六乘傳”者,應當是指乘用六輛傳車。

後來袁盎對漢文帝説:“陛下從代乘六乘傳馳不測之淵,雖賁育之勇,不及陛下。”這似乎有很多諛頌的成分在内。吕后身故之後,陳平、周勃等開國功臣,誅殺諸吕,擁立代王,是想通過控制劉恒來持有更大的權柄,即袁盎所説“大臣專制”。在這種情况下,劉恒決意進京,確實是要冒一定風險,但他僅以六乘傳相從,却並不是因持有什麽“賁育之勇”而逞能犯難。蓋漢代的制度,對各類人等乘用傳車的員額,有明確的法律規定,在張家山漢簡《二年律令》中即寫有對違法乘用傳車者的嚴厲懲處:“爲傳過員,及私使人而敢爲食傳者,皆坐食臧(贓)爲盜。”〔2〕漢昭帝去世之後,在霍光主持下,以璽書徵召昌邑王劉賀入朝典喪,乃謂之曰:“徵王,乘七乘傳詣長安邸。”〔3〕這裏所説的“長安邸”,應當如代王初入京師所居“代邸”一樣,都是各諸侯王國在京師特設的邸第。這次召唤昌邑王劉賀入京吊唁,其實質用意本來與當年迎接代王劉恒來長安一樣,也是要繼承大位〔4〕。兩相對照,我們似乎有理由推測:動用這種規模的傳車,應該是西漢時期諸侯王進京所能享受的法定待遇。

基於這一認識,我們再來審度《史記》中未經中華書局新修訂本改變之前的那條舊文:“(代王)乃命宋昌參乘,張武等六人乘傳詣長安。”這句話本身的文義,確實稍欠暢達,即“張武等六人”與代王以及參乘宋昌之間的語法關係,不夠清楚,其間似乎有奪落的文字。審看相關記載,知新修訂本《史記》的點校者,是把“乃命宋昌參乘,張武等六人乘傳詣長安”,理解

〔1〕《史記》卷一〇六《吴王濞列傳》,頁3426。

〔2〕張家山二四七號漢墓竹簡整理小組《張家山漢墓竹簡》(北京,文物出版社,2001)之《二年律令圖版》第230號簡,頁26;《二年律令釋文注釋》,頁164。

〔3〕《漢書》卷六三《武五子傳·昌邑王賀》,頁2764。

〔4〕《漢書》卷六八《霍光傳》,頁2937。

爲代王劉恒"與張武等六人乘傳詣長安",即總共乘用六輛傳車,劉恒和宋昌似乎也被算在"六人"這一總數之内。因爲只有這樣,纔會把《史記·孝文本紀》的記載同《吕后本紀》和《袁盎晁錯列傳》兩處記載的劉恒"從代乘六乘傳"入長安一事直接等同爲一事。

當年司馬光在纂修《資治通鑑》時,同樣遇到了這一問題。司馬温公想到的解決辦法,是在"詣長安"的前面補入一個"從"字,書作:"乃命宋昌參乘,張武等六人乘傳,從詣長安。"〔1〕這是把"張武等六人",看作代王劉恒本人以及參乘宋昌之外的隨行人員,總的來説,要比今修訂本的認識合理多了。不過斟酌上下文句的辭氣,似乎不如把"從"字補在"張武等六人"之下要更妥帖一些,即將此句訂補爲:"乃命宋昌參乘,張武等六人〔從〕,乘傳詣長安。"因爲"張武等六人"若是能夠享用傳車,代王劉恒和他的參乘宋昌,當然同樣要乘坐傳車入京。

談到這裏,我們需要察看一下漢代的車制。如淳《漢書》注引述《漢律》的規制是:"四馬高足爲置傳,四馬中足爲馳傳,四馬下足爲乘傳,一馬、二馬爲軺傳。"〔2〕除了四馬和一馬、二馬這三種形式的馬匹配置之外,《後漢書·賈琮傳》還提到"舊典"規定:"傳車驂駕,垂赤帷裳。"〔3〕這種"驂駕"的傳車,是指用三匹馬來拉的車輛〔4〕。不管一馬、兩馬、三馬(或稱"驂駕"),還是四馬(或稱"駟馬"),在漢代的畫像磚、畫像石和墓室壁畫中,都繪有具體的圖像。通過大量車馬出行的圖形,我們可以看到,漢代官員乘坐的車輛,一般來説,車輿内除了一位官吏之外,只另有一名御者。

與這種乘車制度相關的是,我們在漢代可以看到一種名爲"别駕"的職官。唐杜佑《通典》記云:"别駕從事史一人,從刺史行部,别乘一乘傳

〔1〕宋司馬光《資治通鑑》卷一三漢高后八年九月,頁437。

〔2〕《漢書》卷一下《高帝紀》下唐顔師古注引曹魏如淳語,頁57。

〔3〕《後漢書》卷三一《賈琮傳》,頁1112。

〔4〕唐孔穎達等《春秋正義》(上海,商務印書館,民國影印日本覆印景鈔正宗寺單疏本)卷六桓公三年,頁3b。

車,故謂之别駕,漢制也,歷代皆有〔後漢周景爲荆河州,辟陳蕃爲别駕,蕃不就,景題别駕輿曰:'陳仲舉座,不復更辟。'蕃惶恐起視職。袁紹領冀州,以審配爲别駕,委以腹心,並總幕府。紹又以田豐爲别駕。豐勸迎天子,紹不納。及敗,曰:'吾慙田别駕。'〕"〔1〕《續漢書·百官志》載諸州從事史中有一名"别駕從事",若刺史行部,"則奉引,録衆事"〔2〕。另一方面,在和林格爾東漢墓室的壁畫上,有一輛"使持節護烏桓校尉"所乘用三馬傳車,而另有一輛題作"别駕從事"的兩馬傳車,走在它的前面。相互比照,適可進一步印證《通典》所説的情況。又《漢書·循吏傳》載:"上擢(黄)霸爲揚州刺史。三歲,宣帝下詔曰:'制詔御史:其以賢良高第揚州刺史霸爲潁川太守,秩比二千石,居官賜車蓋,特高一丈,别駕主簿車,緹油屏泥於軾前,以章有德。'"〔3〕由此可以推斷,因另行乘坐一車而得名的"别駕"之官,在西漢時期即已出現。

特别需要注意的是,和林格爾的東漢墓室壁畫,在上述"别駕從事"傳車的前面,還另有一輛題作"功曹從事"的兩馬傳車。另外,在山東嘉祥武氏祠畫像石上的出行車隊中,其標示人物身份的"榜題",也有清楚題寫爲"門下功曹"者。所謂"功曹從事"或"門下功曹"乘用的車輛,也就是《漢書·韓延壽傳》所説的"功曹引車",而在兩位"功曹"的身旁,同樣只有一位御者。這兩幅漢代的畫面,愈加表明當時稍有身份的官員,在乘用傳車時,都是一官一車(目前所見漢畫資料顯示,只有諸如《漢書·韓延壽傳》所説"鼓車、歌車"之類歌舞娱樂的伎樂用車,因爲需要同時演奏或者歌唱表演,纔會衆人同載於一車)。這一制度,乃是承自上古以來的傳統。譬如戰國時"田子方之魏,魏太子從車百乘而迎之郊"〔4〕,就是隨從者人自一車

〔1〕唐杜佑《通典》(東京,汲古書院,1981,影印日本宫内廳書陵部藏北宋刻本)卷三二《職官·州郡》上《揔論州佐》,頁244—245。

〔2〕晉司馬彪《續漢書·百官志》四,見《後漢書》志第二十七,頁3613—3614,頁3619。

〔3〕《漢書》卷八九《黄霸傳》,頁3629。

〔4〕漢韓嬰《韓詩外傳》(北京,中國書店,2008,修補刷印清嘉慶十六年蘇州鏽潤齋鐫秦更年重校刻元至正刊本)卷九,頁8b。

纔會出現的現象。而像代王之命令宋昌爲之參乘(或書作"驂乘"),乃同一車内載有御者、主官和參乘三人,這往往是高官權貴纔能夠享有的一種特別安排(毋庸贅言,其車輿較諸普通車輛要更寬敞一些,纔能容納三人)。

○ 孝堂山石刻所見四馬車[1]

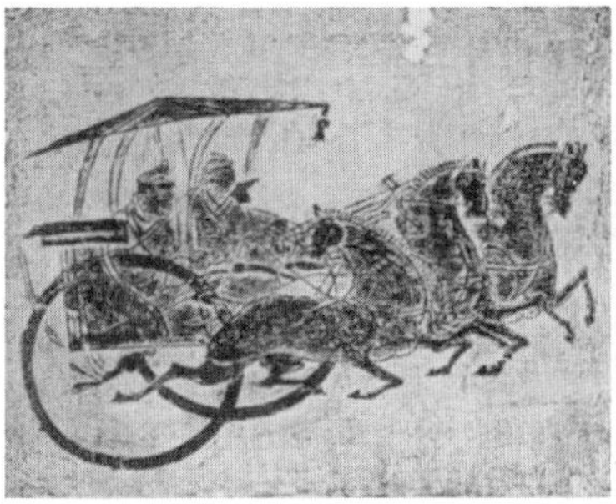

○ 寶成鐵路沿綫出土三馬車畫像磚[2] 成都市附近出土有參乘三馬車漢畫像磚[3]

---

[1] 採自北京卓德國際拍賣有限公司2012年秋季藝術品拍賣會《古籍善本》圖録之第2752號拍品《孝堂山漢畫像刻石》,頁284。參見孫機《漢代物質文化資料圖説》(北京,文物出版社,1990)第23節《車Ⅰ》,頁90—93。

[2] 採自全國基本建設工程中出土文物展覽會工作委員會編著《全國基本建設工程中出土文物展覽圖録》(北京,中國古典藝術出版社,1955)圖版二三六之一。

[3] 採自《中國畫像磚全集》編輯委員會編《四川漢畫像磚》(成都,四川美術出版社,2006)第二圖《軺車驂駕畫像磚》,頁2。

○ 成都站東鄉出土兩馬車畫像磚[1]

○ 成都站東鄉出土單馬車畫像磚[2]

○ 新密市博物館藏兩馬車畫像磚[3]

○ 山東兩城山畫像石上的出行圖[4]

---

[1] 採自全國基本建設工程中出土文物展覽會工作委員會編著《全國基本建設工程中出土文物展覽圖録》圖版二三四。

[2] 採自全國基本建設工程中出土文物展覽會工作委員會編著《全國基本建設工程中出土文物展覽圖録》圖版二三六之二。

[3] 採自《中國畫像磚全集》編輯委員會編《河南漢畫像磚》(成都,四川美術出版社,2006)第七三圖《人物、駢車出行畫像磚》,頁 77。

[4] 採自傅惜華編《漢代畫象全集(二編)》(北京,商務印書館,1951,《巴黎大學北京漢學研究所圖譜叢刊》之一)第 15 圖,頁 10。

○ 山東嘉祥武氏祠畫像石上的出行圖〔1〕

○ 上圖“門下功曹”(前車)等車局部

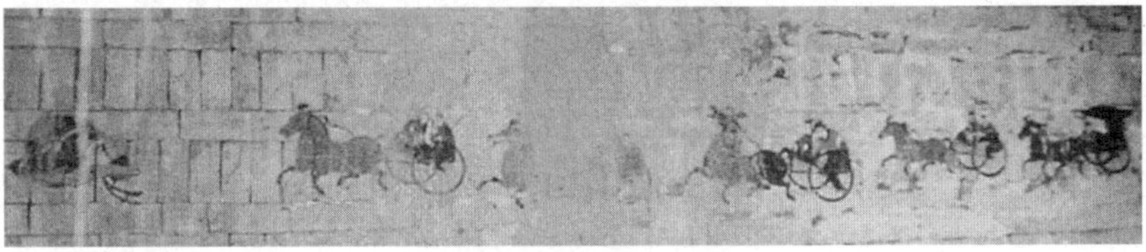

○ 河南偃師朱村東漢墓壁畫出行圖〔2〕

○ 上圖第三、四、五車局部

〔1〕 採自文物圖象研究室漢代拓本整理小組編《“中央研究院”歷史語言研究所藏漢代石刻畫象拓本精選集》(臺北,“中央研究院”歷史語言研究所,2004),頁11。

〔2〕 採自洛陽市文物管理局、洛陽古代藝術博物館編《洛陽古代墓葬壁畫》(鄭州,中州古籍出版社,2010)第十九《偃師朱村東漢壁畫墓》,頁253,頁256。案車隊中第一車雖乘有三人,但此車後部斜插有啓戟,明顯屬前導“斧車”性質,第五車則屬所謂“輜車”,乘坐眷屬,都與普通官吏乘車規制不同。

○ 江蘇徐州銅山縣洪樓漢墓畫像石上的出行圖〔1〕

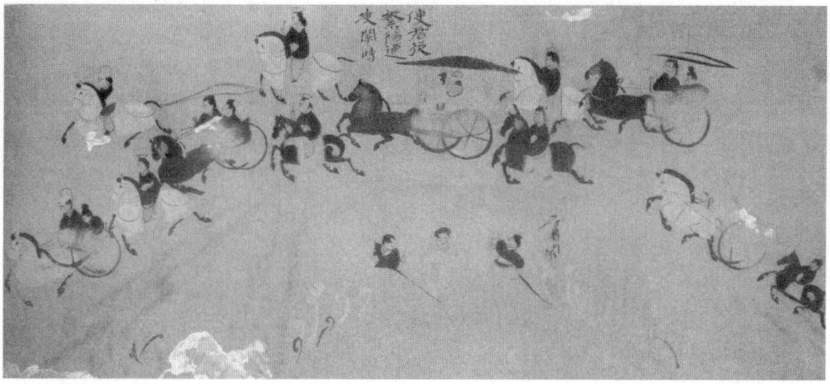

○ 和林格爾漢墓壁畫上的出行圖摹本〔2〕

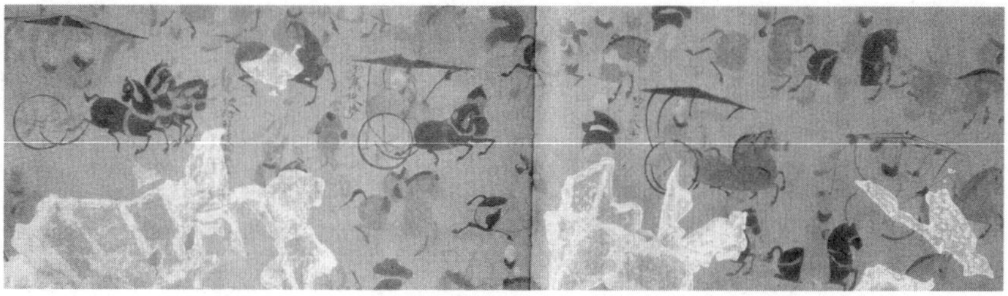

○ 和林格爾漢墓壁畫出行圖摹本上的"别駕從事"(右起第三車)等車〔3〕

---

〔1〕 採自江蘇省文物管理委員會編《江蘇徐州漢畫像石》(北京,科學出版社,1959),圖版肆柒,第61圖。

〔2〕 採自内蒙古自治區文物考古研究所編《和林格爾漢墓壁畫》(北京,文物出版社,2007),頁131。

〔3〕 採自内蒙古自治區文物考古研究所編《和林格爾漢墓壁畫》,頁118—119。

○ 河北安平逯家莊漢墓壁畫出行圖[1]

知悉漢代官員出行乘車的規矩,再來斟酌《史記·孝文本紀》中"(代王)乃命宋昌參乘,張武等六人〔從〕,乘傳詣長安"這段話,可知像郎中令張武這樣身居代王"左右"的王府官員,自然也是每人單獨乘坐一輛傳車。這樣一來,"張武等六人"的傳車加在一起,就應該是"乘六乘傳";若再加上代王劉恒和參乘宋昌共同乘坐的那輛傳車,代王一行,總共應該乘用七輛傳車,而這正是霍光徵召昌邑王劉賀入京時給他指定的"乘七乘傳"這一用車定額。

逐一指實《史記·孝文本紀》相關語句的涵義,可見代王劉恒同昌邑王劉賀在被徵召入京時乘用傳車的情況完全一致。從而愈加清楚地顯示,在諸侯王進京時,其一行人享用"七乘傳車",這應該是一項固定的制度(除了乘坐傳車的諸侯王和陪同官員,一般還會另有導騎、兵衛和僕從之類隨行,張家山漢簡《二年律令·傳食律》所記朝廷配給"傳食"的規定,有時

〔1〕 採自賀西林、鄭岩主編《中國墓室壁畫全集》第一卷《漢魏晉南北朝》(石家莊,河北教育出版社,2011),頁82。

是區分爲“車大夫”與其“從者”這兩大等級[1],所説“從者”既與“車大夫”對舉,便應該是指那些不得乘車的隨從吏員。其實際事例,則如昌邑王劉賀入京時,在相安樂和郎中令龔遂等應乘用傳車的王府官員之外,尚另有“大奴善”和“衛士長”等一些人隨行,同時還帶有“衣車”[2])。由此推論,平定吴楚之亂時周亞夫率人“乘六乘傳”繞出武關,也應該是享用其作爲列侯(時周亞夫受封條侯)的規定待遇。蓋列侯較諸王減少一車,也正與其低於諸王一等的身份相稱。

蓋如前面論述“一乘傳”之制時已經談到的那樣,用傳多寡,涉及馬匹、車輛以至傳舍、厨食等項裝備設施的配置,數量過高則無法承受,沿途傳舍難以提供所需要的補給。例如,昭帝元鳳二年六月,嘗大赦天下,詔云:“朕閔百姓未贍,前年減漕三百萬石,頗省乘輿馬及苑馬,以補邊郡、三輔傳馬。”[3]漢昭帝這一舉措,就顯示出保障充足的傳馬,是朝廷一項很沉重的負擔。當時亦嘗頒佈詔命,反復申飭,令各地“無飾厨傳、增養食”[4],亦即不得擅自增加傳舍供給的範圍和數量。又昔清人杭世駿著《史記疏證》,釋所謂代王“乘六乘傳”事,因不同意張晏“備漢朝有變”而“欲馳還”的説法,乃别作新解云:“乘六乘傳者,如《檀弓》所云‘時亦不可失’,非謂備漢朝有變也。”[5]實際上這是同張晏一樣不切實際的揣想。

基於這一認識,再來看《吕太后本紀》和《袁盎晁錯列傳》提到的代王一行人“乘六乘傳”以至長安的説法,就有可能是由代王在身乘的傳車之外另以“六乘傳”相從西入長安這一史實,譌變衍生的錯誤;至少這很不準

---

[1] 張家山二四七號漢墓竹簡整理小組《張家山漢墓竹簡》之《二年律令圖版》第232、第233號簡,頁26;《二年律令釋文注釋》,頁164。

[2] 《漢書》卷六三《武五子傳·昌邑王賀》,頁2764。

[3] 《漢書》卷七《昭帝紀》,頁228。

[4] 漢衛宏《漢官舊儀》(北京,中華書局,1990,周天游點校《漢官六種》本)卷上,頁38—39。晉司馬彪《續漢書·百官志》一梁劉昭注引《漢舊儀》佚文,見《後漢書》志第二十四,頁3561。

[5] 清佚名《史記疏證》(上海,上海古籍出版社,1995,《續修四庫全書》影印北京圖書館藏清鈔本)卷一〇,頁114。案此書實爲杭世駿所撰。

確。按照漢代官員乘車的慣用方式,“張武等六人”之“乘六乘傳”,這本來是不言而喻的事情,根本用不着贅言“六乘”。若是再把代王的傳車包括在内,那麽劉恒一行總共應“乘七乘傳”。昔朱文公考定《昌黎先生集》文句,訂立的校勘原則,是“悉考衆本之同異,而一以文勢、義理及它書之可證驗者決之。苟是矣,則雖民間近出小本不敢違,有所未安,則雖官本、古本、石本不敢信”[1]。“張武等六人乘六乘傳詣長安”這樣的寫法,既與文勢、義理相悖戾,循此先賢成例,固不宜佞從日本東北大學圖書館收藏的這篇古寫本《孝文本紀》而輕率地把“乘傳”二字改補爲“乘六乘傳”。做這樣的改動,很容易對閲讀和利用《史記》造成錯誤的影響。

至於《漢書·文帝紀》書作“乘六乘傳”,這很可能是班固參照《史記》的《吕太后本紀》和《袁盎晁錯列傳》做了增改。檢南宋吕祖謙撰著《大事記解題》,言“按《史記》本紀、列傳”參叙其事,云諸朝中大臣“乃相與共陰使人召代王,代王使人辭謝。再反,然後乘六乘傳。後九月晦日己酉,至長安渭橋”[2],顯而易見,在這裏,吕氏綜合了《史記·孝文本紀》和《吕太后本紀》、《袁盎晁錯列傳》這兩種不同的説法,同樣以爲劉恒一行人係乘用六輛傳車西至長安。班固所爲,亦應如是。班固在修纂《漢書》的時候,錯誤地更改過《史記》很多文句,此亦其中一例。如同上文已經談到的那樣,只要稍加斟酌,便不難看出,僅僅從文脈詞氣上看,像“張武等六人乘六乘傳詣長安”這樣的句子,實在太過累贅,不像太史公應有的筆法。日本“貴重古典籍刊行會”在1954年影印這篇《史記》殘卷時,著名學者武内義雄寫有《解説》,文中列舉十幾處其優勝於傳世刻本的地方,却没有提到“乘六乘傳”這一重要異文[3]。這説明在武内氏看來,孰是孰非,至少還有待判斷。我覺得這篇古寫本《孝文本紀》中來歷不明的“六乘”二字,很可能

---

[1] 宋朱熹《昌黎先生集考異》(上海,上海古籍出版社,2002,《朱子全書》本)卷一,頁367。

[2] 宋吕祖謙《大事記解題》卷九,頁618。

[3] 見日本“貴重古典籍刊行會”影印日本東北大學圖書館藏古寫本《史記·孝文本紀》附武内義雄撰《解説》,頁3—5。

是“張武等六人從,乘傳詣長安”句中的“從”字泐損之後,被傳録者誤書成“乘六”二字所致。這篇《史記·孝文本紀》的鈔録時間雖然是在延久五年(宋神宗熙寧六年),但它所依據的底本,應是出自李唐時期流入日本的寫本(已經散附有《史記集解》)[1],疑當時的傳本,已有闕誤。

根據以上論述,中華書局新修訂本《史記·孝文本紀》中新增入的這“六乘”二字,不僅很不可靠,甚至還會導致《史記》喪失其固有的文義。因而,以後若有機會進一步修訂此書,最好將其剔除出去,恢復傳世舊本的原貌。若是想要反映日本東北大學這部古寫本的異文,以備參考,自可在校勘記中附加一條説明,但却不宜像現在這樣輕率改易《史記》原文。

【二】《史記·孝文本紀》原文:

(孝文皇帝二年)十一月晦,日有食之。十二月望,日又食。上曰:“朕聞之,天生蒸民,爲之置君以養治之。人主不德,布政不均,則天示之以菑,以誡不治。乃十一月晦,日有食之,適見于天,菑孰大焉!朕獲保宗廟,以微眇之身,託于兆民君王之上,天下治亂,在朕一人,唯二三執政猶吾股肱也。朕下不能理育羣生,上以累三光之明,其不德大矣。令至,其悉思朕之過失,及知見思之所不及,匄以告朕。及舉賢良方正能直言極諫者,以匡朕之不逮。因各飭其任職,務省繇費以便民。朕既不能遠德,故憪然念外人之有非,是以設備未息。今縱不能罷邊屯戍,而又飭兵厚衛,其罷衛將軍軍。太僕見馬遺財足,餘皆以給置傳。

上文末尾“十一月晦,日有食之。十二月望,日又食”,今新點校本未出校,而唐人張守節撰《史記正義》,嘗有注云:“《説文》云日蝕則朔,月蝕則望,

[1] 據日本“貴重古典籍刊行會”影印日本東北大學圖書館藏古寫本《史記·孝文本紀》附武内義雄撰《解説》,頁3。

而云晦日食之,恐曆錯誤。"所説雖差相近似,却不夠準確。日食在晦而不在朔,自是當時曆法欠密所致記録不盡妥當處,但這是當時的實際記載,是曆書精準程度不夠,既不是《史記》的文字産生了譌誤,也不宜用"錯誤"來表述漢人行用的曆書。這一段落的文字舛錯問題,其實是其下一句"十二月望,日又食"。裴駰《史記集解》引徐廣語云:"此云望日又食。按:《漢書》及《五行志》無此日蝕文也。一本作'月食',然史書不紀月蝕。"〔1〕也就是説,徐廣雖然注意到這句話可能存在問題,却述而不斷,把這一疑難留給了後來的讀者。

〖**今案**〗

清人梁玉繩處理這一問題的方法,最爲乾浄利落,述云:

> 竊疑"十二月望,日又食"七字爲衍文。班《書》不載,其證一。詔書不及,其證二。日食不以望,其證三。頻月不食,其證四。〔2〕

後來張文虎在同治年間在金陵書局校刊《史記》,亦曾一度認同此説,疑"十二月望,日又食"之文屬於誤衍〔3〕。核實而論,"十二月望,日又食"這句話的問題,關鍵並不在《漢書》的本紀和《五行志》是不是也有同樣的記載,也不在於漢文帝的詔書裏是不是講過此事,而是如同張守節引許慎《説文解字》所説,按照天文曆法的基本規則,"日蝕則朔,月蝕則望";或如班固引古人語所做概括:"天下太平,五星循度,亡有逆行。日不食朔,月不食望。"〔4〕因而絶没有在望日發生日食的道理,這也就是梁玉繩所説的"日食不以望"。儘管文帝二年十一月晦日這一日食記録同樣不能密合於曆法,

---

〔1〕《史記》卷一〇《孝文本紀》並劉宋裴駰《集解》、唐張守節《正義》,頁535—536。

〔2〕清梁玉繩《史記志疑》卷七,頁254—255。

〔3〕清張文虎《校刊史記集解索隱正義札記》卷一,頁104。

〔4〕《漢書》卷二六《天文志》,頁1291。

但晦與朔不過一日之差,這是在當時曆法的誤差範圍之内。《穀梁傳》謂"言日不言朔,食晦日也",就是基於這樣的實際情況[1]。它與此日食在望的記載,性質完全不同。所以,這句話的文字,一定是有舛錯。

那麼,有没有可能是"十二月望"的"望"字有誤,即以形近而由"朔"錯譌成"望"呢? 這同樣是不可能的。因爲《漢書·文帝紀》和《漢書·五行志》不僅没有記載本月有日食發生,而且還都記載這次日食發生的具體時間是"十一月癸卯晦"[2],癸卯的次日爲甲辰,即十二月之朔日[3],絶没有在兩天之内連連發生日食的可能。我們看漢文帝在詔書裏只是强調"乃十一月晦,日有食之,適見于天,菑孰大焉"! 極言十一月晦這次日食昭示着重大的災變,却根本没有提及接下來還有"十二月望,日又食"的事情,也説明在漢文帝下詔書之前,只發生過這一次日食。再説就日食發生的原理而言,若是兩個月内連續發生日食,只能一在北極,一在南極,漢朝君臣是没有人能夠看得到的;亦即就漢朝疆土之内的情況而言,一如梁玉繩所説那樣,"頻月不食"[4]。所以,即使是在十二月的晦日,同樣没有發生日食的可能,也不能把"十二月望"改成"十二月晦"。

如上所述,同治年間張文虎在金陵書局校勘《史記》時,也注意到這一問題,並在《校刊史記集解索隱正義札記》中寫下了與梁玉繩相同的看法。但他後來對此又做了更爲深入的考證,指出當月望日確實發生過月食:

---

〔1〕 柯劭忞《春秋穀梁傳注》(北京,北京大學研究院文史部,1935,鉛字排印綫裝本。案此本各卷卷端書名俱作"春秋穀梁傳注",惟書衣書寫作《春秋穀梁傳補注》,應屬後人妄題)卷一,頁6b—7a。

〔2〕 《漢書》卷四《文帝紀》,頁116;又卷二七下之下《五行志》下之下,頁1501。

〔3〕 陳垣《二十史朔閏表》(北京,中華書局,1962),頁13。

〔4〕 案《漢書》卷四《文帝紀》(頁119)載"三年冬十月丁酉晦,日有食之。十一月丁卯晦,日有蝕之"。又卷二七下之下《五行志》下之下(頁1501)更詳細記載説,文帝"三年十月丁酉晦,日有食之,在斗二十二度。十一月丁卯晦,日有食之,在虚八度"。所記日食宿度清楚,宛若確實連續兩月發生了日食,但其"十一月丁卯晦"這一次日食,所記實有譌誤,清人張文虎在《舒藝室隨筆》(清同治十三年金陵冶城賓館刻本)卷五(頁2a—2b)已經指出其十一月丁卯之食,應屬誤衍,晚近天文學史研究者更進一步指出,這次日食正確的發生時間,應該是在這一年的十二月。説見陳遵嬀《中國天文學史》(上海,上海人民出版社,2006)第五編第二章第五節《中國歷代日食》之《中國日食表》,頁624。

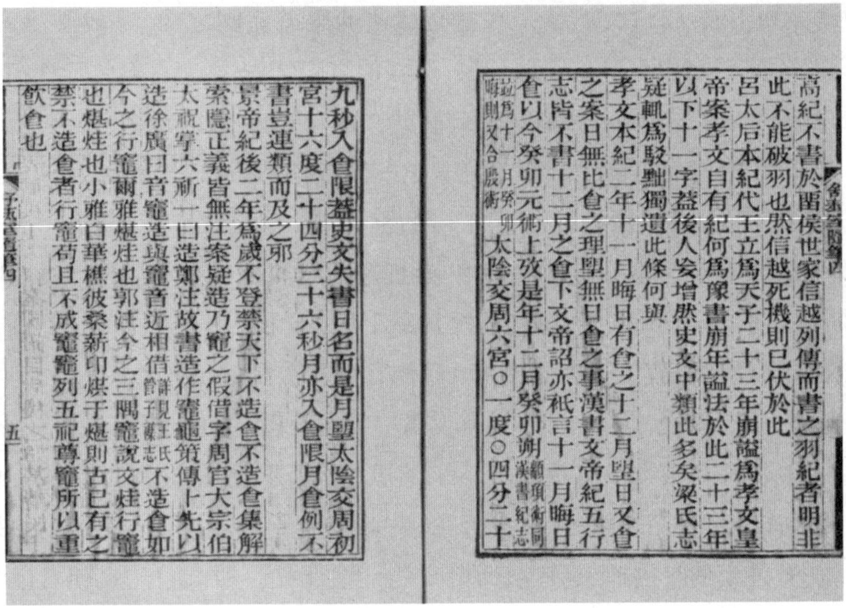
高紀不書於留侯世家信越列傳而書之羽紀者明非
此不能破羽也然信越死機則已伏於此
呂太后本紀代王立爲天子二十三年崩謚爲孝文皇
帝案孝文自有紀何爲豫書崩年謚法於此二十三年
以下十一字蓋後人妄增然史文中類此多矣梁氏志
疑輒爲駁詘獨遺此條何與
孝文本紀二年十一月晦日有食之十二月望日又食
之案日無比食之理望無日食之事漢書文帝紀五行
志皆不書十二月之食下文帝詔亦衹言十一月晦日
食以今癸卯元術上攷是年十二月癸卯朔顓頊術同漢書紀志並爲十一月癸卯晦則又合殷術太陰交周六宮○一度○四分二十
九秒入食限蓋史文失書日名而是月望太陰交周初
宮十六度二十四分三十六秒月亦入食限月食例不
書豈連類而及之邪
景帝紀後二年爲歲不登禁天下不造食不造食集解
索隱正義皆無注案疑造乃竈之假借字周官大宗伯
太祝掌六祈一曰造鄭注故書造作竈龜策傳卜先以
造徐廣曰音竈造與竈音近相借詳見王氏管子雜志不造食如
今之行竈爾雅煁烓也郭注今之三隅竈說文烓行竈
也煁烓也小雅白華樵彼桑薪卬烘于煁則古已有之
禁不造食者行竈苟且不成竈竈列五祀尊竈所以重
飲食也

○ 清同治十三年金陵冶城賓館刻本《舒藝室隨筆》

《孝文本紀》二年十一月晦，日有食之；十二月望，日又食之。案：日無比食之理，望無日食之事。《漢書·文帝紀》、《五行志》皆不書十二月之食，下文帝詔亦衹言十一月晦日食。以今癸卯元術上考，是年十二月癸卯朔〔顓項術同。《漢書》紀、志並爲十一月癸卯晦，則又合殷術〕，太陰交周六宫〇一度〇四分二十九秒，入食限。蓋史文失書日名，而是月望太陰交周初宫十六度二十四分三十六秒，月亦入食限。[1]

這樣一來，就只剩下一種可能："十二月望，日又食"的"日"字，是"月"的形譌。其實早在張文虎之前，明人陳霆、焦竑、陳仁錫和清人顧炎武、方苞，就

〔1〕 清張文虎《舒藝室隨筆》卷四，頁 4b—5a。

都已經指出過這一點,如陳霆語云:"此月食無疑也,刊本字誤耳。"[1]

徐廣注意到"日又食"的"日"字别有一本寫作"月食",却拘泥於"史書不紀月蝕"而不敢採信,張文虎對此,亦同樣感到困惑,乃謂"月食例不書,豈連類而及之邪"[2]? 所謂"史書不紀月蝕",是因爲在漢代,人們已經比較清楚地掌握了月食發生的規律,能夠準確地預報月食,一般就不把月食作爲凶徵妖兆而著録於史册,但在這時却還没有掌握日食的規律,不能預測日食的發生,從而把日食作爲異常天象而詳加記録,並用占辭對它們進行星占解釋[3],即如司馬遷所説:"月蝕,常也;日蝕,爲不臧也。"[4]所以,在大多數情況下,史籍中確實不會載録月食。

但通常不記載,不等於絶對不能寫。清人梁玉繩即曾針對"史書不紀月蝕"的説法考述説:

> 以爲史不紀月食,則又不然。古者"日食修德,月食修刑"〔《公羊傳》文〕。《禮·昏義》言"陰事不得,適見于天,月爲之食",《天官書》言"月蝕,將相當之"。故《詩傳》云"月食非常也,比之日食猶常也"。《周禮》鼓人職云"救日月,詔王鼓",太僕職云"軍旅田役贊王鼓,救日月亦如之",《左傳》莊二十五年云"非日月之眚不鼓"。是知日月之食並嚴,而月食不書,惟《春秋》之法,未可概論。即如《史記·景帝紀》後三年書"日月皆食",《六國表》秦躁公八年書"日月蝕",史公何嘗不

〔1〕 明陳霆《兩山墨談》(明嘉靖十八年德清知縣李檗刻本)卷一五,頁12b—13a。明焦竑《焦氏筆乘》(上海,商務印書館,1937,《國學基本叢書》本)卷二"徐廣注誤"條,頁32—33。明陳仁錫《史記考》之《孝文本紀考》,頁1a。清顧炎武《日知録》(上海,上海古籍出版社,1985,影印清道光十四年刊清黄汝成《日知録集釋》本)卷二七"《史記》注"條,頁2000。清方苞《史記注補正》(清康熙嘉慶間桐城方氏刊《抗希堂十六種》本),頁12b。

〔2〕 清張文虎《舒藝室隨筆》卷四,頁5a。

〔3〕 石雲里、邢鋼《中國漢代的日月食計算及其對星占觀的影響》,刊《自然辯證法通訊》2006年第2期,頁79—85,頁112。

〔4〕《史記》卷二七《天官書》,頁1588。

紀,但不全紀耳。[1]

方苞亦謂“並書月食者,以與日食同月也。景帝後二年十月日月皆食,亦並書”[2],足見月食之書與不書,還要看具體情況,不宜一概而論。

斟酌《史記・孝文本紀》,不難看出,司馬遷記述“十一月晦,日有食之。十二月望,月又食”,這是在講漢文帝下詔自省的緣由;也就是説,這是在寫録當時的實際情況,即記與不記乃取決於漢文帝怎樣看待這次月食,而不是按照通行的史書記載原則去做取捨。對此,明人陳霆、焦竑嘗釋之曰:

> 時以晦既日食,望又月食,不半月間而兩經災變,故於望日下詔書脩省,而懼災之意,則因感月食之變而益謹日食之戒也,故詔止云“乃十一月晦,日有食之”。景帝後三年十月,日月皆食,云“十月”而不繫以日,必是月朔、望,日、月分食,非一日事也。[3]

這種認識,實屬允當。審《漢書・文帝紀》記此事但云“十一月癸卯晦,日有食之”,略而不談“十二月望,月又食”[4],自是班固没有看懂太史公的旨意,固已損害了歷史本來的面目,逮宋人司馬光著《通鑑》,亦因未能領悟太史公的用意而捨此月食不顧[5];至於《漢書・五行志》對這次月食闕而不録,則是其單純記載像日食這樣的天象之大變,對月食例皆不録,不像《文帝紀》這樣與漢文帝的行事直接相關聯。

術數觀念的構成相當繁雜,又無法用常理來驗核,漢代的情況現已無

---

〔1〕 清梁玉繩《史記志疑》卷七,頁255。

〔2〕 清方苞《史記注補正》,頁12b。

〔3〕 明陳霆《兩山墨談》卷一五,頁12b—13a。明焦竑《焦氏筆乘》卷二“徐廣注誤”條,頁32—33。

〔4〕 《漢書》卷四《文帝紀》,頁116。

〔5〕 宋司馬光《資治通鑑》卷一三漢文帝二年,頁448。

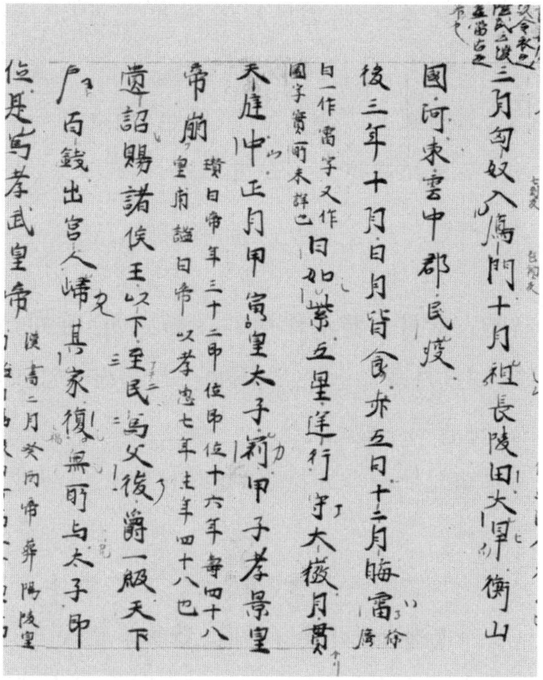

三月匈奴入鴈門十月租長陵田大旱衡山
國河東雲中郡民疫
後三年十月日月皆食赤五日十二月晦雷
日一作雷字又作國字實可未詳也
日如紫五星逆行守大微月貫
天庭中正月甲寅皇太子冠甲子孝景皇
帝崩 瓚曰帝年三十二即位即位十六年壽四十八 皇甫謐曰帝以孝惠七年生年四十八也
遺詔賜諸侯王以下至民爲父後爵一級天下
戶百錢出宮人歸其家復無所与太子即
位是爲孝武皇帝 漢書二月癸酉帝葬陽陵

○ 昭和十年京都大學影印日本古寫本《史記·孝景本紀》

法一一知悉。我們説漢朝人因掌握月食的規律而一般不再特地記録每一次月食,並不等於當時社會已經普遍無視月食的警示作用。班固在《漢書·天文志》中,對此就做有概括的説明:

> 古曆五星之推,亡逆行者,至甘氏、石氏《經》,以熒惑、太白爲有逆行。夫曆者,正行也。古人有言曰:"天下太平,五星循度,亡有逆行。日不食朔,月不食望。"夏氏《日月傳》曰:"日月食盡,主位也;不盡,臣位也。"《星傳》曰:"日者德也,月者刑也,故曰日食修德,月食修刑。"然而曆紀推月食,與二星之逆亡異。熒惑主內亂,太白主兵,月主刑。自周室衰,亂臣賊子師旅數起,刑罰失中。雖其亡亂臣賊子師旅之變,內臣猶不治,四夷猶不服,兵革猶不寢,刑罰猶不錯,故二星與月爲之失度,三變常見;及有亂臣賊子伏尸流血之兵,大變乃出。甘、石

氏見其常然，因以爲紀，皆非正行也。詩云："彼月而食，則惟其常；此日而食，于何不臧？"《詩傳》曰："月食非常也，比之日食猶常也，日食則不臧矣。"謂之小變，可也；謂之正行，非也。故熒惑必行十六舍，去日遠而顓恣。太白出西方，進在日前，氣盛乃逆行。及月必食於望，亦誅盛也。[1]

當時人對月食警示作用的具體説明，譬如《淮南子》中嘗有語云"逆天暴物，則日月薄蝕"[2]，東漢明帝在詔書中述及天變，亦以"日月薄蝕，彗孛見天"相並稱[3]。

逮北周庾季才撰著《靈臺秘苑》，仍清楚記述月食是諸多兇險的徵兆：

或臣行刑直（執？）法，中怨氣盛溢，害及良善；或人君行適過專，受所制，則月食。不救，則水旱壞。

月食，糴貴，大臣失刑，其國有大戰。所宿分貴人死，兵常在內。

月食者，其分受殃。兵來而食者，所當之分戰不勝。

又曰食出則軍折傷。

又曰修六宫之職與刑事，月食戒在臣下，防夷狄，察陰謀。

一曰食盡女后當之。兵在外，兵罷。不盡，則大官應之。

又曰月食損光明，咎女后，破軍殺將。少破半，災輕；大半，災重。食既，大臣有咎，女后退。若薄，則爲女后憂，大臣失其所理。凡軍行遇之，宜將軍不出，有謀叛。[4]

---

〔1〕《漢書》卷二六《天文志》，頁 1290—1291。

〔2〕《淮南子·泰族訓》，據何寧《淮南子集釋》（北京，中華書局，1998）卷二〇，頁 1375。

〔3〕《後漢書》卷二《明帝紀》，頁 106。

〔4〕北周庾季才撰、宋王安禮重修《靈臺秘苑》（臺北，臺灣商務印書館，1986，影印文淵閣《四庫全書》本）卷八《太陰·月食》，頁 8b—9a。

其中像“大臣失刑,其國有大戰”、“月食戒在臣下,防夷狄,察陰謀”、“不盡,則大官應之”、“食既,大臣有咎”、“若薄,……大臣失其所理”,等等,還都與當政大臣的陰謀和咎過有關,特别是如梁玉繩所云,《史記·天官書》中還有“月食,將相當之”這樣的話[1],漢文帝不能不心存顧忌(事實上,直到清朝末年,發生月食時,各地方官員仍須奉旨“救護”[2])。至於一月之内,日月並食,例如焦竑和方苞、梁玉繩三人都提到的漢景帝“後三年十月,日月皆食”這樣的天象,《史記》記載説,緊隨其後未久,孝景皇帝劉啓就在翌年正月駕崩[3]。性質如此嚴重,更會引起文帝的警覺[4]。

如本節上一條所述,代王劉恒之入承大統,本來是陳平、周勃等從龍起事的功臣,爲控制朝政而擇立,故袁盎諛頌劉恒此番入京,是面對“大臣專制”而奮勇“馳不測之淵”,亦事出有因。劉恒傳車剛到渭橋,尚未進入長安城,太尉周勃便請求單獨覲見,奉上天子之璽,以争奪首功。由於周勃當時身爲太尉,司掌的职事至關重要,漢文帝即位後,隨即將其擢升爲右丞相,予以撫慰,而把策劃誅殺諸吕、擁立代王“本謀”的右丞相陳平,降爲左丞相。在誅殺諸吕之前,陸賈曾向陳平獻策,聯絡周勃:

> 陸生曰:“天下安,注意相;天下危,注意將。將相和調,則士務附;士務附,天下雖有變,即權不分。爲社稷計,在兩君掌握耳。臣常欲謂太尉絳侯,絳侯與我戲,易吾言。君何不交驩太尉,深相結?”爲陳平畫吕氏數事。陳平用其計,廼以五百金爲絳侯壽,厚具樂飲,太尉亦報如之。此兩人深相結,則吕氏謀益衰。

---

[1] 《史記》卷二七《天官書》,頁1588。

[2] 清佚名《視學撮要》(寒齋藏清末寫本)之《日月食告示》,頁4a。

[3] 《史記》卷一一《孝景本紀》,頁569。

[4] 案唐張鷟《朝野僉載》(北京,中華書局,1979)卷一(頁19)有記載云,在武周“長安二年九月一日,太陽蝕盡,默啜賊到并州。至十五日夜,月蝕盡,賊並退盡”,雖説是“月蝕盡”而賊亦退盡,但這同樣表明一月之内日、月並食是賊人進犯的象徵,威脅不容忽視。

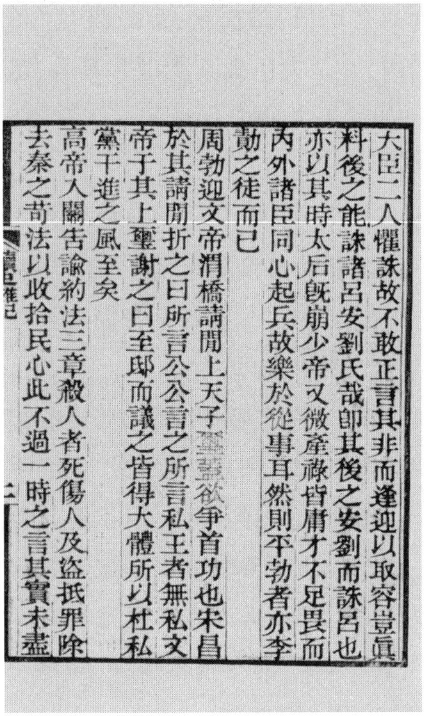

大臣二人懼誅故不敢正言其非而逢迎以取容豈眞
料後之能誅諸呂安劉氏哉卽其後之安劉而誅呂也
亦以其時太后旣崩少帝又微産祿皆庸才不足畏而
內外諸臣同心起兵故樂於從事耳然則平勃者亦李
勣之徒而已
周勃迎文帝渭橋請閒上天子璽符欲爭首功也宋昌
於其請閒折之曰所言公公言之所言私王者無私文
帝于其上璽謝之曰至邸而議之皆得大體所以杜私
黨干進之風至矣
高帝入關告諭約法三章殺人者死傷人及盜抵罪除
去秦之苛法以收拾民心此不過一時之言其實未盡

○　清光緒四年刻本方宗誠《讀史札記》

透過上述情況,可以看出,漢文帝做出的這一人事調動,意在利用周勃急於争功的心意,有意製造矛盾,打破陳平和周勃的同盟,並首先壓制滿腹韜略的陳平。這一職位安排,看似滿足了周勃的欲望,但同時他也不得不騰出了太尉這個更關鍵的位置。漢文帝隨之又施展手腕,進一步平衡兩人,成功地逼迫周勃與陳平再次對調位置,威勢之凌厲,竟嚇得周勃"謝病請免相"〔1〕。就在日、月食相繼發生這一年年初的十月,陳平病故。爲穩定朝政,漢文帝在十一月重新任用周勃爲丞相,但同時又發佈詔命,令列侯出關就國〔2〕。此舉顯然意在減除功臣勛舊對朝政的影響,但諸多列侯却相互

〔1〕《史記》卷一〇《孝文本紀》,頁527—535;卷五六《陳丞相世家》,頁2502—2505;卷五七《絳侯周勃世家》,頁2516—2517;卷九七《酈生陸賈列傳》,頁3271—3272。清方宗誠《柏堂讀書筆記》之《讀史札記》(清光緒四年六月刻本),頁2a。

〔2〕《史記》卷一〇《孝文本紀》,頁535;又卷二二《漢興以來將相名臣年表》,頁1335。

觀望,頑固地抵制文帝的詔命。

就在這樣緊張對峙的時刻,十一月底發生了日食這一災變,漢文帝不能不爲之警怵。假若此時此刻,漢文帝對怎樣應對,還有所猶豫的話,在隨後半個月又發生的月食,則迫使他不得不頒佈詔書,加以禳解。司馬遷看似漫不經心地寫下的"十二月望,月又食"這句話,其實正透露出漢文帝焦灼急迫的心境。

回顧西漢開國以來的歷史發展進程,似乎不難看出,直至漢武帝時期,歷朝政治鬥争的主綫,始終都是維護和强化漢家帝室唯我獨尊的地位,這也可以概括爲建造和提升皇權。爲此,先是漢高祖尋找各種藉口,逐一誅除此前不得不封授的異姓諸侯王。吕后向劉邦提議斬殺彭越時講的下面這一段話,最清楚不過地點明了這些異姓諸侯王被禍的實質性原因:"彭王壯士,今徙之蜀,此自遺患,不如遂誅之。"[1]這些亂世英雄,哪個不是壯士?自然無一再有生路。

除了這些異姓諸侯王之外,對於漢家天子來説,最主要的整治對象,就是與其一道打下江山的那些既没有血緣關係而又權高位重的大臣了。從叔孫通定朝儀,來警示這些妄呼争功以至"拔劍擊柱"的功臣,令其知所就敬畏,明白他們與劉邦之間的君臣界限神聖不可冒犯[2]。儘管如此,至高祖崩時,吕后因深深忌憚這些功臣,竟謂"諸將與帝爲編户民,今北面爲臣,此常怏怏,今乃事少主,非盡族是,天下不安"[3]。後來到惠帝故世時,吕后亦因畏忌這班開國元勛,竟致哀泣怵不能下[4]。可知抑制功臣,是西漢初期建造皇權過程中的另一項重要舉措。

漢高祖抑制功臣的辦法,首先是在論功行封時刻意壓抑武功的重要性,宣稱"野戰略地之功,此特一時之事",而且猶如追殺獸兔的獵狗,不過

---

[1] 《史記》卷九〇《魏豹彭越列傳》,頁 3146—3147。

[2] 《史記》卷九九《劉敬叔孫通列傳》,頁 3296—3298。

[3] 《史記》卷八《高祖本紀》,頁 492。

[4] 《史記》卷九《吕太后本紀》,頁 507—508。

待人主"發蹤指示獸處"後始得奔走而已，故特拔擢"未嘗有汗馬之勞，徒持文墨議論"的蕭何位居首功[1]。戰功最著的曹參，不僅屈居於次位，而且僅食邑萬六千户。並觀與蕭何一樣"未嘗有戰鬥功"的張良，劉邦却一開口就讓他"自擇齊三萬户"（張良自知這會招致衆將怨恨，實際僅擇"留"地一邑，食萬户）[2]，抑此揚彼的用意，一清二楚。

但劉邦對蕭何、張良這樣施政設計的"人傑"，同樣充滿戒心。《史記·蕭相國世家》下面這一段記載，最能説明這一問題：

> 漢十一年，陳豨反。高祖自將，至邯鄲。未罷，淮陰侯謀反關中。吕后用蕭何計，誅淮陰侯，語在《淮陰》事中。上已聞淮陰侯誅，使使拜丞相何爲相國，益封五千户，令卒五百人、一都尉，爲相國衛。諸君皆賀，召平獨弔。……召平謂相國曰："禍自此始矣。上暴露於外而君守於中，非被矢石之事而益君封置衛者，以今者淮陰侯新反於中，疑君心矣。夫置衛衛君，非以寵君也。願君讓封勿受，悉以家私財佐軍，則上心説。"相國從其計，高帝乃大喜。
>
> 漢十二年秋，黥布反。上自將擊之。數使使問相國何爲。相國爲上在軍，乃拊循勉力百姓，悉以所有佐軍，如陳豨時。客有説相國曰："君滅族不久矣。夫君位爲相國，功第一，可復加哉？然君初入關中，得百姓心，十餘年矣，皆附君，常復孳孳得民和。上所爲數問君者，畏君傾動關中。今君胡不多買田地，賤貰貸以自汙？上心乃安。"於是相國從其計，上乃大説。[3]

端飭恭謹如蕭何者，尚遭劉邦忌憚如此，那麽，"運籌策帷幄之中，決勝於千里之外"的張良，自可想而知。漢室定都關中未久，張良即以身體多病而

---

〔1〕《史記》卷五三《蕭何世家》，頁 2446—2447。

〔2〕《史記》卷一八《高祖功臣侯者年表》，頁 1503—1504，頁 1063；又卷五五《留侯世家》，頁 2481。

〔3〕《史記》卷五三《蕭相國世家》，頁 2449—2450。

“道引不食穀，杜門不出歲餘”，除了體質衰弱之外，這更多地應是出自退身遠禍的考慮。待他揣摩漢高祖的心意，建言尊立蕭何爲相國，更深信像自己這樣的人物，絶非漢高祖心胸所能容納，故聲言“願棄人間世，欲從赤松子游”[1]，徹底遠離朝政，不再介入任何是非。蕭何、張良處境如此，我們也就很容易理解，後來曹參、陳平相繼爲相，無不耽溺醇酒美婦，不敢在政事上略施主張了。

在漢高祖去世之前，吕后與這些開國功臣本來一直合作得比較融洽。其中最典型的事例，是漢高祖想要廢黜吕后所生太子另立戚夫人子趙王如意，史稱“幾代太子者數矣，賴大臣争之，及留侯策，太子得毋廢”[2]。但也正因爲如此，吕后也纔更清楚這些功臣左右朝政的力量，出現了前文所説她在高祖故世時意欲盡誅功臣、惠帝死去時亦泣不能下的情況。於是，吕后不得不封授諸吕爲王，以防範從龍功臣；同時，她也設法籠絡這些功臣中一些比較重要的核心成員，如特設太尉一官並令周勃出任此職[3]，就是其手段之一。然而，諸位功臣爲維護其固有的權位，愈加結爲一體，抗衡吕氏。

高祖死後，不管是在惠帝時期，還是少帝時期，實際上都是由吕后掌控着漢室的皇權。因而，功臣們對吕氏的抗衡，實際上意味着要與大漢帝室分享更多的權力。雖然在對抗諸吕把持朝政這一點上，劉氏同姓諸王與當朝功臣的立場往往一致，像齊王襄甚至公然起兵，但諸吕一旦除去，劉氏後人代王劉恒直接身居帝位，迎立文帝的陳平、周勃之輩，馬上也就轉化成爲

[1] 《史記》卷五五《留侯世家》，頁 2483，頁 2487。

[2] 《史記》卷九《吕太后本紀》，頁 503；又卷五五《留侯世家》，頁 2483—2486。

[3] 《史記》卷九《吕太后本紀》，頁 510—512。

文帝所要防範和駕馭的首要對象[1]。事實上,當代王劉恒在應詔入京繼承帝位時,其郎中令張武即已指明這一點:"漢大臣皆故高帝時大將,習兵,多謀詐,此其屬意非止此也。"[2]换句話説,在控御功臣這一點上,漢文帝與吕后是站在同一立場上的。他們都是在繼承漢高祖時期既有的方針,因爲他們同樣代表着漢家的皇權。

正因爲皇后和皇帝在維護皇權這一點上,休戚與共,利害攸關,皇帝往往要倚仗后族后黨,而相對弱勢的后族后黨,自然有助於保障功臣們的安全。史載盡誅諸吕之初,與事大臣商議帝位繼承者事宜,經過如下:

> 諸大臣相與陰謀曰:"少帝及梁、淮陽、常山王,皆非真孝惠子也。吕后以計詐名他人子,殺其母,養後宫,令孝惠子之,立以爲後及諸王,以彊吕氏。今皆已夷滅諸吕,而置所立,即長用事,吾屬無類矣。不如視諸王最賢者立之。"或言"齊悼惠王高帝長子,今其適子爲齊王,推本言之,高帝適長孫,可立也"。大臣皆曰:"吕氏以外家惡而幾危宗廟,亂功臣。今齊王母家駟鈞,惡人也,即立齊王,則復爲吕氏。"欲立淮南王,以爲少,母家又惡。迺曰:"代王方今高帝見子最長,仁孝寬厚。太后家薄氏謹良。且立長故順,以仁孝聞於天下,便。"迺相與共陰使人召代王。[3]

---

[1] 案在文帝剛一即位的時候,實際上是同樣防範、應對劉氏諸王與權臣,觀其於登基三個月後便急忙册立太子,面對臣下請建儲位的奏言,答復説:"楚王,季父也,春秋高,閲天下之義理多矣,明於國家之體。吴王於朕,兄也;淮南王,弟也:皆秉德以陪朕,豈爲不豫哉! 諸侯王宗室昆弟有功臣,多賢及有德義者,若舉有德以陪朕之不能終,是社稷之靈,天下之福也。今不選舉焉,而曰必子,人其以朕爲忘賢有德者而專於子,非所以憂天下也。朕甚不取。"(見《漢書》卷四《文帝紀》,頁111)這種假惺惺的推讓,正顯示其如此迅捷地確定太子,强化其身居帝位的合法性,正是爲消除楚王、吴王、淮南王之類强宗大王的覬覦之心。不過相較於此,文帝更須防範權臣們重演故事,改换其他劉姓宗室子弟。

[2] 《史記》卷一〇《孝文本紀》,頁525。

[3] 《史記》卷九《吕太后本紀》,頁520。

上面這段記載中，最值得注意的是“吕氏以外家惡”而“亂功臣”這句話，正透露出陳平、周勃等人發動政變的根本原因。正因爲如此，所以他們纔會選擇母族“外家”毫無依恃的代王劉恒來承繼帝位。

逮文帝登基、竇氏被册立爲皇后之後，儘管竇氏出身微賤，同樣無所依恃，但周勃輩功臣對竇家嫡系族人，還是滿懷畏懼。竇皇后父母早亡，在世親人只有一兄一弟，這些功臣們亦防微杜漸，不敢掉以輕心：

> 絳侯、灌將軍等曰："吾屬不死，命乃且縣此兩人。兩人所出微，不可不爲擇師傅、賓客，又復效吕氏，大事也。"於是乃選長者士之有節行者與居。竇長君、少君由此爲退讓君子，不敢以尊貴驕人。[1]

周勃等人對竇皇后家人如此警惕，自是緣於這些開國元勛與劉氏帝室之間的權力衝突。

漢文帝一入未央宫，當即“夜拜宋昌爲衛將軍，鎮撫南北軍。以張武爲郎中令，行殿中”，將這些佈置停當之後，始“還坐前殿”[2]。宋昌和張武這兩個人是他從代國帶來的心腹舊臣。如此迅速地接管京城和未央宫的戍衛，針對的對象，當然是周勃之輩。

基於這樣的背景，再回過頭來審視漢文帝這道詔書，可見在冠冕堂皇地自承“天下治亂，在朕一人”的同時，他又特别指出：“唯二三執政猶吾股肱也。”漢朝遇重大災異，通常都是要策免三公之類的秉政重臣，以燮理陰陽[3]。例如，陳平就講過：“宰相者，上佐天子理陰陽，順四時，下育萬物之宜。”[4]所謂“二三執政猶吾股肱也”，顯然直指周勃其人理應承擔的責任。

---

〔1〕《史記》卷四九《外戚世家》，頁 2394—2395。

〔2〕《史記》卷一〇《孝文本紀》，頁 529。

〔3〕清趙翼《廿二史劄記》卷二“災異策免三公”條，頁 22b—24b。

〔4〕《史記》卷五六《陳丞相世家》，頁 2504。

我們看前述《漢書・天文志》引録的夏氏《星傳》[1],已經明言"月食修刑",班固且謂"月必食於望,亦誅盛也",亦即闡釋所謂"修刑"乃是抑制用刑過濫,再看後來董仲舒向漢武帝奏對災異靈應,更直接面向當政臣僚指斥云:"臣行刑罰執法,不得其中,怨氣盛,並濫及良善,則月蝕。"[2]尤以理解漢文帝因月食而向周勃等"二三執政"問責,實屬順理成章的事情。

三個月後,就在文帝二年這一年的三月,孝文皇帝劉恒又頒佈這樣一份詔書:

> 古之治天下,朝有進善之旌,誹謗之木,所以通治道而來諫者。今法有誹謗妖言之罪,是使衆臣不敢盡情,而上無由聞過失也。將何以來遠方之賢良?其除之。民或祝詛上,以相約結而後相謾,吏以爲大逆;其有他言,而吏又以爲誹謗。此細民之愚,無知抵死,朕甚不取。自今以來,有犯此者,勿聽治。[3]

首先需要稍加説明的是,詔書中"民或祝詛上,以相約結而後相謾"這句話,今中華書局點校本連讀爲"民或祝詛上以相約結而後相謾",這種標點形式,存在很大問題。

這不僅是語氣舒緩、停頓長短的問題,而是點校者没有很好地理解這句話的語義。當然,我們也可以把這理解成是點校者在没有把握的情況下,儘量尊重古人舊讀,因爲前人對此文句的理解,就一向存在嚴重偏差。

例如,劉宋裴駰的《史記集解》和唐人司馬貞的《史記索隱》述云:

---

[1] 案清洪頤煊《讀書叢録》(清道光二年廣東富文齋刻本)卷二〇"星傳"條(頁2b)述云:"《天文志》引夏氏《日月傳》曰:'日月食盡,主位也;不盡,臣位也。'《星傳》曰:'日者德也,月者刑也。'此《星傳》疑亦夏氏所作。"洪氏所見應是。

[2] 唐瞿曇悉達《唐開元占經》(北京,中國書店,1989,影印清文淵閣《四庫全書》本)卷一七《月占・月薄蝕》引董仲舒奏對災異説,頁142。

[3] 《史記》卷一〇《孝文本紀》,頁537。

【集解】《漢書音義》曰:"民相結共祝詛上也。謾者,而後謾而止之,不畢祝詛也。"

【索隱】韋昭云:"謾,相抵讕也。"《説文》云:"謾,欺也。"謂初相約共行祝,後相欺誑,中道而止之也。

這些莫名其妙的糊塗話,真是越説越不明白,今點校者既同樣看不懂《史記》原文,也没有弄明白裴駰和司馬貞到底想説些什麼,於是,就出現了下面這樣一段針對《史記集解》和《史記索隱》的校勘記:

謾者而後謾而止之——此處文意不通,疑有脱誤。按:《漢書》卷四《文帝紀》"以相約而後相謾"顔師古注:"初爲要約,共行祝詛,後相欺誑,中道而止,無實事也。"

謂初相約共行祝——"祝"下疑脱"詛"字。參見上條。

點校者引述的顔師古注語,與裴駰、司馬貞所説並没有任何區别,或者説南朝劉宋人裴駰、唐人顔師古和司馬貞都只是沿承了東漢人應劭《漢書集解音義》的舊解,都是把"相約結而後相謾"的主語看成是"民",而這些所謂的"民",初則相互約結欲詛咒今上,繼之又相互欺瞞誑騙,中止了這一罪行。但這種解釋,實在太過生硬。用巫術來詛咒什麼人,不像揭竿造反,用不着拉幫結夥,也用不着預先演練埋伏,而且如文帝詔書所言,詛咒當今皇帝,這是大逆不道的重罪,誰又敢公然成群結夥地進行?可見前人舊説,無不窒礙牴牾。

通觀上下文義,這兩句話本來不難理解。即漢文帝云爲"通治道"而欲除去"誹謗"和"妖言"兩罪(《史記·漢興以來將相名臣年表》將文帝此舉概括爲"除誹謗律"[1])。作爲這兩項罪名具體針對的罪行,漢文帝列舉

〔1〕《史記》卷二二《漢興以來將相名臣年表》,頁1335。

的“妖言”之罪是“民或祝詛上”，亦即直接詛咒當今皇帝，故“吏以爲大逆”，而如此嚴重的行徑能夠得到漢文帝的寬宥，本來有一個重要前提，這就是皇帝在已經與民“相約結”亦即應允民衆的情況下，隨後復又“相謾”，也就是朝廷説話不算數，言而無信，欺騙民衆，並不是任何一種詛咒皇帝的“妖言”都可以除罪。至於漢文帝舉述的“誹謗”罪實例，也是承此而來，即謂同樣是在朝廷與民衆“相約結而後相謾”的情況下，若民衆别有其他怨言，“而吏又以爲誹謗”。

那麽，如此簡單的文句，何以會被歷代注解《史記》的人横加曲解以至扞格難通呢？其中最關鍵的問題，是應劭、裴駰、司馬貞等人都對子民詛咒今上而竟能蒙受文帝寬宥這一點感到難以理解，以爲這是不可能發生的事情。於是，只好不顧正常的文法倫次，從民衆自行“中止犯罪”這一角度，來找尋漢文帝將其除罪的緣由。

孤立地看漢文帝詔書裏的這些話，似乎只是在展示其寬仁厚德的品性，但同本年十二月文帝頒佈的那道詔書一樣，若是把它放到當時權力鬥争的漩渦中來察看，便不難發現，漢文帝發佈這道詔書的實質性用意，是要通過在一定程度上減輕“妖言”和“誹謗”的罪責，以達到“來諫者”的目的，而所謂“來諫者”的實質性用意，則是指摘揭發此前朝廷施政的過失，找到整治周勃一輩人的由頭。蓋文帝本人即位剛剛一年有餘，這些過失都是前朝舊事，而前朝的主宰吕后已經離世，並且連同其整個家族，都已經被剷除乾净，現在只能由當時主政的大臣來承擔責任了，周勃自然首當其衝。所謂“衆臣不敢盡情，而上無由聞過失”，所謂“相約結而後相謾”，當然都是針對周勃、陳平之輩而發。

判明這一旨意，我們也就可以按照正常的文法邏輯，把漢文帝二年三月詔書中這句話，從中間點開，讀作“民或祝詛上，以相約結而後相謾，吏以爲大逆”〔1〕。——這也可以説是本文附帶解決的一處《史記》標點問題。

〔1〕 案吕思勉《秦漢史》（上海，上海古籍出版社，1983）第五章第十一節《巫蠱之禍》（頁147）讀作“民或祝詛上，以相約結，而後相謾”，我的讀法，實質上與之相同。

事實上,中華書局點校本《漢書》對漢文帝這句話就做出了正確的標點[1]。兩相參證,會更準確地把握其文理辭義。

又《史記·孝文本紀》這段文字中"此細民之愚,無知抵死"這兩句話,中華書局點校本原來是連讀爲"此細民之愚無知抵死",似亦不如從中斷開,要更爲順暢合理,亦即將"此細民之愚,無知抵死,朕甚不取"這一整句話,解作"這些都是由於小民愚昧,因其無知而處以死罪,我絶不會這樣做"。

關於《史記》這段文字的校勘,順便再談一點看法,即點校者以爲《史記索隱》"謂初相約共行祝"這句話,"祝"下疑脱"詛"字,這顯然是因爲《史記》正文講的就是"民或祝詛上",《史記集解》引述的《漢書音義》也説"民相結共祝詛上"、"不畢祝詛"。但"祝"與"詛"二字的組合,並非密不可分,"祝詛"連用,是指通過"祝"這一形式來實行"詛"這一法術,或者説達到"詛"這一目的,唐人孔穎達稱"以言告神謂之祝,請神加殃謂之詛"[2],就很好地解釋了二者之間的語義關係。明此可知,在《史記》正文和《史記集解》都已講明"祝詛"之事的情況下,《史記索隱》單言"祝"字,亦自可兼該以"祝"行"詛"之義,似不必疑惑今本《索隱》在"祝"字之下脱佚"詛"字。

幾個月之後,到這一年年底的時候,漢文帝就又採取了一項重大措施,嚴密控制全國武裝力量的調動:

> 九月,初與郡國守相爲銅虎符、竹使符。[3]

---

〔1〕《漢書》卷四《文帝紀》,頁118。附案《漢書·文帝紀》繫漢文帝此詔於文帝二年五月,與《史記·孝文本紀》之記於二年三月者不同,司馬光《資治通鑑》卷一三漢文帝前二年(頁453—454)、吕祖謙《大事記》等俱從《漢書》。惟二者之間,孰正孰誤,尚不易斷定,不妨姑兩存其説。

〔2〕唐孔穎達等《尚書正義》(臺北,鼎文書局,1972,重印日本昭和四年影印宋刻單疏本)卷一五《無逸》,頁790。

〔3〕《史記》卷一〇《孝文本紀》,頁538。

從字面上看,這很容易給人以漢廷剛剛開始使用銅虎符、竹使符的印象,但實際情況却並非如此。《史記·齊悼惠王世家》載吕后死去之後,齊哀王劉襄欲擅自發兵,以攻諸吕,"齊相召平聞之,乃發卒衛王宫",齊王中尉魏勃紿召平曰:"王欲發兵,非有漢虎符驗也,而相君圍王,固善。勃請爲君將兵衛衛王。"[1]皮錫瑞在清末分析此事,稱"勃此言在齊王誅諸吕時,文帝尚未立,而已有虎符,則爲虎符不始於文帝二年明矣"[2]。然而在皮氏之先,清人沈欽韓曾針對《史記·齊悼惠王世家》這一記載,另行做有解説,乃謂魏勃所説虎符,是史家以後事追稱前物,蓋"前此未有虎符之目也"[3];更早復有宋人吕祖謙推測魏勃所説文帝之前使用的虎符或非銅質,"此謂之'初作'者,豈非用銅始於此乎"[4]? 由此進一步推溯,則曹魏時人張晏注釋《漢書》同一記載,已有語云"符以代古之圭璋,從簡易也"[5],元人方回對此亦表示認同[6],上面所説吕祖謙的想法,似與之同出一轍。實則漢初頻繁徵調兵員,内外征討,魏勃此語,足證在文帝之前,固已憑虎符發兵,不宜毫無根據地將其歸爲"後事",而今世所知秦新郪兵符和陽陵兵符俱爲銅質虎形,亦顯示所謂"銅虎符"傳承有自,本是從嬴秦沿襲下來的調兵憑證,也不宜無端揣測此前行用過玉質的圭璋。

那麽,《史記》中爲什麽又出現了漢文帝初年"初與郡國守相爲銅虎符、竹使符"這一紀事呢? 我們看陳平等功臣發動政變的經過,當其誅除諸吕之際,"太尉(周勃)欲入北軍,不得入。襄平侯(紀)通尚符節,乃令持節

[1] 《史記》卷五二《齊悼惠王世家》,頁 2429—2430。

[2] 清皮錫瑞《師伏堂筆記》(民國十九年楊氏積微居刻本)卷三,頁 13a—13b。案皮錫瑞對這一問題的看法,並不十分確定,故於文末復綴加一語云:"本紀與世家必有一誤。"

[3] 清沈欽韓《漢書疏證》卷二七,頁 764。

[4] 宋吕祖謙《大事記解題》卷一〇,頁 642。

[5] 《漢書》卷四《文帝紀》唐顔師古注引張晏語,頁 118。

[6] 元方回《古今考》(臺北,臺灣學生書局,1971,影印明萬曆十二年王圻校刻本)卷二四"漢銅虎符、竹使符"條,頁 855。

矯内太尉北軍,……太尉遂將北軍”〔1〕,這顯示周勃等人曾經一度擅自持有調兵統兵的符節,而自此以後直到代王劉恒入京之前,軍隊的統轄權,都完全控制在周勃手中。君不見後來淮南王劉安謀反,尚有“盜寫虎符”之舉〔2〕,這些符節是否曾被周勃等仿製贋造,對於處心積慮褫奪周勃一輩功臣權柄的漢文帝來説,自然會倍加擔心。因而,可以推測,漢文帝二年這次授予各個郡國守相的銅虎符、竹使符,應該是廢棄舊符而重頒新符。事實上,漢廷在文帝二年之後,也還給各個郡國重新頒發過虎符,如傳世“張掖太守虎符”,即“爲景帝中二年以後所頒”〔3〕。故史書以“初與”稱之,所説自有欠精準。

牢固地掌控軍事力量的調發權力之後,緊接着,漢文帝便於翌年(文帝三年)歲初,趁十月晦日又一次出現日食而需要燮理陰陽的機會,在十一月下詔云:“前日詔遣列侯之國,或辭未行。丞相朕之所重,其爲朕率列侯之國。”於是,“絳侯勃免丞相就國,以太尉潁陰侯嬰爲丞相,罷太尉官,屬丞相”〔4〕,即强制解除了周勃丞相的職位,令其帶頭離京就國。宋人吕祖謙清楚揭示其内在緣由曰:“以率列侯之國爲名而罷之也。勃功成不退,固非人主所能久安。”〔5〕藉助上次連續發生的日食和月食,以及這次重又出現的日食,斷然清除了這位令其難以安卧御榻的前朝重臣。高祖臨崩前,吕后詢問百歲後可居相位者,劉邦告延至周勃之後“亦非而所知也”〔6〕,正顯示出周勃是那一代功臣當中最後的重臣。

六個月之後,匈奴入侵北地,漢文帝遣丞相灌嬰統兵征討,擊退匈奴後文帝行幸太原,濟北王興居趁機發兵造反。漢文帝當即調遣這支征討匈奴

---

〔1〕《史記》卷九《吕太后本紀》,頁518。

〔2〕《漢書》卷六四下《賈捐之傳》,頁2833;又卷四四《淮南王安傳》,頁2150。

〔3〕清吴雲《兩罍軒彝器圖釋》(臺北,台聯國風出版社,1980,影印清同治十二年刻本)卷一〇“漢張掖太守虎符”條,頁445—447。

〔4〕《史記》卷一〇《孝文本紀》,頁538;又卷五七《絳侯周勃世家》,頁2517。

〔5〕宋吕祖謙《大事記解題》卷一〇,頁643。

〔6〕《史記》卷八《高祖本紀》,頁491—492。

的軍隊前往鎮壓,可是却奪走灌嬰的兵權,“罷丞相及行兵,皆歸長安”,另“遣棘蒲侯陳武爲大將軍,將十萬兵擊之”。耐人尋味的是,在灌嬰統兵擊退匈奴,尚未返回長安之時,文帝復“發中尉材官屬衛將軍,軍長安”,這位衛將軍就是隨從劉恒從代地來到長安的親信宋昌[1]。匈奴既然已經逃遁,長安便無須爲之戒備,宋昌率大軍列陣於京城,只能用來防備灌嬰在被解除兵權時以武力相抗。又當年吕后去世之後,齊王發兵西來長安,吕禄便是委任這位灌嬰爲大將軍出擊齊軍,而灌嬰行至滎陽後反與齊王聯手。正是依賴灌嬰這一舉措,陳平、周勃等纔得以從容誅除諸吕,迎立代王[2]。因而,漢文帝做出上述安排,其最直接的目的應是預防灌嬰重施故伎。一年多以後,灌嬰卒於相位[3],從而也就徹底結束了樊酈滕灌一輩開國功臣深度分享朝政的時代(“滕公”夏侯嬰雖然還健在人世,並身任太僕,但夏侯嬰自隨從高祖初起於沛時起,始終居職太僕,從未執掌要害的權力)。

由此可見,文帝二年十一、十二月間連續發生的日食和月食,看似純屬天文現象,實際上却與當朝核心政治息息相關,也可以説是西漢前期政治史上一項標誌性的事件,是漢廷最終全面清除開國重臣的轉折點,有必要清楚加以辨析,而基於以上論述,實應依從明人陳霆、焦竑和清人顧炎武、方苞、張文虎諸人的看法,在“十二月望,日又食”這句話的下面,根據《史記集解》舉述的别本《史記》,增列一條注語,説明“日又食”當屬“月又食”的譌誤。

---

〔1〕《史記》卷一〇《孝文本紀》,頁533,頁538。

〔2〕《史記》卷九五《樊酈滕灌列傳》,頁3238。

〔3〕《史記》卷一〇《孝文本紀》,頁538—539;又卷二二《漢興以來將相名臣年表》,頁1336;卷五二《齊悼惠王世家》,頁2438—2439;卷九五《樊酈滕灌列傳》,頁3239。

五、漢興以來諸侯王年表

【一】《史記·漢興以來諸侯王年表》原文:

漢興,序二等。高祖末年,非劉氏而王者,若無功上所不置而侯者,天下共誅之。高祖子弟同姓爲王者九國,唯獨長沙異姓,而功臣侯者百有餘人。自雁門、太原以東至遼陽,爲燕、代國;常山以南,太行左轉,度河、濟,阿、甄以東薄海,爲齊、趙國;自陳以西,南至九疑,東帶江、淮、穀、泗,薄會稽,爲梁、楚、吴、淮南、長沙國;皆外接於胡、越。而内地北距山以東盡諸侯地,大者或五六郡,連城數十,置百官宫觀,僭於天子。漢獨有三河、東郡、潁川、南陽,自江陵以西至蜀,北自雲中至隴西,與内史凡十五郡,而公主、列侯頗食邑其中。何者?天下初定,骨肉同姓少,故廣彊庶孽,以鎮撫四海,用承衛天子也。[1]

上面這段《漢興以來諸侯王年表》卷首的小序,今點校本雖然已經有所校補,但仍未能盡善,至少還有兩處文字需要改訂。

〖今案〗

首先是序文稱"高祖子弟同姓爲王者九國,唯獨長沙異姓",更清楚地説,這是在講"高祖末年"實際存在的九個同姓諸侯王以及長沙國這一個異姓諸侯王,而繼之具體舉述的"同姓爲王者"有燕、代、齊、趙、梁、楚、吴、淮南八國(今中華書局本的底本清同治金陵書局本原闕佚"吴"字,點校者已據景祐等本補入,當是),下面表格正文裏開列高祖時期封授的同姓諸侯

[1] 《史記》卷一七《漢興以來諸侯王年表》,頁967—968。

王國，除了這八國之外（其中吴國初記作荆國，在高祖十二年欄下記“更爲吴國，十月辛丑，初王濞元年”，序文稱“吴”不稱“荆”，正符合其説明高祖末年諸侯王國的用意），還另有一個淮陽國[1]。這一點在《史記·吕太后本紀》中也有清楚記載[2]。斟酌《漢興以來諸侯王年表》小序的整體文義，乃意在一一舉述下文表格正文中漢高祖末年十大諸侯王國的分佈形勢，而此表正文載高祖十一年三月封子友爲淮陽王，後二年亦即孝惠元年始改國爲郡[3]，南朝劉宋人徐廣釋“高祖子弟同姓爲王者九國”，即在上述八國之外，另列有“淮陽”[4]，故序文中自無獨遺淮陽國的道理，此處必有脱誤。尋上下文脈以及淮陽國所處地理位置，太史公書原本中的“淮陽”二字，或當在“吴、淮南”之間。蓋以“淮陽”、“淮南”兩名相近而在傳鈔寫録過程中奪落。

《史記》這一闕佚，産生的時間應當很早。在撰著《漢書》的東漢時期，所見到的《史記》，似已然如此。對讀《漢書·諸侯王表》可知，受《漢興以來諸侯王年表》這一缺損牽連，其行文紀事也産生了很大錯亂。

由於所依據的《漢興以來諸侯王年表》小序中闕佚淮陽國，《漢書·諸侯王表》成文之際，便把司馬遷講述的“高祖子弟同姓爲王者九國，唯獨長沙異姓”，理解成了包括異姓王國長沙在内漢高祖時期總共存在九個王國。其前序述之曰：

> 漢興之初，海内新定，同姓寡少，懲戒亡秦孤立之敗，於是剖裂疆土，立二等之爵，功臣侯者百有餘邑，尊王子弟，大啓九國。自鴈門以東，盡遼陽，爲燕、代。常山以南，太行左轉，度河、濟，漸于海，爲齊、

---

[1] 《史記》卷一七《漢興以來諸侯王年表》，頁 970—971，頁 978。

[2] 《史記》卷九《吕太后本紀》，頁 505。

[3] 《史記》卷一七《漢興以來諸侯王年表》，頁 970—979。案《史記》卷八《高祖本紀》（頁 489）記淮陽王友受封事在十一年夏，與此稍異。

[4] 《史記》卷一七《漢興以來諸侯王年表》劉宋裴駰《集解》，頁 968。

趙。穀、泗以往,奄有龜、蒙,爲梁、楚。東帶江、湖,薄會稽,爲荆吴。北界淮瀕,略廬、衡,爲淮南。波漢之陽,亘九嶷,爲長沙。諸侯比境,周帀三垂,外接胡越。天子自有三河、東郡、潁川、南陽,自江陵以西至巴蜀,北自雲中至隴西,與京師内史凡十五郡,公主、列侯頗邑其中。而藩國大者夸州兼郡,連城數十,宫室百官同制京師,可謂撟枉過其正矣。[1]

兩相比較可知,《漢書》此文顯然是用《史記·漢興以來諸侯王年表》的小序改竄而成。與司馬遷原文相比,這裏最大的問題,是明確地把異姓諸侯王國長沙列在了漢初"尊王子弟,大啓九國"的九大王國數内,而這等於把淮陽國明確摒除在外。唐人顔師古注《漢書》,完全没有看明白《諸侯王表》序文中這些話的來路和其中的問題,在"大啓九國"句下隨文疏釋云:"九國之數在下也。"[2]即謂下文舉述的燕、代、齊、趙、梁、楚、荆吴、淮南、長沙即此"九國"。顯而易見,這同樣不符合司馬遷講述的實際情况。

《漢書·諸侯王表》序文另一悖戾史實的地方,是下面的表格正文,在劉邦封授的王國部分,没有載録高祖十一年分封給其子劉恢的梁國[3]。同時,較諸《史記》,《漢書》中又新設有《異姓諸侯王表》,把高祖末年依然在位的長沙王吴臣隨同乃父吴芮一道改列入此表[4]。這樣一來,《漢書·諸侯王表》小序中提到的"九國",與其表格正文便完全失去照應,讀者愈加不易看出其中的問題。

針對《漢書》這一做法,宋人王應麟即已辨析説:"漢大啓九國,燕、代、齊、趙、梁、楚、荆吴、淮南、淮陽,皆同姓也,長沙異姓不與焉。《漢表》削淮

[1] 《漢書》卷一四《諸侯王表》,頁393—394。

[2] 《漢書》卷一四《諸侯王表》唐顔師古注,頁394。

[3] 《漢書》卷一四《諸侯王表》,頁397—406。《史記》卷八《高祖本紀》,頁489;又卷一七《漢興以來諸侯王年表》,頁976—977。

[4] 《漢書》卷一三《異姓諸侯王表》,頁377—379。

楚漢春秋曰高帝初封侯者皆賜丹書鐵券曰使黃河如帶太山如礪漢有宗廟爾無絶世下二句不同

又曰惠帝崩呂太后欲爲高墳使從未央宮而見之諸將諫不許東陽侯垂泣曰陛下見惠帝冢悲哀流涕無已是傷生也臣竊哀之太后乃止東陽侯張相如也又曰下蔡亭長詈淮南王曰封汝爵爲千乘東南盡日所出尚未足黥徒群盜所邪而反何也謂英布史漢不載

漢大啓九國燕代齊趙梁楚荆吳淮南淮陽皆同姓也長沙異姓不與焉漢表削淮陽而列長沙當從史記

斷而敢行鬼神避之見末而知本觀指而覩歸秋霜降者草花落水搖動者萬物作此戰國諸子之言而趙高誦之爾高非

○《四部叢刊三編》影印元刻本《困學紀聞》

陽而列長沙，當從《史記》。”〔1〕如上所述，稍一檢讀《史記·漢興以來諸侯王年表》，這是顯而易見的事情，難怪全祖望詬病云：“《漢表》最無義，皆妄改《史記》者也。”〔2〕

那麼，《漢書·諸侯王表》又何以會出現如此嚴重的紕繆呢？這主要是因爲在《漢書》諸表當中，其中有一部分内容，並不是由班固本人撰著。《後漢書·列女傳》載“曹世叔妻者，同郡班彪之女也，名昭，……博學高才。……兄固著《漢書》，其八表及《天文志》未及竟而卒，和帝詔昭就東觀臧書閣踵而成之。時《漢書》始出，多未能通者，同郡馬融伏於閣下，從昭受讀，後又詔融兄續繼昭成之”〔3〕。由於續成於班昭、馬續之手，《漢書》諸表便不同程度地存在原作者班固所不應有的草率粗疏問題，有些缺陷還相當嚴重。例如，其《古今人表》但次古人而不表今人，與班固自定“通於上下”的篇章名稱明顯牴牾〔4〕。雖有歷代學者做出種種解説，試圖爲之開釋，但終究無以服人。實際上還是應當如唐人顔師古所云，此乃“其書未畢故也”〔5〕，即班固遺留下來的未竟之稿，僅成“古人”部分，而班昭、馬續未能繼之補完“今人”。由此可知，《漢書·諸侯王表》這些舛錯，也應當是班昭、馬續之輩的疏失，如今萬萬不宜援依其錯誤表述來印證今本《史記·漢興以來諸侯王年表》文字的準確性。

《漢興以來諸侯王年表》序文中另一處值得斟酌的文字，是“而内地北距山以東盡諸侯地”這句話中的“北”字。所謂“北距山以東”，實在難以落實是北面的哪一座山；而且“北距山以東”的講法也很别扭。按照通常的邏輯，似乎更應該寫作“北距山以南”或“西距山以東”。

清人方苞嘗就此辨析説：

---

〔1〕 宋王應麟《困學紀聞》（上海，商務印書館，1935，《四部叢刊三編》影印江安傅氏雙鑑樓藏元刊本）卷一三《考史》，頁4b。

〔2〕 清翁元圻《翁注困學紀聞》（上海，商務印書館，1935，《萬有文庫》本）卷一二《考史》，頁993。

〔3〕 《後漢書》卷八四《列女傳》，頁2784—2785。

〔4〕 《漢書》卷一〇〇下《敘傳》下，頁4241。

〔5〕 《漢書》卷二〇《古今人表》唐顔師古注，頁861。

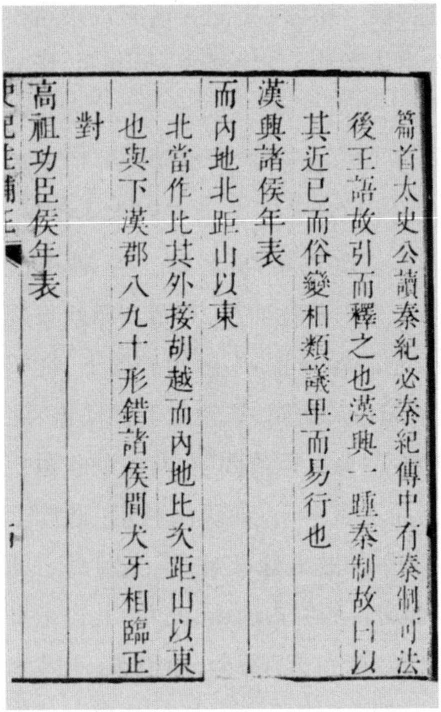
篇首太史公讀秦紀必秦紀傳中有秦制可法
後王語故引而釋之也漢興一踵秦制故曰以
其近已而俗變相類議卑而易行也
漢興諸侯年表
而內地北距山以東
北當作比其外接胡越而內地比次距山以東
也與下漢郡八九十形錯諸侯間犬牙相臨正
對
高祖功臣侯年表

○ 清康熙嘉慶間桐城方氏刊《抗希堂十六種》本《史記注補正》

> “北”當作“比”,其外接胡越,而内地比次距山以東也。與下“漢郡八九十,形錯諸侯間,犬牙相臨”正對。[1]

方苞提到的“漢郡八九十,形錯諸侯間,犬牙相臨”,是《史記·漢興以來諸侯王年表》下文記述的西漢後期朝廷直轄之郡與諸侯王國的分佈情況[2]。上引《漢書·諸侯王表》小序所説“諸侯比境,周市三垂,外接胡越”,顔師古注曰“比謂相接次也”[3],顯而易見,“諸侯比境”一語正是由“内地比距山以東”云云點竄成文,班固所見《史記》正是書作“比”字。又王應麟《玉

〔1〕清方苞《史記注補正》,頁14a。
〔2〕《史記》卷一七《漢興以來諸侯王年表》,頁968—969。
〔3〕《漢書》卷一四《諸侯王表》唐顔師古注,頁394—395。

海》轉述《史記》此文,也是書作"比距山以東"[1]。這些情況,足以佐證方氏這一認識,通貫暢達,是很合理的判斷。其所"距"之山,應即關中與關東兩大區域之間的天然分界崤山山地,而"盡諸侯地"云者,乃謂多屬諸侯王國的屬地。

另外,上述相關文句的標點,也需要適當調整。即現點校本的"皆外接於胡、越。而内地北距山以東盡諸侯地",這兩個句子中間的句號,應當改爲逗號,"皆"字前面上一句句末的分號,也以改作句號爲宜。同時,"而内地北距山以東盡諸侯地"這個句子,則應從中逗開,讀作"而内地北距山以東,盡諸侯地"。蓋"皆外接於胡、越,而内地比距山以東,盡諸侯地",是通叙各諸侯王國所佔據地域的分佈形勢。如梁和淮陽兩國,並非毗鄰胡、越,不能統攝於"皆外接於胡、越"句下。只有將"皆外接於胡、越"與"而内地比距山以東"連讀,纔合乎實際情況。

依照上面的論述,《史記·漢興以來諸侯王年表》小序中的相關部分,似應改訂如下:

> 自陳以西,南至九疑,東帶江、淮、穀、泗,薄會稽,爲梁、楚、吴、淮陽、淮南、長沙國。皆外接於胡、越,而内地比距山以東,盡諸侯地,大者或五六郡,連城數十,置百官宫觀,僭於天子。

即使出於慎重的考慮,不輕易變更底本的文字,也應當增附校記,加以説明。

---

[1] 宋王應麟《玉海》(南京,江蘇古籍出版社,1988,影印清光緒浙江書局刻本)卷一七《地理·郡國》"漢同姓九國"條,頁330。

六、河渠書

【一】《史記·河渠書》原文:

> 自是之後,用事者争言水利。朔方、西河、河西、酒泉皆引河及川谷以溉田;而關中輔渠、靈軹引堵水;汝南、九江引淮;東海引鉅定;太山下引汶水:皆穿渠爲溉田,各萬餘頃。佗小渠披山通道者,不可勝言。然其著者在宣房。[1]

上文今中華書局點校本未加校勘,但“佗小渠披山通道者”這句話存在一定問題,需要考辨。

〖今案〗

“佗小渠披山通道者”這句話,傳世諸刻本《史記》並無異文,文句也没有特别明顯的問題,因而没有引起校勘者注意。然檢讀東瀛京都神田香嚴氏所藏日本平安時代的古寫本《河渠書》殘卷(或亦稱作“唐寫本”,實則似屬日本學者寫録),乃書作“他川渠陂山通道者”[2],與傳世刻本出入很大。

羅振玉在影印這一古寫本殘卷的時候,就已經做出辨析説:

> “佗(德勇案:古寫本實書作“他”,同“佗”)川渠陂山通道者”,今本作“佗小渠披山通道者”,“川”譌“小”,“陂”譌“披”。“陂山”者,鑿高使夷如陂也。[3]

---

〔1〕《史記》卷二九《河渠書》,頁1705。

〔2〕《古寫本史記殘卷》(1918年羅振玉影印本。案此本未標記頁碼)。

〔3〕《古寫本史記殘卷》篇末附羅振玉跋語。

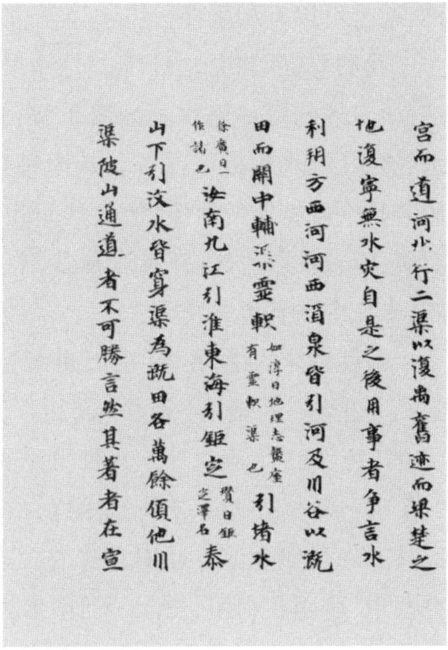

宮而遵河北行二渠以復禹舊迹而梁楚之
地復寧無水灾自是之後用事者爭言水
利朔方西河河西酒泉皆引河及川谷以溉
田而關中輔渠靈軹如淳曰地理志盩厔有靈軹渠也引堵水
徐廣曰一作諸也汝南九江引淮東海引鉅定瓚曰鉅定澤名泰
山下引汶水皆穿渠為溉田各萬餘頃佗川
渠陂山通道者不可勝言然其著者在宣

○ 民國初年羅振玉影印古寫本

《史記·河渠書》殘卷

賀次君《史記書録》,照樣復述了羅振玉這一説法[1]。羅氏所説"陂"字的可信性,尚可證之於其他文獻。如唐李賢等注《後漢書》,引述《史記》此文,即作"陂山通道"[2];又杜佑撰著《通典》,移用《河渠書》文,也是如此[3]。更早,還有班固增改《史記·河渠書》著《漢書·溝洫志》,亦同樣書此四字[4]。足見這一古寫本殘卷,應是保存了《史記》舊本的本來面目。

"川"字和"小"字孰是孰非,情況則比較複雜。單純從字面上看,似乎二者皆通,難以做出非此即彼的判斷,但嚴密分析《河渠書》行文的邏輯結

---

〔1〕 賀次君《史記書録》(北京,商務印書館,1958)之《史記集解河渠書殘卷》,卷28。

〔2〕 《後漢書》卷二八下《馮衍傳》唐李賢等注,頁1002;又卷八八《西域傳》唐李賢等注,頁2914—2915。

〔3〕 唐杜佑《通典》卷二《食貨·水利田》,頁172。

〔4〕 《漢書》卷二九《溝洫志》,頁1684。

構，還是可以有所別擇。

我們看從“自是之後”到“佗小渠披山通道者”這句話之前的那一段文字，所叙述的每一處水利灌溉工程，無不具體説明渠道分引的水源，如河水、淮水、汶水和鉅定澤等。其中稍顯特别的是所謂“堵水”。這個堵水，假若是一條特定的河流，地位且如此重要，在其他文獻中却没有見到任何記載，以致注釋《史記》者竟無從措手，對於西漢京畿所在的關中地區來説，未免令人費解。

南朝劉宋人裴駰著《史記集解》，引述同時代人徐廣見到的别本《史記》，是把這一“堵水”書作“諸川”[1]。參照這一情況，清人梁玉繩以爲“‘堵’乃‘諸’之誤”[2]。其實更早在《漢書·溝洫志》裏，就是直接寫成“諸川”，徐廣見到的别本《史記》，或是依據《溝洫志》更改了《河渠書》的原文亦未可知。但這並不意味着《漢書》的寫法就更合理。稍加審度，就會發現，班固在利用《史記·河渠書》舊稿增撰《漢書·溝洫志》時，其相關的内容，較諸司馬遷的本意，頗有違異。

《漢書·溝洫志》相應内容如下：

> 自是之後，用事者争言水利。朔方、西河、河西、酒泉皆引河及川谷以溉田。而關中靈軹、成國、湋渠引諸川，汝南、九江引淮，東海引鉅定，泰山下引汶水，皆穿渠爲溉田，各萬餘頃。它小渠及陂山通道者，不可勝言也。[3]

在這當中，最顯著的差異，是在《河渠書》“而關中輔渠、靈軹引堵水”這句話裏，加入了“成國、湋渠”兩條渠道，同時又去掉了《河渠書》原有的“輔渠”。經過這樣的增改之後，《漢書·溝洫志》中“引諸川”的寫法確是恰如

[1] 《史記》卷二九《河渠書》劉宋裴駰《集解》，頁1705—1706。

[2] 清梁玉繩《史記志疑》卷一六，頁825。

[3] 《漢書》卷二九《溝洫志》，頁1684。

其分。蓋至少就成國渠和漳渠而言,其"成國渠首受渭"[1],即後引渭水入渠;而漳渠的水源是從秦嶺北坡韋谷(亦即東漢楊孟文《石門頌》所説"圍谷")流出的漳水[2]。不同的水渠,引自不同的河流,此非"諸川"而何?若是像《河渠書》一樣寫成"堵水",則對"堵水"這一地名很難做出合理的解釋。

但若是分析《史記·河渠書》原來的記載,情況則有所不同。《河渠書》提到的"輔渠",亦稱"六輔渠",在《漢書·溝洫志》中有很具體的記載:

> 自鄭國渠起,至元鼎六年,百三十六歲,而兒寬爲左内史,奏請穿鑿六輔渠,以益溉鄭國傍高卬之田。[3]

唐人顔師古釋之曰:

> 《溝洫志》云"兒寬爲左内史,奏請穿六輔渠以益溉鄭國旁高卬之田",此則於鄭國渠上流南岸更開六道小渠,以輔助溉灌耳。今雍州雲陽、三原兩縣界此渠尚存,鄉人名曰"六渠",亦號"輔渠",故《河渠書》云"關内則輔渠、靈軹"是也。[4]

簡單地説,"輔渠"或"六輔渠"是源出於鄭國渠的輔助性水渠。

靈軹渠的情況,稍顯模糊。《漢書·地理志》載靈軹渠在右扶風盩厔縣境内,係"武帝穿也",同時《地理志》在同郡鄠縣下另外還載有成國渠,

---

[1] 《漢書》卷二八上《地理志》上,頁1574。

[2] 《漢書》卷二九《溝洫志》唐顔師古注引曹魏如淳語,頁1684。宋宋敏求《長安志》(北京,中華書局,1990,《宋元方志叢刊》影印清乾隆五十二年畢沅靈巖山館刻本)卷一八《盩厔》,頁187。參見黄盛璋《川陝交通的歷史發展》,原刊《地理學報》1957年第11期,此據作者文集《歷史地理論集》(北京,人民出版社,1982),頁207。

[3] 《漢書》卷二九《溝洫志》,頁1683。

[4] 《漢書》卷五八《兒寬傳》唐顔師古注,頁2630。

“東北至上林入蒙籠渠”[1]，而酈道元《水經·渭水注》稱靈軹渠爲蒙蘢（籠）渠别名，在盩厔縣北上承於從武功縣東來的成國渠；《渭水注》同時又記載成國渠尚由此繼續東流，迄至霸水口下，始匯入渭水[2]。根據這樣的記載，今譚其驤主編《中國歷史地圖集》，就把靈軹渠繪爲由成國渠分流入渭的一條支渠[3]。這樣的支渠，自然是成國渠上的輔助性渠道，性質與六輔渠相同。

知悉輔渠（六輔渠）和靈軹渠這一特殊性質，也就很容易明白，司馬遷稱“關中輔渠、靈軹引堵水”，乃是着重記述關中地區在人工幹渠上分設的較大規模支渠，這是一種特殊的水利工程形式，而所謂“堵水”就很有可能是稱謂幹渠水道的專門用語。意者分水入渠，類皆需要築碣堰阻，其勢如堵，故有此名。不過，進入東漢以後，像這樣的術語，大概已經不甚通行，班固或即因未能看懂其語義而誤視作“諸水”的形譌。班固在把“引堵水”改書爲“引諸川”的同時，又增入成國渠和湋渠兩條水渠，再隨手删掉附屬於鄭國渠的“輔渠”（班固大概没有弄清靈軹渠亦屬次一級的渠道，纔没有將其删除）[4]。徐廣所見别本《史記》的“諸川”，大概同屬淺人誤改。

“堵水”雖然不是單一地名的專稱，但在這裏也有比較具體的指向，而如前所述，河水、淮水、汶水和鉅定澤這幾處在“佗小渠披山通道者”（或“他川渠陂山通道者”）句前提到的水體，更都是特定的專名。在此前提之下，我們再來比較“佗小渠”和“他（佗）川渠”這兩種寫法，究竟哪一種更爲合理。

從語氣上看，所謂“他（佗）川”，應是針對前面已經舉述過的堵水、河水、淮水和汶水等川流而言。在梁劉昭注《續漢書》引述的《漢祀令》中，我

---

〔1〕《漢書》卷二八上《地理志》上，頁1547。

〔2〕北魏酈道元《水經·渭水注》，據清王先謙《合校水經注》卷一九，頁283，頁293。楊守敬、熊會貞《水經注疏》（南京，江蘇古籍出版社，1989）卷一九，頁1552—1553。

〔3〕譚其驤主編《中國歷史地圖集》（北京，地圖出版社，1982）第二册《西漢司隸部圖》，頁15—16。

〔4〕案梁玉繩《史記志疑》卷一六（頁825）謂靈軹渠與成國渠乃“所謂輔渠也”，差誤殊甚。

們可以看到類似的用法：

> 天子行有所之，出河，沈用白馬珪璧各一，衣以繒緹五尺，祠用脯二束，酒六升，鹽一升。涉渭、灞、涇、雒佗名水如此者，沈珪璧各一。律，在所給祠具；及行，沈祠佗川水，先驅投石，少府給珪璧。不滿百里者不沈。[1]

這裏的"佗川水"與古寫本《河渠書》的"他（佗）川渠"結構完全相同，所謂"佗（他）川"，都是相對於前面已經提到過的河川而言。參照這一句式，我們有理由推測，在"佗小渠"和"佗（他）川渠"這兩種寫法當中，恐怕還是要以古寫本《河渠書》的"川"字爲正。

另外，從文字互譌的規律來看，對於後世來説相對比較生疏的詞句，更容易譌變成爲當時人比較習慣的用法。"佗川"後世很少使用，讀之難免會有隔膜，而"小渠"的詞義却很顯豁。因此，由"川"字譌作"小"字的可能，會大大高於反向的譌變。

更進一步檢讀《册府元龜·邦計部》採録的《漢書·溝洫志》文，"佗小渠"亦書作"它（佗）川渠"[2]，顯示出《漢書·溝洫志》的舊本，其實也是書作"川"字，而這正應該是承用《史記·河渠書》的舊文。

前文指出應當依據古寫本《河渠書》殘卷把"披山通道"改訂爲"陂山通道"，其實這樣做只是想要恢復《史記》原本的用字，以保持當時的用法，而改與不改，並没有語義的差别。蓋按照清人王念孫的考述，不管是寫作"披"，還是"陂"，在這裏都是用作"傍"義[3]，唐人李賢述此義曰"循"[4]。

---

〔1〕 晉司馬彪《續漢書·祭祀志》上梁劉昭注，見《後漢書》志第七，頁3162。

〔2〕 宋王欽若等《册府元龜》（北京，中華書局，1960，影印明崇禎刻本）卷四九六《邦計部·河渠》，頁5938。

〔3〕 清王引之《經義述聞》（南京，江蘇古籍出版社，2000，《高郵王氏四種》影印清道光七年重刊本）卷三一"披"條，頁732—733。

〔4〕 《後漢書》卷八八《西域傳》唐李賢注，頁2914—2915。

又顏師古注《漢書·溝洫志》,謂"陂山,因山之形也",講的也是同樣的意思。《史記·漢興以來諸侯王年表》稱"吴楚時,前後諸侯或以適削地,是以燕、代無北邊郡,吴、淮南、長沙無南邊郡,齊、趙、梁、楚支郡名山陂海者咸納於漢。……而漢郡八九十,形錯諸侯間,犬牙相臨,秉其阸塞地利,彊本幹,弱枝葉之勢"[1],所説"陂海"之支郡,正與燕、代北部的邊郡和吴、淮南、長沙南部的邊郡性質相同,意即沿海的邊郡,西漢朝廷的用意,是要消除各諸侯王緣邊濱海的地利,并以漢郡與之"犬牙相臨",使其背後失去依託,以實現所謂"彊本幹,弱枝葉之勢"。故"陂海"的"陂"字,同樣是依循傍靠之義,適可與此"陂山"互證。這一語義的"陂"字,有時還寫作"波"。《漢書·諸侯王表》有"波漢之陽"一語,顏師古注曰:"波漢之陽者,循漢水而往也。水北曰陽。"[2]也是把這個"波"(陂)字釋作"循"義。顏師古復謂《漢書·溝洫志》"陂山通道"的"道"字,其義乃"引也。……讀曰導"[3]。"通導"正承"循山"而言,因知羅振玉謂"'陂山'者,鑿高使夷如陂也",所説並不準確。

據此,所謂"他(佗)川渠陂山通道者",意即依循山形地勢在其他河川上浚引的渠道,此即《史記·河渠書》卷首引述的《禹貢》"隨山浚川"這一經義[4],固與其上文乃至《河渠書》通篇所述密合無間,亦《史記》行文嚴整之一例。

南宋人章如愚論漢代水利,嘗有如下一段論述:

> 自漢以來,講明尤備,内而京師,外而列郡,又遠而邊地,源流瓜分,原隰碁布,歷歷可見矣。嚴熊穿龍首渠於馮翊之地,兒寬穿六輔渠於左内史之治,白公引涇水於池陽之區,決渠降雨,荷臿成雲,衣食京

[1] 《史記》卷一七《漢興以來諸侯王年表》,頁969。
[2] 《漢書》卷一四《諸侯王表》並唐顏師古注,頁394—395。
[3] 《漢書》卷二九《溝洫志》唐顏師古注,頁1684—1685。
[4] 《史記》卷二九《河渠書》,頁1695。

師，億萬之口，豈非京師之利乎？其他郡縣，泰山則引汶，東海則引鉅定，汝南、九江則引淮，朔方、西河、酒泉諸郡則皆引河及川谷以溉田，陂山通道，在在相望，豈非諸郡之利乎？輪臺以東，有渠溉田五千頃，是雖極邊之地，水道源流，無不加意，又豈非邊地之利乎？[1]

文中所説“陂山通道，在在相望”，顯然是把《史記·河渠書》和《漢書·溝洫志》中所説的“陂山通道”理解爲因勢利導，興修水利工程[2]，而與開築道路無關。

按照這樣的理解，“他（佗）川渠陂山通道者”這句話，也只能通貫連讀，《漢書·溝洫志》在“渠”字與“陂山通道者”之間較《河渠書》增添一個“及”字，使“佗川渠”與“陂山通道者”判若兩事，顯示出班固没有能夠準確地理解“陂山通道”的涵義，不過信手敷衍成文而已（觀顔師古之注既謂“陂山，因山之形也”，復謂“一曰，陂山，遏山之流以爲陂也”[3]，知顔氏對這句話也缺乏清楚的認識）。

如上所論，今本《河渠書》中“佗小渠披山通道者”這句話，似可考慮採納羅振玉的看法，將其改訂爲“佗川渠陂山通道者”；至少應添加一條校記，注明古寫本《河渠書》的異文（唯古寫本中“他川渠”的“他”字應屬鈔録者俗寫，《通典》引述者亦作“佗”字可證[4]）。

---

〔1〕宋章如愚《群書考索》（北京，書目文獻出版社，1992，影印明正德戊辰慎獨齋刻本）卷六六《地理門·水利類》“古今水利總論”條，頁445。

〔2〕案章如愚在《群書考索》同卷“武帝水利”條引録《史記·河渠書》的内容（頁442），就是書作“陂山”，而不是今通行本之“披山”。

〔3〕《漢書》卷二九《溝洫志》唐顔師古注，頁1684—1685。

〔4〕唐杜佑《通典》卷二《食貨·水利田》，頁172。

七、燕召公世家

【一】《史記·燕召公世家》原文:

二十四年,頃侯卒,子哀侯立。哀侯二年卒,子鄭侯立。鄭侯三十六年卒,子繆侯立。繆侯七年,而魯隱公元年也。十八年卒,子宣侯立。

宣侯十三年卒,子桓侯立。

桓侯七年卒,子莊公立。

莊公十二年,齊桓公始霸。……三十三年卒,子襄公立。

襄公……四十年,襄公卒,桓公立。

桓公十六年卒,宣公立。

宣公十五年卒,昭公立。

昭公十三年卒,武公立。

武公十九年卒,文公立。

文公六年卒,懿公立。

懿公……四年卒,子惠公立。

惠公……六年,……惠公至燕而死。燕立悼公。

悼公七年卒,共公立。

共公五年卒,平公立。

平公……十九年卒,簡公立。

簡公十二年卒,獻公立。

獻公……二十八年,獻公卒,孝公立。

孝公……十五年,孝公卒,成公立。

成公十六年卒,湣公立。

湣公三十一年卒，釐公立。

釐公三十年，……釐公卒，桓公立。

桓公十一年卒，文公立。

文公……二十九年，文公卒，太子立，是爲易王。[1]

今中華書局新點校本在"子桓侯立"下附有校記云："張文虎《札記》卷四：'毛本無"子"字。'按：敦煌本無'子'字。"又"子莊公立"和"子襄公立"句下亦有校記曰："敦煌本無'子'字。"[2]似此校語，故屬慎重其事，但此處文字，舛誤至爲明顯，本來可以做出更爲清楚的處置。

〖**今案**〗

劉宋裴駰《史記集解》轉述同時人徐廣的解説，謂"《古史考》曰《世家》自宣侯已下不説其屬，以其難明故也"[3]。《古史考》爲三國時人譙周所著，譙周云《世家》自宣侯已下不説其屬"，也就是説他當年見到的《史記·燕召公世家》，在記述桓侯、莊公和襄公等燕國君主時，本没有清楚説明其身份所屬。

後來唐人司馬貞撰著《史記索隱》，更完整地轉述了譙周這一説法：

譙周曰："《系本》謂'燕自宣侯已上皆父子相傳無及，故《系家》桓侯已下並不言屬，以其難明故也'。"按今《系本》無燕代系，宋忠依《太史公書》以補其闕。尋徐廣作《音》尚引《系本》，蓋近代始散逸耳。

文中"系家"、"系本"和"無燕代系"的"系"，都是司馬貞爲迴避太宗李世民的廟諱而以之替代原本的"世"字。《系家》自然是指《史記·燕召公世

[1] 《史記》卷三四《燕召公世家》，頁 1877—1881。

[2] 《史記》卷三四《燕召公世家》篇末附校勘記，頁 1890。

[3] 《史記》卷三四《燕召公世家》劉宋裴駰《集解》，頁 1877—1878。

家》,“系本”則是漢人宋忠(或作“宋衷”)所撰記載先秦古國世系的書籍《世本》。司馬貞這段話告訴我們,宋忠在撰著《世本》時,關於燕國的世系,没有找到更早的史料依據,於是,便摭取《史記·燕召公世家》相關的内容,寫入書中,而宋忠當時所見到的《史記》,在燕宣侯以前,都是父死子繼,世代相傳(即所謂“父子相傳”),没有出現過兄終弟及的繼承形式(即所謂“無及”),不過所謂父子世代傳承,《燕召公世家》也只是寫到燕宣侯爲止,從燕桓侯開始,司馬遷也因無法弄清其實際狀況而闕略不書(《古史考》云“《世家》自宣侯已下不説其屬”,是不包括宣侯在内)。

《世本》原書,久已散佚,司馬貞能夠清清楚楚地講出“宋忠依《太史公書》以補其闕”云云這樣的話,就説明在他所見到的《世本》完書當中,宋忠本人對此曾做有具體的説明,這也就意味着漢代流行的《史記》,其《燕召公世家》載録燕國君主的世系,在桓侯以下,便是俱無所屬,而這當然是太史公書固有的面目。核諸《燕召公世家》的記載,更準確地説,這應該是從燕桓侯起直至首次稱王的燕易王之前的情况。檢今本《史記·燕召公世家》,在這一時期,除了前面提到的桓侯、莊公和襄公的情况比較特殊之外,其餘各位公侯仍大體符合宋忠、譙周等人所説的情况。

今中華書局點校本既已參校敦煌寫本《史記·燕召公世家》殘卷(P. 2627),並已注意到“子桓侯立”、“子莊公立”和“子襄公立”這三個“子”字,都不見於敦煌寫本,那麽,參看《史記集解》和《史記索隱》的記述,並通看《燕召公世家》相關紀事的總體情况,自應知悉此敦煌寫本正保存着《史記》原有的面貌[1],完全可以據此删除這三個後世增衍的“子”字;至少應該在校勘記中寫明這三個“子”字確屬後世竄入的衍文無疑,以確保治史者不被今本《史記》所誤導,造成不必要的錯亂。

對此還需要附加説明的是,在“子桓侯立”、“子莊公立”和“子襄公立”這三個“子”字當中,最後一處“子”字增衍的時間相對較晚。蓋北宋中期

〔1〕 饒宗頤編《敦煌書法叢刊》(東京,二玄社,1985,影印巴黎國立圖書館藏敦煌寫本)第十卷《經史》八,頁30—33。

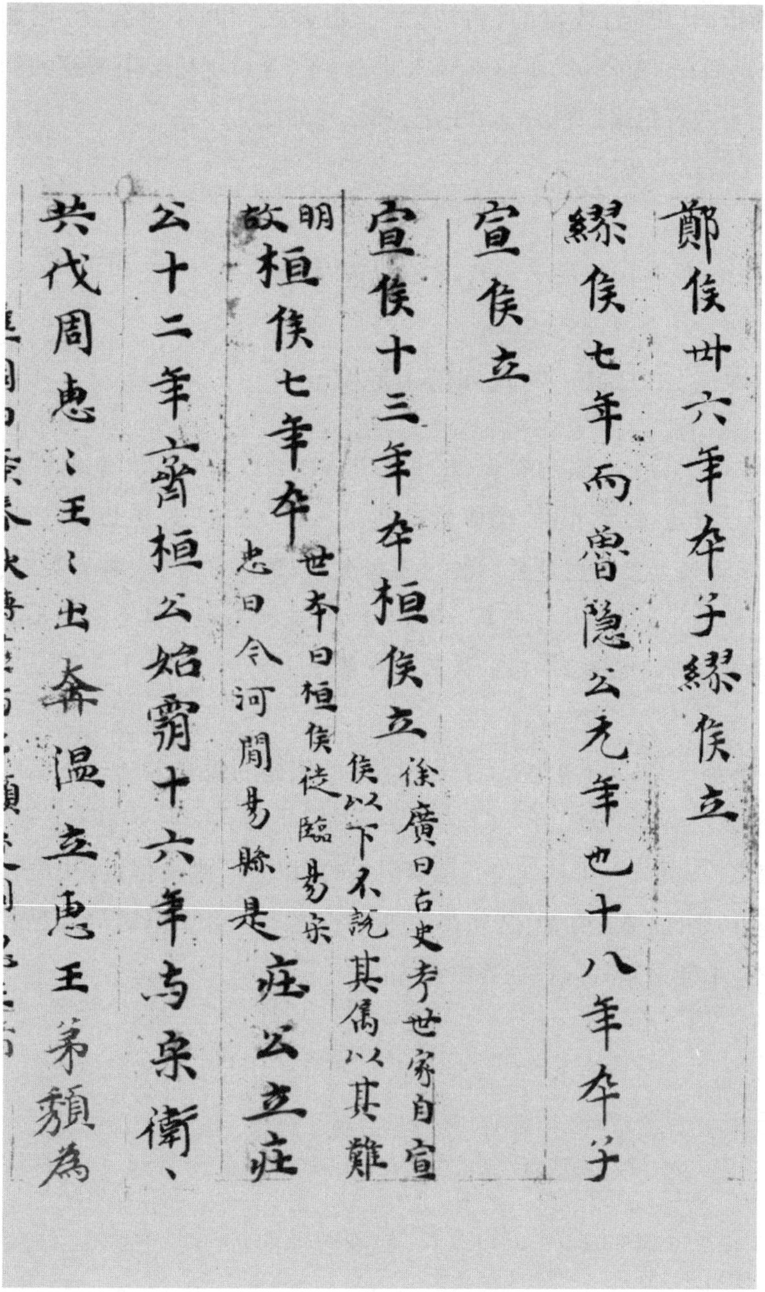

鄭侯卅六年卒子繆侯立

繆侯七年而魯隱公元年也十八年卒子

宣侯立

宣侯十三年卒桓侯立徐廣曰古史考世家自宣侯以下不說其屬以其難明故

桓侯七年卒世本曰桓侯徙臨易宋忠曰今河間易縣是莊公立莊

公十二年齊桓公始霸十六年与宋衛、

共伐周惠〻王〻出奔溫立惠王弟頽為

○ 敦煌寫本《史記・燕召公世家》殘卷

人蘇轍依據《史記》改寫的《古史》,“子桓侯立”和“子莊公立”已如今本《史記》,而在“襄公立”前尚未孱入此一“子”字[1];甚至南宋紹興初杭州刊刻的十四行單附《集解》本《史記》亦依然如此[2]。

八、匈奴列傳

【一】《史記·匈奴列傳》原文:

> 初,匈奴好漢繒絮食物,中行説曰:“匈奴人衆不能當漢之一郡,然所以彊者,以衣食異,無仰於漢也。今單于變俗,好漢物,漢物不過什二,則匈奴盡歸於漢矣。其得漢繒絮,以馳草棘中,衣袴皆裂敝,以示不如旃裘之完善也;得漢食物,皆去之,以示不如湩酪之便美也。”於是説教單于左右疏記,以計課其人衆畜物。[3]

文中“湩酪”一語,唐司馬貞《史記索隱》所依據的版本,書作“重駱”,小司馬釋之曰:“音湩、酪二音。《三蒼》云:‘湩,乳汁也。’……《穆天子傳》云‘牛馬之湩,臣菟人所具’。”[4]這裏引述的《穆天子傳》,傳世《史記》諸本,凡散入司馬氏《索隱》者,文句都一如單行之本。今中華書局新點校本依循舊本,未能察知其間存在着嚴重譌誤。

---

〔1〕 宋蘇轍《古史》(臺北,故宫博物院,1991,影印該院所藏南宋浙本)卷一一《燕召公世家》,頁45a。

〔2〕 見南京的鳳凰出版社在2011年影印的南宋紹興初杭州刻十四行單附《集解》本《史記》卷一一《燕召公世家》,頁838。

〔3〕 《史記》卷一一〇《匈奴列傳》,頁3504。

〔4〕 唐司馬貞《史記索隱》卷二五,頁272。

〖今案〗

覆案明天一閣刻本《穆天子傳》和清人洪頤煊依據《太平御覽》等校訂的《竹書穆天子傳》,兩相參訂,與"牛馬之湩,臣蒐人所具"這句話相關的内容應該是:

> 天子乃遂東南翔行,馳驅千里,至于巨蒐氏。巨蒐之人𨍏奴,乃獻白鵠之血,以飲天子;因具牛羊之湩,以洗天子之足,及二乘之人。甲戌,巨蒐之𨍏奴觴天子于焚留之山。[1]

雖然明天一閣刻本"巨蒐之人"係鎸作"臣蒐之人",與司馬貞引述的"臣菟"("菟"或書作"莵")有些相近,但宋刻本《太平御覽》前後三次摘録此文,俱鎸作"巨蒐"[2],北宋初年人吴淑的《事類賦》及其自注,前後兩次引述這一記載;北宋仁宗天聖三年上石的《宋重修涇州回山王母宫頌並序》亦述及周穆王此行,同樣都是以"巨蒐"相稱[3]。特别是今本《列子》成書於《穆天子傳》被盗掘面世之後不久,其中襲用《穆天子傳》編録的《周穆王》這一篇,亦爲"巨蒐"[4],可見汲冢所出《穆天子傳》的原本,自是書作"巨蒐"。

又唐人殷敬順《列子釋文》,在"巨蒐"之"蒐"字下注云:"搜,西戎國名。"[5]其後,宋人羅泌更清楚説明此"巨蒐氏即《夏貢》(德勇案:乃謂《夏

---

〔1〕 晉郭璞注《穆天子傳》(上海,商務印書館,民國《四部叢刊初編》影印明天一閣刻本)卷四,頁20a。清洪頤煊校《竹書穆天子傳》(嘉慶甲子夏鄂不館刻本)卷四,頁3a—3b。

〔2〕 宋李昉等《太平御覽》卷三七二《人事部·足》,頁1717—1718;又卷八九六《獸部·馬》,頁3976;卷九一六《羽族部·鶴》,頁4061。

〔3〕 宋吴淑《事類賦》(清乾隆甲申劍光閣重刊明嘉靖華麟祥刻本)卷一八《禽部·鶴》,頁5a;又卷二一《獸部·馬》,頁5a。清吴玉搢《金石存》(上海,商務印書館,1936,《叢書集成初編》影印清李調元刻《涵海》本)卷五宋陶穀撰《宋王母宫頌》,頁171。

〔4〕 《列子·周穆王》,據晉張湛注《沖虚至德真經》(上海,商務印書館,民國《四部叢刊初編》影印常熟瞿氏鐵琴銅劍樓藏宋刻本)卷三,頁2a。

〔5〕 據日本延享四年皇都書林山本平左衛門等翻刻《世德堂六子》本《列子》卷三《周穆王》附唐殷敬順《釋文》,頁4b。

書·禹貢》)之渠搜"[1];清人汪中亦釋之曰:"《列子·周穆王篇》'馳驅千里,至於巨搜','巨搜'即《禹貢》之'渠搜也'。"[2]"巨"、"渠"二字在字形、語音和語義上都具有直接的關聯[3],從而愈加顯現書作"巨蒐"的合理性。

按照以上考述,可知今本《史記索隱》"臣蒐"(或"臣菟")二字應是"巨蒐"的形譌。當年顧頡剛在讀書筆記之中,曾列有"張文虎校《史》之粗"一條,誤以爲至金陵書局本刊出,纔把"巨蒐"譌爲"臣菟"[4]。其偏責張氏,雖稍顯過當,但金陵書局本未能訂正傳世版本這一明顯的譌誤,自是失於粗疏,今重新修訂《史記》,則可以考慮添附一條校記,指明這一問題(《史記索隱》的譌誤由來已久,出於慎重起見,最好不要改動原文)。

九、淮南衡山列傳

【一】《史記·淮南衡山列傳》原文:

(漢文帝)使使召淮南王。淮南王至長安。

"丞相臣張倉(蒼)、典客臣馮敬行御史大夫事、宗正臣逸、廷尉臣賀、備盗賊中尉臣福昧死言:淮南王長廢先帝法,不聽天子詔,居處無度,爲黄屋蓋乘輿,出入擬於天子,擅爲法令,不用漢法及所置吏,以其郎中春爲丞相,聚收漢諸侯人及有罪亡者,匿與居,爲治家室,賜其財物爵禄田宅,爵或至關内侯,奉以二千石所不當得,欲以有爲。大夫

---

[1] 宋羅泌《路史》(上海,中華書局,民國《四部備要》本)之《國名紀》卷己《雜國》下,頁43a。

[2] 清汪中《舊學蓄疑》(北京,中華書局,1965,《清人考訂筆記七種》影印清光緒初年刻《木犀軒叢書》本),頁5a—5b。

[3] 别詳拙文《中華書局新點校本〈史記〉部分書稿閲讀記》,刊虞萬里主編《經學文獻研究集刊》第12輯(上海,上海書店,2014),頁352—360。

[4] 顧頡剛《顧頡剛讀書筆記》第七卷上《湯山小記》十"張文虎校《史》之粗"條,頁5146。

但、士伍開章等七十人,與棘蒲侯太子奇謀反,欲以危宗廟社稷。使開章陰告長,與謀使閩越及匈奴發其兵。開章之淮南見長,長數與坐語飲食,爲家室娶婦,以二千石俸奉之。……長當弃市,臣請論如法。"[1]

以上標點,一如今中華書局點校本,點校者在"奉以二千石所不當得"句下附有校勘記述云:

王念孫《雜志·史記第六》:"'所不當得',衍'不'字。《漢書》作'奉以二千石所當得'如淳曰:'賜亡畔來者,如賜其國二千石也。'薛瓚曰:'奉畔者以二千石之秩禄也。'《集解》引此二説爲解,則正文内本無'不'字明矣。"

所謂《雜志》,是指王念孫的《讀書雜志》[2]。王念孫這一説法,似是而實非,並不可信。雖然點校者在這裏只是備列其説,以供研治太史公書者參考,但鑒於王念孫在史籍校勘方面的崇高威望,如此鄭重地把這條校訂附綴在《史記》本文之下,還是很容易對讀者造成誤導,故有必要予以辨析。

〖**今案**〗

王念孫對這條文字的校勘,主要是參照了今本《漢書》的異文。後來王先謙出於同樣的原因,也推測説:"似《史記》本無'不'字,後人增之也。"[3]這看起來好像是順理成章的事情,實際上却存在很大問題。

明人唐順之、茅坤稱道張蒼等人劾奏淮南王劉長謀反等諸項罪狀"條

[1] 《史記》卷一一八《淮南衡山列傳》,頁3741。

[2] 清王念孫《讀書雜志》(北京,中國書店,1985)之《史記》第六"奉以二千石所不當得"條,頁41。

[3] 清王先謙《漢書補注》(北京,中華書局,1983,影印清光緒二十六年虛受堂刊本)卷四四《淮南王傳》,頁1023。

貫嚴密"[1],而《漢書·淮南王傳》載録的張蒼等人奏語,較諸《史記》,已經做了不少删減,書作:

> 丞相張蒼,典客馮敬行御史大夫事,與宗正、廷尉雜奏:"長廢先帝法,不聽天子詔,居處無度,爲黄屋蓋儗天子,擅爲法令,不用漢法。及所置吏,以其郎中春爲丞相,收聚漢諸侯人及有罪亡者,匿與居,爲治家室,賜與財物爵禄田宅,爵或至關内侯,奉以二千石所當得。大夫但、士伍開章等七十人,與棘蒲侯太子奇謀反,欲以危宗廟社稷,謀使閩越及匈奴發其兵。……"[2]

上面"擅爲法令,不用漢法。及所置吏,以其郎中春爲丞相"這一段文字,點校者把"不用漢法"與"及所置吏"用句號斷開,與今中華書局本《史記·淮南衡山列傳》之連讀爲"不用漢法及所置吏"不同。檢《漢書·淮南王傳》載薄昭與淮南王劉長書,稱"漢法,二千石缺,輒言漢補,大王逐漢所置,而請自置相、二千石。皇帝骫天下正法而許大王,甚厚"[3],知應以《史記》的標點爲是,其不用漢所置吏云者,即就此"自置相、二千石"而言。與我們在這裹討論的問題直接相關的是,《漢書·淮南王傳》在"奉以二千石所當得"這句話的下面,省略了"欲以有爲"四字,而移除這幾個字之後,上下文間的語感已經有所不同,致使原本"條貫嚴密"的老吏成案,呈現出明顯的罅漏。

王念孫注意到裴駰《史記集解》引述如淳和薛瓚(案即注釋《漢書》的

[1] 見明凌稚隆輯、李光縉增補《史記評林》卷一一八《淮南衡山列傳》録唐順之、茅坤評語,頁584。

[2] 《漢書》卷四四《淮南王傳》,頁2141。

[3] 《漢書》卷四四《淮南王傳》,頁2137。

"臣瓚",其人應以"傅瓚"爲是,王念孫視作"薛瓚"或誤[1],下文仍以"臣瓚"稱之)注解《漢書·淮南王傳》的話,一者云"賜亡畔來者,如賜其國二千石也",再者云"奉畔者以二千石之秩禄也",便以爲裴駰"《集解》引此二説爲解,則正文内本無'不'字明矣"。這種説法,顯然忽略了《史記·淮南衡山列傳》原文中"欲以有爲"四字上承的前提。

今中華書局點校本將"奉以二千石所不當得"作一句通貫連讀,應是遵從清人張文虎的意見。蓋此前明凌稚隆等撰《史記評林》,尚在"奉以二千石"下逗開[2],中華書局舊點校本亦然[3],而張文虎氏乃特地指出此"九字當作一句讀"[4]。其實先於張氏,明人陳仁錫就提出過與之相同的看法[5]。然而,細心斟酌如淳和臣瓚的注解,可以看到,他們的釋讀,應該與凌稚隆等人以及中華書局舊點校本的讀法相同,是把"奉以二千石所不當得"這句話從中間斷開,讀作"奉以二千石,所不當得",而之所以會出現這種"所不當得"的情況,乃是緣於淮南王劉長"欲以有爲"。在此基礎上,纔在"欲以有爲"一句結束之後,注出有關"二千石"一説的看法。即如淳和臣瓚兩人,是把"奉以二千石"與上文謂淮南王長"聚收漢諸侯人及有罪亡者,匿與居,爲治家室,賜其財物爵禄田宅,爵或至關内侯"云云一氣連讀下來,其"所不當得"者,不惟"奉以二千石"而已,至少還要包括上面提到的"爵或至關内侯"一事(張蒼等指控劉長共"賜人爵關内侯以下九十四人"[6])。

觀如淳所説"賜亡畔來者,如賜其國二千石也",與臣瓚所説"奉畔者

〔1〕 別詳拙文《談歷史上首次出土的簡牘文獻——〈茂陵書〉》,原刊《文史哲》2012 年第 4 期,見鄙人文集《石室賸言》(北京,中華書局,2014),頁 61—62。

〔2〕 明凌稚隆輯、李光縉增補《史記評林》卷一一八《淮南衡山列傳》,頁 585。

〔3〕 見中華書局 1982 年 11 月第 2 版《史記》卷一一八《淮南衡山列傳》,頁 3077。

〔4〕 清張文虎《校刊史記集解索隱正義札記》卷五,頁 695。

〔5〕 明陳仁錫《史記考》之《淮南衡山列傳》,頁 1a。

〔6〕《史記》卷一一八《淮南衡山列傳》,頁 3741。

侯令從者魏敬到之厲王乃馳走闕下肉袒謝曰臣母不當坐趙事
其時辟陽侯力能得之呂后弗爭罪一也趙王如意子母無罪呂后殺
之辟陽侯弗爭罪二也呂后王諸呂欲以危劉氏辟陽侯弗爭罪三也
臣謹為天下誅賊臣辟陽侯報母之仇謹伏闕下請罪孝文傷其志
為親故弗治赦厲王當是時薄太后及太子諸大臣皆憚厲王厲王
以此歸國益驕恣不用漢法出入稱警蹕稱制自為法令擬於天子六
年令男子但等七十人與棘蒲侯柴武太子奇謀以輂車四十乘徐廣
曰大車駕馬曰輂音已足反反谷口漢書音義曰谷口在長安北故縣也處多險阻令人使閩越匈奴事覺
治之使使召淮南王淮南王至長安丞相臣張倉典客臣馮敬行御史
大夫事宗正臣逸廷尉臣賀備盜賊中尉臣福昧死言淮南王長廢
先帝法不聽天子詔居處無度為黃屋蓋乘輿出入擬於天子擅為
法令不用漢法及所置吏以其郎中春為丞相聚收漢諸侯人及有
罪亡者匿與居為治家室賜其財物爵祿田宅爵或至關内侯奉以
二千石所不當得欲以有為如淳曰賜亡畔來者如賜其國二千石也瓚曰奉以二千石之秩祿大夫但張晏

○ 鳳凰出版社影印南宋紹興初杭州刻十四行單附《集解》本《史記》中如淳和臣瓚注語所在的位置

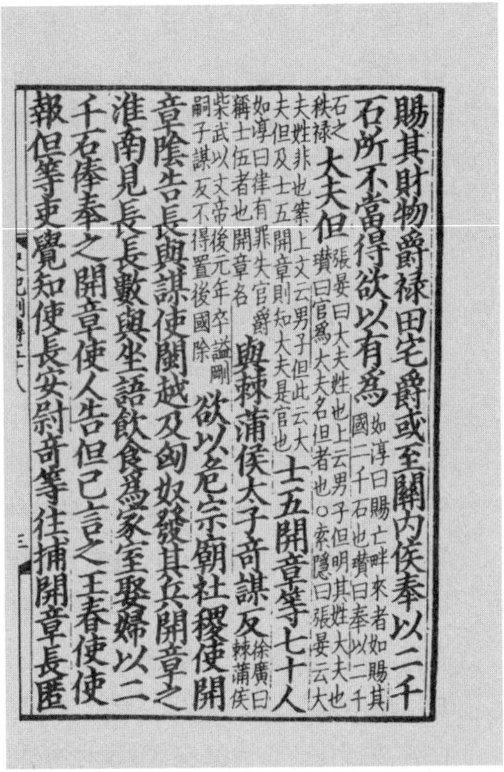

賜其財物爵祿田宅爵或至關内侯奉以二千
石所不當得欲以有為如淳曰賜亡畔來者如賜其國二千石也瓚曰奉以二千
石之秩祿大夫但張晏曰大夫姓也上云男子但明其姓大夫也瓚曰官為大夫名但者也○索隱曰張晏云大
夫姓非也案上文云男子但此云大夫但及士五開章則知大夫是官也士五開章等七十人
如淳曰律有罪失官爵稱士伍者也開章名與棘蒲侯太子奇謀反徐廣曰棘蒲侯
柴武以文帝後元年卒謚剛嗣子謀反不得置後國除欲以危宗廟社稷使開
章陰告長與謀使閩越及匈奴發其兵開章之
淮南見長長數與坐語飲食為家室娶婦以二
千石俸奉之開章使人告但已言之王春使使
報但等吏覺知使長安尉奇等往捕開章長匿

○ 百衲本《史記》中如淳、臣瓚注語所在的位置

以二千石之秩祿也"〔1〕,即可清楚判明兩人所説,都是總承"聚收漢諸侯人及有罪亡者"之語而來。探其言外兼該之意,知如淳謂淮南王劉長"賜亡畔來者",乃或賜爵至關内侯,或"如賜其國二千石也";臣瓚則云劉長之"奉畔者",或以關内侯之爵位,或"以二千石之秩祿也"。即"關内侯"是淮南王劉長賜予亡畔來者之爵,"二千石"之俸則為其賜予亡畔來者之祿。總之,在他們兩人看來,賜爵至關内侯之位,與給予俸祿以二千石之階,是

〔1〕《史記》卷一一八《淮南衡山列傳》劉宋裴駰《集解》,頁3742。《漢書》卷四四《淮南王傳》唐顔師古注,頁2142。

平行的並列關係,故唐人司馬貞在此基礎上補充疏釋云:"謂有罪之人不得關内侯及二千石"[1],這就更進一步明確點出,《史記》提到的"所不當得"(亦即司馬貞所説"不得")者,自是包括"爵或至關内侯"與"奉以二千石"兩事在内,而司馬遷稱淮南王劉長之"欲以有爲",正是直接承接這些"所不當得"的舉措而言[2],清人牛震運即特别賞譽説:"'所不當得,欲以有爲',二語古拙含蓄。"[3]

在張蒼等人陳奏淮南王劉長的罪狀之後,漢文帝令"列侯二千石"議定其罪責,張蒼等人定讞云"長不奉法度,不聽天子詔,乃陰聚徒黨及謀反者,厚養亡命,欲以有爲"[4],所謂"厚養亡命"云者,正是對上述包括給予其"所不當得"者在内一系列舉止的概括説明。

由如淳和臣瓚疏釋《漢書》的注語反推,似乎不難看出,他們讀到的《漢書·淮南王傳》,在"所不當得"還是"所當得"這一問題上,應該一如《史記·淮南衡山列傳》,係書作"收聚漢諸侯人及有罪亡者,匿與居,爲治家室,賜與財物爵禄田宅,爵或至關内侯,奉以二千石,所不當得"("所不當得"若如今本書作"所當得",那麽,聯承上文,就會出現"爵或至關内侯所當得"的文意,整個這段話也就講不通了)。南宋孝宗時人倪思撰著《班

---

〔1〕《史記》卷一一八《淮南衡山列傳》唐司馬貞《索隱》,頁3742。

〔2〕案今中華書局本承用其底本同治金陵書局本的形式,把引述如淳和臣瓚注語這條《史記集解》,改插在"奉以二千石"之下,但金陵書局本之前的所有舊刻本,例如南京的鳳凰出版社在2011年影印的南宋紹興初杭州刻十四行單附《集解》本(頁1880),北京圖書館出版社2003年在《中華再造善本》叢書中影印的宋乾道七年蔡夢弼東塾刻附《集解》、《索隱》本(頁2a),同樣是北京圖書館出版社2003年在《中華再造善本》叢書中影印的宋淳熙三年張杅桐川郡齋刻附《集解》、《索隱》本(頁2a),臺北藝文印書館在1966年重印的百衲本影印南宋慶元間建安黄善夫家塾刻三家注本(頁3a),等等,都是將這條《集解》附在"所不當得,欲以有爲"句下,今傳單行的司馬貞《史記索隱》原本(卷二六,頁292),則是把"按謂有罪之人不得關内侯及二千石"云云,繫於"所不當得"句下,這種情況,愈加凸顯不管是如淳、臣瓚兩人,還是裴駰、司馬貞,他們所做的注解,都不是僅僅針對"奉以二千石"這一句話。

〔3〕清牛震運《空山堂史記評注》(北京,中華書局,2012,崔凡芝《空山堂史記評注校釋》本)卷一一,頁713。

〔4〕《史記》卷一一八《淮南衡山列傳》,頁3743。

馬異同》,一一羅列《漢書》與《史記》同一紀事的文字差異,而在此《史記》"所不當得"句下,却未列出《漢書》所載是與之絶然相反的"所當得"一語[1],顯示出倪氏所見《漢書·淮南王傳》的寫法,尚與《史記·淮南衡山列傳》相同。王先謙嘗謂"如、薛、顔三家所見《漢書》,本皆無'不'字"[2],至少對於如淳和臣瓚來説,這種判斷是很不妥當的。昔清人周壽昌校勘《漢書》,即特地注出《淮南王傳》之"所當得"一語,"《史記》作'所不當得'"[3],顯示出在周氏看來,或應以"所不當得"爲正;而乾隆年間清廷校刊武英殿本,更徑行依據《史記》,補入"不"字,鎸作"所不當得"[4],這纔是比較合理的認識和做法。今本《漢書》連讀作"奉以二千石所當得",或始自唐人顔師古的注本。

根據以上論述,可知《史記·淮南衡山列傳》"賜其財物爵禄田宅,爵或至關内侯,奉以二千石,所不當得"這句話,並没有誤衍"不"字,王念孫和王先謙的看法實有差誤,今中華書局點校本附綴《讀書雜志》的説法,不僅没有必要,而且還很容易給讀者造成誤導,去之可也。同時,應當恢復中華書局舊點校本的讀法,在"奉以二千石"下逗開。

十、龜策列傳

【一】《史記·龜策列傳》原文:

> 太史公曰:自古聖王將建國受命,興動事業,何嘗不寶卜筮以助善!……至高祖時,因秦太卜官。天下始定,兵革未息。及孝惠享國

---

〔1〕宋倪思《班馬異同》(臺北,臺灣商務印書館,1986,影印文淵閣《四庫全書》本)卷二八,頁5b。

〔2〕清王先謙《漢書補注》卷四四《淮南王傳》,頁1023。

〔3〕清周壽昌《漢書注校補》卷三四,頁584。

〔4〕見清乾隆四年武英殿刻本《漢書》卷四四《淮南王傳》,頁5a;又卷末附《考證》,頁1b。

日少，吕后女主，孝文、孝景因襲掌故，未遑講試，雖父子疇官，世世相傳，其精微深妙，多所遺失。至今上即位，博開藝能之路，悉延百端之學，通一伎之士咸得自效，絶倫超奇者爲右，無所阿私，數年之間，太卜大集。會上欲擊匈奴，西攘大宛，南收百越，卜筮至預見表象，先圖其利。及猛將推鋒執節，獲勝於彼，而蓍龜時日亦有力於此。上尤加意，賞賜至或數千萬。如丘子明之屬，富溢貴寵，傾於朝廷。至以卜筮射蠱道，巫蠱時或頗中。素有眦睚不快，因公行誅，恣意所傷，以破族滅門者，不可勝數。百僚蕩恐，皆曰龜策能言。後事覺奸窮，亦誅三族。

……余至江南，觀其行事，問其長老，云龜千歲乃游蓮葉之上，蓍百莖共一根。又其所生，獸無虎狼，草無毒螫。江傍家人常畜龜飲食之，以爲能導引致氣，有益于助衰養老，豈不信哉！

褚先生曰：臣以通經術，受業博士，治《春秋》，以高第爲郎，幸得宿衛，出入宫殿中十有餘年。竊好《太史公傳》。《太史公之傳》曰："三王不同龜，四夷各異卜，然各以決吉凶；略窺其要，故作《龜策列傳》。"臣往來長安中，求《龜策列傳》不能得，故之大卜官，問掌故文學長老習事者，寫取龜策卜事，編于下方。[1]

針對上文中"素有眦睚不快，因公行誅，恣意所傷，以破族滅門者，不可勝數"這段話，中華書局新點校本附有校記云：

眦睚疑當作"睚眦"。按《史記》多作"睚眦（眥）"。如本書卷七九《范雎蔡澤列傳》曰"一飯之德必償，睚眦之怨必報"；卷一二四《游俠列傳》"其陰賊著於心，卒發於睚眦如故云"；又曰"解布衣爲任俠行權，以睚眦殺人"。《漢書》卷六《司馬遷傳·報任安書》云"欲以廣主上之意，塞睚眥之辭"，顔師古注："睚眦，舉目眥也，猶言顧瞻之

[1]《史記》卷一二八《龜策列傳》，頁 3917—3920。

頃也。”[1]

這種説法,看似有理有據,實際存在很大問題,需要予以辨正。

〖**今案**〗

點校者附加這一校記,是想從時人用語習慣特别是太史公行文遣詞的特點來推斷“眦睚”不如“睚眦”更符合通行的用法,故此語或爲“睚眦”的乙誤。像這樣援依著述的通例來判别個案的做法,本來非常合理,可以説是校勘古籍需要着重把握的一項基本原則。然而在具體操作的過程中,首先需要確認研究者據以量度的這一通例是否真實可靠,而這往往會涉及很多複雜的問題。

對待《史記》當中這一“眦睚”還是“睚眦”的問題,首先需要明確的是,“眦睚”的語義是否絶不可通或是不符合《龜策列傳》的上下文義。

許慎《説文》原本失收“睚”字,而在目部載有“眦”之異體“眥”,清人王筠就《説文》所記闡釋説:

> (《説文》)眥,目匡也〔(王筠釋云)《文選》注引作“眶”,俗字也。《字林》:眥,目厓也。《列子》注:眥,目際也。《史記·項羽本紀》:目眥盡裂。《淮南王安傳》:涕滿匡而横流〕。從目此聲。[2]

王筠引述的《字林》,作者吕忱,大約撰著於西晉時期。這部《字林》是繼《説文》之後最重要的字書,對許慎書多有補益,惜久已散佚。王筠引述的這條《字林》,應是出自唐初人陸德明的《經典釋文》[3]。《字林》釋“眥”

〔1〕《史記》卷一二八《龜策列傳》附校勘記,頁3946—3947。

〔2〕清王筠《説文解字句讀》(清同治四年原刻本)卷七,頁2b。

〔3〕唐陸德明《經典釋文》(上海,上海古籍出版社,1985,影印北京圖書館藏宋刻本)卷三〇《爾雅音義》下,頁1716。

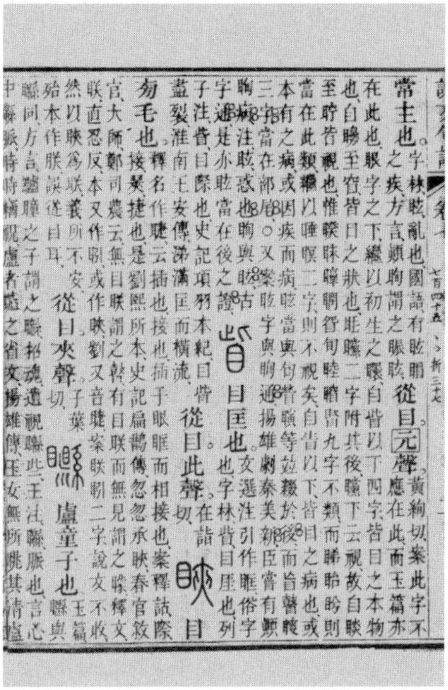

○ 清同治四年原刻本《說文解字句讀》

(眦)字爲"目厓",而"睚"字顯然是從目從厓,即示眼目之厓,或亦直接通作"厓"字,如《漢書·孔光傳》即稱王莽"厓眥莫不誅傷"〔1〕。至北宋初年人徐鉉釐定《説文》,附入"睚"字,亦以"目際"釋"睚"〔2〕。"目際"與"目厓"不僅文義相當,而且更與所謂《列子》之注釋"眥"的用語完全相同〔3〕。實則"睚"、"眦(眥)"兩字俱從"目",而"此"乃"止也"〔4〕,自與"厓"義相通。從而可知"眦(眥)"、"睚"兩字義本相當,俱可解作目際眼眶,而"睚

---

〔1〕《漢書》卷八一《孔光傳》,頁3362。清鈕樹玉《説文新附考》(清同治甲戌湖北崇文書局重刻本)卷二,頁2b。

〔2〕漢許慎《説文解字》(北京,北京圖書館出版社,2004,《中華再造善本》叢書影印國家圖書館藏宋刻元修本)卷四上《目部》,頁3a。宋丁度等《集韻》(上海,上海古籍出版社,1985,影印上海圖書館藏述古堂影宋鈔本)卷二,頁101。

〔3〕案王筠所説《列子》注,應指唐人殷敬順的釋文,語見日本延享四年皇都書林山本平左衛門等翻刻明《世德堂六子》本《列子》卷五《湯問》附殷氏《釋文》,頁7b。

〔4〕漢許慎《説文解字》卷二上《止部》,頁8b。

眦(眥)”或者“眦(眥)睚”都是以同義並列形式構成的雙音節詞,以張大眼眶來表示瞋目而視乃至怒目而視的樣態。《史記·項羽本紀》記鴻門宴,謂“(樊)噲遂入,披帷西嚮立,瞋目視項王,頭髮上指,目眥盡裂”[1],這一記載就很好地體現了“目眥”與“瞋目”的關係,印證了把“睚眦(眥)”或“眦(眥)睚”解作瞋目之態的合理性。相對而言,顏師古把“睚眦”解作“舉目眥也,猶言顧瞻之頃也”,似乎很不準確。

知悉“睚眦(眥)”或“眦(眥)睚”的涵義及其詞語構成形式,也就清楚了這兩個詞彙完全可以對等替換,而核諸古人的實際使用情況,也正是如此。例如,東漢末陳琳《爲袁紹檄豫州》這篇檄文,有句云“故太尉楊彪,典歷二司,享國極位,操因緣眦睚,被以非罪”[2],就是書作“眦睚”。由此可見,太史公書之“眦睚不快”,語義通暢而又切合《龜策列傳》的上下文義,並不是非加訂正不可的文字,今點校《史記》,在没有其他任何版本依據的情況下,本來没有必要對此施加校勘。

假如校勘者一定要對《龜策列傳》中“眦睚”一詞的正確性加以判斷,那麽,就只剩有一條途徑,這就是“眦睚”是否符合司馬遷遣詞用語的習慣。首先需要説明的是,單一依靠這種方法,得出的結論,是具有很大不確定性的。這是因爲即使是同一個人、在同一部著述中,出於修辭的需要,也完全可以交替使用像“睚眦(眥)”和“眦(眥)睚”這樣的詞語,以調節文氣,增强其靈動性。

若是不考慮這一層用意,單純分析某一個人或是某一時代通行的用法,則需要認定用以比較的兩類用例確是出自同一作者,或是近似的年月。然而,恰恰是在這一點上,今點校史記的學者,認識似乎不夠全面。

太史公原書久有亡佚,《漢書·藝文志》所著録者即稱“十篇有録無

[1] 《史記》卷七《項羽本紀》,頁399。

[2] 梁蕭統《文選》(北京,中華書局,1977,影印清嘉慶胡克家仿宋刻本)卷四四漢陳琳《爲袁紹檄豫州》,頁617。

書"[1],這是稍習《史記》者類皆知悉的情況。關於《史記》這些亡佚之篇的具體篇目,前引《史記·龜策列傳》本文載西漢元、成二帝間人褚少孫嘗謂"臣往來長安中,求《龜策列傳》不能得",故爲補撰;其後曹魏人張晏亦稱《龜策列傳》在十篇亡佚者之中[2]。如前列引文所見,傳世《史記》之《龜策列傳》清楚載有褚少孫編撰的説明,其出自褚氏增補,自毋庸置疑。

此事稍顯複雜的是,前列引文中在"褚先生曰"之前,從"太史公曰"到"余至江南,……豈不信哉"之間這一大段文字,乍看起來,儼若司馬遷的文筆,尤其是繼"孝文、孝景"之後所説"今上即位",自是武帝朝臣子的口吻,而褚少孫行年已遲至元、成之間,故清人錢大昕即已指明"其詞非褚先生所能作"[3]。更早在南宋初年,吕祖謙曾將此"太史公曰"云云視作原本《史記·龜策列傳》在正文之前的序文,辨析説:

> 其序具在。自"褚先生曰"以下,乃其所補爾。方班固時,東觀蘭臺所藏十篇雖有録無書,正如《古文尚書》,兩漢諸儒皆未嘗見,至江左始盛行,固不可以其晚出遂疑以爲僞也。作者闕鍵,張晏雖不足以知之,如此傳,序存傳亡,使晏稍詳讀之,不應悉以爲非。亦由《史記》高古,習之者少,晏亦未嘗究觀爾。[4]

清人臧庸、王鳴盛等持論與之大體相同[5]。

可是,與王鳴盛同時人梁玉繩,對此却另有不同的解釋:

---

〔1〕《漢書》卷三〇《藝文志》,頁1714。

〔2〕《史記》卷一三〇《太史公自序》劉宋裴駰《集解》,頁4029。

〔3〕清錢大昕《廿二史考異》(上海,商務印書館,1937,《叢書集成初編》本)卷五,頁92。

〔4〕宋吕祖謙《東萊吕太史别集》(杭州,浙江古籍出版社,2005,《吕祖謙全集》本)卷一四《辨史記十篇有録無書》,頁567。

〔5〕清臧庸《拜經日記》(京都,東方文化研究所,1935,影印清乾嘉間刊《拜經堂叢書》本)卷九《張晏説褚補史記四篇》,頁8a—8b。清王鳴盛《十七史商榷》(上海,商務印書館,1937,《叢書集成初編》排印《史學叢書》本)卷一《史記》"十篇有録無書"條,頁6—8。

案史公此傳亡,褚生補之,而其序則託之史公者也。《史公·封禪書》首曰"自古受命帝王曷常不封禪",而《日者》序曰"自古受命而王何嘗不以卜筮",此序曰"自古聖王何嘗不寶卜筮",胡屢襲之耶?巫蠱起于征和,乃言丘子明之屬因巫蠱族誅,則非史訖太初之限。"余至江南"以下尤義支辭弱。[1]

近人余嘉錫在此基礎之上,更進一步,指出"今傳所稱'太史公'云云者,又爲元、成以後人所補,未必出自褚先生,故二篇並列,各不相謀。……不獨非太史公書,亦必不出於少孫之手也"。至於《龜策列傳》篇首之"太史公曰"以及"余至江南"諸語,"蓋補太史公書,即作太史公語耳"[2]。

依據梁玉繩、余嘉錫一輩人的研究結果,本文所論"眦睚不快"一語,正屬西漢元、成二帝以後人補撰,固不必與司馬遷原著的《范雎蔡澤列傳》和《游俠列傳》行文相同。不僅如此,結合梁玉繩、余嘉錫等人的論述可知,此處採用與太史公慣用之"睚眦(眥)"不同的"眦(眥)睚"一語,正從另一個側面,體現出其後人補撰的性質。

當然,由於《史記》文本流傳的複雜性,梁玉繩和余嘉錫的看法,也還可以進一步推究;吕祖謙、臧庸、王鳴盛一派人的見解,或許更爲合理。但不管怎樣,如前文所述,今點校本附綴的這一條校記,本來可有可無,對閱讀和利用《龜策列傳》並没有什麼助益,而且還很有可能失去認識今本《史記·龜策列傳》作者的綫索。

---

[1] 清梁玉繩《史記志疑》卷三五,頁1457—1458。

[2] 余嘉錫《太史公書亡篇考》,見作者文集《余嘉錫論學雜著》,頁73—79。清梁玉繩《史記志疑》卷一四,頁756。

第五篇：點校意見異議

針對中華書局新修訂本《史記》，在其付印之前和出版之後，我曾陸續撰寫四篇文稿，談了自己的不同看法（案即本書第一篇《付印前初稿審讀》、第二篇《徵求意見本校閲》、第三篇《初印精裝本勘正》、第四篇《再印紙皮本補斠》）。新修訂本《史記》出版一段時間後，吴新江、趙生群兩人又在《文史》上連續刊發《〈史記〉標點芻議》一文，更爲細緻地講述了其在校勘記中無法充分展開的點校緣由。獲讀趙生群等人的文章後，我又寫下一些新的思索。茲將這些校勘意見匯録於此，供關心太史公書者參考[1]。

一、殷本紀

【一】《史記·殷本紀》原文：

> 帝盤庚崩，弟小辛立，是爲帝小辛。帝小辛立，殷復衰。百姓思盤庚，迺作《盤庚》三篇。

唐司馬貞《史記索隱》釋云：

> 《尚書》"盤庚將治亳殷，民咨胥怨，作《盤庚》"，此以盤庚崩，弟小辛立，百姓思之，乃作《盤庚》，由不見古文也。[2]

以上《史記》本文和司馬貞《索隱》的文字，都是照録中華書局新點校本《史記》，惟《史記索隱》之"亳殷"二字，是讀作一個地名，在下面標示有一連通的直綫，作"亳殷"。對此，舊點校本在"亳"與"殷"兩字下面表示專名的符

〔1〕 案這些文稿曾陸續發佈於敝人的新浪微博@ XinDeyong 上。

〔2〕 《史記》（北京，中華書局，2014）卷三《殷本紀》並唐司馬貞《索隱》，頁 132。

號，中間是斷開的，即將"亳"、"殷"兩字，各自視作一個獨立的地名[1]。

點校者趙生群對這一更改解釋說：

> 按"亳殷"爲地名，當連標。《尚書·盤庚上》："盤庚遷殷，民咨胥怨。"孔穎達《疏》："此《序》云盤庚'將治亳殷'，下《傳》云'殷，亳之别名'，則'亳殷'即是一都。"
>
> 楊樹達曰："《僞孔傳》於'亳'字句絶，《蔡傳》從之。今按《史記·夏本紀》云：'殷民咨胥皆怨，不欲走。'（德勇案：'不欲走'楊樹達原文及《史記》本文並作'不欲徙'，此或手民誤植。）又云：'乃遂涉河，南治亳。'是以'治亳'爲句，以'殷'字屬下。《史記》讀是也。"今按：楊氏解《夏本紀》，以"殷"字屬下連讀，自有道理。然《索隱》引《書》，自當據《尚書》爲讀。且《尚書》孔《傳》以"亳殷"連讀，亦未必有誤。《水經·穀水注》："陽渠水又東，逕亳殷南，昔盤庚所遷，改商曰殷，自此始也。"以《水經注》證之，"亳殷"當爲地名。《殷本紀》"乃涉河南，治亳"《集解》"鄭玄曰：'治於亳之殷地，商家自此徙，而改號曰殷亳。'"鄭玄所謂"殷亳"，疑亦當作"亳殷"。[2]

上述説法，多有可議之處，下面就具體予以論説。

〖**今案**〗

趙生群等人所説"《尚書·盤庚上》"的内容，實際上是《書序》的文字。在這裏，首先需要辨明趙生群等人一個説法。即趙氏等在引述楊樹達説之後，稱"楊氏解《夏本紀》，以'殷'字屬下連讀，自有道理。然《索隱》引《書》，自當據《尚書》爲讀"，這話講得很不妥當。

---

〔1〕 見1982年版中華書局點校本《史記》，頁269。

〔2〕 趙生群、吴新江《〈史記〉標點芻議（一）》，刊《文史》2015年第三輯，頁277—278。

楊樹達這段論述，出自所著《古書句讀釋例》，覆案原文，知其相關論述，正是直接針對“盤庚將治亳殷民咨胥怨”這句《書序》的内容，也就是《史記索隱》引述的所謂“《尚書》”語句而發；同時，不是“楊氏解《夏本紀》，以‘殷’字屬下連讀”，而是楊樹達援引司馬遷在《史記·殷本紀》中對《書序》這段話的理解和使用方式，來説明《書序》這處文字“以‘治亳’爲句，以‘殷’字屬下”的合理性[1]，趙生群等稱“楊氏解《夏本紀》”云云應屬筆誤。

楊樹達引述的《史記·殷本紀》，其上下相關的完整内容爲：

> 帝盤庚之時，殷已都河北，盤庚渡河南，復居成湯之故居，迺五遷，無定處。殷民咨胥皆怨，不欲徙。盤庚乃告諭諸侯大臣曰：“昔高后成湯與爾之先祖俱定天下，法則可修。舍而弗勉，何以成德！乃遂涉河南，治亳，行湯之政，然後百姓由寧，殷道復興。諸侯來朝，以其遵成湯之德也。[2]

除了“涉河南”的“南”字屬上，與楊樹達的讀法稍有出入之外，上述引文中帶着重點的兩處，就是楊樹達作爲例證，來説明《尚書序》句讀的。换句話來説，就是在楊樹達看來，上述引文中帶有着重點的這兩處文字，應該是司馬遷基於《書序》中“盤庚將治亳，殷民咨胥怨”這句話做出的表述。

因此，楊樹達謂“《史記》讀是也”，也就是説，按照太史公著《史記》的讀法，《尚書序》中“盤庚將治亳殷民咨胥怨作《盤庚》”這些話，應當讀作：“盤庚將治亳，殷民咨胥怨，作《盤庚》。”這也正是趙生群等人説“據《尚書》爲讀”的結果。要是如趙氏等所言，楊樹達這種“以‘殷’字屬下連讀”的讀法，實際“自有道理”的話，要想理解《書序》的語義，恐怕就不必另求他解，非把“亳殷”二字連讀爲一個地名不可了，甚至應該像楊樹達所主張

〔1〕楊樹達《古書句讀釋例》(上海，上海古籍出版社，1991)四《當屬下讀而誤屬上》之例八十七，頁53。

〔2〕《史記》卷三《殷本紀》，頁131—132。

的那樣,將其分作兩個句子:“盤庚將治亳,殷民咨胥怨。”

更進一步看,這一記述所涉及的歷史文獻和歷史地理問題,都相當複雜,確實不宜簡單採録楊樹達的看法。不管是今本《書序》的文字本身,還是太史公對盤庚遷殷這一史實的認識,實際上都有嚴重譌誤。《史記》記載的譌誤,主要在於記盤庚遷殷,乃徙都於黄河南岸,而《書序》的文字譌誤,則是“將治亳殷”,應屬“將始宅殷”的譌誤〔1〕,司馬遷讀到的《書序》,文字依然譌誤如此,這也是《史記》記盤庚遷殷一事出現嚴重譌誤的主要根源〔2〕。另外,盤庚所宅之“殷”,就是現在河南安陽的殷墟。這些情况,説詳王國維《説殷》〔3〕,我過去也梳理辨析過相關各項文獻記載〔4〕。由此看來,若是將“亳殷”連讀,標記爲一個地名,將更容易誤導讀者,不易察覺“亳”本來是動詞“宅”的形譌,從而愈加難以清楚認識歷史事實。實際上以後若能重新修訂點校本《史記》,也可以考慮在“將治亳殷”句下,附加一條校勘注語,注明“將始宅殷”這一原始文本,以供讀者參考。至於《水經·穀水注》的記載,乃是拘泥於《書序》誤本所做出的錯誤解讀,本不足爲訓(後世經學家中,類似誤讀者,亦頗有人在)。

當然,今天我們校勘《史記》,不管是對《史記》本文,還是對《史記索隱》引録的《書序》,都不能輕率改易傳世文本這一差誤。因爲這就是漢唐兩朝前後二司馬自己寫録的文字,而不是傳世文本在流傳過程中産生的譌誤,只有後者,纔屬於文獻勘改的對象。

在另一方面,即使是按照傳統學者對這一錯誤記載將錯就錯所做的詮釋而言,仍然不宜將“亳殷”視作一個雙字地名。

---

〔1〕 説見唐孔穎達《尚書正義》(臺北,鼎文書局,1972,重印日本影印宫内廳書陵部藏宋槧單疏本)卷九《盤庚》上引晉人束晳述“孔子壁中《尚書》”,頁420。

〔2〕 陳夢家《殷墟卜辭綜述》(北京,中華書局,1988)第一章第五節《“殷墟”所在和甲骨包含的年代》,頁30—32。

〔3〕 王國維《觀堂集林》(北京,中華書局,1959)卷一二《説殷》,頁523—525。

〔4〕 拙文《夏及商前期都城文獻資料的初步研究》,見拙著《歷史的空間與空間的歷史——中國歷史地理與地理學史研究》(北京,北京師範大學出版社,2005),頁250—256。

對此,最權威的解釋,首先是東漢經學家鄭玄。《史記集解》在《殷本紀》盤庚"乃遂涉河南,治亳"這句話下面,引述鄭玄傳及其他相關記述説:

鄭玄曰:"治於亳之殷地,商家自此徙,而改號曰殷。"亳,皇甫謐曰:"今偃師是也。"〔1〕

上述引文的標點,與今中華書局本不同,中華本的句讀是:

鄭玄曰:"治於亳之殷地,商家自此徙,而改號曰殷亳。"皇甫謐曰:"今偃師是也。"〔2〕

鄭玄前文既已清楚説明亳、殷這兩個地名之間的關係,乃是"亳之殷地",因而就絶不應該再有商人改號曰"殷亳"的説法,而且除此之外,早期史籍中也絶無"殷亳"的説法。

試看孔穎達《尚書正義》述及此事時,對鄭玄上述看法的理解:

此序先亳後殷,亳是大名,殷是亳内之别名。鄭玄云"商家自徙此而號曰殷",鄭以此前未有殷名也。中篇云"殷降大虐",將遷於殷,先正其號,明知於此號爲"殷"也。雖兼號爲"殷",而"商"名不改,或稱"商",或稱"殷",又有兼稱"殷商"。〔3〕

讀此可知,鄭玄所説,自是"改號曰殷",《史記集解》的"亳"字當屬下讀之。今中華書局點校本,在這一點上,似乎也應該做出修改。

---

〔1〕《史記》卷三《殷本紀》劉宋裴駰《集解》,頁132。

〔2〕《史記》卷三《殷本紀》劉宋裴駰《集解》,頁132。

〔3〕唐孔穎達《尚書正義》卷九《盤庚》上,頁425。案通行的阮刻《十三經注疏》本《尚書正義》,脱佚其中"或稱'商'"一句。

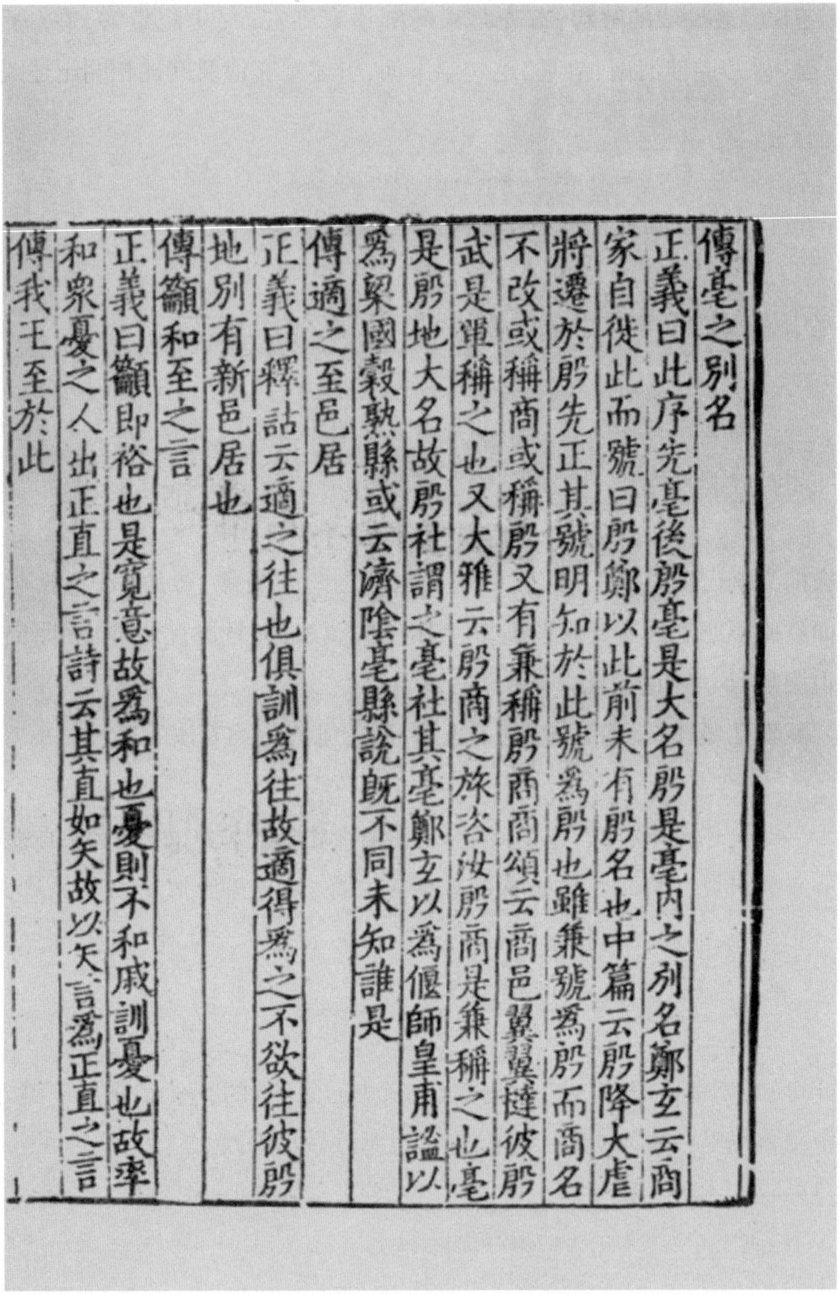
傳亳之別名
正義曰此序先亳後殷亳是大名殷是亳内之別名鄭玄云商
家自徙此而號曰殷鄭以此前未有殷名也中篇云殷降大虐
將遷於殷先正其號明知於此號爲殷也雖兼號爲殷而商名
不改或稱商或稱殷又有兼稱殷商商頌云商邑翼翼撻彼殷
武是單稱之也又大雅云殷商之旅洛汝殷商是兼稱之也亳
是殷地大名故殷社謂之亳社其亳鄭玄以爲偃師皇甫謐以
爲梁國穀熟縣或云濟陰亳縣說既不同未知誰是
傳適之至邑居
正義曰釋詁云適之往也俱訓爲往故適得爲之不欲往彼殷
地別有新邑居也
傳籲和至之言
正義曰籲即裕也是寬意故爲和也戚則不和戚訓憂也故率
和衆憂之人出正直之言詩云其直如矢故以矢言爲正直之言
傳我王至於此

○　日本宫内廳書陵部藏宋刻單疏本《尚書正義》

○ 首都博物館藏戰國

“亳”字銘文空首布

不過,若是换一個角度,硬是要將《史記集解》中本來略不相干的“殷亳”二字連綴到一起,並將其視作商都稱謂的話,它倒比“亳殷”要更合理一些。孔穎達稱“亳殷”云者,乃“亳是大名,殷是亳内之别名”,這一解釋,並不符合先秦時期地名用語的通例。蓋商人之“亳”,多少有些類似後來楚人之“郢”,通常會用作都城的通稱,故嘗隨處有之,以致後人或用南亳、北亳、西亳等稱以相區别[1],而如楚國之鄢郢、陳郢,都是在表示都邑的通名前面冠加表示特定地點的地名[2],“殷亳”之“殷”,也就如同“鄢郢”、“陳郢”之“鄢”之“陳”,都是這種特定的地點(其實把今本《書序》之“盤庚將治亳殷”,理解爲“盤庚將治亳於殷”而略去了“於”字,應該是强自解説經書譌誤而又能夠符合歷史實際的最好辦法)。從而可知,趙生群等懷疑“鄭玄所謂‘殷亳’,疑亦當作‘亳殷’”,亦殊無當也。

---

〔1〕 别詳拙文《夏及商前期都城文獻資料的初步研究》,見拙著《歷史的空間與空間的歷史——中國歷史地理與地理學史研究》,頁209—256。

〔2〕 别詳拙文《〈楚居〉與楚都》,見拙著《舊史輿地文編》(上海,中西書局,2015),頁76—91。

前人還就經文誤字做出的較有代表性的解讀,其次就是趙生群等人引述的《尚書》僞孔傳,即謂"殷"是"亳之别名"[1];再往後,便是上面引述的唐人孔穎達的説法,則謂"此序先亳後殷,亳是大名,殷是亳内之别名",或謂"盤庚欲遷於亳之殷地"[2]。

由上述經學家因"注不破經"而勉强隨文做出的解讀來看,在他們的眼裏,"亳"與"殷"終歸是兩個内涵不同的地名,斷不宜連讀爲一地之名。撰著《史記索隱》的司馬貞,生值開元之世,在没有特别説明的情況下,其引據《書序》,自宜遵奉《五經正義》的權威解釋,也就是上述僞孔傳和孔穎達疏的説法。所以,"亳"、"殷"兩字,還是應當一如舊點校本,標作兩個地名,這纔符合鄭玄、僞孔安國和孔穎達等經學家的本意。

需要説明的是,趙生群等人在清楚提及"《傳》云'殷,亳之别名'"亦即明明知道僞孔傳乃謂"殷"與"亳"是兩個單獨成立的地名的情況下,竟然把《尚書正義》的文字讀作"則'亳殷'即是一都",這實在有些匪夷所思了。實際上《尚書正義》此句應當讀作"則'亳'、'殷'即是一都",這纔符合後者爲前者别名這一前提條件。

二、秦始皇本紀

【一】《史記·秦始皇本紀》原文:

(趙政)年十三歲,莊襄王死,政代立爲秦王。當是之時,秦地已并巴、蜀、漢中、越、宛,有郢置南郡矣;北收上郡以東,有河東、太原、上黨郡;東至滎陽,滅二周,置三川郡。吕不韋爲相,封十萬户,號曰文信

[1] 僞漢孔安國傳《監本纂圖重言重意互注點校尚書》(上海,商務印書館,民國《四部叢刊初編》影印南宋建陽書坊刻本)卷五《盤庚》上,頁1a。

[2] 唐孔穎達《尚書正義》卷九《盤庚》上,頁126—127。

侯。招致賓客游士,欲以并天下。[1]

以上係照録中華新印本的文字和標點,惟"秦地已并巴、蜀、漢中、越、宛,有郢置南郡矣"句,中華書局舊點校本讀作:

秦地已并巴、蜀、漢中,越宛有郢,置南郡矣。[2]

今新印本未出校記,然司職點校之吴新江、趙生群兩人,有《〈史記〉標點芻議(一)》專文,詳釋其改動舊本標點的原因,述及此條,有按語論之曰:

王叔岷曰:"此當讀'秦地已并巴、蜀、漢中、越、宛'句,'有郢置南郡矣'句。有猶以也。'有郢置南郡矣',猶言'以郢置南郡矣',文意燦然明白。舊誤以'有郢'二字屬上連讀,遂致有'文法錯綜'及'疑有缺文'之臆説矣。《張耳陳餘列傳》'里吏嘗有過笞陳餘',《通鑑·秦紀二》有作以,《淮南列傳》'大將軍遇士大夫有禮',荀悦《漢紀》十二有作以。並有、以同義證。"其説是也。《秦本紀》云:"(昭王十五年),攻楚,取宛。"又云:"二十九年,大良造白起攻楚,取郢爲南郡,楚王走。"《穰侯列傳》:"使白起拔楚之郢,秦置南郡。"《白起王翦列傳》:"秦以郢爲南郡。"均可參看。

觀吴、趙兩氏在此專文中,乃自謙對句讀所做改訂,"非敢必是,亦聊以爲引玉之資耳"[3]。實則吴、趙等君一心致力於《史記》有長至數十年者,並世不二專家,亦當之無愧,仍虚懷若谷,令人欽佩。因就一時讀後所感,略述别見如次。

---

〔1〕《史記》卷六《秦始皇本紀》,頁289。

〔2〕見1982年版中華書局點校本《史記》,頁223。

〔3〕吴新江、趙生群《〈史記〉標點芻議(一)》,刊《文史》2015年第三輯,頁282。

〖**今案**〗

讀吴、趙釋語,知所做更改,實本自王叔岷《史記斠證》,而王氏着眼點乃在文法句式之是否合乎當時通例。觀王氏校勘《史記》,本以顧恤文脈辭氣見長,而於文詞所載史事史實,時或失於陋略,特别是對其中事關重大者,每每視而未見。《史記》這兩句話如何點讀,實亦關涉匪細。

此處校勘,單純就"有郢置南郡"句中之"有"可用作"以"義,王叔岷舉述的例證,固足以證成其説,但可以這樣用,並不等於一定這樣用。王氏之所以視"有"爲"以",實際上是以清人梁玉繩的相關論證爲前提的,今吴、趙兩人所做的論述,對此略而不提,難免令人一頭霧水,渾然不知王叔岷這些上不着天下不着地的話,到底是從何談起。

梁玉繩論《史記》此文,述云:

> 【越宛有郢置南郡矣】附案:此總叙秦所置郡,獨無南陽、黔中。蓋越即黔中,宛即南陽,而南郡則取楚郢所置。文法錯綜,或疑有缺文,非也。[1]

王叔岷"有'文法錯綜'及'疑有缺文'之臆説"云云,正是緣此而發[2]。然而,梁玉繩之臆説,非惟"文法錯綜"之説不切實際而已;更重要的是,他根本没有看懂《史記》本文,以致强作解人,把原本簡簡單單明明白白的一句話,弄得撲朔迷離。

梁玉繩説《史記·秦始皇本紀》在這裏是"總叙秦所置郡",這是他立論的前提。乍一看來,這一説法,似乎也大致不誤。但通觀上下文相關記載,可知太史公在此,只是通過列舉的形式,在講秦國當時所控制的疆域範圍,並不是要一一舉述所有已設之郡。古人爲文,往往如此。這本是十分

---

〔1〕 清梁玉繩《史記志疑》(北京,中華書局,1981)卷五,頁168。

〔2〕 王叔岷《史記斠證》(北京,中華書局,2007)卷六,頁192。

得體的修辭方式,不像現在有些人,巨細無遺,一一羅列,知道多少就寫出多少。

例如,北地、隴西兩郡,既非秦人舊土,又在上郡之西,自非"北收上郡以東"這句話所能涵蓋,而在秦王政即位之時,都已設爲秦郡多年[1],司馬遷在這段記述當中,却隻字未提隴西和北地這兩個北邊要地的大郡,便是緣於舉述這兩個郡東面的上郡,即足以説明秦國已兼有這一區域。可見,《史記》原文,絶没有"總叙秦所置郡"的意思,梁玉繩論證此事的前提,完全不能成立。

既然如此,下文的叙述,也就没有必要非舉出"黔中"不可。實則從舉述秦國疆土大勢的角度來看,黔中所處的地理位置,乃與北地、隴西兩郡相似。蓋秦境若是業已拓展至長江三峽口外的南郡,則舉述南郡,自可兼該位於其西側的黔中在内。

以此認識爲基礎,我們再來審看《史記·秦始皇本紀》的記述,可知太史公之意正是如此。梁玉繩的總體看法雖然不妥,但他説"宛即南陽",這一點倒是没有什麼差誤。依從舊點校本《史記》,將此句讀作"秦地已并巴、蜀、漢中,越宛有郢,置南郡矣",意即"秦國的疆土已經兼併巴、蜀兩地,又越過南陽郡而佔據郢地,在這裏設置了南郡",其"越宛有郢,置南郡矣",即今吴、趙二氏引述《史記·秦本紀》所説秦昭王十五年"攻楚,取宛"及昭王二十九年"大良造白起攻楚,取郢爲南郡"事,二者語義也大體相當,真的是語通句順,"文意燦然明白",甚至連梁玉繩所説"文法錯綜"都談不上,何苦多事妄改舊讀?

最令人感到怪異的是,梁玉繩"越即黔中"這句話,究竟有什麼根據?在寫這種專事校勘的著述時,王叔岷以及吴新江、趙生群兩人竟不願一核其實而欣然從之?梁玉繩説"宛即南陽"這話雖然是對的,但他却並不一定清楚究竟對在哪裏。《秦始皇本紀》所説"宛"、"郢",都是指楚國舊地的

---

〔1〕《後漢書》(北京,中華書局,1965)卷八七《西羌傳》,頁2873—2874。《史記》卷一一〇《匈奴列傳》,頁3490。

建置和名稱,蓋宛指楚之宛郡,此即秦所改設之南陽郡[1],而郢則是指楚都郢城,並以此代指郢城周邊地區。然而,所謂"越即黔中"竟作何説? 不拘秦人楚人,從未將黔中稱作"越郡",太史公何以會以"越"代指"黔中"? 從另一個角度看,漢人嘗有以郡治縣名代替郡名的習慣用法,如《史記·漢興以來諸侯王年表》叙漢初事,便是以治所"江陵"來表述"南郡"[2],而《漢書·地理志》載南陽郡首縣爲"宛"[3],《史記·秦始皇本紀》這裏也有可能是循此通例,用"宛"來代稱"南陽郡"。可是,即便如此,史籍中亦從來没有看到黔中郡設治於"越縣"的記載,這一假設,同樣不能成立。

由於在點校本中没有附加説明,很可能還會給日後讀此中華書局新點校本的讀者,造成更嚴重的誤導;至少,會造成很嚴重的困惑(今觀此《〈史記〉標點芻議(一)》一文並没有交待清楚梁玉繩的説法,若是按照同樣方式添加説明,即使加了,還是説不清楚)。這就是由於史籍中絕無"黔中"名"越"的記載,恐怕没有什麼人會想到"秦地已并巴、蜀、漢中、越、宛"這句話裏的"越"地,是指"黔中",也就是今貴州一帶,而是要將其解作戰國七雄之一越國所在的越地,甚至乾脆就理解爲越國餘部。然而,歷史的事實是,秦國之最後征服越地,是晚至秦王政二十五年王翦攻取楚江南各地之後的事情[4],真的是天差地别。看似不起眼的幾個逗號、頓號,對史實的改變,實在是很大的。至少對於我來説,還是更信服舊點校本的讀法。

【二】《史記·秦始皇本紀》原文:

二世皇帝元年,年二十一。趙高爲郎中令,任用事。……四月,二

---

[1] 陳偉《新出楚簡研讀》(武漢,武漢大學出版社,2010)第一章第一節《包山楚簡所見楚國的宛郡》,頁1—7。

[2] 《史記》卷一七《漢興以來諸侯王年表》,頁968。清錢大昕《廿二史考異》(上海,商務印書館,1937,《叢書集成初編》本)卷二,頁17。

[3] 《漢書》(北京,中華書局,1962)卷二八上《地理志》上,頁1563。

[4] 《史記》卷六《秦始皇本紀》,頁302。

世還至咸陽,曰:“先帝爲咸陽朝廷小,故營阿房宫。爲室堂未就,會上崩,罷其作者,復土酈山。酈山事大畢,今釋阿房宫弗就,則是章先帝舉事過也。”復作阿房宫。外撫四夷,如始皇計。盡徵其材士五萬人爲屯衛咸陽,令教射,狗馬禽獸當食者多〔《正義》謂材士及狗馬〕,度不足,下調郡縣轉輸菽粟芻藁,皆令自齎糧食;咸陽三百里内不得食其穀。用法益刻深。〔1〕

上文中“盡徵其材士五萬人爲屯衛咸陽,令教射,狗馬禽獸當食者多”這句話,舊點校本讀作:

盡徵其材士五萬人爲屯衛咸陽,令教射狗馬禽獸。當食者多。〔2〕

點校者記云:

舊讀以“令教射狗馬禽獸”連文,語不可通,“狗馬禽獸”當屬下讀。《通鑑·秦紀二·二世元年》有此文,而舊讀不誤。〔3〕

這裏只是説“‘狗馬禽獸’當屬下讀”,却没有講述具體理由,而檢核相關文獻,似乎還可以做出不同的解讀。

〖**今案**〗

今點校者雖然没有講述自己的理由,實際上却是參考了明人的讀

〔1〕《史記》卷六《秦始皇本紀》,頁340—341。

〔2〕見1982年版中華書局點校本《史記》,頁269。

〔3〕吴新江、趙生群《〈史記〉標點芻議(一)》,刊《文史》2015年第三輯,頁284。

法[1]。當然，如點校者所云，他們還借鑒了今中華書局點校本《資治通鑑》的讀法[2]。但這種讀法，就一定是正確的嗎？

我們先來看宋朝初年人纂集《太平御覽》時的解讀：

> 史記曰："二世皇帝元年，年二十一。趙高爲郎中令，任用事。徵材士五萬人爲屯衛咸陽，令教射狗馬禽獸。用法益刻。……"[3]

這顯然是把"狗馬禽獸"列爲"教射"的對象。唐人王琚著有《教射經》，述教射之法云：

> 始學者，先學持滿，須能制其弓，定其體，後乃射之，然其的必始於一丈，百發百中，寸以加之，漸至於百步，亦百發百中，乃爲之術成。

而待術成之後：

> 或升其的於高山，或致其的於深谷，或曳之，或擲之，使其的縱横前却，所以射禽獸與敵也。[4]

亦即在掌握了基本射擊技法之後，這種或曳或擲，使標的縱横前却的訓練，對射中活動的目標，具有重要作用，而射擊這種活動的目標，對於實戰來説，顯然具有更大的意義。

---

〔1〕 明凌稚隆輯、李光縉增補《史記評林》（天津，天津古籍出版社，1998，影印明萬曆刻本）卷六《秦始皇本紀》，頁408。

〔2〕 宋司馬光《資治通鑑》（北京，中華書局，1956）卷七秦二世皇帝元年，頁253—254。

〔3〕 宋李昉等《太平御覽》（北京，中華書局，1960，影印宋本）卷八六《皇王部・二世皇帝》，頁410。

〔4〕 清董誥等編《全唐文》（北京，中華書局，1983，影印清嘉慶揚州詩局刻本）卷二八〇唐王琚《教射經》下，頁2845。

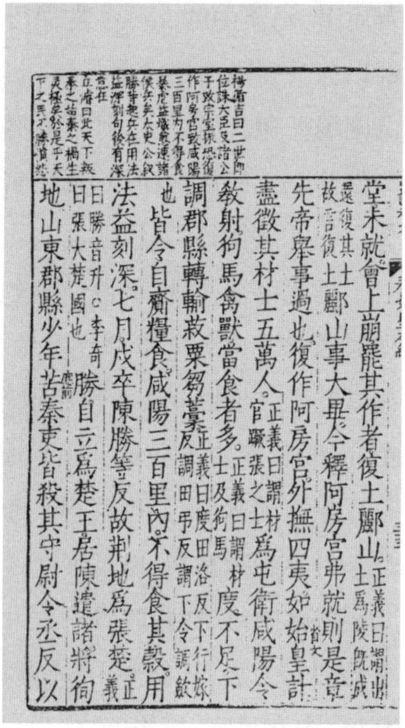

堂未就，會上崩，罷其作者，復土酈山。正義曰謂出土為陵既成

還復其土故言復土 酈山事大畢，今釋阿房宮弗就，則是章

先帝舉事過也。復作阿房宮。外撫四夷，如始皇計。省文

盡徵其材士五萬人，正義曰謂材官蹶張之士 為屯衛咸陽，令

教射狗馬禽獸。當食者多，正義曰謂士及狗馬 度不足，下

調郡縣轉輸菽粟芻藁，正義曰度田洛反 調田弔反 謂下令下行調斂

也 皆令自齎糧食，咸陽三百里內不得食其穀。用

法益刻深。七月，戍卒陳勝等反，故荆地為張楚。正義

曰勝音升 李奇曰張大楚國也 索隱 勝自立為楚王，居陳，遣諸將徇

地。山東郡縣少年苦秦吏，皆殺其守尉令丞反，以

○　明萬曆刻本《史記評林》

在秦漢時期，習練擊中移動目標，最好的訓練方法，便是直接射擊禽獸。班固在《漢書・地理志》中記述，説：

天水隴西，山多林木，民以板爲室屋。及安定、北地、上郡、西河，皆迫近戎狄，修習戰備，高上氣力，以射獵爲先。故《秦詩》曰“在其板屋”；又曰“王于興師，修我甲兵，與子偕行”。及《車轔》、《四載》、《小戎》之篇，皆言車馬田狩之事。漢興，六郡良家子，選給羽林期門，以材力爲官，名將多出焉。〔1〕

“隴西成紀人”李廣，即其中佼佼者，固“以良家子從軍擊胡，用善騎射，殺

---

〔1〕《漢書》卷二八下《地理志》下，頁1644。

首虜多,爲漢中郎。……嘗從行,有所衝陷折關及格猛獸",其出獵射虎,實即以獵殺猛獸而習練射技[1]。其實,歷朝歷代之天子校獵,直至清朝之木蘭圍場秋獮,仍然是以射殺動物來習練射擊的技能,以保持尚武的風尚,而匈奴等北方民族之所以善戰,皆與其"兒能騎羊,引弓射鳥獸,少長則射狐兔,……因射獵禽獸爲生業"具有直接關係[2]。

明此可知,二世皇帝"令教射狗馬禽獸",本來是一件很自然的事情,即通過射殺狗馬禽獸來提高這些"材士"作戰的能力,並非"語不可通"。觀當時秦二世以陰謀手段獲取帝位,乃鑒於"黔首未集附"、"大臣不服,官吏尚彊,及諸公子必與我争",始與趙高輩"盡徵其材士五萬人爲屯衛咸陽",緊接着陳勝、吴廣就揭竿而起,天下反叛[3],可知事態已經相當嚴峻,故不得不訓練精兵,以爲護衛。

咸陽附近,在當時本有大片荒地,可用於校獵。《三輔黄圖》記"漢上林苑即秦之舊苑也。……周袤三百里"[4],其間有長楊宫,《三輔黄圖》謂其地"本秦舊宫,漢修飾之,以備行幸。中有垂楊蔭數畝,因以爲名。門曰射熊。秦漢游獵之所。長楊榭在長楊宫,秋令校獵其下,命武士博射禽獸,天子登此以觀焉"[5]。又班固《西都賦》述云:"於是天子乃登屬玉之館,歷長楊之榭。覽山川之體勢,觀三軍之殺獲。原野蕭條,目極四裔。禽相鎮壓,獸相枕藉。然後收禽會衆,論功賜胙。"[6]西漢時梁孝王"以太后親故,王入則侍景帝同輦,出則同車游獵,射禽獸上林中"[7]。這些都是秦漢時

---

[1] 《史記》卷一〇九《李將軍列傳》,頁3467,頁3472。

[2] 《史記》卷一一〇《匈奴列傳》,頁3483。

[3] 《史記》卷六《秦始皇本紀》,頁339—341。

[4] 漢佚名《三輔黄圖》(清嘉慶十九年孫星衍、莊奎吉校《平津館叢書》本)卷四,頁16a。

[5] 宋王應麟《玉海》(南京,江蘇古籍出版社,1988,影印清光緒浙江書局刻本)卷一五五《宫室·宫》"漢長楊宫、五柞宫"條,頁2860。

[6] 梁蕭統《文選》(北京,中華書局,1977,影印清嘉慶胡克家仿宋刻本)卷一漢班固《西都賦》,頁29。

[7] 《史記》卷五八《梁孝王世家》,頁2534。

期咸陽、長安周邊的上林苑等地極便狩獵的情況，可見當地完全有條件，“令教射狗馬禽獸”。

這種保持自然狀態的荒地，最便射獵，但秦二世時驟然徵集五萬名材士，聚集咸陽附近，教習射擊技能，僅僅依賴自然生長的禽獸，實在已經很難維持，所謂“狗馬”之類，應即爲此而設。而從各郡縣轉輸來的“芻藁”，至少其中有一部分，應是用於飼養被射作靶子的馬匹。唐人張守節釋“令教射狗馬禽獸當食者多”句，乃“謂材士及狗馬”，亦即習射的“材士”和被射的“狗馬禽獸”，蓋舉“狗馬”以該“禽獸”也。

清初人施閏章嘗有詩云：“健兒帶箭休教射，野鹿江鳧任往還。”[1]這顯然是在援用《史記·秦始皇本紀》這一典故。前後貫穿來看，恐怕還是應當沿襲從《太平御覽》以至施閏章的理解，依從舊點校本《史記》的句讀爲是。

如若不然，則應是原文“狗馬禽獸”前脱一“及”字，或本書作“盡徵其材士五萬人爲屯衛咸陽，令教射，及狗馬禽獸，當食者多”云云，像現在這樣讀作“盡徵其材士五萬人爲屯衛咸陽，令教射，狗馬禽獸當食者多”，纔真的是“語不可通”。因爲“下調郡縣轉輸菽粟芻藁”主要是爲解決這五萬材士的需求，“狗馬禽獸”之類不過是附加的需要而已。

〖**附記**〗

2015 年 11 月 2 日，此文在微博上公佈後，得到一些朋友的批評，謂“狗馬”不應是“教射”的對象。我反覆思考，覺得自己的思慮，似確實有所未周，很感謝各位朋友的批評。至 2016 年 5 月 3 日，趙生群教授在自己的微博上又公佈了對德勇這篇文稿的答覆（題爲《答辛德勇教授〈秦始皇本紀〉“令教射狗馬禽獸”標點的意見》），對此我也深表感謝。唯讀後知其所做論述，仍未逸出前此各位朋友在微博上所作的批評。

---

〔1〕 清施閏章《施愚山先生學餘詩集》（清康熙曹寅楝亭刻本）卷三六《人日同張清江升暘郊行》，頁 5a。

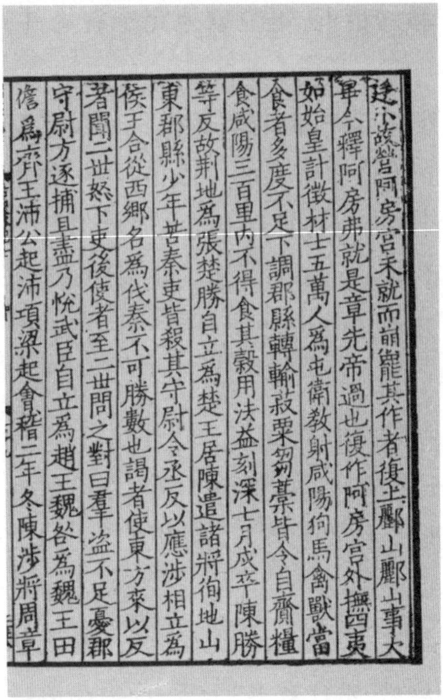
逮。初故營阿房宮未就而崩能其作者復土酈山酈山事大
畢今釋阿房弗就是章先帝過也復作阿房宮外撫四夷
如始皇計徵材士五萬人爲屯衛教射咸陽狗馬禽獸當
食者多度不足下調郡縣轉輸菽粟芻藁皆令自齎糧
食咸陽三百里內不得食其穀用法益刻深七月戍卒陳勝
等反故荆地爲張楚勝自立爲楚王居陳遣諸將徇地山
東郡縣少年苦秦吏皆殺其守尉令丞反以應涉相立爲
侯王合從西鄉名爲伐秦不可勝數也謁者使東方來以反
者聞二世怒下吏後使者至二世問之對曰羣盜不足憂郡
守尉方逐捕且盡乃悅武臣自立爲趙王魏咎爲魏王田
儋爲齊王沛公起沛項梁起會稽二年冬陳涉將周章

○ 臺北故宮博物院

影印宋刻本《古史》

不過,趙生群教授大概是太急於對拙説做出答覆,所以,没有能夠耐下心來通讀拙文,以注意到我在文末提出的另一種主張。

檢蘇轍《古史》,述此事作"徵材士五萬人爲屯衛,教射咸陽,狗馬禽獸,當食者多"云云[1],正是把"教射"與"狗馬禽獸"視作兩事。循蘇氏舊讀,愈覺當以余日前所提第二種方案,亦即傳世《史記》應在"狗馬禽獸"前脱一"及"字。

採用這一方案之後,這段話便是讀作:

> 盡徵其材士五萬人爲屯衛咸陽,令教射,〔及〕狗馬禽獸,當食者多,度不足,下調郡縣轉輸菽粟芻藁,皆令自齎糧食;咸陽三百里内不得食其穀。

〔1〕 宋蘇轍《古史》(臺北,故宫博物院,1991,影印該院藏宋刻本)卷七《秦始皇本紀》,頁79a。

也就是在"狗馬禽獸"與"當食者多"之間逗開,以更清楚地體現"狗馬禽獸"相對於"屯戍咸陽"之五萬"材士"的附屬關係。依照這次重訂《史記》的規矩,方括號裏的"及"字,實際無法表示,但仍可以出一條校記,加以説明;至少也要在"狗馬禽獸"與"當食者多"之間,以逗號斷開,以體現"當食者多"的對象,並不僅僅是"狗馬禽獸",還包括前面提到的"材士五萬人"在内。

三、六國年表

【一】《史記·六國年表》原文:

(秦始皇帝)三十六(年)。徙民於北河、榆中耐徙三處,拜爵一級。[1]

以上俱照録中華書局新點校本《史記》的文字和標點,舊點校本與此稍有不同,乃是讀作:

(秦始皇帝)三十六(年)。徙民於北河、榆中,耐徙三處,拜爵一級[2]。

其間的區别,是新點校本在"榆中"之後,去掉了舊本的逗號,又把原來的兩句,合併成一句連讀。後者實際存在一定問題,不過姑留待後文再予叙説。令人意想不到的是,主持新印本點校的趙生群等人,在闡釋其改動緣

〔1〕《史記》卷一五《六國年表》,頁908。
〔2〕見1982年版中華書局點校本《史記》,頁758。

由的時候,却講了一通與此實況毫不相干的話來:

《六國年表》:徙民於北河、楡中,耐徙三處,拜爵一級。

標點改作:徙民於北河楡中,耐徙三處,拜爵一級。

按:"北河""楡中"爲領屬關係而非並列關係。《秦始皇本紀》"遷北河楡中三萬家"《正義》:"謂北河勝州也。楡中即今勝州楡林縣也。言徙三萬家以應卜卦游徙吉也。"《趙世家》"至楡中"《正義》:"勝州北河北岸也。"又,《秦始皇本紀》"益發謫徙邊"《集解》:徐廣曰:"《表》云'徙於北河、楡中,耐徙三處,拜爵一級'。"舊讀亦誤。[1]

"楡中"之後去掉了的逗號,既没有如實轉述,也没有做任何説明,反而却對"北河、楡中"兩詞之間没有去掉的頓號,很認真地做了一番説明。何以會出現如此怪異的情况,似乎只能歸咎於手民之失。大概趙生群等人這次重校《史記》,是以中華書局的舊點校本作工作底本,再在上面標示新的改動,而植字的手民眼拙手也更拙,把本來標出要删掉的頓號,錯看錯排成了並未想删的逗號。不然的話,實在找不到解釋的理由。

這樣的疏失,在接下來重新印行《史記》時,自然很容易更正,只需簡單挖改一下版片就可以解决。然而,"楡中"這一地名,實際上要比趙氏所説複雜得多,甚至在歷史地理學界,也一直没有對其做出比較周詳的解釋。而按照我的看法,現行印本中這一手民之誤,實際上使得它在合理理解"楡中"的涵義這一關鍵問題上,竟有幸保存了舊點校本正確的句讀。爲防止趙生群等人在中華書局隨後重印《史記》新本時,再重申其説,做出錯誤的校改,特予以説明如下。

〔1〕 趙生群、吴新江《〈史記〉標點芻議(二)》,刊《文史》2015年第四輯,頁229。

〖今案〗

首先,關於所謂"北河"的基本涵義,譚其驤曾經做過很好的概括:

> "北河"有二義:黄河自寧夏北流過磴口折而東流,西東流向一段對南北流向一段而言,彼爲"西河",此爲"北河",是爲廣義。廣義北河之西段古代歧分爲二派,一爲經流,約當今烏加河,一爲支流,約當今黄河,經流對支流而言,彼爲"南河",此爲"北河",是爲狹義。[1]

换句話來説,就河流水道這一基本語義而言,廣義之"北河",是指黄河在磴口附近由流往北方轉而朝向東方流淌之後,直至托克托縣河口鎮附近這一段西東流向的河段;而狹義的"北河",則是指這段黄河靠西一段分成北、南兩股並流的河道中,靠北面那一條河道。在秦漢及其以後很長一段時間裏,它都一直是黄河的幹流(實際上直到清雍正年間都是如此)。

基於這樣的地理觀念,我們就不難看出,不管是狹義的北河,還是廣義的北河,地段都不是很長,它所能夠表徵的鄰近地理區域的範圍,也就都很有限,不過是相應河段的近岸地區而已。

可是,"榆中"的地理範圍,却要比這大出很多。試看項羽率軍在鉅鹿戰勝秦軍之後,陳餘遺書章邯勸降時談到的情況:

> 白起爲秦將,南征鄢、郢,北阬馬服,攻城略地,不可勝計,而竟賜死。蒙恬爲秦將,北逐戎人,開榆中地數千里,竟斬陽周。何者?功多,秦不能盡封,因以法誅之。[2]

乃謂"榆中"這一地域之遼闊,竟至數千里之遥。這已絶不是廣、狹兩義的

---

〔1〕 譚其驤《北河》,原刊《中華文史論叢》第六輯(1985年8月),此據作者文集《長水集》(北京,人民出版社,1987)下册,頁331。

〔2〕 《史記》卷七《項羽本紀》,頁394。

"北河"之沿岸地帶這樣有限的範圍所能容納。趙生群等人置"榆中"於"北河"的"領屬"之下,顯然有悖於實際地理狀況。

當然,像這樣把"榆中"視爲"北河"這一大地理概念下的一個次一級的地域,也是事出有因,而且並非始自趙生群等人。例如,前面提到,譚其驤對"北河"的涵義曾做過很好的概括,而譚氏在論述這一問題時,就以爲秦始皇三十六年這次徙民於"北河榆中",所説"北河"是用其廣義,亦即泛指由西向東流淌這一大段黄河河道的毗鄰區域,而"榆中"則是指今内蒙古托克托一帶[1]。其具體依據,則顯然是趙生群引述過的《史記正義》,釋"北河榆中"云:"謂北河勝州也。榆中即今勝州榆林縣也。言徙三萬家以應卜卦游徙吉也。"或稱"榆中"在"勝州北河北岸也"[2]。蓋唐朝的勝州,其治所榆林縣,就設在今内蒙古托克托附近的黄河南岸,而張守節特别强調戰國秦漢時期的"榆中"是在"勝州北河北岸也",却未必有什麽實在的依據,恐怕純屬他本人的判斷。這是因爲《史記正義》定榆中於唐勝州榆林縣,應當主要是基於《史記·趙世家》記趙武靈王二十年嘗"西略胡地,至榆中"[3],這是趙國西北疆界拓展的極限,即已據有陰山以南地區。基於黄河水流是一道天險,張氏或以爲黄河也就是榆中地區的南界,故有此説。但史載趙武靈王在二十年略地至"榆中"之後,隨之在二十六年復又攘地"西至雲中、九原"[4],雲中即多位於唐勝州之"北河"北岸地區,是則"榆中"與雲中、九原兩地或有相互涵蓋的關係,趙武靈王之先略後攘,很有可能是針對同一地區用兵。"榆中"是普通的地域稱謂,雲中、九原則是徹底佔領這一地區之後,纔確定的郡名,兩郡在黄河南岸又都據有一部分

---

〔1〕譚其驤《北河》,據作者文集《長水集》下册,頁331。

〔2〕《史記》卷六《秦始皇本紀》唐張守節《正義》,頁331;又卷四三《趙世家》唐張守節《正義》,頁2181—2182。

〔3〕《史記》卷四三《趙世家》,頁2181。

〔4〕《史記》卷四三《趙世家》,頁2182。

領土[1]。所以,此一“榆中”,也有可能同時指稱唐勝州附近的黄河南岸地區。

不管趙武靈王拓地所至的“榆中”是僅僅限制在黄河北岸,還是如上文所説,也很有可能包括黄河南岸的濱河地帶在内,若是僅僅這一小塊地區在戰國秦漢時期或曾有此名稱,因其地域範圍有限,都完全可以像趙生群等人所理解的那樣,可以把這一“榆中”視作廣義“北河”所涵蓋區域中的一部分,即指北河沿岸地帶。

問題是史籍中所見的“榆中”,實已遠遠軼出於這一範圍。《史記·秦始皇本紀》記云:

> 三十三年,發諸嘗逋亡人、贅壻、賈人略取陸梁地,爲桂林、象郡、南海,以適遣戍。西北斥逐匈奴,自榆中並河以東,屬之陰山,以爲三十四縣,城河上爲塞。又使蒙恬渡河取高闕、陰山北假中,築亭障以逐戎人,徙謫,實之初縣。[2]

這段文字中,有兩處涉及秦始皇拓展西北邊界的重大史實。

第一處是講秦始皇三十三年發兵突破戰國秦昭襄王長城,佔領廣義的“北河”南岸以南地區,當即便“自榆中並河以東,屬之陰山,以爲三十四縣,城河上爲塞”。這是講在這片新佔領的廣闊領土上,沿黄河岸邊設置三十四個縣(或作四十四縣,亦有書作二十四縣者,未詳孰是[3]),而這些縣城的起訖和分佈地點,乃是“自榆中並河以東,屬之陰山”。陰山是趙武靈

[1] 别詳拙著《秦漢政區與邊界地理研究》(北京,中華書局,2009)下篇《邊界研究》第二章《張家山漢簡所示漢初西北隅邊境解析》,頁260—278。

[2] 《史記》卷六《秦始皇本紀》,頁323。案“陰山北假中”原文作“陶山、北假中”,拙著《秦漢政區與邊界地理研究》下篇《邊界研究》第一章第六節《釋陰山北假中》(頁226—240)對此有具體考證。

[3] 《史記》卷一五《六國年表》並劉宋裴駰《集解》,頁907—908;又卷一一〇《匈奴列傳》,頁3490。

王長城所依傍的山脈，也是蒙恬這次率兵北逐匈奴之前，秦朝在這一地區的邊防前沿，所以，是這些新設縣城空間分佈區域的終點。不言而喻，“榆中”當然是這些縣城分佈的起點，《史記集解》引述劉宋時人徐廣語釋之曰："在金城。"[1]這個金城，應該是指漢代的郡名，在今甘肅蘭州至青海西寧之間這一區域，而金城郡有屬縣名曰“榆中”[2]。檢《中國歷史地圖集》可知，其治所在今甘肅蘭州榆中以北、蘭州以東的黄河南岸，西南方向不遠，就是黄河右岸著名的支流洮水。戰國時秦人舊有的長城，即發端於洮水岸邊[3]，因而《秦始皇本紀》所説“榆中”，應是最爲靠近蒙恬出兵前秦國舊境的地方，所以就成爲秦始皇沿河新設諸城的起點。

在《史記・匈奴列傳》中，對《秦始皇本紀》上述内容，另有記載云：

> 後秦滅六國，而始皇帝使蒙恬將〔數〕十萬之衆北擊胡，悉收河南地。因河爲塞，築四十四縣城臨河，徙適戍以充之。而通直道，自九原至雲陽。因邊山險，壍谿谷，可繕者治之，起臨洮至遼東萬餘里。又度河據陰山北假中。[4]

文中“數十萬”之“數”字，係依據新點校本附列校勘記所添加；“陰山北假中”原文譌作“陽山北假中”，所做改訂，是依據我過去的研究[5]。文中其他不同於今點校本的地方，還有一些，但多是語氣緩急的不同，並没有實質性差異。比較重要的，只是“因邊山險，壍谿谷，可繕者治之，起臨洮至遼東萬餘里”這段話，講的顯然是萬里長城。《史記・蒙恬列傳》記“蒙恬將三

---

〔1〕《史記》卷六《秦始皇本紀》劉宋裴駰《集解》，頁 323。

〔2〕《漢書》卷二八下《地理志》下，頁 1611。

〔3〕譚其驤主編《中國歷史地圖集》（北京，中國地圖出版社，1982）第二册《秦時期》之《關中諸郡圖》，頁 5—6；又《西漢時期》之《涼州刺史部圖》，頁 33—34。

〔4〕《史記》卷一一〇《匈奴列傳》，頁 3490—3491。

〔5〕説見拙著《秦漢政區與邊界地理研究》下篇《邊界研究》第一章第六節《釋陰山北假中》，頁 226—240。

十萬衆,北逐匈奴,收河南。築長城,因地形,用險制塞,起臨洮,至遼東。延袤萬餘里"[1],是其確證。其事固與秦直道無涉,而今點校本在"而通直道,自九原至雲陽"句下僅施以逗點,易誤導讀者,將二者視同一事。這裏改作句號,以準確體現太史公本意。

參看《匈奴列傳》和《蒙恬列傳》上述記載,愈可知《秦始皇本紀》"自榆中並河以東"的"榆中",當即鄰近秦始皇長城在西方的起點臨洮,這裏也是蒙恬新開拓疆土的西南邊緣。與此相對應,前述戰國時期趙武靈王疆土所至的"榆中",其西南一側,正與蒙恬新開拓疆土的東北端相鄰接。將此蒙恬新拓疆土的西南與東北兩地聯繫在一起並視同觀,便可知陳餘遺章邯書所説"蒙恬爲秦將,北逐戎人,開榆中地數千里",此一"榆中",實際上是講蒙恬此番在戰國秦長城之外新開拓的全部疆土。《史記·太史公自序》撮述其撰著《蒙恬列傳》大旨,謂蒙氏"爲秦開地益衆,北靡匈奴,據河爲塞,因山爲固,建榆中"[2],這顯然也是緣於"榆中"地域之廣闊遼遠而言之。這樣看來,上面講到的西南和東北兩個"榆中",只不過是整個榆中地區的兩個邊緣地點而已。

如上文所見,《史記·匈奴列傳》也稱述這一地區爲"河南地",《蒙恬列傳》省稱之爲"河南"。這都告訴我們,所謂"榆中"地區,主要是指廣義"北河"以南的這一區域。因此,對《史記·六國年表》所記秦始皇三十六年徙民於"榆中"一事,若没有其他任何限制條件,我們也應該把這一"榆中",理解爲整個"河南地",而這樣廣大的區域,顯然不會"領屬"於"北河"。

至於蒙恬率領軍隊爲秦朝開拓的這一大片新的疆土,何以會以榆中爲名,也可以稍加揣摩。這一區域,基本上處於乾旱草原地帶,樹木十分稀少,東南一側,濕度漸高,始易於榆樹等樹木生長,譬如今陝西榆林東北、佳

[1] 《史記》卷八八《蒙恬列傳》,頁3113—3114。

[2] 《史記》卷一三〇《太史公自序》,頁4022。

縣西北的秦昭襄王長城,即因附近“悉榆柳之藪”而有“榆林塞”的别稱〔1〕,而在其西、北兩側,都是以黄河河道爲界,由於近岸地區有河道測滲和泛漲的水流滋潤,同樣有利於榆樹等灌木的生長,故蒙恬在佔領“榆中”地區之後,便在這塊土地的西、北兩側“以河爲竟(境)”,“樹榆爲塞”〔2〕,雖然説這是沿襲古代封樹界域的舊制,但也清楚説明,在這一段黄河的岸邊,本來就適於榆樹的生長〔3〕。因此,在這一“榆中”區域四周的邊緣,必然都會不同程度地生長一些榆樹。儘管這些榆樹等樹木林帶,未必都很茂密,但與其中間地帶以草地爲主的植被相比,自然是一種相當醒目的景觀。這樣,就猶如關中是以其地處函谷關内而得名一樣,“榆中”也是以其四周邊緣多生長榆樹而得名。此説雖然别無清楚的史料依據,但揆諸情理,應當去其真相不遠。反過來,這也有助於我們更爲具體地理解,戰國秦漢時期所謂“榆中”的地域範圍。

前文引述的《秦始皇本紀》和《匈奴列傳》,記述秦始皇繼攻取“河南地”後,“又使蒙恬渡河取高闕、陰山北假中”,即謂秦軍復北渡黄河,攻佔狹義的“北河”與“南河”之間的河套地區,以及河套地區北側的戰略要地陽山,亦即今狼山山脈。這也是前面引述的《史記·秦始皇本紀》這段文字中第二處有關秦始皇拓展西北邊界的重大史實。秦軍攻佔這一地區原因,是整個“河南地”亦即“榆中”地區,因大多處於半乾旱草原地帶,終年降水稀少,農業墾殖條件很差,根本無法就近爲秦軍解決最起碼的糧草保障,而這次新佔領河套地區,灌溉條件優良,有利於引水開田。同時,在秦軍佔據了陽山山地之後,也切斷了匈奴一些重要山地資源和農産品的供給。因而這一舉措具有重要戰略價值。

〔1〕 北魏酈道元《水經·河水注》,據清王先謙《合校水經注》(北京,中華書局,2009,影印清光緒壬辰長沙思賢講舍刻本)卷三,頁49。

〔2〕《漢書》卷五二《韓安國傳》並唐顔師古注引曹魏如淳語,頁2401—2402。

〔3〕 别詳拙著《秦漢政區與邊界地理研究》下篇《邊界研究》第一章《陰山高闕與陽山高闕辨析》,頁204—226。

正因爲這一地區對於中原王朝控制黄河以南的“河南地”具有非常重要的戰略地位，因而往往會給予特别的關注。《史記·六國年表》在記載秦始皇三十六年徙民於“榆中”的同時提到的“北河”，指的就應該是這一位於狹義“北河”和“南河”之間的河套區域。西漢武帝時，淮南王劉安在謀反之前，向賓客伍被咨詢對漢朝政局的看法，伍被稱述漢廷開拓邊疆，威服四鄰的功績，列舉有“南越賓服，羌僰入獻，東甌入降，廣長榆，開朔方，匈奴折翅傷翼，失援不振”這諸多事項。其中的“長榆”，曹魏時人如淳將其釋作“塞名”[1]，恐怕只是望文生義，未免過於浮泛。實際上“長榆”應同樣是指“榆中”地區，即如上文所釋，乃以其四周皆有榆樹而蒙此别稱。秦末爲鎮壓反秦義兵，不得不撤除蒙恬新開拓的“榆中”與“北河”地區的防禦，改守戰國末年秦趙兩國舊有的防綫。這種情況，一直持續到漢武帝元朔二年。這一年，大將軍衛青率大軍出塞反擊匈奴，重新佔領了“榆中”與“北河”地區，也就是重復了一次蒙恬當年開拓西北疆土的歷程。漢廷隨即在北河地區，設立朔方郡。知曉這一歷史背景，便不難理解，伍被提到的“廣長榆”，指的是漢廷把疆土重又擴展到“榆中”地區，而“開朔方”則是指重又據有“北河”地區。這裏所説的“廣”和“開”不過是同義對舉而已。伍被在這裏將“朔方”與“長榆”並舉，也就猶如《史記》記載秦始皇三十六年徙民於邊地一事並舉“北河”與“榆中”一樣，凸顯河套地區獨特而又重要的政治和軍事地理地位。

總之，《史記·六國年表》這一處文字，還是應當依從舊點校本、實際上也就是中華書局現行印本的樣子，將“北河”與“榆中”兩地從中斷開，並列齊觀，讀作“徙民北河、榆中”。

關於《史記》這一標點，非常令人不解的是，趙生群等人既然如此鄭重其事地專門撰文，闡釋其改讀的理由，但《六國年表》本來已經清楚將此事繫於秦始皇三十六年之下，那麽，他們這些點校者自應對讀《史記·秦始皇

[1] 《史記》卷一一八《淮南衡山列傳》並劉宋裴駰《集解》，頁3753—3754。

本紀》相關的記載，而且需要做出通盤的解讀。可令人非常費解的是，如前面引文所見，趙氏等人一方面引述云《秦始皇本紀》"益發謫徙邊"句下所附《史記集解》引徐廣語，曰："《表》云'徙於北河、榆中，耐徙三處，拜爵一級'。"並加有判語説："舊讀亦誤。"這裏引述的"益發謫徙邊"事，見於《史記·秦始皇本紀》始皇三十五年之下，故《史記集解》引徐廣語釋此秦始皇三十六年徙民事，本來未必十分妥切。再説，所謂"舊讀"，似應就舊點校本而言[1]，但既謂舊讀本誤，那麼，新點校本爲什麼又依然如故，還是將《史記集解》此文點作"徙於北河、榆中，耐徙三處，拜爵一級"[2]，與舊點校本竟然毫無差别？更爲不可思議的是，《史記·秦始皇本紀》在秦始皇三十六年之下，明明記有《六國年表》同一史事，乃謂："遷北河、榆中三萬家，拜爵一級。"[3]今新點校本即作如此標點，而覆案舊點校本的情况，竟然與趙生群等人這次想要對《六國年表》施加的句讀相同，讀作"遷北河榆中三萬家"[4]。這樣説，讀起來或許頭緒太過淩亂，用表格來表述，會更清晰一些：

	中華書局舊點校本	中華書局新點校本實况	趙生群等原定句讀
《史記·秦始皇本紀》	遷北河榆中三萬家。拜爵一級。	遷北河、榆中三萬家，拜爵一級。	
《史記·六國年表》	徙民於北河、榆中，耐徙三處，拜爵一級。	徙民於北河、榆中耐徙三處，拜爵一級。	徙民於北河榆中，耐徙三處，拜爵一級。

亦即新點校本《史記·秦始皇本紀》，在這裏又改變了舊點校本與舊本《六國年表》不同但却與趙生群等人提出的《六國年表》校改方案完全一樣的讀法。其在《秦始皇本紀》，是在"北河""榆中"兩地之間，新插入頓號；而

[1] 見1982年版中華書局點校本《史記》，頁258—259。

[2] 《史記》卷六《秦始皇本紀》並《集解》，頁329—330。

[3] 《史記》卷六《秦始皇本紀》，頁331。

[4] 見1982年版中華書局點校本《史記》，頁259。

在《六國年表》,則又要把這兩地之間本來就有的頓號删除。前後懸隔,反差若是,着實令人無語,而其孰是孰非,又讓讀者何所是從? 核實而論,新點校本對《秦始皇本紀》句讀的校改,是合理的,而且把"遷北河、榆中三萬家"句後的句號,改訂爲逗號,同樣合理可從。

另外,新點校本《六國年表》之"徙民於北河、榆中耐徙三處",《秦始皇本紀》記同事既然寫作"遷北河、榆中三萬家,拜爵一級",而南朝劉宋時人徐廣所見舊本《史記》之《六國年表》,"三處"也是書作"三家"[1],兩相參照,知"耐徙三處"應屬"三萬家"的譌誤。疑"耐徙"二字,是以讀書者旁注,衍入正文,即附注所徙者或以耐罪,而"三家"中間復脱佚"萬"字。

四、天官書

【一】《史記·天官書》原文:

> 北斗七星,所謂"旋、璣、玉衡,以齊七政"。杓攜龍角,衡殷南斗,魁枕參首。用昏建者杓;杓,自華以西南。夜半建者衡;衡,殷中州河濟之閒。平旦建者魁;魁,海岱以東北也。斗爲帝車,運于中央,臨制四鄉。分陰陽,建四時,均五行,移節度,定諸紀,皆繫於斗。

南朝劉宋裴駰《史記集解》在"杓,自華以西南"句下載有疏釋語云:

> 孟康曰:"《傳》曰'斗第七星法太白,主杓,斗之尾也'。尾爲陰,又其用昏,昏陰,位在西方,故主西南。"[2]

---

〔1〕《史記》卷一五《六國年表》並劉宋裴駰《集解》,頁908。

〔2〕《史記》卷二七《天官書》並劉宋裴駰《集解》,頁1542—1543。

以上係照録中華書局最新點校印本的文字和標點，而舊點校本乃讀作：

> 孟康曰："《傳》曰'斗第七星法太白主，杓，斗之尾也'。尾爲陰，又其用昏，昏陰位，在西方，故主西南。"[1]

今新印本未附出相關校記，但主持校勘的趙生群等人，對此番新加的改動，另行做有説明曰：

> 按：《漢書·天文志》顔師古注引孟康與《史記》同，其讀如此，是也，今從之。[2]

覆案今中華書局點校本《漢書》，可見顔師古氏所注《漢書·天文志》，其文如下：

> 孟康曰："《傳》曰'斗第七星法太白，主杓，斗之尾也'。尾爲陰，又其用昏，昏陰，位在西方，故主西南。"[3]

兩相比對，其句讀確與今趙生群等人判讀的《史記》裴駰《集解》一模一樣，没有一點出入。但專門做文史研究的人，都應該知道，顔師古注《漢書》時，是一個字挨着一個字寫出來的，並没有施加圈點。現在我們看到的這種讀法，和舊點校本《史記》的句讀一樣，是同一家出版社幾乎同時所爲，絶非顔某"其讀如此"。也就是説，就其撰著的時代而言，今中華書局本《漢書》，並不比同樣是由中華書局組織人點校的《史記》舊點校本，更具有貼近史事發生時代的近切性，以及由此或有可能生成的權威性。

---

〔1〕 見1982年版中華書局點校本《史記》，頁1293。

〔2〕 趙生群、吴新江《〈史記〉標點芻議（二）》，刊《文史》2015年第四輯，頁239。

〔3〕 《漢書》卷二六《天文志》唐顔師古注，頁1275。

因此，趙氏所下“是也”這一認知，也就毫無歷史依據。要想判斷這兩種標點形式孰是孰非，只能再行斟酌文義。

〖**今案**〗

解讀這一段文字，首先需要明確，如同趙生群等人已經注意到的那樣，清人張文虎曾經指出：

> 《集解》“法太白主”，“主”下有脱字。[1]

明此可知，中華書局舊點校本之所以會做出“斗第七星法太白主”這樣的標點，首先就是尊重張氏的見解。

只要讀過張文虎的《校刊史記集解索隱正義札記》和《舒藝室隨筆》，都不難明白，即使是在當時，張氏的天文曆法知識，也是非常豐富的；現在更很少有職業的校勘學家，能夠看懂一些最基本的皮毛。在自己根本看不懂的情況下，對張文虎這一見解，更應當予以充分重視，重視他提示給我們的校勘綫索。因而，不妨首先去努力理解和學習張文虎先生爲什麽要這樣講，這總歸不會有什麽害處。

然而，令人感到詫異的是，趙生群等人在寫專門的文章來闡述自己標點的理據時，只是以“疑而無證，今不取”這樣七個大字，斷然予以排除。

哪怕對中國古代天文知識一無所知，從事校勘時只要稍微用心讀幾句《史記・天官書》的原文，也就不難看出，張文虎説今本“‘主’下有脱字”，這應該是很合理同時也很自然的判斷。這是因爲《史記・天官書》凡言日月星辰“主”某，都是用來闡釋某一“天官”主宰某一“人事”（包括某一地區的人事，即後世所謂“堪輿”之術）或某一自然現象。先民所説天人合一、天人感應、天人之際一類話語，其意不過如此（用近世所謂“科學”的眼

〔1〕 清張文虎《校刊史記集解索隱正義札記》（北京，中華書局，1977）卷三，頁319。

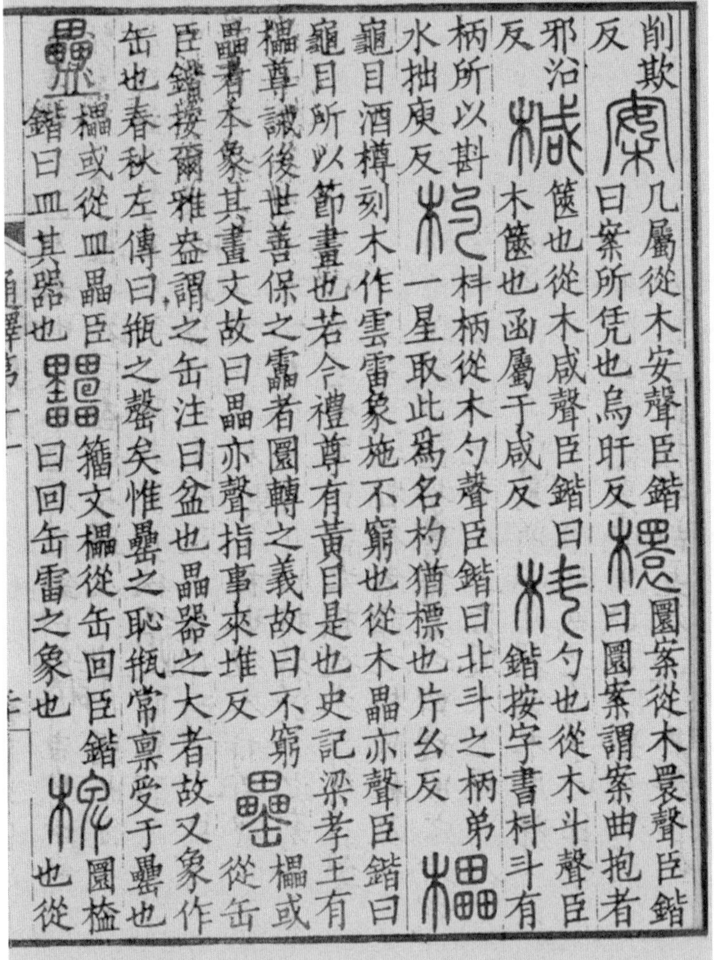
削欺案几屬從木安聲臣鍇檈圜案從木瞏聲臣鍇
反曰案所凭也烏肝反曰圜案謂案曲抱者
邪沿椷篋也從木咸聲臣鍇曰枓勺也從木斗聲臣
反木篋也函屬于咸反鍇按字書枓斗有
柄所以斟杓枓柄從木勺聲臣鍇曰北斗之柄弟櫑
水抽庾反一星取此爲名杓猶標也片幺反
龜目酒樽刻木作雲雷象施不窮也從木畾亦聲臣鍇曰
龜目所以節畫也若今禮尊有黃目是也史記梁孝王有
櫑尊誡後世善保之靁者圜轉之義故曰不窮罍櫑或
畾者本象其畫文故曰畾亦聲指事來堆反從缶
臣鍇按爾雅盎謂之缶注曰盆也畾器之大者故又象作
缶也春秋左傳曰缾之罄矣惟罍之恥缾常禀受于罍也
𥁎櫑或從皿畾臣𦉜籒文櫑從缶回臣鍇椑圜榼
鍇曰皿其器也曰回缶雷之象也也從

○ 清道光十九年祁寯藻仿宋刻本《説文解字繫傳》

光看,當然都很荒唐,但在上古時期却具有很强的科學探索意義)。太史公這様講,後世操持或篤信其術者,大多也都這様講。如亢宿主疾,氐宿主疫,柳宿主木草,七星主急事,張宿主觴客,軫宿主風,畢宿主弋獵,等等[1]。杓指斗柄,或是稱作"北斗之柄第一星",這是古代普遍的用法,並不是孟康一個人的臆説[2],因而絶不應有杓星本尊來"主"他自己的事情。

我們再來看《史記集解》,在注釋《天官書》下文"魁,海岱以東北也"這句話時所講述的内容:

> 孟康曰:"《傳》曰'斗第一星法於日,主齊也'。魁,斗之首。首,陽也。又其用在明,陽與明,德在東方,故主東北齊分。"[3]

這與《集解》闡釋杓星性狀時講的話,句式和内容,都如出一轍,可以相互比勘。

爲更形象地比較這段話與前面所説注釋"杓,自華以西南"那句話各個部分之間的對應關係,特列爲下表:

《天官書》	《史記集解》	
杓,自華以西南	孟康曰:《傳》曰'斗第七星法太白,主□'。	杓,斗之尾也。尾爲陰。又其用昏,昏,陰位,在西方,故主西南。
魁,海岱以東北也	孟康曰:《傳》曰'斗第一星法於日,主齊也'。	魁,斗之首。首,陽也。又其用在明,陽與明,德在東方,故主東北齊分。

如清人朱一新所説,孟康引述的《傳》,當爲《星傳》[4]。兩相對比,不難看出,按照前述《史記·天官書》的用法和所謂《星傳》之文共有的"通例",前

[1] 《史記》卷二七《天官書》,頁 1548—1558。

[2] 南唐徐鍇《説文解字繫傳》(清道光十九年祁寯藻据影宋抄本重刻本)卷一一,頁 20a。

[3] 《史記》卷二七《天官書》,頁 1544。

[4] 清朱一新《漢書管見》(長沙,岳麓書社,1994,《二十五史三編》影印清光緒間葆真堂刻本)卷二,頁 390。

者“主”字之下,應當脱落一與後文“齊”字相似、表述“自華以西南”那一較大區域的地名[1],而這個地名,很有可能是“梁”字(頗疑孟康“故主西南”句末亦脱佚有“梁分”之類的詞句)。明人凌稚隆著《史記評林》,在這段話下寫有按語云:“按《考要》(德勇案:指明人柯維騏著《史記考要》)云《周禮》保章氏掌封域分星,以觀妖祥,故論者以二十八宿分主九州,而斗之七星亦各有屬焉,不獨杓、衡、魁三者而已。斗星一主秦,二主楚,三主梁,四主吴,五主趙,六主燕,七主齊。”[2]儘管北斗諸星所主地域分野,與孟康所説顯然不是一個系統[3],但在七星各主一方這一點上,却並無二致。這等於是變相指出,傳世文本中孟康這段注語,在“主”字之下,應脱佚一表示地理區域的先秦諸侯國名。

同時,前者中“杓,斗之尾也”這句話,正與後者“魁,斗之首”相應,故應一如後者,視作孟康的釋文,移到《星傳》的引文之外。《史記·天官書》記“杓端有兩星,一内爲矛,招摇;一外爲盾,天鋒”[4],一矛一盾,都是作戰的武器,故石氏《星經》謂杓星“主兵”[5],而太白亦即金星,乃司甲兵,主殺伐[6],適可見二者之間的内在聯繫。這也正是“杓法太白”在占驗學上的理路。

至於“昏,陰位,在西方”這段話的句讀,我之所以主張基本遵從舊點校本的讀法,以“昏”歸屬於“陰位”,而不是像中華書局新點校本那樣將“昏陰”連讀,是因爲一者同屬陰位的還有北方,徒稱“昏陰,位在西方”在

---

[1] 案清人朱一新早已通過比較二者,看出“此‘主’字下當脱一字”。朱説見所著《漢書管見》卷二,頁390。

[2] 明凌稚隆輯校、李光縉增補《史記評林》卷二六《天官書》,頁444。

[3] 案這種天文分野體系,見於《隋書》(北京,中華書局,1973)卷一九《天文志》上引石氏《星經》(頁531)等處記載。

[4] 《史記》卷二七《天官書》,頁1545。

[5] 《隋書》卷一九《天文志》上引石氏《星經》,頁531。

[6] 唐釋瞿曇悉達《唐開元占經》(北京,中國書店,1989,影印清官修《四庫全書》文淵閣寫本)卷四五《太白占》一引石氏、甘氏以及巫咸説,頁335—336。長沙馬王堆漢墓出土帛書《五星占》(上海,上海古籍出版社,2006,《續修四庫全書術數類叢書》本),頁4—5。《史記》卷二七《天官書》,頁1577。

邏輯上存在一定窒礙;二者"位在西方"與孟康注釋魁星之"德在東方",不相匹配,孟康釋魁,既然稱其以居於"斗"首而有"陽"性,復以"其用在明"而得以"陽與明"並稱,那麼,釋杓時,以其居於"斗"尾而有"陰"性,復以"其用昏"而得以"昏與陰"並稱,即稱"昏"同樣出於"陰"位,這樣兩相對比,似乎更爲合理。檢宋人鮑雲龍撰《天原發微》,撮述此文大意,書作:"杓,斗之尾星第七也。尾爲陰,昏,陰位,故主西南。"[1]術數專家的讀法,也可以爲愚見的合理性提供佐證。

同時,對比孟康釋"魁"時所説"德在東方"的情況,"昏,陰位,在西方"這句話,句意似乎也不夠完整,很像是在"在西方"的前面,還脱落了一個與"德"相對的"刑"字。《五行大義》謂五行各在一方,金居處於西,北斗之第七星杓星亦"主金",而"金之位,刑在西方"[2]。北宋元豐年間,太史局保章正馮士安等人亦嘗述云:"依經,刑在西方,禍在南方,福在北方,德在東方。"[3]《春秋繁露》稱"陽出而積於夏,任德以歲事也;陰出而積於冬,錯刑於空處也",陽德陰刑,相反相成,正因時之宜而此消彼長[4]。可見補入"刑"字之後,整段話的語義纔會更爲順暢。

總之,按照我的理解,《史記·天官書》這段話,或可讀作:

> 孟康曰:"《傳》曰'斗第七星法太白,主□'。杓,斗之尾也。尾爲陰。又其用昏,昏,陰位,〔刑〕在西方,故主西南。"

---

〔1〕 宋鮑雲龍《天原發微》(北京,文物出版社;上海,上海書店;天津,天津古籍出版社,1987,影印正統《道藏》本)卷九,頁653。

〔2〕 隋蕭吉《五行大義》(上海,商務印書館,1924,影印日本寬政至文化年間刻《佚存叢書》本)卷二《論刑》,頁26a—27b。《隋書》卷一九《天文志》上引石氏《星經》,頁531。

〔3〕 清徐松輯《宋會要輯稿》(北京,中華書局,1957,重印前北平圖書館影印稿本)職官一八之八五,頁2797。

〔4〕 漢董仲舒《春秋繁露·天道無二》,據清凌曙《春秋繁露注》(清嘉慶二十年凌氏蜚雲閣原刻本)卷一二,頁4b—5b。

這雖然没有什麽版本依據，但總比看到北斗第七星“杓”自己親自出馬來“主杓”這樣的昏話，會讓人更舒服一些。

五、封禪書

【一】《史記·封禪書》原文：

> 亳人謬忌奏祠太一方，曰：“天神貴者太一，太一佐曰五帝。古者天子以春秋祭太一東南郊，用太牢，七日，爲壇開八通之鬼道。”於是天子令太祝立其祠長安東南郊，常奉祠如忌方。其後人有上書，言“古者天子三年壹用太牢祠神三一：天一、地一、太一”。天子許之，令太祝領祠之於忌太一壇上，如其方。後人復有上書，言“古者天子常以春解祠，祠黄帝用一梟破鏡，冥羊用羊；祠馬行用一青牡馬，太一、澤山君地長用牛，武夷君用乾魚，陰陽使者以一牛”。令祠官領之如其方，而祠於忌太一壇旁。〔1〕

以上是依樣迻録中華書局新點校本《史記》的文字和標點，而對文中“祠黄帝”至“以一牛”之間的文字，舊點校本的處理方式，則有所不同：

> 祠黄帝用一梟破鏡；冥羊用羊祠；馬行用一青牡馬；太一、澤山君地長用牛；武夷君用乾魚；陰陽使者以一牛。〔2〕

從事新本點校的趙生群等人，在相關文章中，對其標點形式解釋説：

〔1〕《史記》卷二八《封禪書》，頁 1666。

〔2〕見 1982 年版中華書局點校本《史記》，頁 1386。

按:此文第二"祠"字,實領起"馬行"以下四句,當屬下讀;以下三句不宜用分號分隔。《漢書·郊祀志》上舊讀亦誤。《孝武本紀》"祠"屬下是也;唯"祠馬行"以下三句用分號,猶有未安。[1]

然而,對照《史記》原文,知其做法未必得當。

〖**今案**〗

首先,趙生群等人所説"《孝武本紀》'祠'屬下是也",是指舊點校本的《孝武本紀》[2],亦即中華書局舊本《史記》,對同一文字,曾做出兩種不同的標點。其間孰是孰非,當然只能核諸太史公的旨意和行文筆法究竟如何。

至於分號的使用,舊點校本《史記》的《孝武本紀》,一如舊本《封禪書》,都是在每一項祭祀内容之間,隔以分號。舊、新兩種《史記》對這段内容所施加的分號,究竟用的是不是合適,或者説誰的用法更爲合適,情況頗顯微妙。下面就從分號的使用入手,來説明我對相關紀事的理解。

舊點校本《史記》,把從"黄帝"到"陰陽使者"之間的每一項祭祀内容,都用分號間隔,顯然是要顯示其平行並列的關係。這些分號,可以用,也可以不用。可以用,是因爲每一個分號前面,都是一項"天子常以春解祠"的祭祀對象及犧牲品。也可以不用,是因爲對其中每一項的表述,都是一個獨立的單句,即使用逗號點斷,也能大致體現同樣的語義。

但若是像新點校本那樣,用一個分號,把所有各項祭祀的對象及犧牲品間隔成兩大部分,即以"祠黄帝用一梟破鏡,冥羊用羊"爲前一部分,把"祠馬行用一青牡馬,太一、澤山君地長用牛,武夷君用乾魚,陰陽使者以一牛"看作後一部分,那麼,在這前、後兩個部分之間,到底有什麼區别呢?换句話來説,司馬遷又爲什麼要這樣寫呢?我想,這是點校這段文字時需要

---

〔1〕 趙生群、吴新江《〈史記〉標點芻議(二)》,刊《文史》2015年第四輯,頁243—244。

〔2〕 見1982年版中華書局點校本《史記》,頁456。

考慮的問題。

黄帝是上古神聖人君，位居五帝之首[1]，而冥羊以下則是各路大神[2]。兩相比較，假如一定要對這些祭祀對象有所區分，以見層次，那麼，最合理的處理辦法，應當是先單獨叙述對黄帝的祭祀，再逐次説明其他各神。我們看司馬遷在《封禪書》篇末，叙述漢武帝時期歲時致祭的五種祠祀，還是相并舉述"冥羊、馬行"二神，亦可見二者性質相仿[3]。以這樣的認識爲基礎，再來審視中華書局舊點校本的句讀，若是把"冥羊"以下的分號都换成逗號，讀作：

> 祠黄帝用一梟、破鏡；冥羊用羊祠，馬行用一青牡馬，太一、澤山君地長用牛，武夷君用乾魚，陰陽使者以一牛。

這樣的文句，看起來好像也是文從字順，没有什麼明顯的窒礙。在此需要稍加説明的是，"梟"與"破鏡"之間的頓號，是基於曹魏時人張晏和孟康等人的舊注。二者一爲"惡逆之鳥"，"食母"；一屬"食父"之歹獸[4]。又文中"澤山君"係"睪山君"形譌，前人已經論定[5]。惟因有舊注相附，今已不便改訂原書。通讀這段文字，每一位讀者都不妨斟酌，這樣讀，會不會更爲符合太史公的本意呢？當然，我們也可以不改舊本的句讀，仍然一律使用分號點斷各句，文義並没有實質性差别，只是前、後兩個部分的區分，在形式上不夠十分鮮明而已。

不然的話，若是遵從新點校本改定的文字，把"冥羊"與"黄帝"並列在

---

〔1〕《漢書》卷二五上《郊祀志》上唐顔師古注，頁1218—1219。

〔2〕《史記》卷一二《孝武本紀》劉宋裴駰《集解》、唐張守節《正義》，頁580—582。

〔3〕《史記》卷二八《封禪書》，頁1684。

〔4〕《漢書》卷二五上《郊祀志》上唐顔師古注，頁1218—1219。

〔5〕楊樹達《漢書窺管》（上海，上海古籍出版社，1984）卷三，頁157。附案楊樹達《漢書窺管》卷三（頁157—158），對這段文字中接連出現的對太一祠祀的記述，做有很好的説明，可參看。蓋祭祀的時間和頻度各不相同，"漢以祀太一當祀天，而皆用方士之説，故雜出不經也"。

一起,那麽,二者之間的内在聯繫是什麽?這兩項祭祀,與"馬行"以下諸祠,各自又具有哪些足以區别開來的特性呢?

换一個角度,趙生群等人説"此文第二'祠'字,實領起'馬行'以下四句,當屬下讀",這也就意味着在他們看來,若是在"破鏡"之後施以分號,"冥羊用羊祠"這句話中的"祠"字,大概就無法"領起'馬行'以下四句"了。那麽,我們只能問一個非常幼稚的小孩子的問題:這到底是爲什麽呢?前頭既已説明"冥羊用羊祠",接下來的"馬行"以下四句,顯然都可以承上省略"祠"字,這是古漢語中常見的修辭形式,不是再正常不過也再平常不過的用法麽?

對此,我能夠替趙生群等人想到的答案,只能是他們這些點校者在内心當中有一個没有講出的前提,——這就是"用某物祠"這種用法,不符合當時人使用語言文字的習慣。規範的用法,只能是像"祠黄帝用一梟、破鏡"這樣的句式,亦即"祠某用某物"。不然的話,何苦非要改變原來的句讀形式?無奈事實並不是這樣。《山海經》記"凡北次三經……大凡四十四神,皆用稌糈米祠之"[1];又《漢書·平帝紀》載元始二年二月"乙未,義陵寢神衣在柙中。丙申旦,衣在外床上。寢令以急變聞。用太牢祠"[2]。可見,"用某物祠",在當時本是一種很通行的用法。司馬遷行文,由"祠某用某物",變换成爲"用某物祠",正是想要通過這種修辭形式的轉化,清楚顯現前後兩部分祭祀對象的性質差異,同時也使文章的句型,錯落有致,體現出靈動的韻味。明人黄洪憲嘗就《史記·封禪書》此文的筆法變换評議説:

> 祠黄帝用某物,又倒一文法,云"冥羊用某物祠",以後只云"用某物",而總之曰"令祠官領之如其方",有許多情景在裏面。下一"以"

[1] 《山海經·北山經》,據清郝懿行《山海經箋疏》(臺北,藝文印書館,2009,影印清嘉慶十四年阮氏琅嬛僊館刻本)卷三,頁153—154。

[2] 《漢書》卷一二《平帝紀》,頁351。

字代"用"字。蓋文法變化如此。[1]

校史書當然主要是校史事,但文辭筆法,也不容忽視。且不論明審辭氣,有助於訂正很多隱而不顯的譌誤,即賞析古人詞章固有的風采,這本身也是歷史文獻的重要價值。在這一方面,明朝的文人,實際多有優長之處。

我們看傳世古本《史記》,凡附合有《史記集解》、《史記索隱》及《史記正義》者,無不一如中華書局舊點校本,以"冥羊用羊祠"的"祠"字屬上連讀[2],説明在古代學者看來,這本是十分自然的讀法。孰料今點校者竟指是爲非,改易舊讀,不僅把人主與諸神相混雜,還横煞掉"許多情景",殊無謂也。

【二】《史記·封禪書》原文:

二世元年,東巡碣石,並海南,歷泰山,至會稽,皆禮祠之,而刻勒始皇所立石書旁,以章始皇之功德。[3]

以上文字和標點,全依中華書局新點校本《史記》,但在趙生群等人解釋其不同於舊點校本之標點緣由的文章裏,却有如下説法:

《封禪書》:東巡碣石,並海南,歷泰山。

標點改作:東巡碣石,並海,南歷泰山。

---

[1] 明凌稚隆輯校、李光縉增補《史記評林》卷二八《封禪書》,頁584。

[2] 如南京的鳳凰出版社在2011年影印的南宋紹興初杭州刻十四行單附《集解》本《史記》卷一二《孝武本紀》(頁239),北京圖書館出版社2003年在《中華再造善本》叢書中影印的宋乾道七年蔡夢弼東塾刻附《集解》、《索隱》本《史記》同卷(頁3a),同樣是北京圖書館出版社2003年在《中華再造善本》叢書中影印的宋淳熙三年張杅桐川郡齋刻附《集解》、《索隱》本《史記》同卷(頁3a),國家圖書館出版社在2014年重印的百衲本影印南宋慶元間建安黄善夫家塾刻三家注本《史記》同卷(頁192)等,都是如此。

[3] 《史記》卷二八《封禪書》,頁1648。

按:“並”,傍、依傍,猶今言挨著也。《秦始皇本紀》:“春,二世東行郡縣,李斯從。到碣石,並海,南至會稽,而盡刻始皇所立刻石。”可以互參。[1]

趙生群等引述的《史記·秦始皇本紀》,是舊點校本。也就是説,這次重新點校《史記》時,是參照舊點校本的《秦始皇本紀》,改易了《封禪書》的句讀。檢核新點校本《史記》的《秦始皇本紀》,一如舊本,並没有什麼變化,還是讀作“並海,南至會稽”[2],足以説明趙生群等人一直認同這樣的讀法,從而也就有充足的理由判斷,現在我們所看到的《封禪書》的句讀,應是出自印製過程中“誤排”,故仍保留着其工作底本亦即舊點校本的面貌,並没有遵照趙生群等人的意願,更動這一句號的位置。

如上述引文所見,舊點校本在不同的部分,對這種相同句式所記述的同一史事,就有互不相同的讀法,而趙生群等人講述的取捨依據,却實在是語焉不詳,根本没有説明何以諸如“並海南”這樣的句讀,就會與“並”字的語義相牴牾,而只有“並海”纔順情合理。因此,這句話究竟應如何點斷,還需要做出更爲切實的分析。

〖**今案**〗

趙生群等人詮釋“並”字的語義“猶今言挨著也”,這一點固然準確無誤。這既是前人舊注成説的解釋[3],《史記》、《漢書》等早期文獻中的相關記載,也都可以印證這一説法。問題是,若按照這一詞義轉換原文,那麼“並海,南歷泰山”就是“挨着海,向南經過了泰山”,“並海南,歷泰山”自然

---

〔1〕 趙生群、吴新江《〈史記〉標點芻議(二)》,刊《文史》2015年第四輯,頁243。

〔2〕《史記》卷六《秦始皇本紀》,頁339。

〔3〕《史記》卷一一〇《匈奴列傳》並劉宋裴駰《集解》,頁3490—3491。漢王充《論衡·實知》,據劉盼遂《論衡集解》(北京,中華書局,1957)卷三六,頁520。《漢書》卷六《武帝紀》唐顔師古注,頁196—197。

是"挨着海向南，又經過了泰山"，若不考慮空間方位關係，單純看其文法，這不都是很通順的語句嗎？那麼，趙生群等人又何必非要如此鄭重其事地把後者的句讀改而與前者一致呢？

若是非要在這兩種句讀形式中分辨出個優劣好歹的話，就只能看這兩種讀法，究竟哪一種更爲符合實際的地理狀況。在《史記·封禪書》"並海，南歷泰山"這句話裏，"並海"實際上起的是副詞短語的功能，用來修飾作爲動詞使用的"南"字（意即向南方行進）。《史記·秦始皇本紀》另外記載秦始皇二十八年，在東封泰山之後，"於是乃並勃海以東，過黄、腄，窮成山，登之罘"[1]，由於"以"字的使用，其"並勃海以東"這句話，可以更清楚地體現"並某地"這一短語的性質和作用。

這也就意味着，若是依據趙生群等人所主張的句讀，"並海，南歷泰山"這句話便是表示：秦二世皇帝及其從行人員，從渤海岸邊的碣石出發後，是一直"挨着海"走到泰山的。然而，實際上絶對没有這種可能。《史記》記載秦二世在東巡碣石之後，要"並海"而行，這是因爲碣石位於渤海邊，秦廷在這裏建有行宫，今已發現遺址[2]。由這裏南行，只能走遼西走廊（還是要在冬春無雨季節，《秦始皇本紀》即記載秦二世此番巡視，是在春節啓程[3]。若是夏秋季節，渤海沿岸積水嚴重，也很難通行），當然是"並海"。通過遼西走廊之後，具體究竟是怎樣一種走法，暫且不予深究，但我們只要看一看泰山與大海的距離就可以知道，山、海之間距離太遠，二世皇帝是無論如何也無法"挨着海"一直走到泰山去的。可見這嚴重悖戾實際存在的海陸位置關係。

---

〔1〕《史記》卷六《秦始皇本紀》，頁313。

〔2〕遼寧省文物考古研究所《遼寧綏中縣"姜女墳"秦漢建築遺址發掘簡報》，刊《文物》1986年第8期，頁25—40。遼寧省文物考古研究所姜女石工作站《遼寧綏中縣"姜女石"秦漢建築遺址石碑地遺址的勘探與試掘》、《遼寧綏中縣石碑地秦漢宫城遺址1993—1995年發掘簡報》、《遼寧綏中縣"姜女石"秦漢建築群址瓦子地遺址一號窑址》，刊《考古》1997年第10期，頁36—60。遼寧省文物考古研究所姜女石工作站《遼寧綏中縣石碑地遺址1996年度的發掘》，刊《考古》2001年第8期，頁45—58。

〔3〕《史記》卷六《秦始皇本紀》，頁339。

類似的句式，如《史記・秦始皇本紀》記秦始皇三十七年，嬴政最後一次出巡天下，至於會稽，而從江乘向北渡過長江之後，便向東下海航行北上，"至之罘，見巨魚，射殺一魚。遂並海西。至平原津而病"[1]。乃謂秦始皇在之罘射殺巨魚後，捨舟登陸，起初便是挨着海也就是順着海岸西行。但平原津是黄河上的渡口，自然早已遠離海岸，是"挨着海"走所走不到的地方，所以，也不宜讀作"遂並海，西至平原津而病"，今中華書局點校本在這一處不僅標點正確，甚至還把"至平原津而病"這句話，與"遂並海西"分割開來，與下文連讀，劃分到另一個自然段落。《史記》中既然可以有此"並海西"的寫法，當然更不宜非改變"並海南"不可。

明白這一點，也就很容易理解，《史記・封禪書》所記二世一行人之"並海南，歷泰山"，是講他們從渤海之濱的碣石啓程出發後，先是"並海"向"南"而行，後來又去了泰山。至於中間還都去了哪些地方，以及是沿着怎樣一條道路行進的，太史公皆省略未記。這就像趙生群等人引述的《史記・秦始皇本紀》記述此一番行程，乃謂"到碣石，並海南，至會稽而盡刻始皇所立刻石"[2]。復又省掉《封禪書》提到的"泰山"，而直接書寫其在南方的終點"會稽"，只是通過"而盡刻始皇所立刻石"這句話，我們仍然可以知道二世皇帝此行一定到了泰山，不然是無法在秦始皇所立刻石上鐫製銘文的。當然，基於同樣的道理，《史記・秦始皇本紀》中這句話，中華書局新舊兩種點校本都將其點成"並海，南至會稽"，顯然也應該更正爲"並海南，至會稽"。不過，這句話的句讀，明人凌稚隆就已經在"並海"後點斷[3]，今點校本或許也是受到了前人的誤導。

確定上述"並海南"讀法的合理性之後，可以看到，《史記》當中還有一些類似的用法，似乎也可以仿照此例，加以斟酌。例如，《秦始皇本紀》記述秦朝的開國疆域，云"北據河爲塞，並陰山，至遼東"，唐張守節《史記正

[1] 《史記》卷六《秦始皇本紀》，頁 335。

[2] 《史記》卷六《秦始皇本紀》，頁 339。

[3] 明凌稚隆輯、李光縉增補《史記評林》卷六《秦始皇本紀》，頁 404—405。

義》釋云："從河傍陰山東，至遼東，筑長城爲北界。"不管是司馬遷的原文，還是張守節的注釋，在"陰山"之後，本來都應該像這樣標以逗號，但今中華書局點校本却是把《史記》正文連讀成"並陰山至遼東"，《史記正義》也讀作"從河傍陰山，東至遼東"[1]，就明顯不夠妥當。蓋"陰山"山脈絶没有一直綿延到遼東地區也。循此通行的句式，更進一步看，《秦始皇本紀》記秦始皇在從會稽北返的路上，從江乘到琅邪間的海中航行歷程，今中華書局點校本讀作"並海上，北至琅邪"[2]，恐怕也是改爲"並海上北，至琅邪"，要更爲符合當時的用語習慣[3]。儘管在這裏，不管怎樣讀，都並不影響其實質性涵義，但通行的行文形式，畢竟也是一種歷史現象。關於此事，類同的記述，在《史記》中還有《李斯列傳》和《蒙恬列傳》，今點校本一讀作"並海上，北抵琅邪"，一讀作"並海上，北走琅邪"[4]，二者似均可考慮也將"北"字上屬。

最後，需要順便指出的是，《史記・封禪書》在講秦二世對碣石至會稽間的一些神祇"皆禮祠之"之後，復記述云"而刻勒始皇所立石書旁，以章始皇之功德"，其句讀恐怕也有譌誤。蓋二世指令"刻勒"者，係"始皇所立石"，而"書旁"云者，應屬下連讀，作"書旁以章始皇之功德"，即新"刻勒"的文字，乃是鐫製於秦始皇舊有的碑石銘文之旁，而文字上石，往往先書後刻，故"書旁"亦即鐫刻於始皇帝舊有碑銘之側。檢《史記・秦始皇本紀》記述此事，書作"盡刻秦始皇所立刻石，石旁著大臣從者名，以章先帝成功盛德焉"[5]，據此，《封禪書》之"書旁"云者，似乎僅是特指所刻"大臣從者名"。不過，二世此番刻石，實際所鐫刻者，只是如實銘記了君臣擬議刻石的緣由和與事大臣，所謂"大臣從者名"不過是其中所涉及的人員姓名而

〔1〕《史記》卷六《秦始皇本紀》並唐張守節《正義》，頁308—309。

〔2〕《史記》卷六《秦始皇本紀》，頁335。

〔3〕案拙文《越王勾踐徙都琅邪事析義》，已經指出這一點。拙文原刊《文史》2010年第1輯，此據作者文集《舊史輿地文録》（北京，中華書局，2013），頁70—71。

〔4〕《史記》卷八七《李斯列傳》，頁3092；又卷八八《蒙恬列傳》，頁3115。

〔5〕《史記》卷六《秦始皇本紀》，頁339。

已,這實質上就是刻石的内容。

《史記·秦始皇本紀》下文即記有秦二世此番銘刻的内容:

> 皇帝曰:"金石刻盡始皇帝所爲也。今襲號而金石刻辭不稱始皇帝,其於久遠也如後嗣爲之者,不稱成功盛德。"丞相臣斯、臣去疾、御史大夫臣德昧死言:"臣請具刻詔書刻石,因明白矣。臣昧死請。"制曰:"可。"〔1〕

可見所謂"大臣從者名"實乃刻石内容的一部分,即如清人王昶所云:"'石旁著大臣從者名',即李斯、馮去疾、臣德之名。"〔2〕

又上面這段引文,是照録今中華書局點校本,而且舊點校本和新點校本,都是如此。因爲感覺個别句子不夠順暢,也就順便在這裏嘗試把這段引文重點一下:

> 皇帝曰:"金石刻盡始皇帝所爲也。今襲號而金石刻辭不稱始皇帝,其於久遠也如後嗣爲之者,不稱成功盛德。"丞相臣斯、臣去疾、御史大夫臣德昧死言:"臣請具刻詔書。刻石,因明白矣。臣昧死請。"制曰:"可。"

實際改動的,只是在"刻石"二字前面點斷,使之單獨成句。之所以這樣處理,是因爲前面二世皇帝詔命的内容,據清人方苞闡釋,乃爲:

> 前"稱"平聲(德勇案,音 chēng)。金石刻石,當始皇帝時,止稱"皇帝"。今易世不稱"始皇",則久遠之後,如後嗣爲之也。《正義》

〔1〕《史記》卷六《秦始皇本紀》,頁339。又見1982年版中華書局點校本《史記》,頁267。

〔2〕清王昶《金石萃編》(北京,中國書店,1985,影印民國掃葉山房石印本)卷四"琅邪臺刻石"條,頁4b。

誤。後"不稱成功盛德",上聲(德勇案,即今所讀去聲 chèn),謂使人疑後嗣所爲,則不稱始皇之成功盛德也。[1]

方苞所説"《正義》誤",是指張守節《史記正義》以爲"今襲號"至"其於久遠也"之間這一段,大意是"二世言始滅六國,威振古今,自五帝三王未及。既已襲位,而見金石盡刻其頌,不稱始皇武功盛德甚遠矣"[2],所説實在稀里糊塗,不能令人滿意。而按照方氏的理解,今中華書局點校本對二世詔命的標點,固屬合理。惟下文"臣請具刻詔書刻石,因明白矣",前後兩個"刻"字,明顯重復,古人不應有此等句法。今重新點校之後,則語義顯豁,文從字順,乃謂一旦二世皇帝將自己的詔書逐一"刻石"説明之後,天下蒼生也就明白了原來東方各地這些題署爲"皇帝"的石刻銘文,實出自"始皇帝",不會再有"如後嗣爲之者"的誤解。又此二世詔書石刻銘文,"刻石"二字原乃鎸作"金石刻"[3],似愈加顯現出其單獨成句的合理性[4]。

六、淮陰侯列傳

【一】《史記·淮陰侯列傳》記楚漢戰争時期韓信在取得齊都臨菑之後,與龍且所率西楚援軍作戰,有文曰:

韓信已定臨菑,遂東追(田)廣至高密西。楚亦使龍且將,號稱二十萬,救齊。……與信夾濰水陳。……龍且軍大半不得渡,即急擊,殺

〔1〕 清方苞《史記注補正》(約清乾隆間刊《抗希堂十六種》本),頁 9b—10a。

〔2〕 《史記》卷六《秦始皇本紀》唐張守節《正義》,頁 339。

〔3〕 清王昶《金石萃編》卷四"琅邪臺刻石"條,頁 4a。

〔4〕 案本條最後這一段的内容,係初稿在自己的微博公佈後,先後得到兩位網友指教而改寫,謹書此致謝。

龍且。龍且水東軍散走，齊王廣亡去。信遂追北至城陽，皆虜楚卒。

唐人張守節《史記正義》注此"城陽"云：

城陽，雷澤縣是也。在濮州東南九十一里。〔1〕

以上標點一遵今中華書局新點校本，而中華書局原點校本的句讀，與此稍有差别：

城陽雷澤縣是也。在濮州東南九十一里。〔2〕

即將"城陽"與下連讀，中間未予逗開。

這次主持新點校本校勘的趙生群等人，後來撰文陳述其變易句讀的理由説：

按，"城陽"爲被釋詞，與"雷澤縣"並非領屬關係。《孝景本紀》"城陽共王"《正義》："城陽，今濮州雷澤縣，古城陽也。"《田儋列傳》"反擊項羽於城陽"《正義》："城陽，雷澤是。"〔3〕

《史記》新本這一校改，我完全贊同。但若是由此出發，再進一步深入考究，還牽連到《史記》中其他需要勘正的地方。

〖今案〗

像秦漢"城陽"乃唐"雷澤"縣的問題，能夠校出來，改訂原來的錯謬，

〔1〕《史記》卷九二《淮陰侯列傳》並唐張守節《正義》，頁3177—3178。

〔2〕見1982年舊版《史記》卷九二《淮陰侯列傳》，頁2621。

〔3〕趙生群、吴新江《〈史記〉標點芻議（四）》，刊《文史》2016年第2輯，頁242。

當然很好，但若是一時疏忽，有所漏略，對於專業文史工作者利用此書來説，關係也不是很大。因爲學者們不會看不出如此明顯的文義主從關係，即哪個詞語是被解釋的，哪個詞語是做解釋的，學者應很清楚。不然的話，過去做研究，都是自己從頭點讀史籍，豈不完全糊塗不清了。

據中華書局一位老編輯講，中華書局舊點校本實際動手操刀較多的賀次君，在1949年後曾長期没有固定的工作，生活困頓，給出版社點校書籍的稿酬，是其賴以維持生計的主要款項。大概與此生活狀況具有很大關係，賀氏所點校的書籍，往往因不得不追求進度而不同程度地帶有粗糙之病，引據文獻，亦時有舛誤。在原點校本中存在的相當一部分瑕疵，都與"城陽雷澤縣"這個事例相近，顯然是工作不夠細心所致。從總體上看，這次新點校本對原本的改訂，有很大一部分，都屬於對這類瑕疵的完善。

對這類差誤或是不盡完美之處的校核，需要的是付出更多的耐心，而古籍校勘工作中對讀者（或者説對利用古籍從事研究的人）幫助最大的事情，是就文獻中涉及實質内容的譌誤做出合理的訂正。這需要悉心體會和理解古籍的内在涵義。

稍一審度，就會發現，張守節在《史記正義》中注釋的地理方位，與《史記》原文，明顯不合。按照《史記正義》的説法，這個"城陽"是在唐代濮州雷澤縣，在濮州州治東南九十一里，而唐代的濮州在古巨野澤西側、今河南濮陽至山東鄄城之間這一帶。可是，韓信統兵追逐齊王田廣和龍且所率楚軍的"城陽"，由其先是夾濰水而陣就可以看出，應是在齊國故地。齊地的"城陽"，至遲可以向前追溯至戰國，位於齊國東南部，與莒地接近，齊設"城陽大夫"管轄其地，西漢有城陽國，即承此而來〔1〕。戰國至秦漢之際的"城陽"，大致應位於沭、濰二水之間靠近其上游的地帶〔2〕。

明白這一地理方位的差異，就很容易判斷，《史記正義》對《淮陰侯列

〔1〕《漢書》卷二八下《地理志》下，頁1635。

〔2〕別詳拙文《楚漢彭城之戰地理考述》，原刊王元化主編《學術集林》卷八（1996年），後收入敝人文集《歷史的空間與空間的歷史》，頁120—126。

傳》這一"城陽"的注釋,存在比較嚴重的差誤,實不足爲信。不過,《史記》點校本的校勘,是校書而不是考史證史,像這樣的錯誤,不管荒唐到什麽程度,那都是張守節腦子不夠清晰造成的問題,毋須校勘者越俎代庖,更改成正確的寫法。

追根溯源,《史記正義》這一錯誤,應是承用唐初《括地志》的舛謬所致。如《史記·項羽本紀》有《正義》釋"城陽"云:

> 《括地志》云:"濮州雷澤縣,本漢城陽,在州東九十一里。《地理志》云城陽屬濟陰郡,古郕伯國,姬姓之國。《史記》周武王封季弟載于郕,其後遷于城之陽,故曰城陽。"[1]

兩相比較,《史記·淮陰侯列傳·正義》的内容出自此處,是一清二楚的。不過古人注書,多是直接採録前人成説,《史記正義》出現這樣的謬誤,也很平常,並不是什麽了不得的事情。

由《史記·淮陰侯列傳》這條《正義》句讀的校勘而引發出來的另外一項問題,是張守節在《史記正義》中還針對另一個名爲"成陽"的地名,做有解説,而這個"成陽"纔是唐濮州雷澤縣境内的西漢地名。

蓋《史記·曹相國世家》記曹參在楚漢戰争時期軍功曰:

> 其後從攻東郡尉軍,破之成武南。擊王離軍成陽南,復攻之杠里,大破之。追北,西至開封,擊趙賁軍,破之,圍趙賁開封城中。

唐人司馬貞和張守節對其中的"成陽",前後相繼各自做有注釋云:

> 【索隱】《地理志》縣名,在濟陰。成,地名,周武王封弟季戴於成,

---

[1] 《史記》卷七《項羽本紀》唐張守節《正義》,頁388,又《史記》卷五《秦本紀》唐張守節《正義》,頁269—270。

其後代遷於成之陽，故曰成陽。【正義】成陽故城，濮州雷澤縣是。《史記》云武王封弟季戴於成。其後遷於成之陽，故曰成陽也。[1]

司馬貞《史記索隱》提到的《地理志》，當然是指《漢書·地理志》，而《漢書·地理志》正清楚記載濟陰郡下轄有"成陽"一縣，在其境内，有"《禹貢》雷澤在西北"[2]。《元和郡縣圖志》載録唐代濮州雷澤縣的沿革，謂"本漢成陽縣，古郕伯國，周武王封弟季戴於郕，漢以爲縣，屬濟陰郡。隋開皇六年，於此置雷澤縣，因縣北雷夏澤爲名也"[3]。

對比《括地志》所記"城陽"的位置，可知是其誤把齊地東南的那一個"城陽"混同爲地處中原腹地的這一個"成陽"。不過，不管是《括地志》的錯誤記載，還是張守節的錯誤引述，都不在我們校勘《史記》的範圍之内。

不過在另一方面，在清楚"城陽"和"成陽"這兩個地名實際空間位置的巨大差異之後，便不難發現，今本《史記》中存在幾處把"成陽"譌作"城陽"的地方，很有必要予以校訂，而趙生群等人却未能理會。

下面就逐一羅列這些有待勘正的譌誤。

其一，《史記·秦本紀》：

(秦昭襄王)十七年，城陽君入朝，及東周君來朝。[4]

此"城陽君"正確的寫法是"成陽君"，實屬戰國時期的韓人，見於《戰國策》的記載[5]，故其封地應在"成陽"，而不會遠在齊地的"城陽"。惟《史記》這一譌誤已粘附有《史記正義》，原文不便更改。現在能夠做的，是可以附

〔1〕《史記》卷五四《曹相國世家》並唐司馬貞《索隱》、張守節《正義》，頁2457—2458。

〔2〕《漢書》卷二八上《地理志》上，頁1571。

〔3〕唐李吉甫《元和郡縣圖志》(北京，中華書局，1983)卷一一河南道濮州，頁296。

〔4〕《史記》卷五《秦本紀》，頁267。

〔5〕宋鮑彪《戰國策校注》(上海，商務印書館，民國《四部叢刊初編》影印江南圖書館藏元至正十年刊元吴師道重校本)卷三《秦策》並鮑彪注，頁32a，卷七《魏策》並鮑彪注，頁45a。

加一條校勘記,做出説明。

其二,《史記・項羽本紀》:

> 項梁使沛公及項羽别攻城陽,屠之。西破秦軍濮陽東,秦兵收入濮陽。沛公、項羽乃攻定陶。[1]

劉邦和項羽所攻打的"城陽",近濮陽而位在其東,正是"成陽"所在的地方,故清人錢大昕早已在《廿二史考異》中指出"當作成陽"[2],張文虎在同治年間校勘所謂金陵書局本時,也在校勘札記中鄭重注明:"《考異》云當作'成陽'。"[3]不知趙生群等人何以竟置之不理。這一譌誤也是由來已久,《史記正義》同樣附有錯誤的注釋,故已不便改動原文,但總應該在校勘記中列出一條,予以説明。

其三,《史記・高祖本紀》:

> 項梁號武信君。居數月,北攻亢父,救東阿。齊軍歸,楚獨追北,使沛公、項羽别攻城陽,屠之。軍濮陽之東,與秦軍戰,破之。秦軍復振,守濮陽,環水。楚軍去而攻定陶,定陶未下。[4]

很顯然,與上引《項羽本紀》記述的是同一戰事,所以,這裏的"城陽"也應當正作"成陽",觀《史記・高祖本紀》下文記劉邦重經此地,即正確書作"成陽"[5],愈知應以"成陽"爲是。清人錢大昕同樣也指出過這一譌誤,並

---

〔1〕《史記》卷七《項羽本紀》,頁387。

〔2〕清錢大昕《廿二史考異》(上海,商務印書館,1937,《叢書集成初編》排印《史學叢書》本)卷一,頁9。

〔3〕清張文虎《校刊史記集解索隱正義札記》卷一,頁81。

〔4〕《史記》卷八《高祖本紀》,頁450—451。

〔5〕《史記》卷八《高祖本紀》,頁453。

明確説明“即下文所謂‘至成陽與杠里’者也”[1]。毋庸贅言,對此應與《項羽本紀》作同樣的處理。

其四,《史記·秦楚之際月表》記秦二世二年七月:

沛公與項羽北救東阿,破秦軍濮陽,東屠城陽。[2]

這裏記載的應與前述《項羽本紀》和《高祖本紀》相同,都是同一次戰役,故“城陽”應同樣正作“成陽”。

其五,《史記·樊酈滕灌列傳》記樊噲戰功云:

與司馬𡰥戰碭東,郤敵,斬首十五級,賜爵國大夫。常從,沛公擊章邯軍濮陽,攻城先登,斬首二十三級,賜爵列大夫。復常從,從攻城陽,先登。下户牖,破李由軍,斬首十六級,賜上閒爵。從攻圍東郡守尉於成武,郤敵,斬首十四級,捕虜十一人,賜爵五大夫。從擊秦軍,出亳南。河閒守軍於扛里,破之。擊破趙賁軍開封北,以郤敵先登,斬候一人,首六十八級,捕虜二十七人,賜爵卿。[3]

樊噲之“從攻城陽”,顯然是與上述諸例爲同一戰事,故應同樣訂正爲“成陽”。

或以爲“《史》、《漢》‘成陽’之與‘城陽’,往往互書,蓋古字通借,不定是誤”[4],然而地名是專有名詞,其本名不會含混不辨若是。似此譌誤,應是傳録者不明地理,依照一般習慣混淆通用,而不會是作者司馬遷不辨“城陽”、“成陽”兩地的東西差異,將其視同一事,故博學如錢大昕者對其仍加

---

〔1〕 清錢大昕《廿二史考異》卷一,頁9。

〔2〕 《史記》卷一六《秦楚之際月表》,頁930。

〔3〕 《史記》卷九五《樊酈滕灌列傳》,頁3215—3216。

〔4〕 清梁玉繩《史記志疑》卷六,頁199—200。

辨析，吾等自當承而正之。

七、樊酈滕灌列傳

【一】《史記·樊酈滕灌列傳》記樊噲事原文：

> （樊噲）常從沛公擊章邯軍濮陽，攻城先登，斬首二十三級，賜爵列大夫。[1]

以上俱照録今中華書局新點校本原文，而中華書局原點校本的句讀，與此微有不同，讀作：

> （樊噲）常從，沛公擊章邯軍濮陽，攻城先登，斬首二十三級，賜爵列大夫。[2]

主持新點校本校勘的趙生群等人，在《文史》上撰文講述其改易舊讀的理由説：

> 此數句主語皆爲樊噲。常，猶嘗也，謂曾經如此。《漢書·樊噲傳》標點亦誤。下《夏侯嬰傳》曰"常以太僕常奉車從擊章邯軍東阿、濮陽下"，與此同例。[3]

這些説法，乍看起來，似乎也言之成理，但仔細斟酌上下文句，似乎並不十

[1] 《史記》卷九五《樊酈滕灌列傳》，頁3215。

[2] 見1982年舊版《史記》卷九五《樊酈滕灌列傳》，頁2651。

[3] 趙生群、吴新江《〈史記〉標點芻議（四）》，刊《文史》2016年第2輯，頁244。

分妥當。

〖**今案**〗

稍一覆案太史公原書,首先對《樊酈滕灌列傳》的上下文再連貫多讀兩句,而不是僅僅讀趙生群等人發表在《文史》上的文章,就會很容易地發現,情況並不這麼簡單。

下面,還是按照趙生群等人的讀法,把《史記·樊酈滕灌列傳》這段文字,向上下文多延伸一些,可見其語義更爲完整的内容是:

> 初,(樊噲)從高祖起豐,攻下沛。高祖爲沛公,以噲爲舍人,從攻胡陵、方與,還守豐,擊泗水監豐下,破之。復東定沛,破泗水守薛西。與司馬𡰥戰碭東,卻敵,斬首十五級,賜爵國大夫。**常從沛公擊章邯軍濮陽,攻城先登,斬首二十三級,賜爵列大夫。**復常從,從攻城陽,先登。下户牖,破李由軍,斬首十六級,賜上聞爵。從攻圍東郡守尉於成武,卻敵,斬首十四級,捕虜十一人,賜爵五大夫。從擊秦軍,出亳南。河閒守軍於杠里,破之。擊破趙賁軍開封北,以卻敵先登,斬候一人,首六十八級,捕虜二十七人,賜爵卿。從攻破楊熊軍於曲遇。攻宛陵,先登,斬首八級,捕虜四十四人,賜爵封號賢成君。從攻長社、轘轅,絶河津,……[1]

我用加粗字體表示的文字,是趙生群等人在《文史》上所刊發文章引録的内容,其餘部分,都被他們省略未取。這雖然稍嫌累贅,但非如此則無法看出問題。

通讀上下文後,稍一認真思索,就很容易産生如下兩個疑問:第一,下文復有"復常從,從攻城陽",這個"復常從"的"常從",與"從攻城陽"的關

〔1〕《史記》卷九五《樊酈滕灌列傳》,頁3215—3216。

係是什麼？其語義應該如何解讀？第二，趙生群等人讀"常從"爲"嘗從"之義，自然以爲在此需要特別提示讀者，事乃"曾經如此"，那麼，在趙生群等人重新判讀的這個"常從"的上文，先有樊噲"從攻胡陵、方與"，同時在其下文，復有"從攻圍東郡守尉於成武"、"從擊秦軍"、"從攻破楊熊軍於曲遇"、"從攻長社、轘轅"這一系列隨從劉邦的軍事行動，在這些地方，司馬遷又爲什麼會省略不記"常"（嘗）字了呢？也就是説，太史公爲什麼不上不下地偏偏要在這個地方記明"常"（嘗）字呢？凡此，不能不令人心生疑竇。

其實我們若是通貫審視中華書局舊點校本，便不難看到，當時的點校者未嘗不知道"常從"之"常"可通作"嘗"字來解。如《史記·張丞相列傳》中類似的"常從"一語，就被讀作："拜周昌爲御史大夫，常從擊破項籍。"[1]趙生群等人的讀法，即與此相同。那麼，爲什麼在《樊酈滕灌列傳》這裏却又改而從中逗開，讀爲"常從，沛公擊章邯軍濮陽"了呢？我想，這主要是考慮到要與下文"復常從"作同樣的處理。顯而易見，當時的點校者意識到二者之間，具有共同性，需要同等對待。至少在這一點上，趙生群等人的思考，似乎不夠周全；或者未嘗不可以説，是有明顯的欠缺。

同樣是在秦漢之際，我們還可以看到一個與"常從"的構詞形式和實際内涵都頗爲相似的詞彙——"常奉車"，語見《史記·樊酈滕灌列傳》中夏侯嬰的傳記，趙生群等人引爲"同例"的《夏侯嬰傳》"常以太僕常奉車從擊章邯軍東阿、濮陽下"句，即爲其用例之一。下面引文中的"奉車"和"常奉車"，都被我加粗，以更醒目：

> 高祖爲沛公，賜嬰（案指夏侯嬰）爵七大夫，以爲太僕。從攻胡陵，嬰與蕭何降泗水監平，平以胡陵降，賜嬰爵五大夫。從擊秦軍碭東，攻濟陽，下户牖，破李由軍雍丘下，以兵車趣攻戰疾，賜爵執帛。常

---

〔1〕 見1982年舊版《史記》卷九六《張丞相列傳》，頁2677。

以太僕**奉車**,從擊章邯軍東阿、濮陽下,以兵車趣攻戰疾,破之,賜爵執珪。復**常奉車**從擊趙賁軍開封,楊熊軍曲遇。嬰從捕虜六十八人,降卒八百五十人,得印一匱。因復**常奉車**從擊秦軍雒陽東,以兵車趣攻戰疾,賜爵封,轉爲滕公。因復**奉車**從攻南陽,戰於藍田、芷陽,以兵車趣攻戰疾,至霸上。項羽至,滅秦,立沛公爲漢王。漢王賜嬰爵列侯,號昭平侯,復爲太僕,從入蜀、漢。[1]

《漢書》夏侯嬰本傳紀事與此稍有不同,乃爲:

高祖爲沛公,賜爵七大夫,以嬰爲太僕,**常奉車**。從攻胡陵,嬰與蕭何降泗水監平,平以胡陵降,賜嬰爵五大夫。從擊秦軍碭東,攻濟陽,下户牖,破李由軍雍丘,以兵車趣攻戰疾,破之,賜爵執帛。從擊章邯軍東阿、濮陽下,以兵車趣攻戰疾,破之,賜爵執圭。從擊趙賁軍開封,揚熊軍曲遇。嬰從捕虜六十八人,降卒八百五十人,得印一匱。又擊秦軍雒陽東,以兵車趣攻戰疾,賜爵封,轉爲滕令。因**奉車**從攻定南陽,戰於藍田、芷陽,至霸上。沛公爲漢王,賜嬰爵列侯,號昭平侯,復爲太僕,從入蜀漢。

唐人顔師古先是針對前面"常奉車"之"奉車"注釋説:"爲沛公御車。"同時,針對下文之"因奉車從攻定南陽",顔氏復有釋語云:"因此又每奉車從攻戰,以至霸上。"[2]仔細斟酌顔師古的説法,可知他並没有把"常奉車"看作是一個不可分割的固定詞彙,似乎是把"常"字理解爲表示時態的一個副詞,具體的涵義,大概是諸如"經常"或是"慣常"這樣的語義,當然也有可能是把這個"常"字作爲"曾經"之義的"嘗"來使用。

假如我們首先充分注重《史記·樊酈滕灌列傳》中"復常奉車"的寫

---

〔1〕《史記》卷九五《樊酈滕灌列傳》,頁 3229—3230。

〔2〕《漢書》卷四一《夏侯嬰傳》並唐顔師古注,頁 2076—2077。

法,换一個角度思考,姑且把“常奉車”看作是一種專門的職事,至少是一種固定搭配,那麽,兩相比較,今本《史記》以及班固《漢書》的文字,似均有未安之處。

其主要問題是,後世寫録《史記》者和《漢書》的作者班固,都没有能夠準確把握所謂“常奉車”的涵義。於是,先在今本《史記》中,把部分“常奉車”誤書爲“奉車”,此即《史記·樊酈滕灌列傳》之“常以太僕奉車”,原文理應訂正爲“以太僕常奉車”,蓋下文之“復常奉車從擊趙賁軍開封”云云,正應承此“以太僕常奉車”而來,若如今本《史記》,則“復常奉車”的“復”字便無所應承,不成文句;又如《史記·樊酈滕灌列傳》之“因復奉車從攻南陽”,因上文所書夏侯嬰的身份是“常奉車”,故其所“復”者也只能是“常奉車”而不是“奉車”。

反過來看,這也就證實了前面所做的假設,即“常奉車”確實是一種專門的職事。因爲若是再把這裏反復出現的“常奉車”一詞拆分開來,“常”字不管是解作“經常”、“慣常”,還是“曾經”,像這樣反復重述同一個副詞“常”字,就實在不成文句,無論如何也都無法説通了。

像把“常奉車”寫作“奉車”這樣的譌誤,大概沿襲已經很久,班固寫《漢書》時,或即已經存在,而班氏乃因不明“常奉車”的語義和固定屬性,妄自將其拆分成“常+奉車”,復嫌《史記》反復重述其語致使文辭頗顯累贅,於是,便在“以嬰爲太僕”句後,冠加“常奉車”以總括之,然後略去文中“奉車”、“常奉車”諸語,僅剩餘“因奉車從攻定南陽”,算是删削未盡。但留存這句話中的“奉車”二字,來與前面的“常奉車”相呼應,本來可以使文句略有變化,令這一段内容前後渾然一體,若是不考慮其實質内容而單純從行文通貫的角度來看的話,這似乎是一種比較合理的寫法。

關於夏侯嬰傳記中《漢書》相對於《史記》的文字改易,曾國藩曾有所論述:

高祖初爲沛公,賜爵七大夫,以嬰爲太僕、常奉車。

嬰自高祖初爲沛公時,即爲太僕、常奉車,及至事孝惠、吕后、孝文,終身皆爲太僕、奉車也。故《史記》歷歷數之,或曰"以太僕奉車",或曰"復常奉車",或曰"因復奉車",或曰"以太僕從擊某",或曰"以太僕擊某",終高祖之世,凡十一見,而於末總之曰:"嬰自上初起,常爲太僕,竟高祖崩。"其後又四見,合之凡十五見。雖史公磊落自喜,不厭其複,然究嫌煩贅也。《漢書》删去八處,僅七見,可謂得體。然獨於從攻定南陽之上著"因奉車"三字,殊爲不類。又於"號昭平侯"之下著"復爲太僕"四字,亦爲自亂其例。嬰自始至終,固無日不爲太僕,所有攻戰之功,固無一不因奉車以從也。[1]

這同樣是單純從文章寫法角度所做的評議,而没有仔細斟酌其具體文義,故已無需詳爲剖析評判。

與此不同的是,清人趙翼曾從另一角度評述《史記》這段内容:

《史記·夏侯嬰傳》,嬰初從高祖即爲太僕、常奉車,以下歷叙其"常奉車"者五,又叙其以太僕從者十,正見其親近用事,不以繁複爲嫌也。[2]

文中所説,不夠十分準確,即趙翼稱《史記·夏侯嬰傳》"歷叙其'常奉車'者五",而實際上除了前面引文提到的兩次"常奉車"之外,下文還有一次述云"復常奉車從擊項籍"[3],這樣總共只有三次,因知趙翼所説以"歷叙其'常奉車'者五",是包括今本《史記》誤把"常奉車"書作"奉車"兩次在内。儘管趙翼此語未必"有心",但下意識間透露出他正是把"奉車"與"常

[1] 清曾國藩《求闕齋讀書録》(清光緒二年傳忠書局刻本)卷三《史·漢書》,頁23a—23b。

[2] 清趙翼《廿二史札記》(北京,中華書局,王重民《廿二史札記校證》本)卷六"後漢書三國志書法不同處"條,頁121。

[3] 《史記》卷九五《樊酈滕灌列傳》,頁3231。

奉車”同等看待的。

不過,趙翼所説“不以繁複爲嫌”也未必是很合理的解釋。蓋太史公撰著《史記》,生前未能最終定稿,他若是能夠很從容地逐一審定全書的文字,未必不會對此稍加簡省。《史記》中類似不甚完善的文句還有很多,初不必爲之諱言(只是這與反復重述副詞“常”字性質不同,那是語句不通,這是文章修飾不夠完美)。

《史記》現行文本行文不夠簡潔,這一點顯而易見,但問題是何以又會出現如此繁複的情況呢?譬如這裏所要論述的核心問題亦即《史記·樊酈滕灌列傳》記述樊噲戰功之“常從”、“復常從”間這一段紀事,同樣如此“繁複”,而清代有人却評述説:“每次一功,則賜爵益邑,叙特精詳。”[1]換一個角度,又變成了積極的評價。

不管這種賞譽是不是真的公允,但這一評語却啓發我們思考,太史公的筆意,是不是首先着眼於所謂“精詳”的一面?《史記》雖然在文學史上也是一部千古名著,但它首先是一部歷史著述,而歷史著述的第一要義,乃是紀事清晰準確,不會像後世很多文人那樣,爲作文而作文,但求文辭優美,不管説的是什麼胡話(譬如歐陽脩給《新唐書·藝文志》寫的小序,通篇竟没一句有用的話)。

本着這樣的思考,再來看此等叙述樊噲、夏侯嬰等人功績的文字,似皆轉録當年紀功的文牘。秦漢間計功授爵,固以斬獲首虜以及攻城略地爲主,劉邦也不例外。在隨從劉邦征戰的過程中,有些高級部屬,除了直接衝鋒陷陣之外,還會擔負一些特殊的組織作戰或是輔助作戰的事宜,這方面的功績,在計功時也應當有所體現,其中最爲特殊的,就是劉邦得天下後論功行封之時,“群臣争功,歲餘功不決”,而“高祖以蕭何功最盛,封爲酇侯”,原因就是蕭何乃“發蹤指示”之人。[2]

具體到《史記·樊酈滕灌列傳》記夏侯嬰戰功,之所以會反復述及“太

〔1〕 題清邵晉涵著《邵氏史記輯評》(民國八年俞嵒石印本)卷七《樊滕列傳》,頁30a。

〔2〕 《史記》卷五三《蕭相國世家》,頁2447—2448。

僕”和“常奉車”這樣的職官或是職事名稱，其中絶大部分，就是要清楚記明其所獲得的功績，還包括以“太僕”和“常奉車”之身參與作戰在内。

從前引《漢書》的内容來看，作者班固顯然並不明白“常奉車”本來是一個固定的詞彙，實際上是專指給主子駕車的人。我們看《史記·樊酈滕灌列傳》中下述有關夏侯嬰的紀事，就可以很清楚地證明這一點：

> 還定三秦，從擊項籍。至彭城，項羽大破漢軍。漢王敗，不利，馳去。見孝惠、魯元，載之。漢王急，馬罷，虜在後，常蹶兩兒，欲棄之，嬰常收，竟載之徐行，面雍樹乃馳。漢王怒，行欲斬嬰者十餘，卒得脱，而致孝惠、魯元於豐。[1]

附帶説一下，這一段文字的標點，與今中華書局新點校本亦略有出入，新點校本原文讀作“漢王急，馬罷，虜在後，常蹶兩兒欲棄之，嬰常收，竟載之，徐行面雍樹乃馳”，改爲今讀，其文義可逐句釋爲：“漢王急於奔命，可駕車的馬已經疲憊，常尥蹶子把兩個小孩顛掉到地上，漢王想扔下不管，夏侯嬰連連下車撿起孩子，放在車上慢些走，直到兩個孩子像抱大樹一樣從兩側面對面抱住他，纔縱馬奔馳。”因與此處論述的主旨無關，具體解説從略。不管這些細節究竟如何，夏侯嬰既然與劉邦在同一輛車上，那麽，顯而易見的事實是：夏侯嬰是給劉邦駕馭戰車的人，這也就是所謂“常奉車”的具體涵義。

有意思的是，太僕的職掌，本來自秦時起，就是“掌輿馬”[2]，是則除了爲劉邦駕馭戰車之外，在隨從漢軍征戰的過程中，夏侯嬰恐怕還擔負有管理全軍戰馬的責任。不管是駕車，還是騎乘，馬匹在當時的作戰中，都具有舉足輕重的作用，這方面的功勞，在計功行賞時有所考慮，應該是合情合理的事情。

---

[1] 《史記》卷九五《樊酈滕灌列傳》，頁 3230—3231。

[2] 《漢書》卷一九上《百官公卿表》上，頁 729。

我們看《史記·樊酈滕灌列傳》記夏侯嬰的功績,除了在以"常奉車"從擊"趙賁軍開封,楊熊軍曲遇"這一場戰役中,曾"從捕虜六十八人,降卒八百五十人"以外(不知這次是有什麼特殊原因和特殊算法,使得其記有明確的戰功),再就别無其他任何具體落實到他個人名下的功績。其中的原因,就在於他身爲主帥劉邦的御者,通常就不可能獨立投入作戰。

綜合上文所論,《史記·樊酈滕灌列傳》上述記述夏侯嬰的内容,或可重新點讀如下:

> 高祖爲沛公,賜嬰爵七大夫,以爲太僕。……從擊秦軍碭東,攻濟陽,下户牖,破李由軍雍丘下,以兵車趣攻戰疾,賜爵執帛。(常)以太僕〔常〕**奉車**,從擊章邯軍東阿、濮陽下,以兵車趣攻戰疾,破之,賜爵執珪。**復常奉車**,從擊趙賁軍開封,楊熊軍曲遇。嬰從捕虜六十八人,降卒八百五十人,得印一。因**復常奉車**,從擊秦軍雒陽東,以兵車趣攻戰疾,賜爵封,轉爲滕公。因復〔常〕**奉車**,從攻南陽,戰於藍田、芷陽,以兵車趣攻戰疾,至霸上。

文中圓括號()裏面,是表示我主張删掉的字,方括號〔〕裏面,表示的是我主張增添的字。當然不一定非改易原文不可,也可以考慮在校勘記中説明上述看法。文中"以太僕〔常〕奉車",猶言"以太僕爲常奉車"。

"常奉車"的性質既然如此,那麼,與之類同的"常從",就很可能也是一種比較特殊的職事,或是一種特殊的身份。本世紀初,河南永城市文物工作隊在西漢梁王陵陪葬器物坑出土了一件"上御鍾",鎸有銘文云:"上御鍾,常從温者業市。"[1]這裏所謂"常從",表述的顯然是一種職事,一種身份,可證上述推論不誣。

---

〔1〕永城市文物工作隊《河南永城市西漢梁王陵陪葬器物坑的清理》,刊《考古》2004年第12期,頁41—49。案銘文釋讀從徐正考,説見徐氏《漢代銅器銘文選釋》(北京,作家出版社,2007),頁704。又案:銘文中"業"字或當作"始"意解之。

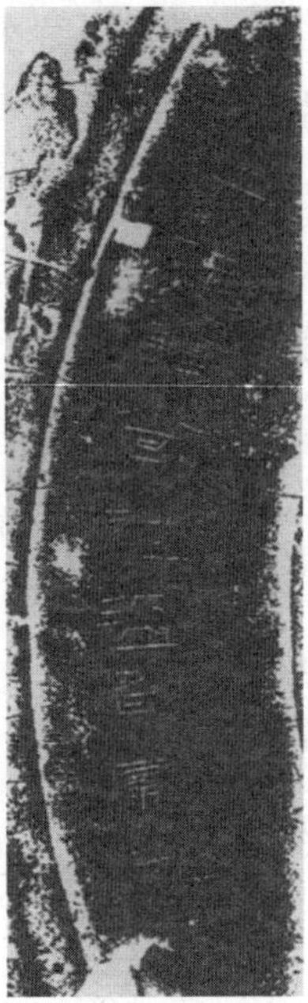

○ 河南永城市西漢梁王陵陪葬器物坑出土"上御鍾"銘文

這樣一來,我們就不妨按照這樣的推論,來重新標點《史記·樊酈滕灌列傳》這段内容的相關文字:

> 初,(樊噲)從高祖起豐,……與司馬𡰪戰碭東,郤敵,斬首十五級,賜爵國大夫。常從,〔從〕沛公擊章邯軍濮陽,攻城先登,斬首二十三級,賜爵列大夫。復常從,從攻城陽,先登。

這裏的"常從"與"復常從",意即令其以"常從"的身份,或是令其"依舊"以"常從"的身份。前一個"常從",因與下文之"復常從"相照應,故應作此句讀,惟疑其下原應重一"從"字,於後世輾轉抄録過程中脱去,這裏另加方括號〔〕,示屬應補的文字,當然也可另在校勘記中做出説明。

那麼,"常從"又是怎樣一種身份呢?讓我們來看秦始皇病逝於路途中時,有什麼人身屬"常從",而這些"常從"又發揮了怎樣一種作用:

始皇至沙丘崩，祕之，群臣莫知。是時丞相李斯、少子胡亥、中車府令趙高常從。[1]

上文"常從"猶言"爲常從"。這件事情，太有典型性了。始皇離世之後的局面，稍讀《史記》或稍習秦漢史事者都很熟悉："丞相斯爲上崩在外，恐諸公子及天下有變，乃祕之，不發喪。……獨子胡亥、趙高及所幸宦者五六人知上死。"[2]結論顯而易見："常從"應該是人主外出巡行或是統兵征戰時緊密跟從在其身邊的近幸之臣，或是像胡亥這樣嫡親之人，也可以説是貼身的隨從近臣。這意味着不管是在軍帳，在行宫，還是在行進的途中，"常從"都只是很少幾個能夠與人主近密接觸的人。

這種近密居處的關係，在盧綰身上，體現得最爲清楚：

高祖爲布衣時，有吏事辟匿，盧綰常隨出入上下。及高祖初起沛，盧綰以客從，入漢中爲將軍，常侍中。從東擊項籍，以太尉常從，出入卧内，衣被飲食賞賜，群臣莫敢望，雖蕭曹等，特以事見禮，至其親幸，莫及盧綰。[3]

如夏侯嬰"以太僕〔常〕奉車"例，"以太尉常從"亦猶言"以太尉爲常從"。儘管未必所有的"常從"都能夠像盧綰一樣隨意"出入卧内"，但一定是居處於與主子密邇鄰接的很小一個範圍之内。蓋李斯、趙高能夠在"群臣莫知"的情況下，知悉並遮蔽秦始皇病故的實情，就是基於"常從"的這種近密關係。又秦王政太后與嫪毐私通懷有身孕之後，"太后恐人知之，詐卜當避時，徙宫居雍。嫪毐常從，賞賜甚厚，事皆决於嫪毐"[4]。此事同樣顯示

〔1〕《史記》卷八八《蒙恬列傳》，頁3115。

〔2〕《史記》卷六《秦始皇本紀》，頁335—336。

〔3〕《史記》卷九三《韓信盧綰列傳》，頁3197。

〔4〕《史記》卷八五《吕不韋列傳》，頁3047。

出"常從"與人主之間這種近密的關係。

按照這樣的論述,可見上文所列對《史記·樊酈滕灌列傳》新加的標點,應該比較合理。也就是説,在"常從"這一點上,還是舊點校本的句讀要更爲合理。顯而易見,合理認識"常從"這一性質,對我們更爲準確地理解秦漢之際的歷史,具有重要價值,這絶不是一個可此可彼的句讀問題。

不過,需要指出的是,《史記》中"常從"這一詞語實際使用的情況,比較複雜,有些一時還很難確認其性質,例如像前面提到的《史記·張丞相列傳》所記"拜周昌爲御史大夫,常從擊破項籍",其中的"常從",就很費斟酌,不宜簡單地一概而論。

八、匈奴列傳

【一】《史記·匈奴列傳》原文:

> 於是,漢使將軍衛青將三萬騎出鴈門,李息出代郡,擊胡,得首虜數千人。其明年,衛青復出雲中以西至隴西,擊胡之樓煩、白羊王於河南,得胡首虜數千,牛羊百餘萬。於是漢遂取河南地,築朔方,復繕故秦時蒙恬所爲塞,因河爲固。漢亦棄上谷之什辟縣造陽地以予胡。是歲,漢之元朔二年也。[1]

針對上文中"漢亦棄上谷之什辟縣造陽地以予胡"這句話,劉宋裴駰《史記集解》有兩條釋文,一注云"什"字"音斗"[2],另一條曰:

---

[1] 《史記》卷一一〇《匈奴列傳》,頁3512。

[2] 案清沈濤《銅熨斗齋隨筆》(北京,中華書局,1965,《清人考訂筆記叢刊》第一集影印清咸豐七年檇李沈氏刻本)卷四"什辟"條(頁10b—11a)考述云:"什當作卄,漢碑斗字皆如此作,即《説文》序所謂'人持十爲斗'也。什即斗字,裴氏乃云'音斗',誤矣。"

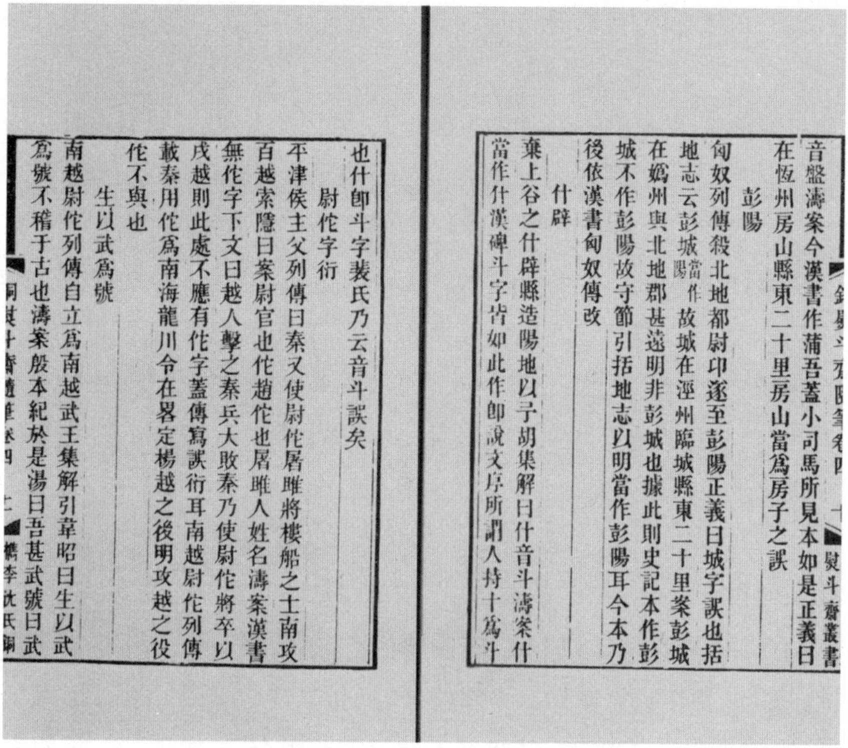
音盤濤案今漢書作蒲吾蓋小司馬所見本如是正義曰
在恆州房山縣東二十里房山當爲房子之誤
彭陽
匈奴列傳殺北地都尉卬遂至彭陽正義曰城字誤也括
地志云彭城當作陽故城在涇州臨城縣東二十里案彭城
在鄜州與北地郡甚遠明非彭城也據此則史記本作彭
城不作彭陽故守節引括地志以明當作彭陽耳今本乃
後依漢書匈奴傳改
什辟
棄上谷之什辟縣造陽地以予胡集解曰什音斗濤案什
當作什漢碑斗字皆如此作卽說文序所謂人持十爲斗
也什卽斗字裴氏乃云音斗誤矣
尉佗字衍
平津侯主父列傳曰秦又使尉佗屠睢將樓船之士南攻
百越索隱曰案尉官也佗趙佗也屠睢人姓名濤案漢書
無佗字下文曰越人擊之秦兵大敗秦乃使尉佗將卒以
戍越則此處不應有佗字蓋傳寫誤衍耳南越尉佗列傳
載秦用佗爲南海龍川令在畧定楊越之後明攻越之役
佗不與也
生以武爲號
南越尉佗列傳自立爲南越武王集解引韋昭曰生以武
爲號不稱于古也濤案殷本紀於是湯曰吾甚武號曰武

○　咸豐七年檇李沈氏刻《銅熨斗齋隨筆》

《漢書音義》曰："言縣斗辟曲近胡。"[1]

以上，除了今中華書局本及其所從出的三家注本是把裴駰上述《集解》歸併爲一條，這裏依據十四行單附《集解》本《史記》把裴駰的釋文又重新析分爲兩條予以敘述外，都是遵循今中華書局本的原樣。

《史記集解》引述的這一條《漢書音義》，中華書局原點校本係從中逗開，讀爲：

[1] 《史記》卷一一〇《匈奴列傳》劉宋裴駰《集解》，頁 3512。又見鳳凰出版社 2011 年影印南宋紹興初杭州刻十四行單附《集解》本《史記》卷一一〇《匈奴列傳》，頁 1766。

言縣斗辟,曲近胡。[1]

就此句讀變易,點校《史記》的趙生群等人,另行撰文,做有如下説明:

"縣斗"、"辟曲",皆雙音詞,不得分析,舊讀誤甚。《漢書·匈奴傳上》"漢亦棄上谷之什辟縣造陽地以予胡"顔師古《注》:"孟康曰:'縣斗辟曲近胡。'""縣斗辟曲近胡",謂其地懸遠偏僻而近匈奴。"斗"亦"懸絶"之意;"曲""辟"同義,故孟康以"縣斗"釋"斗""辟曲"釋"辟"。"辟曲"二字不可割裂。《漢書》舊讀不誤。附按:《通鑑·漢紀十·武帝元朔二年》標點亦誤。[2]

案上文似稍有脱誤,即在"故孟康以'縣斗'釋'斗''辟曲'釋'辟'"這段話中,似宜有逗號或頓號,加在"故孟康以'縣斗'釋'斗'"與"'辟曲'釋'辟'"之間,稍作語氣停頓。不然的話,讀起來,氣有些急得慌,語義也稍嫌模糊,疑屬手民漏植。當然每個人的身體狀況不同,氣短氣長是個相對的主觀感覺,這算不上什麼問題。

雖然從來也没有花功夫通讀過《史記》,但因爲自己的專業,是歷史地理,而《匈奴列傳》這一記載涉及秦漢北部邊界綫及其變遷問題,還算多少有一些印象。

趙生群等人這次把中華書局舊點校本中"言縣斗辟,曲近胡"句子中間的逗號去掉,乍看起來,性質好像跟上面談到的他這篇論文的文句問題也差不多,仍然是大丈夫念書底氣足,讀起來語感更連貫一些而已。

可是,讀到點校者上述説明之後,纔明白我的想法真是大謬不然。趙生群等人,實另有思索,這絶不是英雄氣長還是小人氣短那麼簡單。令人

〔1〕 見1982年舊版《史記》卷一一〇《匈奴列傳》劉宋裴駰《集解》,頁2906。

〔2〕 趙生群、吴新江《〈史記〉標點芻議(四)》,刊《文史》2016年第2輯,頁252。

頗感詫異的是，要是像原點校本那樣逗開那個句子，竟然會嚴重到“誤甚”的程度！

性質既然如此嚴重，就不能不認真審度。結果在我看來，恰恰是趙生群等人的新説，更有可能是對太史公書的一種誤解，會給人們正確理解和使用《史記》造成不利的影響。因不嫌辭費，略予辨析。

〖**今案**〗

這裏成爲問題的文句，出自《漢書音義》。

如同《漢書》中很多篇章一樣，《漢書·匈奴傳》迻録有《史記·匈奴列傳》前述文字，而與《史記》相比，後世讀《漢書》者更衆，亦多有注釋，此《漢書音義》即其中之一。待南朝劉宋時期裴駰撰著《史記集解》，遇有像這樣《史記》、《漢書》兩書相同的内容，便多藉用《漢書》的注文，來釋讀《史記》的記載。至司馬貞、張守節各自撰著《史記索隱》和《史記正義》時依然如此。

案此《漢書音義》，未標記誰何人所作。檢《隋書·經籍志》，著録書名相同或相近的著述，在南朝劉宋裴駰之前，有所謂東漢應劭撰《漢書集解音義》二十四卷和孫吴韋昭撰《漢書音義》七卷[1]。前者實際上是由晉人“臣瓚”亦即傅瓚者“總集諸家音義”並稍附己見而成，其間雖包括應劭本人的釋文注音在内，却只是其中一家而已，實際包括西晉以前很多人的注釋[2]。

又裴駰《史記集解》述其行文體例，謂“《漢書音義》稱‘臣瓚’者，莫知姓氏，今直云‘瓚曰’；又都無姓名者，但云‘漢書音義’”[3]，從而可以確知

---

〔1〕《隋書》卷三三《經籍志》二，頁953。

〔2〕《漢書》卷首唐顔師古《漢書叙例》，頁1—2。《史記》卷末附劉宋裴駰《史記集解序》之唐司馬貞《索隱》，頁4039。清錢大昕《十駕齋養新録》（上海，上海書店，1983）卷六“臣瓚晉灼集解”條，又“漢書注本始於東晉”條，頁124。

〔3〕《史記》卷末附劉宋裴駰《史記集解序》，頁4038。

今所論《史記集解》引《漢書音義》之"言縣斗辟"云云，即出自傅瓚《漢書集解音義》，而書中並未標記其具體出處。

檢《漢書·匈奴傳》，如同趙生群等人已經注意到的那樣，除了把"什辟"直接寫成"斗辟"，句云"漢亦棄上谷之斗辟縣造陽地以予胡"之外，《漢書》和《史記》的記載，並没有什麼差别[1]，而唐人顏師古注釋此文，乃述云：

> 孟康曰："縣斗辟曲近胡。"[2]

這位孟康是曹魏時人，其語既與《史記集解》引述的《漢書音義》相同，而顏氏清楚標稱語出孟康，應是依據西晉時另一集注《漢書》的著述——晉灼撰《漢書集注》[3]，其中一定清楚地做出了這樣的記述（趙生群等人雖然也同樣是依據孟康的説法立論，但却没有説明孟康的説法與《史記集解》所引《漢書音義》的關係，其實際是否真的理解這一點，亦未可知）。

瞭解"言縣斗辟"云云這句話的來源，這一點非常重要。因爲按照這樣的認識，理應同樣對待《史記》、《漢書》舊注中不同地方引述的同一内容。可是，趙生群等人在標點《史記》時，對下文《史記索隱》引述的同一文句，就又做出了與上述《史記集解》引《漢書音義》截然不同的標點，即一如中華書局原點校本《史記》，依舊讀作"縣斗辟，曲近胡"[4]。這種情況，可謂首尾横決，缺乏一貫的認識。

首先，讓我們來看最早提出這一解釋的孟康的説法。對史書的注釋，與對所有典籍的注釋一樣，都具有非常明確而又具體的針對性，都是針對史籍的原文而發。因此，理解注文，一定要緊密結合正文。

---

[1] 《漢書》卷九四上《匈奴傳》上，頁3766—3767。

[2] 《漢書》卷九四上《匈奴傳》上唐顏師古注，頁3767。

[3] 《漢書》卷首唐顏師古《漢書叙例》，頁1。《隋書》卷三三《經籍志》二，頁953。

[4] 《史記》卷一一〇《匈奴列傳》唐司馬貞《索隱》，頁3512。

如前所述，按照《漢書・匈奴傳》的寫法同時這也是裴駰《史記集解》所認同的讀法，被注釋的這句話，是寫作“漢亦棄上谷之斗辟縣造陽地以予胡”，因此，孟康所説“縣斗辟曲近胡”，乃是就“斗辟縣造陽地”而發。

“斗辟縣造陽地”這句話雖然需要適當加以注釋，纔能獲得更爲明晰的理解，但是它的大意，本來並不難懂，即：“那個‘斗辟’的縣也就是造陽這個地方。”在此基礎之上，也就很容易理解，孟康的注解，是希望讀者能夠更好地理解，“斗辟縣”是講造陽這個縣屬於“斗辟”之地，而這樣一來，“曲近胡”便只能是對造陽縣地與“胡人”亦即匈奴居地之間的地理方位關係所做的疏釋。

裴駰作《史記集解》，如前文所述，只是通過《漢書音義》亦即傅瓚的《漢書集解音義》，單純引録孟康的注解，没有進一步闡釋或者發揮。

在唐朝的各位注釋者中，司馬貞首先明確記述説：“按：孟康云‘縣斗辟，曲近胡’也。”這句話看似只是在轉録孟康的釋語，但實際上是用以説明《史記集解》引述的《漢書音義》内容，具體出自孟康。蓋《史記》裴、司馬、張三家之注，本遞相增釋，而非互不相干，司馬貞此語自是對裴駰舊注的補充説明。

在這之後，司馬氏又加以闡釋説：

> 什音斗。辟音僻。造陽即斗辟縣中地。[1]

這裏引録的是中華書局點校本亦即福建建陽書坊合刻三家注本《史記》所附小司馬《史記索隱》的文句，而單行原本《史記索隱》，却是書作“造陽即斗辟縣是也”[2]。

由於司馬貞在索解此事之“隱”的時候，是先引述了孟康的注語，所以

---

〔1〕《史記》卷一一〇《匈奴列傳》唐司馬貞《索隱》，頁 3512。

〔2〕唐司馬貞《史記索隱》(北京，中華書局，1991，重印《叢書集成初編》排印《史學叢書》本) 卷二五，頁 272。

接下來講的“造陽即斗辟縣”云云，顯然是對孟康的注語加以補充，亦即補充説明孟康未嘗注釋的“造陽地”一語。

儘管“斗辟縣中地”和“斗辟縣是也”兩説或皆可通，但仔細斟酌《史記·匈奴列傳》原文所説“上谷之什（斗）辟縣造陽地”，需要特别强調指出，司馬遷在這裏講的是斗辟之“縣”，而不是斗辟之“地”。明此，則不難看出，漢廷放棄給匈奴的土地，係原屬上谷郡管轄的“斗辟”之縣，而這個縣的具體名稱，便是“造陽”。故兩相比照可知，還是單行本《史記索隱》的“斗辟縣是也”與此更爲契合。再説即便兩説語義完全相同，通常也是單行本《索隱》要更接近司馬貞書原貌。

綜合考慮上述兩項原因，今點校本似有必要遵從司馬貞原書，將此處文字改訂爲：

> 什音斗。辟音僻。造陽即斗辟縣是也。

從語法角度來闡釋，即“造陽”是“斗辟縣”的同位語，而“地”字右旁爲“也”，疑古人傳録過程中，因原本稍有闕泐，書寫者便誤將“是也”判作“中地”，故有此譌。今中華書局新點校本雖然在校勘記中列有單行本《史記索隱》這一異文，但對其是非正誤，却未加判别。儘管對原文慎加改動，態度可取，但點校者未能做出合理的説明，也顯示出其對相關問題的認識終是未達一間。

在司馬貞之前，唐初人顔師古注《漢書》時，同樣也是先引述孟康的舊注，繼之述云：

> 斗，絶也。縣之斗曲入匈奴界者，其中造陽地也。辟讀曰僻。[1]

---

〔1〕《漢書》卷九四上《匈奴傳》上唐顔師古注，頁3767。

這是在孟康舊注的基礎上,進一步解説何爲"縣斗辟曲近胡"以及《漢書》原文中"造陽地"一語的涵義。

儘管顔氏的疏釋,並不十分順暢,但"縣之斗曲入匈奴界者"的説法,已經清楚表明,在他看來,孟康注語中"縣斗"兩字,是描述與被描述的關係,即用"斗"(同時還有"曲")字來描述上谷郡中這個"縣"的地理形勢特徵,而不是像趙生群等人那樣,把"縣斗"看作是一個"不得分析"的"雙音詞"。更準確地説,這一實際用例,與趙生群等人的認識,恰恰相反。

其實,在這一點上,前面談到的司馬貞也與顔師古相同,繼司馬貞《史記索隱》之後撰著《史記正義》的張守節,同樣也是如此。《史記正義》通釋"漢亦棄上谷之什辟縣造陽地以予胡"這句話説:

> 曲幽辟縣入匈奴界者造陽地棄與胡也。[1]

這裏講的,"曲幽"是對孟康舊注"曲近"的理解,"辟"是對"斗辟"的理解,二者都是對"縣"的具體描述,可見他對這些詞語性質的認識,正與顔師古相同。

然而,趙生群等人的解釋,却是别開生面,與上述曹魏李唐人截然不同。趙氏等把"縣斗"二字連讀爲一詞。他説"'斗'亦'懸絶'之意",自是承用顔師古的釋義。對"縣"字雖然没有做具體的闡釋,但觀其以"懸遠偏僻"釋所謂"縣斗辟曲",顯然是以"縣"通"懸"。

今案以"縣"通"懸"固然爲秦漢時人所習用,所以要是與《史記》、《漢書》原文割裂開來單純對"縣斗"二字做訓詁,也未嘗不可以將其列爲可能的訓義之一。可是,最早做出這一注釋的孟康,真的像趙生群等人所認爲的那樣,是"以'縣斗'釋'斗'、'辟曲'釋'辟'"麽?實際情況並非如此。

在雕版印刷術發明並廣泛應用之前,書籍的寫録,相當艱辛。因此,大

[1] 《史記》卷一一〇《匈奴列傳》唐張守節《正義》,頁3512。

多數給已有典籍撰著的注解箋釋性著述,都只是僅在原文中摘録出注釋所直接針對的文句,並不一一迻録原文。但這樣寫録的書籍,因需要與被注釋的典籍左右對讀,實在不夠便利。於是,後來便有好事者將本文與注文合併抄録,即把注文直接插入正文之内。假若没有發生錯誤,其所插入的部位,前面必然是原作者摘録出被注釋的詞語。瞭解這一點,我們就可以透過早期的版本,來認識注釋者的本意。

這樣的早期版本,當然最好是注釋尚未合入正文之前的單行原本。《漢書》的傳世版本,無一例外,都是唐朝初年顔師古的注本,係與正文合而並行,其他單行舊注俱已蕩然無存。《史記》三家注中,僅有司馬貞的《史記索隱》,尚有單行本傳世;較此更早的裴駰《史記集解》,則世間尚有單附《集解》的宋刻本,也比三家注或未附《正義》的兩家注本《史記》更能反映這些注釋性著述的原貌。

覆案南宋紹興初杭州刻十四行單附《集解》本《史記》,乃是緊貼在"什(斗)辟縣"一語之下插入的裴駰《史記集解》的内容,即:"《漢書音義》曰:'言縣斗辟曲近胡。'"這就清楚顯示出所謂《漢書音義》也就是孟康所説的"縣",是直接針對正文中"斗辟縣"三字而做出的注解,即謂"斗辟縣"是指這個"縣"居地性屬"斗辟",且"曲近"于胡地。

如謂不然,請看《鹽鐵論》中桑弘羊的説法:

> 湯武之伐,非好用兵也;周宣王辟國千里,非貪侵也。所以除寇賊而安百姓也。故無功之師,君子不行;無用之地,聖王不貪。先帝舉湯武之師,定三垂之難,一面而制敵。匈奴遁逃,因河山以爲防,故去沙石鹹鹵不食之地,故割斗辟之縣,棄造陽之地以與胡。省曲塞,據河險,守要害,以寬徭役,保士民。由此觀之,聖主用心非務廣地以勞衆而已矣。[1]

---

〔1〕 漢桓寬《鹽鐵論》(上海,商務印書館,民國《四部叢刊初編》影印長沙葉氏觀古堂藏明正德、嘉靖間刻本)卷四《地廣》,頁 2a—2b。

桑弘羊身爲御史大夫,而且時距漢武帝去世尚且未久,他是在鹽鐵會議上對漢武帝領土擴張政策做出的上述辯解。看桑弘羊講述的“斗辟之縣”一語,即可知孟康的解釋,語義應當與之相同,而“斗辟”自是當時人很通行的説法。

關於這一點,我在前面已經大致講過,現在只是直接針對趙生群等人的説法進一步明確孟康的語義而已。從單行本《史記索隱》列舉條目的情況來看,司馬貞顯然清楚理解了孟康以至裴駰的上述意向,仍然是把自己的解説,列置在“什(斗)辟縣”這一條目之下[1],與正文之間相互承接呼應的關係,本來非常清楚。

那麼,若是一如中華書局原點校本的舊讀,“斗辟”一語又做何解釋呢? 顔師古和張守節的注解,似乎都不夠妥洽。清人顧炎武曾總結《史記》中同類用法並闡釋其語義云:

> 《封禪書》“成山斗入海”,謂斜曲入之,如斗柄然,古人語也。《匈奴傳》“漢亦棄上谷之斗辟縣造陽地以予胡”,又云“匈奴有斗入漢地,直張掖郡”[2]。

文中“謂斜曲入之,如斗柄然,古人語也”,即謂成山之“斗入”海中,猶如斗柄之插入其間,這是顧炎武自己的釋義。今案顧氏所説質實真切,明白易曉。

按照顧炎武的看法,“斗辟”之“斗”語義同樣簡單明了,也是以斗柄譬喻其伸展出疆土之外的空間分佈形態。據清中期人郝懿行所云,當時世人依舊行用“斗辟”這一詞彙,乃“謂山徑險絶處爲斗辟”。郝氏復謂“今讀書

---

〔1〕 唐司馬貞《史記索隱》卷二五,頁272。

〔2〕 清顧炎武《日知録》(上海,上海古籍出版社,1985,影印清道光十四年嘉定黄氏西谿草廬刻黄汝成《日知録集釋》本)卷二七“史記注”條,頁2002。

人不曉斗字之義，妄造陡字，如云陡然、陡絶，斯皆非也”[1]。讀到郝懿行的説法，愈知趙生群等人視“縣斗”爲“雙音詞”且“不得分析”，纔是所讀“誤甚”，結果只能是以不誤爲誤，無端改易了舊點校本中本來正確的讀法。

“斗辟”既然如此，趙生群等人所説的“辟曲”，就不得爲詞。至於“曲近胡”的語義，若是單純就其字面强自爲訓，也大體能夠説通，即把“曲”字做“盡皆”義解，“曲近胡”即其地盡皆隣近胡地，但《史記》乃至《漢書》的本來面目究竟如何，還有很大空間，值得進一步探究。

在前面的論述中，爲行文便利，省略未談“曲近胡”一語本來有不同的寫法。蓋在今中華書局點校本之前，所有傳世《史記》的版本，都是寫作“西近胡”。至清同治年間，張文虎爲金陵書局校刻《史記》，始提出“當依《漢書》注作‘曲’”[2]，也就是依據《漢書》的唐顔師古注，把孟康也就是所謂《漢書音義》所説的“西近胡”改爲“曲近胡”。不過張文虎當時尚且心存審慎，没有直接改動《史記》的文字，只是把這一看法，寫在了他所撰寫的《校刊史記集解索隱正義札記》之中，聊供讀太史公書者參考而已。至中華書局舊點校本《史記》出版，纔以添加方、圓括號的形式，增入“曲”字而退出“西”字[3]。

在顧頡剛先生主持下所創立的這一添加方、圓括號的良好方式，對學者更好地利用重要的基本典籍，提供了雙重便利：這就是既提出新的校勘意見，同時又最大限度地在同一頁面上保留了校改前的舊文，以供學者自行抉擇。只有真正的讀書人，纔能體會到其便利之處；也只有真正的讀書人，纔會做出這種形式的校勘。

若是一如《漢書》顔師古注引文，書作“曲近胡”，那麼，在前人舊讀當中，如前所述，不管是顔師古的釋讀，還是張守節的釋讀，都很不通暢。

---

[1] 清郝懿行《證俗文》（清光緒十一年東路廳署刻本）卷六，頁41b—42a。

[2] 清張文虎《校刊史記集解索隱正義札記》卷五，頁653。

[3] 見1982年舊版《史記》卷一一〇《匈奴列傳》劉宋裴駰《集解》，頁2906。

顏師古所説“縣之斗曲入匈奴界者”，是把孟康原文的“斗辟”和“曲近”組合成“斗曲”一詞，大體可以理解爲“斗辟”而“曲斜”之義。但孟康要是固有“曲斜”之義需要表述，因其語義與“斗入”密切相關，直接像顏師古一樣寫成“斗曲”纔更合理。簡而言之，以“縣之斗曲入匈奴界者”來釋“縣斗辟，曲近胡”，顯得非常勉强。

張守節提出的“曲幽辟縣入匈奴界者”，前文已經做出分析，即張氏是以“曲幽”釋讀孟康所説的“曲近”，以“辟”字來替代“斗辟”，但這裏是北邊草原，一望千里，哪裏會有“曲幽”可言？

“曲”字的釋讀，既然並不順暢，就有必要回過頭來，看看《史記》舊本的“西”字，是否必定存在譌誤，非做出修訂不可。

單純從字面上看，“西近胡”要比“曲近胡”好懂得多，即此“斗辟”之縣，西鄰胡地。或許有人要問，既然“斗出”北邊之外，豈不三面鄰胡，何以會獨有“西近胡”的説法？其實只要具體瞭解一下漢朝北方的種族分佈形式，這種疑惑，自然就會消散無存。

匈奴勢力强盛之時，固然可以覆蓋整個北方草原地帶乃至其隣近區域，但它的主要分佈區域，在漢朝的東北方向，却是在上谷郡以西。在上谷郡以東，則是服屬於匈奴的烏桓、夫餘等“東胡”諸族[1]。故匈奴“諸左方王將居東方，直上谷以往者”[2]，而漢初“燕王盧綰反，率其黨數千人降匈奴，往來苦上谷以東”[3]，就都是基於這樣的政治地理格局。

明此可知，伸展於上谷郡北邊之外的“斗辟”之地，應是正當匈奴直接控制區的東境，所謂“西近胡”之説，於地理形勢恰相吻合，而《漢書·匈奴傳》唐顏師古注引述的孟康注語，反倒很可能是因字形相近，誤把“西”譌變成爲“曲”字。類似的情況，如今本《漢書·地理志》東海郡下有縣名“海

---

[1] 《史記》卷一二九《貨殖列傳》，頁 3962。《漢書》卷九四上《匈奴傳》上，頁 3784。

[2] 《史記》卷一一〇《匈奴列傳》，頁 3495。

[3] 《史記》卷一一〇《匈奴列傳》，頁 3500。

曲”[1]，但清人全祖望、錢大昕、王鳴盛、洪亮吉等一致考定，“海曲”應是“海西”之譌[2]。所以，至少在目前看來，並没有充足的理由，改易《史記》的文字，姑且兩存其説，各仍其舊，應最爲穩妥。

恢復《史記·匈奴列傳》裴駰《集解》這一條目的本來面目，將有助於我們認識與此“斗辟”之地相關的一些重要歷史地理問題。

按照《漢書·匈奴傳》班固贊語的説法，這一“斗辟”區域乃在“造陽之北九百餘里”[3]。這裏所説“造陽”應當是指上谷郡造陽縣的治所，逼近西漢北邊長城邊防綫，而由此“斗辟”而出的那一大片土地，在行政上都歸此縣統轄。因其大部分境域都在凸出於外的所謂“斗辟”之地，故司馬貞稱述這些土地即“斗辟縣是也”。在秦統一六國之前，這裏是燕國長城西端的起點，史稱戰國時“燕亦築長城，自造陽至襄平。置上谷、漁陽、右北平、遼西、遼東郡以拒胡”[4]，戰略地位，相當重要。

在這一大的地理背景之下，再來看由上谷郡境内“斗辟”北出“九百餘里”的這塊土地，實際上猶如漢朝西北部邊界上居延澤向北遠遠凸出的情形。即使“九百餘里”這個數字有所誇張，仍然已經凸出很遠。而戰國以來這一狹長地帶之所以能夠向北伸展如此之遠，顯然是與其地處中原北部東、西兩大政治勢力的縫隙之間具有直接關係。確認其地“西近胡”這一區位特徵，使我們捕捉到秦至西漢前期北方草原地帶政治地理格局的一個具體界限標識，具有重大價值。

總而言之，依敝人愚見，《史記·匈奴列傳》相關注釋的文字及其標

---

〔1〕《漢書》卷二八上《地理志》上，頁1588。

〔2〕清全祖望《漢書地理志稽疑》（北京，中華書局，1955，重印《二十五史補編》本）卷六，頁35。清錢大昕《廿二史考異》卷七，頁149。清王鳴盛《十七史商榷》（上海，商務印書館，1937，《叢書集成初編》排印《史學叢書》本）卷一九，頁163.。清洪亮吉《曉讀書齋雜録》（清道光二十二年姑蘇刻本）之二録卷上，頁18a—18b。

〔3〕《漢書》卷九四下《匈奴傳》下，頁3831。清洪亮吉《四史發伏》（清光緒八年小石山房刻本）卷六《漢書》，頁9b。

〔4〕《史記》卷一一〇《匈奴列傳》，頁3490。

點,應當改訂如下:

【集解】什音斗。辟音僻。《漢書音義》曰:"言縣斗辟,西近胡。"【索隱】按:孟康云"縣斗辟,西近胡"也。什音斗。辟音僻。造陽即斗辟縣是也。

其中司馬貞《史記索隱》作"西近胡",不惟舊點校本如此[1],單行本《索隱》更同樣書作"西"字[2],前面論述過程中,爲行文便利,都是採用的中華書局新點校本的文字,這裏一併予以説明。

【二】《史記·匈奴列傳》原文:

其明年春,漢使驃騎將軍去病將萬騎出隴西,過焉支山千餘里,擊匈奴,得胡首虜騎萬八千餘級,破得休屠王祭天金人。[3]

今中華書局新點校本,已經依據張文虎《校刊史記集解索隱正義札記》,注明"得胡首虜騎萬八千餘級"之"騎萬"二字屬衍文[4],當是。惟在"祭天金人"語下,今新點校本所附三家舊注文字爲:

【集解】《漢書音義》曰:"匈奴祭天處本在雲陽甘泉山下,秦奪其地,後徙之休屠王右地,故休屠有祭天金人象,祭天人也。"【索隱】韋昭云:"作金人以爲祭天主。"崔浩云:"胡祭以金人爲主,今浮圖金人是也。"又《漢書音義》稱"金人祭天,本在雲陽甘泉山下,秦奪其地,徙

〔1〕見1982年舊版《史記》卷一一〇《匈奴列傳》唐司馬貞《索隱》,頁2906。

〔2〕唐司馬貞《史記索隱》卷二五,頁272。

〔3〕《史記》卷一一〇《匈奴列傳》,頁3514。

〔4〕《史記》卷一一〇《匈奴列傳》,頁3535。

> 之於休屠王右地,故休屠有祭天金人象,祭天人也"。事恐不然。案得休屠金人,後置之於甘泉也。【正義】《括地志》云:"徑路神祠在雍州雲陽縣西北九十里甘泉山下,本匈奴祭天處,秦奪其地,後徙休屠右地。"按:金人即今佛像,是其遺法,立以爲祭天主也。[1]

其間文字,頗有舛譌,點校者多做有訂正,這裏引述的就是訂正後的文字與標點。其中有些與這裏所要論述的問題並沒有直接關係,對此一律不予贅述,而那些需要討論的問題,則在下文分别予以説明。

在上引三家注中,《史記集解》引《漢書音義》文中"故休屠有祭天金人象,祭天人也"這句話,中華書局舊點校本,逗號的位置,較此前置一字,讀作"故休屠有祭天金人,象祭天人也"[2]。

今新點校本的點校者趙生群等人,對此做有如下説明:

> "象",後世作"像",當屬上讀。《漢書·匈奴傳上》"得休屠王祭天金人",顔師古《注》:"孟康曰:'匈奴祭天處本在雲陽甘泉山下,秦奪其地,後徙之休屠王右地,故休屠有祭天金人象也。'師古曰:'作金人以爲天神之主而祭之,即今佛像是其遺法。'"《通鑑·漢紀十一·武帝元狩二年》引孟康云"故休屠王有祭天金人像也"下《索隱》復引此文,標點同誤。[3]

上文中"《通鑑·漢紀十一·武帝元狩二年》引孟康云'故休屠王有祭天金人像也'下《索隱》復引此文"這句話,中間似應有句號,將其前後分開。蓋如其引文所見,《通鑑》的標點,與趙氏等意見相同,可引爲佐證,而"下《索

---

[1] 《史記》卷一一〇《匈奴列傳》,頁3514—3515。

[2] 見1982年舊版《史記》卷一一〇《匈奴列傳》劉宋裴駰《集解》,頁2909。

[3] 趙生群、吴新江《〈史記〉標點芻議(四)》,刊《文史》2016年第2輯,頁252—253。

隱》復引此文”,則讀法一如《史記集解》,是將“象”字屬下讀之[1],故只有《史記索隱》纔可以説是“標點同誤”。然而這更像是《文史》編輯未能用事所致,或與作者無關,置之可也。

〖**今案**〗

《史記集解》引述的《漢書音義》中“祭天人也”這句話,趙生群等人在校勘時,已經注意到其中的“人”字,“柯本、凌本、殿本作‘主’”。不過,他們没有進一步説明,在“人”、“主”兩字當中,究竟應以何者爲是、何者爲非[2],而作“人”抑或作“主”,又與趙生群等人改定的句讀是否合理,具有直接關聯。

所謂“柯本”,是指明嘉靖年間柯維熊校勘而由“金臺汪諒”梓行的一種三家注本,世之言版本者,通常只是稱作“金臺汪諒刻本”;“凌本”是指明萬曆年間李光縉增補的凌稚隆《史記評林》本,底本也是三家注本;“殿本”是指清乾隆武英殿刻三家注本,係武英殿合刻《二十四史》之一。簡單地説,上述諸本,都是一併附有劉宋裴駰《史記集解》、唐司馬貞《史記索隱》和張守節《史記正義》這三家注解的版本。

昔清人錢泰吉談及《史記》三家注文的校勘,曾有如下一段論述:

> 前輩校《史記》,若嘉定錢先生、高郵王先生、錢塘梁先生,審定正文,足以嘉惠後學,而於《集解》、《索隱》、《正義》皆未暇專力。後生未學,欲從事於此,苦無博識之功,但能羅列各本異同,以待通人别擇也。[3]

其實校勘之功,博學固然重要,但更重要的是能夠在此基礎之上做到“明

[1] 見1982年舊版《史記》卷一一〇《匈奴列傳》唐司馬貞《索隱》,頁2909。

[2] 《史記》卷一〇〇《匈奴列傳》卷末附校勘記,頁3535。

[3] 清錢泰吉《甘泉鄉人稿》(清光緒乙酉刊本)卷五《校史記雜識》,頁7a。

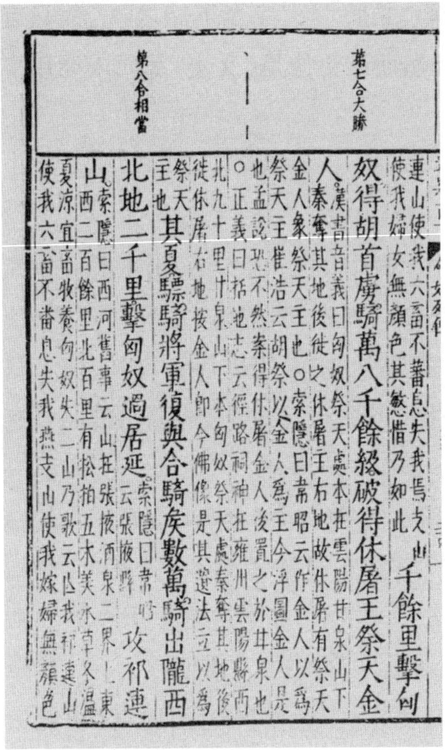
第七合大勝
第八合相當
連山使我六畜不蕃息失我焉支山使我婦女無顏色其愍惜乃如此千餘里擊匈
奴得胡首虜騎萬八千餘級破得休屠王祭天金
人漢書音義曰匈奴祭天處本在雲陽甘泉山下秦奪其地後徙之休屠王右地故休屠有祭天
金人象祭天主也○索隱曰韋昭云作金人以爲祭天主崔浩云胡祭以金人爲主今浮圖金人是
也孟說恐不然案得休屠金人後置之於甘泉也○正義曰括地志云徑路祠神在雍州雲陽縣西
北九十里甘泉山下本匈奴祭天處秦奪其地後徙休屠右地按金人即今佛像是其遺法立以爲
祭天主也其夏驃騎將軍復與合騎侯數萬騎出隴西
北地二千里擊匈奴過居延索隱曰韋昭云張掖縣攻祁連
山索隱曰西河舊事云山在張掖酒泉二界上東西二百餘里北百里有松柏五木美水草冬溫
夏涼宜畜牧養匈奴失二山乃歌云亡我祁連山使我六畜不蕃息失我燕支山使我嫁婦無顏色

○ 天津古籍出版社影印明萬曆刻本《史記評林》

辨”,而所謂“明辨”,其方法説起來也很簡單,就是細心讀書,通暢解讀上下文義。能夠做到這一點,就可以發現現行文本中存在的各種文字舛誤,辨析訂正絶大多數有待澄清的問題。

當然,由於不像《史記》正文的校訂那樣,可以更多藉助錢大昕、王念孫、梁玉繩一輩學者的校勘成果,難度自然要更大一些。今中華書局新點校本迎難而上,在這方面取得很多新的成就,實可喜可賀。不過,在另一方面,正因可資憑藉的成果有限,也就更容易留下一些瑕疵和遺憾。

上述柯本、凌本、殿本諸本,由於版刻時代已晚,自然不大容易引起校勘學者的重視。特别是其中凌本之刻,時至明末,而明人自萬曆以來刊刻的書籍,本以率性亂改著稱,時常改是爲非,凌本更屬書坊編刻性質,從而愈受清代以來學者的輕視。又清武英殿本《二十四史》,總的來説,校勘亦殊草草，觀殿本《史記》正文中對裴駰《集解》和張守節《正義》尚“多所芟節”[1]，即可知當時勘書史臣在某些方面的粗疏到了怎樣一種地步。因此，從表面上看，似乎没有多大必要對這些版本多予關注，像現在中華書局新點校本這樣列出諸本異文，就已經足夠審慎了。

然而在古籍校勘工作中，一般性的版本優劣認識，並不能代替具體的考辨分析；況且其中所謂“柯本”亦即金臺汪諒刻本，本來還有特殊的淵源。據清人錢泰吉記載：“（道光二十八年）戊申三月五日，書估持柯本來，《索隱》序後有‘紹興三年四月十二日右修職郎充提舉茶鹽司幹辦公事石公憲發刊，至四年十月二十日畢工’三十八字，凡三行，始知柯本從紹興本翻刻也。”[2]而《天禄琳琅書目後編》亦著録一南宋刻本：“後有《索隱》後序，印記‘紹興三年四月十二日右修職郎充提舉茶鹽司幹辦公事石公憲發刊，至四年十月二十日畢工’。”[3]民國時，張元濟曾依據上述記載推測，這部由石憲主持刊刻的《太史公書》，在能夠確切所知的三家注本《史記》當中，“要必以此爲第一刻”，且進而懷疑建陽黄善夫書坊刻本“亦祖石刻，故與柯本行款一貫”[4]。

要是這樣，對這種柯維熊刻本，自當予以特别的重視，蓋其底本尚早於目前存世最早的三家注本——黄善夫刻本。儘管後來賀次君通過目驗柯維熊本並參考繆荃孫的意見，以爲柯本出自宋人石憲校刻本的説法並不可信，錢泰吉等人過去著録的情況存在譌誤，使這一版本的情況，變得頗顯迷離，但賀氏仍然認爲柯維熊用作底本的“舊本”，“或即南宋所刻”，這一南宋刻本“非即黄善夫本，但其間關係至爲密切”。具體而言，“與南宋黄善

---

〔1〕 張元濟《〈百衲本二十四史〉後序》，見作者文集《張元濟全集》第9卷《古籍研究著作》（北京，商務印書館，2010），頁619。

〔2〕 清錢泰吉《甘泉鄉人稿》卷五《校史記雜識》，頁3a—3b。

〔3〕 清彭元瑞等《天禄琳琅書目後編》（北京，中華書局，1995，《清人書目題跋叢刊》影印清光緒十年刻本）卷四，頁273。

〔4〕 張元濟《影印黄善夫刻本〈史記〉跋》，見作者文集《張元濟全集》第9卷《古籍研究著作》，頁622。

夫本俱爲徽宗重和、宣和間陞老子爲列傳之首後所刊三家注合刻本，惟黄善夫本曾加校讎，刊正舛譌，故略勝它刻”。雖存世三家注本《史記》，總體上要以黄善夫本最佳，但因柯本所依據的底本，係與黄善夫本平行校梓，互不相謀，自别有獨特的優點。加之柯維熊校勘此書，尚“遍求諸家舊本，參互考訂，反覆數四，焚膏繼晷，歷兩歲而始就”（時人費懋中序語），亦即柯氏還依據其他版本和文獻來訂正《史記》的文字，使得此本具備了很多獨有的優點〔1〕。關於這一點，傅增湘也在切實比勘之後，給予了高度肯定〔2〕。

柯本如此，凌本在“祭天主也”這一點上與之相同，也就很容易理解了。蓋凌稚隆在凡例中已經明確講述，在當時比較通行的杭本、白鹿本、陝西本和金臺汪諒本當中，“惟金臺汪本，莆田柯氏所校，頗少差謬”，故“茲刻以宋本與汪本字字詳對，間有不合者，又以他善本參之，反覆讎校，庶免亥豕魚魯之弊”〔3〕。簡單地説，即如賀次君所云，“凌稚隆刊《史記評林》即祖此本”是也〔4〕。

至於清武英殿本，雖然出自明朝北京國子監刻本，但對《史記》之正文與注文的錯誤，已經多有刊正。特别需要指出的是，賀次君云“此本三家注，以與黄善夫、王延喆、凌稚隆本互刊，雖亦不免脱漏，而其相沿舛迕之處，經張照等人校正者實多”〔5〕。殿本《史記》雖然在每卷卷末都附有校勘記，但條目寥寥，並不是每一處改動北監本處都有説明。但根據其總體校勘情況，可以推定，那些有别於北監本原文，特别是三家注文的地方，大多都應該是史臣校勘的結果，而不是無意産生的譌誤。也就是説，就我們在這裏討論的具體問題而言，殿本有别于北監本“祭天人也”的“祭天主也”

〔1〕 賀次君《史記書録》（北京，商務印書館，1959），頁135—144。

〔2〕 傅增湘《藏園群書題記》（上海，上海古籍出版社，1989）卷二《明金臺汪諒刊本史記跋》，頁71—75。

〔3〕 明凌稚隆輯、李光縉增補《史記評林》卷首《凡例》，頁124。

〔4〕 賀次君《史記書録》，頁144。

〔5〕 賀次君《史記書録》，頁207—211。

這句話,應該是一種刻意的更改。當然,史臣在做出這一改動時,很可能也參據了金臺汪諒刻本。

那麼,不管是另有不同淵源的金臺汪諒本、凌稚隆《評林》本,還是刻意改訂的武英殿本,其"祭天主也"這一處内容,是不是比黄善夫本系統的"祭天人也"要更爲合理呢? 事實上,不僅是出自黄善夫本的其他三家注本,傳世單附《集解》本和其他兩家注本,也都是鐫作"祭天人也"。如南宋紹興初覆刻北宋景德刊十四行單附《集解》本[1],乾道七年建安蔡夢弼東塾刻附《集解》、《索隱》本[2],淳熙三年張杅桐川郡齋刻附《集解》、《索隱》本[3],都是如此。基於這一情況,也就需要更加審慎地審視這一問題,不能簡單地依據上述柯本、凌本和殿本的一般性優點,輕易對這一處文字做出取捨。

下面,姑且先依照趙生群等人的標點,單獨拿出《史記集解》引述的《漢書音義》,從文義句法角度,來斟酌一下它的語義:

> 匈奴祭天處本在雲陽甘泉山下,秦奪其地,後徙之休屠王右地,故休屠有祭天金人象,祭天人也。

在這裏,被《漢書音義》注釋的本文,是霍去病率軍出隴西,過焉支山千餘里,"破得休屠王祭天金人"。這尊金人,本來是匈奴用以祭天,而"匈奴祭天處本在雲陽甘泉山下",漢武帝時常居甘泉宫,安置汾陰所得"寶鼎"於此,甚至在此朝會各地諸侯、官員,即與此密切相關[4]。待秦人攻奪甘泉之後,匈奴不得不將其祭天之處,西移至"休屠王右地",也就是休屠王領地的西部。所以,當霍去病擊敗休屠王後,纔能"得休屠祭天金人"。

---

〔1〕 見鳳凰出版社 2011 年影印北京圖書館藏南宋紹興初杭州刻本,頁 1768。

〔2〕 見北京圖書館出版社 2003 年《中華再造善本》叢書影印國家圖書館藏本,頁 15a—15b。

〔3〕 見北京圖書館出版社 2003 年《中華再造善本》叢書影印國家圖書館藏本,頁 14a—14b。

〔4〕 《史記》卷二八《封禪書》,頁 1668,頁 1672—1674,頁 1679,頁 1681,頁 1683。

不管是兩漢時人，還是今天稍習文言的讀者，單純就其字面上的意思而言，“祭天金人”這幾個字，恐怕都不難理解，這就是“祭天用的金人”。但《漢書音義》爲什麼還要對它加以注釋而裴駰《史記集解》又會採録其説呢？

若是按照現在中華書局點校本選定的文字及讀法，《漢書音義》就是用“休屠有祭天金人象，祭天人也”來注解“休屠祭天金人”。這樣一來，所謂“休屠有祭天金人象”這句話，一方面，是承上而來，詮釋何以霍去病“破得休屠王”就會獲得“祭天金人象(像)”，同時也是以“祭天金人象(像)”來疏釋《史記·匈奴列傳》中“祭天金人”這一詞語的涵義。若是對此做出更清楚的闡釋的話，那麼，這也就意味着在《漢書音義》的作者看來，所謂“祭天金人象(像)”指的就是“祭天人也”。

然而，稍一認真思索，就會發現，若謂“祭天金人象(像)”就是“祭天人”，這一點實際上是不需要做出任何解説的。即使像中華書局舊點校本那樣，把“象”字屬下讀之(即讀作“故休屠有祭天金人，象祭天人也”)，讀者仍然會略無歧義地理解，所謂“祭天金人”，就是“祭天人”，也就是用於“祭天”的“人像”。依循原文的逐字翻譯，則爲：“所以，休屠王有祭天的金人，這座人像，是祭天用的人像。”若是按照現在新點校本的讀法，把“象”字屬上連讀，文義則爲：“所以，休屠王有祭天的金人像，它是祭天用的人像。”然而世上任何一位精神尚且正常的俗人，誰也不會思維强力發散，想到這尊“金人”不是“人像”，而是像各位讀者一樣的“真人”、是一位有血有肉的活人！那麼，做這樣無聊的注釋作甚？

結論很簡單，——只有傻瓜，纔會吃飽了飯没事找事，做出如此無聊的注釋。合理麼？當然很不合理。我們在研究歷史問題時，有一個非常非常重要的前提：若是没有確實可信的證據，證明其精神處於失常狀態，那麼，就必須假設，研究者所面對的歷史人物和古書的作者，神智基本上都是正常的。

下面，讓我們本着世俗常人的正常邏輯，再依循中華書局舊點校本的句讀，嘗試讀一下所謂“柯本、凌本、殿本”的不同文字：

匈奴祭天處本在雲陽甘泉山下，秦奪其地，後徙之休屠王右地，故休屠有祭天金人，象祭天主也。

對“匈奴祭天處本在雲陽甘泉山下，秦奪其地，後徙之休屠王右地”這段話的解讀，當然都與前面所説相同。其“故休屠有祭天金人”云云，是直接針對《史記》正文霍去病率軍“破得休屠王祭天金人”一事，來解釋“休屠有祭天金人”的緣由，而“象祭天主也”這句話，其句式即如《史記·秦始皇本紀》之“更命信宫爲極廟，象天極”、“樹草木以象山”[1]，《史記·封禪書》之“黄帝作寶鼎三，象天地人”[2]，《史記·酷吏列傳》之“匈奴至爲偶人象郅都”[3]，又如《漢書·霍去病傳》記霍氏去世之後，漢武帝令“爲冢象祁連山”等等諸例一樣[4]，是用來解釋所謂“祭天金人”究竟是一種什麽東西，亦即用它來象徵什麽——實際上是“它象徵着祭天時所用的‘主’”。

這種“主”，亦稱“神主”或是“靈主”，就是中原地區在舉行廟祭等祭祀活動時，用以表示祭祀對象的木牌。更清楚地説，就是中原地區在進行類似的祭祀活動時，不像匈奴人這樣用“金人”來體現祭祀的對象，而是使用木板（容或有其他材料）製作的“主”，這也就是世俗百姓所説的“牌位”，宋人羅泌嘗謂“今之象設，特古之主而已”[5]，講的就是這一情況。在佛教傳入之前，中原地區的居民，一直是面對這種“主”加以禮拜，或是奉獻犧牲之類的祭品。正因爲製作神像用以祭祀並不是中原民衆熟知的做法，《漢書音義》纔做出這一注釋，説明“金人”也就類同於拜祭的牌位——“主”，

---

[1] 《史記》卷六《秦始皇本紀》，頁 310，頁 337。

[2] 《史記》卷二八《封禪書》，頁 1672。

[3] 《史記》卷一二二《酷吏列傳》，頁 3806。

[4] 《漢書》卷五五《霍去病傳》，頁 2489。

[5] 宋羅泌《路史》（上海，中華書局，民國《四部備要》本）之《餘論》卷八《原尸》，頁 2a。

以告讀者"祭天金人"的性質。

兩相比較,柯維熊校勘本等版本的文字,顯然更爲通順。再證之以《史記索隱》引述的孫吴韋昭和北魏崔浩注語,一云匈奴"作金人以爲祭天主",一云"胡祭以金人爲主"[1],其注釋的着眼點和具體釋文,都與柯維熊校勘本等版本《史記》的《集解》一致,亦即釋"祭天金人"的性質與中原王朝的"主"相當。除此之外,曹魏時人如淳注《漢書·匈奴傳》記霍去病"收休屠祭天金人"事,亦云"祭天以金人爲主也"[2]。有這些早期的注釋相參證,可以進一步證實,柯本、凌本、殿本的"祭天主也"纔是《漢書音義》本來的面目。

又漢武帝朝車騎將軍金日磾,本來是匈奴休屠王太子,《漢書·金日磾傳》記其得姓緣由,乃謂"本以休屠作金人爲祭天主,故因賜姓金氏云"。《漢書》這一説法,使我們具有更加充足的理由,來把《史記》裴駰《集解》相關文字改定爲:

> 《漢書音義》曰:"匈奴祭天處本在雲陽甘泉山下,秦奪其地,後徙之休屠王右地,故休屠有祭天金人,象祭天主也。

竊以爲文通理顺,明顯勝於今中華書局新點校本的文字與句讀。基於同樣的道理,下文《史記索隱》引述的《漢書音義》,自應做出同樣的文字改訂,並恢復舊點校本本來正確的句讀,將其末句書作:"故休屠有祭天金人,象祭天主也。"

如前列引文所見,趙生群等人對《史記集解》中上述文字的讀法,在很大程度上,是受到了唐人顔師古、司馬貞以及元人胡三省的誤導。

首先,顔師古引述的曹魏時人孟康的注語,即"匈奴祭天處本在雲陽甘泉山下,秦奪其地,後徙之休屠王右地,故休屠有祭天金人象也"云云,這實

---

〔1〕 案核以單行本司馬貞《史記索隱》卷二五(頁272—273),文字與今三家注本並没有差異。

〔2〕 《漢書》卷五五《霍去病傳》並唐顔師古注,頁2479—2480。

際上就是《漢書音義》同一内容的原始出處,即《漢書音義》採録的就是孟康此説。關於這一點,我在考辨《史記·匈奴列傳》裴駰《集解》引述的"言縣斗辟曲近胡"這一條《漢書音義》時已經做過説明。

所以,顔師古《漢書》注中引述的這段孟康的話,並不完整,是他爲行文簡潔,把"故休屠有祭天金人,象祭天主也"這句話,删減成了"故休屠有祭天金人象也"[1]。經此删減改併之後,其"金人"與"象",雖稍嫌累贅,但讀起來也没有太大問題,原因是已經略去了後面的"祭天主也"。古人像這樣引書,本來是很常見的事情,我們看顔師古緊接着就直接闡釋自己的解讀説"作金人以爲天神之主而祭之,即今佛像是其遺法"[2],即可知其當日所見孟康注語,似仍應寫作"祭天主也",顔師古所説"作金人以爲天神之主而祭之",應即承孟康此語而來。明此愈加可知,趙生群等人援據孟康和顔師古的説法,實際未必符合兩人的本意。

至於元朝人胡三省在注《通鑑》時引述的孟康注語,不過是迻録顔師古《漢書》注的文字而已,更没有獨立的參考價值。

---

〔1〕《漢書》卷九四上《匈奴列傳》上唐顔師古注,頁 3796。

〔2〕《漢書》卷九四上《匈奴列傳》上唐顔師古注,頁 3796。